中庸

강의

남회근 지음 ― 송찬문 번역

마하연

話說中庸

南懷瑾 著

ⓒ 南懷瑾文化事業有限公司, 2015

Korean translation copyright ⓒ Mahayon Publishing Co., 2019
Korean edition is published by arrangement with Nan Huai Jin Culture
Foundatian.

초판 1쇄 2019년 4월 1일 초판 발행 2019년 4월 10일
2 판 1쇄 2020년 6월 1일

지은이 남회근
옮긴이 송찬문
펴낸이 송찬문
펴낸곳 마하연
출판등록 제 311-2010-000006 호(2010년 2월 3일)
주 소 10266 경기 고양시 덕양구 통일로 966번길 84-4
전화번호 010-3360-0751
다음카페 홍남서원 http: //cafe.daum.net/youmawon
이메일 youmasong@naver.com
ISBN 979-11-85844-11-4

*책값은 뒤표지에 있습니다. 잘못된 책은 바꿔 드립니다

출판설명

1998년 남회근 선생이 홍콩에서 거주하고 계실 때 이 『중용강의[話說中庸]』를 저술하셨습니다. 역시 『대학강의[原本大學微言]』를 저술하셨던 것처럼 선생은 매일 깊은 밤에 1천여 글자를 쓰시고 그 다음날 다시 굉인사(宏忍師)가 타자했으며, 그 사이에 서너 차례 오가며 수정하고서야 원고가 완성되었습니다.

이 책의 원고는 원래 『대학강의』에 이어서 곧 출판하려고 했습니다. 그러나 우연한 원인으로 이래저래 일을 그르치게 되는 인사의 변천과 안팎의 다른 요소들 때문에 이 책이 제 때에 출판되지 못하고 한 번 미루어져 지금까지 십여 년이 지났습니다.

2008년 선생이 당부하여 말씀하시기를, 먼저 채책(蔡策) 선생이 기록한 『맹자』의 나머지 각 편을 편집 정리하여 출판하고, 그런 뒤에 『중용』과 관계가 있는 이 책을 출판하라고 하셨습니다.

어찌할 수 없게도 『맹자』 맨 마지막 삼 편이 아직 출판되지 않았는데, 선생은 뜻밖에 조용히 세상을 떠나셨습니다.

이 책 원고를 앞에 놓고 재삼재사 고려하여, 원래의 원고는 한 글자도 고치지 않고, 따로 정리한 뒤의 원고 전부를 부록으로 인쇄하기로 결정하였습니다. 정리 작업은 긴 문구를 조정하여 짧게 바꾸고, 단락을 풀어 나누고, 자구를 간단하게 하며, 작은 표제를 따로 더하는 것 등이었으니, 국학(國學) 섭렵이 비교적 얕은 독자들이 쉽게 이해하기를 바라서입니다. 예를 들면 다음과 같습니다 :

원고(原稿) : 그러나 이것도 완전히 상위에 있는 자가 재야에 유현(遺賢)이 있게 한 잘못이라고는 말할 수 없습니다.

편개(編改) : 그러나 재야에 유현이 있는 것도 완전히 상위에 있는 자의 잘못이라고 말할 수 없습니다.

원고(原稿) : 그것은 자기가 평소에 가정 부모 가족들 사이에 인륜도덕에 맞는 효순 품행을 하지 못했기 때문에 친구사이의 찬양과 칭찬을 얻지 못한 것입니다.

편개(編改) : 자기가 부모 가족들에 대해서 인륜도덕에 맞는 효순 품행을 하지 못했기 때문에 친구사이의 찬양과 칭찬을 얻지 못한 것입니다.

원고(原稿) : '성(誠)'은 바로 천성이 본래 갖추고 있는 솔직하고 진실한[率眞] 직도(直道)입니다.' 그러나 그것은 사람 저마다의 몸이 태어난 뒤의 후천의 인성 중에 부여되어 있지만 사람들이 학문수양의 수행의 힘을 빌려야 비로소 원래의 본래 있어 갖추어진 자성으로 다시 되돌아가 합합니다.

편개(編改) : '성(誠)'은 바로 천성이 본래 갖추고 있는 솔직하고 진실한[率眞] 직도(直道)입니다.' 그러나 사람이 태어난 뒤의 후천의 인성은 오히려 학문수양의 수행의 힘을 빌려야 비로소 원래의 본래 있어 갖추어진 자성으로 다시 되돌아가 합합니다.

선생의 원고는 강의 방식으로 쓰신 것으로, 일반 논문처럼 그렇게 엄숙하지 않는데, 그 목적은 독자들로 하여금 쉽게 이해하도록 하기 위해서입니다. 그러므로 정리하는 과정 중에 많이 참작하고 고려했습니다만 원만하기 어려운 것은, 저 자신의 학문 수양 능력이 부족하기 때문입니다. 단지 노력해서 할 수 있을 뿐이었습니다.

그밖에 2년여 동안의 자료 수집 정리를 거쳐 선생의 간단한 연보(年譜)를 초보적으로 완성하여서 특별히 책 뒤에 부록으로 넣었습니다.

작업에 협력했던 사람은 굉인사(宏忍師)와 모련(牟煉)씨 이외에도, 팽경(彭敬) 씨가 수정 작업에 시종 참여하여 매우 수고하며 1,2년 동안 바쁘게 일하여, 이 책이 마침내 독자와 만나게 되었습니다.

2015년 1월
유우홍(劉雨虹) 쓰다

역자의 말

주자학(朱子學)의 질곡에 간혀있는
사서(四書) 이해의 반성을 위하여

『중용』은 『역경』의 「곤괘문언」에서 나왔다

남회근 선생은 말합니다, "증자(曾子)의 『대학(大學)』은 『역경(易經)』 「건괘문언(乾卦文言)」으로부터의 발휘입니다. 자사(子思)가 『중용(中庸)』을 지은 것은 증자의 뒤를 이어서 「곤괘문언(坤卦文言)」과 『주역』 「계사전(繫辭傳)」으로부터 발휘하여 지은 것입니다. 예컨대 『중용』이 무엇보다 먼저 제시한 '천명지위성(天命之謂性)'으로부터 '중화(中和)'까지는 「곤괘문언」에서 온 것입니다. 이런 학술적 주장은 저의 전매특허입니다."

"그렇다면 『중용』이라는 책이 내포하고 있는 정의(定義)는 도대체 무슨 뜻일까요? 간단 명백하게 말한다면 공영달(孔穎達)이 인용한, 한(漢)나라 유학자 정현(鄭玄)의 해석을 가장 적절하고 평실(平實)하다고 여깁니다. 이른바 '쓰임에 들어맞다 는 뜻의 중(中)이 중용의 중이다[名曰中庸, 以其中和之用也. 庸, 用也].'입니다. 『중용』이라는 책의 중심 요점은, 바로 자사가 제시한 학문수양의 요지로서, 반드시 먼저 '중화(中和)'의 경지를 성취해야 비로소 천도와 인도의 관계로서[天人之際] 심성이 서로 관련된 도체(道體)와 작용을 이해할 수 있다는 것입니다.

비가 말하면, 자사가 『중용』을 지은 것은, 조부인 공자의 심전(心傳)을 계승하고, 그 자신의 스승인 증자가 지은 '대학의 도는 밝은 덕을 밝힘에 있다[大學之道, 在明明德]'는 '내명(內明)'과 '외용(外用)'의 학(學)을 명백히 논술한 것입니다. 그리고 그는 다음과 같이 제시합니다. "중화(中和)'야말로 '밝은 덕[明德]'이요 '지극한 선에 머묾[止於至善]'의 경지이다. '군자로서의 심신의 행동거지[行止]가 언제나 중화(中和)의 경지 속에 있고[君子而時中]' '잠시라도 떠나지 않아야 한다[不可須臾離也].', 그래야 비로소 '(자기의 심리상태, 좀 더 명백하게 말하면 자기의 심사와 정서를) 지성(知性 : 소지지성所知之性, 아는 작용)이 알고서 멈추어[止 : 制止] 지성의 평온하고 청명한 경지에 전일하도록 한 뒤에야 안정[定: 安定]이 있고, 안정이 있은 뒤에야 평정[靜: 平靜]할 수 있고, 평정이 있은 뒤에야 경안[安: 輕安)할 수 있고, 경안이 있은 뒤에야 혜지[慮: 慧智]가 열릴 수 있고, 혜지가 있은 뒤에야 명덕을 얻을 수 있다[知止而后有定, 定而后能靜, 靜而后能安, 安而后能慮, 慮而后能得].'는 학문수양 공부의 일곱 개 차제에 도달할 수 있다. '신독(愼獨)'과 '성의(誠意)'는 바로 내명(內明)과 외용(外用)의 사이에서 동시에 심신 수양을 겸비하는 묘용(妙用)이다. 그런 다음 이것을 세상 속으로 들어가 봉사하는 행위에 사용함에는 반드시 지혜[智]·인애[仁]·용기[勇]의 세 가지 달덕(達德)을 갖추어야 '집안을 다스리고 나라를 다스리며 천하를 태평하게 하는' 사업을 진정으로 해낼 수 있다."

원본의 전체적인 연관된 사상원칙을
산산조각 낸 주자의 「사서장구」

　　"송나라 유학자 (주희朱熹) 계통은 한사코 자신들이 총명한 척하여 「사서(四書)」가 문장 체재(體裁)의 논리에 합치되지 않는다고 여기고는, 이를 절단하고 분할해서 장(章)으로 나누고 구(句)로 나누어서 「사서장구(四書章句)」라 불렀습니다. 이렇게 한 것을 스스로는 옳다 여겼지만 도리어 단장취의(斷章取義)로 변해버려서, 중요한 문구를 하나의 장(章) 절(節)의 단락으로 바꾸어 버림으로써 원본의 전체적인 연관된 사상 원칙을 산산조각으로 변하게 해버렸습니다. 남송 이후 원·명·청 6,7칠백 년간을 거쳐 온 정권들은 「사서장구」를 따르고 받들며, 그것으로 과거(科擧)에서 선비를 뽑았습니다. 이리하여 공맹(孔孟) 성인(聖人)의 도는 장구(章句)의 학에 갇혀 버렸고, 그 결과 유가의 위대한 학술 사상은 후인들에게 '사람을 잡아먹는 예교(禮敎)'의 교조(敎條)라고 모질게 욕을 먹게 되었고, 그래서 공가점(孔家店)을 타도해야한다고 했습니다."

　　"문화학술은 세계 인류의 운명과 국가사회의 흥망성쇠와 관계되는, 참으로 심원하면서도 거대한 것입니다. 역사적으로 보면 동양이든 서양이든 어느 국가사회의 변천과 전쟁의 원인은 정치와 경제의 동란에 있는 것으로 보였습니다. 그런데 사실은 이러한 동란의 근원은 역시 문화학술에 있었습니다."

　　선생의 강해는 '경문으로써 경문을 주해하고[以經註經]', 더 나아가 '역사로써 경문을 증명하는[以史證經]' 방법으로 『중용』

을 융회관통(融會貫通)하고 그 심오한 의미를 발명하여 보여주고 있습니다. 역자는 번역과정에서 선생의 해석과, 주자의 『중용장구(中庸章句)』 한글 번역본이나 관련 서적 등을 비교하여 읽어보면서 장탄식을 금할 수가 없었습니다. 조선시대 5백년의 유학은 말할 것도 없고, 오늘날의 한국 유학도 대부분 여전히 주자학의 질곡(桎梏)에서 벗어나지 못하고 있는, 사서오경(四書五經)의 이해에 대해서 반성을 촉구하기 위하여, 이학(理學)에 대하여 깊이 천착하여 그 가면을 벗겨내고 그 실상을 적나라하게 밝혀내 비판한, 중국의 인광대사(印光大師 1861—1940)와 남회근 선생의 저작 중 일부 글을 뽑아 번역하여 여기 싣습니다. 아울러 독자들이 송명이학사상과 성리학에 대하여 기본적으로 이해하도록 사전상의 자료를 전재하였으되 성리학에 대한 자료는 부록으로 실었습니다.

송명이학사상(宋明理學思想)

송명이학(宋明理學)은 중국의 송명시대 유학으로, 이때에는 위진(魏晉) · 남북조(南北朝) · 수(隋) · 당(唐) · 오대(五代)를 거치는 7백 년 동안 노장(老莊)과 불교의 세력 하에서 침체 혼미 부진 상태에 빠졌던 유학 사상이 그동안 노장과 불교의 사상 이론을 흡수 소화하여 새로운 유학의 이론 체계를 수립하고, 그것에 근거하여 노장과 불가에 대한 반격으로 전향하여 마침내 노장과 불교의 세력을 압도하고 유교의 정통적 지위를 다시 찾아 유교 사상의 새로운 발전을 이룩하였다. 이것을 '송명이학' 또는 '신유학(新儒學)'이라 하는데, 이 이학도 발전됨에 따라서 성즉리(性卽理) · 거경궁리(居敬窮理) 등을 주장하는 정주학파(程朱學

派)와, 심즉리(心卽理) · 치양지(致良知) · 지행합일(知行合一) 등을 주장하는 육왕학파(陸王學派)의 분파가 생겼다. 신유학 · 성리학 시기(新儒學 · 性理學時期)는 당나라 말기부터 5대 · 북송 · 남송 · 원나라를 거쳐 명나라 말기까지의 약 8백년의 기간이다

송명이학의 대표적인 이학가로는 북송의 주돈이 · 소옹 · 장재 · 정호 · 정이 등이 있고 남송의 주희 · 육구연 등이 있으며, 명대에는 왕수인 · 나흠순 · 유종주 등이 있다.

송명이학 사상의 특징은 한(漢), 육조(六朝), 수(隋), 당(唐)시대의 유가(儒家) · 도가(道家) · 불가(佛家)의 삼교정립(三敎鼎立)을 지양, 종합함으로써 유가를 중심으로 한 삼교합일(三敎合一)의 사상이다. 그 특색은 이기(理氣) · 심성(心性)의 연구로서 이기(理氣)는 철학 상의 본체론적 실재이며 심성(心性)은 심리와 윤리의 문제로서 이기 심성의 학문은 천(天)과 인(人)을 일관적으로 보려는 것이다. 그런데 전자는 특히 노장의 세계관을, 후자는 특히 불교의 선종(禪宗)의 심성론을 받아들여 유교를 심화한 것이라고 하겠다.

기(氣)는 우주 구성의 소재로서 음양의 기운 즉, 힘으로서 자연 과학상의 에너지이며, 이(理)는 기의 운동이나 작용의 조리(條理)로서 철학적으로는 원리 · 형식 · 로고스 · 이데아 · 규범 · 당위 등의 의미를 가지고 있으며, 자연 과학적으로는 법칙의 의미이다. 우주를 근원에 있어 기 하나로 보는 것은 기일원론(氣一元論)이요, 이와 기의 두 개로 보는 것은 이기이원론(理氣二元論)이다. 따라서 물심(物心)의 일체 현상이 기 또는 이기(理氣)로 이루어진 것이므로 사람의 심성을 논함에 있어서도 심을 기

또는 이기로 보게 된다. 그리고 그 본체를 체(體)라 하고 그 작용을 용(用)이라 하여 체와 용으로 구별하는데, 용이란 본체의 현상을 구별할 때의 현상과는 그 개념이 다르다.

주돈이(周敦頤 1017~1063)는 『태극도설』(太極圖說)과 『통서』(通書)를 지었다. 그는 우주의 근원을 "무극이태극(無極而太極)"이라하며 이 태극이 그 자체의 동정에 따라 음과 양으로 분화되며, 양이 변하고 음이 합함으로써 수ㆍ화ㆍ금ㆍ목ㆍ토의 오행이 된다. 무극의 진(眞)과 음양오행의 정(精)이 묘합(妙合)하여 응취(凝聚)함으로써 만물이 화생(化生)한다. 그러나 만물은 그 근원에 있어 일태극(一太極)이므로 일체가 각기 한 태극으로서의 자성(自性)을 가진다고 하여 각일기성(各一其性)이라 했다. 따라서 인성(人性)은 체로서는 태극이나, 그 본체 상 성(誠)이라 하여 이것을 인극(人極)이라 불렀다. 인극은 적연부동(寂然不動)으로 순수지선(純粹至善)인 성(誠)이나 그것이 대상물에 접할 때 선과 악으로 나누어진다하여 성선설과 성악설을 종합하였으며, 특히 주정(主靜)과 무욕(無慾)으로서 수양을 강조하였으니 노불(老佛)사상을 섭취한 것이다.

소옹(邵雍 1011~1077)은 『황극경세서』(皇極經世書)를 지어 선천학(先天學)을 논했다. 소옹은 태극을 일동일정지간(一動一靜之間)이라 정의하였다. 태극의 동정에 따라 음양강유(陰陽剛柔)로 분화하여 음양은 천(天)의 사상(四象)으로서 일월성신, 강유는 지(地)의 사유(四維)로서 수화토석(水火土石)이 된다. 사상과 사유는 천지의 본체로서 선천이며 사상과 사유의 교운(交運)으로써 현상세계란 후천(後天)이 생성되는 것이다. 소옹은 한ㆍ당 이래의 오행사상을 취하지 않고 사수(四數)로써 모든 것을 설명한다. 그리하여 선천학으로서 시간과 공간의 기준을 정하여 천지의 운행과 괴멸과 인물의 소장성쇠(消長盛衰) 및 역사 지리 등을 설명하려 했다. 그리고 심(心)을 태극이라 하고 도(道)를 또 태극이라고 하여 물심일원관(物心一元觀), 만물일체관(萬物一體觀)의 입장에 서서 인식의 객관주의를 주장함으로써 관물철학(觀物哲學)을 이루고 천(天)을 인(人)에게로 끌어내려 인간본위론(人間本位論)을 확립하였다.

장재(張載 1020~1077)는 『정몽』(正蒙), 『서명』(西銘)을 지어 태허(太虛)를 논했다. 태허란 우주공간과 기를 합한 개념으로 태극과 흡사한 것이다. 태허와 동정(動靜), 굴신(屈伸) 즉 음양의 회합충화지기(會合沖和之氣)를 태화(太和)라 하고 태화를 곧 '도'라 하여 기일원론(氣一元論)을 전개함에 있어서 이일분수설(理一分殊說)로써 천지만물일체지인(天地萬物一體之仁) 사상에 도달하였다. 그리고 인성론에 있어서 만인이 동일한 천지지성(天地之性)과 만인 유차(有差)한 기질지성(氣質之性)으로 나누었으며 기질지성을 돌이킬 것을 강조하고 일기(一氣)의 유무혼일사상(有無混一思想)을 우주의 진상이라 하여 불가의 영혼불멸설과 도교의 신선영생설(神仙永生說)을 공격하였다.

정호(程顥 1032~1085)는 태극을 말하지 아니하고 건원일기(乾元一氣)의 분화를 현상계의 차별상을 진상(眞相)으로 보게 되고 성론(性論)에 있어 선악공재(善惡共在)를 생(生) 즉, 삶의 진상이라 했다. 그는 생을 성이라 이르고 성을 기라 하여 성즉기, 기즉성(性卽氣, 氣卽性)이라 함으로써 우주론에 있어서도 도즉기, 기즉도(道卽氣, 氣卽道)를 주장하여 본체와 현상을 일체로 보았으며 인식론에 있어서 신비적 신오(神悟)를 말하여 존구자명(存久自明)을 주장함으로써 물래순응(物來順應)하는 무위자연의 경지에 이를 것을 주장하였다.

정이(程頤 1033~1107)는 형인 정호와 같은 계통이지만 이기이원론(理氣二元論)을 창설한 사람이다. 그는 음양은 기(氣)요, 음양하는 까닭은 이(理)라 하여 이(理)를 체(體), 기(氣)를 용(用)이라 한다. 이와 기를 우주 본체로서 형이상학적 실재요. 이(理)의 이일분수(理一分殊)를 구체화하는 것이 기이며 현상세계는 이와 기의 합성이다. 심성에 있어 이(理)는 성(性)으로서 체요. 기(氣)는 정(情)으로서 용이라 하고, 장재와 같이 성을 천지지성과 기질지성으로 나누어 보고 천지지성은 만인동일(萬人同一)로 순선(純善), 기질지성은 만인부제(萬人不齊)로 유선악(有善惡)이라 하여 종래의 성설에 대한 제설을 종합하였다. 정호 · 정이 형제의 유서를 『이정전서』(二程全書)라 한다.

주희(朱熹 1130~1200)는 이기이원론의 완성자요. 송학의 집대성자로서 특히 주돈이의 태극도설과 정이의 이기설을 종합하였다. 그는 주돈이의 태극도설에 있어서 태극을 이(理)로 음양을 기(氣)로 하여 이와 기를 개념상으로 구별 분대(分對)시키고 실제에 있어서는 이와 기의 불가분개(不可分開)를 말하였으나, 이선기후(理先氣後)의 경향을 띄었다. 성정론(性情論)에 있어 정이와 같이 이를 성으로써 체, 기를 정으로서 용이라 하고, 성을 본연지성(本然之性)과 기질지성(氣質之性)으로 나누어 본연지성은 순선(純善)으로서 만인이 동일한 것이요. 기질지성은 유선악(有善惡)으로서 만인유차(萬人有差)라 하고, 기질지성 중의 악을 선으로 돌이킬 것을 주장하여 거경(居敬)과 궁리(窮理)를 아울러 닦을 것을 내세웠다. 주희는 지식론에 있어 정이와 같이 경험론적 입장과 이상론적 입장을 아울러 강조함으로써 귀납법과 연역법을 모두 채용하였으며, 선지후행(先知後行)의 입장을 택했다.

『주자대전』(朱子大傳)이 있다.

육구연(陸九淵, 1139~1192)은 송학에 있어서 이채로운 존재로 주희와 맞섰다. 주희는 정이의 경험론적 분석적 계통을 이어 정주학을 완성시켰고, 육구연은 정호의 직각적 종합적 계통을 이어 그 유래를 맹자(孟子, B.C. 372경 ~ B.C.289경)에 두었다. 그는 주희의 이기론의 실재론적 경향에 반대하여 심즉리(心卽理)라는 유심론적 특징을 드러냈다. 그리하여 천리(天理), 지리(地理), 인리(人理)의 셋을 합하여 이(理)라 하고 심(心)을 곧 이(理)라 한다. 즉, 모든 현상은 심의 현상이다. 따라서 성론에 있어서도 본연과 기질을 구별하지 아니하고 이(理)로서의 본심만 밝히면 양지양능(良知良能)이 그 본대로 드러난다고 하였다. 그러므로 주희의 지리한 과학적 공부 방법을 배척하고 덕성함양에만 기울였다. 『상산전집』(象山全集) 36권이 있다.

왕수인(王守仁 1472~1528)은 명대의 대표적인 철학자로서 육구연의 학풍을 이어 육왕학(陸王學)을 완성시켰다. 그는 심즉리(心卽理)란 유심론적 입장에서 심의 본체 본질을 양지(良知)라 하고 사욕(私慾)에 가리워져 심의 본래 면목을 흐리게 한다고 함으로써 치양지(致良知)를 역설하여 『대학』의 격물(格物)과 정심(靜心)이라 하고, 지행합일(知行合一)을 강조하였다. 심즉리(心卽理)·지행합일(知行合一)·치양지(致良知)는 왕학의 삼강령이며 치양지의 공부로 정좌(靜坐)를 강조한 것은 『중용』의 이른바 미발지중(未發之中)을 체인하려는 것이며, 이 경향은 선가(禪家)의 선정(禪定)에 유사한 것이다. 『전습록』(傳習錄)이 있다.

나흠순(羅欽順 1465~1547)은 정호의 계통으로서 정주학을 이어 왕수인의 선풍(禪風)적인 공리공담을 물리치고 이일분수설로써 우주와 인생을 해명한 이기일물설(理氣一物說)의 입장을 취했다. 『곤지기』(困知記)를 지었다.

유종주(劉宗周 1578~1645)는 명대의 최후의 철학자로서 주돈이의 태극도설을 모방하여 『인극도설』(人極圖說)을 지어 미발지중(未發之中)의 심체를 무선이지선(無善而至善)이라 하여 주희의 선생 이통(李侗, 1093~1163)의 학풍을 이어 신독(愼獨)공부를 강조하였다. 『유자전서』(劉子全書) 40권이 있다.

(김승동 편저 부산대학교출판부 『유교·중국사상사전』에서 전재하였음)

정주를 폭로 규탄한다[闢程朱]

『서경(書經)』에서 말하기를 "착한 일을 하면 상서로움이 내리고 착하지 아니한 일을 하면 재앙이 내린다[作善降祥, 作不善降殃]."고 하였다. 공자는 『주역(周易)』의 위대하고 오묘함을 찬탄하여 그 의리(義理)를 부연 해석하면서 맨 처음에 말하기를, "선행을 쌓은 집안은 반드시 그 남은 경사(慶事)가 있고, 악행을 쌓은 집안은 반드시 그 남은 재앙이 있다[積善之家必有餘慶, 積不善之家必有餘殃]."고 하였다.

인과응보의 법칙은 불교에 입문하는 첫 걸음이자, 유교의 『대학(大學)』에서의, 의념을 정성스럽게 하고[誠意] 마음을 바르게 하며[正心] 자신을 수양하고[修身] 집안을 다스리고[齊家] 나라를 다스리고[治國] 천하를 태평하게 하는[平天下] 긴요한 방도이기도 하다. 그러므로 인과응보의 법칙은 세간이나 출세간의 성인들이 천하를 태평하도록 다스리고 중생을 제도하는 중대한 교화방법[大權]이다.

다만 유교에서는 오직 현세와 자손의 관점에서만 언급하였고, 불교에서는 과거 · 현재 · 미래의 3세에 걸친 인과응보를 빠짐없이 두루 논하는 점이 다를 뿐인데, 범부의 미혹한 견해[凡情]로는 헤아릴 수 없기 때문에 막연한 것으로 여기고 믿고 받아들이려고 하지 않는다면, 이는 마치 눈먼 봉사가 길잡이를 등지고 제 스스로 험한 길을 더듬어 가면서 구덩이에 빠지지 않고자 하는 것과 같은데 그것이 가능한 일이겠는가?

인과응보의 법칙을 제창함은 천지와 성인의 마음에 의거하여 전 세계 인류의 도덕과 인의(仁義)의 성덕(性德)을 성취시키는 것이다. 만약 인과응보를 근거가 없는 막연한 것으로 여긴다면, 천지와 성인의 마음에 어긋날 뿐만 아니라, 자기의 정신의식[神識]도 영원히 악도(惡道)에 떨어지게 된다.

송나라 유학자 주돈이, 장재, 정호, 정이, 주희 등은 불교 대승경전을 읽고 선종의 선지식을 가까이 하였으며 경전에서 "현상 전부가 그대로 이치이다[全事即理]."와, 선종의 "법마다 자기 마음으로 귀결한다[法法頭頭, 會歸自心]."는 의미를 속으로 깨닫고는 크게 얻은 것으로 생각했다. 하지만 실제로는 대소승 경전을 두루 읽어보지 않았으며 각 종파의 선지식을 가까이 하지도 않았다. 이론에만 집착하고 그 실천수행은 폐기하였으며[執理廢事], 인과응보의 원리를 부정하여 말하기를, "부처가 말한 3세인과(三世因果)와 육도윤회(六道輪迴)는 어리석은 사람들을 속여서 그 가르침을 받들게 하는 근거이지만, 사실은 그런 일이 없다."고 했다. 그리고 또 말했다, "사람은 형체가 죽으면 썩어서 소멸하고 정신도 휘날려 흩어져버리니, 비록 갖가지 형벌을 가하려 하더라도 장차 어디에다 실행할 수 있겠는가? 정신이 이미 흩어져버렸는데 누구로 하여금 다시 환생하게 하겠는가!" 이로 말미암아 악한 자는 마음 놓고 업(業)을 짓고, 선한 자도 스스로 고무 격려하기 어렵게 되었다.

송나라 이학가들은 자기의 마음을 속이고 남의 물건을 훔쳐다 집안의 보물로 삼고, 불법의 나머지를 주워서 유교 스승의 문하를 떠받쳐 세웠다. 또 후생들이 불교를 높이 떠받들까 두려워하여 방법을 교묘하게 마련하여 귀를 막고 방울을 훔치는 계책[盜鈴計]으로 삼아서, 부당하게 비방 의론을 짓고 그 재앙 해악을 늘어놓아서, 후생들이 영원히 빠져나오지 못하게 막아버렸다. 또 혹시 단념하지 않을까 걱정하여 자기들의 경험을 예로 들어 남을 훈계하기를, "나는 예전에 도를 구하며 아울러 불가와 도가도 연구해보았다. 그러나 모두 마침내 얻는 바가 없었다. 뒷날 반성하고 「육경(六經)」에서 찾아 구해서 도를 얻었다. 이로부터 불가와 도가의 결점들을 하나하나 철저하게 보았다."라고 했다. 저 이학가들은 의념을 정성스럽게 하고[誠意] 마음을 바르게 하며[正心] 몸소 실천함[躬行實踐]은 정말로 유가의 사표가 충분히 될 수 있었다. 그러나 스승의 문하를 받쳐 세우려는 생각이 지나치게 무거운 나머지, 결과적으로 마땅히 가장 감복하여 표창해야 할 점에 있어서 도리어 남의 장점을 숨겨서 단점으로 여기고, 자기가 남에게서 얻은 것을 가지고 도리어 남이 나보다 못하다고 함으로써, 마침내 의념을 정성스럽게 하고 마음을 바르게 하며 몸소 실천하는 일이 원만하게 완비되어 철두철미할 수 있도록 하지 못했다. 아! 애석하여라.

(『인광대사전집』 중 「벽정주(闢程朱)」 편 등에서 뽑아 번역하였음)

송명 이학가의 조예와 문제

　중국문화의 역사는 대단히 멀고 오래된 것으로, 일찍이 주진 (周秦) 시대에 학술사상의 계파는 이미 백가(百家)나 있었습니다. 한(漢)나라 무제(武帝) 시대에 이르러서 무제 자신이 유가 (儒家)의 학술을 제창하였기 때문에, 각 계파의 학술사상은 모두 유가로 귀순하여 영도자로 삼고 모두들 유가의 「육경(六經)」 연구를 중시하였습니다. 학술의 원리와 응용에 대해 말할 것 같으면 인문 · 정치 · 교육 등에 대한 영향 이외에 처음에는, 공맹 (孔孟)학설의 비밀 심전(心傳)을 얻었다고 표시하기 위하여 하나의 학파를 조성하려는 어떠한 동기가 결코 없었습니다.

　당시에 동중서(董仲舒)가 영도한 뒤부터 다수는 모두 주해 (註解) 고증(考證)의 작업에 종사하였습니다. 이리하여 유가는 문자와 음의(音義)를 전문적으로 주해하는 훈고학(訓詁學)이 되었습니다. 이렇게 한 대(代) 한 대 전습(傳習)하여 내려왔고, 무슨 심성(心性)이니 이기(理氣)니 하는 이런 부류의 현묘한 설 (說)이 결코 없었습니다.

　그런데 북송(北宋) 시대에 이르렀을 때 유가의 학술 중에 갑자기 한 파의 이학(理學)이 굴기하였는데, 이 새로운 이학파(理學派)는 자신들이 공맹 이래 유학의 중심인 심법(心法)을 얻었다고 여겼습니다. 그리고 이 이학의 중점과 종지(宗旨)는 그 이전의 전통유학과도 크게 달라서 유가의 도학(道學)이 되었습니다.

　이학(理學)의 강습(講習)은 새로운 면모를 개척하여서 그 가운데 산생한 새로운 설에는 심성(心性) · 이기(理氣) · 성정(性情) · 중화(中和) · 형상(形上) · 형하(形下) · 이발(已發) · 미발 (未發) 등의 문제가 있었는데, 이 모두는 그 이전의 유학 속에서는 본 적이 없던 새로운 해석이었습니다.

최초의 이학은 두 파(염락廉洛 · 관민關閩)로 나누어졌다가 뒷닐 주회(朱熹)와 육상산(陸象山) 두 사람의 의견만 남아서 서로 대립했습니다. 광명정대(光明正大)한 군자의 입장에서 말하면 의견의 대립은 학술 견해상의 연구토론에 불과할 뿐이며, 일[事]에 대한 것이지 사람[人]에 대한 것이 아닙니다. 하지만 일반 소인들은 오히려 스승의 문하 계파와 강학(講學)의 명의를 빌려서 암암리에 붕당을 맺고 조직함으로써, 뒷날 원우(元祐)와 경력(慶曆) 두 차례의 당금(黨禁 옛날 어떤 파벌이나 그 관련자들의 벼슬길을 막는 것. 당고黨錮/역주) 발생을 초래하였습니다. 학술적인 지선(至善)을 다투기 때문이라고 말하기 시작하였지만 결과는 도리어 좁은 인아(人我)의 다툼으로 흘러들어가 버렸으니 학술적 입장에서는 슬픈 일입니다.

이학가의 학술사상 성취가 도대체 어떠한지를 우리는 잠시 토론하지 않겠습니다. 그러나 한 가지 사실을 우리는 반드시 이해해야 하는데, 바로 이학가들이 자신들에 대해서 모두 엄격 신중[嚴謹]했다는 것입니다. 그들은 대부분 스스로 지향하고 원하여 담박한 생활을 하고 물질적 향수(享受)를 추구하지 않았습니다. 선악의 구분에 대하여 특히 대단히 진지하였습니다. 하나하나의 행위나 동작이 모두 불가의 대승도(大乘道) 행실을 포함하고 있거나 혹은 출가자가 엄격하고 신중하게 계율을 지킴으로써 자기를 단속하는 것과 같았습니다. 이런 것들은 모두 찬탄할 만 덕행이었습니다.

송(宋) 말기 시대의 문천상(文天祥)은 비록 이학가는 아니었지만, 그의 정기가(正氣歌)를 읽어보면 그의 인격의 숭고함이 최후에 조금도 두려워함이 없이 정의를 위해 희생하고 도를 위해 죽는다[殉道]는 목표에 도달할 수 있었음을 알 수 있습니다. 만약 학문수양이 천인(天人)의 경지에 도달하지 못했다면 절대로 그렇게 해낼 수 없는 것입니다.

명대에 왕양명(王陽明)은 시대적인 공훈업적을 창조했으며, 이이곡(李二曲)·황종희(黃宗羲)·고염무(顧炎武) 등 이런 분들의 학술과 수양도 모두 이학 속에서 도야(陶冶)되어 나왔기 때문에 비로소 충실함과 찬란함[光輝]에 도달할 수 있었습니다. 그러므로 이학가는 인성의 훈도(薰陶)에 대하여, 인륜 도통(道統)의 격려에 대하여, 공로가 뚜렷합니다.

이학의 전체적인 체계를 종합해보면 하나의 대강(大綱), 두 개의 종지(宗旨), 세 개의 방법으로 열거할 수 있습니다.

하나의 대강 : 바로 학문과 도체(道體)를 합일(合一)시켜 '극고명이도중용(極高明而道中庸)'의 경지에 도달하는 것입니다. 이것은 주희와 육상산 두 파의 공통점이기도 합니다.

두 개의 종지 : 주자(朱子)의 '도문학(道問學)'과 육자(陸子)의 '존덕성(尊德性)'입니다. '도문학'은 반드시 옛 성현의 언어행위를 많이 인식하고 이해함으로써 지식학문의 확충을 위주로 하는 것이며, '존덕성'은 심성본연(心性本然)의 체험을 위주로 하는 것인데, 근본이 있으면 자연히 도가 건립된다는 것입니다. 두 개의 종지는 주자와 육자의 다른 두 개의 종지인데, 종지는 비록 다르지만 두 파는 모두 공부(工夫)로부터 입문할 것을 주장합니다.

세 개의 방법 : 용공(用功) 방법으로는 경(敬)·성(誠)·정(靜) 세 개의 방법이 있습니다. 그러나 어느 방법이든 유가에는 모두 비교 대조하고 실행할 수 있는 선례가 없습니다. 맹자(孟

子)의 교화는 결코 이런 방법의 범위에 도달하지 않았습니다. 『대학』 속의 지(止)·정(定)·정(靜)·안(安)·려(慮)·득(得) 등의 단계순서는 강요(綱要)를 제시하였을 뿐입니다.

사실 '공부(工夫)'라는 명사는 불법의 선정(禪定)에서 기원(起源)합니다. 당송(唐宋) 시대의 선종 문도들은 승속(僧俗)을 막론하고 모두 선정에 힘썼습니다. 유가의 사람들도 선정 공부를 본받아서 일종의 설을 제창했는데, 학문을 하는 방법과 노선은 마땅히 정(靜) 중에 닦고 배워야 한다고 여기는 것이었습니다. 유가에서 말하는 '주경(主敬)'과 '존성(存性)'은 모두 지정(止靜)의 공부입니다.

불가에서의 선정 성취에는 많은 구분이 있어서, 털끝만큼의 차이가 있어도 모두 지극히 큰 차이를 발생시킬 수 있습니다. 그리고 선정 속에서의 최고의 성취는 불법 가운데서 단지 정해탈(定解脫)의 범위에 속할 뿐 아직은 혜해탈(慧解脫)에는 도달하지 못했습니다.

이학가들은 정정(靜定)의 공부에 대해 확실히 한 번의 심득(心得)이 있었습니다. 그러나 이학의 정정 방면에서의 가장 큰 성취도 초선(初禪)·이선(二禪)의 경지에 맞먹는 것일 뿐입니다. 만약 범부를 뛰어넘어 성인의 경지로 들어감을 말한다면 이학이 도달할 수 있는 것이 아닙니다. 마치 승조(僧肇)법사가 "하늘이 될 수도 있고 사람이 될 수도 있는 것이, 어찌 하늘이나 사람이 할 수 있는 바이겠는가[能天能人者, 豈天人之所能]?"라고 말한 대로입니다. 선종의 삼조(三祖)도 "옳고 그름의 상대적인 생각이 일어나자마자, 어지러워져 진심(眞心)을 잃어버린다[纔有是非, 紛然失心]."고 말했습니다. 이학가들은 실제로 이 시비(是非)의 마음을 벗어나지 못했습니다. 만약 뛰어넘을 수 있었다면 남북 송 시대의 이학은 면목이 틀림없이 달랐을 것입니다.

송명 시대의 이학이 담론한 심성(心性) · 이기(理氣) · 성정(性情) · 중화(中和) · 형상(形上) · 형하(形下) · 이발(已發) · 미발(未發)의 도리에는 모두 독창적인 견해가 있었습니다. 그러므로 그들은 스스로 인정하기를, 이미 심신성명(心身性命)의 근본과 우주만유의 본체를 투철하게 보았다고 했습니다. 그런데 사실 그들의 생각은 좀 경솔함을 면하기 어려웠습니다. 왜냐하면 이학의 독창적 견해는 단지 심리상의 최고 수양에 도달하여 심의식(心意識)으로 하여금 씻고 연마하여 깨끗해지도록 했을 뿐이기 때문입니다.

만약 망심(妄心)을 깨끗하게 씻어서 하나의 가없이 넓고 걸림 없는 청명(淸明) 경지를 남겨두고 그것을 망심이 다 깨끗해진 천리유행(天理流行)으로 여긴다면, 그건 크게 문제가 있는 것입니다. 유식(唯識)의 표준으로 가늠해본다면 그 청명담적(淸明湛寂)하고, 탕연무애(蕩然無碍)한 경지는 바로 제7말나식(末那識 : 意根)의 보금자리입니다. 만약 선종을 수학하는 사람이라면 이 경지에서는 바로 방할(棒喝)이 한 번 필요합니다. 그래야 학인으로 하여금 자신이 아직은 최고도에 도달하지[到家] 못했음을 알도록 해 줄 수 있습니다. 그 속의 도리는 많지만 잠시 토론하지 않겠습니다.

이학가가 수양하는 목적은 인간의 사욕(私欲)을 없애고 천리(天理)의 정대함[正大]을 보존하는 것으로, 정명도(程明道)가 "천리 두 글자는 자신이 자세히 체험해서 나오는 것이다[天理二字, 是我自家體帖出來]."라고 말한 바와 같습니다. 정이천(程二川)도 말하기를 "사람이 하나의 천리만 있고 오히려 그를 보존할 수 없다면 또 무슨 사람이 되겠는가[人只有個天理, 卻不能存得, 更作甚人].”라고 했습니다. 주돈이(周敦頤)는 '성(誠)'을 주장하고, 평생 동안 늘 묵좌(黙坐)하여 자기의 마음을 맑게 하고 천리를 체득하고자 했습니다. 정이천과 주희(晦庵)는 '경(敬)'을 주장했습니다. 정문(程門) 사대(四大)제자 중에 사량좌(謝良佐 : 上蔡)는 '상성(常醒)'을 주장했고, 양시(楊時 : 龜山)는 주장하기를, 정(靜) 중에서 희노애락(喜怒哀樂)이 아직 발동하지 않은 상황을 관찰하여 기상(氣象)으로 삼고, 화정(和靖)하는 방법으로써 마음으로 하여금 한 물건도 용납하지 않는 정도에까지 거두어들이게 하라고 했습니다.

이런 이학가들의 방법은 비록 독창적이며 치밀한 곳도 있지만, 그러나 최고의 성취는 여전히 하나의 맑고 고요한[澄湛] 경지일 뿐입니다. 이 경지는 불학의 입장에서 말하면 여전히 '식음구우(識陰區宇 남회근 저 송찬문 번역 『능엄경대의풀이』 제7장을 참고하기 바람/역주)'에 속합니다. 만약 선종 문하에서라면 아직은 아프게 몽둥이로 한 방 때려서 학인으로 하여금 내려놓고 곧바로 한번 크게 죽음에 도달해서, 모든 망상을 철저하게 부정하여[貶軼] 몸을 숨길 곳이 없게 합니다. 그런 다음에 몸을 돌려 한 걸음 더 박차고 나아가야 비로소 저 하나의 원래의 문호(門戶)를 알 수 있습니다.

이학이 도달한 이 경지 같은 것은 그들이 스스로 인정하기를 범부를 뛰어넘어 성인의 경지로 들어간 것이라고 했지만, 사실 그들은 선종의 저 지해종도(知解宗徒 세간 일반의 지식에 기초해서 불교를 이해하려는 사람들/역주)조차에도 비교가 못 되었으며, 더더욱 증오(證悟)했다고 말할 나위가 못되었습니다.

이학이 토론하는 우주본체는 여전히 사량분별(思量分別)의 마음을 떠나지 못하고, 단지 자기 마음안의 우주로써 마음 밖의 만유의 우주를 가상[設想]하였을 뿐입니다. 이것은 일종의 추측이지 결코 투철하고 원만한 이치가 아닙니다.

선종의 심법은 사량(思量)분별심을 멀리 뛰어넘는 것입니다. 그러므로 이학가의 이론이 만약 철학사상의 범위에 들어간다면 취할 점이 있습니다. 만약 이학이 도(道)에 가깝다고 여긴다면, 그것은 도리어 크게 문제가 있습니다.

명 왕조의 대유학자인 왕양명은 육상산의 심법을 계승하였는데, 많은 사람들이 왕양명의 학술은 이미 선종에 가깝다고 여깁니다. 그의 일생에서 가장 중요한 학술사상의 중심은 바로 그의 「사구교(四句敎)」입니다, "선도 없고 악도 없는 것이 성(性)의 본체이고(無善無惡性之體), 선도 있고 악도 있는 것이 의지(意志)의 움직임이다(有善有惡意之動). 선도 알고 악도 아는 것이 양지이며(知善知惡是良知), 선을 행하고 악을 제거하는 것이 격물이다(爲善去惡是格物)."

만약 왕양명의 이 네 마디의 말을 선종의 심법과 같은 자리에 두고 논해도 된다고 여긴다면, 정말 잘못되어도 크게 잘못된 것입니다. 왜냐하면 마음의 체(體)가 본래 선(善)도 없고 악(惡)도 없는 것이라면, 이 심체(心體)는 바로 하나의 무용지물[廢物]이기 때문입니다. 만약 의지가 움직이면 곧 선악이 생겨나온다면 이 선악의 뿌리는 또 어디에 있을까요? 심체와 만약 서로 관계가 없다면 또 구태여 선을 행하고 악을 제거할 필요가 있을까요? 선을 행하고 악을 제거함이 심체와 또 무슨 관계가 있을까요? '선을 행하고 악을 제거하는 일'을 하지 않더라도 마음의 체에 영향을 미치지 않을 것입니다. 왜냐하면 마음의 체는 본래 선도 없고 악도 없는 것이기 때문입니다! 이것이 첫째 잘못된 곳입니다.

　마음은 체로서 선악의 의지가 움직임이 없기 전에는 절대로 선악이 없는 것이 아니라, 선악이 체(體)중에 잠복해있는 것일 뿐입니다. 이런 마음은 '성선(性善)'이라고 불러도 되고, '성악(性惡)'이라고도 불러도 됩니다. 왜냐하면 선악 두 성(性)이 모두 잠복한 상태이기 때문입니다.

　만약 말하기를 마음의 체가, 의지가 움직임이 없기 전에는 깨끗하고 밝아[淨明] 허물이 없는 것이라고 한다면, 마땅히 『대학』에서 말하는 지극한 선[至善]과 같거나 혹은 마땅히 순자(荀子)가 일컫는 본악(本惡)이어야 하는데, 왜 선도 없고 악도 없다고 말할 수 있겠습니까?

　'없다[無]'와 '있다[有]'의 의미는 서로 반대되는 것으로서 모두 절대적인 함의를 지니고 있습니다. 천하의 '무(無)'가 어떻게 '유(有)'를 생겨나게 할 수 있을까요? 이미 마음의 체가 있다고 말한 바에야 또 선도 없고 악도 없다고 말함은, 변증(辯證) 명사의 관점에서 보면 역시 도리에 맞지 않습니다. 오히려 '무(無)'자를 아니다는 의미의 '비(非)'자로 고치는 것이 비교적 합당합니다. 이것이 왕학(王學)의 두 번째 잘못된 곳입니다.

　왕양명의 사구교 가운데서, 닦고 배움에 있어 가장 중요하다고 여기는 것은 하나의 '지(知)'자입니다. 왜냐하면 양지(良知)가 있어야 비로소 선악을 변별할 수 있기 때문입니다. 그러므로 선을 행하고 악을 제거하는 공부를, 의지가 움직이기 이전으로 되돌아가는 하나의 방법으로 삼아야 합니다. 그러나 왕양명의 설은 의지가 움직이기 이전에는 선도 없고 악도 없는 것이라고 하니, 시험 삼아 묻겠습니다, 열심히 공부해서[用功] '무(無)'로 되돌아가는 게 또 무슨 쓸모가 있습니까? 무용지물로 되돌아가는 것이 아닙니까? 또 심성을 알려고 해서 뭐하자는 것입니까?

사람으로 하여금 가장 이해할 수 없게 하는 것은 바로 이 '지(知)'자인데, 도대체 어디로부터 생겨나는 것일까요? 만약 '양지'가 심체로부터 생겨나는 것이라고 한다면, 심체는 무용지물이 아니게 됩니다, 만약 '양지'가 외부에서 오는 것이라고 한다면, 그것은 심체와 관계가 없습니다.

게다가 이 하나의 '지(知)'는 의지의 움직임일까요? 의지의 움직임이 아닐까요? 만약 의지의 움직임이라면 선악의 범위 속으로 떨어져버렸습니다. 만약 의지의 움직임이 아니라면 '지'는 바로 마음의 체가 된 것이 어찌 아니겠습니까? '지'가 바로 마음의 체인 바에야 '선도 없고 악도 없음이 마음의 체이다'라고 어떻게 말할 수 있겠습니까? 이것이 세 번째 잘못된 곳입니다.

왕양명은 한 시대의 유학 대가로서, 그의 사구교 강령은 이렇게 엄중한 잘못이 있는데도 다들 이해하지 못하고 의외로 여전히 왕학을 심성이학(心性理學)의 최고 성취로 여기고 있으니, 식견이 있는 사람으로 하여금 정말 안타까워하게 합니다. 이전에 저의 유학 선생님인 침석(針石)노인께서 글을 지어 왕학의 잘못을 변설(辯說)하여 자세히 해석하였습니다.(사구교에 대한 보다 자세한 강의는 남회근 저 송찬문 번역 『역사와 인생을 말한다』 부록 '인성의 진상을 말한다'를 참고하기 바람/역주)

(남회근 선생 저 『선해려측(禪海蠡測)』에서 뽑아 번역하였음)

인생관과 교육 문제

남회근 선생은 말합니다. "철학에는 '인생관'(人生觀)이라는 단어가 하나 있습니다. 저는 늘 말하기를, 오늘날의 교육은 틀렸으며, 진정으로 철학도 말하지 않는다고 합니다. 왜냐하면 진정한 철학을 말하려면 인생관이 대단히 중요하기 때문입니다. 세가 발견한 바로는 오늘날 수많은 사람들, 심지어 6,7칠십 세가 된 사람도 정확한 인생관이 없습니다. 저는 늘 일부 친구들에게 묻습니다. 어느 분은 돈을 많이 벌었고 어느 분은 높은 관직에 있는데, 저는 그 분들에게 묻습니다. 여러분은 도대체 어떤 사람이 되고자 합니까? 정확한 인생관이 하나 있습니까? 그들은 대답합니다. 선생님은 왜 이런 말을 물으십니까? 제가 말합니다. 그래요! 저는 당신이 어떤 사람이 되려고 하는지를 모릅니다! 관직에 있는 당신의 경우, 당신은 아름다운 명예를 천고에 남기고 싶습니까 아니면 악명을 천추에 남기고 싶습니까? 이것이 인생의 두 가지 전형입니다. 돈을 번 사람들은 어떨까요? 역시 제가 늘 물어봅니다. 당신은 지금 돈을 많이 벌었는데, 당신은 도대체 이 일생에서 무엇을 하고 싶습니까? 그러나 제가 접촉한 돈 번 친구들은 열 명 중 거의 열 명은 이렇게 말합니다. 선생님, 정말 모르겠습니다! 돈은 많지만 막연합니다. 저는 말합니다. 맞습니다. 이것은 바로 교육 문제로서 인생관이 없는 것입니다."

"오늘날 중국내의 십 몇 억 인구, 심지어 전 세계 칠십 억 인구 중에 진정으로 인생을 알고 자기 인생의 목적과 가치를 이해하는 사람이 몇 사람이나 될까요? 이것은 한 가지 큰 문제인데, 바로 교육의 문제입니다. 그렇다면 사람이 살아가는 생명의 가치는 무엇일까요? 이것도 한 문제입니다. 조금 전에 말했듯이 어떤 사람이 관료가 되어서는 아름다운 이름을 천고에 남기고 싶을까요 아니면 악명을 천추에 남기고 싶을까요? 이 두 마디 말은 제가 한 것이 아니라 진(晉)나라 대 영웅인 환온(桓溫)이 말한 것입니다. 인생의 가치를 얘기하고 있는데 저는 지금 나이가 많습니다. 농담 반 진담 반으로 저는 말합니다. '인생은 영문을 모른 채 태어나고', 우리는 모두 영문을 모른 채 태어났고 부모님도 영문을 모른 채 우리를 낳았습니다. '그런 다음 어쩔 수 없이 살아가고, 까닭을 모른 채 죽어갑니다.' 이렇게 일생을 사는 사람은 우습지 않습니까?"

"사람은 인생관을 정할 수 있어야 비로소 홀로 우뚝 설 수 있습니다. 자신의 인생관을 먼저 확정하고 어떤 사람이 되고자 하는지를 알아야 합니다. 반드시 자신의 포부, 목적, 인생관을 지녀야 할 뿐만 아니라 확고부동하여 시종 변하지 않아야 합니다. 인생관을 세운 사람은 행함에 있어서 지키는 바가 있으므로, 하는 바가 있고 하지 않는 바가 있습니다. 마땅히 해야 할 것은 하고, 해서는 안 되는 것은 하지 않습니다."

"맹자는 말하기를 '사람 중에 덕과 지혜와 기술과 지식을 가지고 있는 자는 항상 우환과 질병 속에 있다.'고 했습니다. 큰 사업을 하는 성인(聖人)이나 영웅은 인생의 길에서 중대한 좌절을 많이 겪었지만 그로 인해 큰 성취를 거두었습니다. 한 사람이 도덕적 수양을 완성하거나 지식을 깊고 넓게 하거나 혹은 기능(技能), 예술, 학술, 문장 방면에서 성취하거나 혹은 심성의 최고의 지혜를 깨닫는 데에는 항상 심리적으로 남에게 말할 수 없는 숨겨진 고통과 부담, 번뇌 등의 핍박이 있거나 혹은 신체적으로 질병의 고통이 있습니다. 만약 이러한 장애들을 돌파하고 일어설 수 있다면 성취하는 바가 있습니다."

"교육은 인성의 문제입니다. 교육의 최고 목적은 인성의 문제를 철저하게 인지하는 것입니다. 교육만이 아니라 정치 · 경제 · 군사 · 철학 · 문화 등 어느 분야의 학문이든 최후의 최고의 정점(頂點)은 모두 인성 문제를 떠나지 않습니다.

감정·정서의 도야, 인격의 양성, 올바른 사람이 되느냐 안 되느냐는 과학기술의 범위가 아니라 철학·종교·문예·교육의 범위입니다. 오늘날의 세계는 오로지 과학기술만을 쳐다보고 따라가고 인격 양성이 없어지고 모두 어지럽고 그릇을 이루지 못하고 있습니다. 교육은 그저 지식 판매에 지나지 않을 뿐인데, 이것이 혼란의 근원이요 고뇌의 근원입니다. 오직 과학·과학기술·철학·종교·문예·인격양성 교육이 일체화가 되어 본자리로 돌아가서 균형발전을 이루어야 비로소 희망이 있습니다."

일대의 종사 남회근 선생의 '사서' 강의

이 책은 남회근 선생의 저작 『화설중용(話說中庸)』을 완역한 것입니다. 원서에는 앞의 「출판설명」에서 밝혔듯이 유우홍 선생님의 편집본이 부록으로 실려 있으나, 유 선생님의 편집본은 부분적인 편개(編改)로 선생의 원고와 차이가 있을 뿐만 아니라 중복되는 내용이므로 번역하지 않았습니다. 그 대신 한국의 과거와 현재의 유학이 『중용장구』를 어떻게 이해하고 번역하였는지 독자들이 살펴보고 남회근 선생의 『중용강의』와 비교 연구하도록, 일제강점기 시대 1933년에 출판된 한글 번역본인 『언해중용(言解中庸)』을 영인하여 부록으로 실었습니다. 이 자료는 고문헌 연구가 박철상(朴徹庠)님이 제공했고, 노우혁(魯又赫)님은 이를 한 페이지씩 일일이 스캔 작업하여 편집했습니다. 그리고 정윤식(鄭允植)님은 이번에도 역자 보충 등의 작업을 도와주었습니다. 이 세 분께 진심으로 감사드립니다.

이 『중용강의』 원서 분량은 비교적 적은 편이나 그 내용이

어려운데다, 그 동안 일신상의 이런저런 일들로 번역 작업이 순조롭지 않아서, 시작한지 거의 2년이 된 지금에야 비로소 마쳤습니다. 남회근 선생의 「사서(四書)」 강해 중 『논어강의』에 이어서 두 번째 번역서인 『중용강의』를 탈고하면서, 많은 분들에게 선생의 『대학강의』와 『맹자강의』 등도 꼭 함께 읽어보시기를 적극 권고합니다. 왜냐하면 옛 사람의 주석소해(註釋疏解) 질곡을 뛰어넘는 신기한[新奇] 해독(解讀)일 뿐만 아니라, 상호 유기적인 관계의 저작들이면서 인생 경험과 지혜의 보고(寶庫)로서 올바른 인생관을 세우고 살아가도록 이끌어 줄 것이기 때문입니다.

2019년 3월 중순
장령산 아래 심적재에서
송찬문 삼가 씀

차 례

상론(上論)

하론(下論)

(부록)

일러두기

1. 이 책은 남회근문화사업유한공사(南懷瑾文化事業有限公司)가 발행한 2015년 3월 초판 1쇄본의 『화설중용(話說中庸)』을 완역한 것입니다. 중용 원문의 한글 번역문은 번역 저본 상의 남회근 선생의 해석을 반영하여 의역 위주로 하였으며 전후 의미맥락을 쉽게 이해하도록 행간의 의미를 살려서 넣었습니다. 그리고 선생의 해석이 없는 구절에 대해서는 인터넷상의 선생의 중용강기(中庸講記)를 참고하였습니다.

2. 인명·지명·책명 등 고유명사는 중국식 발음으로 표기하지 않고 우리식 한자음대로 표기함을 원칙으로 하였습니다.

3. 불교 용어 중 육경(六境)·육근(六根)·육식(六識)·사대(四大)·사성제(四聖諦)·오온(五蘊)·십이처(十二處)·십팔계(十八界)·사선(四禪)·팔정(八定)·구차제정(九次第定)·육도(六道)·육바라밀·삼세(三世) 등 숫자 개념의 용어 등은 아라비아 숫자로 표시하여 6경·6근·6식·4대·4성제·5온·12처·18계·4선·8

정 · 9차제정 · 6도 · 6바라밀 · 3세 등으로 각각 표기함을 원칙으로 하였습니다.

4. 독자의 이해를 돕기 위해 주석을 달거나 보충하였을 경우에는 '각주' 또는 '역자보충'이라 표시하였습니다. 모르는 용어나 내용은 불교사전이나 관련 서적 등을 참고하고, 특히 남회근 선생의 다른 저작들도 읽어보기 바랍니다. 선생의 저작들은 전체적으로 서로 보완관계에 있기 때문입니다.

5. 부록 중 「남회근 선생의 간단한 연보」는 원서의 것 대신에 2018년 3월 현재의 것으로 번역해 넣었습니다. 그리고 「성리학」, 「언해중용」 자료는 역자가 보충한 것입니다. 특히 「언해중용」은 원본의 제본 형식대로 읽어가도록 페이지 순서가 뒤에서부터 앞으로 넘어갑니다.

　현대의 중국인, 특히 젊은 한 세대의 학우들은 대체로 『중용
(中庸)』이라는 명칭을 들어본 적이 드뭅니다. 만약 중년 이상에
있는 5,6십 세 사람이라면, 일부 사람들은 『중용』 얘기를 꺼내자
마자 이를 웃음거리로도 여길 것입니다. 심지어는 또 마음속에
사무치는 느낌[感慨]으로 말하기를 "중국인은 바로 『중용』에 의
하여 잘못되었기 때문에 국가와 민족이 백 년 동안 온갖 괴로움
을 당하게 되었다."고 할 것입니다. 그러나 당신이 또 그에게 무
엇이 '중용'이냐고 가르쳐 달라고 하면 그는 구체적인 도리를 말
하지 못합니다. 왜냐하면 그들도 『중용』을 잘 읽어본 적이 없으
며, 더더구나 『중용』을 철저하게 연구했다고 말할 나위가 못되
기 때문입니다.

일반인들이 말하는 중용이란 대체로 '대충 대충하다, 애매하게 대강 대강하다'는 의미입니다. 현대인이 호남(湖南) 말로 하면 바로 '화희니(和稀泥)'이요, 상해(上海) 말로 하면 바로 '도장호(搗漿糊)'이기도 합니다. '만사를 되는 대로 하지 너무 진지할 필요가 없다. 대체로 그럴 듯하면 된다는 것'이 바로 중용의 도리[中庸之道]라는 것입니다. 비교적 좀 좋게 말하면, '왼쪽도 아니요 오른쪽도 아니면서 그럭저럭 때우고 자기는 어떠한 확정적인 주장을 하지 않고 남의 장단에 춤을 추는 무골호인(無骨好人)이 되는 것'이 바로 중용의 도리라는 것입니다. 『중용』을 이렇게 이해하고 『중용』을 이렇게 사용한다면, 당연히 사람 저마다를 보잘 것 없는 평범한 무리가 되게 할 것이며 이른바 나라는 장차 나라답지 않게 되어서, 확실히 나라를 그르치는 학(學)으로서 정말로 한 번 말할 가치도 없을 것입니다.

사실 『중용』은 한 권의 책 이름으로서 전통 오경(五經) 중의 하나인 『예기(禮記)』 속의 한 편의 문장이었는데, 송나라 시대 때 당시의 유가 학자들에 의해 특별히 뽑아내져 『대학(大學)』 『논어(論語)』 『맹자(孟子)』와 합하여 '사서(四書)'라고 불리었습니다. 그로부터 중국의 1천 년 동안의 민족문화에 영향을 미치고 좌우했습니다. 이 역사의 이야기는 제가 『대학(大學)』을 강의할 때에 이미 비교적 간략하게 설명했으니 다시 말할 필요가 없겠습니다.

『중용』이라는 책은 공자의 손자인 자사(子思)가 지은 것입니다. 자사의 이름은 급(伋)입니다. 바로 공자학문 심법(心法)을 계승한 증자(曾子)의 학생이기도 했습니다. 증자는 한 편의 『대학』을 지었고 자사는 한 편의 『중용』을 지었는데, 모두 공자한 계통의 유가학문 심법을 전승(傳承)하는 대작(大作)입니다.

자사가 태어났던 때는 중국 춘추전국 시대의 말기였습니다. 즉, 전국칠웅(戰國七雄)[1]이 패권(覇權)을 다투기 시작한 시기로서 대략 기원선 490년의 사이에 있었으며, 서양문화에서 그리스 상고 시대의 대철학자 소크라테스가 세상에 나온 것보다 80여년 빨랐습니다. 자사는 유년 시기에 공자가 아직 생존하고 있었기 때문에 그는 몸소 공자의 교양을 받은 적이 있었습니다. 그러나 그는 증자한테서 학문교육을 받았습니다. 그러므로 말하기를 자사는 증자의 학생이며 뒷날의 맹자(孟子)는 바로 자사의 학생이라고 합니다.

자사는 왜 『중용』을 저작하고자 했을까요? 우리가 공자의 후인이 저작한 『공총자(孔叢子)』 기록 자료에 근거하면, 자사는 16세 때(이에 대해 후세에 60세의 잘못이라고 의심하는데 고증은 분명히 알기 어렵습니다) 송나라[宋國]에 이르렀습니다. 송나라의 대부 낙삭(樂朔)은 그와 학문의 도리를 담론했는데, 서로 의견이 맞지 않았습니다. 낙삭은 그에 대하여 못마땅함을 표시하고는 사람들더러 가서 그를 포위 공격하라고 시켰습니다. 이 일은 송나라의 군후(君侯)[2]에게 알려지게 되어 몸소 가서 자사를 구출했습니다. 이 때문에 자사는 몹시 감개하여 말했습니다. "문왕은 유리(羑里)에 갇혀서 『주역』을 지었고, 조부님은 진(陳)나라 채(蔡)나라에서 굴욕을 당하고 『춘추』를 지었다. 나는 송나라에 갇혔는데 저작이 없어야 되겠는가! 이리하여 『중용』의 글 49편

---

1) 전국시대부터 진(秦)나라의 시황제(始皇帝)가 중국을 통일할 때까지 멸망하지 않고 살아남은 일곱 나라를 지칭한다. 전국시대에는 그 외에도 여러 나라들이 있었으나, 이들 일곱 나라가 가장 강력했고 중국사에서 중요하게 취급되는데, 바로. 연(燕)·위(魏)·제(齊)·조(趙)·진(秦)·초(楚)·한(韓)나라를 말한다.
2) 제후의 존칭

을 지었다[文王困於羑里, 作周易, 祖君屈於陳、蔡, 作春秋. 吾困
於宋, 可無作乎! 於是, 撰中庸之書四十九篇]."

낙삭과 자사의 대화

낙삭과 자사가 학술을 토론하였는데 그들은 어떻게 다른 논
점이 발생하였을까요? 『공총자』의 기록은 이렇습니다.

"자사년십륙(子思年十六), 적송(適宋).", 자사가 나이 열여섯
살 때 송나라에 갔는데, "송대부낙삭여지언학언(宋大夫樂朔與之
言學焉).", 송나라 대부 낙삭은 그와 학문에 대해 담론했습니다.

"낙왈(朔曰) : 상서우하수사편선야(尙書虞夏數四篇善也)", 낙
삭이 말했습니다, "『상서(尙書)』, 즉 『서경(書經)』에 수집된
것은 오직 「요전(堯典)」 「순전(舜典)」 등 삼사 편의 문장만이
좋은 글이다."

"하차이흘우진비(下此以訖于秦、費), 효요순지언이(效堯舜之
言耳), 수불여야(殊不如也).", "기타의 것들인 「진서(秦誓)」나
「비서(費誓)」는 모두 요(堯)와 순(舜)의 말을 모방한 것으로
실재로는 걸맞지 않다."

"자사답왈(子思答曰) : 사변유극(事變有極), 정자당이(正自當
耳)", 자사가 대답했습니다, "그것은 시대사회가 바뀌었기 때문에
일부 문장들도 바로 당시의 습관에 대하여 지은 것입니다."

"가령주공요순경시이처(假令周公、堯, 舜更時異處), 기서동의
(其書同矣)", "만약 주공과 요와 순이 서로 위아래가 뒤바뀌어
시대가 바뀌었다면 요와 순의 문고(文告)도 주나라 시대의 문구

(文句)와 마찬가지 일 것입니다."

"낙삭왈(樂朔曰) : 범서지작(凡書之作), 욕이유민아(欲以喻民也). 간이위상(簡易為上), 이내고작난지지사(而乃故作難知之辭), 불역번호(不亦繁乎)?", 낙삭이 말했습니다, "문고를 쓴 것은 본래 일반인들 모두로 하여금 보고 이해하고 사정을 알기를 바란 것이다. 그래서 간단하고 명백할수록 좋다. 그러나 그런 고서의 문장을 읽어보면 일부는 읽어서 이해할 수 없는 자구를 의도적으로 지었는데, 이것은 의도적으로 골칫거리를 만든 것이 아닌가?"

"자사왈(子思曰) : 서지의(書之意), 겸부심오(兼復深奧) ; 훈고성의(訓詁成義), 고인소이위전아야(古人所以為典雅也). 석로위항역유사군지언자(昔魯委巷亦有似君之言者), 급답지왈(伋答之曰) : 도위지자전(道為知者傳), 구비기인(苟非其人), 도불귀의(道不貴矣). 금군하사지심야(今君何似之甚也)!", 자사가 말했습니다, "고서상의 기록은 물론 때로는 매우 심오하다고 느껴지지만 사실은 문자학의 훈고(訓詁)에 대하여 공부 좀 하기만 하면 이해하게 됩니다. 고인들은 입으로 한 말을 문자로 바꾸고 조금 전아(典雅)[3]하기를 바라서, 문학에 예술감이 있게 하고자 하였습니다. 종전에 노나라의 시골의 골목에 사는 어떤 사람도 당신처럼 나에게 이 문제를 물어서 나 자사는 그에게 말했습니다, '학문의 도리는 진정으로 지혜가 있는 사람에게 전해줍니다. 만약 지혜로운 자가 아니라면 학문의 도리에 대하여 무슨 귀하게 여길 만 한 곳이 있겠습니까?' 지금 당신도 왜 일반의 학식도 없고 재간도 없는 사람과 마찬가지의 견해입니까?"

자사가 이렇게 말하자 낙삭은 당연히 "불열이퇴(不悅而退)",

---

3) 우아하다. 품위가 높고 아름답다.

그를 못 마땅히 여기고 돌아와 자신의 도당(徒黨)들에게 말했습니다, "왈(曰) : 유자욕오(孺子辱吾)", "공급이란 녀석이 면전에서 나를 모욕했다."

"기도왈(其徒曰) : 노수이송위구(魯雖以宋爲舊), 연세유수언(然世有讎焉), 청공지(請攻之). 수위자사(遂圍子思). 송군문지(宋君聞之), 가이구자사(駕而救子思).", 낙삭의 도당들이 듣고서는 말했습니다, "공가의 조상도 비록 송나라의 사람이지만 많은 세대동안 떨어져 있습니다. 뿐만 아니라 우리들과는 오랜 원수 관계입니다. 우리들이 그를 찾아 분풀이하고 고통을 주려고 합니다." 그래서 와서 자사를 포위 공격했습니다. 다행이 송나라의 군후가 이를 듣고서야 비로소 몸소 사람들을 데리고 와 자사의 위험 재난을 구해주었습니다.

그러나 『공총자』는 또 기록하기를, "자사는 『중용』의 글 사십구 편을 지었다[子思作中庸之書四十九篇]."고 했습니다. 이것은 바로 자사가 말한 대로, 고서를 읽으려면 훈고학을 알아야 합니다. 고문에서 말하는 '편(篇)'자는 竹과 扁자로 이루어져 있습니다. 바꾸어 말하면 자사의 시대에는 문장을 짓고 쓰고 베끼는 것은 글자를 죽간에 새기는 것이었습니다. 그래서 말하기를 『중용』은 모두 49편이라고 했습니다. 뒷날 송나라 유학자인 주희는 『중용』을 잘라 나누어 33장으로 엮었습니다. 이것이 『대학』 『중용』 주주장구(朱註章句)의 학(學)의 기원(起源)으로 변했는데, 결코 자사의 원저(原著)가 아닙니다. 하지만 진정으로 『중용』 원저에 대하여 고증하려고 하면 실재로는 역시 결코 쉬운 일도 아니니 우리도 저마다 각자의 것을 말할 수밖에 없습니다.

무엇을 『중용』이라고 하는가

자사가 『중용』을 저작한 원래의 의도는, 만약 『공총자』 등의 평실한 기록에 근거하면, 공자가 『시경』 『서경』을 간추리고 『예』 『악』을 확정한 것[孔子刪詩書, 訂禮樂]을 해석하여 중화 민족 전통문화 학문의 도리를 보존 유지하기 위한 저작이었다며 이렇게 말합니다, "『중용』이란 책은 그 속에서 지혜[智]·인애[仁]·용기[勇]를 말하고, 비은(費隱)을 말하고, 성명(性命)·천도(天道)·인도(人道)를 말하는데, 성인의 심오한 경지에 깊이 들어가지 않으면 마음과 입에 도달할 수 없다. 자사의 학문이 중용에 연원을 두고 있음을 볼 수 있다[中庸一書, 其中言智、仁、勇, 言費隱, 言誠明、天道、人道. 非深入聖人之奧, 不能達於心口. 子思之學, 有淵源於中庸乎見之矣]."

당나라 초기에 공영달(孔穎達)이 저작한 『예기정의(禮記正義)』는, 한(漢)나라 유학자 정현(鄭玄)의 목록의 이런 말을 인용하고 있습니다, "『중용(中庸)』이라고 이름을 붙인 것은 이 편(篇)이 중화(中和)의 쓰임[用]을 기록하였기 때문이다. 용(庸)은 쓰임[用]이다. 공자의 손자 자사 급(伋)이 지어서 성인인 조부[聖祖]의 덕(德)을 뚜렷이 드러냈다[名曰中庸, 以其記中和之用也. 庸, 用也. 孔子之孫子思伋作之, 以昭明聖祖之德也]."

그러나 남송 초기에 이르러서 송나라 유학자인 주희(朱熹)가 『대학』 『중용』의 장구(章句)를 자작(自作)하면서 『중용』은 갈라 나누어져 33장으로 엮어졌습니다. 뿐만 아니라 성인의 경지[聖境]라고 갓을 씌우고는 그 근거를 한유(韓愈)의 「원도(原道)」라는 한 편의 논문에 두면서 이렇게 보았습니다, "『중용』

은 상고시대의 성인[聖神]이 천자의 황위(皇位)를 계승한[上古聖神, 繼天立極] 도통(道統)을 전하여 요(堯)와 순(舜)의 전심법요(傳心法要)로부터 왔다. 그것은 바로 요(堯)가 제위(帝位)를 순(舜)에게 전할 때 말했던 한 마디인 '진실로 그 중정(中正)을 지키라[允執厥中].'이다. 순이 다시 자신의 일생 경험의 총결(總結)로부터 더욱 깊이 인성의 정미함[精微]4)를 깨닫고는 세 마디를 더하여 우(禹)에게 전해주었다. 이른바 '인심은 위험하고 도심은 미묘하니, 그 도심을 정일(精一)하게 하며 진실로 그 중정(中正)을 지키라[人心惟危, 道心惟微. 惟精惟一, 允執厥中].'인데, 이것이야말로 중국 전통문화의 도통이다. 요(堯)로부터 순(舜)·우(禹)·탕(湯)·문왕(文王)·무왕(武王)·주공(周公)·공자(孔子)까지 대대로 전하여 이어졌다. 그러나 맹자(孟子) 이후로부터는 실전(失傳)되었다." 이것이 한유의 「원도」의 뜻입니다.

이 때문에 주희는 이제 마침내 송나라 유학자인 정호(程顥)·정이(程頤) 형제가 새롭게 깨달았고, 다시 주희 등에게 전해졌고 또 도통도 이어졌다고 보았습니다. 주희와 송나라 유학자들은 오히려 이런 도통의 설이 한유의 '원도' 사상에 근거해서 온 것임을 입을 다물고 말하지 않았는데, 이것은 너무 지나치고 너무 옹졸하였습니다. 동시에 또 말했습니다. "그 천명(天命)·솔성(率性)이라고 말씀하신 것은 도심(道心)을 일컫는 것이요, 택선(擇善)·고집(固執)이라고 말씀하신 것은 정일(精一)을 일컫는 것이요, 군자(君子)·시중(時中)이라고 말씀하신 것은 집중(執中)을 일컫는 것이다[其曰天命率性, 則道心之謂也. 其曰: 擇善固執. 則精一之謂也. 其曰: 君子時中, 則執中之謂也]." 이것도 모두

---

4) 정심미묘함(精深微妙)

주희가 『중용』에 대하여 확실히 가진, 마음으로 체험한[心得] 또 하나의 견해였습니다. 주주(朱註) 『중용』 장구 서문 부분에서 특별히 성이(伊川)의 『중용』 책 제목에 대한 해설을 표방하고 있는데, 조금 있다가 다시 말하겠습니다.

재미있는 것은 청나라 초기 건륭(乾隆) 시대에 이르렀을 때 유명한 시인 재자 원매(袁枚 : 子才)는 송나라 유학자의 이학(理學)을 가장 싫어했으며 불교와 도교 양교도 가장 좋아하지 않았다는 것입니다. 그는 『중용』에 대하여 서한(西漢) 시대의 유가의 작품으로 보았습니다. 왜냐하면 그는 공자와 맹자는 모두 산동(山東) 사람으로서 걸핏하면 태산(泰山)을 얘기했지만 『중용』은 단지 화악(華嶽)을 일컬었다고 보았기 때문입니다. 그는 단정하기를, "자사는 진(秦) 땅에 가본 적이 없는데 어떻게 화산(華山)이나 숭산(嵩山)을 본 적이 있겠는가!"라고 했습니다. 원자재는 원래 문장의 구상[文思]과 변재가 있었지만 이런 논점들에 대해서는 시종 명사기(名士氣)[5]의 멋대로의 방탕[狂放]이었습니다. 공자와 자사 이 조부와 손자는 모두 어지러운 세상을 만나 이곳저곳 돌아다니는 발길이 이르면서 어찌 그들이 절대로 화산을 몰랐다고 여길 수 있겠습니까! 단지 책에서의 한 마디의 문자만을 근거로 논거를 삼아 자사가 화산을 본 적이 없다고 단정할 수는 없습니다. 원매는 시(詩) 담론과 미녀 고르기를 잘했고 수원(隨園) 두부를 잘 요리했습니다. 그렇지만 의리의 학[義理之學][6]에 대해서는 깊이 들어가지 않았습니다. 그럴 뿐만 아니라 성향이 가깝지 않고 습관이 서로 많이 달라서 논하기에 부족하기

---

5) 지난날 일부 지식인들이 사소한 예절에 구애받지 않고 자유분방한 풍격.
6) 송나라 이래의 이학(理學).

도 했습니다. 그러나 후인들도 『중용』의 '재화악이불중(載華嶽而不重)'의 '華' 글자는 본래 산악(山嶽)의 山이라는 글자로서 한(漢)나라 시대에 이 사람 저 사람 거치며 글자를 새겨 인쇄하는 과정[傳刻]에서의 오류로 보았는데, 비교적 일리가 있습니다.

송나라 유학자 정주(程朱)가 『중용』을 말하다

이제 다시 남송 이학의 이름난 유학자 주희를 얘기하겠습니다. 그가 『중용』을 장구(章句)하기에 앞서 특별히 정이천(程伊川)이 『중용』의 책 이름을 해석한 정의(定義)를 제시하였습니다. 그것은 한(漢)나라 당(唐)나라의 여러 유학자들의 해석과는 크게 다른데, 이렇게 말합니다.

"자정자(子程子)가 말하였다, 치우치지 않음을 '중(中)'이라 하고 변하지 않음을 '용(庸)'이라 한다. '중'은 천하의 정확한 도리[正道]요 '용'은 천하의 불변의 진리[定理]이다. 이 글은 바로 공문(孔門)에서 전수해온 심법(心法)인데, 자사께서 그것이 세월이 오래가면서 차이가 날까 두려워하셨다. 그래서 이것을 책에 기록하여 맹자에게 주셨다. 이 책은 첫 부분에서는 하나의 이치를 말하였고, 중간 부분에서는 그 하나의 이치가 흩어져 만사(萬事)가 되었고, 끝 부분에서는 그 만사가 다시 합하여 하나의 이치가 되었다. 이것을 풀어놓으면 육합(六合 우주)에 가득하고, 거두어들이면 물러가 은밀한 곳에 감추어진다. 그 맛이 무궁하니, 모두가 진실한 학문이다. 잘 읽는 자가 깊이 새겨서[玩索]

얼음이 있다면, 이를 종신토록 쓰더라도 다 쓸 수 없다."

了程子曰：不偏之謂中, 不易之謂庸. 中者, 天下之正道, 庸者, 天下之定理. 此篇乃孔門傳授心法. 子思恐其久而差也, 故筆之於書, 以授孟子. 其書始言一理, 中散爲萬事, 末復合爲一理. 放之則彌六合, 卷之則退藏於密. 其味無窮, 皆實學也. 善讀者玩索而有得焉, 則終身用之, 有不能盡者矣.

주희가 인용한, 정이천(程伊川)이 『중용』 책 이름에 대한 해석은

첫째, 사용한 모든 글자나 글귀의 내함은 한 번 척 보면 알 수 있듯이, 모두 『역경(易經)』 「문언(文言)」 「계사전(繫辭傳)」의 의미도리[義理]를 채용했습니다. '이것을 풀어놓으면 육합(六合)에 가득하고, 거두어들이면 물러가 은밀한 곳에 감추어진다[放之則彌六合, 卷之則退藏於密]'와, 더 나아가서 '깊이 새겨서 얻음이 있다면[玩索而有得焉]' 등의 걸어 같은 것이 모두 그러한데, 여기서는 잠시 토론하지 않겠습니다.

둘째, 정자(程子)는 자사가 공문 『중용』의 심법을 맹자에게만 전수하였다고 특별히 제시하고 있는데, 무엇에 근거해서 나온 것인지 알 수 없습니다. 한 마디 고문으로 말한다면, "수부지하소견이운연(殊不知何所見而云然)?", 어느 곳에서 보고 그렇다고 말하는지 전혀 모르겠습니다.

셋째, 바로 『중용』을 해석하기 시작하는 두 구절인 '불편지위중(不偏之謂中), 불역지위용(不易之謂庸)'은 문제가 확실히 적지 않습니다. 이것은 중국 전통문화상의 하나의 근본 문제입니다. 정이천도 여러 경서들 가운데 첫째인 『역경』 학문을 연구한 실력

자였습니다. 『역경』은 리(理)·상(象)·수(數)·통(通)·변(變) 5대 종류를 포함하고 있습니다. 역학의 리(理)는 바로 절대적인 철학과 과학의 총강(總綱)이기도 할 뿐만 아니라 더더욱 수리(數理) 논리의 총화(總和)입니다. 1. '치우치지 않음[不偏]'이 바로 중(中)일까요? 2. 천하 인사와 물리에는 정말로 하나의 중(中)이 있을까요?

사실은 하나의 인위적인 가정(假定)의 '치우치지 않는 중[不偏之中]'이 있기만 하면 이 중심점 자체는 이미 고정적인 가장자리[邊際]가 있으며, 가장자리가 있다면 벌써 치우친 것입니다. 이로부터 확대 유추하여 하나의 중(中)이 있다면 이미 치우침인데 어디에 하나의 '치우치지 않음을 중이라고 한다[不偏之謂中]'가 있겠습니까? 만약 있다면 그것도 인위적인 의식생각이 분별한 가정적인 중(中)입니다. 예컨대 어떤 사람이 중심에 서 있으면서 북쪽을 등지고 남쪽을 대하며 왼쪽은 동쪽 오른쪽은 서쪽이라면, 북쪽으로부터 남쪽을 바라볼 경우 이 사람은 이미 북쪽에서 대하는 남쪽입니다. 남쪽으로부터 북쪽을 바라보면, 이 사람은 이미 남쪽에서 대하는 북쪽입니다. 왼쪽 오른쪽 동쪽 서쪽은 모두 마찬가지 도리입니다. 이른바 중심이란 단지 임시방편으로서 중(中)을 가정한 것입니다. 이로부터 유추해보면 사람 노릇과 일처리에 있어 어디에 하나의 '치우치지 않는 중'을 확정하겠습니까? 그러므로 '치우치지 않음을 중이라 한다'는 '헛된 말일 뿐 모두 진실한 의미와 이치는 없다[徒有虛言, 都無實義]'는 말과 같을 뿐입니다.

그 다음으로 '불역지위용(不易之謂庸)'입니다. '불역(不易)'은 바로 절대로 변역(變易)이 없다는 뜻입니다. 인간세상 어디에 절대로 변하지 않고 바뀌지 않는[不變不易] 사실이 하나 존재할까요? 이 때문에 말하기를, "'중'은 천하의 정확한 도리요 '용'은 천하의 불변의 진리이다[中者, 天下之正道, 庸者, 天下之定理]."라고 하고 있는데, 실재로는 모두 문자 상의 문학적 유희(遊戱)를 하고 있으며, 바라보면 이치를 이루지만 찾아보면 실물이 없어서, 역시 '헛된 말일 뿐 모두 진실한 의미와 이치는 없다'입니다. 그래서 주희도 타당하지 않는 곳이 크게 있다고 느끼고는 또 『중용』 책 제목의 아래에 스스로 이렇게 주석하여 말합니다, "중(中)이란 치우치지 않고 기울어지지 않으며 지나침과 미치지 못함이 없는 것의 이름이요, 용(庸)이란은 평상함이다[中者, 不偏不倚無過不及之名. 庸, 平常也]." 이것은 정자의 설과는 비슷한 것 같으면서도 달라서[似是而非] 스스로 서로 모순되지 않습니까? 요컨대 송나라 유학자 이학의 본래면목은 바로 이와 같습니다. 표면적으로 보면 기상(氣象)이 비범하지만 만약 논리적인 추리를 거치면 곧 늘 스스로 서로 모순됩니다. 그 원인은 바로 그들이 불가(佛家)와 도가(道家) 양가 그리고 선종(禪宗)의 설을 그대로 좇아서 왔지만, 또 자신이 '인명(因明)' 논리의 변증을 탐구하지 않아서 자기도 모르는 중에 자기 말이 서로 어긋남을 이루었기 때문입니다.

『중용』 과 『중론(中論)』

사실상 정이천의 『중용』 책 이름에 대한 해석의 견해는 어디로부터 왔을까요? 그것은 불학 경론 중에 인도에서 전해온, 용수(龍樹)보살이 지은 『중론(中論)』이 한 권 있는데, 이것과 『백론

(百論)』・『십이문론(十二門論)』이렇게 세 권의 불학 전문 저작이 중국의 초당(初唐) 시대에 스스로 하나의 학파를 세우고 합하여 삼론종(三論宗)의 중요 전적이라고 부르고 한 때 유행하고 대단히 널리 퍼졌기 때문이었습니다.

『중론』의 취지는 후세 불학 문도들이 공(空)에 치우치거나 유(有)에 치우치는 것을 비판하는 학술이론입니다. 공(空)은 진공(眞空)이 아니요[空非眞空] 유(有)는 실유(實有)가 아니다[有非實有]로써, 연기성공(緣起性空) 성공연기(性空緣起)의 필경공(畢竟空)과 승의유(勝義有)임을 깨우쳐주는 판별분석[辨析]입니다. 그러므로 즉공즉유(卽空卽有) 비공비유(非空非有)의 원칙에서 하나의 '인명(因明)' 의미도리[義理]의 '중관(中觀)'을 건립합니다. 그래서 불학 중에는 『중론』 팔불지설(八不之說)이 있는데, 이른바 '불생불멸(不生不滅), 불단불상(不斷不常), 불일불이(不一不異), 불래불거(不來不去)'의, '중이 아니면서 중인[不中而中]' 논리입니다. 정씨(程氏) 형제(명도明道와 이천伊川)는 당시에 모두 불가와 노장(老莊)에 여러 해 동안 출입하였다고 스스로 일컬었으니 그들도 당연히 『중론』류의 불학의 명언을 알았습니다. 하지만 불도(佛道)와 자기를 구별하기 위하여 불학의 『중론』을 밀쳐버리고 특별히 표방하기를, "우리 유가에도 일찍이 중용의 도가 있었고 '중관'보다도 뛰어나다."고 했습니다. 그래서 '불편지위중(不偏之謂中), 불역지위용(不易之謂庸)'의 명구가 출현했습니다.

그런데 그는 불학의 『중론』은 '인명(因明)' 논리의 엄밀성으로부터 이론을 내세운 것임을 몰랐습니다. 만약 좋을 대로 한마디 '불편불역(不偏不易)'을 말하여 '인명' 논리의 시험대에 들어 올려놓는다면, 절대로 통과할 수 없습니다. 수당(隋唐) 무렵에 문중자(文中子) 왕통(王通)도 한 권의 『중설(中說)』이라는 책을 저술하여 있었지만 송나라 유학자들은 원래 왕통을 깔보았기 때문에 절대로 문중자를 적수로 삼지 않았을 것입니다. 그러므로 우리도 『중설』까지 관련시킬 필요는 없습니다.

사실 그가 『논어』의 기록인, 공자께서 말씀하셨다. "내가 아는 것이 있겠는가? 아는 것이 없다. 비천한 사람이 내게 와서 물으면, 주관이나 선입견을 두지 않고 빈 마음으로, 그가 문제를 제기한 동기를 반문하고 그의 상대적인 생각의 정반(正反) 양면을 연구하여 결론을 내려 준다[子曰 : 吾有知乎哉? 無知也. 有鄙夫問於我, 空空如也, 我叩其兩端而竭焉]."를 인용하였더라면, 이게 『중용』의 말후구(末後句)[7]인 "형이상의 하늘이 실어준 것은 소리도 없고 냄새도 없다[上天之載, 無聲無臭]."와 서로 같고, 이것이야말로 진정한 중용입니다.

쓰임에 '들어맞다'가 『중용』의 중(中)이다

그렇다면 『중용』이라는 책이 내포하고 있는 정의(定義)는 도대체 무슨 뜻일까요? 간단 명백하게 말한다면 공영달(孔穎達)이 인용한, 한(漢)나라 유학자 정현(鄭玄)의 해석을 가장 적절하고 평실(平實)하다고 여깁니다. 이른바 '쓰임에 들어맞다'는 뜻의 중(中)이 중용의 중이다[名曰中庸, 以其中和之用也. 庸, 用也]'.입니다. 『중용』이라는 책의 중심 요점은, 바로 자사가 제시한 학문수양의 요지로서, 반드시 먼저 '중화(中和)'의 경지를 성

---

7) 문장 맨 끝의 말.

취해야 비로소 천도와 인도의 관계로서[天人之際] 심성이 서로 관련된 도체(道體)와 작용을 이해할 수 있다는 것입니다.

바꾸어 말하면, 자사가 『중용』을 지은 것은, 조부인 공자의 심전(心傳)8)을 계승하고, 그 자신의 스승인 증자가 지은 '대학의 도는 밝은 덕을 밝힘에 있다[大學之道, 在明明德]'는 '내명(內明)'과 '외용(外用)'의 학(學)을 명백히 논술한 것입니다. 그리고 그는 다음과 같이 제시합니다. "중화(中和)'야말로 '밝은 덕[明德]'이요 '지극한 선에 머묾[止於至善]'의 경지이다. '군자로서의 심신의 행동거지[行止]가 언제나 중화(中和)의 경지 속에 있고[君子而時中]' '잠시라도 떠나지 않아야 한다[不可須臾離也]', 그래야 비로소, '(자기의 심리상태, 좀 더 명백하게 말하면 자기의 심사와 정서를) 지성(知性 : 소지지성所知之性, 아는 작용)이 알고서 멈추어[止 : 制止] 지성의 평온하고 청명한 경지에 전일하도록 한 뒤에야 안정[定: 安定]이 있고, 안정이 있은 뒤에야 평정[靜: 平靜]할 수 있고, 평정이 있은 뒤에야 경안[安: 輕安]할 수 있고, 경안이 있은 뒤에야 혜지[慮: 慧智]가 열릴 수 있고, 혜지가 있은 뒤에야 명덕을 얻을 수 있다[知止而后有定, 定而后能靜, 靜而后能安, 安而后能慮, 慮而后能得].'는 학문수양 공부의 일곱 개 차제에 도달할 수 있다. '신독(愼獨)'과 '성의(誠意)'는 바로 내명과 외용의 사이에서 동시에 심신 수양을 겸비하는 묘용(妙用)이다. 그런 다음 이것을 세상 속으로 들어가 봉사하는[入世] 행위에 사용함에는 반드시 지혜[智]·인애[仁]·용기[勇]의 세 가지 달덕(達德)을 갖추어야 '집안을 다스리고 나라를 다스리며 천하를 태평하게 하는[齊家治國平天下]' 사업을 진정으로 해낼

---

8) 마음과 마음이 서로 인증하여 전수하다.

수 있다."

이 원칙을 이해하고 나면, 『중용』이 말하는 '중(中)'은 반드시 중수음(中州音)과 노남(魯南) 일대의 발음으로 읽어서, '과녁을 맞추다 · 화살을 쏘아 맞추다'의 중(中)음은 중(仲 zhòng) 발음과 같다는 것을 알 수 있습니다. '용(庸)'은 어떨까요? 바로 용(用)입니다. 바꾸어 말하면, 학문의 도(道)는 지식이 아니요 빈말은 더더욱 아닙니다. 그것은 자기 개인의 심성심신(心性心身)의 수양 면에서 '선을 선택하여 굳게 잡고 실행하여[擇善固執]', 언제 어디서나 중화(中和)인, '(자기의 심리상태, 좀 더 명백하게 말하면 자기의 심사와 정서를) 지성(知性 : 소지지성所知之性, 아는 작용)이 알고서 멈추어[止 : 制止] 지성의 평온하고 청명한 경지에 전일하도록 한 뒤에야 안정[定: 安定]이 있는[知止而后有定]' 경지에 처하여서 이를 꾸준히 길러야만[養之有恒], 자연스럽게 정려(靜慮)로부터 지혜 · 인애 · 용기를 밝혀 발휘하는 정지정행(正知正行)을 얻을 수 있을 것입니다.

자사가 『중용』을 지은 것이, 증자가 『대학』을 지은 것과 뚜렷이 다른 점은 그가 바로 무엇보다도 먼저 "천명지위성(天命之謂性)"의 '천(天)'과 '성(性)'을 제시하고, 그런 다음에야 '도(道)'와 '교(敎)'를 얘기해서 아주 특별해 보인다는 것입니다. 사실은 제가 『대학』을 강해할 때 이미 제시하기를, 증자의 『대학』은 『역경』 「건괘문언(乾卦文言)」으로부터의 발휘라고 했습니다. 자사가 『중용』을 지은 것은 증자의 뒤를 이어서 「곤괘문언(坤卦文言)」과 『주역』 「계사전」으로부터 발휘하여 이어서 지은 것입니다. 예컨대 『중용』이 무엇보다 먼저 제시한 "천명지위성(天命之謂性)"으로부터 "중화(中和)"까지는 「곤괘문언」에서 온 것입니다.

「곤괘문언(坤卦文言)」:

"곤괘의 성질은 지극히 유순하지만 일단 움직이면 강함으로 변한다. 그 형태는 지극히 고요하지만 방정한[方正] 덕성이 있다. 그것이 먼저 도(道)를 잃은 뒤에 얻음이 있는 것은, 그것에는 주로 순행하는[主順] 상도(常道)가 있어 만물을 함육(含育 수용 양육하다. 포용 화육하다/역주)하여 광명을 화생(化生 화육 생장하다. 변화 산생하다/역주)하기 때문이다. 곤도(坤道)는 천도(天道)를 순종하고 받들면서 수시로 운행하여 쉬지 않는다."

坤至柔而動也剛, 至靜而德方, 後得主而有常, 含萬物而化光. 坤道其順乎! 承天而時行.

"군자가, 추상적으로는 천지의 중(中)이요 인체로는 내부의 위나 장 등의 일체가 좋은 것인, 황중(黃中)이 외부의 피부와 모공까지 통하고, 그 몸에 천도와 인도가 하나로 합한[天人合一] 바른 위치가 거하니, 아름다움이 그 가운데 있어서 안면에 광채가 가득하고 사지에 충만하여 온몸이 막힘없이 확 통하고, 이런 내면의 수양이 어떤 기회에 외부의 사업과 연계되면 안과 밖이 합하여 하나가 되면서 천도와 인도가 하나로 합하여 아름답기 그지없다."

君子黃中通理, 正位居體, 美在其中, 而暢於四支, 發於事業, 美之至也.

그리고 " 「계사전」 :

음(陰)이 있으면 반드시 양(陽)이 있으며 서로 갈마드는 것을 작용으로서의 도라 한다. 이 음과 양을 서로 조화힘으로써 균형을 유지하게 하는 것이 선(善)이요, 이 둘을 이루는 것은 도의 본체 기능인 성(性)이다. 어진 자는 도를 보고 인(仁)이라 하고, 지혜로운 자는 도를 보고 지혜[知]라 하고, 보통사람들은 도를 날마다 사용하면서도 알지 못하니 군자의 도는 드물다."

一陰一陽之謂道, 繼之者善也, 成之者性也. 仁者見之謂之仁, 知者見之謂之知, 百姓日用而不知, 故君子之道鮮矣.

"성성존존은 도의의 문이다. 다시 말해 정말로 『역경』의 저 도통(道統)을 이해함에 도달하면, 우주만유의 저 도체(道體)의 경지는 영원히 불생불사(不生不死)하는 것이다. '더럽지도 않고 깨끗하지도 않으며, 늘어나지도 않고 줄어들지도 않는다'가 바로 '도의(道義)의 문'으로서, 도를 완성할 수 있고 '명심견성', '여여부동'의 경지에 도달할 수 있다는 의미이다."

成性存存, 道義之門.

더 나아가 설괘전 :

"도덕에 조화하여 따르고 마땅한 사리[義]에 조화하여 다스리며, 사람의 이성(理性)을 다 알고 만사 만물의 이성까지 다 앎으로써 천명에 도달한다."

和順於道德而理於義, 窮理盡性以至於命.

에서 온 것입니다.

특히 '군자황중통리(君子黃中通理), 정위거체(正位居體), 미재기중(美在其中), 이창어사지(而暢於四支), 발어사업(發於事業), 미지지야(美之至也).'와, '성성존존(成性存存), 도의지문(道義之門)' 그리고 '화순어도덕이리어의(和順於道德而理於義), 궁리진성이지어명(窮理盡性以至於命)' 등의 학설은, 바로 『중용』의 개종명의(開宗明義)9)에서, '학문 수양이 중화(中和)의 경지를 증오(證悟)10)하는 것이야말로 근본의 종지가 있는 곳이라고 맨 먼저 제시한 것입니다.

당신이 『역경』 '문언' 등 이런 사료(史料)들을 이해하기만 하면, 『중용』이 말하는 성명(性命)과 천도(天道)의 이치가 모두 그 말이 근거가 있고 학문이 연원이 있는 것임을 알 수 있습니다. 고서를 읽음에 있어 '천(天)'과 '도(道)' 두 글자의 내함에 대하여는 제가 이미 『대학』 강의의 시작 부분에서 이미 설명해 놓았으므로 이제 다시 중복하지 않겠습니다.

(역자보충 1) **대부분의 행위는 정서의 영향을 받는다**

바꾸어 말하면, 사람마다의 행위는 통상 대부분 정서의 영향을 가장 많이 받습니다. 예컨대 우리는 늘 말하기를 어떤 사람의 성질을 내가 안다거나 혹은 어떤 사람의 개성을 내가 안다고 하는데, 이른바 이 '성질'과 '개성'은 바로 정서가 위주입니다. 정서는 그 사람의 '소지성(所知性)'인 의식이 일으키는 총명과 재지(才智)를 대표하는 것은 아닙니다. 정서의 작용은 원래 생리적인 천품에서 나오는 것으로, 신체 내

---

9) 말 또는 글의 첫머리에 요지를 밝히다.
10) 깨닫는 것. 진리를 인식하고 이해함과 동시에 완전히 몸에 익히는 것.

부의 건강 상태에서 비롯되는 작용입니다. 다시 말하면 건강하고 건강하지 못하고는 그의 정서와 관계가 중요합니다. 『황제내경』은 이렇게 말합니다.

오장(五臟)의 정기(精氣) 중 어느 하나가 허약하면 나머지 부위의 정기가 그 한 곳[臟]에 몰려서 발생하는 질병으로는, 정기가 심장에 몰려 있으면 기뻐하기[喜] 쉽고, 폐에 몰려있으면 슬퍼하기[悲] 쉽고, 간에 몰려있으면 우울해하기[憂] 쉬우며, 비장에 몰려있으면 두려워하기 [畏] 쉽고, 신장에 몰려있으면 공포하기[恐] 쉽다. 이것을 오병(五幷)이라고 부르는데, 정기의 허약을 타고 서로 몰려서 발생하는 병이다.

五精所幷 : 精氣幷於心則喜, 幷於肺則悲, 幷於肝則憂, 幷於脾則畏, 幷於腎則恐, 是謂五幷, 虛而相幷者也.

그래서 자사는 『중용』을 저술하면서 시작 부분에서 먼저 '천명지도(天命之道)'의 '지성(知性)'으로부터 『대학』의 이른바 '성의(誠意)'의 '신독(愼獨)'까지 언급하고 난 뒤에는 특별히 이렇게 말했습니다.

생리적인 정서와 상관이 있는 기쁨 · 노여움 · 슬픔 · 즐거움 등의 망념(妄念)이 모두 아직 발동하지 않은 것은 바로 자성의 본래 청정(淸淨)의 경지에 정확히 맞아 들어간 것으로서 이를 중(中)이라 하고, 만약 우연히 밖에서 온 경계가 야기하였기 때문에 망념이 발동하였다면 그 즉시 자동 자발적으로 조절하여 다시 모두 안정되고 평화롭고 [安和] 고요한 본래 청정의 경지로 되돌아갈 수 있는 것, 이를 화(和)라고 하는데 이것이 바로 중화의 묘용이다. 그렇게 도를 닦는 사람이 언제 어디서나 영묘한 광명이 홀로 빛나는 심경 중에 맞아 들어갈 수 있는, 중(中)이라는 것은 천하 사람마다 자성 청정을 수행하는 큰 근본이다. 만약 우연히 발동이 있다면 곧 언제 어디서나 조절하여 안정되고 평화롭고 고요한 경지로 되돌아갈 수 있는, 화(和)라는 것은 온 천하 사람마다 통달하고 해낼 수 있는 도를 닦는 공부이다. 만약 언제 어디서나 수양하여 중화의 경지에 도달할 수 있다면, 자기가 본래 천지와 더불어 동일한 본래의 위치에 존재하고 있으며, 동시에 자기가 본래 만물과 더불어 동등하게 천지의 생생불이(生生不已)의 양육(養育) 속에 있다는 것도 알게 될 것이다.

喜怒哀樂之未發謂之中 ; 發而皆中節謂之和. 中也者, 天下之大本也 : 和也者, 天下之達道也. 致中和, 天地位焉, 萬物育焉.

역대이래로 『중용』 첫 부분 제1절에 관하여 대다수가 '희노애락(喜怒哀樂)'을 심리적인 상태로 여기고 해석하였는데, 그것은 절대적으로 틀린 것입니다. 그가 옛날 성현이든 혹은 오늘날의 유가이든 틀렸으면 틀린 것이니, 감히 분별없이 남의 말에 맞장구치지 않습니다. '희로애락'은 정서로서 수신(修身)의 범주에 속하는 것이지, 수심(修心)의 심(心) · 의(意) · 지성(知性)의 범주에 속하지 않습니다.

소위 '희노애락지미발위지중(喜怒哀樂之未發謂之中)'이라는 말은 정서가 발동하지 않은 경지를 가리킵니다. 다시 말하면 정(情)이 움직이지 않고, 더욱이 의기(意氣)를 불러일으키지 않은 상황입니다. 그러나 사람은 결국 정(情)이 있는 동물입니다. '정이 없다면 구태여 이 세상에 태어날 필요가 있겠으며, 천하에서 그 누가 감정을 움직이지 않을 수 있겠습니까[無情何必生斯世, 天下誰能不動情]?' 단지 '심리적 · 생리적 충동은 행위 면에서 예(禮)에서 그쳐서[發乎情, 止乎禮義],' '(자기의 심리상태, 좀 더 명백하게 말하면 자기의 심사와 정서를) 지성(知性 아는 작용)이 알고서 멈추어[止 : 制止] 지성의 평온하고 청명한 경지에 전일하도록 한 뒤에 안정이 있기만 하면[知止而后有定],' '발이개중절위지화(發而皆中節謂之和)'의 경지에 도달할 수 있습니다! 그렇기 때문에 자사는 '중화(中和)'의 경지와 작용을 '천지위언(天地位焉), 만물육언

(萬物育焉)'이라는 성인의 경지로 높이 떠받들었는데, 이 얼마나 진실하고 선하고 아름답습니까! 게다가 인정(人情)이라고 하는 평범한 심정에도 들어맞습니다. 이것은 바로 인도(人道)의 진정한 현실로서 인정에서 벗어나지 않습니다.

하지만 우리가 이런 도리를 이해하고 나서 다시 되돌아와서 '대학지도(大學之道)'를 살펴보겠습니다. 세상 사람을 교화하고자 한다면 위로는 천자에서부터 아래로는 어떠한 평민 한 사람에 이르기까지 모두 이러한 유자(儒者)의 학문과 수양을 갖추어야만 비로소 국민의 인격 완성 교육의 표준이라 할 수 있습니다. 증자가 말한 대로 "천자로부터 서민에 이르기까지 한결같이 자신의 수양을 근본으로 삼아야 한다[自天子以至於庶人, 壹是皆以修身爲本]."가 가능할까요? 남송 이후로 정주(程朱)의 학문을 떠받들고 존경하던 후세의 유자들은 한사코 『대학』과 『중용』을 제왕들의 필독서, 필수 수업 과목으로 변경하고 싶어 했습니다. 그뿐만 아니라 제왕들에게 '조용히 마음을 수양하라' '마음이 흔들리지 말아라' '감정을 움직이지 말아라' 하면서 상상 속의 요순(堯舜)을 배워서 되라고 요구했으니, 정말로 그 고리타분함은 구제할 수 없는 지경에 이르렀던 것이 어찌 아니겠습니까? 역사상의 제왕들을 살펴보면 정상적인 심리상태를 지니고 있었던 사람을 찾아내고 싶어도 결코 많지 않았습니다. (남회근 선생 저 『대학강의』 제3편중에서)

(역자보충 2) 『대학』 원문 경 1장 간략한 풀이

『대학』 원문 경 1장에 대하여 남회근 선생이 부분적으로 간략히 풀이한 내용을 역자가 주로 그의 저작 『남회근강연록』과 『21세기초전 언후어』 에서, 그리고 일부는 『대학강의[原本大學微言]』 에서 참고하여 정리 번역하였습니다. 보다 깊고 자세한 강해는 역자가 『선과 생명의 인지 강의』 에 보충한 '부록 5. 인지에 관한 남회근 선생의 법문을 간단히 말한다'와, 이미 출판되어 있는 남회근 선생의 『대학강의』 를 읽어보기 바랍니다.

大學之道는 在明明德하며 在親民하며 在止於至善이니라. 知止而后有定
이니 定而后能靜하며 靜而后能安하며 安而后能慮하며 慮而后能得이니
라 物有本末하고 事有終始하니 知所先後면 則近道矣리라. 古之欲明明德
於天下者는 先治其國하고 欲治其國者는 先齊其家하고 欲齊其家者는 先
修其身하고 欲修其身者는 先正其心하고 欲正其心者는 先誠其意하고 欲
誠其意者는 先致其知하니 致知는 在格物하니라. 物格而后知至하고 知至
而后意誠하고 意誠而后心正하고 心正而后身修하고 身修而后家齊하고
家齊而后國治하고 國治而後天下平이니라. 自天子로以至於庶人이 壹是皆
以修身爲本이니라. 其本이 亂而末治者否矣며 其所厚者薄이오 而其所薄
者厚하리 未之有也니라. 此謂知本이며 此謂知之至也니라.

"대학지도(大學之道)는", 성년자의 첫 번째 수업으로는 먼저 생명
인 심성의 기본수양에 대하여 인지하여야 합니다.

"재명명덕(在明明德)하며", 무엇이 '명명덕'일까요? 도를 얻은 것을
말합니다. 바로 심성의 문제를 이해한다는 것입니다.

"재친민(在親民)하며", 명덕을 밝힌 뒤에 수행하고 행을 일으켜 세
상과 사람들을 구제하는 사업을 하는 것이 바로 '친민'입니다.

"재지어지선(在止於至善)이니라.", '지어지선'이란 바로 범부를 초월
하여 성인의 경지로 들어가는 것, 초인이 되는 것, 천인합일(天人合一)
의 경지입니다.

이상은 일개 범부로부터 생명의 근원을 아는 성인이 되는 세 가지
강요인데 이를 '삼강(三綱)'이라고 합니다.

그런데 어떻게 명덕(明德)을 밝힐까요? 어떻게 도를 얻을까요? 어
떻게 생명의 근본 의의를 알까요?

"지지이후유정(知止而后有定)하며", '지(知)'와 '지(止)'이 두 글자
에 주의하기 바랍니다. 사람은 모태에서 나오자마자 '아는[知]' 작용이

있습니다. 예를 들어 갓난애는 태어난 뒤 배가 고프면 울 줄 알고 젖을 달라고 합니다. 추위와 더위가 지나쳐도 울 줄 압니다. 이런 지성(知性)11)은 선천적인 것입니다. 그러나 주의하십시오!, '지지(知止)'는 감각 지각할 수 있는 작용이 정지했다는 말이 결코 아닙니다. 지성을 인도하여 하나의 가장 좋은 길로 걸어가게 하라는 말입니다. 심성이 평안한 길을 하나 선택하여 걸어가는 겁니다. 우리들의 생각과 신체는 어떻게 정(定)하게 할까요? 보통사람의 지성은 뛰고 산란(散亂)하고 혼매(昏昧)하면서 정(定)의 상태가 아닙니다. 그러나 또 지성의 평온함·청명함[淸明]으로써 산란과 혼매를 없애고 청명한 경지에 전일하도록 해야 하는데, 이를 '지지(知止)'라고 합니다. '지지'한 다음 다시 한 층 나아가야 정(定)입니다. 불교가 중국에 들어온 뒤 대소승 수행의 하나의 요점을 선정(禪定)이라고 부릅니다. 선(禪)은 범어의 음역이며 정(定)은 대학의 '지지이후유정'에서의 '정'자를 차용한 것입니다.

"정이후능정(定而后能靜)하며", 정(定)의 경지에서 점점 차분하고 고요한 상태에 들어가는 것을 정(靜)이라고 합니다.

"정이후능안(靜而后能安)하며", 정(靜)의 경지에 도달한 뒤에 다시 대단히 평안하고 쾌적하며 가볍고 재빠른 경지에 들어가는 것을 '안'이라고 합니다. 불학 용어를 빌리면 경안(輕安)이라고 부릅니다.

"안이후능려(安而后能慮)하며", 경안하고 청명하고 산란하지 않고 혼매하지 않아서 정결(淨潔)한 경지에 대단히 근접하면 '애쓰지 않아도 들어맞고 생각하지 않아도 얻어지는' 지혜의 힘이 일어나게 되는데, 이 것을 '려(慮)'라고 합니다. 자기의 내재적인 지혜가 일어날 수 있는 겁니다. 불학 용어를 빌리면 '반야'의 경지이며 중문으로는 '혜지(慧智)'라고 번역할 수 있습니다.

"려이후능득(慮而后能得)이니라.", 이 혜지를 통하여 생명인 자성의 근원을 철저하게 아는 것을 대학에서는 '려이후능득'이라고 합니다. 무엇을 얻는 것일까요? 생명에 본래부터 있는 지혜 기능의 대기대용(大

---

11) 아는 작용. 이하 같은 뜻임.

機大用)을 얻는 것을 '명명덕'이라고 합니다. '득'은 도달한다는 의미입니다. 대철대오하여 생명의 본래의 면목을 보는 겁니다. 증자는 이런 심성수양의 성취를 '명명덕'이라고 했습니다.

이상은 명백하게 말해놓지 않았습니까? 바로 이 길로 걸어가면 명덕을 얻습니다. 도를 얻습니다. 좋습니다! 보다시피 그 방법은 지(知)·지(止)·정(定)·정(靜)·안(安)·려(慮)·득(得)으로, 모두 일곱 단계의 공부인 칠증(七證)입니다. 이상은 자기 내면의 수양공부인 내성지학(內聖之學)을 말한 것입니다.

"물유본말(物有本末)하고 사유종시(事有終始)하니 지소선후(知所先後)면 즉근도의(則近道矣)리라. 고지욕명명덕어천하자(古之欲明明德於天下者)는 선치기국(先治其國)하고 욕치기국자(欲治其國者)는 선제기가(先齊其家)하고 욕제기가자(欲齊其家者)는 선수기신(先修其身)하고 욕수기신자(欲修其身者)는 선정기심(先正其心)하고 욕정기심자(欲正其心者)는 선성기의(先誠其意)하고 욕성기의자(欲誠其意者)는 선치기지(先致其知)하니"

'삼강칠증(三綱七證)'에 이어서 '팔목(八目)'이 있습니다. 바로 여덟 개의 방향인데, 어떻게 성인의 학문과 수양 정도에 도달할 수 있을까요?

"치지(致知)는 재격물(在格物)하니라.", 무엇을 '치지'라고 할까요? '지'는 바로 지성(知性)입니다. 우리들은 태어나면서부터 지성이 하나 있습니다. 갓난애 때 배고프면 울 줄 알고 추우면 울 줄 압니다. 이 지성은 본래부터 존재합니다. 이 지(知)는 생각의 근원입니다. 다시 말해 이 '지'는 우리가 보통 천성(天性)이라고 하는데, 없는 사람이 없습니다. 우리가 엄마 태속에 들어가 태아로 변할 때 이미 있었고 선천적으로 지니고 온 것입니다. 다만 엄마 태속에서 열 달 동안 있다가 태어날 때 그 열 달의 경과를 잊어버렸을 뿐입니다. 지금 우리들처럼 수십 년 동안 사람으로 살아오면서 많은 일들을 기억하지 못하는 것이나 마찬가지입니다. 특히 모태 속에서의 경과는 거의 사람마다 그 고통의 압박을 견디지 못하고 흐리멍덩해져버렸습니다. 그러나 이 지성은 결코 손실되지 않아서 모태에서 나와 탯줄이 가위로 잘라지자마자 차가움과 따뜻함, 그리고 외부의 자극을 알고서는 응애응애 하고 울었는데, 견딜 수 없어서 울고불고함으로써 지성이 작용을 일으킨 것입니다. 그런 다음 곁에 있던 어른이 우리를 깨끗이 씻어주고는 수건으로 싸고 옷을 입히고 젖을 먹이고 좀 편안해지자 울지 않았습니다. 다 알았습니다. 그러므로 배고프면 울면서 먹고 싶다고 하는데, 이 지성은 천성적으로 지니고 온 것입니다. 정좌하여 어떤 것을 정(定)을 얻은 것이라고 할까요? '치지(致知)'입니다. 방금 '치지재격물'이라고 외웠지요? 그렇다면 무엇을 '격물(格物)'이라고 할까요? 외부의 물질에 유혹되어 끌려가지 않는 것을 '격물'이라고 합니다. 우리들의 지성은 외부의 것들에게 유혹되어 끌려가기 쉽습니다. 예를 들어 우리들의 신체는 정좌하면 시큰거리고 아파서 견디기 어려운데 신체도 외부의 '물(物)'입니다.

여러분은 당장에 한 가지 실험을 해볼 수 있습니다. 당신이 거기 앉아 있는데, 다리가 시큰거리고 아프고 온 몸이 괴로울 때 갑자기 당신의 채권자가 칼을 들고 당신 앞에 서서 당신더러 "돈을 갚지 않으면 안 된다. 갚지 않으면 죽이겠다."고 한다면, 당신은 즉시 아프지 않게 될 겁니다. 왜 그럴까요? 당신의 그 지성이 놀래 있기 때문입니다. 신체의 아픔도 '물'인데 하물며 신체 밖의 '물'은 더 말할 나위가 있겠습니까? 당연히 일체가 모두 '외물(外物)'이 됩니다. 그러므로 '치지재격물'이란 바로 신체의 감각과 외부 경계에 속아 끌려가지 말라는 것입니다.

"물격이후지지(物格而后知至)하고", 온갖 외물의 유혹을 물리쳐버리면 우리들의 그 지성은 본래 존재하고 있었습니다. 당신이 정좌하고 있으면 지성은 또렷하므로 따로 지성을 하나 찾지 말기 바랍니다. 그러므로 먼저 이 지성을 확실히 인지하고 나서 정좌를 얘기해야 합니다. 왜 정좌하고자 할까요? 지성이 정좌하고자 하고 내가 정좌하고 싶어 하기 때문입니다. 왜 이것을 배우러 왔을까요? 내가 어떤 것을 하나 추구하기 때문입니다. 이렇게 하여 당신은 이미 속임을 당했습니다. '물(物)'에 의하여 '물리쳐져버린(格)' 것입니다. 당신이 '물'을 물리친 것이 아니라 '물'이 당신을 물리친 것입니다. 그러므로 '치지(致知)는 재격물(在格物)하니라. 물격이후지지(物格而后知至)하고' 란, 온갖 감각과 외부 경계를 모두 물리쳐버리면 당신의 그 지성은 지금 여기에 또렷이 있다는 것입니다. 정(定)을 얻은 하나의 경지라고 우선 부를 수 있습니다.

"지지이후의성(知至而后意誠)하고", 이때에 당신이 한 생각이 청정한 것을 아는 것이 바로 지성이며, 한 생각이 청정함이 바로 '의성(意誠)'입니다. 생각 생각마다 청정하고 지성이 언제나 청명하여, 신체상의 막힘[障碍]에 의하여 시달리지 않고 외부의 온갖 경계에 의하여 시달리지 않으며 자신의 흩날리는 망상들에 의하여도 시달리지 않습니다.

"의성이후심정(意誠而后心正)하고", 아무것도 바라지 않는 것이 바로 '심정(心正)'입니다.

"심정이후신수(心正而后身修)하고", 그렇게 되면 우리들 신체의 병통 · 막힘 · 쇠약노화는 서서히 전환 변화합니다. 전환 변화한 다음에 정좌하면 당연히 반응이 있습니다. 그렇지만 만약 애를 써서 신체 반응에만 상관한다면 '물'을 물리치지 못하고 '물'에 의하여 물리쳐집니다. 이렇게 알아들으셨습니까? "의성이후심정(意誠而后心正)하고 심정이후신수(心正而后身修)하고"는 모두 공부입니다. 얼마나 오래 닦아야 할까요? 일정하지 않습니다.

"신수이후가제(身修而后家齊)하고 가제이후국치(家齊而后國治)하고 국치이후천하평(國治而後天下平)이니라."

이상을 팔목이라고 하는데, '격물(格物) · 치지(致知) · 성의(誠意) · 정심(正心) · 수신(修身) · 제가(齊家) · 치국(治國) · 평천하(平天下)' 이 여덟 개의 큰 항목으로서, 큰 방향의 외용지학(外用之學)이 됩니다.

"자천자이지어서인(自天子以至於庶人)이 일시개이수신위본(壹是皆以修身爲本)이니라", 중국 전통문화는 불법과 마찬가지로 위로는 천자인 황제로부터 아래로는 서인인 보통 백성들에 이르기까지 모두 한 개인으로 보고 모두 먼저 이 문화로써 근본을 삼습니다. 이것을 내양지학(內養之學)이라고 하는데 불가에서는 내명(內明)이라고 합니다.

"기본란이말치자부의(其本亂而末治者否矣)며", 이 근본학문 수양을 성취하지 못하고 외면의 지식만을 추구한다면 그것은 근본을 버리고 말단을 좇는 것입니다. 바꾸어 말하면 한 인간이 내성(內聖)수양 공부가 없이 제가(齊家) 치국(治國)하여 평천하(平天下)에 도달하고자 한다면 가능성이 없습니다! 그러므로 이런 내용들을 여러분들은 반드시 자세히 참구해야 합니다. 그것 자체가 바로 하나의 대비주(大悲呪)입니다.

"기소후자박(其所厚者薄)하고 이기소박자후(而其所薄者厚)함은 미지유야(未之有也)니라."

"차위지본(此謂知本)이며 차위지지지야(此謂知之至也)니라.", 여기서의 '지'는 바로 지성입니다. 지성을 잘 수양하고 정좌공부를 하여 정력(定力)이 있으면 지성은 청명합니다. 지성이 청명하고 간절합니다.

이상의 남회근 선생의 풀이를 참고하여 역자가 미흡하나마 그 원문을 다음과 같이 간결하게 한글 번역했습니다.

대학(大學)의 도(道)는 명덕(明德)을 밝힘에 있으며, 백성을 친애함에 있으며, 지극한 선[至善]의 경지에 머묾에 있다.

(자기의 심리상태, 좀 더 명백하게 말하면 자기의 심사와 정서를) 지성(知性 : 소지지성所知之性, 아는 작용)이 알고서 멈추어[止 : 制止] 지성의 평온하고 청명한 경지에 전일하도록 한 뒤에야 안정[定: 安定]이 있고, 안정이 있은 뒤에야 평정[靜: 平靜]할 수 있고, 평정이 있은 뒤에야 경안[安: 輕安]할 수 있고, 경안이 있은 뒤에야 혜지[慮: 慧智]가 열릴 수 있고, 혜지가 있은 뒤에야 명덕을 얻을 수 있다.

어떤 물건이든 근본과 말단이 있고, 어떤 일이든 끝과 시작이 있으니, 먼저 하고 뒤에 할 것을 알면 도에 들어가는 문에 다가갈 수 있다.

옛날에 명덕을 천하에 밝히고자 하는 자는 먼저 그 나라를 다스리고, 그 나라를 다스리고자 하는 자는 먼저 그 집안을 다스리고, 그 집안을 다스리고자 하는 자는 먼저 그 자신을 수양하고, 그 자신을 수양하고자 하는 자는 먼저 그 마음을 바르게 하고, 그 마음을 바르게 하고자 하는 자는 먼저 자기의 의념(意念)을 정성스럽게 하고, 자기의 의념을 정성스럽게 하고자 하는 자는 먼저 자기의 지성(知性 : 능지지성能知之性)에 도달하였으니, 지성에 도달함은 외물(外物)을 물리침에 있다 (남회근 선생은 『대학강의』에서 '격물格物'을 '만사만물의 성리性理를 알게 된다는 뜻으로도 풀이합니다).

외물이 물리쳐진 뒤에야 지성이 도달하고, 지성이 도달한 뒤에야 의념이 정성스럽게 되고, 의념이 정성스럽게 된 뒤에야 마음이 바르게 되고, 마음이 바르게 된 뒤에야 자신이 수양되고, 자신이 수양된 뒤에야 집안이 다스려지고, 집안이 다스려진 뒤에야 나라가 다스려지고, 나라가 다스려진 뒤에야 천하가 화평해진다.

천자(天子)로부터 일반 백성들에 이르기까지 똑같이 저마다 자신의 수양을 근본으로 해야 한다. 그 근본이 어지러운데도 말단이 다스려지는 경우는 없었으며, 두텁게 해야 할 것을 얇게 하고 얇게 해야 할 것을 두텁게 한 경우는 아직 없었다. 이것을 일러 근본을 안다고 하고, 이것을 일러 지성이 도달하였다고 한다.

(역자보충 3) **팔불중도(八不中道)**

정의

한역 경전 권에서 대승의 핵심인 중관사상을 정의하는 불교 용어이다.

연원 및 변천

인도에서 대승불교의 사상적 바탕이 되는 공사상은 반야부와 중관부를 통해 발전했다. 부파불교의 정교한 교학불교인 '아비담마(阿毘達磨, abhidharma)'에 대한 반대로 발생한 반야부의 공사상을 예리한 논파로 재정립한 용수(龍樹, Nāgārjuna: 150~250)의 중관사상이 담긴 『중론(中論,)』과 『십이문론(十二門論,)』, 그리고 그의 제자인 제바(提婆, 170~270)의 『백론(百論)』 등은 대역경사 구마라습(鳩摩羅什 343~413)에 의해 한역되었다.

인도에서는 중관사상이 논리학의 전성기를 관통하면서 중기 중관파 논사들의 각기 다른 『중론』 주석을 통해 스와딴뜨리까(Svātantrika, 자립논증)와 쁘라상기까(Prāsaṅgika, 귀류/귀결논증)라는 양대 학파로 발전하였다. 반면에 거의 동시대 한역 경전권의 '필터 역할'을 했던 중국에서는 소의경전(所依經典)들을 종지(宗旨)로 삼던 종파불교의 특징으로 인해 『중론』, 『백론』 그리고 『십이문론』을 소의경전으로 삼던 삼론종(三論宗)에 의해서 발전했다. 이와 같은 작업은 구마라습, 승숭(僧嵩), 법도(法度), 승랑(僧朗), 승전(僧詮), 법랑(法朗), 길장(吉藏: 549~623)이라는 삼론종의 칠대상승(七代相承)을 통해서 2백 여 년에 걸쳐 이루어졌다.

그 결과 『중론』을 법무아(法無我, dharma nairātmya, 3-15품)와 인무아(人無我, pudgala nairātmya, 16-21품)의 2종 무아(二無我, dvi nairātmya)로 나누어 설명하는 인도-티벳 전통과는 달리 『중론』을 대승(1~25품)과 성문, 즉 소승(26, 27품)으로 나누고, 팔불중도(八不中道) · 진속이제(眞俗二諦) · 파사현정(破邪顯正)을 강조하는 한역 경전권의 중관사상 전통이 생겨나게 되었다. 이 가운데 길장에 의해 최종 정리된 『중론』 귀경게인 1,2번 게송에 나오는 팔불중도는 이후 한역 경전 권에서 중관사상을 통칭하는 것으로 알려졌다.

내용

　『중론』 귀경게의 팔불(八不)

역본에 따라서 산스끄리뜨어 『중론』 원문뿐만 아니라, 한문, 티베트어 역본들마다 약간의 차이가 나는 『중론』 귀경게 팔불의 김성철 역 가운데 하나는 다음과 같다.

'소멸하지도 않고 발생하지도 않으며(不滅不生)/ 단멸하지도 않고 상주하지도 않으며(不斷不常)/ 같지도 않고 다르지도 않으며(不一不異)/ 오지도 않고 가지도 않으며(不來不去)'

구마라습의 한역 『중론』에서는 ①불생(不生)/불멸(不滅), ②불단(不斷)/불상(不常), ③불일(不一)/불이(不異), 그리고 ④불출(不出)/불래(不來)로 옮겨져 있는 이 팔불은 두 개의 대칭되는 개념이 한 쌍을 이루고 있다.

티베트어 역본에 등장하는 귀경게는 『중론』을 지은 배경과 그 요지가 각 행에 의해서 배열되어 있다.

'무언가에 의지하여 생겨난 것[緣起](이기에)/ 소멸함이 없고[不滅] 생겨남이 없고[不生]/ 그침이 없고[不斷] 항상함이 없고[不常]/ 오는 게 없고[不來] 가는 게 없고[不去]'

'다른 의미가 아니고[不異] 같은 의미가 아닌 것[不一]이니/ 희론(戱論, prapañca)이 적멸하여 적정(한 상태에 머물 수 있는) 가르침/ 정등각자의 말씀들의/ 진리, 그것에 경배하옵니다.'

연기사상을 팔불로 정의하고, 그것을 가르쳐준 붓다에게 경배한다는 뜻인 이 귀경게에는 '희론의 적멸'이 등장한다. 이 희론을 뜻하는 '쁘라빤짜'를 해자해보면, '앞으로'를 뜻하는 '쁘라(pra)'에, '퍼지다, 다섯 손가락을 펴다'는 뜻을 지닌 어근 '빤쯔(√pañc)'가 결합되어 '생각 등이 여러 갈래로 퍼져 나가다, 망상하다, 생각을 표현하다'는 뜻이 있다. 김정근이 월칭소 『중론』인 『쁘라산나빠다』에서 언급한 것처럼, 이것은 곧 '언어, 사유 및 논리와 같은 세간 관습에 의하여 절대적 진리를 파악하려는 시도는 허공을 움켜쥐려고 벌린 다섯 손가락의 부질없는 동작에 비유된다.'는 의미다.

이 귀경게를 통해서 용수는 '고통에서의 해방', 즉 '열반적정(涅槃寂靜)'을 추구하는 불교가 아비달마라는 교학불교로 흐르던 것을 거부하고 '다시 연기사상으로 돌아가자'는 선언을 하고 있는 것이다.

이 팔불은 생(生)・멸(滅)・단(斷)・상(常)・일(一)・이(異)・출(出)・래(來)라는 각각의 단어 앞에 '~이 아니다'는 뜻을 지닌 산스끄리뜨어의 부정 접두어인 '아(a-)'나 '안(an-)'을 '불(不)'로 한역한 결과다. 김성철은 선행 연구를 통해서 '한문에서는 일반적으로 존재를 부정할 경우는 '無', 인식을 부정할 경우는 '非', 작용을 부정할 경우는 '不'이라는 용어를 사용했다고 보지만 이와 같은 '일반적'인 원칙이 전전기(前傳期,7~9세기)에 이미 『번역명의집(飜譯名義集, Mahāvyupatti)』을 만들어 번역 용어를 통일했던 티벳과 달리 중국에서는 시대와 역경사의 취향에 따라 가변적으로 적용되었던 듯하다.

또한 '5종불번(五種不飜)'이라는, 즉 '다섯 가지는 옮기지 않는다.'는 역경의 대원칙을 세웠던 대역경사 현장(玄奘: 622~664)이 이에 대해서 특별한 언급을 하지 않았던 점으로 미루어보아 산스끄리뜨어의 '~이 아니다'는 뜻의 부정 접두어를 둘러싼 논의가 한역 경전권에서 그다지 활발하게 진행되지 않았던 것으로 보인다.

실제 『중론』의 팔불과 같이 어떤 쌍을 이루는 상대적인 개념들을 부정하는 것은 중관사상의 전유물이 아니었다. 오늘날 대부분의 불교예식에 빠지지 않는 반야부의 대표적인 경인 『반야심경(般若心經, Prajñāpāramitā hṛdaya sūtra)』에 불생불멸, 불구부정(不垢不淨), 부증불감(不增不減)이라는 육불(六不)이 등장하고 있는 것처럼, 대립된 개념들에 대한 부정은 대승에서 연기의 다른 이름인 공사상의 핵심을 이루고 있었다.

팔불이 곧 연기사상을 뜻하는 『중론』 귀경게의 요지에 중도가 첨언된 것은 삼론종의 논사들이 대치되는 한 개의 개념을 극단 또는 어리석음으로 보고 이것을 여의는 것을 중도라고 해석했기 때문이다. 예를 들어 불생은 모든 현상이 생겨난다는 생에 대한 집착을, 불멸은 사

라진다는 멸에 대한 집착을 여의게 하기 때문에 곧 중도를 뜻하는 것
이라고 보았다.

역사적으로 이 팔불중도는 팔불중관(八不中觀), 팔불정관(八不正
觀), 팔불연기(八不緣起), 무득중도(無得中道), 무득정관(無得正觀), 불
이정관(不二正觀), 팔차(八遮) 등의 다양한 이름으로 불렸지만 오늘날
에는 일반적으로 팔불중도 연기사상이라고 정의하는 편이다.(『한국민
족문화대백과사전』에서 전재하였음/역주)

(역자보충 4) **도가도(道可道) 비상도(非常道)**

음(陰)이 있으면 반드시 양(陽)이 있으며 서로 갈마드는 것을 작용
으로서의 도라 한다.

一陰一陽之謂道

이 속에는 문제가 많습니다. 여기서의 '도'는 본체로서의 도가 아니
라 응용으로서의 도입니다. 그래서 제가 늘 말하기를, 중국문화를 말함
에 있어 두 가지 문제가 가장 해석하기 어려운데 하나는 '천(天)'자요
하나는 '도(道)자'라고 합니다. 중국문자는 육서(六書)로부터 나온 것입
니다. 예컨대 '도'자는 어떤 때는 형이상을 말하고 어떤 때는 형이하를
말하는데, 형이상의 도는 말로 표현할 수 없는[不可說] 것입니다. 그래
서 말하기를 '신무방이역무체(神无方而易无體)', '신(神)은 방위도 없고
형상도 없어서 존재하는 곳도 존재하지 않는 곳도 없으며, 역은 고정된
본체가 없다'라고 합니다.

어떤 때는 형이하적 법칙도 도라고 하며, 심지어는 우리가 걸어 다
니는 길도 도라고 합니다. 이 때문에 하나의 '도'자나 '천'자에는 여러
가지 정의(定義)가 있습니다. 상고의 문화를 연구하며, 예컨대 우리가
노자의 '도가도, 비상도(道可道, 非常道)'를 읽어보면, 하나의 '도'자가

서너 번이나 시용되고 있는데, 어떤 때는 명사로 사용되고 어떤 때는 동사로 사용되고 있습니다. 동사와 명사의 의미는 서로 딜리집니다. 그러므로 우리가 고서를 읽을 때는 어떤 특정 문자들에 대해서 판에 박힌 의미로 보아서는 안 됩니다.

지금 『역경』에서 말하는 이 한마디는 응용으로서의 도입니다. 우주간의 어떠한 것도 모두 '일음일양(一陰一陽)'합니다. 예컨대 남자가 있으면 반드시 여자가 있습니다. '지위도(之謂道)'에서의 이 道는 하나의 법칙입니다. 정면이 있으면 반드시 반면이 있습니다. 우주 간의 만사만물에 오직 정면만 있거나 혹은 오직 반면만 있기는 불가능합니다. 명말청초에 대문호로서 정판교(鄭板橋)와 함께 유명했던 이어(李漁)라는 분이 있었는데 그는 말했습니다, '세상은 본래 공연 중인 하나의 무대이다. 수천 년 이래로 여기서 연극하는 사람은 오직 두 사람뿐이다. 하나는 남자요 하나는 여자이다.' 이 한마디는 정말로 훌륭합니다. 수천 년 이래로 이 세상 무대 위에서 역사는 바로 극본이요 연기자는 오직 두 사람뿐입니다. 하나는 남자요 하나는 여자입니다.

음양이 짝이 되어 어울려야 세계를 형성한다

수도하는 사람들 사이에는 이런 한 마디 명언이 있습니다, '만물은 양 하나만으로는 생겨나지 못하고, 음 하나만으로는 자라지 못한다[孤陽不生, 孤陰不長].' 음이나 양 단독으로는 성취가 있을 수 없습니다. 반드시 음양이 배합되어야 합니다. 그렇지만 이 한마디 말은 후세의 외도(外道)의 사람들에게 도용되어서, 수도에는 '일음일양'이 필요하기 때문에 남녀가 어떠어떠해야 비로소 도를 이룰 수 있다고 여겼습니다. 그것은 허튼소리로서 믿을 수 없는 것이니 속지 마시기 바랍니다. 그러나 우주의 법칙은 확실히 이와 같이, '일음일양'하며 하나가 부족해서는 안 됩니다. 만약 우리가 정치철학을 가지고 얘기해 본다면, 민주정치는 바로 '일음일양'입니다. 당신의 한 파가 있으면 나의 한 파가 있습니다.

이것은 필연적입니다. 만약 단순히 일색(一色)이라면 재미가 없을 것입니다. 생각해 보십시오, 만약 사람마다 목소리가 똑같고, 얼굴이 똑같으며, 생각이 똑같고 동작이 똑같고, 남자도 없고 여자도 없어서 모두가 똑같은 얼굴 똑같은 방식이라면 이 세상이 무슨 재미가 있겠습니까? 다들 사흘도 살지 못해 싫증이 날 것으로 저는 생각합니다. 사람이 형형색색이기 때문에 말타둠도 하고 질투도 하고 소란도 피우고자해서 하루 종일 내내 할 일이 있습니다. 사람이란 태어나면서부터 바로 이런 일입니다. 이것을 이해하면 '일음일양지위도(一陰一陽之謂道)'도 이해하게 됩니다.

모순과 균형

이 음과 양을 서로 조화함으로써 균형을 유지하게 하는 것이 선(善)이요, 이 둘을 이루는 것은 도의 본체 기능인 성(性)이다. 어진 자는 도를 보고 인(仁)이라 하고, 지혜로운 자는 도를 보고 지혜[知]라 하고, 보통사람들은 도를 날마다 사용하면서도 알지 못하니 군자의 도는 드물다.

繼之者善也, 成之者性也, 仁者見之謂之仁, 知者見之謂之知, 百姓日用而不知, 故君子之道鮮矣.

'일음일양(一陰一陽)'은 비록 정(正)이 있고 반(反)이 있지만, 정과 반을 조화한 것이며, 모순의 통일이 아니라 균형입니다. 일음일양이 조화 균형에 도달하면 도를 얻고, 불균형이면 도를 얻지 못합니다. 그래서 '계지자선야(繼之者善也), 성지자성야(成之者性也)'입니다. 이것은 바로 공자의 특수한 곳입니다. 왜, '사람이 처음 타고난 본성은 착하다[人之初, 性本善].'라고 말할까요? 선(善)에는 무슨 좋은 점이 있을까요? 왜 모든 종교들은 모두가 악(惡)을 제거하고 선을 행하라고 제창

할까요? 왜냐하면 선의 각용이 '일음일양'의 균형을 완성하기 때문입니다. '일음일양(一陰一陽)'이란 곧 '일선일악(一善一惡)'입니다. 선이 있으면 반드시 악이 있고, 악이 있으면 반드시 선이 있습니다. 옳음[是]이 있으면 반드시 그름[非]이 있으며, 그름이 있으면 반드시 옳음이 있습니다. 천지간의 선악시비(善惡是非)는 어느 것이 맞을까요? 모두 절대적인 것이 아닙니다. 도덕 또한 절대적인 것이 아닙니다.

예컨대 도덕과 예의는, 어떤 때에는 도덕적인 것이, 시간과 공간이 바뀌어서 당신이 그렇게 한다면 비도덕적인 것이 되어버립니다. 심지어 또 다른 시점에서는 오히려 죄악이 되어버립니다. 그러므로 선악시비, 도덕흑백은 절대(絶對)가 없는 것이며 모두 인위적인 것입니다. 하나의 절대를 말하면 바로 상대(相對)가 되어버립니다. 왜냐하면 절대란 상대로부터 나온 것으로, 상대에 대해서 말해야 비로소 절대라는 개념을 산생할 수 있기 때문입니다. 형이상의 것은 모조리 석가모니에 의해 다 설해졌는데, 이른바 '불가설, 불가설(不可說, 不可說)!', '불가사의(不可思議)!'입니다. 그러나 이 어르신께서도 이미 잘못을 범하고 말았습니다. '불가설12)'이라고 분명히 말했지만 그는 이미 말했습니다. 뭐라고 말했을까요? '불가설!'이라는 한마디를 말했습니다. 형이상이란 바로 이런 것임을 알 수 있습니다.

형이하는 절대적인 것이 없습니다. 오직 인위적으로 그것을 조정할 뿐입니다. 그래서 말하기를 '계지자선야, 성지자성야(繼之者善也, 成之者性也)'라고 했습니다. 이 '善'자에 대해서는 공자의 학생인 증자가 『대학』을 저작할 때, '至'자를 하나 덧붙여 '재지어지선(在止於至善)'이라고 했습니다. 무엇을 지극한 선[至善]이라고 할까요? 지극한 선은 선도 없고 악도 없는 것입니다. 선한 존재가 하나 있다면 곧 악한 존재가 하나 있으며, 선이 지나치면 곧 악으로 변합니다. 예컨대 부모의 자식에 대한 사랑은 관심이 도를 넘으면 최후에는 당신을 몹시 마음 아프게 할 수 있습니다. 그러므로 남을 사랑하는 것은 고통스럽고 사랑

---

12) 입으로는 설할 수 없고, 말로는 표현할 수 없다.

받는 것이 행복합니다. 조금도 틀리지 않습니다! 그러나 사람이 만약 행복이 너무 지나치면 또 조금도 행복하지 않게 됩니다. 당신이 나에 대해 무엇이든 관심을 가진다면 나는 싫어할 것입니다. 사랑을 받는 것도 너무 과분하면 좋은 일이 아닙니다. 선이 과분하면 바로 악이 됩니다.

　이 우주 간은 상대적인 법칙이기에, 선악·시비·이해가 모두 상대적입니다. 왜 이와 같을까요? 당신은 '살아 있는 것이 정말 귀찮다!'고 말합니다. 그렇게 귀찮다면 당신은 살아가지 말고 죽는 게 좋습니다. 어떤 사람은 말합니다, '죽으면 오히려 좋습니다. 한 번 죽으면 만사가 끝나니까요,' 저는 말합니다. '만약 당신이 저쪽에 도착해서 저쪽의 고통과 귀찮음이 여기보다 더 많은 것을 발견했다면, 역시 되돌아오는 것이 좋겠다고 생각할 겁니다. 하지만 형씨, 당신이 나더러 당신을 위해 되돌아올 것을 보증하는 담보를 서라며, 당신 대신 내가 입국비자를 받으라고 하면 나는 정말 그렇게 할 수 없습니다!' 어떤 학우가 상심하고는 나를 찾아와 말했습니다, '선생님! 저는 차라리 죽는 게 좋겠습니다.' 제가 물었습니다, '죽어버리면 정말로 해탈할까요?' 그는 '저는 그렇게 생각합니다.'라고 말했습니다. 제가 말했습니다, '당신은 먼저 그런 사실이 있는지 자료를 조사해서 증명해보아야 합니다. 만약 죽은 뒤의 세상이 이곳보다 훨씬 더 귀찮다면 그때는 후회해도 소용없습니다. 잘 생각해보아야 합니다!' 이것은 정말입니다. 당신은 저 세상이 이 세상과 마찬가지로 귀찮다는 것을 정말로 압니까? 어떻게 그것을 귀찮지 않게 할까요? '잘 이어나가야[善繼]'합니다. 어떻게 그것으로 하여금 '잘 이어지게[善繼]' 할까요? 균형과 조화를 이루어야 합니다. 그래서 공자는 말하기를, '계지자선야(繼之者善也)'라고 했습니다.

성(性)과 정(情)

　다음에는 한마디 중요한 말이 나옵니다! '성지자성야(成之者性也)'

중국문화에서는 오식 『억경』과 『예기』에서만 성(性)의 문제를 제기했습니다. 물론 이 성은 남녀 간의 성을 말하는 것이 아니라, 인성(人性) 천성(天性)과 같은 형이상의 본체로서의 성을 말하는 것입니다. 그래서 불가에서는 뒷날 명심견성(明心見性)을 말했는데, 성은 본체를 대표합니다. 중국문화에서는 처음에는 단지 두 층 즉, 성(性)과 정(情)으로 나누었는데, 성은 본체를 대표합니다. 예컨대 종교인들은 그것을 상제(上帝)나 혹은 여래(如來)라고 부르는데, 이런 것들은 이미 인간의 입장을 떠났습니다. 중국문화는 이런 것들을 떼어내 버렸으며, 이것이 바로 성, 본성입니다. 이 우주는 어떻게 시작되었을까요? 닭이 먼저 있었을까요 달걀이 먼저 있었을까요? 남자가 먼저 있었을까요 여자가 먼저 있었을까요? 모든 것이 나오는 근원이 되는 그것을 성(性)이라 하고, 그 성이 일으킨 작용을 정(情)이라고 했습니다. 이게 바로 성과 정의 구분입니다.

이 우주만물의 기능은 앞에서 우리가 말했는데, 종교가들은 그것을 하느님이라고 하고 여래라고 합니다. 중국문화에서는 공자에 이르러 『예기』와 마찬가지로, '성지자성야(成之者性也)'라는 이 보고를 제시했는데, 바로 본체 기능의 성입니다. 바꾸어 말하면 '일음일양(一陰一陽)'의 정(情)이기도 합니다. 그러므로 우리가 풍수를 얘기할 때, 산세는 주위를 둘러싸야 하고 물은 앞으로 낮게 흐르는지[來山去水]를 중시하며 그런 형세여야 비로소 정이 있다합니다.

예전에 어떤 학우가 말했습니다, '저의 집 풍수는 좋습니다. 산도 있고 물도 있으며 집안의 많은 사람들이 모두 돈을 모아 외지로 이사 갔습니다. 현재는 나이든 할머니 한 분만 집을 지키고 있는데, 선생님 한 번 어떤지 봐 주시겠습니까?' 좀 살펴보고는 저는 말했습니다, '과연 좋군, 산도 있고 물도 있고, 그러나 자네의 이곳은 쓸모가 없네! 자네는 산도 있고 물도 있어 좋다고 하지만, 오는 산은 공손하지[拱] 못하고 가는 물은 정이 없다네. 그래서 자네 혈육은 흩어지고 사분오열되어 이사 가지 않으면 안 되었네. 늙은 할머니 한 분만 계시는 것을 보면

혈육 간의 정이 없다는 것을 알 수 있지.'

한 번은 친구 집에 가서 제가 말했습니다, '자네 집이 참 좋군!' 그가 대답했습니다, '그럼, 집 앞에 화원도 하나 있지 않은가! 화원이 있을 뿐만 아니라 큰 분수지(噴水池)도 하나 파서 만들고 고기도 기르고 있다네.' 저는 말했습니다, '자네 얼른 저 분수지를 다시 메워 버리게. 메워버리지 않으면 안 되네. 좋은 풍수 하나가 자네에 의해 이렇게 엉망으로 만들어졌네, 파내서 나쁘게 되었어!' 여러분 아직 기억하고 계십니까? 과거 정부청사 전면에 좌우로 하나씩 연못을 판 적이 있었습니다. 이미 그것으로도 좋지 않은데 거기다가 분수까지 설치하고 저녁에는 조명까지 비추었습니다. 마치 한 쌍의 백랍 벌레 같았습니다. 다행히 오래지 않아 철거하였습니다만, 이런 문제들은 함부로 장난하듯 해서는 안 됩니다! 당신은 미신하지 않는다고 하겠지만, 그게 색깔을 늘어놓고 당신에게 보여주고 있는데 당신은 절대 미신이라고 하겠습니까? 그렇다고 그것을 믿을 필요도 없습니다. 사람이 하기에 따라 바꿀 수도 있습니다. 저는 아예 남들이 위험하다고 하는 곳만 찾아서 삽니다. 어느 곳에 귀신이 있다고 하면 저는 꼭 그곳을 찾아가 머물 곤 합니다. 기회를 이용해 귀신이 무슨 모습인지 좀 보고 싶습니다. 귀신도 사랑스럽습니다! 사람보다 사랑스럽습니다. 귀신 몇 명과 친구로 사귈 수 있다면 재미있지 않겠습니까?

귀(鬼)는 어떻게 나타나며, 신(神)은 어떻게 나타날까요? 3세(三世)의 유정(有情)중생과 무정(無情)중생은 어떻게 나타날까요? 이것들의 근본은 어디에 있을까요? 이른바 '성지자성야(成之者性也)'이 한마디 말은 중요합니다. 여러분이 재가자이든 출가 수도자이든, 여러분들이 도를 이루려고 한다면 여기서 공자가 말한 '일음일양지위도(一陰一陽之謂道)'를 이해해야 합니다. 어느 정도의 성취를 이루고자 한다면, 단지 정좌하고 기공 수련에 의지하는 것만으로는 소용이 없습니다. 선행의 성취가 있어야 비로소 가능합니다. 이른바 '계지자선야(繼之者善也)'입니다.

진정으로 도를 이루고자 한다면 반드시 명심견성(明心見性)해야 합니다. 즉 '성지자성야(成之者性也)'인 것입니다. 공자의 이 부분은 도를 전하고 있는 것이나 다름없습니다. 공자는 『역경』을 연구한 결과 이른바 '일음일양지위도(一陰一陽之謂道)'를 이해했습니다. 만물은 양 하나만으로는 생겨나지 못하고, 음 하나만으로는 자라지 못합니다. 그러나 당신이 음양합일(陰陽合一)의 균형 상태에 도달하고자 한다면 반드시 공덕이 있어야 비로소 그렇게 할 수 있습니다. 공덕이 없으면 여전히 이런 기연(機緣)이 없습니다.

방문팔백(旁門八百) 좌도삼천(左道三千)

우리는 앞에서 '일음일양지위도(一陰一陽之謂道), 계지자선야(繼之者善也), 성지자성야(成之者性也).'를 얘기했습니다. 이 두 마디 말은 후인들에 의해 모독[汚蔑]되었습니다. 모독되어도 심각하게 모독되었습니다. 중국 어느 일파의 수도자는 정통적인 노장(老莊)과 차별이 있습니다. 도교의 정통적 수도자를 단도파(丹道派) 혹은 단정파(丹鼎派)라고 부르는데, 이들은 신선의 장생불사의 도를 수련하는 파입니다(이것은 후세에 그들에게 붙여진 명칭입니다). 정통 단도파는 다시 남종·북종과, 동파·서파의 네 갈래로 나누어집니다. 이 밖에도 이른바 방문(旁門) 8백과 좌도(左道) 3천이란 것이 있습니다[13]. 방문 중에는 소위 채보파(采補派)라는 것이 있는데, 남녀 간의 성 관계를 통한 수련법을 전문적으로 말하며, 남성을 위주로 하는 것을 채음보양(采陰補陽)이라 하고 여성을 위주로 하는 것을 채양보음(采陽補陰)이라 합니다. 이 일파는 상당한 수준의 방문이며 상당한 수준의 사문(邪門 비정상적인 것/역주)입니다. 그렇지만 도가 속에는 이런 사람들이 겉으로 드러나지 않는 가운데 대단히 많습니다. 여기에다 티베트로부터 들어온 불교의 밀

---

13) 방문좌도란 비정통의 종교파별이나 학술류파를 가리킨다. 정당하지 못한 것. 그릇된 것.

종에는 원대(元代) 이후로 이른바 쌍수법(雙修法)이 있었습니다. 과거에는 이런 것들이 모두 큰 비밀이었지만 지금은 이미 공개되어 전 세계 도처에 공개된 도상(圖像)이 있습니다. 이 부류의 도파와 관련된 서적은 그 기본 이론이 바로 '일음일양지위도(一陰一陽之謂道)'와 '성지자성야(成之者性也)'를 방패막이로 삼고 있는데. 정말 엉망진창입니다.

하지만 이런 서적들은 보고 이해하기가 정말 쉽지 않으며, 그 속에는 매우 많은 학술용어들이 있습니다. 현재 홍콩에도 전문 도관(道觀)이 있고, 동남아 각지에도 있습니다. 기본적으로 이 관념은 대단히 잘못된 것입니다. 이른바 '채보(采補)'란 본래 도가의 명칭으로, 천지정화(天地精華)의 기(氣)를 채취하여 자기 육신의 생명을 보양(補養)한다는 것을 가리킵니다. 즉, 장자가 말한 '천지의 정신과 서로 왕래(與天地精神相往來)'한다는 의미입니다. 결과적으로 그들에 의해 잘못되어 남녀 간의 성 관계로 여기고 하게 된 것입니다. 현재 대만의 수많은 남성들이 이 부류의 공부를 수련하고 있는데, 조전두(弔磚頭)나 제항문(提肛門) 같은 것 등등이 모두 이 일파의 것입니다. 이것은 좌도방문보다도 더 낮은 수준이며 한 층 더 어긋난 것입니다. 그래서 여기서 구체적으로 여러분에게 말해드리니, 여러분은 분명히 하여 이후 도교서적에서 『역경』의 음양 남녀의 설법을 인용하고 있는 것을 보거든 그것이 이 도파에 의해 『역경』 속의 말이 잘못 사용된 것임을 알기 바랍니다. 이런 것들을 알아야 남을 그르치지 않고 자기도 그르치지 않습니다.

이런 방문좌도들은 말이 근거가 있고 확실히 『역경』도 말하고 있지만 '성지자성야(成之者性也)'의 '성(性)'자를 남녀 간의 성으로 여깁니다. 이와 같이 견강부회하다니 정말 두려울 정도로 오해한 것입니다. 비단 이와 같을 뿐만 아니라 이런 부류의 도서들이 많은데, 그것들은 또 강조하기를 우리들의 조상인 황제(黃帝)가 바로 이 수련법을 이용하여 성공했다고 합니다. 이 외에도 고대의 여러 신선들이 모두 육신을 닦아 성취하고 전 가족이 날아올랐다고 합니다. 도서에서 이것을 '발택비승(拔宅飛升)'이라 하는데, 집이나 정원까지도 모두 그를 따라 하늘로 날아 올라갔다는 것입니다. 집안에 있는 고양이나 개, 쥐나 개미까지도 모두 같이 신선으로 변했다는 것입니다! 이렇게 성취할 수 있었던 사람은 물론 얼마 되지 않았으며 오직 황제만이 정호에서 용을 타고 떠나갔다고 합니다[鼎湖龍去]. 도서에서 이렇게 말하는, 이 일파는 잘못된 관념이 크고 큽니다. 이것을 여러분이 반드시 이해해야 합니다.

잘못된 상대론

이제 우리 되돌아가 애기겠습니다. 『역경』의 이른바 '일음일양지위도(一陰一陽之謂道)'란 결코 도가의 방문에서 말하는 남녀 간의 음양이 아니라, 우주의 체(體)와 용(用)을 말하는 것입니다. 본체는 고요해서 움직이지 않으며[寂然不動], 그것이 일으키는 작용이 바로 '용(用)'과 '상(象)'입니다. 모든 현상은 저마다 정면과 반면의 상대적인 두 역량에 의해 형성되므로, 천하의 만사 만물은 모두 상대적입니다. 어떤 사람은 『역경』을 말하면서 여기에 이르면, 말하기를 이게 바로 아인슈타인의 상대성이론(相對性理論)이라고 합니다. 그것도 맞지 않는 것입니다, 허튼 소리 말아요! 상대성이론은 상대성이론입니다. 중국인들은 대부분이 생각하기를 나와 당신이 상대적인 것이, 바로 아인슈타인의 상대성이론이라고 하는데, 이런 과학 관념은 웃음거리입니다. 『역경』이 말하는 이 상대란 우주간의 만사 만물의 상대성을 가리킵니다. 서양의 논리적 관점에서 본다면 바로 모순입니다. 이 모순은 당연히 최후에는 하나로 통일되고 중화(中和) 됩니다. 하지만 서양의 유물론 학자의 모순의 통일은 반면적(反面的)관점이지만, 중국의 상대성은 중화적이며 또 정면(正面)으로부터 바라본 것입니다. 논리를 배우거나 철학을 배움에 있어 이 개념을 특히 분명히 해야 합니다. 현재 일반적인 동서양의 응용논리는 모두 헤겔의 사상으로부터 유래한 것으로, 대다수가 정반합(正反合)의 모순 통일을 말하면서, 동양의 정면인 상대적 중화는 잊어버렸습니다. 중화가 있으면 곧 분화(分化)가 있습니다. 이 균형의 존재가 바로 일음일양지위도(一陰一陽之謂道)'입니다. 음이 극에 도달하면 양이 생기고, 양이 극에 도달하면 음이 생깁니다. 여기서 말하는 도는 본체의 도를 말하는 것이 아니라 작용[用]을 말하는 것입니다. 우주 만유의 온갖 현상[象]과 그 작용[用]이 모두 두 개의 상대적 역량에 의해 생긴다는 것입니다.

심지어 우리 자신의 심리에 대해 말하더라도 상대적입니다. 우리의 마음이 막 고요해졌을 때 나쁜 생각이 곧 일어납니다. 우리가 번뇌와 고통이 극점에 이르렀을 때는 또 고요하기를 바랍니다. 음으로써 번뇌와 고통을 대표하고 양으로써 고요하고 평온함을 대표해보면, 절대적으로 고요한 때도 없고 절대적으로 번뇌하는 때도 있지 않을 것이라는 것을 알게 됩니다. 왜냐하면 음이 극에 도달하면 양이 생기고, 양이 극에 도달하면 음이 생기는 것은 필연적인 도이기 때문입니다. 그러나 현상이 어떻게 변화하더라도 도(道)의 본체는 움직이지 않습니다[不動]. 이 원리를 이해하고 장악할 수 있는 것이 바로 '계지자선야(繼之者善也)'입니다. 바꾸어 말하면 선악(善惡)은 음양을 대표합니다. 선이 있으면 반드시 악이 있고, 악이 있으면 반드시 선이 있어서, 선악 두 개는 반드시 상대적입니다.

이제 종교적인 문제를 하나 제기하겠습니다. 여러분은 천주교나 기독교가 서양 종교인 줄 알고 있겠지만, 5대 종교의 성인들은 모두 동양인들이지 서양인은 하나도 없습니다. 예수나 모세는 모두 동양인입니다. 세계적인 종교는 모두 동양에서 발생했지만 뒷날 서양으로 전래되어 거기에서 싹을 틔우고 뿌리를 내린 것입니다. 여러분이 주의해야 할 또 하나의 문제는 바로, 하느님이 존재한다면 곧 마귀라는 존재가 있어서 하느님과 마귀는 반드시 상대적이라는 것입니다. 서양 종교의 입장에서 본다면 하느님은 만능(萬能)이겠지만 제가 볼 때에는 마찬가지로 불능(不能)입니다. 마귀 하나조차도 어찌해볼 방법이 없기 때문입니다. 하느님이 대단한 솜씨를 갖고 있는 만큼 마귀 또한 그만큼 대단한 신통을 갖고 있습니다. 이 도리는 무엇일까요? 선이 있으면 반드시 악이 있어서 반드시 상대적입니다. 선악과 시비는 모두 인위적인 것입니다. 세상에는 진정한 선악이 있을까요? 없습니다! 진정한 시비(是非)가 있을까요? 역시 없습니다! 모두 『역경』과 마찬가지입니다. 왜냐하면 시간과 공간이 달라지면 선악시비(善惡是非)의 기준도 달라지기 때문입니다.

예를 들어 우리들의 이 사회는 요즈음 여학생들이 여름에 어깨가 드러나는 옷을 입고 다니는데, 만약 몇 십 년 전에 이렇게 입었다면 사람이 놀라 까무러치지 않은 게 이상하였을 겁니다! 이게 사람인가? 요괴인가?. 그러나 지금도 그런 생각을 한다면 이 사람은 바로 시대에 뒤떨어진 사람입니다! 이로부터 알 수 있듯이 선악시비는 절대적인 표준이 없습니다. 그러므로 형이상의 도에는 선악시비가 없고, 형이하의 용(用)에는 선악시비가 있게 됩니다. 이른바 음이 있으면 양이 있다는 이 도리를 이해하고 난 뒤에는 선악시비가 상대적이며 절대적인 것이 아니라는 것을 알게 됩니다. 그러나 인간세계에서는 선악이 또 절대적인 것이기 때문에 반드시 양(陽)의 일면을 써야합니다. 적어도 당신이 음을 쓰던 양을 쓰던 간에 '계지자선야(繼之者善也)'를 할 수 있어야 하며, 이를 최선의 출발점으로 하여 음을 잘 활용하든 양을 잘 활용하든 상관없이 모두 성공하는 것도 마치 선종의 육조(六祖)가 '바른 사람이 사법(邪法)을 사용하면 사법 역시 정법(正法)이요. 바르지 못한 사람이 정법을 사용하면 정법 역시 사법이다.'라고 말한 것과 같습니다. 이 때문에 '계지자선야, 성지자성야(繼之者善也, 成之者性也)'인 것입니다. 선(善)의 대업을 완성하는 것은 사람의 입장에서 말한다면 인성의 최고점입니다. 이 몇 구절들을 귀납해보면, 당신은 공자의 학설 의발을 계승한 증자가 『대학』에서 말한 "대학(大學)의 도(道)는 명덕(明德)을 밝힘에 있으며, 백성을 친애함에 있으며, 지극한 선[至善]의 경지에 머묾에 있다."고 한 구절이 무엇에 근거해서 왔는지를 알게 됩니다. 성선(性善)은 『역경』의 「계사전」으로부터 유래하였으며 『대학』의 도는 건괘의 「문언(文言)」과 「계사전」으로부터 유래한 것입니다.

우주간의 지극한 선의 대표

이제 본체라는 것을 얘기하겠습니다. 우주 만유의 본체(본체도 빌려 쓴 명사입니다), 즉 만물이 생겨나기 이전의 그것은 〇으로서 상(象)이 없어서 묘사할 수가 없습니다. 이 상이 없는 상[無象之象]은 완전하고 원만한 모든 것을 대표합니다. 그것은 청정(淸靜)한 것이며 지극히 선[至善]한 것입니다. 그것이 용(用)을 일으킬 때 한 번 움직이기만 하면 상대적인 역량이 나와서, '일음일양'을 드러내고 선악이 있고 시비가 있고 변화가 있습니다. 그러므로 '일음일양지위도(一陰一陽之謂道)'는 용(用)과 상(象)을 가리켜 말한 것입니다. 그런데 움직이기 이전의 그 본체는 적연부동(寂然不動)하며 선하지도 않고 악하지도 않으며 양도 없고 음도 없습니다.

뒷날 정통의 도가나 불가에서 말하는 '도를 얻었다[得道]'는 것도 '일음일양지위도(一陰一陽之謂道)'의 도가 아니라, 음도 없고 양도 없으며, 움직이지도 않고 정지하지도 않으며, 시(是)도 없고 비(非)도 없으며, 선도 없고 악도 없는 경지, 즉 도체(道體)의 경지입니다. 용(用)을 말할 것 같으면, 『역경』 전체가 바로 용입니다.

『역경』은 도대체 무엇을 말하는 것일까요? 이제 문제가 나타났습니다! 공자가 연구하고 난 대답은 이렇습니다, '인자견지위지인(仁者見之謂之仁), 지자견지위지지(知者見之謂之知), 백성일용이부지(百姓日用而不知), 고군자지도선의(故君子之道鮮矣)', '선(鮮)'은 고문의 용법입니다. 적다, 아주 적다는 뜻입니다. 『역경』의 본체는 무엇일까요? 우리는 지난 날 '신무방이역무체(神无方而易无體)'를 말한 적이 있는데, 이 원칙을 파악해야 합니다. 두 번째 문제는 『역경』의 용(用)은 어느 용인가? 입니다. 본체의 체의 용일까요(체 역시 가설입니다), 아니면 작용을 일으킨 이후의 용일까요? 이상(理想)이 다르고 각도가 다르면 관념이 달라질 것입니다. 그래서 인자한 사람이 이 도를 이해하면, '인자견지(仁者見之)', 이 '견(見)'자는 바로 관념입니다, 그의 관념은 바로 인(仁)

입니다. 공자가 仁을 주장하고, 맹자가 의(義)를 주장하여 각자 달랐습니다. 묵자가 겸애라고 했고, 예수는 박애라고 했고, 부처님은 자비외 평등이라 했고, 유가가 인(仁)·의(義)·도(道)·덕(德)을 말한 것은, 모두 명칭이 달랐고 관점이 달랐기 때문입니다.

우리가 이해하듯이 『역경』의 상수는 10가지 방면으로부터 문제를 바라보는 것인데, 하나의 괘상(卦象)의 반복착종(反復錯綜)으로부터 관찰 분석하기에 보이는 바도 자연히 다릅니다. 그래서 '인자견지위지인(仁者見之謂之仁), 지자견지위지지(知者見之謂之知)'입니다. 학문하기를 좋아하는 사람이라면 이 도를 이해하고 智라고 부릅니다. 지혜의 지(智)입니다. 그러나 개인의 관점이 다르므로 그 보는 바도 달라집니다. 요컨대 천하의 이 도는 어디에 있을까요? 서양의 종교가의 설하는 것을 원용(援用)해보면, 도대체 하느님은 어디에 있을까요? 하느님은 있는 곳도 없고, 없는 곳도 없습니다. 불가의 입장에서 말한다면 여래는 어디로부터 온 곳도 없고 간 곳도 없습니다. 부처는 바로 여기 곧 당신의 마음에 있지 바깥에 있지 않습니다. 도가의 입장에서 말한다면 도는 곧 마음이요, 마음이 곧 도입니다. 하지만 이 마음이란 우리들 인심(人心)의 마음이 아니며 생각이라는 마음도 아닙니다. 이 마음은 반드시 생각이 모두 고요해져서, 희비(喜悲)도 선악도 시비도 없는 적연부동한 저 마음의 본체가 바로 도입니다.

도가 우리들 사람의 몸에 도달하여서 '백성일용이부지(百姓日用而不知)'입니다. '백성'은 고대에 일반 사람들에 대한 총칭이었는데 오늘날로 말로 해석하면 바로 인류라고 말할 수 있습니다. 사람의 입장에서 말하면 백성은 인류를 대표하고 불가의 입장에서 말하면 더욱 확대됩니다! 온갖 중생 온갖 생명의 존재는 그 자체가 바로 일종의 도의 작용입니다. '백성일용이부지(百姓日用而不知)', 우리는 매일 이 도를 사용하고 있지만 이 도를 알지 못합니다. 사람은 어떻게 해서 생각할 수 있을까요? 어떻게 해서 길을 걸을 수 있을까요? 어떻게 밥을 먹을 수 있을까요? 번뇌가 있고 고통이 있는 줄 어떻게 해서 알까요? 어머니가

나를 낳기 이전에는 도대체 어디에 있었을까요? 지금 죽는다면 어디로 가야할까요? 닭이 먼저 있었을까요 달걀이 먼저 있었을까요? 남자가 먼저 있었을까요 여자가 먼저 있었을까? 전체적인 문제가 바로 여기에 있고, 이것은 모두 도의 분화(分化)입니다. 그러나 도는 어디에 있을까요? 도란 알 수도 없고 볼 수도 없는 것입니다. 작용의 측면에서는 그 본체를 볼 수 있으나 본체의 측면에서는 그 작용을 볼 수 없습니다. 본체로 돌아가자마자 작용은 곧 고요해집니다.

그래서 공자는 말하기를, 우리들의 생명은 작용 속에서 있으면서 날마다 도를 사용하고 있지만 자기가 오히려 도를 볼 수 없다고 합니다. '백성일용이부지(百姓日用而不知), 고군자지도선의(故君子之道鮮矣)'. 도가 그렇게 가까이 있다면 도대체 어디에 있을까요? 바로 자신에게 있습니다! 하느님에게 있는 것도 아니요, 부처님에게 있는 것도 아닙니다. 보살님에게 있는 것도 아니요 선생님에게 있는 것도 아닙니다. 바로 당신에게 있습니다. 당신의 마음속에 있습니다. 마음은 어디에 있을까요? 심장도 아니고 머릿속도 아닙니다. 당신이 어디에 있든 바로 있는 그곳에 있습니다. 그렇지만 사람들은 이해하지 못합니다. '고군자지도선의(故君子之道鮮矣)!, 이 때문에 공자 당시의 보고는 말합니다, '도를 얻은 사람이 너무나 적다. 왜 그럴까? 이해를 하고 싶지만 그런 지혜가 없기 때문이다.'(이상은 『역경계전별강』 제5장에서 발췌 번역하였음)

황중통리(黃中通理) : 지극히 높은 인생 경지

군자가, 추상적으로는 천지의 중(中)이요 인체로는 내부의 위나 장 등의 일체가 다 좋은 것인, 황중(黃中)이 외부의 피부와 모공까지 통하고, 그 몸에 천도와 인도가 하나로 합한[天人合一] 바른 위치가 거하니, 아름다움이 그 가운데 있어서 안면에 광채가 가득하고 사지에 충만하여 온몸이 막힘없이 확 통하고, 이런 내면의 수양이 어떤 기회에 외부의 사업과 연계되면 안과 밖이 합하여 하나가 되면서 천도와 인도가 하나로 합하여 아름답기 그지없다.

君子黃中通理, 正位居體, 美在其中, 而暢於四支, 發於事業, 美之至也.

육오(六五) 효(爻)에 대한 해석인데, 이게 바로 훗날의 『중용』 사상입니다. 제가 얘기한 적이 있지만 『대학』의 사상은 건괘로부터 나왔고, 『중용』의 사상은 바로 이 구절에서 나왔습니다. 이런 학술적 주장은 저의 전매특허입니다. '황중통리(黃中通理), 정위거체(正位居體)', 이게 바로 중용의 도입니다. 『중용』 제1장이 말하는, "만약 언제 어디서나 수양하여 중화의 경지에 도달할 수 있다면, 자기가 본래 천지와 더불어 동일한 본래의 위치에 존재하고 있으며, 동시에 자기가 본래 만물과 더불어 동등하게 천지의 생생불이(生生不已)의 양육(養育) 속에 있다는 것도 알게 될 것이다[致中和, 天地位焉, 萬物育焉]."는 구절이나, 맹자가 말하는 양기(養氣), 즉 "나는 나의 호연지기를 잘 기른다. (중략) 그 호연지기라는 것은 무엇으로 견줄 수 없을 만큼 지극히 크다. 양명(陽明)한 기(氣)로서 지극히 강하다. 동요시킬 수 없고 변경시킬 수 없는 것이며, 빛나면서 생기가 활발한 것 등등으로 표현할 수 있다. 그 바르고 자연스러움으로써 길러서 해를 끼치는 일이 없으면[以直養而無害] 하늘과 땅 사이에 충만하다[吾善養吾浩然之氣 (中略) 至大至剛以直養而無害라 充塞於天地之間]."는 구절은 바로 여기서 나왔습니다. 중국 도가에서는 수도하여 신선이 되고자 한다면 반드시 임맥과 독맥이 두 맥을 통하게 해야 한다고 말합니다. 임맥 독맥을 통하게 하려면 먼저 '황중통리(黃中通理)'해야 합니다. 이 '황중(黃中)'이란 추상적으로 말하면 천지의 중(中)이요, 구체적으로 말하면 인체 내의 위나 장 등 일체(一切)가 다 좋은 것입니다. '황'이란 중앙의 색깔이며 '이(理)'는 '도리'의 리(理)가 아니라 중국의학에서 말하는 '주리(腠理)', 즉 피부와 모공(毛孔)입니다. 공부가 성취되고 수양이 충분해진 사람은 내부도 통하고 외부도 통해서 모공마다 모두 통합니다. 이때가 바로 이른바 천도와 인도가 합하여 하나가 된[天人合一] 경지인데, 신체에 도달해서 안면에 모두 광채가 있습니다. 이때는 참으로 아름답고, 사지에 충만하고 전신이 모두 막힘없이 확 통해졌습니다. 그렇다면 '내성외왕(內聖外王)', 내면에 이런 높은 수양이 있기에, 만약 어떤 기회에 밖으로 발현되어 사업에 발휘될 경우, 안과 밖이 합일하고 천도와 인도가 합일하여 지극히 아름답습니다. (『역경잡설(易經雜說)』에서 뽑아 번역하였음)

성성존존과 여여부동

성성존존은 도의의 문이다. 다시 말해 정말로 『역경』의 저 도통(道統)을 이해함에 도달하면, 우주만유의 저 도체(道體)의 경지는 영원히 불생불사(不生不死)하는 것이다. '더럽지도 않고 깨끗하지도 않으며, 늘어나지도 않고 줄어들지도 않는다'가 바로 '도의(道義)의 문'으로서, 도를 완성할 수 있고 '명심견성', '여여부동'의 경지에 도달할 수 있다는 의미이다.

成性存存, 道義之門.

이것은 공자의 가장 훌륭한 한 마디 말인데, 인생철학에서 『역경』일 뿐만 아니라 수도(修道)와도 관계가 있습니다. 이 여덟 글자는 해석할 방법이 없습니다. 그래서 저는 과거에 상무인서관(商務印書館)에 승낙하고 『역경』을 백화로 번역한 적이 있는데[14], 마지막에 좀 생각해 보니 어쩔 방법이 없기에 포기하고 투항할 수밖에 없었습니다. 『역경』

---

14) 책명은 『주역금주금석(周易今註今釋)』이며 상경(上經)과 하경(下經) 중, 상경만 남회근 선생이 번역했고 하경은 서근정(徐芹庭)이 번역하였음.

을 강해하면서 고문의 해석만 사용할 뿐입니다. 그렇지 않고서는 방법이 없습니다. 왜냐하면 백화로의 해석은 그 정신과 의미를 전달할 길이 없기 때문입니다. 여러분이 불법을 학습하면서 '명심견성(明心見性)'을 말하는데, '명심견성'은 절대적으로 공(空)할까요? 공이 아닙니다! 유(有)일까요? 유도 아닙니다. 공자는 '성성존존(成性存存)'이라는 네 글자로써 모조리 다 말해버렸습니다. 이로써 알 수 있듯이 공자는 도를 얻었습니다. '성성존존(成性存存)', 정말로 『역경』의 저 도통(道統)을 이해함에 도달하면, 우주만유의 저 도체(道體)의 경지는 영원히 불생불사(不生不死)하는 것입니다. '존존(存存)'이란 바로 그 모습으로서, 오직 불가의 '여래(如來)'라는 두 글자로의 번역이 가장 좋습니다. 불가는 '여래'를 '도(道)'라고 번역했습니다. '여래'는 불가를 대표하고 '도'도 대표합니다. 무엇을 '여래'라고 할까요? 바로 '여여부동(如如不動)'입니다. 무엇을 '성성존존(成性存存)'이라고 할까요? 바로 '여여부동'입니다. 불가는 '여여부동'이라고 말했지, '부동(不動)'을 말하지 않았습니다! 움직이지 않는 것 같다고만 말했습니다. 당신은 한번 들어보세요! 마치 움직이지 않는 것 같습니다. 그것이 움직일까요? 움직이지 않을까요? 그것이 움직인다고도 말할 수 없고 움직이지 않는다고도 말할 수 없습니다. 그래서 '여여부동'이라고 하고, 이런 모습을 '여래'라고 합니다.

공자는 당시에 이미 『역경』 중에서 '성성존존(成性存存)'의 경지를 제시하였습니다. '도의지문(道義之門)', 이 '道'에 대해서는 우리 다시 해석하지 않겠습니다. 공자는 이미 명백하게 말했습니다. '義'란 알맞다[宜]의 뜻입니다. 상의(相宜)하다는 뜻의 宜입니다. 꼭 알맞은 정도에 이르러야지 너무 지나치면 맞지 않습니다. 그러므로 불학의 『반야심경』에서는 말하기를, '더럽지도 않고 깨끗하지도 않으며, 늘어나지도 않고 줄어들지도 않는다[不垢不淨, 不增不減]'고 하는데, 이게 바로 '알맞다[宜]'입니다. 즉, 중도(中道)입니다. '더럽지도 않고 깨끗하지도 않으며, 늘어나지도 않고 줄어들지도 않는다'가 바로 '도의(道義)의 문'으로서, 도를 완성할 수 있고 '명심견성', '여여부동'의 경지에 도달할 수

있습니다. (『역경잡설』에서 뽑아 번역하였음)

(역자보충 5) **'도(道)' '덕(德)' '천(天)'자의 내함**

우리가 정식으로 『대학』과 『중용』을 강해하기 전에, 무엇보다 먼저 중국문화에서의 세 개의 중요한 문자의 내함(內涵)을 이해할 필요가 있습니다. (1) '도(道)'자, (2) '덕(德)'자, (3) '천(天)'자가 그것이며. 여기다 '대인(大人)'이라는 명사의 의미까지 더 보태고 난 뒤에 『대학』이나 『중용』을 연구하며 읽으면 훨씬 쉬워집니다.

중국 문자는 먼 옛날부터 다른 민족들의 문자와는 달랐습니다. 중국 글자는 사각형 글자[方塊字]로서 인도의 범문(梵文), 고대 이집트의 상형문자와 더불어 모두 개체의 도형으로써 사유와 언어의 의미를 표현합니다. 그래서 한(漢)나라 시대에 이르러서는 문자학을 전문적으로 연구하는 학문이 있었으며, '육서(六書)'로써 중국 문자의 형성과 그 용법을 설명합니다. 이른바 '육서'의 내용은 상형(象形), 지사(指事), 회의(會意), 형성(形聲), 전주(轉注), 가차(假借)를 포괄합니다. 이것은 한학(漢學) 중에서 가장 빼어난 소학(小學)과 훈고(訓詁)의 범주에 속합니다. 그러나 그것은 전문적인 학문 분야이므로 시간을 낭비하지 않도록 하기 위하여 여기에서 많이 설명할 필요는 없습니다. 하지만 여기에서 말하는 '한학(漢學)'은 한(漢)나라 시대의 문자학(文字學)과 고증학(考證學)을 가리키는 말이지, 현대의 외국인들이 중국의 문학이나 학술에 대해 모두 '한학(漢學)'이라고 지칭하는 의미는 아닙니다.

그렇다면 제가 고서를 읽으려면 먼저 '도·덕·천' 등의 글자와 '대인'이라는 단어를 먼저 이해해야 한다고 제기한 것은 무슨 뜻일까요? 그것은 한나라 시대의 문자학인 소학과 훈고와도 관계가 있는 곳입니다. 왜냐하면 우리가 춘추전국시대 이후의 제자백가 서적을 연구하고자 할 때, 특히 유가와 도가의 서적을 읽을 때는, 이상의 몇 글자를 서로 다른 어구와 편장(篇章)에서 사용한 함의에 대하여 동일한 의미로 이해해서는 안 되기 때문입니다. 그렇지 않으면 자신의 사유의식을 갈림길로 끌고 들어가기 쉽고, 그럴 경우 편차가 너무나 큽니다.

도(道)자의 다섯 가지 의미

먼저 '도(道)'에는 다음과 같이 다섯 가지의 의미가 있습니다.

(1) '도로(道路)'라고 할 때의 '도(道)'입니다. 다시 말해서 길을 '도(道)'라고 부릅니다. 고서의 많은 주해에서 "도(道)라는 것은 경로(徑路)이다"라고 한 것이 바로 이 뜻입니다.

(2) '하나의 원리법칙[理則],' 혹은 하나의 방법상의 원리나 원칙을 농축시킨 명사입니다. 예컨대 『역경』 「계사전」 에서 '일음일양지위도(一陰一陽之謂道)'라고 말한 경우입니다. 의약(醫藥)에 있어서의 불변의 원리[定理]는 '의도(醫道)', 혹은 "약물(藥物)의 도"라고 부릅니다. 정치에 이용되는 원칙은 '정도(政道)'라고 부릅니다. 군사에 사용되면 '병도(兵道)'라고 부릅니다. 『손자(孫子)』 제13편에서 사용된 한 마디 말인, '병(兵)이란 속임의 도이다[兵者, 詭道也].'거나, 심지어 자고이래 이미 사람들이 습관적으로 사용하는 구두어인 이른바 '도둑질에도 도(道)가 있다[道亦有道]'거나 혹은 '천도(天道)·지도(地道)·인도(人道)'라고 할 때의 '도(道)'자가 모두 어떤 하나의 특정한 법칙을 가리키는 '도(道)'입니다.

(3) 형이상 철학의 대명사입니다. 바로 『역경』 「계사전」 에서 '형이하를 기(器)라 하고[形而下者謂之器], 형이상을 도라 한다[形而上者謂之道].'고 할 때의 '도(道)'입니다. '형이하(形而下)'라는 말은 물리세계와 물질세간의 형상(形相)이 있는 것을 가리키는 말인데, '기(器)'자가 바로 형상이 있는 것을 가리키는 말입니다. 그렇다면 물질이나 물리의 형상이 있는 것을 초월한 그 본래의 체성(體性), '만상(萬象)의 주인'이 될 수 있는 그것은 또 어떤 것일까요? 그것은 실재하는 유물적인 것일까요? 아니면 추상의 유심적인 것일까요? 이것은 우리의 옛날 조

상으로부터 전통적인 답안인데, '물질[物]'도 아니고 '마음[心]'도 아닙니다, 마음과 물질 두 가지도 역시 그것의 작용 현상일 뿐입니다. 이 무엇이라고 이름 할 수 없는 그것을 바로 '도(道)'라고 불렀습니다. 가령 『노자(老子)』라는 책에서는 무엇보다도 먼저 제시한 '도는 말로 표현될 수 있다면, 변함없는 절대적인 도가 아니다[道可道, 非常道].'에서의 도는 바로 형이상으로부터 말하기 시작한 것입니다. 사실 '대학의 도[大學之道]'라고 할 때의 '도(道)' 역시 형이상으로부터 나온 이념입니다.

(4) '말을 하다'는 뜻입니다. 이것은 고대 중원문화에서는 습관적으로 사용하던 단어입니다. 당신이 중국고전 민간 통속소설들을 좀 들여다보기만 하면 곳곳에서 볼 수 있습니다. '내 천천히 말할 테니 들어보시오[且廳我慢慢道來]'라든지, 혹은 '그가 말하기를[他道]', '할멈이 말하기를[老婆子道]' 등등 정말 손에 잡히는 대로 짚어낼 수 있어서 이루 다 셀 수 없을 만큼 많습니다.

(5) 한위(漢魏) 시대 이후로 이 '도(道)'자는 특정 종교나 학술 종파의 '최고의 요지[主旨],' 혹은 '주의(主義)'을 나타내는 대명사와 표식으로 변했습니다. 예를 들어 '협의도(俠義道)'나 '오두미도(五斗米道)' 등등이 그렇습니다. 당대(唐代)에 이르면 불가(불교)에서도 그것을 대명사로 사용했는데, '도는 평소 날마다 사용하는 사이에 있다[道在尋常日用間].' 같은 것입니다. 도가(도교)는 더 말할 필요도 없는데, '도(道)'자를 오직 도가만이 단독으로 가진 도로 보았습니다. 더 발전하여 송대(宋代)에 이르면 아주 재미있게도, 유가학설 학파의 밖에 '도학(道學)'이라는 명사를 따로 하나 세워서 자신들이 '유학'이나 '유림(儒林)' 외에, 따로 공맹(孔孟)심법(心法)의 밖에 전해진 '도학'의 도가 있다고 생각했으니 어찌 기괴한 일이 아니겠습니까!

덕(德)자의 여러 가지 의미

우리 현대인들은 '덕(德)'자를 보자마자 자연스럽게 '도덕(道德)'을 연상할 것입니다. 뿐만 아니라 '도덕'이란 단어가 바로 '좋은 사람'을 나타낸다는 것에 대해 아무런 의문이 없으며, 좋지 않은 사람에 대해서는 '결덕(缺德)15)'이라고 합니다. 사실 '도'와 '덕' 이 두 글자를 한데 연계한 것은 한위(漢魏) 시대 이후부터였으며, 그것이 점차 구어의 습관으로 변했습니다. 특히 당대(唐代)부터는 『노자(老子)』를 『도덕경(道德經)』이라고 부르기 시작했습니다. 그리하여 '도덕(道德)'은 인격과 행위의 가장 보편적이면서도 가장 높은 표준이 되었습니다. 그러나 전통적인 오경(五經) 문화에 근거하면 '덕이란 얻는다는 것이다[德者, 得也]'라는 또 다른 해석이 있는데, 이미 어떠한 행위의 목적에 도달한 것을 '덕(德)'이라고 한다는 것을 가리킵니다. 『상서(上書)』 「고요모(皐陶謨)」편의 정의에 따르면 모두 9덕(德), 즉 아홉 종류의 행위 표준이 있습니다. '도량이 너그러우면서도 공경 근신하고, 성정이 온화하면서도 우뚝 독립적이며, 성실 무던하면서도 엄숙 장중하며, 일처리 재간이 많으면서도 신중 진지하며, 유순하면서도 굳센 의지로 과단성이 있으며, 대바르면서도 태도가 온화하며, 지향이 높고 멀면서도 사소한 일을 중시하며, 강직하여 아부하지 않으면서도 사람됨이 독실하며, 굳세어 굽힐 줄 모르면서도 도의에 부합한다[寬而栗, 柔而立, 愿而恭, 亂而敬, 擾而毅, 直而溫, 簡而廉, 剛而塞, 彊而義].' 『상서(上書)』 「홍범(洪範)」편에서는 그와는 별도로 3덕에 대해 말하기를, '첫째는 정직(正直 순한 사람은 정직으로써 대하는 것)이요, 둘째는 강극(剛克 난신적자亂臣賊子는 강함으로써 지배하는 것)이요, 셋째는 유극(柔克 현귀대신顯貴大臣은 부드러움으로써 지배하는 것)이다[一曰正直, 二曰剛克, 三曰柔克].'라고 했습니다. 『주례(周禮)』 「지관(地官)」편에서는 또 '지(知 지혜) · 인(仁 사람을 사랑함으로부터 시작하여 만물에까지 미침) · 성(聖

---

15) 돼먹지 못하다. 못되다.

박식하고 선견지명과 원대한 식견이 있음)· 의(義 일을 마땅하게 처리함)
· 충(中 충성. 내심에서 존경함) · 화(和 강함과 부드러움이 알맞음/역주)'
의 6덕을 말했습니다.

그밖에 또 '덕(德)'자와 관련된 것이 있습니다. 위진(魏晉) 시대
이후에 불교, 불학의 보급이 '보시(布施)'를 제창하며, 사람들에게 가르
치기를 반드시 자신이 소유한 것으로써 마음을 다해 은혜를 베풀어 중
생에게 주어야 비로소 수행의 공적(功績) 기초가 있다고 하였기 때문
에, 이로부터 『서경(書經)』에 나오는 '공덕(功德)'이라고 하는 동의어
(同義語) 하나를 받아들여 사용했습니다. 후세 사람들은 때로는 '덕'자
를 말할 경우 습관적으로 '공덕'이라는 단어와 한데 이어놓아 덧붙여
설명함으로써 다들 이해하기 편하게 했습니다.

우리가 상고시대의 전통문화에서 '덕(德)'자의 내함을 이해하고 난
뒤에, 그것을 귀납시키고 다시 좀 간략화 해서 말해보면 '도(道)'자는
체(體)를 가리키고 '덕(德)'자는 용(用)을 가리킵니다. 이른바 '용'이란
사람들이 생리적, 심리적으로 일으키는 갖가지 행위의 작용을 가리킵니
다. 이것은 『대학』이라는 책을 연구함에 있어서 특히 가장 중요한 인
식입니다. 그렇지 않았다가는 '명덕(明德)'과 '명명덕(明明德)'의 대목에
이르러서 모호하고 뒤섞여 분명하지 않게 되기 십상입니다. 왜냐하면
고문(古文)은 간략화를 원칙으로 했는데, 오늘날에 이르러서 중국인의
교육은 문자학으로부터 시작하지 않아서, 자기가 자기의 문화를 이해하
지 못하고 오히려 옛사람들은 정말 죽어 마땅하고, 자기의 전통문화가
정말 크게 잘못되었다고 생각하도록 만들어버렸기 때문입니다.

천(天)자의 다섯 가지 의미

'천(天)'자는 정말로 '아이고 하느님!'입니다. 고서를 읽어 가다가
이 '천(天)'자를 만나게 되었을 경우, 만약 자세히 연구해보려고 하면
역시 그렇게 쉽지가 않습니다. 똑같은 '천(天)'자이지만 어디에 쓰였느

냐에 따라 그 뜻이 다른데, 우리가 이세 그것을 귀납시켜 보면 '도(道)'자와 마찬가지로 다섯 가지 내함이 있습니다.

(1) 천문학상 천체의 '천(天)'을 가리킵니다. 무량무변한 우주[太空]를 포괄한다고도 말할 수 있습니다. 정말 그렇지 않습니까? 외국에서는 '우주를 비행하다'를 '항행태공(航行太空)'이라고 말하지만, 우리는 '항천(航天)'이라고 말합니다. 그 둘은 결코 다르지 않은데도 각자 문화가 다르기에 용어가 다를 뿐입니다. 이것은 과학적인 천입니다.

(2) 종교적인 '천(天)'입니다. 지구 인류의 위에, 어렴풋한 듯 눈에 보이지 않고 손으로 만질 수 없는 주재자가 하나 따로 있다는 것을 표시하며, 그것을 '천'이라고 부릅니다. 상고 이래의 전통적인 습관상 때로는 '제(帝)'자, '황(皇)'자와 동일한 뜻입니다. 하지만 '제'나 '황'은 영문을 알 수 없는 그것을 인격화한 것일 뿐입니다. '천'자를 사용하게 되면 훨씬 추상적이 됩니다. 의식상에 '천도와 인도의 관계[天人之際]'가 있게 되고, 하나의 주재자가 존재한다는 뜻이 자연히 있습니다.

(3) 형이상 철학적인 '천(天)'입니다. 그것은 자연과학의 범위에 속하는 해·달·별이 벌여져 있는 천체를 대표하지도 않고, 종교적인 유심론의 천도 아닙니다. 그것은 마음[心]도 아니고 물질[物]도 아니면서, 또한 마음과 물질과 그리고 온갖 만상의 근원이기도 합니다. 양(梁)나라 부선혜(傅善惠) 대사가 다음의 시(詩)에서 말한 '천'과 같은 것입니다, '어떤 것이 있는데 천지개벽 이전에 존재했고, 형상이 없는 것으로 본래 텅텅 비었네. 만물을 만들고 만물의 주재자가 되며, 사계절 따라 살거나 죽거나 하지 않네[有物先天地, 無形本寂廖, 能爲萬象主, 不逐四時凋].' 간단히 말하면 철학에서 말하는 '본체(本體)'로서의 '천(天)'입니다.

(4) 심리적이고 정서적인 '천(天)'입니다. 사람들이 습관적으로 묵인하는 '운(運)' 또는 '명(命)'과 관련된 천입니다. 이른바 '천리양심(天理良心)'은, 심리 도덕적인 행위상으로 의지하는 정신적인 하늘입니다. 또 '곤궁이 극에 달하면 하늘을 부르짖고, 고통이 극에 달하면 부모를

부르짖는다[窮極則呼天, 痛極則呼父母].'고 말할 때처럼 순수한 유심적인 '천(天)'입니다.

(5) 자연과학의 범위에 속하는 것으로, 시간과 공간이 맞물려 이어진 대명사로 삼는 '천(天)'입니다. 예컨대 1년 365'일[天]', '오늘[今天]', '내일[明天]', '어제[昨天]' 및 '서쪽[西天]', '동쪽[東天]' 등등입니다.

요컨대 중국 고서 속에서의 '천(天)'자의 이런 몇 가지 차별적인 의미에 대해 먼저 알아야 합니다. 이것은 『중용』이라는 책을 연구할 때는 더욱 중요합니다. (이상은 『대학강의』 제1편 개종명의 중에서 발췌 번역하였음)

상론(上論)

문자대로 의미를 해석하여 먼저 『중용』의 강요와 종지를 말하다

　형이상의 하늘이 사람에게 부여하여 태어나면서부터 자연히 왔으며 천도(天道)와 서로 통하는 본성이면서 마음과 물질의 동일한 근원인 것, 이를 인도(人道) 근본의 자성(自性)이라 한다. 그 천성 자연 중에서 갑자기 일어나는 초심(初心) 한 생각[一念]은 바로 성명(性命)이 기동(機動) 작용을 일으킨 것, 이를 도(道)의 유래(由來)라 한다. 그 갑자기 일어나는 성명(性命) 기동의 도(道)는 선악(善惡)이 함께 갖추어진 작용이 있으니 선악을 가리지 않고 제멋대로 함부로 행동하고 난동을 부리도록 내맡겨 서는 안 되므로, 이를 고요히 사유 관찰하여 악(惡)을 없애고 선 (善)을 따르도록 주동적으로 바로 잡고, 더 나아가 자성의 본래 청정(淸淨)으로 되돌아가서 천연 본성 순선(純善)의 도의 경지에 합하도록 학문수양의 도를 닦는 것, 이를 교화[敎]의 요지라 한 다. 도(道)라는 것은 잠시라도 닦음을 떠나서는 안 되는 것이니, 떠나도 된다면 도가 아니다. 그러므로 천연 자성을 알고 나서 도 를 닦는 군자는 언제 어디서나 마음이 일어나고 생각이 움직임에 대하여, 다른 사람이 보지 않는 곳에서도 경계(警戒)하고 신중하 며, 다른 사람이 듣지 않는 곳에서도 두려워하여 방임(放任)하지 않고 멋대로 함부로 행동하지 않는다. 천연 자성은 온갖 기능을 본래 갖추고 있는데, 그 기능은 있는 곳이 없는 것 같으면서도 있지 않는 곳이 없어서 언제 어디서나 자기를 감시하는 작용이 있기 때문에, 가장 깊숙한 은밀한 곳에서도 자성의 영상(影像) 속에 비추어 보지 않음이 없으며, 가장 미세하고 극히 작은 곳에 서도 자성의 영상 속에 비추어 드러내지 않음이 없다. 그러므로 도가 있는 군자는 심의식(心意識)의 작용인, 마음이 일어나고 생 각이 움직임에 대하여 홀로 있을 때도 근신하는[愼獨] 공부를 스 스로 중시하여, 심경(心境)상 갑자기 일어나는 심념을 청명하게 유지하면서 독두의식(獨頭意識)의 심리상태를 살펴보아 그것으로 하여금 영묘한[靈妙] 광명이 홀로 빛나고 있는 본래의 위치로 되 돌아가 중화(中和)의 경지로 진입하게 한다. 생리적인 정서와 상 관이 있는 기쁨 · 노여움 · 슬픔 · 즐거움 등의 망념(妄念)이 모두 아직 발동하지 않은 것은 바로 자성의 본래 청정(淸淨)의 경지에 정확히 맞아 들어간 것으로서 이를 중(中)이라 하고, 만 약 우연히 밖에서 온 경계(境界)가 야기하였기 때문에 망념이 발동하였다면 그 즉시 자동 차밑턱으로 조절하여 다시 모두 안정되고 평화롭고[安和] 고요한 본래 청정의 경지로 되돌아갈 수 있는 것, 이를 화(和)라고 하는데 이것이 바로 중화의 묘용이다. 그렇게 도를 닦는 사람이 언제 어디서나 영묘한 광명이 홀로 빛나는 심경 중에 맞아 들어갈 수 있는, 중(中)이라는 것은 천하 사람마다 자성 청정을 수행하는 큰 근본이다. 만약 우연히 발동이 있다면 곧 언제 어디서나 조절하여 안정되고 평화롭고 고요한 경지로 되돌아갈 수 있는, 화(和)라는 것은 온 천하 사람마다 통달하고 해낼 수 있는 도를 닦는 공부이다. 만약 언제 어디서나 수양하여 중화의 경지에 도달할 수 있다면, 자기가 본래 천지와 더불어 동일한 본래의 위치에 존재하고 있으며, 동시에 자기가 본래 만물과 더불어 동등하게 천지의 생생불이(生生不已)의 양육(養育) 속에 있다는 것도 알게 될 것이다.

天命之謂性, 率性之謂道, 脩道之謂教。道也者, 不可須臾離也; 可離非道也。是故, 君子戒慎乎其所不睹, 恐懼乎其所不聞。莫見乎隱, 莫顯乎微, 故君子慎其獨也。喜怒哀樂之未發謂之中; 發而皆中節謂之和。中也者, 天下之大本也; 和也者, 天下之達道也。致中和, 天地位焉, 萬物育焉。

『중용』 제1절(節)이 말하는 원문은 바로 『중용』 전체의 총강(總綱)이며, 자사가 전통 유가공문 심법(心法) 학문수양의 심인(心印)을 계승하는 것이기도 합니다. 증자가 저작한 고본(古本) 『대학』 원문에서, "대학지도(大學之道), 재명명덕(在明明德)"으로부터 시작하여 "차위지본(此謂知本), 자위지지지야(此謂知之至也)"까지가 바로 『대학』 전문(全文)의 대강요(大綱要)인 것에 해당합니다.

그렇다면 『중용』 제1구(句)가 말하는 "천명지위성(天命之謂性)"에서 '천(天)'과 '성(性)' 두 글자의 명사가 가리키는 내함은 무엇일까요? 사실 방금 제가 앞에서 이미 말하기를, 『중용』이 의거하는 근원은 『주역(周易)』 「곤괘(坤卦)」의 「문언(文言)」, 그리고 「계사전」 등의 내함으로부터 왔다고 했는데, 여러분은 무엇보다도 먼저 거듭거듭 주의하기 바랍니다. 이제 우리들은 하나의 가장 착실하고 가장 미련하면서도 가장 총명한 독서 방법인, 바로 '경문으로써 경문을 주해하고[以經註經]', 더 나아가 '역사로써 경문을 증명하는[以史證經]' 방법을 받아들여 쓰기만 하면, 그 의미를 스스로 융회관통(融會貫通)16)할 수 있습니다.

예컨대 본문의 '천(天)'과 '성(性)'에 관하여 당신이 만약 『중용』 전서(全書)의 결미(結尾)로서 자사가 인용하는 『시경』 「대아(大雅), 문왕지십(文王之什)」의 "형이상의 하늘이 실어준 것은 소리도 없고 냄새도 없다[上天之載, 無聲無臭]."라는 두 마디를 파악하고 있기만 하면, 그가 여기에서 제시한 '천(天)'은 물리세계인 천체(天體)의 천(天)도 아니요 종교적인 현천상제(玄天上帝)17)의 천(天)도 아니라는 것을 알 수 있습니다. 『중용』이 무엇보다도 먼저 말하는 '천(天)'은 심물일원(心物一元)인 형이상의 의리(義理)의 천(天)을 대표합니다. 그렇다면 '성(性)'자에 관하여는 어떨까요? 그것은 천성(天性)·인성(人性)·물성(物性) 혹은 명심견성(明心見性)의 성(性), 그리고 세속에서 통용하며 여기는 성욕(性慾)의 성(性)일까요? 그 답안도 간단합니다.

---

16) 각 방면의 지식이나 도리를 융합하여 꿰어서 체계적으로 투철하게 이해하다.
17) 도를 닦는 사람들이 말하는 하늘의 옥황상제.

『중용』이 여기서 가리키는 '성(性)'은 천도와 인도의 관계이면서[天人之際], 마음과 물질의 동일한 근원인[心物一元], 인생 생명 본유(本有)18)의 자성(自性)입니다. 당신이 만약 『중용』 원문을 자세히 읽어보기만 하면, 자사 자신이 주해한 "태어나면서부터 스스로 알아서, 사려함이 없고 작위함이 없는 직도(直道)인 천성의 정성성[誠性]의 경지 속에 본래 스스로 처할 수 있다면, 자기가 자성의 묘용을 명백하게 깨닫는 것, 이를 자성이라고 한다. 그러나 만약 그렇게 자성의 묘용을 명백하게 깨닫는 작용을 미혹하여 잃어버렸을 경우에는 태어나면서부터 자연히 온 후천의 인성으로부터 닦고 익히기 시작하여 먼저 자성의 본래를 명백하게 볼 수 있다면, 역시 본래 있으며 명백하게 깨닫는 지극한 정성의 경지에 자연스럽게 도달하는 것, 이를 교화라고 한다[自誠明謂之性, 自明誠謂之敎]", 그리고 "이는 본성의 덕용으로서 안과 밖이 합하는 도이니, 자기가 안으로 내명의 학(內明之學)을 닦든 밖으로 나라를 다스리고 천하를 태평하게 하는 도에 사용하든 본성의 덕용으로 말미암아 성취되는 것이다. 그러므로 그 인애의 덕과 지혜의 덕의 운용의 묘가 한마음의 지극한 정성[至誠]에만 있기에 언제 어디서나 가는 곳마다 사용해도 모두 마땅하다[性之德也, 合外內之道也, 故時措之宜也]."가 있기에, 그가 『중용』의 첫 절(節)에서 제시한 "천명지위성(天命之謂性)"에서의 '성(性)'은 인도(人道) 근본의 자성을 가리키는 것으로 그것은 사람들이 태어나면서 자연히 온, 천도와 서로 통하는 본성(本性)이라는 것을 완전히 이해할 수 있습니다. 그래서 그는 전아(典雅)하고 농축된 언어문자로써 단지 간단명료한 다섯 글자인 "천명지위성(天

---

18) 본래적인 존재. 처음부터 있는 것. 선천적으로 있는 것.

命之謂性)"이라고 써서, 사람의 마음을 곧바로 가리켜 스스로 자성을 깨닫게 할 수 있었습니다[直指人心, 自悟自性].

제2구인 "솔성지위도(率性之謂道)"는 비교적 처리하기 어렵습니다. 우리는 다들 2,3천 년 동안 한 개의 어휘를 습관적으로 사용해서 말하기를, '양심이 시키는 대로[率性] 이렇게 하자, 제멋대로 저렇게 하자', 혹은 '아예[率性] 그만 하겠다' 거나 '차라리[率性] 끝까지 하겠다' 등등이라고 합니다. 이런 것들은 모두 『중용』에서 말하는 '솔성(率性)'과 상관이 있습니다. 왜냐하면 '솔성(率性)'이라는 어휘는 이미 2,3천 년 동안 전통적으로 관용한 구두어가 되어버렸기 때문입니다. 사실은 '솔성(率性)'이라는 이 명사(名辭)는 본유(本有)의 천성(天性)·인성으로부터 작용이 일어나 움직인 초심(初心) 한 생각[一念]을 가리킵니다. 만약 굳이 20세기 프랑스 철학자 베르그송의 관념을 인용하여 말해보면, 바로 '직각(直覺)'이나 '직관(直觀)'입니다. 그렇지만 '직각'이나 '직관'의 실질 심리상태에 따라 말해보면, 그것은 의식(意識)의 범주에 속하며 아직은 그리 철저하지 못한 것입니다.

그렇다면 우리는 다시 비교적 상세하게 불가의 유식법상(唯識法相)의 분석을 인용하여 설명할 수밖에 없는데, 그러면 비교적 분명해집니다. 유식법상학은 말합니다, 본자[本自] 청정한 자성(自性)으로부터 마음이 일어나고 생각이 움직이는 심식(心識) 작용은 대략 5종 심성(心性)의 현상으로 분석 귀납할 수 있습니다. 1. 솔이심(率爾心) 2. 심구심(尋求心) 3. 결정심(決定心) 4. 염정심(染淨心) 5. 등류심(等流心)이 그것입니다. 이 5종 심리상태를 우리들의 일반적인 상황으로부터 설명하려면, 거꾸로 먼저 등류와 염정의 심리상태를 말해야 합니다.

무엇을 등류심이라고 할까요? 바로 우리들의 심념생각[心念

思想]이 영원히 마치 흰 줄기의 폭포의 흐름과 같은 것입니다. 마치 장강(長江)과 황하(黃河)가 영원히 끊임없이 출렁거리면서 청탁(淸濁)을 나누지 않고 흙과 모래를 뒤섞여 낀 채 쉬지 않고 세차게 흐르는 것과 같습니다. 이른바 청탁(淸濁)을 나누지 않는 것은 바로 우리들의 심념생각이 선악(善惡)이 뒤섞이고 성인과 범부가 병존하면서 평등하게 모두 쉬지 않고 세차게 흐르는 것과 같습니다. 그러므로 그것을 등류심(等流心)이라고 합니다.

그러나 나누어서 말하면 순수한 선심선념(善心善念)은 정심(淨心)이라고 하고, 악념악심(惡念惡心)을 염심(染心)이라고 하는데 바로 외부경계의 영향을 가장 쉽게 받는 염오심(染汚心)입니다.

솔이심과 순구심 그리고 결정심은 일반적으로 불학 수도의 지(止 : 定) 수행과 관(觀 : 慧) 수행 면에서 말해보면 비교적 이해하기 쉽습니다. 이른바 솔이심(率爾心)이란, 바로 평소에 사려(思慮)하지 않는 평정한[平靜] 심경(心境) 중에서 까닭 없이 갑자기 일어나는 한 생각의 초심(初心)인데, 오되 그것이 어디로부터 오는 줄 알지 못하고 가되 역시 그것이 어디로 좇아가는 줄 모릅니다. 이것은 우리가 한 잠 푹 자고 막 깨어나는 한 찰나 사이에 아주 청명(淸明)하면서 어떠한 분별사념(分別思念)도 더해지지 않는 심경과 같습니다. 만약 이렇게 줄곧 유지해간다면[保持] 부처님이 말씀하신 '곧은 마음이 도량이다[直心是道場]'와 같게 됩니다19). 하지만 '이런 줄 아는 것이 바로 도를 깨달은 것이다'라고 말하는 것은 결코 아닙니다. 그렇지만 수지(修持) 소

---

19) 직심(直心)은 순일(純一)하고 불순물이 없이 깨끗하고 순순한 마음. 곧은 마음, 보리심. 깨달음을 구하는 마음과 같음. 정직한 마음.

양(素養)이 없는 일반 사람은 이런 청명자재(淸明自在)한 초심 경지를 언제나 유지해가는 것을 절대로 해내지 못합니다. 그렇다면 뒤따라오는 것은 습관적으로 일어나고[生起] 찾고 구하는[尋求] 마음일 것입니다.

예컨대 추억하거나 추모하는 등의 심리상태가 바로 '심(尋)'입니다. 사물을 바라거나 사색하는 등의 심리상태는 바로 '구(求)'입니다.

결정심(決定心)은 어떤 것일까요? 대체로 성인(聖人)과 속인(俗人) 두 가지 경지로 나눌 수 있습니다. 만약 학문수양 수행[修爲]이 본래 갖추어져 있는 성인이라면 마음이 일어나고 생각이 움직임이 어느 종류이든, 심지어 갑자기 일어나는 초심 한 생각[率爾之心]이든, 알자마자 쉬어버려서 수시로 자성의 청정본연(淸淨本然)으로 되돌아가는데, 이것이 바로 성인의 경지로 기울어지는 결정심입니다. 일반의 보통의 속인은 어떨까요? 어떤 사념(思念)과 일에 대하여 단호히 결정을 내려서, 갈지 안 갈지, 할지 안 할지 결단을 내리는 것이 바로 일반 보통사람이 사용하는 결정심입니다.

하지만 이러한 심리상태들은 만약 유물철학과 과학의 관점에서 말해본다면 모두 뇌의 작용과 관련이 있습니다. 그렇지만 유식법상학으로 말해본다면 뇌는 5식(五識 : 안식眼識 · 이식耳識 · 비식鼻識 · 설식舌識 · 신식身識)의 총화(總和)이며 심의식(心意識)의 의식은 뇌에 있지 않습니다. 더더구나 제6의식의 무대 뒤에는 또 더욱 깊은 이중(二重)의 작용이 있습니다. 그러나 지금 우리는 유식법상학을 강의하고 있는 것이 아니라 이를 빌려서 발휘하여 설명을 약간 할 뿐입니다.

우리가 이런 심리 상황을 이해하고 난 뒤에는 『중용』이 말하는 "솔성지위도(率性之謂道)"의 '솔성(率性)'도 바로 유식법상학에서 말하는 '솔이심'과 같다는 것을 알 수 있습니다. 우리의 천성(天性) 자연(自然)20) 중에서 갑자기 일어나는[率性而起] 심념은, 바로 성명(性命 만물의 천부와 품성. 생명. 본성/역주)이 기동(機動)작용을 일으키는 도(道)의 유래(由來)입니다. 그러므로 그것을 "솔성지위도(率性之謂道)"라고 합니다. 그러나 갑자기[率然] 일어나는 성명 기동의 도는 선악(善惡)이 함께 갖추어진 작용이 있는데, 선악을 가리지 않고 그것이 제멋대로 함부로 행동하도록[妄行] 내맡기고 그것이 제멋대로 난동(亂動)을 부리도록 내맡겨서는 절대로 안 됩니다. 그래서 고요히 사유하고 돌이켜 관찰하여 그것을 주동적으로 바로잡고[修正] 그것으로 하여금 악(惡)을 제거하고 선(善)을 따르게 해야 할 필요가 있으며, 더 나아가서는 그것으로 하여금 '지극한 선에 머물게 해야[在止於至善]' 옳습니다.

이 때문에 "수도지위교(脩道之謂教)"라는 한 마디가 있어 설명하기를, "학문수양의 도는 그것으로 하여금 본정(本淨 본래 청정/역주)으로 되돌아가서 천연본성(天然本性) 순선(純善)의 도의 경지에 합하게 해야 하는 것이며, 이것이 바로 교화 · 교육의 요지이다."라고 합니다. 즉, 우리가 평소에 습관적으로 말하듯이, 도는 닦아 얻어야 한다[修得]는 것입니다. 그러므로 '수도(脩道)'라는 명사의 유래가 있습니다.

이 때문에 그는 또 도는 닦아 얻어야 한다는 중요함을 특별히 강조하여서 그 다음 글로 "도야자(道也者), 불가수유리야(不可須臾離也) ; 가리비도야(可離非道也)."라는 훈계가 있습니다.

---

20) 저절로 갖추어져 있는 것. 그 자신으로 존재하는 것.

'수유(須臾)'는 찰나의 의미와 같습니다. '불가(不可)'는 가르쳐 이끄는 말로서의 부정사(否定詞)이지 결코 불능(不能)이 아니며, '떠날 수 없다[不能離]'는 의미로 잘못 이해해서는 안 됩니다. 이 것은 제가 평소에 불학을 연구하는 일반인들에게 하는 이런 말과 같습니다, "부처님은 '불가사의(不可思議)'라고 말씀하셨는데 여 기서 이른바 '불가(不可)'는 부정사로서, 당신에게 평소의 습관적 인 생각 의론으로써 멋대로 주해하지 말라는 훈계이지, 불법이 '불능사의(不能思議)'한 것이라고 말하는 것은 아닙니다! 만약 생 각하고 의론할 수 없는 것이라면 부처님은 왜 스스로 말씀하시기 를 3장12부(三藏十二部) 경전을 또 사람들에게 사유하며 닦으라 [思惟修] 가르치셨겠습니까?"(한 번 웃다)

마찬가지 도리로서, 『중용』은 "천명지위성(天命之謂性)"의 자성을 스스로 깨달은 뒤에는 이어서 곧 말하기를, 깨달은 뒤에 닦음을 일으키는 것[悟後起修]이 중요하다고 합니다. 그래서 어 떻게 자기를 바로잡아[修正] 천연 본정(本淨) 자성에 합할 것인 지의 교법을 제시하였습니다. "시고군자계신호기소불도(是故君子 戒愼乎其所不睹), 공구호기소불문(恐懼乎其所不聞).", 그러므로 천연자성을 알고 난 군자들은 언제 어디서나, 마음이 일어나고 생각이 움직임에 대하여 모두 경계하고 신중하며 두려워하면서 그 도를 스스로 닦아야 한다는 말입니다. 설사 당신이 무엇을 하 고 있는지 보거나, 혹은 당신이 무엇을 하고 있는지 듣고 있는 사람이 아무도 없더라도 감히 방임하여 멋대로 함부로 행동하고 나쁜 짓을 하지 않는 것입니다. 당신은 보는 사람이 없거나 듣는 사람이 없다면 멋대로 함부로 해도 좋다고 여기지 않습니까?

사실은 "막현호은(莫見乎隱), 막현호미(莫顯乎微)", 천연 자 성은 온갖[一切] 기능[功能]을 본래 갖추고 있으며 언제 어디서니 모두 자기를 감시[鑑臨]하는 작용이 있다는 것을 알아야 합니다. 겉으로 보면 당신이 무엇을 하는지 보는 사람이 없고, 당신이 무엇을 하는지 듣는 사람이 없는 것 같습니다. 사실은 그것은 '있는 곳이 없는 것 같으면서도 있지 않는 곳이 없습니다[似無所在而無所不在]'. 설사 가장 깊고 은밀한 곳이나 가장 미세하고 극히 작은 곳이라 할지라도 모두 자기 마음 자성의 영상(影像) 가운데 뚜렷이 비쳐서 드러날 것입니다. 이것은 바로 부처님이 말씀하시기를, "설사 백겁이 지나더라도 지어진 업은 없어지지 않고, 인연은 때를 만났을 때 과보를 도리어 스스로 받는다[假使經百劫, 所作業不亡. 因緣會遇時, 果報還自受]."고 한 것과 같습니다.

(역자보충 6) **무엇이 심(心)·의(意)·식(識)인가**

이 심(心)은 무슨 심일까요? 의(意)는, 우리가 알듯이 지금 우리가 생각하는 것, 오늘날 말하는 심장이나 머리가 생각하는 것, 이 머릿속에서 생각하고 있는 것, 지각과 감각은 모조리 의식 상태이며, 이것은 심이 아니라 의식작용입니다. 제6의식작용입니다. 더 나아가 우리들 신체의 안과 밖, 이 양 손을 한 번 들어 벌린 둥근 범위, 즉 뇌의 생각이나 심리의 지각과 감각을 포괄한, 과학에서 아는 인체의 백광[光圈]이 도달하는 전감(電感) 백광의 범위는 모조리 의식의 범위로서 제6의식 범위입니다. 그러므로 오늘날 심리학이 말하는 잠재의식은 제8아뢰야식이 아니라 제6의식입니다. 여러분은 특별히 주의하기 바랍니다! 심리학에서 오늘날 말하는 잠재의식을 불법의 제8아뢰야식으로 여겨서는 안 됩니다. 그러면 당신은 외할머니집 안으로 잘못 들어가 버린 것으로, 틀려도 크게 틀린 겁니다! 제가 보니 허다한 새로운 불학 문장들이 그렇게 써져 있습니다. 그건 정말, 아이쿠, 심어 넣은 치아가 빠질 정도로 우스운 일입니다! 완전히 옳지 않습니다. 이것은 의식의 범위입니다.

이른바 심(心)의 범위는 어떨까요? 제8아뢰야식의 범위입니다. 이 범위에는 3계우주(三界宇宙), 심물일원(心物一元)의 것, 형이상의 일체(一體)를 포괄합니다. 가장 연구하기 어려운 것이 바로 제8아뢰야식입니다. 그러나 우리의 이번 연구에서는 여러분이 잘 깊이 들어갈 수 있기를 바랍니다. 특히 정좌하여 불법을 학습하고 공부하는 사람이나 염불해서 정토에 왕생하고 싶어 하는 사람은 이 이치를 통한 뒤에는 틀림없이 왕생합니다. 이상이 심(心)과 의(意)입니다.

식(識)은 무엇일까요? 비유할 방법이 없습니다. 이 식에 대해 우리는 어떤 것으로만 비유할 수 있을까요? 여러분은 다들 큰 바다를 알고 있는데, 큰 바다를 우리가 본적이 있습니까? 명광법사는 바다를 본 적이 있습니까? 없습니다. 나도 본 적이 없는데 당신이 본적이 있어요? 나는 나이가 당신보다 많습니다. 유식학을 배움은 바로 여기 '인명(因明)'에 있습니다. 우리는 바다의 물을 보았습니다. 바다는 무엇일까요? 하나의 추상적인 명사입니다. 많은 짠물이 모여 쌓여서 이루어진 것을 '바다[海]'라고 부릅니다. 바다는 하나의 명칭입니다. 이 이름[名]은 그런 하나의 상(相), 하나의 현상(現象)을 대표합니다. 실제로는 우리가 말하기를 배가 그 위에서 간다고 하지만 물의 표면에서 가는 것입니다. 배가 해상에서 간다고 하는 것은 인명적인 관념에서는 틀렸습니다. 문학적 관념에서는 그래도 됩니다. 그렇지요? 당신은 이해하셨지요? (남선생이 아래의 학우에게 물었다. 과학을 배우는 여러분은 당연히 이해했을 겁니다. 맞지요?) 그러므로 정말로 논리 인명적으로 말한다면 당신은 바다를 본적이 있을까요? 아무도 바다를 본적이 없습니다. 그렇게 큰 곳 하나가 물이 모여 쌓여있는 것을 본적이 있는 것을 말하기를, 우리는 인위적으로 가정하여 그것에 하나의 명사를 두어 바다라고 부릅니다. 하나의 현상인데 이것은 하나의 명상(名相)일 뿐입니다.

바다에 대해서, 자, 우리는 이 하나의 명상을 이해했습니다. 이 바다의 표면에는 파도[浪]가 있는 것을 봅니다. 그렇지요? 파도위에는 물보라[浪花]가 있고 물거품[水泡]이 있음을 봅니다. 그렇지요? 이게 다 있습니다. 당신은 바나가 움직이는 짓을 본적이 있습니까? 이 말에 당신은 감히 답을 하지 않습니다. 나는 당신을 대신해서 답을 할 수 있습니다. 왜냐하면 당신은 해양학(海洋學)을 연구해 본적이 없기 때문입니다. 바닷물의 깊은 부분은 아예 움직인 적이 없습니다. 단지 상면의 표층의 파랑이 움직이고 있을 뿐입니다. 바닷물 깊은 곳은 수위가 올라가거나 낮아지거나 않습니다. 그렇지요? 상면의 파랑이 움직이고 있는데, 이 파랑을 의(意)라고 가정합시다. 우리들의 생각은 바로 그 바닷물의 파랑인 의(意)입니다. 해수의 상면의, 파도[波浪] 상면의 작은 물보라를 식(識)이라고 부릅니다.

이것은 비유인데, 이것은 인명에서 '종인유(宗因喻)'의 유(喻)의 작용입니다. 나의 지금 이런 말이, 인명을 배우고 논리를 배우는 사람은 하나의 비유라는 것을 압니다. 왜냐하면 이것을 설명할 방법이 없기 때문에 비유로써 이를 설명하여 식(識), 심의식(心意識)의 식(識)이라고 부르는 것입니다. 그러므로 유심소조(唯心所造), 유식소생(唯識所生)! 이것은 식(識)입니다.

그러나 우리가 알듯이 유심(唯心)은 이 물질경계를 조성할 수 있기 때문에 '경계의 바람이 식의 파도에 분다[境風吹識浪]'고 하는데, 어떻게 이 경계를 조성할까요? 어떻게 물질을 조성할까요? 우리들 오늘날 과학은 우리들에게 많은 도움이 됩니다. 당신이 바닷물의 한 물보라를 보면 천연적으로 구성된 일종의 돌이 있는데, 여러분은 본적이 있습니까? 바닷가에 사는 사람은 모두 본적이 있습니다. 해수 상면인 해상은 파도[浪]로서 첫 겹[第一重]인 이것을 우리는 '의(意)'라고 비유합니다. 파도 상면에는 물보라가 있고 또 작은 물보라가 있는데, 이것을 식(識)으로 비유합니다. (남회근 저작, 인터넷상의 『유식과 중관』에서 뽑아 번역하였음. 심의식의 차이, 지성 등에 대한 보다 자세한 내용은 『대학강의)』 제3편을 읽어보기 바람/역주)

"고군자신기독야(故君子愼其獨也)", 그러므로 도가 있는 군자들은, 심의식(心意識)에서 마음이 일어나고 생각이 움직이는 것에 대하여 홀로 있을 때도 근신하는[愼獨] 공부를 중시하고, 심경(心境)상 갑자기 일어나는 초심(初心) 한 생각[率性而起]을 청명하게 유지하면서 독두의식(獨頭意識)21)의 심리상태를 살펴보아[照顧], 그것으로 하여금 영묘한 광명이 홀로 빛나고 있는 [靈明獨耀] 본래의 위치로 되돌아가, "희노애락지미발위지중(喜怒哀樂之未發謂之中), 　발이개중절위지화(發而皆中節謂之和)"의

---

21) 유식법상학에서 제6의식(意識)을 4종류로 나누는데 그 중에서, 안식(眼識)·이식(耳識)·비식(鼻識)·설식(舌識)·신식(身識)의 전5식(前五識)을 따르지 않고 단독으로 작용하는 의식을 말한다.
　우리는 보통 의식이 작용할 때는 시각·청각·후각·미각·촉각하고 함께 작용하는데, 독두의식은 시각·청각·후각·미각·촉각과는 별개의 것으로 그와 함께 하지 않고 의식만 홀로 작용하는 것이다. 과거에 일어났던 일을 기억하고 회상하면서 생각하는 일이라든가 현재의 일은 물론 미래의 일을 추리하고 예측하며 계획하는 일, 혼자서 깊은 사유에 빠지는 일, 또 여러 가지 잡념이나 상상, 공상 따위를 야기하며 온갖 생각을 할 때가 많은데, 이렇게 의식만 홀로 작용할 때 나타나는 대상은 대부분이 망상이다. 독두의식으로는 '정중(定中)의식'·'독산(獨散)의식'·'몽중(夢中)의식' 등 세 가지가 있다.
　정중의식은 '정중독두의식'이라고도 하며 선정(禪定)에 들면 전5식은 전혀 그 작용을 나타내지 않으며 단지 제6의식만이 작용하기 때문에 독두라고 한다.
　독산의식은 '산위(散位)독두의식'이라고도 한다. 전5식을 떠나 단독으로, 과거를 추억하거나 미래를 예견하며 갖가지 상상, 사려하는 등 널리 과거·현재·미래의 삼세에 걸쳐 아직 현실로 나타나지 않은 일들을 미루어 상상하는 의식이다.
　몽중의식은 '몽중독두의식'이라고도 하는데 꿈속에 있어서 전5식을 동반하지 않고 독립하여 작용하는 의식이다.
　독두의식과는 다른 명료(明了)의식은 '상응(相應)의식'이라고도 하는데, 전5식을 따라 작용하고 확실하게 대상을 판단시키는 의식을 말한다. 이상을 합하여 4종의식이라고 한다.

중화(中和)의 경지로 진입하게 할 것입니다.

　당신이 영묘한 광명이 홀로 빛나고 있는 처여본유 자성의 청명한 심경에 합한 가운데서, 생리적인 정서와 상관있는 기쁨 · 노여움 · 슬픔 · 즐거움[喜怒哀樂] 등의 망상의 생각[念]이 모두 아직 발동하지 않은 것이 바로 자성본정(自性本淨)의 경지로 정확히 맞아 들어간[中] 것입니다. 만약 우연히 밖에서 온 경계(境界)가 야기하였기[引發] 때문에 기쁨 · 노여움 · 슬픔 · 즐거움 등의 정서(情緖) 망념이 움직였다면, 그 즉시 자동적으로 자발적으로 조정하여 다시 안정되고 평화롭고 고요한 본래청정 경지 속으로 돌아갈 수 있습니다. 이게 바로 중화의 묘용(妙用)입니다. 그러므로 말합니다, "중야자(中也者), 천하지대본야(天下之大本也) ; 화야자(和也者), 천하지달도야(天下之達道也).", 이 때문에 또다시 한 걸음 나아가 상세히 해석하기를, "수도하는 사람이 언제 어디서나 영묘한 광명이 홀로 빛나고 있는 심경(心境) 속으로 맞아 들어갈 수 있는 것은, 바로 온 천하 사람마다 자성 청정을 수행하는 큰 근본[大本 기본/역주]이다. 만약 우연히 움직임이 있다면 곧 어느 때 어디서나 조절하여 안정되고 평화로운[安和] 경지로 되돌아갈 수 있는 것은, 바로 온 천하에서 사람마다 통달하고 해낼 수 있는 수도 공부이다."라고 합니다.

　"치중화(致中和), 천지위언(天地位焉), 만물육언(萬物育焉)", 만약 사람이 어느 때 어디서나 수양하여 중화의 경지에 도달할 수 있다면, 당신은 자기가 본래 천지와 더불어 동일한 본래 위치에 함께 존재하고 있다는 것을 알게 될 것이며, 동시에 자기가 본래 만물과 동등하게 천지의 생생불이(生生不已)의 양육 속에 있다는 것도 알게 될 것입니다. 이런 경지에 도달했다면 도가와 불가 양가가 말하는 '천지와 더불어 뿌리가 같고 만물과 더불어 일체(一體)이다[與天地同根, 萬物一體.].'는 도리와도 같아서 불이법문(不二法門)에 완전히 일치합니다.

여기에서 우리 모두가 『중용』이 말하는 중화 경지를 더욱 체험하도록 하기 위하여 중국 선종의 장졸(張拙)이라는 분의 유명한 오도송(悟道頌)을 인용하여 참고로 삼겠습니다.

불성의 광명이 두루 우주법계를 고요히 비추니
범부와 성인과 온갖 중생이 함께 내 집안이네
한 생각 일어나지 않으니 온전한 본체가 드러나고
6근이 움직이자마자 구름에 가려지네
번뇌를 깨뜨려 없애면 병이 거듭 늘어나고
진여로 향하여도 삿된 견해이네
세간의 인연에 따라서 걸림이 없고
열반과 생사가 평등하며 허공꽃이네
光明寂照遍河沙　凡聖含靈共我家
一念不生全體現　六根才動被雲遮
破除煩惱重增病　趣向眞如亦是邪
隨順世緣無罣礙　涅槃生死等空花

장졸 수재의 게송 속에 사용한 것은 모두 불가의 명사(名辭)입니다. '함령(含靈)'은 영지(靈知)의 성(性)이 있는 모든 중생을 말합니다. '6근(六根)'은 안(眼)·이(耳)·비(鼻)·설(舌)·신(身)·의(意)을 가리킵니다. '열반(涅槃)'은 범어로서 이른바 청정한 불성의 다른 이름입니다. '번뇌를 깨뜨려 없애면 병이 거듭 늘어나고, 진여로 향하여도 삿된 견해이네.'는 번뇌를 끊지 않고 본성을 증득하며, 진여를 도체(道體)로 집착하지 않는다는 뜻이며, 이 두 구절은 모두 천연자성이 본자(本自) 청정한 제일의제(第一義諦)를 칭찬하는 것입니다. '한 생각이 일어나지 않음'과 '6근이 움직이자마자 가려진다'는 도리는 『중용』이 말하는 도는 닦아야 한다는 "수도지위교(修道之謂敎)"의 의의와 서로 같습니다. 요컨대 『중용』의 전문 총강의 정수(精髓)는 바로 본 단락의 원문 속에 있으며 가장 중요합니다. 먼저 이 강요를 파악하고 있어야 그 다음의 글이 순조롭게 풀릴 수 있습니다.

뒤에 오는 대부분은 모두 "수도지위교(修道之謂敎)"와, 사람됨과 일처리라는 외용지학(外用之學)의 발휘를 설명하는 것입니다. 하지만 우리는 지금 먼저 문자에 따라 의미를 해석하여서 먼저 문구의 표층의 의의를 풀이했을 뿐이고 뒤에서 다시 깊이 들어가는 연구를 하겠습니다.

이어서는 바로 『중용』 원문이 먼저 제시한 총강의 뒤로부터 자사는 또 공자의 『중용』의 "솔성지위도(率性之謂道)"와 "수도지위교(修道之謂敎)"와 관련 된 말 여덟 개의 절(節)을 특별히 신중하게 인용하여, 중용의 중요성을 설명하는 데 사용합니다.

안락하고 침착하면서 중도의 묘용에 부합하기에 자재하기 어렵다

중니(仲尼)께서 말씀하셨다. "중용(中庸)이란 사람이 천연본유(天然本有)의 자성 중으로부터 곧은 마음[直心]으로 행하여 마음 편안히 대도(大道)의 작용에 합한다는 뜻인데, 천성이 순량한[純良] 사람인 군자는 언제나 한결같이 중용의 경지에 머무르고,

천성이 순량하지 못한 사람인 소인은 중용에 어긋난 작용을 일으킨다. 군자의 중용은 군자로서 심신의 행동거지[行止]가 언제나 중화(中和)의 경지 속에 있고, 소인의 중용은 소인으로서 행동이 거리낌이 없어 제멋대로 함부로 행동하고 못된 짓을 한다." 공자께서 말씀하셨다. "중용의 도와 관련된 학문 수양은 아마 최저점에 도달해버렸을 것이다! 사람들이 중용의 중요함에 주의를 기울이는 일이 적어진지 오래되었다!" 공자께서 말씀하셨다. "이 천연 자성 본유 순정(純淨)의 대도(大道)를 왜 사람들이 스스로 알 수 없고 또 도에 따라 스스로 행할 수 없는지를 내가 알았다. 천성적으로 비교적 총명하여 지혜가 있는 사람들은 멋대로 총명을 부려서 평상(平常)과는 다른 일을 멋대로 하기를 좋아하니 도에 지나치고, 천성적으로 어리석은 사람들은 너무 높고 멀고 현묘한 것으로 떠받들어서 영원히 도의 가장자리에 미치지 못한다. 이 평범한 대도를 왜 사람들이 깨닫지 못하는지를 내가 알았다. 스스로 현인 군자라는 사람들은 수도(修道)의 중요함을 너무 지나치게 중시한 나머지 도덕 군자인양 점잔을 빼는 모습으로서 오히려 도를 지나쳐 버리니 그에 합하지 못하고, 현명하지 않은[不肖] 사람들은 한사코 학습하고 수도하고자 하면서 희기(稀奇)하고 현묘한 것을 추구하여 찾고 있을 뿐이니 역시 영원히 도의 가장자리에 이르지 못한다. 실제로 도는 평상한 것으로, 사람마다 생명 자체에는 도가 있지만 스스로 도를 찾아내지 못한다. 예를 들면 사람마다 일생동안 목마르고 배고프면 마시고 먹지 않는 사람이 없지만, 정말로 제 맛을 철저히 알 수 있는 사람은 적다." 공자께서 깊이 탄식하며 말씀하셨다. "이 천연 본유의 도를 아마 영원히 실행할 수 없을 것이다!"

공자께서 말씀하셨다. "순임금은 정말로 대지혜의 성취자라고 할 수 있다! 순임금은 학문을 좋아해서 언제 어디서나 남에게 겸허하게 묻기를 좋아하시고, 일반 통속적이면서 가장 알기 쉬운 속담을 세밀하고 신중하게 체험하여 살피기를 좋아하시며, 남의 나쁜 점은 숨겨주고 좋은 점은 널리 칭찬하시는 한 편, 자신의 내면에서 악(惡)한 생각은 숨기고 선(善)한 마음은 발전시키시며, 선과 악 양자 사이에 대하여 모두 또렷이 알고 때로는 현실을 마주대하여 그 임기응변을 미묘하게 운용하여 그때 그 자리에 적합한 중용의 작용을 만들어 백성에게 쓰셨으니, 이것이 순임금에게 있었던 성인의 도이자 성인 재능의 대지묘용(大智妙用)이었다!"

공자께서 자신을 낮추어 겸손하게 말씀하셨다. "사람들은 모두 내가 매우 지혜가 있다고 말하지만 사실 나는 무슨 지혜가 결코 없다. 예컨대 남들이 일부러 나를 몰아다가 사냥 그물이나 덫이나 함정 속에 빠뜨리려 해도 나는 도피할 줄 모른다. 사람들은 모두 내가 매우 지혜가 있다고 말하지만, 나는 비록 중용의 본분에 머물러야겠다고 결심하고 다시는 움직이려 하지 않지만 한 달도 못되어 자기의 심계(心戒)를 지키지 못한다. 그러니 내가 어디 진정으로 지혜가 있는 사람인가!"

공자께서 말씀하셨다. "안회의 사람됨은 중용의 본분에 머무르겠다고 결심하여 바르고 선한 도리를 하나라도 얻게 되면, 늘 가슴속에 꼭 간직하여 정성스럽게 지키고 그것을 잃지 않았다."

공자께서 말씀하셨다. "천하국가를 진정으로 평등하고 균형 있는 정치적 성취에 도달하게 할 수도 있고, 높은 벼슬과 후한 봉록을 사양하여 부귀공명을 버릴 수도 있으며, 심지어 전장에서 죽음을 두려워하지 않아 서슬이 시퍼런 칼날들의 포위를 뚫고 나갈 수도 있지만, 이 몸으로 성취하여 중용의 내성외왕(內聖外王)

의 학문수양의 경지에 도달하는 것은 불가능하다.”

仲尼曰：「君子中庸，小人反中庸。君子之中庸也，君子而時中；小人之中庸也，小人而無忌憚也。」 子曰：「中庸其至矣乎！民鮮能久矣！」 子曰：「道之不行也，我知之矣：知者過之，愚者不及也。道之不明也，我知之矣：賢者過之，不肖者不及也。人莫不飲食也，鮮能知味也。」子曰：「道其不行矣夫！」

子曰：「舜其大知也與！舜好問而好察邇言，隱惡而揚善，執其兩端，用其中於民，其斯以為舜乎！」

子曰：「人皆曰予知，驅而納諸罟擭陷阱之中，而莫之知辟也。人皆曰予知，擇乎中庸而不能期月守也。」

子曰：「回之為人也，擇乎中庸，得一善則拳拳服膺而弗失之矣。」

子曰：「天下國家可均也，爵祿可辭也，白刃可蹈也，中庸不可能也。」

“천명지위성(天命之謂性)”으로부터 시작하여 여기까지를 주자(朱子)의 주(註)는 아홉 개의 장(章)으로 나누었습니다.

이제 우리들은 제1절에서 인용한 공자의 말에 근거해보면, 먼저 공자의 자(字)를 일컬음으로써 신중함을 표시하고 있습니다. 선진(先秦) 이전의 전추전국시대 예의에 따르면 아버지나 할아버지 등 손윗사람에 대하여는 그 자(字)를 불러도 되고 이름[名]과 휘(諱)는 직접 부르지 않았습니다. 그래서 그는 먼저 “중니왈(仲尼曰)”을 제시하여 신중함을 표시했습니다. 하지만 이런 문자들은 모두 명백하기에 본래 다시 해석할 필요가 없는데, 여러분 청년 학우들은 모두 백화문(白話文) 교육으로부터 시작했기 때문에 다시 해서 대충 한 번 설명했습니다.

"군자중용(君子中庸), 소인반중용(小人反中庸)" 두 마디는 설명하기를 '중용(中庸)이란 바로 사람들이 천연본유(天然本有)의 자성 중으로부터 곧은 마음[直心]으로 행하여 마음 편안히[坦然] 대도(大道)의 작용에 합한다는 명사이다.' 라고 합니다. 그러나 천성이 순량한[純良][22] 군자인 사람은 언제나 한결같이, 자성 중으로부터 곧은 마음으로 행하여[率性而行] 안락하고 침착하면서 중도의 묘용(妙用)에 부합하는[從容中道] 경지에 머무를 수 있습니다. 만약 천성이 순량하지 못한 소인이라면 어떨까요? 그는 제멋대로 함부로 행동하고 못된 짓을 하여 상반된 방향으로 작용을 일으킬 것입니다. 이 때문에 또 한 걸음 나아가 설명합니다, "군자지중용야(君子之中庸也), 군자이시중(君子而時中)", 이른바 천성이 순량한 군자인 사람은 자신의 심신 행동거지[行止]가 언제나 한결같이 자성 중으로부터 곧은 마음으로 행하여 중화의 경지 속에 있을 것입니다. 천성[稟性]이 순량하지 못한 소인은 어떨까요? 그는 조금도 거리낌 없이 제멋대로 함부로 행동할 것입니다. 왜냐하면 그 자신이 생각하기를, '이게 바로 내가 천성대로 행하는 당연한 도리이다. 사람이 본래 마땅히 되어가는 대로 맡기고[任其自然] 자유자재하는 것이 또 무슨 옳지 않음이 있겠는가?'라 하기 때문입니다.

이 때문에 곧 설명하기를, 천연본유의 자성 중에는 선악(善惡)을 함께 갖고 있는 종성(種性)[23]을 갖추고 있다 합니다. 똑같이 사람이지만 그가 태어나면서 저절로 온 천연본성 가운데는 순선(純善)이거나 순악(純惡)이거나, 선악이 함께 절반이거나,

---

22) 순정(純正)하고 선량(善良)하다.
23) 종류의 특성. 종자와 성분.

선이 많고 악이 적거나, 선이 적고 악이 많거나 하여 매 성분마다 모두 저마다 다른 바가 있습니다. 예컨대 부처님은 말씀하시기를, "일생동안 누적된 심리의 비중이 순전히 청허한[淸虛] 상념이었던 사람이라면 곧 신식(神識)24)이 날아올라 상승의 영역[天]에 태어나고, 일생동안 누적된 심리의 비중이 순전히 허망한 감정뿐이었던 사람이라면 곧 신식이 아비지옥으로 떨어진다[純想卽飛, 純情卽墜]."라고 하셨는데 역시 같은 도리로서, 자세한 숫자로 빠짐없이 철저하게 분석하기는 매우 어렵습니다25). 이 때문에 고금동서의 모든 성현들은 다 몹시 분주하게 교화하는 일에 치중하고, 사람마다 모두 닦아서 악을 없애고 선으로 돌아가며, 천연순정본유(天然純淨本有) 자성의 도체(道體)로 되돌아갈 수 있기를 바랐습니다. 그래야 궁극[究竟]입니다.

그래서 자사는 또 이어서 인용합니다, "자왈(子曰) : 중용기지의호(中庸其至矣乎)! 민선능구의(民鮮能久矣).", 이것은 바로 공자가 이렇게 탄식하는 말을 인용한 것입니다, "중용의 도와 관련이 있는 학문수양은 아마 최저점에 도달해버렸을 것이다. 사람들이 중용의 중요함에 주의를 기울이는 일이 적어진지 오래 되었다."

그러나 공자는 또 말합니다. "도지불행야(道之不行也), 아지지의(我知之矣) : 지자과지(知者過之), 우자불급야(愚者不及也). 도지불명야(道之不明也), 아지지의(我知之矣) : 현자과지(賢者過之), 불초자불급야(不肖者不及也). 인막불음식야(人莫不飲食也),

---

24) 살아있는 것에 갖추어져 있는 심식(心識). 영묘하고 불가사의한 마음작용. 혼. 영혼.
25) 송찬문 번역 『능엄경 대의 풀이』 중의 제9권 '역자보충'을 참고하기 바랍니다.

선능지미야(鮮能知味也).", 이것은 공자의 이런 말입니다, "이 천연자성 본유 순정의 대도를 사람들이 왜 모두 스스로 알 수 없고 또 도에 따라 스스로 행할 수 없을까? 아! 내가 알았다, 무릇 천성적으로 비교적 총명하여 지혜가 있는 사람은 총명이 오히려 총명에 의하여 잘못되어진다. 이 때문에 멋대로 총명을 사용하고, 본분을 달갑게 여기려 하지 않으며, 평상(平常)과는 다른 일을 멋대로 하기를 좋아한다. 저 총명한 정도가 못되는 어리석은 사람들은 어떨까? 수행하며 도를 배우고 싶어만 하여 자기 머리위에 머리를 놓아서 도를 너무 높고 너무 멀고 너무 현묘한 것으로 떠받들어버린다. 그래서 또 도의 가장자리를 영원히 만지지 못한다."

"사실 이것은 본래 바로 평범[平庸]하고 평범한 대도(大道)이건만 사람들은 도리어 시종 깨달을 줄 모르는데, 그것은 무슨 까닭일까? 저 현인 군자라고 스스로를 인정한 사람들은 또 너무 지나치게 수도(修道)의 중요함을 중시하여, 평소에 도덕 군자인 양 점잔을 빼는 모습으로서 오히려 하는 게 지나쳤기 때문에, 또 도와 합하지 못한다. 그렇지만 저 현명하지 않은 사람들은 또 한 사코 학습하고 수도하고자 하지만 사실 그들은 단지 희기(稀奇)하고 현묘한 것을 추구하고 찾고 있을 뿐이기 때문에 역시 영원히 도의 가장자리에 이르지 못한다."

"실제로는 도는 평상한[平常] 것이다. 예를 들어 사람마다 먹고 마실 줄 알아서 목이 마르면 물을 마시고 배가 고프면 밥을 먹는다. 그러나 사람마다 일생동안 먹고 마셨어도 정말로 몇 사람이나 날마다 매 번 모두 먹고 마시는 것의 제 맛[正味]을 철저히 알까? 대부분 모두는 삼키고 있고 모든 맛이 그저 모호하고 또렷하지 않다. 얕게 맛보자마자 그만두면 될 뿐 진정한 맛이 무엇인지 결코 철저하게 알지 않았다!" 이 때문에 공자는 스스로 깊이깊이 탄식하며 말합니다, "도기불행의부!(道其不行矣夫!)", "이 천연본유의 대도여! 아마도 영원히 실행할 수 없을 것이다."

여기에서 저로 하여금 옛사람의 필기(筆記)[26]상의 두 개의 이야기를 홀연히 생각나게 하는데, 이를 이용하여 공자가 말한 "지자과지(知者過之), 우자불급야(愚者不及也)"와 "현자과지(賢者過之), 불초자불급야(不肖者不及也)"의 도리를 설명하겠습니다. 첫 번째 이야기입니다. 남송(南宋) 시대에 주희가 복건(福建) 무이산(武夷山)에서 학문을 강의하고 있었는데, 때마침 도가의 남종(南宗) 신선 단도(丹道)의 전승자였던 백옥섬(白玉蟾)도 무이산에 은거하고 있었습니다. 그때에 주희는 한(漢)나라 시대의 도가 단도(丹道) 신선 비조(鼻祖)인 위백양(魏伯陽)이 지은 『참동계(參同契)』를 한창 탐색하고 있었는데, 시종 그 요령(要領)을 얻을 수가 없었습니다. 그를 따르는 제자들이 백옥섬의 허다한 기적들을 늘 언급하면 주희는 본디 유가의 이학(理學) 대가로 자처하며 말하기를 "그런 것들은 모두 우연히 적중한 것일 뿐이다[偶中而已]." 라고 했습니다. 어느 날 그는 백옥섬과 약속해서 함께 산수 유람을 갔는데 도중에 갑자기 한 바탕의 큰 비를 만났습니다. 다들 모두 온몸이 흠뻑 젖었지만 백옥섬은 온몸에 비 한 방울도 붙지 않고 오히려 한가하고 자재하였습니다. 주희는 이런 상황을 마주하고는 자신의 감정을 억누르지 못해서 백옥섬에게 물었습니다, "당신 이것은 무슨 도행(道行)입니까?" 백옥섬은 웃으면서 말했습니다, "우연히 적중한 것에 불과합니다." 주희는 듣고는 이 때문에 몹시 놀라서 얼굴빛이 변했으며, 더더구나 그것

---

26) 수필을 주로 한 짤막한 문체.

이 궁극적으로 어찌된 일인지를 물론 알지 못했습니다.

두 번째 이야기입니다. 명나라 시대에 이학의 유명한 유학자 왕양명(王陽明)도 물론 불가와 도가 양가를 여러 해 동안 드나들어서 참선 정좌하고 수도(修道) 연단(煉丹)에 대하여 여전히 정(情)을 잊지 못했습니다. 그가 강서(江西)에 있을 때 한 번은 어떤 도관(道觀)의 입구에서 당시에 저명한 도가의 살아있는 신선인 채봉두(蔡蓬頭)를 보았습니다. 왕양명은 기회를 놓쳐서는 안 된다고 생각하고 급히 가서는 마주보고 머리를 조아려 절했습니다. 하지만 채봉두는 아예 왕양명을 못 본 것처럼 몸을 돌려 곧 도관으로 들어 가버렸습니다. 그래서 왕양명은 곧 바짝 따라가서 채봉두가 대전(大殿)에 딱 이르렀을 때 또 나아가 무릎 꿇고 한 번 절을 했습니다. 채봉두는 또 몸을 돌려 가버렸습니다. 그러나 왕양명은 조금도 감히 태만하지 않고 또 그 뒤를 좇아 따라갔습니다. 마침내 힘을 헛되이 쓰지 않은 셈이어서, 그가 도관 뒤뜰의 정자(亭子)까지 뒤따라가니 채봉두가 섰습니다. 왕양명은 이에 다시 나아가 간절하게 무릎 꿇어 절을 한 번 했습니다. 이때에 채봉두가 말을 꺼냈습니다. 그는 왕양명에게 말했습니다, "당신이 앞 문 입구와 뒤 대전에서 모두 세 번 절했는데 예절은 비록 극진하지만 시종 관료 냄새를 못 벗어나서 선도(仙道)에는 연분이 없습니다." 말을 마치자 또 훌쩍 가버려 왕양명으로 하여금 이 때문에 오랫동안 섭섭하고 놀라서 얼굴빛이 새파래지게 했습니다.

우리가 풀이하는 김에 이 두 개의 이야기를 통해서 공자가 말 한, "지자과지(知者過之), 우자불급야(愚者不及也)"와 "현자과지(賢者過之), 불초자불급야(不肖者不及也)"의 도리를 설명했는데, 방증(傍證)하는 참고로 삼을 만합니다.

세상에 들어가 수행하면서
종용중도를 해내기는 더더욱 쉽지 않다

　　앞에서 공자의 말을 인용하여 설명하기를, 학문수양이 언제
나 안락하고 침착하면서 중도의 묘용에 부합(符合)하기가 쉽지
않다고 했습니다. 이어서 다시 공자의 말을 인용하여, 세상에 들
어가 수행함에 있어 사람노릇하고 일처리 하면서, 안락하고 침착
하면서 중도의 묘용에 부합(符合)하기는 더더욱 어렵다는 도리를
설명합니다. 공자는 말합니다, "순기대지야여(舜其大知也與)! 순
호문이호찰이언(舜好問而好察邇言), 은악이양선(隱惡而揚善), 집
기양단(執其兩端), 용기중어민(用其中於民), 기사이위순호(其斯
以爲舜乎)!", 이것은 공자가 우순(虞舜)을 찬탄하는 말을 인용하
여 말하는 것입니다, "순(舜)같은 경우는 정말로 대지혜의 성취
자라고 할 수 있다. 순은 학문도 좋아하여 언제 어디서 겸허하게
남에게 가르침을 청하고, 동시에 또 일반 통속적이면서 가장 알
기 쉬운 속담을 세밀하고 신중하게 체험 관찰하기를 좋아했다."
이른바 '이언(邇言)'은 바로 평범하고 알기 쉬운 속어입니다. 예
를 들어 사람들이 통상 말하는 '조심해라! 주의하라! 유의해라!'
이런 속어들은 사실은 모두 "천명지위성(天命之謂性), 솔성지위
도(率性之謂道)"의 지고무상한 명언입니다. 이게 바로 "호찰이언
(好察邇言)"의 도리입니다. "호찰이언(好察邇言)"은, 순이 신변의
가장 친근한 사람의 말을 듣고 따르기 좋아했다는 말이 결코 아
닙니다. 그랬다면 문제가 간단하지 않습니다. 절대 오해해서는
안 됩니다.

　　사실 이것은 『주역』 건괘(乾卦) 구이효(九二爻)의 「문언(文

言)」 중에서 공자가 말했던 것인데, 세상에 들어가 군주가 된 영도자의 덕행은 반드시 다음과 같아야 한다는 것입니다 "용(龍)은 정(正)과 중(中)의 덕성을 갖추고 있다. 평범한 말[庸言]에 대해서 그것의 믿고 참고할 만한 가치를 소홀히 하지 말고, 평범한 행위[庸行]에 관해서도 그것을 반성의 참고로 삼을 수 있음을 소홀히 하지 말지니, 반드시 조심하고 삼가고 신중한[謹愼] 주의가 필요하다. 더더욱 수시로 사악한 감정[情意]의 충동을 방지하고 진실하고 정성스러운 마음[心意]을 보존해야 한다. 비록 세상 사람들에게 유익한 선행을 했더라도 이를 스스로 자랑하고 자만해서는 안 되며, 위대하고 광박한[廣博] 덕업(德業)27)으로써 일체를 감화시켜야 한다[龍德而正中者也. 庸言之信, 庸行之謹, 閑邪存其誠, 善世而不伐, 德博而化].", 여기서 말하는 '용언(庸言)' '용행(庸行)'은 바로 아주 평상하고 매우 평범한 통속적인 언행입니다. 그러므로 『중용』 여기에 "은악이양선(隱惡而揚善)"이라는 한마디를 둔 것도, 자기 자신의 내재 심리에서 반드시 악한 생각은 숨기고 착한 마음은 발전시켜야 한다는 것을 설명합니다. 이게 바로 '더더욱 수시로 사악한 감정의 충동을 방지하고 진실하고 정성스러운 마음을 보존해야 한다. 비록 세상 사람들에게 유익한 선행을 했더라도 이를 스스로 자랑하고 자만해서는 안 되며, 위대하고 광박한 덕업으로써 일체를 감화시켜야 한다.'는 도리입니다. "은악이양선(隱惡而揚善)"은 어떠한 사람 어떠한 일에 대해서나 그의 좋은 점만 널리 칭찬하고 그의 나쁜 점은 숨겨 묻어버리는 일면 작용만을 말하는 것은 결코 아닙니다.

그래서 그 아래 글은 곧 말하기를 순(舜)에게는 "집기양단

---

27) 덕행과 공훈사업.

(執其兩端), 용기중어민(用其中於民), 기사이위순호(其斯以爲舜乎)!"의 크고 훌륭한 덕이 있었다는 찬사가 있습니다. 이른바 "집기양단(執其兩端)"이란, 선과 악 양자 사이에 대하여 모두 또렷이 알고, 때로는 현실을 마주대하여 선과 악의 사이를 잡아 쥐고 임기응변을 미묘하게 운용하여[妙用權變] 그때 그 자리에 적합한 중용(中庸)의 작용[用]을 만들어내는 것이며, 이것이 바로 우순(虞舜)에게 있었던 성인의 도이자 아울러 있었던 성인 재능의 대지묘용(大智妙用)이었다는 말입니다.

그러나 대지혜[大智]·대인애[大仁]·대용기[大勇] 이 삼달도(三達道)가 또 말처럼 어찌 쉽겠습니까! 이 때문에 공자는 또 자신을 낮추어 겸손하게 말합니다, "인개왈여지(人皆曰予知), 구이납저고확함정지중(驅而納諸罟擭陷阱之中), 이막지지피야(而莫之知辟也). 인개왈여지(人皆曰予知), 택호중용이불능기월수야(擇乎中庸而不能期月守也)." 이것은 공자가 우순의 대지(大智)를 찬탄한 뒤에 이렇게 한 말을 인용한 것입니다, "남들은 모두 나도 매우 지혜가 있다고 말하지만 사실은 나는 무슨 지혜가 결코 없다. 예컨대 남들이 일부러 올가미를 하나 설치해 놓고 나를 사냥 그물 속으로 걸어 들어가 함정에 떨어지도록 몰아가지만 나는 모두 도피할 줄 모른다." 이것은 공자가, 안락하고 침착하면서 중도의 묘용에 부합하는 것과 관련한 외용(外用) 작위 면에서의 자기 비웃음과 풍자를 스스로 말한 것입니다. 그리고 심성 내명 수양의 중용의 도에 대해서는 어떨까요? 그는 또 더욱 겸허하게 말합니다, "나는 비록 중용의 본분에 머물러야겠다고 결심하고 다시는 움직이려 하지 않지만 한 달도 못되어서 자기의 심계(心戒)를 지키지 못한다." 그래서 말합니다, "내가 어디 진정으로 지혜가 있는 사람인가!"

우리는 여기까지 얘기하고 나서 이렇게 묻고 싶음을 금치 못합니다, "공자는 왜 이런 감개가 있었을까요?" 그 답안은 명백한데, 바로 공자가 어지러운 세상에 태어나 전통의 인륜대도(人倫大道)를 실행하고자 하여 그 일생의 정력을 다했고, 해서는 안 된다는 것을 분명히 알면서도 했다는 위대한 점입니다. 그가 나와서 노(魯)나라 재상의 직위를 맡은 이후, 그 자신의 몸으로 노나라의 쇠퇴를 구해낸다는 것은 절대 불가능하다는 것을 분명히 알고는 결연히 부모의 나라인 고국을 떠나 먼저 제(齊)나라에 도착했습니다. 그런 다음 또 여러 나라[列國, 72개 나라라는 설이 있다]를 두루 돌아다녔습니다[周遊]. 도중에는 또 제자들과 진(陳)나라와 채(蔡)나라 사이에서 어렵고 궁해서[困厄], 7일 동안이나 음식을 얻지 못해 거의 굶어 죽을 지경에 이르렀습니다. 최후에는 장기간 동안 위(衛)나라 등등에 머무르면서 지낼 수밖에 없었습니다. 이것으로 알 수 있듯이 그의 일생은 자기가 말한 대로 "현명한 사람은 어지러운 세상을 피하고, 그 다음의 사람은 어지러운 지역을 피하고, 그 다음의 사람은 자신의 나쁜 태도를 피하고, 그 다음의 사람은 자신의 불평을 피한다[賢者辟世, 其次辟地, 其次辟色, 其次辟言]."는 행위[行徑]가 결코 아니었습니다. 사실 그는 시대의 추세와 인간사에 핍박 받고 곳곳에서 세상길의 함정을 만나서, 그는 시종 진로(塵勞)28)에 시달리게 되어 그의 도(道)를 크게 행할 수가 없었습니다. 그러나 그는 그것이 해서는 안 된다는 것을 분명히 알면서도 그것을 하면서, 자신의 교화로써 일깨워 사람들의 마음이 바른 도[正道]로 돌아갈 수 있기를 아무튼 바라는 원력(願力)은 처음부터 끝까지 변하지 않았습니

---

28) 번뇌의 다른 이름. 세속일의 번뇌.

다.

　이와 매우 비슷한 일이, 인류문화에서 바로 서기 기원전 5,6 백년의 단계에 인도의 석가모니불이 왕이나 황제로 일컬어지기를 원하지 않고 결연히 집을 떠나고 세속을 떠나서 성불하여 중생을 교화한 것입니다. 그리스의 소크라테스는 이성(理性)의 정념(正 念)을 굳게 지키기 위하여 기꺼이 독배를 마시고 죽었습니다. 그 보다 5백년 늦게 뒤에 태어난 예수는 정의(正義)의 박애(博愛) 교화를 나타내 보이기 위해서 역시 차라리 육신을 버려 십자가에 못 박혔습니다. 이 모두는 천고의 성인(聖人)들이 동일하게 사회 의 부패와 국민의 고통에 대하여 비분(悲憤)과 불만을 느낀 심정 으로서, 몸소 모범을 보임으로써 서로 다른 교화의 본보기를 만 들어 아무리 세월이 지나도 변치 않는 법칙을 길이 전해준 것입 니다.

　『중용』 본 절에서 인용하는 공자의 탄식인, "예컨대 남들이 일부러 나를 몰아다가 사냥 그물이나 덫이나 함정 속에 빠뜨리려 해도 나는 도피할 줄 모른다."는, 그것을 피할 수 있으면서도 도 피하기를 원하지 않는 것임을 반면적으로 설명하는 것일 뿐입니 다. 다들 『여씨춘추(呂氏春秋)·효행람우합편(孝行覽遇合篇)』 중 에서 말하는 것을 읽어보기만 하면 공자 일생의 이런 정신을 완 전히 이해할 수 있습니다. 『여람(呂覽)』은 이렇게 말합니다. "공 자는 천하를 주유(周遊)하면서 두 번 당시 세상의 군주에게 관직 을 구하려고 꾀하여서 제(齊)나라와 위(衛)나라에 간적이 있으 며, 8십여 명의 군주를 알현했다. 그에게 상견(相見) 예물을 바 치고 제자가 된 자가 삼천 명이었으며, 그 중에서 성적이 탁월한 학생이 7십 명이었다. 이 7십 명은, 만 대의 전차[兵車]를 소유 한 대국의 군주가 그 중 한 사람만 얻어도 모두 그를 스승으로 삼을 수 있었으니 인재가 없었다고 말할 수 없다. 그러나 공자는 이런 사람들을 거느리고 주유하였지만, 벼슬은 겨우 노(魯)나라의 사구(司寇)29) 벼슬을 하였다[孔子周遊海內, 再干世主, 如齊至衛, 所見八十餘君, 委質於弟子者三千人, 達徒七十人, 萬乘之主, 得一人用 (而) 可為師, 不於無人. (而) 以此游僅至於魯司寇].” 이게 바로 가장 좋은 설명입니다.

그가 스스로 말하기를, “나는 비록 중용의 본분에 머물러야겠다고 결심하고 다시는 움직이려 하지 않지만 한 달도 못되어 자기의 심계(心戒)를 지키지 못한다[擇乎中庸而不能期月守也].”고 했는데, 이것도 공자가 자기를 낮추는 반면적인 문장입니다. 중용의 본분에 머물러야겠다고 결심하고[擇乎中庸] 언제나 중화의 경지에 머무는 것은, 오로지 개인 자신만을 위하여 즐거움이 그 가운데 있는[美在其中] 본성 천지의 풍월 경지[性天風月]에서 함양(涵養)하는 정정(定靜)의 극칙(極則)30)으로서, 자기가 일어서고 자기를 이롭게 하기[自立自利]에는 충분합니다. 그러나 꼭 남을 일어서게 하고 남을 이롭게 할 수 있는 것은 아닙니다. 그러므로 그는 차라리 은자들로부터 마치 초상집의 개처럼 안절부절 한다고 조롱당하면서도 솔선수범하여 세상 사람들을 구제하고[淑世] 남을 이롭게 하는 중용의 도를 전해줄지언정, 세월을 낭비하여 다만 중용 용세(用世)31)의 학이 사회적 기풍과 인간세상에서 없어지게 하기를 절대로 원하지 않았습니다.

그렇지만 세속에 들어가 도를 행한다는 것은 결국 쉬운 일이

---

29) 고대의 중앙정부에서 사법과 감찰을 관장했던 관직.
30) 최고의 준칙.
31) 세상에 활용되다. 사회를 위하여 일하다. 세상 사람을 위해 봉사하다.

아닙니다. 그 속의 고통과 어렵고 위험함은 일반인들로 하여금 이해하게 할 방법이 정말로 없습니다. 하지만 때로는, 비록 모든 중생을 구제하겠다는 대비원력(大悲願力)이 크고 깊은 가운데서도 '자기의 생사윤회만 마치기[自了]'를 구하는 소승(小乘)의 의향이 반드시 일어날 수 있을 것입니다. 그래서 공자는, 안회(顔回)가 "중용의 본분에 머무르겠다고 결심하고[擇乎中庸], 권권복응(拳拳服膺)", 바르고 선한 도리[善道]를 목숨을 걸고 지키는 것에 대하여 부러워하며 감탄한 일이 있었습니다! 이 때문에 자사도 대단히 교묘하게 여기에서 다음의 묘사를 인용하고 있습니다. "자왈(子曰) : 회지위인야(回之爲人也), 택호중용(擇乎中庸), 득일선즉권권복응이불실지의(得一善則拳拳服膺而弗失之矣).", 공자께서 말씀하셨다, "안회의 사람됨은 중용의 본분에 머무르겠다고 결심하여 바르고 선한 도리를 하나라도 얻게 되면, 늘 가슴속에 꼭 간직하여 정성스럽게 지키고 그것을 잃지 않았다."

이른바 "권권복응(拳拳服膺)"이란 네 글자는, 두 손으로 지극히 좋고 아름다운[至善美好] 물건을 하나 꼭 쥐어 가슴 명치 부분에 가까이 붙여 안은 채 절대로 두 손을 놓지 않는 현상과 같음을 형용하는 것입니다. 도를 얻은, 세속을 벗어난 은사들이나 혹은 불가의 소승의 아라한들이나 도가의 신선들이, 차라리 산골짜기에 흐르는 물을 마시고 초목의 열매를 먹고 고결하게 살며 세속의 그물을 피할지언정, 세속에 들어가 스스로 귀찮은 일을 사서 하려 하지 않는 것과 같습니다. 그래서 그 다음 문장은 공자의 말을 인용하여 말합니다, "자왈(子曰) : 천하국가가균야(天下國家可均也), 작록가사야(爵祿可辭也), 백인가도야(白刃可蹈也), 중용불가능야(中庸不可能也)." 이것은 이런 말입니다, "천하국가로 하여금 진정으로 평등하고 균형 있는 정치적 성취에 도달하도록 해내는 것은 결코 불가능한 일이 아니다. 거취(去就)를 가볍게 여겨서 고관훈작(高官勳爵)을 그만 두고 부귀공명(富貴功名)을 버리는 것도 해내기가 불가능한 일이 아니다. 심지어 전장에서 죽음도 두려워하지 않고 검수도산(劍樹刀山)32)의 포위를 뚫고 나가는 것도 해낼 수 있는 일이다. 오직 하나 해내기 불가능한 것은 바로 이 몸으로 성취하여 중용의 내성외왕(內聖外王)의 학문수양의 경지에 도달하는 것이다."

우리가 여기까지 얘기한 것은, 만약 송나라 유학자인 주희의 『중용』 장구로 계산해보면 이미 아홉 장을 토론했습니다. 우리들의 이해에 의하면 "천명지위성(天命之謂性)"으로부터 시작하여 "천지위언, 만물육언(天地位焉, 萬物育焉)"까지가 바로 『중용』의 총강입니다. 즉, 『중용』의 학의 대전제(大前提)입니다. 이어서 "중니왈(仲尼曰)"부터 시작하여 "중용불가능야(中庸不可能也)"까지는 모두 자사가 공자의 말을 인용하여 중용의 도의 중요성을 분명히 가리면서 그 의미를 넓혀 말한 것입니다.

앞 아홉 절의 전문(全文)을 종합하는 것은 바로 『중용』 상문(上文)의 제1단락입니다. 그러나 주희는 오히려 그것을 9장으로 잘나서 나누었습니다. 이어서 오는, 주희가 엮은 제10장으로부터 제15장까지는 천성(天性)과 인성(人性) 사이, 더 나아가 지연(地緣)과의 관계의 도리를 충분히 나타내고 있음[發揮]을 말하고 있습니다.

---

32) '검수지옥'은 16소지옥의 하나인데 검을 잎으로 한 나무가 있는 지옥으로, 죄인이 지옥에 들어가게 되면 큰 바람이 검의 나무에 불어 그 잎이 신체위에 떨어져 신체 머리 얼굴 등을 상처 입힌다고 한다. '도산지옥'은 산길이 칼날로 구성되어 그 위를 걸어가면 가죽과 살이 잘려 부서지는 지옥이다. '검수도산'은 매우 험난함을 말한다.

천명지성(天命之性)과
지연(地緣) 인성과의 같고 다름

자로가 어떤 모습이야말로 굳센 사람이라고 할 수 있는지를 물으니 공자께서 말씀하셨다, "네가 묻고 싶은 것은 남방 사람들의 고집 센 개성이냐? 북방 사람들의 고집 센 개성이냐? 아니면 전체 인성(人性)에 대해서만 말해서 무엇을 진정한 굳셈이라고 하느냐는 것이냐? 일반적으로 말하면, 온유하고 너그러이 용서하는 교양을 갖추고 있을 뿐만 아니라 저 도리가 없는 행위들에 대해서 보복하기를 원하지 않는 것이, 바로 남방 사람들의 부드러움 속에 굳셈이 있으면서 굳셈을 좋아하는 개성의 표현이다. 그러므로 남방은 일반 군자들이 거주하는 데 습관이 된 환경에 적합하다. 백성들의 기풍이 사나워서 소매를 말아 올리고 허리에는 가죽 띠를 두르고 칼을 차고 있으면서 차라리 죽을지언정 굽히지 않는 것은, 북방 사람들의 굳셈을 좋아하는 개성의 표현이다. 그러므로 북방은 고집 센 기질을 가진 일반 사람들이 거주하는 데 습관이 된 환경이다. 그러나 지나치게 온유한 개성이나 고집 센 개성은 모두 편향된 결함이다. 그러므로 진정으로 도가 있고 배움이 있는 군자의 사람이라면, 비록 온화하고 유순하게 사람들을 대하지만 지나치게 연약하고 무능해서 주견 없이 남이 하는 대로 하지 않은 것이, 진정으로 굳세고도 꿋꿋함이다. 사람됨과 처세가 중립(中立)을 지켜서 어느 쪽으로도 치우치지 않은 것도, 진정으로 굳세고도 꿋꿋함이다. 국가와 사회에 도(道)가 있는 시대에 태어나서는, 기발한 주장이나 요구를 내놓아 뛰어남을 나타내 보이는 특수한 인물로 변하지 않고 잘못이 있으면 잘못을 뉘우치고 새 사람이 되는 것도, 진정으로 굳세고도 꿋꿋함이다. 국가와 사회에 도가 있지 않는 시대에 태어나서는, 도의적인 인품의 풍격을 굳게 지키고 홀로 서 있으면서 기울어지지 않고 죽을 때까지 세속 풍속습관의 변화에 따르지 않는 것도, 진정으로 굳세고도 꿋꿋한 정신이다."

子路問強。子曰:「南方之強與？北方之強與？抑而強與？寬柔以教,不報無道,南方之強也,君子居之。衽金革,死而不厭,北方之強也,而強者居之。故君子和而不流,強哉矯;中立而不倚,強哉矯;國有道,不變塞焉,強哉矯;國無道,至死不變,強哉矯。」

우리는 자로(子路)가 남방 지역과 북방 지역과 관련된 인성(人性)의 다름과 같음[異同]을 제기한 것인, 『중용』이 한 절(節)을 읽고서, "왜 『중용』 여기에 이 문제가 나타나 있을까?"라고 아마 대단히 의아하다고 느낄 것입니다. 사실 이것은 고금 동서 인류 역사상의 중대한 문제로서, 유물사관(唯物史觀)으로부터 유심사관(唯心史觀)까지의 철학성·정치성 더 나아가 정치철학사에서의 중대한 문제라고도 말할 수 있습니다. 중국이든 세계 각국이든 거의 모두 똑같이 존재하는 문제입니다. 바로 『주역·계사전』에서 말하는 "지역 환경이 다름에 따라 생장하는 동식물은 특성 차이별로 모아지고, 그 동식물은 한 층 한 종 무리로 나누어진다[方以類聚, 物以群分]."는 원리와 서로 같습니다. 현재 우리는 신문지상의 신조어(新造語)를 보는데, 이른바 지역감정 연분[地域情緣] 같은 것도 이와 관계가 있습니다.

본 절의 중점은 바로 "자로문강(子路問強). 자왈(子曰) : 남방지강여(南方之強與)? 북방지강여(北方之強與)? 억이강여(抑而

強與)?"입니다. 자로가 홀연히 한 가지 문제가 생각나서 부자(夫子)께 묻기를, "어떤 모습이야말로 진정으로 군센[剛强] 사람이라고 할 수 있습니까?" 라고 했습니다. 다들 알듯이 공문의 72현 제자(賢弟子)들 중에서 오직 자로가 용기를 좋아했습니다. 바꾸어 말하면 자로는 타고난 영웅 인물이었을 뿐만 아니라, 공자의 제자들 중에서 글재주도 있는데다 무략(武略)도 있는 장수감의 재사(才士)였습니다. 그래서 그는 느끼는 바가 있었기에 이 문제를 제기했습니다. 공자는 듣고는 말했습니다, "네가 묻고 싶은 것은 남방 사람들의 고집 센 개성이냐? 아니면 북방 사람들의 고집 센 개성이냐? 혹은 전체 인성에 대해서만 말해서, 무엇을 진정한 군셈이라고 하느냐는 것이냐? 내가 너에게 말해주겠다."

"관유이교(寬柔以敎), 불보무도(不報無道), 남방지강야(南方之强也), 군자거지(君子居之).", "일반적으로 말하면 온유하고 너그러이 용서하는 교양을 갖추고 있을 뿐 아니라 저 도리가 없는 행위들에 대하여 보복하기를 원하지 않는 것이, 바로 남방 사람들의 부드러움 속에 군셈이 있으면서 군셈을 좋아하는 개성의 표현인데, 일반 군자들이 거주하는 데 습관이 된 환경에 적합하다."

"임금혁(衽金革), 사이불염(死而不厭), 북방지강야(北方之强也), 이강자거지(而强者居之).", "일반적인 민중의 기풍이 사납고 [强悍] 소매를 말아 올리고 허리에는 가죽 띠를 두르고 칼을 차고 있으면서 차라리 죽을지언정 굽히지 않는 개성은 북방 사람들의 군센 성격이다. 그러므로 북방은 고집 센 기질을 가진 일반 사람들이 거주하는 데 습관이 된 환경이다. 그러나 지나치게 온유한 개성과 지나치게 고집이 센 개성은 모두 편향된 결함이다."

"고군자화이불류(故君子和而不流), 강재교(强哉矯). 중립이불의(中立而不倚), 강재교(强哉矯). 국유도(國有道), 불변색언(不變

塞焉), 강재교(强哉矯). 국무도(國無道), 지사불변(至死不變), 강재교(强哉矯).", "만약 진정으로 도가 있고 배움이 있는 군자의 사람이라면, 비록 온화하고 유순하게 사람들을 대하여야 하지만 지나치게 연약하고 무능하여서, 주견(主見) 없이 남이 하는 대로 해서 용기가 조금도 없는 모습이 되어서는 안 된다. 그것을 반드시 바로잡아 그로 하여금 굳세면서 독립적이 될 수 있게 해야 한다. 요컨대 사람됨과 처세가 만약 어느 쪽으로도 기울어지지 않고 중립을 지킬 수 있다면 물론 좋지만, 잘못을 바로잡는다는 것이 너무 지나쳐 다른 편향을 불러, 한결같이 고집 세고 인정세태에 통하지 못한 것으로 변해서는 안 된다. 그것도 바로잡아 그로 하여금 온화하고 유순한 덕행에 부합할 수 있게 하여야 옳다. 특히 국가와 사회에 도가 있는33) 시대에 태어나서는, 기발한 주장이나 요구를 내놓아 뛰어남을 나타내 보이는 특수한 인물로 시종 변하지 않을 것이고, 자기에게 잘못이 있으면 곧 잘못을 뉘우치고 새 사람이 된다면, 그거야말로 '진정으로 굳세고도 꿋꿋한[强哉矯]' 완전한 사람[完人]이라 할 수 있다. 만약 국가와 사회에 도가 없는34) 시대에 태어나서는, 도의(道義)적인 인품의 풍격을 굳게 지키고 홀로 서 있으면서 기울어지지 않고, 죽을 때까지 세속 풍속습관의 변화에 따르지 않는다면, 이것이야말로 '진정으로 굳세고도 꿋꿋한 정신'이라 할 수 있다."

고대에 문장을 운용하고 짓는 습관은, 글자의 사용이 간결하고 세련되었으며 담고 있는 뜻이 심원(深遠)합니다. 예컨대 본 절의 공자와 자로의 대화는 지연(地緣)35) 구역(區域)에서 산생

---

33) 국가와 사회가 정상궤도에 있는 안정된.
34) 국가와 사회가 정상궤도에 있지 않는 어지러운.
35) 태어나거나 살고 있는 지역을 근거로 하는 사회적인 연고 관계.

하는 후천적 인성의 강약(强弱) 문제를 토론하고 있는데, 만약 자세히 강해한다면 또 하나의 특정 제목에 대한 논문이 됩니다. 그것과 관련되는 범위는 천문성상(天文星象)·지리·지질·생물 화학적 환경·구역의 인문 풍속 습관 등의 요소에 관계가 있어서, 일단 강의를 하면 또 수십만 자의 전문 주제의 논문이 되므로 우리는 본 주제로부터 너무 멀리 동떨어져서는 안 됩니다. 그러나 본 절에서 얘기하는 지연 구역과 관계로 발생하는 후천 생명의 습성은 비록 남북동서의 구분이 있더라도 "천명지위성(天命之謂性)"의 천성의 입장에서는 본래 동일한 체(體)로서 결코 차별이 없습니다. 바로 선종 육조대사의 큰 제자 석두(石頭) 희천 (希遷)선사가 지은 「참동계(參同契)」에서 다음과 같이 말한 것과 같은데, 이게 바로 그에 대한 가장 좋은 주해와 설명입니다.

인도의 부처님이 전한 불립문자 교외별전 열반묘심을
서쪽에서 동쪽으로 조사들이 이심전심 서로 부촉했네
사람의 근성에는 날카로움과 무딤의 구분이 있지만
도에는 남종 돈오와 북종 점수 조사의 구별이 없네
심성의 본체 영묘한 근원은 하나로서 밝고 순수하지만
그 가지와 갈래는 만법 속에 은밀히 흐르고 있네

竺士大仙心　東西密相付
人根有利鈍　道無南北祖
靈源明皎潔　枝派暗流注

　이제 이해해야 할 것은, 바로 『중용』 원문이 여기에 이르러서 자사는 자로와 공자의 대화를 인용하여 설명하기를, '선천의 천명지위성(天命之謂性)으로부터 변화하여 후천의 유형의 모습 [有形相]이 생겨나 이래의 인성의 다른 점과 같은 점을, 어떻게 학문수양을 하여 그 지나친 편차를 바로잡아, 그 사람으로 하여금 중용 정도(正道)의 본 자리로 되돌아가게 할 필요가 있다'고 하는 점입니다. 그래서 이어서 오는 것은 또 공자의 말을 인용하고 있는데, 공자는 전통 성현의 가르침을 준수하며, 어떤 모습이 그가 "솔성지위도(率性之謂道)"를 스스로 닦는 본래의 의도지향인지를 스스로 말하고 있습니다.

공자께서 말씀하셨다. "어떤 수도자들은 청정무위(淸淨無爲)를 좋아하여 세속과는 단절하고 산림 속에서 소박함을 품고 은둔 생활을 하거나, 또 어떤 수도자들은 남달리 기발한 주장을 내세우기를 좋아하고 대단히 신기하고 괴상하게 자신을 나타내어서 평범함과는 다른데, 이들은 지금의 시대나 후세에 영향을 미칠 수 있을 뿐만 아니라 사람들에 의해 숭배 신앙되거나 저술을 남겨 놓아 후세에 전할 수도 있다. 그러나 나는 절대로 그렇게 하기를 원하지 않는다. 군자의 사람이란 천연 자성의 천품(天稟)을 그대로 좇아 지키고 인사(人事)의 도리를 다하며 천명(天命)의 자연스런 변화에 맡길 뿐이다. 만약 중도에 그만 둔다면 나는 절대로 그럴 수 없다. 군자의 도는 중용에 따라서 천도와 인도의 관계인 중화(中和)에 머무는 것이다. 만약 단지 스스로 세상을 등지고 자취를 숨겨서 인간세상을 벗어나 영원히 사람들에게 알려지지 않아도 후회하지 않는다면, 그것은 오직 세상을 벗어난 성현이라야 그와 같을 수 있다."

子曰 :「素隱行怪 , 後世有述焉 , 吾弗為之矣。 君子遵道而行 ,

半途而廢 , 吾弗能已矣。 君子依乎中庸 , 遁世不見知而不悔 , 唯聖者能之。

　이것은 공자가 스스로 하는 말입니다. "수도하는 어떤 사람들의 수행[修爲]은 청정무위(淸淨無爲)를 좋아하여, 소박함을 품고 현실 세속 길을 도피하여 산림 속으로 자취를 감추어서 시종 세속과는 단절한다. 또 수도하는 어떤 사람들은 남달리 기발한 주장을 내세우기를 좋아하고, 대단히 신기하고 괴상하게 자신을 나타내어 평범함과는 다르다. 그러나 그렇게 소박함을 품고 은둔생활을 하거나[素隱] 괴이한 짓을 행하는[行怪] 천성과 행위풍격[作風]의 사람이든 간에 모두 현대나 후세에 영향을 미칠 수 있을 뿐만 아니라, 사람들에 의해 숭배 신앙되거나 스스로 저술을 남겨 놓아 후세에 전할 수도 있다. 그러나 나는 그렇게 하기를 절대로 원하지 않는다. 이른바 군자의 사람이란 단지 천연 자성의 천품을 그대로 좇아 지키고 인사의 도리를 다하며 천명(天命)의 자연스러운 변화에 맡길 뿐이다. 만약 중도(中途)에 그만 둔다면 나는 절대로 그럴 수 없다. 요컨대 군자의 도는 중용에 따라서 천도와 인도의 관계[天人之際]의 중화(中和)에 머무는 것이다. 만약 단지 스스로 세상을 등지고 자취를 숨겨서 인간세상을 벗어나 영원히 사람들에게 알려지지 (않아도 후회하지/역자보충) 않는다면, 그것은 오직 세상을 벗어난 성현이라야 그와 같을 수 있다."

　공자는 여기까지만 말하고 그쳤는데, 우리는 그를 위해 다시 한 마디를 더해 말하기를, "나는 하지 않는 바이다[我所不爲也]"라는 말을 해서는 안 됩니다! 그렇게 한다면 공자가 인륜대도(人倫大道)를 위해 고행(苦行)한 본심을 위배하게 되어 오히려 죄과가 될 것입니다. 사실은 『주역』 건괘 초9효의 「문언(文言)」에서 공자는 이미 이렇게 말한 적이 있습니다. "용(龍)의 덕성은 본래 숨겨서 보여서는 안 되는 것이다. 시대세상이 변하고 바뀌었다고 현실을 위하여 변절하지 말라. 성과만을 위해서 수단을 가리지 않지 말라. 세속적인 모든 명리(名利)를 피하는 일을 해낼 수 있다면, 비록 아무도 알아주지 않더라도 자신도 번민하지 않아야 옳다. 속마음이 세속에서 발견되기를 바라지 않는 일을 해내어야 진정으로 번민하지 않을 수 있다. 만약 세상 사람들로 하여금 안락을 얻게 할 수 있다면 곧 나서서 도를 행하라. 만약 그 반대라면 인간 세상에 우환이 발생하게 할 것이니 일반의 세속적인 견해를 위배하고 숨어야 한다. 자기에게 굳은 지조가 확정되어 뽑힐 수 없고 흔들리지 않는 중심 의지가 있어야 한다. 이렇게 하는 것이야말로 잠룡의 덕성을 상징한다[龍德而隱者也. 不易乎世, 不成乎名, 遯世無悶. 不見是而無悶, 樂則行之, 憂則違之, 確乎其不可拔, 潛龍也]." 이것은 진정으로 세간을 벗어난 성현을 가리키는 것으로, 그것은 '잠복하여 아직 움직이지 않는 용은 그 덕성을 쓰지 않는다[潛龍勿用]'는 노선인데, 따로 그 도리가 있는 것입니다.

형이하의 인성과 형이상의 천성

사람의 생명이 천연 자성을 부여받아서 움직여 일으키는 기능의 도는, 형이하의 식욕 및 성욕의 인성과, 형이상의 선천적인 순량(純良)하고 정결(淨潔)한 본성의 관건 요점이자 인도와 천도가 서로 관련이 있는 곳이다. 군자의 도의 본체인 자성의 기능 작용은 본래 있지 않는 곳도 없고 있는 곳도 없다. 예를 들어 자성의 기능인 식욕과 성욕의 애욕(愛欲) 작용이 일어날 때, 그 행동이 일어나려 한다는 것을 평범한 부부의 어리석음으로도 더불어 알 수 있지만, 그 지극한 이치에 이르러서는 비록 성인(聖人)이라도 알지 못하는 것이 있다. 평범한 부부의 재능 없음[不肖]으로도 행할 수 있지만, 그 지극한 이치에 이르러서는 비록 성인이라도 행할 수 없는 것이 있다. 천지가 위대하더라도 사람들은 오히려 만족해하지 않고 여전히 언제 어디서나 천지를 원망하는 일이 있는데, 하물며 사람이 되어서는 더 말할 나위가 없다. 그런데 천지는 도대체 얼마나 위대할까? 어떠한 것이야말로 크다 하고 작다 할까? 커서 밖이 없고 작아서 안이 없는 것이다. 그러므로 군자의 도의 본체인 자성의 기능작용은, 크기로 말하면 천하에 실을 수 있는 것이 없을 만큼 크며, 작기로 말하면 천하에 더 이상 쪼갤 수 있는 것이 없을 만큼 작다. 『시경』에 이르기를 "솔개는 날아 하늘에 이르고, 물고기는 연못에서 뛰어오르네." 하니, 이는 천지 공간 상하의 드넓은 경계를 살펴보고 자기 자성의 심경(心境)에서 하나의 천지가 있어 중화(中和)의 기상이 있어야 한다는 것을 말한다. 군자의 도는 평범한 부부의 인성으로부터 일어나는 애욕 작용으로부터 '도를 닦는 것을 교화의 요지라 한다[修道之謂敎]'로 하여서, 자신을 돌이켜보아 정성스럽게 하고 돌이켜 관찰하여 알게 되면, '자성 중에서 갑자기 성명(性命)이 기동(機動) 작용을 일으키는 것을 도의 유래라 한다[率性之謂道]'의 경지에 도달할 수 있고, 그런 다음에야 비로소 천연 본유의 성명(性命) 실제의 본상(本相)을 스스로 알 수 있다.

君子之道費而隱。夫婦之愚，可以與知焉；及其至也，雖聖人亦有所不知焉。夫婦之不肖，可以能行焉；及其至也，雖聖人亦有所不能焉。天地之大也，人猶有所憾。故君子語大，天下莫能載焉；語小，天下莫能破焉。《詩》云：「鳶飛戾天，魚躍于淵。」言其上下察也。君子之道，造端乎夫婦。及其至也，察乎天地。」

본 절은 이어서 공자의 말을 인용합니다. 공자는 말합니다, "사람의 생명이 천연 자성을 부여받아서 움직여 일으키는 기능[功能]의 도는, 형이하(形而下)의 음식·남녀의 인성과, 형이상(形而上)의 선천적인 순량(純良)하고 정결(淨潔)한 본성의 관건 요점이자, 인도와 천도가 서로 관련이 있는 곳이다." 특히 첫 구절인 "군자지도(君子之道), 비이은(費而隱)"이 가장 중요합니다. 우리는 반드시 먼저 여기에서 사용한 '費(비)'와 '隱(은)' 두 글자의 내함의 중요성을 이해해야 합니다. '費'자는 무슨 뜻일까요? 사실 현대인들이 통용하는 한 마디인 낭비(浪費)와 비용(費用)이라는 이 명사를 이해하면, 『중용』여기에서 말하는 '費'자는 바로 도처에 다 흩어져 있는 것으로, 어떤 시간이나 공간에서도 모두 제멋대로 그 작용이 널리 퍼져있는 것을 '費'라고 부릅니다. '隱'자는 '費'자와 서로 반대되는 뜻인데, 어떤 시간이나 공간에서도 당신이 만질 수 없고 볼 수 없는 것을 '隱'이라고 부릅니다. 이두 글자의 도리는 본 절에서 "천명지위성(天命之謂性)"을 강설하는 것과 연관하여 관계가 대단히 중대합니다. 그러므로 반드시 재삼 수다를 떨어서 분명하게 설명해야 비로소 그 다음에 나오는 글을 토론할 수 있습니다. 그렇게 하지 않으면 옛 사람이 관용했던 주석(註釋) 수법인 '성이란 성이다, 혹은 천성과 인성이다[性者, 性也 ; 或天性與人性也]'와 다시 같아서 여전히 두서가 없게 됩니다.

다시 한 걸음 나아가 말하면, 공자가 말하는 "군자지도(君子之道), 비이은(費而隱)" 한 마디는 바로 공자가 '곧바로 사람 마음을 가리켜 본성을 보고 도(道)를 닦게 한[直指人心, 見性修道]' 방편 법문입니다. 도는 어디에 있을까요? 도는 평소의 일상생활에서 응용하는[日用] 사이에 있습니다. 도체(道體) 자성의 드러남[顯現]은 본래 있지 않는 곳이 없으면서 있는 곳도 없는 일종의 기능[功能]입니다. 이른바 "비이은(費而隱)"은 바로 있는 곳도 없고 있지 않은 곳도 없음을 설명하는 것입니다. 불학에서 말하는 '보리를 증득한다[證得菩提]'를 예로 들어보면, 범어에서 번역되어온 이 명사는 바로 '자성을 깨달아[覺悟] 도를 이룬다'는 의미를 가리킵니다. 그 전문(全文)인 '아뇩다라삼먁삼보리(阿耨多羅三藐三菩提)'를 자세히 번역하면 '무상정등정각(無上正等正覺)'이라고 합니다. 부처님도 말씀하시기를 "모든 곳에서 다 정등정각을 이룬다[一切處皆成正等正覺]."고 했습니다. 공자가 말한 "비이은(費而隱)"은 부처님이 말씀하신 '모든 곳에서, 즉 일체처(一切處)'의 의미와 서로 같습니다. 또 도가의 장자(莊子)의 경우는 익살스런 말과 글로써 도의 이론관념을 표현하기를 가장 좋아했습니다. 이 때문에 그는 '도는 똥오줌에도 있다[道在屎溺].' 는 등등의 말을 했습니다. 물론 똥오줌도 일체처와 평소의 일상생활 응용 가운데 있습니다. 그러므로 장자가 말한 것도 틀리지 않습니다. 하지만 얘기가 여기에 이르니 또 저로 하여금 고금의 두 개의 이야기를 생각나게 하는데, 먼저 끼워 넣어 얘기하여 설명의 참고로 삼겠습니다.

첫 번째 이야기입니다. 50여 년 전 제가 사천(四川) 아미산(峨嵋山)에서 은거하며 조용히 수도할 때 어느 날 당가사(當家

師)36)가 저에게 말했습니다, "어찌 이럴 수가 있을까! 오늘 어떤 사람이 절에 참배하러 왔습니다. 그는 우리들의 똥통에 뛰어 들어가서 목욕하고, 끝나면 다시 우리들의 물웅덩이로 뛰어 들어가 깨끗이 씻겠다고 합니다. 지객사(知客師)37)가 그가 그렇게 하겠다는 것을 허락하지 않자, 큰 소리로 대소동을 일으키며 말하기를, 도공(道功)을 하나 닦는 것으로서 매일 이렇게 하지 않으면 안 된다고 하니, 당신이 가서 그를 저지해 주기 바랍니다." 저는 듣고 나서 곧 말했습니다, "그는 수녕(遂甯)으로부터 온 사람이 겠지요!" 당가사가 말했습니다, "당신은 어떻게 알지요?" 제가 말했습니다, "수녕에 도를 얻은 고승이 한 분 있는데 다들 그 분을 풍사부(瘋師父)라고 부릅니다. 그에게 또 한 분의 사공(師公)38) 이 있는데 전사예(顚師爺)라고 부르며 평일에도 시골의 변소에서 지냅니다. 그는 아마 풍사부를 따르면서 잘 배우지 못하고 방향을 잘못 알았을 것입니다." 마침내 그들이 그를 불러 저를 보게 했습니다. 제가 말했습니다, "당신의 사부를 나는 만난 적이 있습니다. 당신은 그를 망신시키지 마십시오!" 그가 말했습니다. "사부가 저에게 말씀하시기를 '도는 똥오줌에도 있다[道在屎溺]'라고 했습니다." 제가 말했습니다. "당신의 사부는 잘못 말하지 않았습니다. 단지 당신이 내심을 잘못 이해했을 뿐입니다. 오늘부터는 이렇게 하는 것을 얼른 멈추십시오. 돌아가 당신의 사부에게 말씀드리기를 내가 당신더러 가서 사부의 앞에 무릎 꿇고 참회를 구하고 그더러 당신을 잘 가르쳐 주라고 하더라고 하십시오. 여기의 물웅덩이는 대중이 먹고 마시는 용도의 물 저장 웅덩

---

36) 절 살림을 맡은 스님
37) 절에서 손님을 접대 인도하는 스님.
38) 스승의 스승.

이인데, 만약 당신이 말을 따르지 않는다면 다들 공분(公憤)을 일으켜 당장 당신을 내쫓아 산을 내려가게 할 것입니다. 날이 이미 어두워져 가니 당신은 기분이 나쁠 것입니다." 이게 바로 "천성적으로 어리석은 사람들은 너무 높고 멀고 현묘한 것으로 떠받들어서 영원히 도의 가장자리에 미치지 못한다[愚者不及也]."는 아주 우스운 이야기입니다.

또 하나의 이야기는 바로 송(宋)나라 시대의 이름난 유학자이자 시인이었던 황산곡(黃山谷)입니다. 그는 당시 저명한 대선사 회당(晦堂)을 따라 참선하며 대단히 심혈을 기울이고 절박하게 캐 물었습니다. 어느 날 회당선사는 그가 그렇게 안달하는 것을 보고서 말했습니다. "당신은 '너희들은 내가 숨기는 게 있다고 생각하느냐? 나는 너희들에게 숨기는 게 없다[二三子, 以我爲隱乎? 吾無隱乎爾].'를 읽은 적이 있지요?" 황산곡은 듣고서 물론 몹시 언짢았습니다. 그것은 『논어』에 기록된 공자의 말인데, 당시에 글공부하여 과거시험에 합격하려면 다들 모두 달달 외우는 것인데도 물어야 하겠습니까? 그렇지만 사부가 묻기에 그는 아주 공경하게 말할 수밖에 없었습니다. "읽은 적이 있으며 기억하고 있습니다." 회당은 더 이상 뭐라고 말하지 않기로 했습니다. 사실 도는 평소의 일상생활 응용하는 사이에 있으며, 결코 또 하나의 비밀이 있어 속일 수 있는 것은 없습니다. 회당선사는 공자의 한마디 말만을 인용함으로써 이미 아주 또렷이 명백하게 가리켜보였습니다. 하지만 황산곡은 "천성적으로 비교적 총명하여 지혜가 있는 사람들은 멋대로 총명을 부려서 평상(平常)과는 다른 일을 멋대로 하기를 좋아하니 도에 지나친다[智者過之]."는 편차를 범하여 지나치게 높게 성인의 경지로 미루었습니다. 그래서 여전히 막연했습니다. 이리하여 회당선사는 일어서더니 홀로 유유자적하게 산문 밖으로 산보를 나갔습니다. 황산곡은 묵묵히 사부의 뒤를 따라 걸어갔습니다. 그때는 가을이었고 내내침 바로 금계화[木犀桂花]가 활짝 피어난 때였습니다. 황산곡은 한참동안 조용히 사부를 따라 걸어가는데 회당선사가 갑자기 고개를 돌려 그에게 물었습니다. "금계화의 향을 맡습니까?" 황산곡은 즉시 대답했습니다. "맡습니다!" 회당선사가 말했습니다. "나는 너희들에게 숨기는 게 없다[吾無隱乎爾]." 이때에 황산곡은 듣자마자 크게 깨달았습니다. 물론 "군자의 도의 본체인 자성의 기능작용은 본래 있지 않는 곳도 없고 있는 곳도 없다[君子之道費而隱]."와, 부처님이 말씀하신 "모든 곳에서 다 정등정각을 이룬다"의 대의(大義)도 철저하게 알게 되었습니다. 이게 바로 선종 공안 가운데 유명한 '황산곡이 금계화의 향기를 맡고서[木犀香否] 도를 깨달은 이야기'입니다. 그러나 이것은 아직은 황산곡의 처음 깨달음의 경지였습니다. 훗날 그도 소동파(蘇東坡)를 따라서 함께 벼슬이 강등되어 귀주(貴州)로 유배된 운 나쁜 시절 어느 날 피곤해서 누워 자려고 하면서 조심하지 않아 목침을 바닥에 부딪쳤는데, 부딪치는 한 소리에 그는 비로소 철저하게 크게 깨달았습니다.

이제 우리는 "군자지도비이은(君子之道費而隱)"의 한 마디 전제를 먼저 이해했습니다.

이어서는 바로 공자가 말한 여덟 마디의 명언입니다, "부부지우(夫婦之愚), 가이여지언(可以與知焉) ; 급기지야(及其至也), 수성인역유소부지언(雖聖人亦有所不知焉). 부부지불초(夫婦之不肖), 가이능행언(可以能行焉) ; 급기지야(及其至也), 수성인역유소불능언(雖聖人亦有所不能焉)." 만약 문자로만 본다면 공자는 이미 매우 명백하게 말했습니다. 그러나 지금 청년 학우들을 위하여 다시 적나라하게 해설하여 더욱 좀 분명하게 할 수밖에 없습니다. 그러나 이 여덟 마디의 요점은 두 글자일 뿐입니다. 그 하나는 "부부지우(夫婦之愚), 가이여지언(可以與知焉) ; 급기지야(及其至也), 수성인역유소부지언(雖聖人亦有所不知焉)."에서의 '知(지)'자입니다. 또 하나는 "부부지불초(夫婦之不肖), 가이능행언(可以能行焉) ; 급기지야(及其至也), 수성인역유소불능언(雖聖人亦有所不能焉)."에서의 '行(행)'자입니다. 바꾸어 말하면, "사람들이 어떻게 해야 비로소 천연 자성의 성명(性命)의 도를 인지할 수 있을까요? 어떻게 수행해야 비로소 천연 자성의 지극한 도[至道]를 증득할 수 있을까요?"입니다.

여러분들도 알고 있듯이 『주역(周易)』의 서괘(序卦) 하편에서 말합니다, "천지가 있고난 뒤에 만물이 있고, 만물이 있고 난 뒤에 남녀가 있고, 남녀가 있고 난 뒤에 부부가 있다[有天地, 然後有万物. 有万物, 然後有男女. 有男女, 然後有夫妇]." 부부가 있고 난 뒤에야 부자(父子) 군신(君臣) 상하(上下) 등등의 인문사회의 형성이 있습니다. 그러므로 인류세계에 사람의 무리가 형성된 것은 그 시작이 모두 남녀부부 양성(兩性) 사이의 성욕 충동으로 말미암아 서로 성교했기 때문에 인류사회의 수천만 억 년 동안 생명상의 허다한 번거러움이 출현했습니다. 여기서 가리키는 이 인성 충동의 애(愛)와 욕(欲)은 좁은 의미의 미시적인 성애(性愛)와 성욕(性欲)을 가리킨 것이지, 넓은 의미의 거시적인 애(愛)와 욕(欲)을 가리키는 것은 아닙니다. 이 때문에 공자가 여기에서 말하는 "부부지우(夫婦之愚)"는 인성이 욕애(欲愛)를 일으킬 때의 맹동적인 것이요 어리석은 어두운 정서 속에서의 상황으로서, 자연히 할 줄 아는 그런 불초(不肖)한 행동입니다.

그렇지만 이런 인성 애욕의 행위는 최초이자 가장 기본인

"천명지성(天命之謂性)"의 본성으로부터 온 본능 충동이 아닐까요? 싱행위의 본능 그 자체에 선악(善惡)의 속성이 있을까요? 도(道)가 있는 성인(聖人)도 이런 행위가 있을까요? 만약 성인에게는 없다거나 혹은 있기 불가능하다고 한다면 성인 모두 멸종되어야 옳을 것이지요? 공자와 노자도 자손 후대가 있었고 석가모니도 아들이 있었습니다! 그러므로 이 문제에서 출발하여 선천의 본체 자성의 기능으로부터 사람의 심리 · 생리 · 물리 · 생물화학 등등의 도리를 말하고자 한다면, 아이고머니나! 그건 정말 관련 범위가 너무나 크고, 또 한 부(部)의 대단히 중요한 생명에 관한 특정 주제 논문으로서 장편의 대작 논문이 됩니다. 그러나 세상의 모든 저명한 대 종교의 교의(敎義)는 모두 성(性) 문제에 대하여 부정(否定)적이며 염오(厭惡)적이며 끊어야[戒除] 한다는 것입니다. 모든 철학 도덕의 학문은 성 문제에 대해서 피하고 소극적이면서 감추고, 중요한 것은 피하고 지엽적인 것을 채택합니다.

예컨대 도가의 노자(老子)의 가르침은 '마음을 깨끗이 하고 욕망을 적게 하는 것[淸心寡欲]'을 중점으로 하지, 반드시 '정을 끊고 욕망을 버려야[絶情棄欲]' 비로소 궁극이다 는 훈계를 가리키지 않습니다. 유독 원시불교의 소승불학만은 성애(性愛)에 대하여 절대로 어김없이 금욕하며, 그것이 생사죄악의 근본 관건의 소재(所在)로서 철저히 청정하게 해야 비로소 3계(三界)를 뛰어넘어 열반의 도제(道諦)를 증득할 수 있다고 봅니다. 세상의 종교와 철학에서 이 문제를 직시한 연구로는 오직 도가의 남종(南宗) 단도학파(丹道學派)와 인도로부터 티베트로 전해 들어온 원시 홍의(紅衣)밀교의 영마파(寧瑪派)에만 있습니다. 그렇지만 의학이론 · 의학과 생물화학의 학술이론에 깊이 통하지 않는다면 갈림길에 들어가기 쉬우므로 대단히 엄중합니다. 그래서 우리는 간략히 제시만 하지, 이 문제에 치우쳐 자세히 토론할 수는 없습니다. 우리는 공자가 말한 본 주제로 돌아가 "부부지우(夫婦之愚)"와 "부부지불초(夫婦之不肖)"로부터 얘기하겠습니다.

사실은 『예기(禮記)』「예운편(禮運篇)」 가운데에서 공자는 이미 명백하게 이렇게 말했습니다, "음식과 남녀는 사람의 큰 욕망이 있는 곳이다. 죽음과 가난의 고통[貧苦]은 사람의 큰 염오(厭惡)가 있는 곳이다. 그러므로 욕망과 염오는 마음의 큰 단서이다. 사람은 그 마음을 간직하고 있으나 헤아릴 수 없다. 좋아하고 미워함이 그 마음속에 있으나 그 색상을 보지 못한다. 하나로써 이를 궁구하고자 하면 예(禮)를 버리고 무엇을 가지고 하겠는가?[飲食男女, 人之大欲存焉 ; 死亡貧苦, 人之大惡存焉. 故欲惡者, 心之大端也. 人藏其心, 不可測度也 ; 美惡皆在其心, 不見其色也, 欲一以窮之, 舍禮何以哉?]" 이것은 이런 말입니다, "인생에서의 음식남녀에 대한 욕망과 사망병고에 대한 두려움은 모두 자성 중에서 성명(性命)이 기동 작용을 일으킨 이래로[率性以來]부터 일어난 심념 습기(習氣)의 변화 작용이다. 싫어함[厭惡]과 좋아함도 모두 마음의 변화이다. 그렇지만 마음의 작용은 사람의 생명 속에 간직되어 있으면서 형상과 색깔이 없어 볼 수 없으며, 자기 마음이 자기 마음을 보지 못한다. 만약 그것의 유일한 근본 내원을 추적하고 싶다면, 진정으로 철저하게 명심견성(明心見性)할 수 있어야 비로소 된다." 공자의 「예운편」에서의 이 단락의 말은, 8,9백 년 이 지난 이후 서기 385년 사이에 이르러서 대승 불경의 정밀 심오하고 미묘한 의미와 이치[精義]가 중국에 들어오고, 구마라집(鳩摩羅什 344~413) 법사가 번역한 『유마힐소설경(維摩詰所說經)』이 출현하여 '음욕[婬]·분노[怒]·어리석음

[癡] 등 번뇌가 곧 보리이며[煩惱卽菩提] 생사와 열반이 둘이 아니다'는 불이법문(不二法門)을 가리킴으로써, 형이상과 형이하의 생명심성 상호 관련설에 대하여 중국문화 속에서 이미 새로운 면모를 열어놓았습니다. 뒤이어서 또 선종의 초조인 달마대사가 서쪽 인도로부터 와서 전문적으로 천양(闡揚)한 '곧바로 마음을 가리켜 본성을 보고 성불하게 하는[直指人心, 見性成佛]' 교외별전(敎外別傳) 종지(宗旨)는 곧 중국 고유의 전통문화와 단번에 일치하여서 크게 그 이채를 띠게 되었습니다.

우리는 이 원리를 이해하고 났으니 다시 되돌아와 『중용』에서 인용하고 있는 공자의 이 단락 말을 연구하겠습니다. "군자의 도의 본체인 자성의 기능작용은 본래 있지 않는 곳도 없고 있는 곳도 없다. 평범한 부부의 어리석음과 재능 없음으로도 더불어 알 수 있을 뿐만 아니라 행할 수 있다[君子之道費而隱, 夫婦之愚及不肖, 可以與知而且能行]." 그러나 이 가장 기본적인 음식남녀의 지극한 이치[極致]가 어디로부터 오는지를 규명하려 한다면 비록 성인이라도 알지 못하고[不知] 할 수 없는[不能] 바가 있다니, 이는 파고들어갈수록 흐리멍덩해진다는 것이 어찌 아니겠습니까? 말했어도 헛말한 것이나 다름없는 것입니다. 그렇다면 우리는 성인을 배울 필요가 어디 있겠으며, 도(道)를 닦아 이루어도 무슨 소용이 있겠습니까?

이 문제와 관련하여 명(明)나라 말기 만력(萬曆)시대에 어떤 박식한 유가(儒家)의 거사가 당시 선종 임제종(臨濟宗)의 한 분의 대사인 천동(天童) 밀운(密雲) 환오(圜悟)선사에게 물었습니다. 밀운 환오의 답안은 정말 천고에 드물게 절묘하고 범상치 않습니다. 그는 뭐라고 답했을까요? "범부법을 갖추었으면서도 범부가 모른다. 만약 범부가 안다면 곧 성인이다. 성인법을 갖추었으면서도 성인이 모른다. 만약 성인이 안다면 곧 범부이다[具足凡夫法, 凡夫不知, 凡夫若知, 卽是聖人. 具足聖人法, 聖人不知, 聖人若知, 卽是凡夫]." 바꾸어 말하면 이렇습니다. "한 평범한 보통 사람은 남녀음식에 대하여 그의 천생(天生)의 본래 자성 중에 그 기능작용[功用]39)을 갖추고 있다. 그래서 그에게서 남녀음식의 애욕 작용이 일어날 때는 곧 남녀음식의 행동이 일어나려한다는 것을 스스로 안다. 그러나 그는 이 남녀음식의 애욕이 천연 본정(本淨) 자성의 어두운 면의 움직이는 그림자라는 것을 돌이켜 비추어 스스로 알 수 없다. 이 때문에 시종 이 후천적 습성의 어두운 그림자에 좌우되어 스스로 빠져나올 수 없다. 만약 한 평범한 보통사람이 갑자기 돌이켜 비추어 자기의 원래 본정(本淨) 자성을 보았다면 그는 즉시 성인(聖人)을 이루어서 다시는 범부라고 부르지 않게 된다. 그러므로 '범부가 안다면 곧 성인이다[凡夫若知, 卽是聖人].'라고 말한다. 이와 반대로 만약 정말로 명심견성한 도를 얻은 성인이, '나는 이미 성명(性命)의 도를 알았다. 나는 도를 얻은 성인이다'는 일종의 생각[念]이 아직 존재한다면, 그는 여전히 하나의 진짜 범부이다. 바꾸어 말하면, 도를 얻은 성인이 '나는 지혜롭고 나는 성스럽다'는 성지자웅(聖智自雄)40)의 한 생각이 아직 존재한다면, 이 성인은 틀림없이 여전히 한 미치광이이다. 그러므로 '성인이 만약 안다면, 곧 범부이다[聖人若知, 卽是凡夫].'라고 말한다."

이를 통해 당신은 진정으로 도를 얻은 사람은 가장 평범한

---

39) 공용(功用)의 뜻은 기능, 작용, 기능과 용도, 인공조작, 수양, 조예, 효능, 효과, 불가에서는 신구의(身口意) 동작을 가리킨다.
40) 총명예지가 통하지 못한 바가 없다며 스스로 대단하다고 자부하는 것.

보통사람과 비슷하다는 것을 이해할 수 있습니다. 같은 도리로, 불학 속에서 관자재보살이 『반야바라밀다심경』에서도 말하기를, '지혜도 없고 얻음도 없다. 얻음이 없으므로 보리살타[無智亦無得, 以無所得故, 菩提(覺悟)薩陀(有情)]'라고 합니다. 단지 공자가 말한 것과 관자재보살이 말한 것이 언어문자의 명사에 각각 표현의 다름이 있을 뿐 그 이치는 결코 두 가지가 아닙니다. 예컨대 공자의 일생은 예지(豫知) 능력을 부리지도 않았습니다. 더더욱 무슨 신통이나 특이한 기능은 입을 다물고 말하지 않았으며, 심지어 삶과 죽음의 문제에 대해서도 회답하기를 거절했습니다. 그는 자로에게 한 대화에서 말하기를 "부지생(不知生), 언지사(焉知死)?", "너는 태어남은 어디로부터 오는지조차도 모르면서 무슨 죽으면 어디로 가느냐는 것까지 묻는 것이냐?"라고 했습니다.

이 때문에 이어서 자세히 설명하는 다음 글이 있습니다. "천지지대야(天地之大也), 인유유소감(人猶有所憾). 고군자어대(故君子語大), 천하막능재언(天下莫能載焉); 어소(語小), 천하막능파언(天下莫能破焉).", 공자가 여기서 말한 '대소(大小)'의 문제는 "천명지위성(天命之謂性)"의 체(體)·상(相)·용(用)과 가장 관계가 있습니다. 동시에 철학 및 과학과도 관계가 있는 큰 문제입니다. 먼저 우리가 알아야 할 필요가 있는 것은, 주(周) 나라 진(秦)나라 앞뒤의 시대에 사용된 '천지(天地)'라는 이 명사는 진한(秦漢) 이후에 말하는 '우주(宇宙)'에 해당하는 동일한 이론관념이라는 것입니다. 그러나 언어는 모두 시대사회의 변천에 따라서 간단함으로부터 점점 복잡함으로 변합니다. 한(漢)나라 시대 이후 우주라는 명사를 확대시켜서, 이른바 상하좌우(上下左右)를 '우(宇)'라 하여 '우'자가 공간을 대표했습니다. 고금왕래(古今往

來)를 '주(宙)'라 하여 '주'자는 시간을 대표했습니다. 바꾸어 말하면, 우주는 무한무변한 시공의 이론관념을 대표하게 되었고, 천지는 단지 우주 속의 하나의 형상이 있는 공간 현상일 뿐입니다.

우리는 먼저 천지와 우주라는 두 개의 명사의 내함을 설명했으니 다시 되돌아가 공자가 여기에서 말한 첫 마디를 보겠습니다. "천지지대야(天地之大也), 인유유소감(人猶有所憾)", 이것은 이런 말입니다, "사람들이 그 속에서 생존하고 있는 천지에 대하여 비록 겉으로 보면 매우 위대하다 하면서도, 사람들은 오히려 이 위대한 천지에 대하여 여전히 만족해하지 않고 여전히 언제 어디서나 하늘을 원망하고 땅을 원망할 것이다. 그래서 말하기를, '천지가 되어서도 사람을 만족하게 할 수 없는데 하물며 사람이 되어서는 더 말할 나위가 없다! 설사 사람됨이 천지만큼 그렇게 위대하게 되었다 할지라도 사람들로 하여금 불만을 품게 할 수 있는 것이다!' 라 한다."

사실 이 우주 속의 천지는 도대체 얼마나 위대할까요? 그것은 뭐라고 꼬집어서 말하기 어렵게 됩니다. 먼저, 어떠한 것이야말로 크다고 부르고 작다고 부르는지 그 정의를 이해해야 합니다. 왜냐하면 크다 작다는 단지 두 개의 표시성 구어 부호이기 때문입니다. 진정한 큼은 무변(無邊) 무제(無際) 무한(無限) 무량(無量)이어야 크다고 합니다. 만약 변제(邊際) 한량(限量)이 있다면 크다고 할 수 없습니다. 상대적으로 어떠해야 작다고 부를까요? 그것도 마찬가지로 변제가 없고 한량이 없는 것이야말로 작다고 부릅니다. 만약 조금이라도 형상이 있어 볼 수 있고 변제 한량이 있다면 여전히 작다고 할 수 없습니다. 이것은 장자(莊子)가 한 이런 말과도 같습니다. "커서 밖이 없고 작아서 안이 없다[大而無外, 小而無內]", 만약 아직 안과 밖의 구별이 있다면 모두 그것이 얼마나 크다 얼마나 작다고 부를 수 없습니다,

그러므로 공자는 말합니다, "고군자어대(故君子語大), 천하막능재언(天下莫能載焉).", 어떠해야 크다고 부르는지 당신은 진정으로 알아야 한다, 그것은 천지조차도 담을 수 없을 만큼 크다. "어소(語小), 천하막능파언(天下莫能破焉).", 어떠해야 작다고 부르는지 당신은 알아야 한다, 그것은 더 이상 쪼개고 분석할 수 있는 것이 없을 만큼 작다." 바꾸어 말하면, 무량무변할 정도로 큼이 바로 '작다' 입니다. 무한무량할 정도로 작음이 바로 '크다' 입니다. 이 철학적 도리는 자연과학적 최고의 원리와도 마찬가지입니다. 하나의 원자(原子)를 다시 쪼개가서 전자(電子)·핵자(核子)·중자(中子)·질자(質子)에 이르고, 그런 다음 다시 쪼개가서 최후의 최후에 도달하면 바로 공(空)입니다. 공하면 무슨 크다 작다의 구별이 없게 됩니다. 왜냐하면 크다 작다는 모두 인위적인 의식관념상의 가정(假定) 명사일 뿐이기 때문입니다. 그러므로 장자는 우언(寓言)을 이용하여 이런 의미를 표현하여 이렇게 말했습니다, "배를 산골짜기에 숨기고, 산을 바다 속에 감추지만, 천하를 천하 속에 감춘다[藏舟於壑, 藏山於澤, 藏天下於天下]." 석가모니불도 말씀하셨습니다, "한 터럭 끝에서 보왕찰을 나타내며, 미세한 먼지 속에 앉아서도 대법륜을 굴린다[於一毫端現寶王刹, 坐微塵裡轉大法輪]." 이 모두는 설명하기를, "심성의 체상(體相)과 물리세계 물질의 미진(微塵)도 마찬가지로 모두 무량무변하고, 크고 작음과 안팎이 없으며, 중심[中]도 없고 주변[邊]도 없는, 공성(空性) 가운데서 우연히 일어난 잠시적인 일점(一點)의 작용일 뿐이다."라고 합니다. 특히 석가모니불은 한 걸음 더 나아가 심물일원(心物一元)의 심성의 체(體)를 설명하시기

를, "허공이 너의 마음 가운데서 생겨남이, 마치 조각구름이 하늘에 점을 하나 찍어 놓은 것과 같다. 하물며 시방세계가 허공에 의지하여 생겨나는 데야 더 말할 나위가 있겠는가[虛空性汝心內, 猶如片雲點太淸裡, 況諸世界, 在虛空耶]!"라고 합니다.

여러분들이 이런 상고 성인의 명언의 속뜻을 알고 이해하기만 하면, 공자가 여기에서 말한 크다 작다의 이론관념을 이해할수 있습니다. 즉, '천명지성(天命之性)의 비이은(費而隱)', 있는 곳도 없으면서 있지 않는 곳도 없는 작용을 표현하고 있는 것입니다. 그래서 그는 다음 글에서 『시경(詩經)』 「대아한록(大雅旱鹿)」 제3장 시(詩) 구절의 기도사(祈禱詞)를 인용하여 말합니다, "연비려천(鳶飛戾天), 어약우연(魚躍于淵), 언기상하찰야(言其上下察也)." 이것은 시경속의 사구(詞句)가 묘사하는 천지 공간 상하의 드넓은 경계를 이용하여 이렇게 진술하는 것입니다, "사람들은 자기 본성의 심경에서 언제 어디서나 가슴속에 따로 하나의 천지가 있어, 비갠 뒤의 청량한 경색이요, 화창한 날씨인 듯[光風霽月, 日麗風和] 인품이 고상하고 도량이 넓으며 심경이 쾌활함이, 마치 드넓은 바다는 물고기가 뛰어 놀게 하고, 텅 빈 하늘은 새가 날도록 맡겨두는 것[海闊從魚躍, 天空任鳥飛]과 같은 중화(中和) 기상이 있어야 한다. 자기가 본래 천지와 더불어 동일한 본래의 위치에 존재하고 있으며, 동시에 자기가 본래 만물과 더불어 동등하게 천지의 생생불이(生生不已)의 양육 속에 있다[天地立焉, 萬物育焉]는 것을 알게 된 다음에라야 비로소 청명한 지혜가 진정으로 있어서, 생명과 함께 온 본래 있는 본성천지의 풍광[性天風光]을 관찰할 수 있다." 이 때문에 그의 다음 글은 이렇게 끝맺는 말이 있습니다, "군자지도(君子之道), 조단호부부(造端乎夫婦). 급기지야(及其至也), 찰호천지(察乎天地)." 이것은 이런 설명입니다, "군자의 도는 인성이 일으키는 애욕 작용으로부터 '도를 닦는 것을 교화의 요지라 한다[修道之謂敎]'로 하여서, 자신을 돌이켜보아 정성스럽게 하고 돌이켜 관찰하여 알게 되면[反身而誠, 反觀而知] '자성 중에서 갑자기 성명(性命)이 기동(機動)작용을 일으키는 것을 도의 유래라 한다[率性之謂道]'의 경지에 도달할 수 있으며, 그런 다음에야 비로소 천연 본유 성명(性命) 실제의 본상(本相)41)을 스스로 알 수 있다."

『중용』은 여기에 이르러 다시 공자의 여덟 절의 명언을 인용하여 타고난 본성[稟性]이, "솔성지위도(率性之謂道)"를 닦음을 일으키는 원리를 천명합니다. 이어서 또 공자의 유교(遺敎)를 인용하여 수도(修道)로부터 전환하여 세간에 들어가서 도를 행하는 행지(行持)를 설명하는데, 이게 바로 "수도지위교(修道之謂敎)"의 지표(指標)가 됩니다.

인도 본위의 수행으로부터 말하기 시작하다

공자께서 말씀하셨다. "도(道)는 사람에게서 멀리 떨어져 있지 않은데, 사람이 도를 현실 인생과는 거리가 먼 일이라고 여기고, 도를 위해서 도를 닦아서는 안 된다." 『시경』에 이르기를 "도끼자루 감을 찍어 베네! 도끼자루 감을 찍어 베네! 그 본보기는 멀리 있지 않네." 라고 하였다. 그런데 도끼자루를 잡고 도끼자루 감을 찍어 베면서, 눈을 가늘게 뜨고 도끼자루 감을 보고 또 보며, 오히려 본보기가 멀리 있다 여긴다. 그러므로 군자가

---

41) 본래면목.

되는 도리를 배우는 자는 사람의 무리 속에서 인애의 도[仁道]를 닦으며 자신의 허물을 고치면 그만이다. 남에게 마음과 힘을 다하는 것을 충(忠)이라 하고, 남을 용납 용서할 수 있는 것을 서(恕)라고 하는데, 이로써 곳곳마다 남을 대할 수 있다면 도에서 그리 멀지 않다. 바꾸어 말해서, 자기에게 행해질 경우 원하지 않는 일이라면 남에게도 행하지 말아야 한다. 군자의 도에는 네 가지 중요한 실행이 있는데, 나는 그 중에 한 가지도 할 수 없었다. 좋은 아들이 되어 부모에게 효양하고 싶었지만, 나는 정말로 그렇게 할 수 없었다. 좋은 신하가 되어 나라의 군주를 위해 일을 좀 하고 싶었지만, 나는 정말로 그렇게 할 수 없었다. 좋은 동생이 되어 형과 자매를 잘 돌보고 싶었지만, 나는 정말로 그렇게 할 수 없었다. 친구들에게 사전에 호의와 도움을 주고 싶었지만, 나는 정말로 그렇게 할 수 없었다. 나는 단지 평범하고 통속적인 사람들에 대하여 요구하는 도덕적 행위를 실천할 수 있으며, 평범하고 통속적으로 요구하는 좋은 말에 관하여 조심하고 신중하게 실천할 수 있으되, 부족함이 있거든 감히 힘쓰지 않지 않는다. 모든 일에 여지와 여력을 남겨두어, 감히 더 이상 손 쓸 수 없을 정도로 하지 않는다. 말은 자기의 행위로 실현했는지를 되돌아보아야 하고, 실현한 행위는 말했던 도리와 맞는지를 되돌아보아야 한다. 나는 군자의 사람이 되도록 배워야 하기 때문이니, 내가 어찌 감히 언제 어디서나 착실히 심혈을 기울여 실천하지 않겠는가!

진정으로 군자의 사람이 되기를 배우고자 하면, 자신의 본분 위치에서 소박하고 착실하게 처신하고자만 하지, 외부의 영향과 유혹을 받아 본래의 염원을 변경하기를 절대로 원하지 않는다. 부귀한 환경 속에서 태어났다면 부귀한 조건대로 하지, 지나치게 평범함으로 가장할 필요는 없다. 본래 빈천하였다면 성실하게 빈천한 인생을 살아가지, 일종의 열등감을 가져서 일부러 고귀한 체 할 필요가 없다. 문화 수준이 낮은 오랑캐 환경 속에서 살고 있다면 오랑캐 습속대로 오랑캐 중의 좋은 사람이 된다. 환난(患難) 속에 처했다면 환난 속의 환경에 따라 스스로 처신함으로써 벗어나기를 기다린다. 군자는 그때그때의 본분 위치와 환경에 따라 처신하는 도리를 철저히 이해하여, 어떤 환경 속에 들어가든 적응하면서 스스로 그 속에서 즐거움을 얻지 않음이 없다. 이런 도리를 알았다면 윗자리에 있더라도 아랫사람을 업신여기지 않고, 아랫자리에 있더라도 윗자리에 아첨하여 기어오르지 않는다. 자기를 바르게 하지만 남에게는 요구하지 않으니 원망할 것이 없어서, 위로는 하늘을 원망하지 않으며 아래로는 남을 탓하지 않는다. 그러므로 군자의 사람이 되는 도리를 배우고자 하는 자는 일생토록 단지 『역경(易經)』이 말하는 도리대로, 마음을 바르게 하고 의념(意念)을 정성스럽게 하여 처신하고 시간과 공간에 맡겨 현실에 변화하면서 자연스럽게 오는 좋은 명운(命運)을 기다린다면, 설사 그 때를 얻지 못하더라도 그 속에서 스스로 즐거움을 얻을 수 있다. 그러나 군자의 도를 배우지 않는 일반 소인은 차라리 약삭빠르게 굴어 위험을 무릅쓰고 행하면서 요행을 바라는데, 결과적으로 모두 얻는 것보다 잃는 것이 더 많다.

子曰：「道不遠人，人之為道而遠人，不可以為道。《詩》云：伐柯，伐柯，其則不遠。執柯以伐柯，睨而視之，猶以為遠。故君子以人治人，改而止。忠恕違道不遠，施諸己而不願，亦勿施於人。君子之道四，丘未能一焉。所求乎子以事父，未能也；所求乎臣以事君，未能也；所求乎弟以事兄，未能也；所求乎朋友先施之，未能也。庸德之行，庸言之謹，有所不足，不敢不勉；有餘，不敢盡。言顧行，行顧言，君子胡不慥慥爾！

　　君子素其位而行，不願乎其外。素富貴行乎富貴；素貧賤行乎貧賤；素夷狄行乎夷狄；素患難行乎患難。君子無入而不自得焉！在上位不陵下，在下位不援上，正己而不求於人，則無怨。上不怨天，下不尤人，故君子居易以俟命，小人行險以徼幸。」

　　우리는 여기서부터는 연구 토론하는 방법을 바꾸어서, 원문 원 구절 아래에 구어체로 현대적 풀이를 시도해보아도 좋겠습니다. 그러면 이해할 수 있으니 따로 발휘(發揮)[42]하지 않겠습니다. 특별히 설명이 필요한 요점만은 다시 앞에서와 같은 방법으로 약간 해석하겠습니다. 왜냐하면 이런 원문 원 구절은 모두 문맥이 잘 통하고 용어 사용이 적절하기 때문입니다. 본래 상고의 어문(語文)은 조금 마음을 쓰면 일목요연(一目瞭然)하니 다시 뱀을 그리는데 발을 그려 넣을 필요가 없습니다. 그러나 착실하게 달달 외워서 전혀 사색하지 않고서도 기억하여 잊지 않을 수 있다면, 당신의 일생동안 당신의 사람 노릇과 일처리를 도와주는 신묘한 작용[妙用]이 크게 있습니다.

　　"자왈(子曰)：도불원인(道不遠人), 인지위도이원인(人之爲道而遠人), 불가이위도(不可以爲道)." 공자는 말합니다, "도는 결코 사람에게서 멀리 떨어져 있지 않는데, 사람이 만약 현실 인생과는 거리가 너무 먼 일이라고 여긴다면, 당신은 정말 안타까운 일이다. 도를 위해서 도를 닦아서는 안 된다!" "시운 : 벌가, 벌가, 기칙불원(詩云 : 伐柯, 伐柯, 其則不遠).", 이것은 공자가 『시경』

---

42) 그 의미나 도리를 충분히 표현하다.

「국풍(國風)」에 수록된 빈풍벌가(豳風伐柯) 제2장의 사구(辭句)를 인용한 것입니다. 그 의미는 이런 말입니다, "나무줄기를 하나 찍으려면 찍어라! 당신이 나무줄기를 마주한 채 부위를 정확히 겨누어서 단번에 찍어 가면 옳다." "집가이벌가(執柯以伐柯), 예이시지(睨而視之), 유이위원(猶以爲遠)", "만약 당신이 너무 마음을 써서 손에 나무줄기를 잡은 채 조심조심하며 눈을 가늘게 뜨고는 보고 또 본다면, 보면 볼수록 어려워져서 오히려 손을 쓰기 쉽지 않게 될 것이다." "고군자이인치인(故君子以人治人), 개이지(改而止). 충서위도불원(忠恕違道不遠), 시저기이불원(施諸己而不願), 역물시어인(亦勿施於人).", "그러므로 군자가 되는 도리를 배우려는 사람은 세간 사람의 무리 속에서 인도를 수행하는 것이지, 기타의 다른 특별한 방법이 없다. 나도 한 사람이요, 다른 사람도 한 사람이며, 만약 내가 틀렸다면 허물을 고치면 된다는 것을 당신은 알아야 한다,"

"다른 사람에게 마음을 다하고 힘을 다하는 것을 '충(忠)'이라고 한다. 다른 사람을 용서하고 용납할 수 있는 것을 '서(恕)'라고 한다. 곳곳마다 충서로써 남을 대할 수 있다면, 도와 그리 멀지 않다. 바꾸어 말해서, 당신이 이렇게 하고 이렇게 말하는 것이 자기의 몸에 행해질 경우 받아들이기를 몹시 원하지 않는 것이라고 생각하기만 하면, 당신은 그대로 남의 몸에 행하지 않아야 옳다." 이 말은 『논어(論語)』에도 "자기가 바라지 않는 것을 남에게 베풀지 말라[己所不欲, 勿施於人]."라고 기록되어 있는데, 바로 같은 의미의 두 가지 기록입니다.

"군자지도사(君子之道四), 구미능일언(丘未能一焉)!", 이어서 공자는 또 스스로 겸허하게 고백합니다, "군자의 도에 네 가지 중요한 실행[修爲]이 있는데, 나 공구는 한 가지도 해내지 못했다."“소구호자이사부(所求乎子以事父), 미능야(未能也)”, “자신이 좋은 아들이 되어 부모에게 효양하기를 바라고 싶었지만 나는 결코 정말로 그렇게 할 수 없었다(왜냐하면 공자는 어린 시절에 부모가 이미 세상을 떠났기 때문입니다).”“소구호신이사군(所求乎臣以事君), 미능야(未能也)”, “자기가 좋은 신하가 되어 충분히 나라의 군주(사장)를 위하여 일을 좀 하기를 바라고 싶었지만 나는 결코 정말로 그렇게 할 수 없었다(사실은 노나라의 권신들이 그를 배척했으며 다른 나라들의 군신들도 그를 두려워했습니다. 그러나 그는 시종 남을 원망하는 뜻이 없었고 오히려 오직 자신을 꾸짖었을 뿐이었습니다).”“소구호제이사형(所求乎弟以事兄, 미능야(未能也)”, “자신이 좋은 동생이 되어 형과 자매를 잘 돌보고 싶었지만 나는 결코 정말로 동생으로서의 나의 책임을 다할 수 없었다.”“소구호붕우선시지(所求乎朋友先施之), 미능야未能也)”, “자신이 친구들에 대하여 사전에 호의와 도움을 주고 싶었지만 나는 정말로 그렇게 할 수 없었다.”

“용덕지행(庸德之行), 용언지근(庸言之謹), 유소부족(有所不足), 불감불면(不敢不勉). 유여(有餘), 불감진(不敢盡).”, “나는 단지 가장 평범하고 통속적인 사람들에 대하여 요구하는 도덕 행위만을 실천할 수 있으며 나는 가능한 한 잘 할 것이다. 평범하고 통속적으로 요구하는 좋은 말에 관하여 나는 조심하고 신중하게 실천할 것이다.”“유여, 불감언(有餘, 不敢盡)”, “만사에 여지(餘地) 여력(餘力)을 남겨두어서 모두 더 이상 손쓸 수 없을 정도로는 감히 하지 않는다.”“언고행(言顧行), 행고언(行顧言), 군자호불조조이(君子胡不慥慥爾)!”, “입으로 뱉은 말은 반드시 자기의 행위로 실현해야 한다. 행동에서의 작위(作爲)는 반드시 자기가 말했던 도리와 맞아야 한다. 왜냐하면 나는 자기가 군자의 사람이 되도록 배워야 하기 때문인데 어찌 감히 언제 어디서나 착실히 심혈을 기울여 실천하지 않겠는가?" "군자수기위이행(君子素其位而行), 불원호기외(不願乎其外)", "진정으로 하나의 군자의 사람이 되기를 배우려 한다면, 자기의 본분위치[本位]에서 소박하고 착실하게 처신하고자만 하지, 절대 외부의 영향과 유혹을 받아 본래의 염원[本願]을 변경하기를 원하지 않는다."

"소부귀행호부귀(素富貴行乎富貴), 소빈천행호빈천(素貧賤行乎貧賤), 소이적행호이적(素夷狄行乎夷狄), 소환난행호환난(素患難行乎患難). 군자무입이자불자득언(君子無入而不自得焉).", "만약 본래 부귀한 환경 속에서 태어났다면 부귀한 조건대로 하지, 지나치게 평범함[平常]으로 가장할 필요가 없다. 만약 본래 빈천하였다면 성실하게 빈천한 인생을 살아가지, 일종의 열등감을 가져서 일부러 고귀한 체 할 필요가 없다. 만약 본래 동방의 오랑캐[夷]나 북방의 오랑캐[狄] 중의 사람으로서 문화 수준이 높지 않거나 현재 수준이 비교적 낮은 오랑캐 환경 속에서 거주하고 있다면, 오랑캐의 습속(習俗)대로 오랑캐 중의 좋은 사람이 된다. 만약 현재 환난(患難) 속에서 처해 있다면 환난 속의 환경에 따라 스스로 처신함으로써 벗어나기를 기다릴 수 있을 뿐이다. 만약 환난 때문에 하늘을 원망하고 사람을 탓한다면, 오히려 환난 중의 고통을 증가시켜서 더더욱 벗어나기 어렵다. 만약 당신이 그때그때의 본분위치와 환경에 따라 처신하는[素位而行] 도리를 철저히 이해한다면, 즉 현대인이 말하는 언제 어디서나 환경에 적응할 수 있다면, 가는 곳마다 스스로 그 속에서 즐거움을 느낄 수 있다. 물론 즐거움은 스스로 얻음에 있으며 주관적인 것이다. 남이 당신에게 주는 안락이라면 그것은 객관적이어서 결코 자재하지 못하다. 왜냐하면 남이 마찬가지로 당신의 안락을 취할 수 있기 때문이다."

　"재상위불능하(在上位不陵下)，　재하위불원상(在下位不援上)，
정기이불구어인(正己而不求於人)，　즉무원(則無怨)．　상불원천(上
不怨天)，　하불우인(下不尤人)．　고군자거역이사명(故君子居易以俟
命)．　소인행험이요행(小人行險以徼幸).", "'소위이행(素位而行)'의
도리를 알았다면 비록 당신이 오늘 지위와 권력이 높고 높아 위
에 있더라도 당신의 아래 지위에 있는 사람을 절대로 깔보거나
모욕하지 않는다. 왜냐하면 무대에 오르면 내려올 때가 있기 마
련이며 세상에는 천추만대토록 넘어지지 않는 높은 지위가 없기
때문이다. 만약 당신이 낮은 등급의 아래 지위에 있더라도 꼭 아
첨하여 높은 자리에 기어오를 필요는 없다. 당신은 단지 마음을
다하고 힘을 다하여 당신의 직책 이내의 몫의 일을 해야 한다."
"정기불구어인(正己而不求於人)", "자기는 마음 편안히 스스로 만
족하고 결코 무슨 원망할 만한 것이 없다. 사람이 위로는 하늘을
원망하지 않고 아래로는 남을 원망하지 않을 수 있다면 자재할
수 있다."

　"고군자역이사명(故君子居易以俟命)"，　그러므로　말합니다，
"군자의 사람이 되는 도리를 배우고자 하는 사람은 '소위이행'의
원칙을 알고 일생토록 단지 『역경(易經)』이 말하는 도리대로 마
음을 바르게 하고 의념을 정성스럽게 하여[正心誠意] 처신하고
시간과 공간에 맡겨 현실에 변화하면서 자연스럽게 오는 좋은 기
회[天然機遇]의 명운을 기다린다면, 설사 그 때를 얻지 못하더라
도 그 속에서 스스로 즐거움을 얻을 수 있다. 그러나 군자의 도
를 배우지 않는 일반 소인들은 차라리 약삭빠르게 굴어 위험을
무릅쓰면서 요행으로 성공을 구하여 얻기를 바라지만, 결과적으
로 모두 얻는 것보다 잃는 것이 더 많다." 이것은 바로 옛사람이

음력 7월7일 칠석날[乞巧節]43)을 읊었던 두 마디의 시(詩)44)에 이렇게 말한 대로입니다, "해마다 인간 세상에 길쌈 재주 주기를 빌지만 인간 세상엔 재주가 이미 많음을 어찌 알리요[年年乞與人間巧, 不道人間巧幾多]." 약삭빠르게 굴어 요행이 얻은 성과는 결국 정상적이 아닐 뿐만 아니라 아주 견고한 것도 아닙니다.

이상은 공자가 제시한 "군자소기위이행(君子素其位而行), 불원호기외(不願乎其外)."로부터 "고군자거이사명, 소인행험이요행(君子居易以俟命. 小人行險以徼幸)"의 말까지 얘기했습니다. 조금 전 어떤 사람이 저에게 이렇게 물었습니다, "이것은 공자가 사람은 본분을 지켜야지 위험을 무릅쓰고 본분 범위 이외의 일은 해서는 안 된다는 것을 주장하는 것입니다. 이런 교육의 누적되어 온 폐단도 바로 우리 민족성의 치명적인 결함입니다. 우리가 현재 일반인들이 일 하는 것을 보면, 그저 본위주의만 돌아보아서 오히려, '많이 하면 잘못이 많고, 적게 하면 잘못이 적으며, 하지 않으면 잘못하지 않는다는 것이 맞다'고 여깁니다. 이것이 어찌 '그때그때의 본분위치와 환경에 따라 처신하는[素位而行]' 폐단이 아니겠습니까?"

제가 말했습니다, "만약 공자의 '소위이행'과 요행을 바라지 않고 성공한다는 도리를, 본위주의의 사사로운 마음[私心] 작용으로 해석한다면, 그것은 편차가 큰 오해입니다. 그리고 공자가

---

43) 칠석날 저녁에 부녀자들이 직녀에게 바느질과 길쌈을 잘하게 해달라고 빌던 민간 풍속.

44) 송나라 양박(楊璞)이 지은 칠석(七夕)이라는 시인데 전체는 다음과와 같다, '견우의 뜻이 어떠한지 아직도 모르겠다, 꼭 직녀를 초청해 금북을 다루게 해야 할까, 해마다 인간 세상에 길쌈 재주 주기를 빌지만, 인간 세상엔 재주가 이미 많음을 어찌 알리요[未會牽牛意若何, 須邀織女弄金梭; 年年乞與人間巧, 不道人間巧已多].'

제시한 '『역경』이 말하는 도리대로, 마음을 바르게 하고 의념(意念)을 정성스럽게 하여 처신하고 시간과 공간에 맡겨 현실에 변화하면서 자연스럽게 오는 좋은 명운(命運)을 기다린다[居易以俟命].'는 중점도 잊어버린 것입니다. 그가 말한 '소위이행'의 도리는 그 중심이 당신에게 '위(位)'라는 글자에 주의하라고 요구하는 것입니다. 여러분들도 다 알 듯이 공자는 나이가 반백을 넘은 뒤에야 전통문화의 제1부 저작인 『역경』 연구에 몰두하였습니다. 『역경』의 대 법칙은 우리들에게 우주물리와 인사(人事)의 법칙을 말해주는데, 언제 어디서나 모두 변수(變數) 중에 있어서 교변(交變)·호변(互變)·내변(內變)·외변(外變)하고 있으며, 세계에는 영원히 불변하는 사물은 하나도 없다고 합니다. 이것은 부처님이 말씀하신 제행무상(諸行無常)과 동일한 원리입니다. 그러나 변화의 중간에는 장차 변하려하면서 아직은 변하지 않음과 변화 전과 변화 후의 현상(現象) 운행의 필연 숫자가 있습니다. 예를 들어, 1에서 2까지·10까지· 100까지, 1분1초, 1보(步) 1절(節)은 각각 다른 모습[景象]이 출현합니다. 이 원칙으로부터 만약 인사(人事)에 대하여 말해본다면, 가장 중요한 것으로는 적합한 변수 중의 시간과, 당신이 서 있는 위치를 파악할 줄 알아야 합니다. 만약 그 시간을 얻지 못했고 그 위치를 얻지 못했거나, 혹은 그 시간에 적합하지 않고 그 위치에 적합하지 않음에도 당신이 무리하게 하고자 하고 요행히 얻기를 바란다면, 시간의 운행과 공간의 변화에 의하여 침몰하게 될 것입니다. 가령 시간을 얻고 위치를 얻는다면 당신이 하지 않고 싶어 하더라도 어쩔 수 없이 하지 않을 수 없습니다."

그래서 공자는 젊은 시절 노자를 만나러 갔는데, 노자는 그에게 이렇게 일러주었습니다, "군자는 그 때를 얻으면 수레를 몰아 벼슬길로 나아가고, 그 때를 얻지 못하면 꺾어진 쑥대가 바람 따라 이리저리 날려 굴러가듯 살아갑니다[君子得其時則駕, 不得 其時, 則蓬累而行]." 그는 이미 공자에게 명백하게 일러주기를, "당신이 비록 위대한 원력이 있어 세상 사람들을 구제하고자 하지만, 이 시대의 추세가 당신에게 적합하지 않습니다. 그 때와 그 위치를 얻지 못한다면 영원히 어찌할 방법이 없습니다." 뒷날의 맹자는 최후에 역시 이 도리를 깨달았습니다. 그래서 이런 명언을 말했습니다, "지혜가 있을지라도 시대의 추세를 타느니만 못하고, 아무리 좋은 쟁기가 있어도 농사의 제철을 기다리느니만 못하다[雖有智慧, 不如乘勢. 雖有鎡基, 不如待時]."

여러분이 다들 아는 역사상의 인물 이야기를 하나 들어 말하겠습니다. 예컨대 한(漢)나라 시대의 한신(韓信)은 자신의 소년 시기에 그 때를 얻지 못하고 그 위치를 얻지 못했던 운이 나쁘던 시절, 그는 정신이 또렷하고 모욕을 참을 줄 알았기 때문에 시끄러운 저자 가운데서 대중 앞에서 불량배의 가랑이 밑을 기어서 빠져나가는 치욕을 달게 받아드렸습니다. 그렇지 않고 한 칼에 사람을 죽였더라면 그 후과(後果)는 생각조차 할 수 없었습니다. 뒷날 관직에 오르고 장수에 임명되어 그 때를 얻고 그 위치를 얻자 위세가 그 시대를 진동하고 공을 세워 이름을 날렸습니다. 그러나 그는 결국 학문과 수양이 부족했기 때문에, 한 번 전공(戰功)을 이룬 뒤 자기의 때와 위치에 의해 정신이 혼미해져서 언제 어디서나 잘못을 범했습니다. 그 때의 운수(運數)와 권위(權位)가 이미 한상(漢上) 정장(亭長) 유방(劉邦)의 수중에 완전히 속해있다는 것을 알지 못하고, 그는 여전히 최후의 요행 모험을 함으로써 자기를 구하고 싶어 했습니다. 결과적으로 잘 하려는 일이 잘못되어 목숨도 명예도 다 잃어버렸습니다.

한나라 초기 삼걸(三傑)의 입장에서 보면, 오직 진평(陳平)만이 때와 위치를 가장 잘 파악하고 자기 처신을 비교적 잘 할 수 있었습니다. 그러나 그는 후세의 결과도 스스로 매우 잘 알고 있었으니 정말 그 인걸다움을 잃지 않았습니다.

만약 우리가 역사 이야기를 대조해보면 흐리멍덩한 척 했지만 사실은 가장 총명한 사람은 바로 한(漢)나라 고조(高祖)였던 유방을 능가할 사람이 없습니다. 그는 그 때를 얻지 못했고 그 위치를 얻지 못해서 정장 노릇만 할 때에는 주색(酒色) 속에 심취해 있었습니다. 뒷날 항우(項羽)에 의해 한왕(漢王)으로 봉해지자 일부러 멍청한 척 하면서 한중(漢中)에 안주했습니다. 일단 황제가 되자 그는 또 아주 또렷이 남의 의견을 듣고 믿었습니다. 심지어 병이 나서 죽으려 할 때 차라리 자기가 죽어간다는 것을 분명히 알지언정 유방 자기의 생명을, 그 자신들도 어떻게 죽는지 모르는 의사들이 멋대로 그에게 약을 주어서 먹게 하도록 기꺼이 넘겨주려 하지 않았습니다. 몹시 안타까운 것은, 그는 일생 동안 독서하여 도리를 깨치는 일이 없었기 때문에 대한(大漢)의 역사 조대(朝代)를 좀 더 위대하고 고명하도록 하지 못했다는 점입니다. 그러나 그의 일생의 작위(作爲)는 만년의 '백등산에서 포위당한 일[白登被圍]'45) 이외에는 절대로 과분하게 요행적인

───────────────

45) 기원전 200년 전한(漢)과 흉노(匈奴) 사이에 발생한 군사 충돌이다. 한고조는 흉노를 복속시키기 위해 그 영토를 침공했지만 묵돌 선우의 반격에 오히려 백등산(白登山)에 고립 당했다. 고조는 7일간 버티다가 모사 진평의 계책으로 묵돌 선우의 왕비에게 뇌물을 주어 포위가 느슨해진 틈을 타 달아났다. 이후 한나라와 흉노는 형제 관계의 화친을 맺었다. 그 경과는 이렇다. 서초의 왕 항우를 멸망시키고 중국을 재통일한 황제 유방(劉邦)은 흉노에 대비하기 위해 한왕(韓王) 신(信)을 대(代) 땅으로 파견했지만, 한신은 흉노와의 평화를 주장했다. 이를 배신으로 간주하자 한신은 흉노에 투항했고, 한왕의 군대가 더해진 흉노 4만 대군이

시도를 한 적이 없었는데, 이것은 사실입니다. 그야말로 그는 타고날 때부터 때를 얻었고 위치를 얻은 제왕의 운명이었습니다. 다만 학문도 없고 재간도 없어서 전통 성인(聖人)이 말한 군자의 도[君子之道]를 몰랐을 뿐입니다! 『중용』은 여기에 이르러서, 공자가 말한, 인도 중에서 그때그때의 본분위치와 환경에 따라 처신한다[素位而行]는 평실한 원칙을 다시 인용하고 있습니다.

공자께서 말씀하셨다. "활쏘기는 군자의 도와 유사함이 있으니, 과녁의 중심을 맞히지 못했다면 자신을 돌이켜보고 그 이유를 찾아보아, 자기의 공력(功力)수양의 정도가 낮음을 반성하며 여러모로 생각해야지, 목표물이 너무 멀리 놓여 있다거나 화살이 발사된 힘이 부족하다고 절대로 탓할 수 없다." 군자의 도는 비유하자면, 먼 곳에 가려면 반드시 가까운 곳으로부터 시작해야 하고, 높은 곳에 오르려면 반드시 낮은 곳으로부터 시작해야 하는 것과 같이, 모두 개인과 가정 사이의 기본으로부터 시작해야지 무턱대고 높이만 바라보지 말아야 한다. 『시경』에 이르기를 "아내와 사랑하고 화목함이 금슬(琴瑟) 타듯하고, 형제 사이는

태원(太源)으로 쏟아져 들어왔다. 고조는 32만 군대를 거느리고 평성(平城)에서 흉노를 요격하였다. 하지만 고조의 본대는 약병으로 가장한 흉노의 위장 퇴각에 속아 진격하다가 고립되어 백등산에서 포위되었다. 이때 흉노군은 북방 군단은 흑마, 남방 군단은 적마, 서방 군단은 백마, 동방 군단은 흰 얼굴의 흑마에 타고 한나라 군대를 포위하고 있었다. 7일간 포위된 고조는 진평의 건의에 따라 묵돌 선우의 아내에게 뇌물을 주어 포위의 일각을 벌렸고, 그곳을 통해 포위를 벗어나 간신히 장안으로 도망칠 수 있었다. 이때 한군 병사들은 열 명에 세 명 꼴로 동상으로 손가락이 떨어져 나갔다. 이후 고조는 흉노에 공물을 주겠다는 조건으로 형제 관계의 화친을 맺었다. 이 관계는 한 무제 때까지 이어졌다.

뜻이 맞아 화락하고 즐거워하면, 너의 가정을 편안하게 하고 처자식을 행복하게 하리라." 라고 했다. 공자께서 말씀하셨다. "그렇다면 당연히 부모도 뜻에 맞아하고 흐뭇해하실 것이다!"

子曰：「射有似乎君子，失諸正鵠，反求諸其身。」君子之道，辟如行遠必自邇，辟如登高必自卑。《詩》曰：「妻子好合，如鼓瑟琴；兄弟既翕，和樂且耽；宜爾室家，樂爾妻帑。」子曰：「父母其順矣乎！」

"자왈(子曰)：사유사호군자(射有似乎君子), 실저정곡(失諸正鵠), 반구저기신(反求諸其身).", 이것은 공자가 사람들이 사격을 학습하는 도리를 인용한 것인데, 인생의 행위철학 면으로 응용할 수 있습니다. "예컨대 활을 쏘거나 사격을 할 경우 활을 쏘아서 과녁의 중심을 맞추지 못했다면, 오로지 자기의 공력 수양의 정도가 낮음을 반성하고 자세히 생각해야만 하지 절대로 목표물이 너무 멀리 놓여 있다거나 화살이 발사된 힘이 부족하다고 탓해서는 안 된다." "군자지도(君子之道), 비여행원필자이(辟如行遠必自邇), 비여등고필자비(辟如登高必自卑). 시왈(詩曰)：처자호합(妻子好合), 여고금슬(如鼓瑟琴)；형제기흡(兄弟既翕), 화락차탐(和樂且耽)；의이실가(宜爾室家), 낙이처노(樂爾妻帑). 자왈(子曰)：부모기순의호(父母其順矣乎)！", 이것은 공자가 인생의 도리를 말한 것인데, "모두 개인과 가정 사이의 기본으로부터 시작해야지 무턱대고 높이만 바라보지 말라"고 합니다. 그는 또 『시경』 「소아록명(小雅鹿鳴)」 제7장의 사구(詞句)을 인용하여 묘사합니다, "한 가정 속에서 부부가 서로 사랑하고 화목함이 마치 잘 조화된 선율 악장처럼 우아하고 아름답다. 형제 사이에는 서로 화목하면서 즐겁게 함께 생활하여 전 가족의 어른이나 아이로 하여금 모두 평안하고 적절하게 살아가게 하다. 그렇다면 당연히 부모로 하여금 뜻에 맞아하고 흐뭇하도록 할 것이다." 이게 바로 일반인이 희망하는 효순한 가정의 현상입니다. 바로 송나라 유학자 정호(程顥)의 시가 말한 "부귀해도 음일(淫佚)하지 않고 빈천해도 낙관적이니, 남아가 이 경지에 이르면 호걸이네[富貴不淫貧賤樂, 男兒到此是豪雄]."와 같게 된 것입니다.

『중용』의 문장은, 공자 자신의 체험을 진술하여 말함으로써 인도(人道) 본위로부터의 수행이 개인에서 제가(齊家)에 이르기까지가 쉽지 않음을 설명하고는 여기서 일단락을 고합니다. 그러나 다음 글에서 또 갑자기 한 번 전환하여 또 하나의 산봉우리가 갑자기 일어나듯이, 공자가 이제까지 기꺼이 말하려 하지 않았던 천도와 인도의 관계[天人之際], 귀신과 인도와 관련된 문제를 끼워 넣고, 아울러 이로부터 집안을 다스리고 나라를 다스리는 것과 천명과의 관계로 나아가는데, 정말 사람으로 하여금 대단히 의아하도록 만듭니다. 바꾸어 말하면, 자사가 『중용』에 더한 문장 중에 인용된 공자의 말은, 자사가 어릴 때부터 몸소 공자의 가정교육을 받은 것을 제외하고는, 그 밖의 제자들이 공자[夫子]의 이런 방면의 가르침들을 기술하는 게 매우 드물다는 것입니다. 이 문제도 전통 유가 공문(孔門)의 학을 연구함에 있어 하나의 중대한 제목입니다. 만약 당신이 오경(五經)을 두루 읽고 이 방면과 관련된 자료를 전문적으로 집중해본다면, 비로소 공자가 평소에 귀신과 생사존망(生死存亡)의 도(道)를 가볍게 얘기하지 않았던 것에는 그의 정미(精微)하고 심오한 의의가 있다는 것을 분명히 알 수 있습니다. 그렇지 않았더라면 공자는 벌써 이미 2천 년 전에 중국의 한 종교 교주로 변해서, 사람의 눈을 현혹하여 전문적으로 그런 전통적인 신비학 놀이를 함으로써 쉽게 사람들로 하여금 잘못된 길로 들어서게 하였지, 대성지성선사(大成至聖先師)로서의 만세사표(萬歲師表)가 되어 영원히 인도 인류 교화의 대 성인이 되지는 못했을 것입니다. 이제 우리는 또 다음 글을 보겠습니다.

천인지제(天人之際) 귀신지설(鬼神之說)

공자께서 말씀하셨다. "귀신(鬼神)의 작용은 어느 곳에나 충만하여 있구나! 그것을 보려 해도 보이지 않으며, 그것을 들으려 해도 들리지 않으며, 물리로부터 체험하더라도 그것은 물리 밖에 남겨져 있으니 그 존재를 부정해서는 안 된다. 그것은 천하 사람들로 하여금 재계(齋戒)하여 심사(心思)를 청명(淸明)하게 하고, 깨끗한 의복을 단정히 차려입고서 제사를 받들게 할 수 있다. 그러면 끝없이 넓게 가득함이 마치 자기의 머리 위에 있는 것 같고 마치 자기의 좌우에 있는 것 같이 느낄 것이다. 『시경』에 이르기를 "신명[神]이 오심을 의식으로도 헤아려서는 안 되거늘, 하물며 허튼 생각으로 추측할 수 있겠는가." 라고 했다. 세상에는 희미하고 미세하여[隱微] 알 수 없지만 또 불가사의한 분명한 작용이 있는데, 이는 오직 마음의 지극한 정성으로써만이 비로소 감응을 얻을 수 있으니, 정성스럽지 못한 마음으로써 자기의 영성을 가려서는 안 된다!

공자께서 말씀하셨다. "순임금은 천하 사람에게까지 효도한 대효자이시었다! 도덕수양으로는 성인이 되셨고, 존귀하기로는

천자가 되셨으며, 부유하기로는 천하를 가지셨고, 돌아가신 뒤에
는 부모와 조상의 종묘가 영원히 후인들의 존경과 제사를 받고,
자손들이 대대로 보호와 안녕을 얻을 수 있게 하셨다." 그러므
로 대공덕[大德]을 세운 사람은 반드시 그에 상응하는 작위(爵
位)를 얻으며, 반드시 그에 상응하는 녹봉을 얻으며, 반드시 그
에 상응하는 명성을 얻으며, 반드시 그에 상응하는 장수를 누린
다. 그러므로 하늘이 만물을 낳아 길러줌에 있어, 자연스럽게 반
드시 그 자신의 선천적으로 타고난 자질의 좋고 나쁨에 따라 그
로 하여금 위대한 사업을 완성하도록 독촉할 것이다. 그러므로
심어져 자라는 것은 하늘이 가꾸어주고, 지나치게 기울어진 것은
엎어져 쓰러지게 될 것이다. 『시경』에 이르기를 "상서(祥瑞)롭
고 즐거운 군자여! 아름다운 덕행(德行)이 밝고 밝구나. 사람과
잘 어울리고 백성과 잘 어울리니, 하늘로부터 복록을 받는구나.
하늘이 보우하고 명(命)하니, 하늘과 서로 통하는구나." 라고 했
다. 그러므로 인간 세상에 대공덕을 세운 사람은 그의 천연 자성
중에 필연적으로 비할 없는 품성과 진실한 감정[至性至情]의 유
전자를 품수하여 가지고 있다.

子曰：「鬼神之為德，其盛矣乎！視之而弗見，聽之而弗聞，體
物而不可遺。使天下之人，齊明盛服，以承祭祀，洋洋乎如在其上，
如在其左右。《詩》曰：神之格思，不可度思，矧可射思。夫微之顯，
誠之不可揜如此夫！」
　　子曰：「舜其大孝也與！德為聖人，尊為天子，富有四海之內；
宗廟饗之，子孫保之。故大德，必得其位，必得其祿，必得其名，必
得其壽。故天之生物，必因其材而篤焉，故栽者培之，傾者覆之。
《詩》曰：嘉樂君子，憲憲令德，宜民宜人，受祿于天；保佑命之，自

天申之。故大德者必受命。」

　　우리가 이제 『중용』 이 절의 원문을 읽었는데, 첫 번째 가장 뚜렷한 문제는 바로 '귀신(鬼神)'이라는 것이 정말로 있는가라는 문제입니다. 그래서 우리는 시간을 좀 들여서 진지하게 간단히 요점적으로 이 문제를 한 번 소개할 수밖에 없습니다. 하지만 다들 서양문화 속에만 과학이 있다고 여기고, 귀신이 있다는 것을 아예 인정하지 않지 말기 바랍니다. 그렇다면 저는 당신에게 정말로 틀렸다고 대담하게 말하겠습니다. 저는 이전에 유럽과 아메리카에 간 적이 있습니다. 머물렀던 시간도 아주 짧은 셈은 아니며, 저를 따라서 왕래한 유럽과 아메리카인 들도 그리 적은 숫자는 아닙니다. 제가 한 마디 말할 수 있는데, 서양인들이 귀(鬼)를 믿고 신(神)을 믿는, 그런 매우 생동적인 귀신 이야기는 수두룩하여 참으로 적지 않습니다. 때로는 저는 또 서로 이해하는 서양의 좋은 친구들과 우스갯소리로 말하기를, "양귀(洋鬼)[46]들은 정말 많습니다. 동양인들이 이 명칭을 가지고 여러분들에게 농담하는 것도 무리가 아닙니다."라고 합니다.

　　그렇지만 인류의 문화는 바로 그렇게 재미가 있습니다. 서양의 귀신도 모두 파란 눈에 높은 코의 형상입니다. 동양의 귀신은 또 모두 그렇게 납작한 얼굴의 형상입니다. 설마 사람과 사람 사이에 나라와 나라 사이에 모두 왕래가 있는데, 귀(鬼)와 귀(鬼) 사이에 신(神)과 신(神) 사이에는 서로 내왕하지 않을까요? 게다가 서양인 점쟁이 중에 어떤 사람은 흔히 말하기를, "당신은 전생에 이집트 사람이었습니다, 혹은 그리스 사람이었습니다, 혹은

---

46) 양코배기. 양키. 서양놈.

로마인이었습니다."라고 하지만, "당신은 전생에 중국 사람이었습니다, 혹은 미얀마 사람이었습니다."라고 말하는 경우는 극히 드뭅니다. 설마 귀(鬼)가 환생하는 것에도 진작부터 종족주의가 있었을까요? 요컨대 우스운 일이 아주 많습니다! 저는 한 동안에도 다 말할 수 없습니다. 만약 제가 짬이 있으면 알고 있는 이런 이야기들을 하겠습니다. 정말 필기소설을 써서 돈을 장만할 수도 있지만 안타깝게도 저는 그렇게 하기를 원하지 않으며 더욱 할 만한 가치가 있다고 여기지도 않습니다. 저는 늘 학우들에게 말하기를, "귀신은 결코 뭐 너무 두려워 할 것이 아닙니다. 마(魔)도 두렵지 않습니다. 가장 두려운 것은 살아있는 사람입니다."라고 합니다. 동서양의 문화도 모두 사람이 귀(鬼)로 변하고 신(神)으로 변하여 마(魔)로 변한다고 봅니다. 그러므로 가장 두렵고 가장 무서운 것은 역시 살아있는 사람입니다. 귀鬼 · 신神 · 마魔는 때로는 사람과 비교해보면 더욱 인성(人性)이 있습니다. 오히려 사람이 인성이 없는 자로 변한 자가 너무 많습니다. 그렇지요? 자, 한담은 그만하고 다시 본론으로 돌아가겠습니다.

　귀(鬼)와 신(神)은 중국의 원시 문화 속에서 결코 완전히 유심적인 문제는 아니지만 그것은 물리세계의 다른 종류의 것입니다. 요컨대 당신은 무엇보다도 먼저 우리들의 수천 년의 옛 조상들이 이 두 글자를 만들어낸 내원(來源)을 이해해야 합니다. 그것은 상형(象形)도 이용하고 회의(會意)도 이용하여 글자를 만든 것입니다. 인문의 문화는 대지(大地)의 문화입니다. 그래서 이 鬼자와 神자는 모두 田자를 중심으로 삼고 있으며 田자는 토지를 대표합니다. 鬼자는 어떨까요? 이 대지 상의 일종의 가라앉아 떨어지는 에너지[能量]인데, 번개처럼 떨어져서 땅으로 들어가면 보이지 않게 되는 것이라고도 말할 수 있습니다. 그러므로 鬼자는 田으로부터 나누어져 땅으로 들어갔고, 곁에 厶의 표기가 하나 있으며, 위에는 풀 같은 머리털이 하나 자라나 있는 모습으로, 우리가 오늘날 쓰고 있는 鬼자로 변했습니다. 그것은 아래로 떨어질 수만 있지 위로 오를 수는 없는 것입니다.

神자는 어떨까요? 그것은 示(시)로부터 쓰기 시작하는데, 示는 위 하늘이 아래로 내려와 지면 위까지 드리워 보이는 현상을 대표하며, 이를 示라고 부릅니다. 다시 示 곁에 하나의 田의 범위를 그려서 위로는 하늘로 통하고 아래로는 땅에 통하며 가로로도 통할 수 있습니다. 요컨대 사통팔달(四通八達)함이 마치 전기 에너지와 같은 것을 神이라고 합니다. 바꾸어 말하면 鬼와 神은 모두 허공중의 번개 에너지 작용과 같습니다. 농토 위에 비가 내리면 천둥[雷]이 치기 쉽습니다. 천둥이 치고 지나가면 전류는 땅 아래로 향하여 뚫고 들어가 사라지는데, 이를 電(전)이라고 합니다. 농토위에 자라나는 것을 由(유)라고 합니다. 농토 위아래로 서로 통할 수 있는 것을 申(신)이라고 합니다. 위아래가 서로 통하고 그 곁에다 회의(會意)의 글자를 더해서, 그것은 위 하늘이 뜻을 보여주는 현상이며 이를 神이라고 부른다는 것을 당신에게 말해줍니다. 그러므로 그것도 물리 에너지의 일종의 변화로서 물리적인 어떤 것이지 무슨 특별한 신비한 어떤 것은 아닙니다.

하지만 鬼는 아래로 떨어지는 것이기 때문에 중국 문화는 말하기를, 鬼는 음(陰)에 속한고 합니다. 그것은 음성(陰性) 전극(電極)을 위주로 하는 작용입니다. 神은 양(陽)에 속하며 양성(陽性) 전극을 위주로 하는 작용입니다. 그러나 유심(唯心) 측면 입장에서는 또 말하기를 "귀자귀야(鬼者歸也)"라고 합니다. 그것은 무형의 일면으로 돌아가 숨는 어떤 것입니다. "신자신야(神者

申也)", 그것은 휘발성 기능의 작용을 갖추고 있는 것입니다. 만약 한 걸음 더 나아가 신을 토론해본다면, 공자는 『역경』의 「계사전」에서 말하기를, "음양으로 헤아릴 수 없는 것을 신이라고 한다[陰陽不測之謂神]"고 했습니다. 과거에도 어떤 학우가 저에게 계사전의 이 말의 의미를 질문한 적이 있었습니다. 제가 그에게 말해주었습니다, "이것은, '음과 양의 작용을 일으킬 수 있는 것 자체는 음양이 중화(中和)된 도체(道體)이지, 음과 양의 작용 자체가 그렇게 할 수 있는 것이 아니다[能陰能陽者, 非陰陽之所能]'라는 말입니다. 이것은 바로 '형이상을 도(道)라고 한다[形而上者之謂道]'의 형이상학의 범위입니다." 여기에서 여러분은 내가 왜 웃고 있느냐고 틀림없이 묻고 싶을 것입니다. 말씀드리겠습니다, 저는 지금 마음속에 귀(鬼)가 있어서 저는 두 마디 말을 인용하여 저 자신을 비웃고 있습니다, "가련하구나, 밤중에 빈 앞자리에서 창생을 말하지 않고 귀신을 말하다니[可憐夜半虛前席, 不說蒼生說鬼神]." 이게 바로 이 시각의 정경(情景)입니다(한 번 웃음).

게다가 우리의 문화는 춘추 전국의 제자백가가 함께 나타난 시기에 귀신의 신념을 대단히 중시했습니다. 특히 묵자(墨子: 적翟)의 학설은 일찍이 2천여 년 전에, 19세기 이래 새로 일어난 사회주의와 공산주의 등의 사상 성분을 갖추고 있었습니다. 그는 상동(尚同 평등을 존중함)·상현(尚賢 현인정치를 제창함)·상귀(尚鬼 귀신의 존재를 종교적으로 숭배하는 것과 같음)를 주장했습니다. 묵자는 송(宋)나라 사람이고, 송나라는 은상(殷商)의 후예였습니다. 중국의 문화역사중에서 하(夏)나라 사람은 상충(尚忠)했습니다(상질尙質도 말했습니다). 하나라 왕조의 문화는 소박한[樸實] 자연 생활을 비교적 중시하고 질박하고 충성스런[忠誠] 인생을 중시했습니다. 그렇지만 시대의 변천이 상(商) 왕조에 이르렀을 때, 특히 은(殷) 왕조의 말기까지 전해졌을 때는 귀신과 천명(天命)의 신앙을 대단히 중시했고 종교적인 분위기가 비교적 농후했습니다. 그래서 우리의 역사에서는 은나라 사람은 상귀(尙鬼)했다고 말합니다.

뒷날 다시 주(周) 왕조 건국에 이르자 문왕(文王) · 무왕(武王) · 주공(周公)의 영도로 말미암아서 비로소 상문(尙文)의 문화 기초가 완성되었으며, 이로부터 중국의 인도인륜 인문 문화의 튼튼한 뿌리가 형성되었습니다. 그래서 공자가 주 왕조를 '욱욱호문재(郁郁乎文哉)'47)라고 찬탄하는 송사(頌辭)가 있습니다. 묵자는 송나라 사람이었고 공자의 조상도 송나라 사람이었습니다. 뿐만 아니라 하(夏) · 상(商) · 주(周) 이래의 삼대(三代) 문화는 상충(尙忠) · 상귀(尙鬼) · 상문(尙文) 해서 모두 각각 저마다의 깊고 두터운 내함과 특징을 가지고 있습니다. 우리가 이 역사적 연원을 이해했으니, 공자의 학설 중에서 귀신의 문제를 제시하는 것은 자연스러운 관념이라는 것을 알게 되며 결코 이상하다고 여기지 않게 됩니다.

더군다나 우리의 문화는 삼대 이전에는, 예컨대 요(堯) · 순(舜) 시기의 이전에는 근본적으로 모두 천지와 산천의 온갖 귀신을 중시하고 존숭했습니다. 그래서 상고 역사상의 제왕이 봉선(封禪)과 제사를 중시한 것은 바로 중화민족의 종교적인 전통이었습니다. 이 때문에 춘추 · 전국 그리고 진(秦) · 한(漢) 단계에

---

47) 논어 제3편 팔일(八佾)에 나온다. 공자께서 말씀하셨다. "주나라는 하나라 · 은나라 이대의 문화를 거울로 삼았으니, 위대하고 빛나도다, 그 인문 문화여! 나는 주나라의 문화 정신을 따르겠다 [子曰 : 周監於二代, 郁郁乎文哉! 吾從周]."

이르기까지 줄곧 역사상 기록된 귀신의 보응(報應), 그리고 숭배한 산천 악신(嶽神)・조신(竈神)・무사(巫師)・방사(方士)・신선(神仙) 등등의 자료들도 정말 몹시 떠들썩하고 이루 다 셀 수 없이 많습니다. 만약 문화사를 얘기하고자 한다면 이것도 알지 않으면 안 되는 중대한 과제입니다. 그러나 동한(東漢)의 시작부터 위(魏)・진(晉) 남북조 단계까지 인도 불교가 수입되어, 중국 고유 문화중의 천인(天人)과 귀신의 도와 결합하여서, 천도와 인도의 관계와 귀신의 설에 대하여 이론과학의 방향으로 전환하여 들어갔기 때문에, 일반적으로 서양 종교문화 중의 두루뭉술한 말이 단지 맹목적으로 귀(鬼)를 말하고 신(神)을 말하는 것일 뿐인 것과는 크게 다릅니다.

그럼 불학이 중국에 전해 들어온 뒤에는 천도와 인도의 관계 그리고 귀신의 설에 대하여 그것은 또 어떻게 해석하였을까요? 저는 먼저 당신에게 말하겠습니다, 불학은 미래과학에 부합하는 하나의 학문인데, 안타깝게도 일반적으로 허튼소리를 하고 함부로 떠들어 이를 종교 미신의 범위에다 붙들어 매놓아져 있을 뿐인데, 정말 크나큰 손실입니다. 우리는 먼저 불학 중의 천도와 인도의 관계와 관련 있는 우주관과 세계관을 보류해두겠습니다. 왜냐하면 이 두 개의 제목으로부터 말하여 현대 과학과 결합시키는 것은 또 한 부의 비교적 큰 논저가 되기 때문에 잠시 한 편으로 보류해두겠습니다. 우리는 단지 농축하는 방법으로써 먼저 불학 중의 귀신의 설을 얘기해봅시다!

불학은 우리의 이 우주간의 천도와 인도의 관계를 3계(三界)로 분류하는데, 이른바 욕계(欲界)・색계(色界)・무색계(無色界)를 3계라고 부릅니다. 욕계의 온갖[一切] 생명은 모두 남녀 양성과 음식의 탐욕으로부터 옵니다. 색계는 물질적인 물리세계를 초월합니다. 무색계는 물리를 초월하는 정신세계를 가리킵니다. 주의하십시오, 여기에서 사용한 '정신'이라는 이 명사도 임시로 좋을 대로 빌려 쓴 것일 뿐, 결코 정설(定說)이 아닙니다. 물질세계는 하나의 태양을 중심으로 삼고 그것이 이끄는 관계에 있는 각 별들을 '하나의 세계'라고 부릅니다. 이런 세계 중 형성된 지구 물질의 국토세계는 이 태양계의 하나의 작은 부분일 뿐입니다. 하지만 불학은 이 세계 중의 모든 생명을 분류 귀납한 뒤에 여섯 개의 도류(道類)의 중생으로 구분합니다. 즉, 이른바 천도(天道) · 아수라도(阿修羅道 : 비선류非善類) · 인도(人道) 등 세 부류의 생명을 '상3도(上三道)'라고 부릅니다. 축생(畜生 방생傍生) · 아귀(餓鬼) · 지옥(地獄)을 '하3도(下三道)'라고 부릅니다. 종합해서 '6도(六道)'라고 부릅니다. 그렇지만 여섯 갈래의 노선의 다름이 있다고 말하는 것은 아닙니다. 이 '도(道)'자는 분류의 대명사일 뿐입니다.

사실상 이런 6도의 생명은 피차 서로 교류하며 뒤섞인 채 온통, 한 인간 세계의 지식으로 아직 알 수 없는, 일종의 멈추지 않고 회전하는 운동 중에 있습니다. 이것은 마치 하나의 기계나 하나의 큰 수레의 수레바퀴처럼 영원히 멈추지 않고 돌아가는 추세 중에서 서로 연루되고 영향을 받아 모든 생명 존재를 구성해서 신진대사의 현상으로 변했습니다. 예컨대 사람이 축생인 돼지 · 소 · 닭 · 오리 · 야채 · 무를 먹으면 똥오줌과 흙을 이루고, 축생 등 동물과 식물은 또 흙속의 인체가 소화하고 버린 양분을 흡수하면 동물 · 식물 · 광물로 변해 나옵니다. 이런 생명의 상호 전환변화 현상에 대해 중문 불학에서는 하나의 우아하고 아름다운 명사를 취해 사용해서 '6도윤회(六道輪廻)'라고 부릅니다. '윤회'는 바로 쉬지 않고 돌아가며 서로 혼합한다는 뜻입니다.

욕계 이상의 천인(天人)들은 모두 28개 층차(層差)[48]가 있는데, 한 범위 한 범위씩 확대되는 것이지 결코 한 층 한 층씩 겹겹이 쌓아 올라가는 것이 아닙니다. 인도는 6도와 욕계의 중심(重心)이며 3계의 중심점(重心點)이라고도 말할 수 있습니다. 인도로부터 그 다음이 바로 가로로 태어나고 몸이 옆으로 되어있는 축생인데, 공중에서 날아다니는 것을 포함하여 지상에서 지하에서 기어 다니거나 물속에서 헤엄치는 것 등등의 생물로서 너무 많아서 일일이 다 셀 수 없습니다. 축생보다 한 등급 아래로서 형상이 있는 생명과 형상이 없는 생명 사이에 있는 것을 '아귀' 혹은 '귀도(鬼道)'라고 부릅니다. 그들도 사람이나 축생과 마찬가지로 남녀음식에 대한 탐욕이 있습니다. 그렇지만 그들은 음식에 대해서 얻기가 쉽지 않아서 대부분 긴 시간 동안 내내 배고픈 상태 중에 있습니다.

죽은 사람의 영혼이 만약 변화가 없거나 바뀌어 귀도 중의 생명으로 변하지 않으면 모두 '귀'라고 부를 수 없습니다. 그것은 따로 명사가 있는데, 중문 불학에서는 이를 '중음신(中陰身)' 혹은 '중유신(中有身)'이라고 부릅니다. 우리가 통용하는 대명사로는 이를 '영혼'이라고 부릅니다. 엄격히 말하면, 이것은 귀도의 '귀'와 동일시해서는 안 됩니다. 그러나 세상 사람들은 모두 그렇게 불러 습관이 되었기 때문에 산 사람이 죽은 뒤 아직 환생하기 전 단계의 영혼도 '귀'라고 부릅니다. 사실상 일부분의 귀와 중음 영혼의 모습은 또 서로 비슷합니다. 예컨대 생물화학과 병리상의 세균은 분류상으로 각각 다릅니다. '귀'와 '영혼'의 구분은 또렷이 뭐라고 딱 꼬집어 말하기 더더욱 어렵습니다. 그리고 지옥도는

---

48) 욕계 6천＋색계 18천＋ 무색계 4천＝28천.

귀도보다 훨씬 저급한 중생이며, 그것이 당하는 신체의 감각과 지각상의 고통의 정도에 따라 분류하면 또 18 층차로 구별합니다. 그러므로 일반인들은 이를 18층지옥으로 부르게 되었습니다.

불학은 또 이 물리세간 사람과 축생 등 하3도의 생명을 태생(胎生)·난생(卵生)·습생(濕生)·화생(化生)의 4종류로 나눕니다. 다시 상세하게 분석하면 유색(有色)·무색(無色)·유상(有想)·무상(無想)·약비유색(若非有色)·약비무색(若非無色)·약비유상(若非有想)·약비무상(若非無想)을 더하면 모두 12종류가 있습니다. 그러므로 천도와 인도 사이와 귀도의 허다한 것들은 유색(有色 물질적인 형상이 있는 것)·무색(無色 물질적인 형상이 없는 것)에 속하며 어떤 것은 지각(知覺) 생각이 있고, 어떤 것은 지각 생각이 없어서 오직 생리적 물리적 반응 작용만 있는 생명입니다. 약비유색·약비무색·약비유상·약비무상의 이 4종류의 묘사는 색계천(色界天)·무색계천(無色界天) 내지는 지옥중의 생명에 속하는데, 우리의 현재의 과학 지식으로 말하면 여전히 적절하게 표시하기가 어렵습니다.

그렇다면 인도(人道)를 중심으로 삼아 말해보면 위로는 천인에 이르고 아래로는 지옥에 이르기까지 대체로 애욕 음욕을 탐내고 그리워하는 생명인데, 그 남녀음식의 작용도 크게 차별이 있습니다. 예를 들어 말해보면, 일부분의 귀도가 필요로 하는 음식은 심향(尋香)이라고 하는데, 우리 인도에서 말하는 흡기(吸氣)나 혹은 흘기(吃氣)와 같습니다. 결코 사람과 동물처럼 실질적인 것을 먹음에 의지하는 것이 아닙니다. 그러므로 불학 중에서는 음식을 4종류로 분류합니다. 예컨대 하나는 단식(摶食 단식段食이라고도 한다)인데, 사람과 동물이 몇 단계로 나누어진[分段] 시간에 의거하여 손발과 입을 사용하여 먹는 것과 같습니다. 두 번째 촉식(觸食)인데 신체의 촉각과 감수에 의지해서 생명을 유지하는 것입니다. 예를 들어 사람이 햇볕·공기 등등의 작용에 의지해서 생명을 유지하는 것이 바로 촉식의 상황입니다. 세 번째는 사식(思食)인데, 생각하는 작용이 생명으로 하여금 만족하게 하고 존재하게 하는 것입니다. 이것은 우리가 평소에 말하는, "지식은 정신의 식량이다"라고 하는 것에 해당하며 이와 좀 유사합니다. 네 번째는 식식(識食)인데, 천인 경지의 일종의 상황으로서, 설명하기 어렵습니다. 요컨대 단식을 제외한 그 나머지 3종류의 모두는 인간이 쉽게 하지 못하는 일입니다. 그렇지만 사람은 동시에 이 4종류의 식량을 필요로 하는데 단지 사람들이 스스로 알지 못할 뿐입니다. 그러므로 불가·도가에서 특별한 경지에까지 수련한 일부 사람들이 때로는 곡식을 끊어버리고 인간세상의 익힌 음식을 먹지 않아도 되는데, 이것은 결코 완전히 불가능한 일은 아닙니다. 만약 그 뒤의 세 가지 식량인 촉식·사식·식식조차도 모두 끊어버리려 한다면 그렇게 쉽지 않습니다.

　애욕과 음욕에 관련된 문제는 음식이 생명에 대해 중요한 것처럼 그렇지는 않습니다. 예를 들어 지옥 중의 생명은 온통 고통뿐이고 즐거움이 없거나 혹은 고통은 많고 즐거움이 적어서, 애욕의 생각을 움직일 겨를이 없고 심사(心思)가 없습니다. 마찬가지 도리로서, 한 생명이 수위(修爲)49)가 색계 이상의 천인 경지에 도달하였다면 역시 애욕의 작용이 정화(淨化)되어버렸습니다. 그래서 도가에는 '정(精)을 수련하여 기(氣)로 변화시키고, 기(氣)를 수련하여 신(神)으로 변화시키고, 신(神)을 수련하여 허(虛)로 돌아가며[練精化氣, 練氣化神, 練神還虛].' 최후에는 '허공

---

49) 한 인간의 수양·소질·도덕·함양·조예 등을 가리킨다. 불교와 도교에서는 수련을 통한 뒤에 도달한 경지를 가리킨다.

이 가루처럼 부서지는[虛空粉碎]' 경지에 도달하는 수련 과정에 대한 설이 있는 것도 확실히 헛된 말이 아닙니다. 단지 무턱대고 수련하는 일반인이 도달할 수 있는 것이 아닐 뿐입니다.

욕계 중심인 인도와 욕계 중의 비교적 높은 등급의 천신(天神)은 마찬가지로 모두 애욕과 음욕의 작용이 있으므로, 이를 통틀어 6욕천(六欲天)의 탐욕이라고 합니다. 이른바 6욕은 또 색(色)·성(聲)·향(香)·미(味)·촉(觸)·법(法 : 의식 충동) 여섯 가지 작용을 포함하여 애욕의 행위를 함께 발동하고, 웃거나[笑] 보거나[視] 교접하거나[交] 포옹하거나[抱] 만지거나[觸] 하는 동작과 결합하는데, 이것은 모두 생리 범위의 작용에 속합니다. 인도와 축생도의 남녀 양성의 성교 행위는 간단히 일컬어 '정교(精交)'라고 합니다. 만약 욕계의 높은 층차의 신인(神人)이라면 인도보다 비교적 승화된 작용을 가지고 있어서 단지 '기교(氣交)'일 뿐입니다. 또 더 높은 층차의 신인은 바로 '신교(神交)'입니다. 이제 우리는 겨우 조금 힘을 들여서, 불가와 도가 양가를 종합하여 천도와 인도의 관계와 귀신 사이의 이론과 이리저리 전해진 지식을 대체로 중점적으로 한 번 소개한 셈입니다.

6도의 생명 가운데 천도와 지옥에 관련해서는 모두 번잡하고 세밀한 구분이 있고 내용을 자세히 다 설명하기 어렵습니다. 뿐만 아니라 본 주제의 범위에도 속하지 않으므로 많이 얘기할 필요가 없겠습니다. 그럼 이런 모든 생명 중의 6도에서 누가 천도로 투생(投生)해야 할까요? 누가 축생도 내지는 지옥으로 떨어져야 할까요? 누가 인간으로 태어나야 할까요? 도대체 누가 그 결정권을 가지고 있을까요? 정말 중국 민속에서 말한 대로 염라대왕이 한 분 계셔서 생사장부[生死簿]를 장악하고 선악응보를 대조하여 환생 재판하거나, 혹은 서양 종교에서 말하듯이 착한 사람은 천당으로 올라가고 악한 사람은 지옥에 떨어져서 세계 종말일에 이르면 하느님의 판결 언도를 기다릴까요? 이런 문제들과 관련하여 얘기하면 또 하나의 전문적인 주제가 됩니다. 뿐만 아니라 비교종교학 등의 과제와 관련되고 아울러 그 내용과 이론도 번다하게 많으므로 우리는 역시 더 이상 얘기할 수 없습니다. 만약 불학의 기본관념 입장에서 보면, 우주간의 사물은, 이미 알고 있거나 장래에 알 것이나 아직 알지 못하는 갖가지이거나를 막론하고, '유(有)'라고 말한다면 일체(一切)가 다 '유'이고, '공(空)'이라고 말한다면 일체가 다 '공'이라고 먼저 여러분에게 말씀드릴 수 있을 뿐입니다. 믿으면 있고[有] 믿지 않으면 없다[無]라고 일반인들이 말하는 것을 보통 듣는데, 이 말도 아주 일리가 있습니다. 이 두 마디 말은 비록 알기 쉬운 속담이지만 만약 대순(大舜)50)이 '일반 통속적이면서 가장 알기 쉬운 속담을 세밀하고 신중하게 체험하여 살피기를 좋아하시는[好察邇言]' 정신에 비추어보면, 그것도 '평범하고 통속적으로 요구하는 좋은 말에 관하여 조심하고 신중하게 실천할 수 있는[庸言之謹]' 좋은 도리라는 것을 알게 됩니다. 그러나 불학의 주요 관점에 의거하는 이런 분류의 6도 생명은, 가장 기본적인 근원이 타력(他力)의 주재자가 없고 자연히 이루어진 것이 아니라[無主宰, 非自然] 모두 인연소생(因緣所生)의 작용입니다. 이른바 연기성공, 성공연기(緣起性空, 性空緣起)51)입니다.

  이 때문에 다른 종교들은 오해하기를 불학은 무신론(無神論)

---

50) 순임금에 대한 존칭.
51) 온갖 생명과 물리세계는 인연으로 생기(生起)하기 때문에 그 자성이 본래 공(空)하다. 그 자성이 공하기 때문에 인연으로 생기한다.

에 속하는 것이라고 합니다. 사실은 그렇지 않습니다. 불학은 천인·신·인간·귀 등 6도를 인정합니다. 그러나 온갖 생명은 어느 하나의 혹은 어떤 일종의 초인적 권위의 주재자가 지배하는 것은 아닙니다. 타자의 힘[他力]이 좌지우지 할 수 있는 것이 결코 아니며, 자기의 힘[自力]이 안배할 수 있는 것도 아닙니다. 그러나 자연의 물리 작용도 아닙니다. 6도 생명의 진정한 주재자는 온통 자아의 자기 마음에 있습니다. 왜냐하면 자기 마음의 행위 변화가 선(善)과 악(惡), 그리고 선악 사이의 혼미한 작용을 일으키기 때문에 이를 '업력(業力)'이라고 부릅니다. 이런 업력에 기초한 운행 변화는, 해와 달과 별, 지구 물리 등의 법칙이 영원히 공중에서 쉬지 않고 돌면서 변화하고 서로 흡인(吸引)하고 서로 배제(排擠)하는 것과 같습니다. 또 물리 작용이 동일한 성질[同性]은 서로 배제하고 다른 성질[異性]은 서로 흡인하며, 동시에 또 같은 부류[同類]는 서로 흡인하고 다른 부류[異類]는 서로 배제하는 관계가 있기 때문에 생명으로 하여금 항상 쉬지 않고 윤회하게 하는 것과 같습니다. 그러므로 불가·도가 양가의 교리와, 중국 전통 유가의 교리는 마찬가지로서, 반드시 먼저 인도로부터 더러운 마음을 깨끗이 씻어버리고 새 출발해야 하는데, 먼저 악을 없애고 선으로 향하는 것을 해내고, 점점 닦아가 악을 철저하게 깨끗이 다 제거하여 천리유행(天理流行)인, 지극한 선에 머무는[止於至善] 경지에 도달해야 합니다. 이에 다시 더 닦아 나아가야 비로소 3계 밖으로 뛰어넘어서 5행(五行)중에 있지 않게 됩니다. 진정으로 3계를 뛰어넘어서 5행의 지배를 초월하는 신선이나 부처나 성인은 만물 생명을 주재하는 하나의 신인(神人)이 됨을 성취하는 것이 아닙니다. 그는 물리법칙의 지배를 받지 않고 귀신을 초월하며 자기 마음 의식에 속지 않는 한낱 한가

한 사람일 뿐입니다. 그를 부처요 성인이라고 부르는 것은 모두 인위적인 갓을 씌운 별명일 뿐입니다. 실제로 그런 정두에 도달했다면 당신은 그를 '사람 새끼도 아니다'의 '새끼'라고 불러도 옳습니다.

요컨대 3계6도 중생의 생명이 윤회변화 하는 것은, 모두 인도를 중심으로서 가장 근본적인 기지(基地)로 하여 모두 물리 공간에 의지하여 생멸을 반복하는데, 이는 에너지와 질량이 상호변화 하는 것과 같습니다. 부처님은 말씀하시기를, "정상적인 귀신과 인도는 본래 이 세계에 함께 존재하면서 비록 밤낮으로 서로 교차 왕래하여도 서로 모두 걸림이 없음이, 허공이나 물리의 에너지와 질량이 서로 교호(交互) 관통하는 것과 같다."고 하였습니다. 사람들이 많은 곳에는 귀신도 많습니다. 사람들이 오고가면서는 귀신의 몸을 관통하고 귀신이 오고가면서도 사람들의 신체를 관통합니다. 단지 음양(陰陽) 기질(氣質)이 다르기에 서로 방애하지 않습니다. 다만 심념(心念)의 행위에 선악 업력의 특수한 상황이 있기 때문이라야 만이 특수한 감응의 현상이 발생할 것입니다. 그래서 후세의 송나라 유학자들도 이런 도리를 인정하여 말하기를 "귀신이란 두 기(氣)의 타고난 능력이다[鬼神者, 二氣之良能也]."라고 했습니다. 이른바 '이기(二氣)'란 바로 '음양'이라는 두 개 부호의 대명사입니다.

우리는 공자가 "귀신지위덕(鬼神之爲德), 기성의호(其盛矣乎)!"라고 한 마디를 말했기 때문에 제가 한 무더기 귀신 얘기를 하게 되었습니다. 그렇지 않았다면 귀신도 '충만할 수 없게 되었을 것입니다'. 하지만 공자가 귀신을 말한 목적이 사람으로 하여금 '스스로 자기의 마음을 공경하고 스스로 자기의 의념을 정성스럽게 하여[自敬其心, 自誠其意]' 천도와 인도의 관계인 성현군자의 행에 부합하도록 하려는 것이지, 결코 완전히 묵자의 상귀 (尙鬼) 주장과 같은 것은 아닙니다. 이 때문에 저는 다시 여러분에게 작은 이야기를 하나 해서 반면의 참고로 삼겠습니다.

동진(東晉) 시대에 불교 고승 한 분이었던 도생(道生)법사가 관중(關中)의 승가[僧衆] 대덕들과 다른 견해가 있었기 때문에 강을 건너 남쪽으로 와서 홀로 암자를 짓고 강남의 산위에서 지냈습니다. 한가해져 일이 없으면 돌덩이를 마주대하고 설법을 했습니다. 이 때문에 '도생법사의 설법에 돌덩이가 머리를 끄덕였다[生公說法, 頑石點頭]'는 전설이 있었습니다. 어떤 귀(鬼)도 도생법사에게서 경전설법을 많은 시간동안 들었더랍니다. 법사는 그에게 얼른 환생하여 사람이 되라며, 수행을 잘하면 천상에 태어나 성불할 수 있다고 했습니다. 이 귀는 듣고 난 뒤에 한 수의 시를 지어 말했습니다.

귀신 된 지 지금까지 오백 년이 지났는데
번뇌도 없고 근심도 없다네
도생은 내게 가서 사람으로 태어나라 권하지만
사람이 되더라도 오래가지 못할까만 두려워라

作鬼經今五百秋　也無煩惱也無愁
生公勸我爲人去　只恐爲人不到頭

도생공은 듣고 나서 역시 그만두었습니다. 바꾸어 말해 이한 수의 귀시(鬼詩)는 사람 되기 어렵고 좋은 사람 되기는 더더욱 어려움을 말합니다. 귀 노릇 잘 못하면 다시 죽어 참귀[甐]가 됩니다. 만약 사람 노릇 잘 못하면 아마 사후에 귀로 변하고 싶어도 불가능할 것입니다. 그러므로 그는 사람 되기가 두려웠습니다.

덧붙여 말하면, 청나라 초기 순치(順治) 시기에 강소(江蘇)의 상숙(常熟)에 도를 얻은 조음(潮音) 비구니가 있었는데, 죽을 날짜를 미리 알고 앉아서 죽었습니다. 그래서 전겸익(錢謙益 목재牧齋)은 그녀를 위해 탑명(塔銘)을 짓고 시 한 수를 써서 말했습니다.

세세생생 잇달아 천화(遷化)함은 무슨 정일까
업력 따라 태어나고 죽을 때마다 기겁하네
산 자로 하여금 정말 죽음을 두렵게 한다면
죽는 자는 태어남을 또 근심함을 알아야 하네

紛紛恒化是何情　習慣遷流每着驚
若使生人眞畏死　須知死者復愁生

전목재(錢牧齋)와 오매촌(吳梅村)은 모두 명나라 말기 청나라 초기의 강남 재사(才子)들이었으며 모두 불법에 대해 연구하였지만 결코 정통하지는 않았습니다. 그렇지만 그의 이 한 수의 시는 재미가 있는데, 아마 따로 심정이 있어서 '난세에 태어나서 사람 노릇하기 어렵다[生逢亂世作人難]'고 여겼겠지요!

우순(虞舜)과 희주(姬周)의
하늘로부터 명을 받음에 대해 논하다

    우리는 먼저 귀신의 설을 간략히 설명했으니 이제 돌아와 『중용』이 인용하는, 공자가 말한 귀신의 작용을 다시 얘기하겠습니다. "자왈(子曰) : 귀신지위덕(鬼神之爲德), 기성의호(其盛矣乎)!", "귀신의 작용은 어느 곳에나 충만하여 있구나!" "시지이불견(視之而弗見)", "형상을 볼 수 없고", "청지이불문(聽之而弗聞)", "소리를 들을 수 없으며", "체물이불가유(體物而不可遺)", "만약 물리로부터 체험하더라도, 그것은 물리 밖에 남겨져 있기 때문에 그 존재를 부정해서는 안 된다." "사천하지인재명성복이승제사(使天下之人齊明盛服以承祭祀)", "그는 천하 사람들로 하여금 모두 재계하여 자기의 심사(心思)를 청명하게 하고 감히 허튼 생각을 하지 않고 깨끗한 예복을 입고 제사 예배하고자 하게 할 수 있다." "양양호여재기상(洋洋乎如在其上), 여재기좌우(如在其左右)", "그러면 그가 끝없이 넓게 가득함[洋洋灑灑]이 마치 자기의 머리 위에 있는 것 같고 자기의 좌우에 있는 것 같음을 느낄 것이다." 그런 다음 공자는 또 『시경』 「대아(大雅) 탕지십(蕩之什)」 제7장의 시(詩)를 인용하여 인증으로 삼아 말합니다, "시왈(詩曰) : 신지격사(神之格思), 불가탁사(不可度思), 신가역사(矧可射思).", "신명이 오는 것에 대해 의식으로써 그를 헤아려서는 안 된다. 하물며 허튼 생각으로써 추측하는 행동은 더더욱 해서는 안 된다." "부미지현(夫微之顯), 성지불가엄여차부(誠之不可揜如此夫)!", "이것은 다시 말해, 세상에는 희미하고 미세하여[隱微] 알 수 없는 일면이 있지만, 또 불가사의한 분명한 작용이 있는데, 오직 심의식(心意識)의 지극한 정성으로써만이 비로소 감응을 얻을 수 있으니, 정성스럽지 못한 마음으로써 자기의 영성(靈性)을 가려서는 안 된다는 것이다!"

이어서는 바로 공자가 우순(虞舜)과 주나라 문왕·무왕·주공의 숭고한 품덕과, 그들이 조상을 존경하는 예제(禮制)를 제정하고 백성을 인애하고 만물을 사랑함[仁民愛物]을 독실하게 실천하여 천하에 대효(大孝)하였기 때문에, 비로소 하늘과 사람이 교감하여[天人交感] 역사상 인도 인륜의 위대한 사업을 이룩할 수 있었다는 것입니다. 이것이야말로 '천명지성(天命之性)'을 순수하게 받아, 자성 중으로부터 곧은 마음으로 행하여 도를 닦고 교화한[率性而行, 修道教化] 공효[功用 : 功效]입니다.

"자왈(子曰) : 순기대효야여(舜其大孝也與)!" 공자가 여기에서 말한 첫 마디의 관건은, 바로 전통 유가의 이른바 효도는 결코 오로지 개인 부모에 대한 효양만은 아니라는 것을 설명합니다. 이른바 "효도의 지표는 '천명지성'의 순수한 지극한 선[至善] 수행으로부터 작용을 일으켜 천하에 대효하는 도덕적인 업적이라야 효도의 궁극이다"는 것입니다. 삼대이상에서 오직 우순만이 크게 문제가 있는 한 가정에 태어났습니다. 이른바 '아버지는 완악하고 어머니는 모질며 동생은 오만했으나[父頑、母罵、弟傲]' 자신은 농촌에서 일어나 하늘을 원망하지 않았고 남을 탓하지 않았으며, 안으로는 덕성을 닦고 효도를 독실하게 행했습니다. 이 때문에 당요(唐堯)에게 선발되어 위정(爲政)에 시험되었기 때문에 제요(帝堯)를 보조하여 완전한 문화의 기초를 건립할 수 있었습니다. 아울러 대우(大禹)를 기용하여 치수(治水)하게 함으로써 화하(華夏)52)가 농업으로써 나라를 세우는 만고의 토대를 놓게 하였습니다. 최후에는 또 제요의 '공천하(公天下)'의 선양(禪讓)

의 덕을 위배하지 않고 제위를 우(禹)에게 전했습니다. 그러므로
공자는 그가 대효의 진인(眞人)이라고 극력 칭찬했는데, 이른바
"도덕수양으로는 성인(聖人)이 되셨고, 존귀하기로는 천자가 되
셨으며, 부유하기로는 천하를 가지셨다[德為聖人, 尊為天子, 富有
四海之內]."입니다. 그러나 천하를 헌신짝처럼 보고 자리를 대우
에게 내주어서 그 업적을 계승하게 했습니다. 왜냐하면 그에게는
천하에 대효(大孝)한 공덕이 있었기 때문에 비로소 부모와 조상
의 종묘가 영원히 후인들의 존경과 제사를 받고, 아래로는 자손
후대까지 영원히 보호와 안녕을 얻을 수 있게 했습니다. 이른바
"종묘향지(宗廟饗之), 자손보지(子孫保之)."는 바로 그런 의미입
니다. 이 때문에 공자는 다시 발휘하여 말했습니다, "그러므로 천
하에 대공덕[大德]을 세운 사람은 반드시 그에 상응하는 작위(爵
位)를 얻으며, 반드시 그에 상응하는 녹봉(祿俸)을 얻으며, 반드
시 그에 상응하는 명성을 얻으며, 반드시 그에 상응하는 장수를
누린다[故大德, 必得其位, 必得其祿, 必得其名, 必得其壽]." 이 네
마디가 말하는 필연성의 법칙도 노자가 말한 "천도는 덕을 좋아
한다[天道好德]"는 대 법칙과 같습니다. 대체로 진정한 품성과
감정[性情]이 있는 사람은 천하에 덕을 세우고[立德]·공을 세
울 수[立功] 있기 때문에 필연적으로 봉록과 작위[祿位]·훌륭
한 명성[盛名]과 장수(長壽)의 과보를 얻을 것입니다. "고천지생
물(故天之生物), 필인기재이독언(必因其材而篤焉). 고재자배지
(故栽者培之), 경자복지(傾者覆之).", 그러므로 말합니다, "하늘이
만물을 낳아 기름은 자연스럽게, 그 자신이 품수 받은 자질의 좋
고 나쁨에 따라 그로 하여금 위대한 사업을 완성하도록 독촉할

---

52) 옛 중국의 명칭.

것이다. 심음에 의지하여 성장하는 것은, 하늘은 바람과 구름과 비와 이슬을 베풀어 가꾸고, 지나치게 기울어진 것은 엎어져 넘어지게 될 것이다." 그래서 『시경』 「대아(大雅)·생민(生民)·가락(假樂)」 제1장에서 말한 "상서(祥瑞)롭고 즐거운 군자여! 아름다운 덕행(德行)이 밝고 밝구나. 사람과 잘 어울리고 백성과 잘 어울리니, 하늘로부터 복록을 받는구나. 하늘이 보우(保佑)하고 명(命)하니, 하늘과 서로 통하는구나[嘉樂君子, 憲憲(顯顯)令德, 宜民宜人, 受祿于天 ; 保佑命之, 自天申之]." 이 여섯 마디의 고시(古詩)는 문자 의미 자체가 명백합니다. 모두 설명하기를 "대체로 훌륭한 품덕과 공적행이 있는 사람은 하늘이 그 '천명지성(天命之性)'의 자연법칙에 따라 그의 성공을 도와줄[保佑] 것이다."라고 합니다. 그래서 공자는 "고대덕자필수명(故大德者必受命)"이라고 말했습니다. 이것은 또 공자가 재삼 설명하기를, "무릇 인간 세상에 대 공덕을 세운 사람에 대해서는 그의 천연 자성의 생명 중에 필연적으로 비할 바 없는 품성[至性]과 진실한 감정[至情]의 유전자를 품수하여 가지고 있다."고 합니다.

그러나 가장 재미있는 점은, 우리들의 역사는 진(秦)나라 한(漢)나라로부터 시작하여 후세의 제왕과 일반 독서 지식인이었던 유생들이, 공자의 이런 우순의 훌륭한 품덕을 찬송하는 말들을 빌려서 저 권력이 있어 황제가 된 사장을 멋대로 떠받들며, 그가 하늘에서 명을 받은 진명(眞命) 천자(天子)라고 칭찬했다는 사실입니다. 예로부터 크게 아첨하여 만세(萬歲)를 수천 년 동안 외쳤습니다. 때로는 역사를 읽으면서 이런 이야기들을 보면 당신으로 하여금 의기소침하게 만들 것입니다. 오직 주원장(朱元璋)만이 황제가 된 이후에 한번은 크게 화를 내며 그의 한 무리 대신들을 꾸짖어 말했습니다, "여러분은 내가 요순이라고 언제나 칭찬하지 마시오. 내가 어디 요순과 비교될 수 있겠소. 내가 요순이라고 치면 설마 여러분은 모두 고요(皋陶)·설(契)·직(稷) 같은 대 현신(賢臣)들입니까?" 이것은 정말 주원장의 통쾌하고 솔직한 명언으로서, 우리로 하여금 탁자를 치며 훌륭하다고 소리치게 합니다.

공자께서 말씀하셨다. "자기의 일생에 대해 유감이 없었던 분은 오직 문왕(文王)이셨을 것이다! 왕계(王季)를 아버지로 두셨고 무왕(武王)을 아들로 두셨는데, 그의 아버지는 도덕문화 사업의 기초를 세웠고 아들은 이를 계승하였다." 무왕[姬發]은 증조부인 태왕(太王:后稷))과 조부인 왕계[歷], 부친인 문왕[嬉昌]에 이르는 삼대의 도덕문화 사업의 기초를 계승하여 본받았고, 한 번의 군사행동을 써서 천하를 얻었다. 자신은 천하에 드날리는 명성을 잃지 않았고, 존귀하기로는 천자이며, 부유하기로는 천하를 모두 소유하였으며, 돌아가신 뒤에는 조상의 종묘가 후인들의 존경과 제사를 받고, 자손들이 대대로 보호와 안녕을 얻게 하셨다. 무왕이 천명을 받아서 천자가 되기 이전에, 주공(周公)은 문왕과 무왕의 치국(治國)의 문화대업을 완성할 준비를 미리 하여 태왕과 왕계를 왕으로 추존(追尊)하고, 천자는 위로 그 조상의 신주(神主)도 높이 추대하여 천자의 예의로써 제사 지내야 한다고 제정하기 시작하였다. 이러한 예의제도의 규범은 위로는 천자에 이르고, 아래로는 제후와 대부 그리고 사(士)와 서민에게 이르기까지 모두 일정한 정신이 있었지만, 서로 다른 규격이 있었다. 아버지가 대부이고 자식이 사(士)이면 장례는 대부의 예로써 치루고 제사는 사(士)의 봉록으로써 지내며, 아버지가 사(士)이고 자식이 대부이면 장례는 사(士)의 예로써 치루고 제사는 대부의 봉록으로써 지내며, 방계(傍系) 친척에 대하여 1년간 상복을 입는 기년상(朞年喪)은 서민으로부터 대부까지만 지내게 하고, 부모에 대하여 3년간 상복을 입는 삼년상은 천자까지 지내게 하였으니, 부모의 상(喪)은 신분의 귀천에 관계없이 모두 똑같게 하였다.

子曰:「無憂者, 其惟文王乎! 以王季為父, 以武王為子, 父作之, 子述之。武王續大王、王季、文王之緒, 壹戎衣而有天下, 身不失天下之顯名, 尊為天子, 富有四海之內, 宗廟饗之, 子孫保之。武王末受命, 周公成文武之德, 追王大王、王季, 上祀先公以天子之禮。斯禮也, 達乎諸侯、大夫, 及士、庶人。父為大夫, 子為士, 葬以大夫, 祭以士; 父為士, 子為大夫, 葬以士, 祭以大夫。期之喪達乎大夫; 三年之喪達乎天子; 父母之喪無貴賤, 一也。」

요순의 훌륭한 품덕을 찬송한 뒤 이어서 그 다음으로 말하기를, "하(夏)나라 왕조와 은상(殷商)의 뒤를 이어 진정으로 화하(華夏)문화를 건립하고 인류의 도를 정치사회 중심으로 삼은 주나라 왕조의 문왕·무왕·주공 부자(父子) 세 분의 공훈업적도 솔성수도(率性修道)의 훌륭한 품덕에 부합하는 데 손색이 없다." 라고 합니다. "공자께서 말씀하셨다. '자기의 일생에 대해 유감이 없었던 분은 오직 문왕(文王)이셨을 것이다! 왕계(王季)를 아버지로 두셨고 무왕(武王)을 아들로 두셨는데, 그의 아버지[父]는 도덕문화 사업의 기초를 세웠고 아들은 이를 계승하였다[子曰 : 無憂者, 其惟文王乎! 以王季為父, 以武王為子, 父作之, 子述之].'", 이상은 문왕과 무왕을 찬송했습니다. "무왕[姬發]은 증조부인 태왕(太王 : 后稷))과 조부인 왕계[歷], 부친인 문왕[嬉昌]에 이르는 삼대의 도덕문화 사업의 기초를 계승하여 본받았고, 한 번의 군사행동을 써서 천하를 얻었다[武王纘大王、王季、文王之緒, 壹戎衣而有天下]", 여기에서 사용한 '찬(纘)'자는 계승하여 본받았다는 의미를 머금고 있습니다. 단지 한 번의 군사행동을 써서 천하를 얻었습니다. "자신은 천하에 드날리는 명성을 잃지 않았고, 존귀하기로는 천자이며, 부유하기로는 천하를 모두 소유하였으며, 돌아가신 뒤에는 조상의 종묘가 후인들의 존경과 제사를 받고, 자손들이 대대로 보호와 안녕을 얻게 하셨다[身不失天下之顯名, 尊爲天子, 富有四海之內, 宗廟饗之, 子孫保之].", 이상은 무왕을 찬송했습니다. "무왕미수명(武王未受命)", "무왕이 아직 하늘에서 명을 받지 않아서 주왕조의 천자가 되지 않았는데," "주공성문무지덕(周公成文武之德)", "주공[姬丹]은 미리 문왕과 무왕의 치국의 문화대업을 완성할 준비를 했다." "추왕태왕、왕계(追王大王、王季), 상사선공이천자지례(上祀先公以天子之禮)", "존귀하기가 천하의 주인인 천자는 반드시 조상의 신주(神主)도 숭배 제사하고 높이 추대하기를 천자의 예의와 같이 해야 한다고 주공이 제정하기 시작했다." "사례야(斯禮也), 달호제후대부、급사、서인(達乎諸侯、大夫、及士、庶人)", "이런 예의제도의 규범은 위로는 천자에 이르고 아래로는 각 나라의 제후나 경대부 내지는 사(士)53)와 일반 백성인 서인들에게까지 모두 일정한 정신이 있었

---

53) 중국 전통의 사(士)는 사대부(士大夫)라 칭하기도 하는데, 오늘날 널리 일컫는 지식인에 해당한다. 사(士)가 중국역사에 출현한 것은 서주(西周)에서부터인데 서주에서 춘추전기(春秋前期)의 사(士)와 춘추후기(春秋後期)의 사(士)는 성질상 큰 차이가 있다. 춘추전기에는 사(士)가 귀족에 속하여 그 신분이 세습적이었고, 또 전투훈련을 받을 필요가 있었고 전문적 직업을 가졌다. 춘추후기에는 사인(私人)이 강학(講學)하는 풍토가 비롯된 이후로는 좋은 교육을 받은 평민도 일률적으로 사(士)라 일컬었는데, 이러

지만 다른 규격이 있었다.""아버지가 대부이고 자식이 사(士)이면 장례는 대부의 예로써 치루고 제사는 사(士)의 봉록으로써 지내며, 아버지가 사(士)이고 자식이 대부이면 장례는 사(士)의 예로써 치루고 제사는 대부의 봉록으로써 지내며, 방계(傍系) 친척에 대하여 1년간 상복(喪服)을 입는 기년상(朞年喪)은 서민으로부터 대부까지만 지내게 하고, 부모에 대하여 3년간 상복을 입는 삼년상은 천자까지 지내게 하였으니, 부모의 상(喪)은 신분의 귀천에 관계없이 모두 똑같게 하였다[父為大夫, 子為士, 葬以大夫, 祭以士 ; 父為士, 子為大夫, 葬以士, 祭以大夫, 期之喪達乎大夫 ; 三年之喪達乎天子 ; 父母之喪無貴賤, 一也].", 이상의 문자는 명백하며 모두 주공이 제정한 각급 제사의 의례를 설명했습니다.

공자께서 말씀하셨다. "무왕과 주공이 제정한 제례(祭禮)는

한 사(士)는 도덕학문을 표준으로 삼았다. 사(士)의 신분의 전변(轉變)은 당시 사회의 유동의 결과였다. 또한 사(士) 계급의 흥기(興起)로 말미암아 사회유동의 동력이 더욱 강해지기도 했다. 이 신흥 계급은 진한(秦漢) 이후 2천여 년의 사회문화에 결정적 영향을 끼쳤다. 현대 사회 학자들은 중국 전통사회를 사신사회(社紳社會)라고 칭하는데, 이것은 곧 사(士)가 전통사회에서 중견의 역할을 담당했기 때문이다. 공자(孔子, B.C. 551~ B.C. 479)가 『논어』에서 말한 것을 종합해 보면, 사(士)는 궁(窮)해져도 의(義)를 잃지 않고, 일정한 생활근거가 없어도 일정한 마음을 가지며, 안식처를 바라지 않고, 인의(仁義)의 뜻을 숭상하며, 위급할 때는 목숨을 바쳐야 하고 제상(祭喪)을 당할 때는 경애(敬哀)를 생각하고, 자기의 몸가짐에 염치가 있어야 하며 부모에 효도하고 형제끼리 우애하며, 임금의 사명을 욕되이 하지 않아야 한다. 또 사(士)는 말에 신실성(信實性)이 있고, 행동은 과단성이 있으면서 사람을 대할 때는 친절하고 용의주도해야 하며, 잘되어도 도(道)에 벗어나지 않아야 한다. 이러한 사(士)는 자기 이상의 군자를 목표로 해서 수덕(修德)과 수학(修學)을 해나가는 사람이라 한다.(김승동 편저 부산대학교출판부 『유교·중국사상사전』에서 전재하였음)

인륜 효도의 종지(宗旨)를 진정으로 통달한 것이다! 효도의 진정한 의의란, 선조의 선(善)한 의지를 체험하고 그 소원을 잘 계승하여 완성하고, 선조의 사적(事蹟)을 후대가 알도록 잘 전술(傳述)하는 것이다. 그래서 매년 봄과 가을에는 조상의 사당을 온전하게 수리 정돈하고, 조상이 남긴 의미 있는 대표적인 유물들을 진열하거나 조상이 입었던 의상을 걸어 놓고, 신주 앞에 자기가 농사 지어 얻은 제 철에 맞는 음식을 올리고는 1년 중 반년 동안에 했던 업적을 기도하고 새것을 맛보시라고 청한다." 종묘에서의 제례는, 조상의 신주 위치이든 제사 참여 당사자이든 모두 좌소(左昭:父) 우목(右穆:子)대로 왼쪽에는 연장자를 오른쪽에는 연소자를 위치로 배열한다. 조상과 자손 중에 관작이 있는 자는, 역대 나라가 규정한 직위의 높낮이에 따라 위치를 안배하여 구별한다. 또 조정에서의 직위를 맡은 사람은, 연령 항렬의 높낮이나 대소(大小)에 상관없이 공직(公職) 작위(爵位)의 높낮이대로 위치를 안배한다. 또 가정 친족 중으로 물러나면 항렬 연령의 대소에 따라 위치를 안배한다. 설사 일반사회에서 내지는 친구와의 교제에서도 이 예의대로 한다. 본족(本族) 중에 국가사회나 가족에 대하여 특별히 공헌한 일을 한 사람이 있다면, 현인를 대하는 예의로써 위치를 안배하여 구별한다. 제사가 끝나면 제사에 참여하고 봉사한 사람에게 모두 일률적으로 평등하게 노고에 보수를 주되, 특히 아래 말단으로서 가장 수고한 사람에 대해서는 더욱 중요하다. 백발의 노인에 대해서는 반드시 따로 잔치를 베풀어 초청해서 경로의 뜻을 표시한다.

제사를 주관하는 사람과 모시고 돕는 사람이 각자 자기의 위치로 나아가서 제례를 실행하고, 각 절차에 맞는 음악을 연주한다. 존경해야 할 분은 존경하고 가까이 해야 할 분은 아끼며, 죽은 사람을 산사람 모시듯이 하고 돌아가신 사람을 생존한 듯이 모시는, 속마음의 이런 엄숙함이야말로 효도의 지극함이다. 히늘에 제사하는 교제(郊祭)와 땅에 제사하는 사제(社祭)의 예(禮)는, 천자가 나라의 온 백성을 대표하여 상제(上帝)에게 제사하는 대례(大禮)이다. 천자와 제후 그리고 서민 백성이 거행하는 종묘의 예(禮)는, 모두 자기 선조에게 제사하는 의례(儀禮)이다. 교제(郊祭)와 사제(社祭)의 예를 왜 지내는지, 그리고 천지에 제사 예배하는 체례(禘禮)와 제사 때 음식물을 올리고 새것을 맛보시라고 공경히 청해야 하는지 그 의의를 이해한다면, 나라를 다스리는 위정(爲政)의 도에 대하여 마치 자기 손바닥의 손금을 보듯이 또렷이 알 것이다!"

子曰:「武王、周公其達孝矣乎!夫孝者善繼人之志,善述人之事者也。春秋修其祖廟,陳其宗器,設其裳衣,薦其時食。宗廟之禮,所以序昭穆也。序爵,所以辨貴賤也。序事,所以辨賢也。旅酬下為上,所以逮賤也。燕毛,所以序齒也。踐其位,行其禮,奏其樂;敬其所尊,愛其所親,事死如事生,事亡如事存,孝之至也。郊社之禮,所以事上帝也。宗廟之禮,所以祀乎其先也。明乎郊社之禮,禘嘗之義,治國其如示諸掌乎!」

이어서 또 다시 공자가 설명한 주나라 시대 제도인 제례(祭禮)의 정신 요점을 인용합니다. "자왈(子曰) : 무왕、주공기달효의호(武王、周公其達孝矣乎)! 부효자(夫孝者), 선계인지지(善繼人之志), 선술인지사자야(善述人之事者也)。", 이것은 공자가 칭찬한 것입니다, "무왕 시대부터 시작하여 주공이 제정한 제례(祭禮)가 바로 인륜 효도의 종지(宗旨)를 진정으로 통달한 것이다.

이른바 효도의 진정한 의의는 바로 사람이 진정으로 선인(先人)의 의지를 체험하고 웃어른의 소원을 계속해서 완성하고 선인의 사적(事績)을 후대가 잘 알도록 잘 전술(傳述)할 수 있는 것이다."", "춘추수기조묘(春秋脩其祖廟)", "그래서 매년 봄과 가을 적당한 때에 이르면 조상의 사당을 온전하게 수리 정돈하고,"" "진기종기(陳其宗器)", "조상들이 남긴 의미 있는 대표적인 유물을 진열하거나,"" "설기상의(設其裳衣)", "혹은 조상들이 입었던 의상을 진열하고,"" "천기시식(薦其時食)", "자기가 근로하여 농사지어 얻은 제 철에 맞는 음식물을 조상의 신주 앞에 올리고, 일 년 중 반 년 동안에 했던 업적을 기도하며 조상에게 새것을 맛보시라고 청한다."" "종묘지례(宗廟之禮), 소이서소목야(所以序昭穆也)", "그러나 종묘에서 제례를 실행하는 배열 차서는, 조상의 신주 위치이든 혹은 현재 제사에 참여하는 각 대(代) 각 배(輩)의 당사자이든 모두 좌소(左昭 부父) 우목(右穆 자子)대로 위치를 배열한다."" "서작(序爵), 소이변귀천야(所以辨貴賤也).", "조상과 자손 후배 중에 공명(功名) 작위(爵位)가 있는 자는 역대 국가가 규정한 직위의 높낮이에 따라 안배한다.""

"또 고례에 조정서작(朝廷序爵)이 있어서, 정부에서의 직위를 맡은 사람은 연령 배분(輩分)의 높낮이나 대소에 상관없이 공직 작위의 높낮이대로 위치를 안배한다. 또 향당서치(鄕黨序齒)가 있어서, 가정 친족 중으로 물러나면 배분 연령 대소에 따라 위치를 안배한다. 설사 일반사회에서 내지는 친구와의 교제에서도 이 예의대로 한다."" "서사(序事), 소이변현야(所以辨賢也)", "만약 본족 중에 국가사회나 가족에 대하여 특별히 공헌한 일을 한 사람이 있다면 현인을 대하는 예의로써 위치를 안배한다. 이것은 현덕 행위를 중요시함에 대한 중시이다."" "려수하위상(旅醻

下爲上), 소이체천야(所以逮賤也)", "제사에 봉사하는 일에 참여한 사람에게는 모두 일률적으로 평등하게 노고에 보수를 주되, 특히 아래 말단으로서 가장 노고를 한 사람에 대해서는 더욱 중요하다." "연모(燕毛), 소이서치야(所以序齒也)", "백발의 노년인에 대해서는 반드시 따로 잔치를 베풀어 초청해서 경로의 뜻을 표시한다." "천기위(踐其位)", "제사를 주관하고 모시고 돕는 사람은 각자 그 자리로 나아가서," "제례를 실행하고, 각 절차에 맞는 음악을 연주한다. 존경해야 할 분은 존경하고 가까이 해야 할 분은 아끼며, 죽은 사람을 산사람 모시듯이 하고 돌아가신 사람을 생존한 듯이 모시는, 속마음의 이런 엄숙함이야말로 효도의 지극함이다[行其禮, 奏其樂 ; 敬其所尊, 愛其所親, 事死如事生, 事亡如事存, 孝之至也].", "제사의 예를 실행할 때는 반드시 속마음이 엄숙 경건하며 이런 성의를 갖추어야 한다"는 것입니다. "교사지례(郊社之禮), 소이사상제야(所以事上帝也)", "주나라 시대의 제도가 규정하는 천지 제사인 교사(郊社)의 예는 천자가 국가의 전 국민을 대표하여 하느님께 제사하는 대례(大禮)이다." "종묘지례(宗廟之禮, 소이사호기선야(所以祀乎其先也)", "이른바 천자와 제후 그리고 서민 백성들이 거행하는 종묘의 예는 모두 조상에게 제사하는 의례이다." "명호교사지례(明乎郊社之禮)", "왜 천지귀신에게 제사해야 하는지 그 예를 알고," "체상지의(禘嘗之義)", "천지에 제사 예배하는 체례와 제사 때, 음식물을 올려야 하고 새것을 맛보시라고 공경히 청해야 하는 지 그 의의를 알면," "치국기여시저장호(治國其如示諸掌乎)!", "국가를 다스리는 위정의 도에 대하여 마치 자기 손바닥의 손금을 보듯이 그렇게 또렷이 알 것이다!"

제사와 종교

우리는 『중용』이 인용한 공자가 말한 천도와 인도의 관계
인, "귀신(鬼神)의 작용은 어느 곳에나 충만하여 있구나![鬼神之
爲德, 其盛矣乎]"에서 시작하여 "순임금은 천하 사람에게까지 효
도한 대 효자이시였다![舜其大孝也與]"와 그리고 "자기의 일생에
대해 유감이 없었던 분은 오직 문왕(文王)이셨을 것이다![無憂
者, 其惟文王乎]"까지 이 세 단락을, 앞에서 간단히 대체로 설명
했는데, 경솔하게 한 번 읽으면 마치 "천명지위성(天命之謂性),
솔성지위도(率性之謂道), 수도지위교(修道之謂敎)"의 근본 취지
[本旨]와 그리고 "치중화(致中和), 천지위언(天地位焉), 만물육언
(萬物育焉)"의 학문 수양 경지와는 관계가 연결되지 않는 것 같
아 무슨 의미인지 알지 못합니다. 이렇다면 『중용』 뒤 부분에서
말하는 "박학지(博學之), 심문지(審問之), 신사지(愼思之), 명변
지(明辨之), 독행지(篤行之)"의 학문하는 정신을 쓸 필요가 있습
니다. 경솔히 해서는 안 됩니다. 반드시 절실하게 주의를 기울여
야 합니다. 만약 이 세 단락의 인용된 공자의 말을 '신사(愼思)'·
'명변(明辨)'하려면, 주례(周禮) 문화중의 제사·상례 그리고 천
도와 인도의 관계의 변천에 대하여 깊이 이해할 필요가 있습니
다. 그래야 『중용』 원문의 전체 의의를 연결할 수 있습니다. 그
렇게 하면 『주례(周禮)』와 『의례(儀禮)』 두 부의 연구에까지
관련시킬 필요가 있어서 전문적이고 또 전문적인 전문가의 길을
향해 걸어가야 하므로, 통속화의 작용에 도달하기 어렵습니다.
그러므로 간략히 해서, 꼬불꼬불한 오솔길이 구석지고 조용한 곳
으로 통하는 방편 법문으로써 이해함으로써 여러분들로 하여금

비교적 알기 쉽게 할 수밖에 없습니다.

　　1. 공자의 학설을 인용하여 떠받들기를, "우리들 중화민족이
먼 옛닐부터의 소상은 처음에는 인류 원시생활 시기로부터 모계
사회에 이르렀고, 다시 남성 위주의 족성(族姓) 종법사회로 바뀌
었으며, 하(夏)・상(商) 양 대를 거쳐 주(周) 왕조의 문왕・무
왕・주공 시기에 이르러서야 비로소 천도와 인도의 관계인 인륜
문화 규모의 문제를 정식으로 건립했다."고 합니다. 이것은 주공
의 예악제도의 제정[制禮]과 관계가 있는 것으로, 주(周) 천자를
중심으로 하는 중앙통치 영도권은 제후분봉 연방정체의 봉건제도
와, 그리고 전 국민 사회의 생활규범을 규정하였는데, 『주례』와
『의례』두 부의 책속에 그 자료가 남아있습니다. 『중용』이 단
지 효도의 조상 공경과 제사 예의의 정신만을 인용하여 특별히
중시하는 것은, 『대학』중의 성의(誠意)・정심(正心)・수신(修
身)・제가(齊家)・치국(治國)의 도(道)가 반드시 먼저 성의(誠
意)로부터 시작하는 것이 중요하다는 것과 같습니다. 예컨대 공
자가 『주역』「계사하전」에서 말하기를, "'상고혈거이야처(上古
穴居而野處)', 상고의 인류는 가옥을 아직 발명하지 못해서 동굴
이나 광야에서만 되는 대로 흩어져 지냈다. '고지장자(古之葬
者)', 상고 인류가 죽은 사람을 매장함에는, '후의지이신(厚衣之
以薪)', 나무껍질이나 띠 풀 등만을 사용하여 시체를 두텁게 싸
서, '장지중야(葬之中野)', 벌판에 묻고는, '불봉불수(不封不樹)',
분묘(墳墓)의 구별도 없었으며 표기도 세우지 않았으며 더더구나
비를 세우지 않았고, '상기무수(喪期無數).', 주검을 지키는 기한
규정도 없었다."고 하였습니다. 이상이 그 첫 번째입니다.

　　2. 그리고 공자는 「예운(禮運)」편에서 탄식하기를, "상고의
태평의 치[太平之治]였던 천하위공(天下爲公)의 대동(大同)세계

를 다시 얻을 수 없다."고 합니다. 삼대이하로 물러나 예컨대 이렇게 그 다음을 구합니다, "우·탕·문·무·성왕·주공은 바로 이 시대에 출현한 걸출한 인물들인데, 이 여섯 분의 군자는 근신하며 예(禮)에 따라 일을 처리하지 않는 자가 하나도 없었다[禹·湯·文·武·成王·周公. 由此其選也. 此六君子者, 未有不謹於禮者也].", 삼대이하로부터의 이 여섯 시대는 이미 겨우 태평의 치 다음이라고 할 수 있어서 소강(小康)의 대 시대라고 뽑을 수 있다는 말입니다. 그러나 그들이 소강의 치[小康之治]라는 성세(盛世)에 도달할 수 있었던 것은 모두 예치(禮治) 문화를 선용(善用)한 성과로부터 온 것이라는 겁니다.

그런데 예치의 기초는 살아있을 때는 잘 봉양하고, 죽었을 때는 안장함[養生送死]에 있습니다. 양생의 중점은 정치체제가 앞장서 이끌고, 종법(宗法)과 농업경제 두 가지가 서로 결합한 사회 질서가 인민에게 생활의 안정과 안락[康樂]을 준 데에 있습니다. 그렇지만 사람의 생명은 단지 태어나서부터 죽음에 이르기만 하면 끝났다고 할 수 없습니다. 삶과 죽음은 생명 과정의 양쪽 현상일 뿐이며, 태어나게 할 수 있고 죽게 할 수 있는[能生能死] "천명지위성(天命之謂性)"의 성령(性靈)은 결코 생사존망(生死存亡)의 현상 때문에 없어져버리는 것이 아닙니다. 이 때문에 중고(中古) 시대이래로부터 제사를 중시한 것은 바로 동서양 인류문화의 공통적인 특징입니다. 마치 종교라는 존재가 제사예배·귀의(歸依 皈依)·기도 등의 의궤로써 형이상의 도와 형이하의 인간의 감정지취[情志]를 교류하는 작용과 같습니다. 이상이 그 두 번째입니다.

본 세기(20세기/역주) 60년대에 로마 교황청에서 온 박사 신부가 어느 교수 분의 소개를 거쳐서 저에게 찾아와 당시의 베트

남의 종교와 정치 문제에 관하여 물었습니다. 마지막에 또 저에게 두 가지 문제를 물었습니다, 첫 번째 문제로 묻기를, "불교는 무신론(無神論)입니까 아닙니까?" 하였습니다. 제가 그에게 답했습니다, "어떤 사람들이 불교는 무신론이라고 말하는 관점은 오해의 논단입니다." 두 번째 문제로 이렇게 물었습니다, "서양문화의 관점에서 말하면 문화의 근원은 최초에 모두 종교로부터 전파해온 것입니다. 그러나 중국 상고의 문화는 애초에 서양과는 달리 하나의 원시 종교적인 최초의 형태가 없었던 것이 이상하게 생각됩니다." 저는 당시에 그에게 말했습니다, "이것은 아마 일반 서양의 학자가 결코 중국 상고 이래 문화의 내함에 깊이 들어가지 않았기 때문에 의문이 있을 것입니다. 중국 상고에는 다른 민족과 마찬가지로 본래 자연히 종교가 있었습니다. 뿐만 아니라 그 기원도 다신(多神) 신앙·일신(一神) 신앙, 내지는 무신론 등 갖가지 내함도 있었습니다. 그러나 유일하게 다른 점은, 중국 상고에는 천신과 인신(人神) 사이의 교류는 사람의 본위로부터 시작하여, 부자(父子)·조상[祖先]의 사이에 효도의 통로를 하나 세워서 천신과 인간 사이의 교량으로 삼았다는 점입니다. 이게 바로 중국 상고문화가 제사를 중시한 유래이며, 중국 상고문화가 종교 작용과 서로 같은 특징이기도 합니다. 이른바 교(郊)·사(社)의 제사인 체례(禘禮)는 산악(山嶽) 하천 토지에 대한 존숭(尊崇)을 포함하는데, 겉으로 보기에는 뒤죽박죽인 다신교인 것 같지만 그런 허다한 귀신들이 바로 유일한 천지만물의 주(主)라고는 보지 않았습니다." 그는 듣고 난 뒤에 겸허하게 말했습니다, "저는 한학(漢學 중국문화의 대명사) 방면의 지식을 잘 연구해야겠습니다." 제가 말했습니다, "당신이 그렇게 할 수 있다면 중국과 서양 문화의 교류에 대하여 틀림없이 좋은 성취가 있을 것입니다. 저는 마땅히 당신을 위하여 축하하겠습니다."

3. 주공의 예악제도의 제정 이후로부터 다시 진(秦)나라 한 (漢)나라 이전의 선대 유학자[先儒]들의 제창을 거쳐서 장례에 필요한 의금(衣衾)·관곽(棺槨)54)에 대하여, 그리고 매장 후의 분묘의 건축에 대하여 사치스러운 번쇄한 풍조에 완전히 가까웠 으며 내지는 선인(先人)이 죽은 뒤 3년 동안 예(禮)대로 수제 (守制)55)하기를 위로는 제왕에 이르고 아래로는 백성에 이르기 까지 누구도 감히 위반하지 못했습니다. 위반하면 마치 후세에 국가 헌법을 범한 것이나 마찬가지로 엄중했습니다. 하지만 일찍 이 춘추·전국 단계에 묵자(墨子) 등과 같은 사람은 크게 반대 하고 장례를 간소하게 치를 것[薄葬]을 극력 주장했습니다. 또 도가를 대표하는 장자(莊子)는 상제(喪祭) 예의를 중시하는 것에 대해 역시 비꼬고 완전히는 찬성하지 않았습니다.

그러나 중국문화에서 장례를 중시하는 적습(積習)이 양성된 것은 이미 3천 년이나 되었습니다. 심지어 일부 지방에서 선조 분묘의 건축을 중시하는 것은 거의 호화 주택과 아름다움을 겨룰 만합니다. 특히 진나라·한나라 이후 제왕의 무덤[陵寢]은 산 사 람의 궁전과 똑 같아서, 그야말로 이치로 따져서는 도저히 납득 할 수 없는 일이었습니다. 20세기의 중엽에 이르러 정당(공산당) 당국의 한 번의 제창을 거쳐, 지나치게 사치스러운 분묘는 잠시 폐지하자며. 그것은 죽은 사람과 산 사람이 땅을 다투는 거동이

---

54) 죽은 사람에게 입히는 옷과 침구, 시체를 넣는 속 널과 겉 널.
55) 수효(守孝)라고도 한다. 옛날 풍속에 자식이 부모나 조부모가
   죽으면 아들이나 장손은 집에서 만 27개월 동안 복服을 벗기 전
   까지는 오락과 교제를 끊고 애도를 표시해야 했다. 이 기간 동안
   에는 과거 응시나 혼인이나 부임을 할 수 없었고, 관리는 휴직을
   해야 했다.

라고 여겼는데, 이는 도리 없는 이념이라고 말할 수 없습니다. 그러나 이런 민정(民情) 풍속의 관습은 실재로는 너무 깊을 뿐만 아니라, 사람으로 하여금 죽어도 안심하게 하는 더 좋은 방법이 없기 때문에 역시 역사상의 관습을 완전히는 바꿀 수 없습니다.

세계인류 동서양 문화의 습속(習俗)을 종합해보면 죽은 자에 대한 장례에 대해서는 토장(土葬)·수장(水葬)·천장(天葬)·화장(火葬) 4대 부류가 있습니다. 그 중에 토장을 이용하는 민족이 가장 보편적입니다. 수장하는 민족은 비교적 소수입니다. 티베트 고원과 몽고 초원 일부 민족은 천장을 이용하는데, 사실은 죽은 자의 시신을 자연계 육식 중생에게 보답하는 일종의 풍속입니다. 화장 의식을 이용하는 것은 인도와 중국의 불교도가 가장 다수입니다. 특히 불교도에게는 '한 번의 화장으로 3세의 업을 태워버릴 수 있다[一火能燒三世業]'는 관념이 있습니다. 이른바 '3세(三世)'란 바로 과거·현재·미래의 고통과 번뇌인데 모두를 한 번의 불로써 일을 끝낼 수 있다는 것입니다. 하지만 사람들이 어느 종류의 장례를 채용하든 간에 선인(先人)을 기념하고 회고하는 제사는 거의 모두 동일한 심정을 갖추고 있습니다. 『중용』이 여기에서 인용한 공자의 관념도, 전통적인 제사의 정신을 특별히 중시하는 것이지 결코 장례를 그 중점으로 가리키는 것은 아닙니다.

4. 우리의 역사문화에서 하(夏)·상(商)·주(周) 삼대 이래로 천지 귀신과 관련한 신념은 시종 있는 듯 없는 듯 어렴풋이 끊어지지 않고 이어지며 존재했습니다. 그러나 동한(東漢) 이후 불교의 3계천인(三界天人說)의 설이 중국에 전해 들어오고, 또 도가가 도교의 흥기(興起)로 바뀌어서 33천(三十三天)의 설의 흥성을 구성했습니다. 당나라 송나라 이후에 이르러서는 유불도

삼가의 천지 귀신의 신념을 제왕정체(帝王政體)의 제도와 결합시켜 무심코 하나의 천상(天上)과 지하(地下)의 체제로 조직하여, 민간신앙에서 이 천인합일(天人合一)의 모호한 영상(影像)을 오히려 1,2천 년 동안 계속해서 사용해왔습니다.

먼저 그것은 인간세계를 음계(陰界)와 양계(陽界) 둘로 나누며, 음간(陰間)과 양간(陽間)이라고도 부릅니다. 살아있는 사람을 양간이라고 부르고 죽은 사람의 영혼은 음간이라고 부릅니다. 양간의 인류사회의 정체(政體)는 가장 아래 기층이 향리(鄕里)입니다. 음간의 가장 아래 기층은 바로 토지공(土地公)입니다. 양간 향리의 상급 관부(官府)는 바로 현령(縣令)이거나 혹은 주부(州府)의 독무(督撫)입니다. 음간의 토지공의 상급 관부는 바로 성황(城隍 성황야城隍爺)입니다. 음간을 주관하는 전권(全權) 영도자를 염라왕(閻羅王)이라고 불렀습니다(이것은 한漢나라 위魏나라 이후 인도로부터 불교문화가 전해 들어온 뒤의 호칭입니다. 송宋나라 명明나라 이후에는 염라왕도 연석連席제도로 바뀌었고 또 십전十殿 염라왕으로 나누어져 민간 신앙에서 숭배하는 송나라 신하 포공包公(拯)도 백성들의 뜻으로 초전初殿 염라왕으로 선발하였습니다). 토지공으로부터 시작하여 상급으로는 염라왕에 이르는 모든 귀신들의 유일한 관장(管掌) 직권(職權)은 바로 인간세상의 모든 백성들 한 사람마다의 심리와 겉으로의 선악행위를 관장합니다. 그러므로 사람이 죽어서 귀(鬼)로 변해 음간으로 한 번 들어간 이후에는 당신이 제멋대로 얼마나 교활하더라도 시종 음간의 심판을 피하기 어렵습니다. 그것은 털끝만큼도 어긋나지 않아서 염라왕 곁의 저 판관들의 심의 결정을 피하지 못합니다.

그러나 염라왕은 음간을 주관하지 양간의 인사사회를 주관할 수는 없습니다. 그래서 인간세계의 제왕과 염라왕이 각각 음양을 나누어서 다스립니다. 그렇지만 인간세계의 제왕에게 죄과가 있다면 여전히 염라왕의 감시를 피할 수 없으며, 최후에 이르면 염라왕이 인간세계의 제왕을 붙잡아 법정에 출두하게 할 권한도 있습니다. 그런 뒤에 염라왕이 최상급의 옥황대제한테 인도하여 심의 받고 죄를 판결 받게 합니다. 저 옥황대제는 음계 양계를 다 주관하는 대왕입니다. 그는 위로는 33천을 관장하고, 가운데로는 인간세계의 제왕과 음계 양계 사이의 오악(五嶽) 명산의 신들·강하(江河) 유역의 수족(水族) 용왕을 관장하며, 아래로는 염라지부(閻羅地府)를 관장합니다. 그런데 불교와 도교의 교주인 석가모니와 태상노군(太上老君)은 스승의 위치에 처하여 옥황대제의 고문이 될 뿐입니다. 아마 현재는 또 두 분의 고문을 늘려서 예수와 마호메트를 초빙했을 것입니다!

　이러한 하나의 천상인간세계와 지옥 체제의 관리망(管理網)이 바로 중국민속신앙으로서 단단하여 뽑을 수 없는 신념입니다. 특히 명나라 왕조 이후 『서유기(西遊記)』와 『봉신방(封神榜)』이 두 소설이 널리 퍼져서, 더더욱 백성들에게 신봉되었기에 우리가 믿는 어떠한 왕조시대의 정권체제보다도 훨씬 확고합니다. 하지만 옥황대제가 비록 위대하더라도 그는 그의 모친인 요지성모(瑤池聖母 속칭 서지왕모낭랑西池王母娘娘)의 가르침을 따라야 합니다.

　이로써 알 수 있듯이 모든 종교는, 물론 모두 남존여비[重男輕女]의 관념을 가지고 있지만 배후에 가장 권위가 있고 가장 위대한 것은 역시 어머니의 가르침입니다. 중국의 민속종교에서 옥황대제의 최고 최후의 자도 바로 요지성모입니다. 기독교에서 최후의 자도 역시 성모입니다. 불교에서 가장 자비로운 자는 바로 여자의 몸으로서 모성애의 관음보살입니다. 하지만 이런 한(漢)

나라 당(唐)나라 이후에 형성된 천상과 인간세계의 조직은 모두 주공의 예악제도의 제정, 공자의 교화와는 결코 아무런 관련이 없습니다. 그러나 당신은 그것도 일종의 인류사회 문화의 일부분이라는 것을 인정하지 않을 수 없습니다! 사람들이 도덕・법률・교육 모두가 작용을 일으킬 방법이 없을 때는 오직 그것만이 오히려 사람의 마음을 가라앉힐 수 있었고 효과를 발휘했습니다! 그러므로 『역경』 관괘(觀卦) 단사(彖辭)가 말하기를, "성인은 체득한 신묘한 도리로써 교화를 베풀어서[聖人以神道設教] 도덕・법치・교육의 부족을 보충한다."라고 함은 따로 그 깊은 의미가 있는 것입니다.

33천과 옥황대제의 유래에 대해서 말한다면, 한(漢)나라 위(魏)나라 이전에는 본래 이런 관념이 없었습니다. 이것은 위(魏)나라・진(晉)나라 시기에 불교의 3계천인의 설이 전해 들어오자 북위(北魏)의 도교 숭상 신앙자가 그대로 본떠서 썼기 때문에 33천의 형성에서 한 분의 옥황대제가 와서 음계 양계를 관장하게 되었습니다. 불교의 3계천인의 관점에서 말하면 33천(도리천 忉利天)은 태양과 달 이상의 6욕천 중의 일중천(一重天)으로서 결코 욕계를 초월하지 않습니다. 이 천계는 연방(聯邦)조직과 같아서 33개 부분으로 형성된 총체입니다. 이 천의 천주는 범어로부터의 번역된 이름이 '교시가(憍尸家)'라고 하며 중문의 의미로는 제석천자(帝釋天子)입니다. 이 천 밖으로 넘어서 또 야마천(夜摩天)・도솔천(兜率天)・화락천(化樂天)・타화자재천(他化自在天) 이 네 개의 천이 있습니다. 욕계천의 천주의 총명(總名)은 대범천(大梵天)입니다. 이 범위 밖으로부터 비로소 색계천에 도달합니다. 그러나 색계천은 18천의 층차 차별이 있으며, 색계 최고처의 천주는 이름이 마혜수라천(摩醯首羅天)입니다. 색계의 가장 높은 천을 유정천(有頂天)이라 부르고 천주의 이름을 대자재천(大自在天)이라고도 번역하여 말합니다. 그러나 욕계와 색계를 포함한 각 천은 여전히 모두 물리세계의 범위를 해탈하지 못했습니다. 색계를 초월해서야 비로소 정신세계인 무색계천에 도달합니다.

욕계·색계·무색계의 천계와 인간세간, 그리고 3도(三道)인 축생·아귀·지옥 등이 비로소 하나의 세계입니다. 불학은 이와 같은 하나의 세계가 이 우주 중에 알 수 없고 헤아릴 수 없으며 셀 수 없을 정도로 많다고 봅니다. 하나의 태양을 중심으로 하는 세계를 기준으로 하여, 이런 하나의 세계 1천개를 누적하여 하나의 '소천(小千)세계'라고 부릅니다. 다시 소천세계 1천개를 누적하여 하나의 '중천(中千)세계'라고 부릅니다. 다시 누진(累進)하여 중천세계 1천개를 합하여 하나의 '대천(大千)세계'라고 부릅니다.

우리는 귀찮게 생각하지 않고 불교와 도교 학설의 천인의 설을 소개하였는데, 이것은 전통문화 유가의 천도와 인도 관계[天人之際]의 관념과는 결코 아무 상관이 없습니다. 하지만 역시 '도가 병행하면서 서로 위배되지 않는다[道並行而不悖].'이어서 서로 충돌하지 않습니다. 단지 중국문화는 불가와 도가에서 현대 우주과학 관점과 유사한 설을 이미 가지고 있었다는 것을 소개하고, 뒷날의 연구자가 참고하고 유의하도록 제공할 뿐입니다.

우리는 공자가 말한 '하늘로부터 명을 받고 하늘이 그를 도와준다[受命於天, 自天佑之]'는 관념과, "천명지위성(天命之謂性)"과의 관계, 그리고 주나라 시대 제도의 제사와 상례의 예(禮)를 위하여 이상의 허다한 한담을 조리 없이 관련시켰습니다. 사실은 『중용』이 공자의 이런 말을 인용하는 의미를 총결하면 그 주요

의의는 바로 논어에 기록된, 군자에게는 세 가지 두려움이 있다고 공자가 말한 도리이기도 합니다. "공자께서 말씀하셨다. 군자에게는 세 가지 두려워해야 할 일이 있다. 천지자연의 섭리인 천명(天命)을 두려워해야 하고, 대인大人을 두려워해야 하고, 성인의 말씀을 두려워해야 한다. 소인은 천명을 알지 못하기 때문에 두려워하지 않고, 대인을 함부로 대하며, 성인의 말씀을 업신여긴다[孔子曰 : 君子有三畏 ; 畏天命, 畏大人, 畏聖人之言. 小人不知天命不畏也, 狎大人, 侮聖人之言]." 공자가 말한 '삼외(三畏)'의 도리는 우리 일반 보통사람의 심리행위를 위해서입니다. 만약 경외(敬畏)하는 심정이 하나 없다면 자기 스스로 분방하고 방자하여 거리낌이 없기 쉬울 것입니다. 이렇게 한다면 겉으로 보기에는 자유해방의 원칙에 부합한다고 말할 수 있겠지만, 시간이 지나가 쌓이다보면 자기가 저지른 죄악의 결과를 자기가 받게 되어 후회해도 소용이 없을 것입니다.

예컨대 정상적인 어린 아이나 성인(成人)이 마음속에 자기에게는 사랑스럽고 존경하는 부모의 존재가 있다는 것을 수시로 사념(思念)하는 경우나, 혹은 하급자가 상급자에 대하여 잘못해서 꾸지람을 당할까 수시로 두려워하는 경우나, 혹은 종교를 신앙하는 어떤 사람이 잘못을 범하여 훈계당할까 수시로 두려워하는 경우는, 그의 행위는 자연히 많이 단정해지고 잘못을 적게 범할 것입니다. 이른바 "교제(郊祭)와 사제(社祭)의 예를 왜 지내는지, 그리고 천지에 제사 예배하는 체례(禘禮)와 제사 때 음식물을 올리고 새것을 맛보시라고 공경히 청해야 하는지 그 의의를 이해한다면, 나라 다스리는 위정(爲政)의 도에 대하여 마치 자기 손바닥의 손금을 보듯이 또렷이 알 것이다[明乎郊社之禮, 禘嘗之義, 治國其如示諸掌乎]!"의 도리도, 나라를 다스리는 책임을 지고 있는 일반 군주 영도자들에게 이렇게 훈계하는 것이기도 합니다, "위로는 천명도 두려워하고 아래로는 백성의 뜻도 두려워해야 한다. 그러면 언제나 감히 자기 멋대로 하여 제 잘난 체하지 못하고 그래야 잘못을 차차 없앨 수 있으며, 고가과인(孤家寡人)[56]이 되지 않을 것이다." 이것은 자기가 복을 많이 구하는 것이며 자기가 도운 뒤에 하늘이 돕는다는 진실한 의의이기도 합니다. "자기의 일생에 대해 유감이 없었던 분은 오직 문왕(文王)이셨을 것이다[無憂者, 其惟文王乎]!"라는 한 마디를 언급한 것도 이 이론관념으로 말미암아 온 것입니다. 만약 우리가 역사에 유의해보면, 주 문왕이 당시에 처한 시대환경 그리고 그 자신이 은(殷)나라 주왕(紂王)의 박해를 받은 상황에 대하여, 문왕은 일생이 다하도록 내내 우환 속에서 보냈다고 말할 수 있지, 그에게 근심 없는 일생이 있었다고 어디 말할 수 있겠습니까! 특히 그가 주왕에 의하여 유리(羑里)에 감금되어 있던 시기에는 털끝만큼의 원한의 표시가 있어서는 안 되었으며, 벌을 달게 받으며 잘못을 뉘우치는 태도를 하지 않을 수 없었습니다. 이 때문에 천명을 두려워하는 심정으로써 감금 중에 마음을 맑게 하고 생각을 고요히 하고 정밀하게 사유하고 헤아릴 수 없는 높은 경지에 도달하여 팔괘역학(八卦易學)을 연구하여 마침내 천고불후의 대작인 『주역(周易)』이라는 책을 완성했습니다.

그래서 공자가 『주역』「계사하전」에서 말하기를, "주역이 흥성했던 시기는 중고 시대일 것이다! 주역이라는 책을 지은 사람은 우환 의식이 있었을 것이다[易之興也, 其於中古乎! 作易者, 其有憂患乎]!"라고 했는데, 주 문왕이 유리에 감금되어 있으면서

---

56) 옛날 군주가 겸손하게 자기를 이르는 말. 외톨이. 고독한 사람

우환 중에 『주역(演作)』의 연작(演作)을 완성했다는 것을 설명합니다. 그러나 여기에서 또 말하기를, "자기의 일생에 대해 유감이 없었던 분은 오직 문왕(文王)이셨을 것이다!"라고 한 마디 하는 것은 그 자신의 학문수양과 가문 3대(代)의 덕성을 찬양하는 것입니다. 그의 윗대가 모두 좋은 이성과 덕행이 있었고 마침 그가 또 출중한 두 아들을 낳아 가졌기 때문에, 무왕[姬發]과 주공[姬旦]은 모두 그의 유지를 계승하여 문치무공(文治武功)의 위대한 사업을 완성할 수 있었습니다. 그래서 공자는 본문에서 말하기를, "그의 아버지[父]는 도덕문화 사업의 기초를 세웠고 아들은 이를 계승한[父作之, 子述之]" 큰 복보가 있었던 것은, 모두 주 문왕이 '솔성지위도(率性之謂道)'의 좋은 덕행을 얻었기 때문에 비로소 '수도지위교(修道之謂敎)'의 대 공덕을 해낼 수 있었던 것이다"라고 했습니다.

여기까지 얘기하니 우리는 『중용』을 연구하는 것은 정말 일종의 특별히 엄숙한 압력감이 있다고 느껴집니다. 이제 우리 자신을 한 번 가뿐하게 하여, 잠시 성인(聖人)에게 미안하지만 가뿐한 우스개 얘기를 하나 하겠습니다. 듣자하니 세상의 어떤 대선인(善人)이 죽어서 염라대왕을 보았답니다. 염라대왕이 그를 보자마자 그에 대해 매우 예우를 하고는 물었습니다, "당신의 일생의 행위에 근거하면 마땅히 다시 사람으로 환생해야 합니다. 그러나 당신에게 줄 가장 좋은 사람 모습을 찾기가 어렵습니다. 당신 스스로 생각 좀 해보십시오, 당신에게 어떤 모양의 사람이 되도록 해야 좋겠습니까?" 이 사람이 듣고 한 번 생각해보고서 말했습니다, "그렇다면 저는 이러기를 원합니다."

천묘의 좋은 농토는 논배미마다 물이요

열 명의 마누라는 저마다 미인이네
아버지는 재상이요 아들은 제후에 봉해졌고
나는 원채 앞에서 다리 꼬고 앉아 있네
千畝良田丘丘水　十房妻子個個美
父爲宰相子封候　我在堂前蹺起腿

　　염라대왕이 듣자마자 공경히 일어서서 자리를 떠나 그를 향
해 가슴께서 두 손을 맞잡고 말했습니다, "세상에 이런 일이 있
다면 당신이 염라대왕을 하고 내가 당신이 되겠습니다. 노형, 자
리를 바꾸시지요!"

　　사실은 세상에는 이렇게 일생동안 부모 형제 자녀의 복을 누
리며 근심 없이 일생을 지내는 사람도 있습니다. 항일 전쟁의 중
기에 저는 사천(四川)에 있었는데, 자류정(自流井)과 부순(富順)
사이에 사는 친구 하나가 있었습니다. 그는 조상이 전해준 천연
염정(鹽井)이 십여 개 있고 재부는 자체에 그를 위해 경영하는
회계사무실 방[帳房]이 있었습니다. 부인과 첩들이 모두 너 댓
명 있었으며 두서너 명의 아들도 있었습니다, 정말 일생동안 '원
채 앞에서 다리 꼬고 앉아 있네[在堂前蹺起腿]'였습니다. 우리는
늘 그에게 말했습니다, "다들 모두 항일(抗日)전쟁에 나가야 하
는데 당신만은 행복해서 일항(日抗)57)되고 있습니다." 그러자
그가 말했습니다, "나도 항일(抗日)58) 돈을 많이 냈어요!" 우리
는 듣고서 울지도 웃지도 못하는 느낌만 들었습니다. 그가 옳지
않다고 말할 수 있을까요? 왜냐하면 그의 부부 두 사람은 모두
두 사람이 들어 올리지도 못할 정도로 큰 뚱보였기 때문입니다.

---

57) 날마다 들어 올려지고
58) 들어 올려지는 날

수도지위교(修道之謂敎)의 치국지도(治國之道)

노(魯)나라 애공(哀公)이 위정(爲政)의 도를 물으니 공자께서 말씀하셨다. "문왕과 무왕이 창업한 시기의 정치 경험은 역사 문헌에 기록이 있습니다. 하지만 아무리 좋은 정책이든 입법이든 간에 실행하고 법을 집행할 수 있는 것은 모두 사람이 하기에 달려 있습니다. 어느 시대나 선량한 도덕품행[賢德]이 있는 사람이 집권하고 있다면 모든 선정(善政)이 실현되었고, 선량한 도덕품행이 있는 사람이 집권하고 있지 않다면, 모든 선정이 실현되지 않았습니다. 인도(人道) 중의 인성은 정치에 민감하고, 풀과 나무는 토질과 물에 민감합니다. 백성들이 위정자의 작위(作爲)에 민감한 것은, 마치 저 부들과 갈대가 약간의 물과 소량의 양분이 있는 진흙이 있기만 하면 빨리 무성해지기 시작하는 것과 마찬가지입니다. 바꾸어 말하면 인민은 마치 물가나 물속에서 자라는 풀처럼 모두 민감하기 때문에, 인간무리 사회에 조금이라도 유리한 좋은 방법이 나오기만 하면, 사회인민은 기뻐하며 받아들이기를 원하고 좋은 반응과 성과가 빠르게 있을 것입니다. 그러므로 위정의 중심 중점은 시종 사람이 하기에 달려 있으니, 위정자가 그 자신의 도덕과 학문 수양이 수신(修身)의 도를 확실히 얻어 인애와 의[仁義]의 경지에 도달했는지를 볼 필요가 있습니다. 인애[仁]란 사람과 사람사이에 서로 지내면서 내내 서로 존중하고 애호하며 좀 더 자기를 버리고 남을 위하며 남의 마음을 양해하고 자기의 사심(私心)을 적게 할 수 있는 것인데, 인도를 기초로 하여 시작하는 것이니, 나의 친척부터 친애하고 더 나아가 남의 가까운 친척까지도 친애하는 것이 가장 중요합니다. 의(義)란 합당함이니, 도덕이 있는 현인을 존중하는 것이 가장 중요합니다. 친척을 친애함에는 일정한 한도에서 멈추어야 하고, 두덕이 있는 현인을 존중함에는 등급차별이 있어야 하기 때문에 예의가 생겨난 것입니다. 아래 지위에 있는 기층의 민의가 상층의 영도자에게 받아들여질 수 없다면, 백성의 민심을 얻을 수 없어서 다스릴 수 없습니다. 그러므로 군자는 자신을 수양하지 않으면 안 됩니다. 자신을 수양하고자 생각한다면, 부모에게 효도하지 않으면 안 됩니다. 부모에게 효도하고자 생각한다면, 인성과 인사(人事)의 천차만별의 상황을 알지 않으면 안 됩니다. 인성과 인사의 천차만별의 상황을 알고자 생각한다면, 그런 후천의 상황은 선천의 본성에서 오는 현상이지 선천 본성의 본래면목은 아니라는 것을 알지 않으면 안 됩니다."

哀公問政。子曰:「文武之政,布在方策。其人存則其政擧,其人亡則其政息。人道敏政,地道敏樹。夫政也者,蒲盧也。故為政在人;取人以身,修身以道,修道以仁。仁者,人也,親親為大。義者,宜也,尊賢為大。親親之殺,尊賢之等,禮所生也。在下位不獲乎上,民不可得而治矣。故君子不可以不修身;思修身不可以不事親;思事親不可以不知人;思知人不可以不知天。」

자, 우리는 대체로 위 몇 단락에 대해 설명을 다한 셈입니다. 이제부터 시작하여 "수도지위교(修道之謂敎)"의 외용인, 나라를 태평하게 다스리는 위정(為政)의 도(道)에 들어갑니다. "애공문정(哀公問政). 자왈(子曰) : 문무지정(文武之政), 포재방책(布在方策). 기인존즉기정거(其人存則其政擧), 기인망즉기정식(其人亡則其政息)." 노(魯)나라 애공(哀公)이 어느 날 공자에게 위정의 도리를 가르쳐 달라고 했습니다. 공자가 말했습니다. "주나라 왕조의 문왕과 무왕이 창업한 시기의 정치경험과 관련하여서는 모두 방책(方策)상에 다 기록되어 있어서 제가 다시 얘기할 필요가 없습니다." 공자 시대의 이른바 '방책'이란 우리가 오늘날 말하기를 '모두 역사에 기록이 있다'라고 하는 것과 같습니다. 왜냐하면 그 시기 문자의 기록은 도필(刀筆)로 죽간(竹簡)에다 새겨서 한 조각마다 혹은 한 사각형 물체[方塊]마다 접었기 때문에 '방책'이라고 불렀습니다. "기인존즉기정거(其人存則其政擧), 기인망즉기정식(其人亡則其政息).", "하지만 아무리 좋은 정책이든 혹은 아무리 좋은 입법이든 간에 실행하고 법을 집행할 수 있는 것은 모두 사람이 하기[人爲]에 달려있습니다. 어느 시대나 선량한 도덕품행[賢德]이 있는 사람이 집권하게 되면 모든 선정(善政)을 실현했습니다. 만약 선량한 도덕품행이 없는 사람이 집권하면 설사 좋은 정책과 좋은 입법이 있더라도 쓸모없음이나 마찬가지였습니다. "인도민정(人道敏政), 지도민수(地道敏樹). 부정야자(夫政也者), 포로야(蒲盧也).", "인도(人道) 중의 인성은 정치에 대하여 민감한 것입니다. 식물과 나무가 물과 토질에 대하여 민감한 것이나 같습니다. 그러므로 정치를 영도하는 작위(作爲)가 알아야 할 점은 모든 백성들은, 물과 땅속에서 나서 자라는 저 부들[蒲草]과 갈대[蘆葦]가 약간의 물과 소량의 양분이 있는 진흙이 있기만 하면 모두 빨리 무성해지기 시작할 수 있는 것과 마찬가지라는 것입니다. 바꾸어 말하면 인민은 마치 물가나 물속에서 자라는 풀[水草]처럼 모두 민감하기에, 인간 무리 사회에 조금이라도 유리한 좋은 방법이 나오기만 하면, 사회인민은 기뻐하며 받아들이기를 원하고 좋은 반응과 성과가 빠르게 있을 것입니다." "고위정재인(故爲政在人)", "그러므로 말하기를, '위정의 중심 중점은 시종 무게가 사람이 하기[人爲]에 달려있습니다. 설사 좋은 법치체제이더라도 사람이 창립한 것입니다! 리고 힙니다."

"취인이신(取人以身), 수신이도(修身以道), 수도이인(修道以仁).",

"그러나 위정이 물론 사람이 하기에 달려있지만 도대체 어느 종류의 사람이라야 진정으로 위정의 도를 잘 할 수 있을까요? 그것은 이 영도하고 위정하는 사람 그 자신의 도덕, 학문, 수양이 수신(修身)59)의 도를 확실히 얻어 인의(仁義)의 경지에 도달했는지를 볼 필요가 있습니다."

"인자(仁者), 인야(人也), 친친위대(親親爲大) ; 의자(義者), 의야(宜也), 존현위대(尊賢爲大). 친친위쇄(親親之殺), 존현지등(尊賢之等), 례소생야(禮所生也). 재하위불획호상(在下位不獲乎上), 민불가득이치의(民不可得而治矣).", 어떠한 것을 인애[仁]라고 부를까요? 사람과 사람 사이에 서로 지내면서, 내내 서로 존중하고 서로 애호하며, 좀 더 자기를 버리고 남을 위하며, 남의 마음을 양해하고, 자기의 사심을 적게 할 수 있는 것입니다. 속담에 "남에게 손해를 끼치고 나를 이롭게 하는 일은 해서는 안 된다"고 말한 대로입니다. 나를 손해 보게 하고 남을 이롭게 하는 일은 해내기 어렵습니다. 가장 좋기로는 남과 나 둘 다 이로운 일을 많이 할 수 있는 것, 이게 인애[仁]에 가깝습니다. 사람으로서 그 누가 사심(私心)이 없겠습니까! 먼저 자신과 서로 관련이 있는 사심을 확대하여 나 자신과 아주 가까운 친척의 이익으로부터 출발하고. 점점 마음의 분량[心量]을 확대해서, 내가 좋기를 바라고 이익을 바란다면, 남 역시 좋기를 바라고 이익이 있기를 바랍니다. 이렇게만 한다면 바로 충서(忠恕)의 도에 부합

---

59) 수신에서의 (身)은 이른바 신체, 오관, 사지, 의식이 표현해 내는 생각 관념과 언어행위를 가리킨다고 남회근 선생은 풀이한다.

합니다. '자기의 마음으로 미루어 남을 헤아려서', 물론 나의 가까운 친척을 친애해야 하고 동시에 남의 가까운 친척까지도 친애해야 하는 것[推己及人, 親我親而及人之親]이 바로 "친친위대(親親爲大)"의 도리입니다.

어떠한 것을 '의(義)'라고 부를까요? '義'자의 내함에는 적의(適宜)와 상의(相宜) 그리고 합의(合宜) 등의 의미가 있습니다. 즉, 현대인이 말하는 자유민주의 의의와 서로 같습니다. 대체로 모두의 동의에 합하고 모두 만족해하는 것이 의(義)에 가깝습니다. 그렇지만 사람의 타고난 품성(稟性)은 지혜 · 어리석음 · 현덕(賢德) · 완열(頑劣)60) 등으로 다른데, 요구가 다른 모든 민의(民意)에 완전히 부합하는 정도까지 진정으로 해낼 수 있겠습니까? 예컨대 오늘날 어떤 사람이 조금이라도 불만스런 일이 있기만 하면 민권 · 인권 · 인도 등등의 구호를 이용해 요구를 제시하지만 아마 모두 어떤 일에 대한 사심(私心)이거나 혹은 소수자들의 이익 출발일 것입니다. 그렇다면 공의(公義)의 원칙에 부합하지 않아서 논할 것이 못됩니다. 요컨대 천하 일이 어찌 사람의 뜻대로 다 이루어질 수 있겠습니까? 그래서 반드시 의(義)의 중점을 이해해야 하며, "친친지쇄(親親之殺), 존현지등(尊賢之等), 례소생야(禮所生也)."를 준칙으로 삼아야 합니다. "비록 먼저 나의 친척으로부터 확충하여 남의 친척까지 넓혀가야 하지만, 일정한 한도에서의 멈춤[殺: 살주煞住]도 있어야 한다"는 말입니다. 이것은 바로 『대학』에서 말한 '지지이후유정(知止而后有定)'의, '지(止)의 경지[止境]'과 같습니다. 그렇지 않으면 누구도 친애하는 일을 전 인류에게 널리 미치게 하는 일을 진정으로 해낼 수가

---

60) 고집스럽고 비열함. 완고하고 쓸모없음.

없습니다! 예컨대 『논어』에는 자공(子貢)이 "백성들에게 널리 은덕을 베풀고, 많은 사람들을 구제해 주는[博施濟衆] 일"을 묻자, 공자가 말하기를 "요·순 임금조차도 그런 일을 못할까 걱정하신[堯舜其猶病諸] 어려운 일이다."라고 한 기록이 있는데, 이것은 이런 말입니다, "은혜를 전체 인류대중에게 널리 미치게 함은 설사 요·순 같은 선정(善政)이라 할지라도 선(善)을 다하고 미(美)를 다 할 수 없는 폐단이 있는데, 천하 사람들 저마다의 다른 사심을 완전히 만족시키는 정도까지 할 수 있는 가능성이 어디에 있겠느냐!"

예컨대 주공(周公)의 예악제도의 제정은 무엇보다도 먼저 효경(孝敬)을 중요시하지만 조상을 존경하는 예(禮)는 오복(五服)61)을 한계로 합니다. 이른바 "친친지쇄(親親之殺)"에는 '군자의 숭고한 정신이 후세에 남겨놓은 것은 가장 길어도 5세(150년)이면 끊어진다[君子之澤, 五世而斬].'의 의의도 포함하고 있습니다. 주의하십시오! 여기에서 사용하고 있는 殺자는 '살인하다'의 '살'이 결코 아닙니다. 그것은 오늘날 말하는 '살주(煞住)'나 혹은 '살차(刹車)62)'의 '살'과 같은 의미입니다. "존현지등(尊賢之等)"의 等자도 등급차별의 의의를 포함하고 있습니다. 만약 그 속에는 차별이 절대 없어야 자유민주의 평등에 부합한다고 말한다면, 그건 아마 오직 종교가가 말하는 천당에 가거나 혹은 서방극락세계에 가면 평등하겠지요! 사실은 종교가가 말하는 천당과 극락세계도 그 선행공덕의 크기로 인해 차별이 있습니다. 그러므

---

61) 전통상례에서 친소관계에 따라 5등급으로 나누어 경중(輕重)을 정한 상복제도. 보다 자세한 내용은 남회근 지음 설순남 옮김 『맹자와 진심』「진심장구」끝 부분 '복상에 관하여'를 참조하기 바람.
62) 차에 제동을 걸다. 브레이크를 걸다.

로 여기에서 사용하고 있는 "존현지등(尊賢之等)"의 等자는 등차가 있는 평등의 의미이지, 결코 모조리 맹목적인 평등의 의미가 아니라는 것을 반드시 이해해야 합니다. 이 때문에 공자는 말하기를, "위정과 관련이 있는 인애[仁]와 의(義)에는 반드시 예의 제도와 법규를 두어서 그 범위를 제한해야 한다."고 했는데, 이것이 바로 "례소생야(禮所生也)"라는 한 마디의 내함입니다. 마지막으로 또 말하기를, "그러나 하급에 있는 기층의 민의가 만약 상층 영도자에 의해 받아들여질 수 없다면, 상하가 각각 두 마음을 품게 됩니다. 그러면 민심을 얻을 수 없어서 국가 천하를 잘 다스릴 수 없게 될 것입니다."라고 했습니다. 원문은 바로, "재하위불획호상(在下位不獲乎上), 민불가득이치의(民不可得而治矣)"입니다.

그러나 이 두 마디 말은 『중용』 본문에서 중복하여 두 번 나타나서 아래 글에서도 말하고 있는데, 주희(朱熹)는 옛사람이 옮겨 베끼는 과정에서 또 나오는 잘못이라 보고 여기의 두 마디를 삭제하고 단지 아래 글에 사용된 이 두 마디 원문은 그대로 두었습니다. 주회옹(朱晦翁)의 이 관점은 이유가 없다고는 말할 수 없습니다. 그렇지만 우리는 '옛 전통문화를 애호하고 민첩하게 탐구하는[好古敏而求之]' 학문을 하는 공부에 대해서는 주회옹에게 훨씬 미치지 못하므로, 공자가 말하는 '의심스러운 것은 유보해 놓고 그 나머지를 신중히 말하는[多聞闕疑, 愼言其餘]' 태도대로 원문의 원 모습을 그대로 두고 보니 결코 방해하고 막는 곳이 없습니다. 그래서 이 한 절(節)의 끝부분에서 이렇게 이해합니다.

이어서는 바로 위 글의, 개인의 수신(修身)으로부터 시작하여, 더 나아가 '어버이를 섬기고[事親] 인성과 인사(人事)의 천차만별의 상황을 알고[知人] 선천의 본성을 아는[知天]' 학문수양과 관련되는 내용을 반복 논설하여, '위정은 사람이 히기에 딜려있고[爲政在人]', 그리고 '선량한 도덕품행이 있는 사람이 집권하고 있다면 모든 선정이 실현되고, 선량한 도덕품행이 있는 사람이 집권하고 있지 않다면 모든 선정이 실현되지 않는다[人存政擧, 人亡政息]'는 도리를 발휘합니다. 그래서 말합니다, "그러므로 군자는 자신을 수양하지 않으면 안 됩니다. 자신을 수양하고자 생각한다면, 부모에게 효도하지 않으면 안 됩니다. 부모에게 효도하고자 생각한다면, 인성과 인사(人事)의 천차만별의 상황을 알지 않으면 안 됩니다. 인성과 인사의 천차만별의 상황을 알고자 생각한다면, 그런 후천의 상황은 선천의 본성에서 오는 현상이지 선천 본성의 본래면목은 아니라는 것을 알지 않으면 안 됩니다[故君子不可以不脩身, 思脩身不可以不事親 ; 思事親不可以不知人 ; 思知人不可以不知天]." 이렇게 간단하고 명백한 네 마디 말을, 우리가 어린 시절 때는 귀를 스치고 지나가는 바람으로 여기고 우렁찬 목소리로 외워가서, 선생님 면전에 한 번 보고함으로써 이미 외웠다고 표시하고는 곧 그만 두었습니다. 정말 뭐 대단하다고는 느끼지 못했습니다. 그렇지만 저 개인으로 말하면 성장하여 어른이 된 뒤 사회에 걸어 들어갔고, 또 때마침 항일(抗日) 성전(聖戰)을 만나 나라를 구하고 민족의 생존을 도모하는 등등의 일에 참가하여 인사(人事)상의 경험과 단련을 거치면서 생명 과정도 점차 중년으로 걸어 들어갔습니다. 소가 풀을 먹고는 또 잠재의식으로부터 반추해내듯이, 읽었던 이런 책에서의 말들을 묵연히 외우노라면, 선성(先聖)[63]의 말씀에는 확실히 사람

---

63) 공자를 가리킴.

으로 하여금 돌이켜 사색하게 하고[反思] 공경하면서 두려워하게 [敬畏] 하는 느낌이 있었습니다.

먼저 돌이켜 사색한 것은, 사람이 수신(修身)하고자 하는 게 정말 쉽지 않다는 것이었습니다. 그 다음은 부모와 친척이 모두 점령당한 지구에 있는데 그 생사를 예측할 수 없다는 것이었습니다. '옛 고향 소식은 오랜 세월 끊어졌고, 세월은 재촉하여 귀밑머리 희어졌네[故園書動經年絶, 華髮春催兩鬢生].' 내지는 청나라 사람 황중측(黃仲則)의 시가 말한, '오늘에야 자애로운 어머니의 사랑을 알고서, 아득히 먼 곳에서 두 눈물이 저절로 흐르네[今日方知慈母愛, 天涯涕淚自交流].'로서, 어버이를 섬기며 효도를 행하는 것과 나라의 은혜에 보답하고자 충성을 다하는 것, 이 둘을 동시에 함께 할 수 없는 비애를 느꼈습니다. 게다가 의지할 곳을 잃고 떠돌아다니는 사람 무리 중의 갖가지 비참하고 고달픔, 그리고 대후방(大後方)64)사회의 일부 사람들이 여전히 흐리멍덩하고 호화롭고 사치스런 생활을 하고 있는 것을 보았고, 또 많은 가족 중의 분규를 두 눈으로 목도하고는, 비로소 천하에는 물론 불효하는 자식이 있지만 천하에는 지극히 옳지 않은 부모도 있다는 것을 알게 되었습니다. 그래서 '부모에게 효도하고자 생각한다면, 인성과 인사(人事)의 천차만별의 상황을 알지 않으면 안 된다[思事親不可以不知人].'는 도리에 대하여 갑자기 깨달아 이해하게 되었습니다. 이 때문에 『주역』 제18괘인 고괘(蠱卦) 「효사(爻辭)」에서 말한 '간부지고(幹父之蠱) 간모지고(幹母之蠱)'의 의의에 대하여 이해한 바가 있었습니다.

천하에는 확실히 옳지 않은 부모가 있으니, 수신(修身)에서

---

64) 전선으로부터 멀리 떨어진 곳의 규모가 큰 후방 기지. 후방.

먼저 효를 행해야 하지만 효도한다고 맹종만 해서는 안 됩니다. 어떻게든 효를 다하면서도 부모의 큰 잘못도 교묘하게 교회힐 수 있어야, 비로소 진정으로 "사친불가이부지인(思事親不可以不知人)"의 의의입니다. 이른바 "지인(知人)"이란 바로 인성과 인사(人事)의 천차만별의 상황을 철저하게 이해해야 한다는 것입니다. 그러려면 학문과 경험의 결합이 필요하고, 배우기를 좋아하고 깊이 사색하는 것으로부터 얻어야 합니다. 그런 다음 다시 "지천(知天)"으로 나아가, 이런 후천(後天)의 인성들인, 모든 선악(善惡) 종성의 차별과, 지혜롭고 현명하고 어리석고 불초함의 다름은, 비록 선천의 "천명지위성(天命之謂性)"으로부터 오더라도 후천 성상(性相 현상現象)의 차별에서는 확실히 각각 저마다 다름이 있지만 모두 선천의 성(性)의 본래면목은 아니라는 것을 알아야 합니다. 그래서 『중용』이 시작하자마자 "천명지위성(天命之謂性), 솔성지위도(率性之謂道), 수도지위교(修道之謂敎)."라는 종지를 제시한 것은, 사람들에게 먼저 학문수양이 천연 자성으로 되돌아감에 도달해야 하고, 그런 다음 이를 확충하여 '천명은 고정불변하지 않으며 오직 덕행이 있는 사람만 도와준다[天命無常, 唯德是補].'는 것을 알아야 한다고 요구한 것입니다. 어떻게 때[時]를 알고 양(量)을 알아서 수신과 위정의 작위(作爲)에 배합할지는, 바로 '천지와 함께 존재하면서 나란히 서 있을 수 있는[與天地參矣].' 성인 지혜의 경지입니다.

이상의 '수신(修身)·사친(思親)·지인(知人)·지천(知天)'의 층차로부터 개인의 수신 학문수양과 위정의 도와의 결합으로 다시 되돌아가는데, 이에는 '오달도(五達道)'와 '삼달덕(三達德)'의 지표가 있다고 이렇게 말합니다.

천하에 언제 어디서나 항상 통하는 도리가 다섯 가지이며, 그것을 잘 행하는 데 갖추어야 할 것은 세 가지 덕성입니다. 군주와 신하, 부모와 자식, 남편과 아내, 형과 아우, 친구와의 사귐, 이 다섯 가지 중점적인 인륜 관계는 천하에 언제 어디서나 항상 통할 수 있는 도리입니다. 지혜, 인애, 용기 이 세 가지는 천하에 언제 어디서나 항상 통용될 수 있는 덕성인데, 이 세 가지를 실용의 행위로 일으킴에는 하나의 중점이 있으니 바로 천성의 지혜덕입니다.

이 천성의 지혜덕은 후천적 품부의 기능상에서는 달라서, 어떤 사람은 태어나면서부터 그것을 알고, 어떤 사람은 배워서 그것을 알게 되며, 어떤 사람은 가난살이와 좌절의 자극을 받아 억지로라도 배워서 그것을 알게 되지만, 반드시 학문수향을 거쳐야 비로소 지혜·인애·용기의 기능작용을 일깨워 발전시킬 수 있으되, 천성의 지혜덕에 의거해 작용을 일으키는 점은 일치합니다. 그렇지만 이 세 가지 덕성을 행위 작용으로 발휘함에 있어서, 어떤 사람은 그것을 저절로 안온하게 행하며, 어떤 사람은 일의 성과에 유리할 때가 되어서야 그것을 행하며, 어떤 사람은 억지로 그것을 행하지만, 그가 삼덕의 행위 기준을 갖추었기만 하면 사업에서 필연적으로 성공할 수 있다는 점에서는 모두 일치합니다."

「天下之達道五，所以行之者三。曰：君臣也，父子也，夫婦也，昆弟也，朋友之交也。五者，天下之達道也。知、仁、勇三者，天下之達德也；所以行之者一也。或生而知之，或學而知之，或困而知之，及其知之一也。或安而行之，或利而行之，或勉強而行之，及其成功一也。」

여기에서 말하는 "오달도(五達道)"는 여러분이 다들 알듯이 인류사회 인도(人道) 중의 자연스러운 순서입니다. 고대에서 말하는 '군신(君臣)'은 기본 학술이론에서 말하면, 군(君)은 주도자(主導者)의 대명사이며 신(臣)은 의보자(依補者)[65]의 대명사입니다. 옛사람은 한 집안의 어른인 부친을 '가군(家君)'이라고 불렀으며 세상을 떠난 부친을 '선군(先君)'이라고 불렀습니다. 한 국가에 대해 말한다면 전국을 영도하는 주체를 '국군(國君)'이라고 불렀습니다. 오륜(五倫)의 순서에서 가장 먼저 군신의 관계를 제시하는 것은 오늘날 민주시대의 관념과 같이 무엇보다 먼저 자기의 국가와 개인의 관계를 중시하는 것입니다. 먼저 사회와 국가정부의 존엄을 존중하는 것이라고도 말할 수 있습니다. 그 다음은 바로 개인과 가정의 부자(父子)·부부·형제의 관계입니다. 친구[朋友]는 형제와도 같고 사람과 사람 사이의 사회관계와도 같습니다. 예컨대 『논어』에 기록된 자하(子夏)의 말인, "온 세상 사람들이 모두가 형제인 것이다[四海之內皆兄弟也]."는 바로 붕우의 도[朋友之道]를 설명하는 것인데, 인류 관계 중에서 때로는 이상의 사륜(四倫)보다도 더 중요합니다. 그것은 전 인류사회의 인도적인 사랑[愛]과 인도적인 정(情)에 통용됩니다. 요컨대 과거·현재·미래의 시대이든, 어느 지역 그리고 각색의 인종과 각각 다른 문화의 사회이든 간에, 사람마다 이 세계에서 생존하면서 시종 이 다섯 가지 인류의 중점 관계를 벗어나지 못합니다. 이 때문에 그것을 "천하지달도(天下之達道)"라고 부릅니다.

개인이 인류사회 중에서, 자기가 한 사람 노릇을 하거나 혹

---

65) 모시며 도와주는 자.

은 군중을 위해서 봉사하기 위하여 한 영도자가 되거나, 혹은 위정을 하여 정치에 종사하는 사람이 되거나 간에, 반드시 "지혜[知]·인애[仁]·용기[勇]"의 세 가지 덕성을 갖추어야 합니다. '지(知)'자는 고대에 지(智)자와 통용해서, 지식학문과 천부적으로 타고난 재능[天才]을 포괄했으며, 무지(無智)는 바로 어리석음[愚癡]입니다. '인(仁)'자는 바로 현대인이 늘 말하는 사랑의 마음[愛心]·자비심입니다. 사람이 사랑의 마음이 없거나 동정심이 없다면 이를 '마목불인(麻木不仁)66)'이라고 부릅니다. '용(勇)'자는 바로 기백과 결심인데, 노고를 마다하지 않고 원망을 기꺼이 받아들이며, 괴로움을 참고 힘든 일을 견뎌내는, 감히 결단하는 등의 정신을 포함합니다. 용기가 지나치게 부족한 것을 겁쟁이[懦夫]이라고 합니다. 어떤 사람이 태어나면서부터 이 세 가지가 동등하게 고명한 덕성을 갖추고 있다면, 정말 매우 기특한 비상한 사람[非常人]입니다. 그 다음으로 세 가지가 모두 있지만 성분이 높지 않아서 혹은 한 가지는 있고 두 가지가 없거나, 혹은 두 가지는 있으나 한 가지는 모자라서, 거의가 겸하지 못한 사람들이 비교적 많습니다. 그러나 한 사람에게 세 가지가 모두 없다고 말해서는 안 됩니다. 그것은 완전히 백치이거나 식물인간이 아니고서는 불가능한 일입니다. 이 때문에 특별히 "지혜·인애·용기 세 가지는 천하의 삼달덕(三達德)"이라고 부릅니다.

그러나 공자는 또 특별히 해석하여 설명하기를, "이 세 가지의 작용이 비록 세 개의 다른 명사와 구별이 있지만, 실용의 행위상으로 일으킴에는 단지 하나의 중점이 있는데, 그것은 바로

---

66) 몸이 마비되어 감각이 없다. 반응이 둔하다. 무관심하다는 뜻.

천성 중의 태어나면서부터 있는 저절로 온 품부(稟賦) 중의 지혜덕(智德)이다.”라고 합니다. 이 때문에 “소이행자일야(所以行之者一也)”라고 말했습니다. 그러나 이 ‘태어나면서부터 아는[生知]’ 지혜덕은 후천에 대하여 말하면 품부한 기능상에서는 오히려 이근(利根)과 둔근(鈍根)의 다름이 있습니다. “어떤 사람은 태어나면서부터 그것을 알고[或生而知之]”는 이근입니다. “어떤 사람은 배워서 그것을 알게 되며, 어떤 사람은 가난살이와 좌절의 자극을 받아 억지로라도 배워서 그것을 알게 됩니다[或學而知之, 或困而知之].”는 둔근입니다. 이것은 “어떤 사람은 태어나면서부터 그것을 알든, 어떤 사람은 배워서 그것을 알게 되든, 어떤 사람은 가난살이와 좌절의 자극을 받아 억지로라도 배워서 그것을 알게 되든, 반드시 학문의 교양을 거쳐야 비로소 지혜[知: 智]·인애[仁]·용기[勇]의 기능작용을 일깨워 발전시킬[啓發] 수 있다.”는 말입니다. 심지어 가난살이와 좌절[困苦顚沛]의 자극을 받아야 비로소 억지로 학습해서 할 수 있습니다. 하지만 “어떤 사람은 태어나면서부터 그것을 알든, 어떤 사람은 배워서 그것을 알게 되든, 어떤 사람은 가난살이와 좌절의 자극을 받아 억지로라도 배워서 그것을 알게 되는” 모두가 천성 중의 지혜덕(智德)에 의거해 작용을 일으키는 점은 일치합니다.

그렇지만 행위상에서는 각각 차별적인 다름이 있습니다. “혹안이행지(或安而行之), 혹리이행지(或利而行之), 혹면강이행지(或勉强而行之), 급기성공(及其成功), 일야(一也).” 이것은 이런 말입니다, “만약 상근(上根) 이기(利器)로서 태어나면서부터 그것을 알아 지혜·인애·용기의 덕성을 갖추고 있는 사람이라면 행위 작용의 발휘에서 저절로 안온하게 할 것이다. 그 다음인 둔근(鈍根)의 품부라면 반드시 일의 성과에 유리할 때가 되어서야 비로소 지혜를 쓸지·인애를 쓸지·용기를 쓸지를 결정한다. 그렇지만 심리와 행위상에서 역시 몹시 억지로 한다. 그러나 편안히 행하든, 혹은 유리하여 행하든, 혹은 억지로 행하든 간에 그가 지혜·인애·용기 삼덕의 행위 기준을 갖추었기만 하면 그는 필연적으로 사업에 성공할 수 있을 것이다." 이어서 공자는 말합니다,

공자께서 말씀하셨다, "평소에 부지런히 배우기를 좋아한다면 지혜의 덕성에 가까워진 것이고, 배운 것을 실제에 활용하여 바른 도리를 힘써 실천한다면 인애의 덕성에 가까워진 것이며, 자기를 반성하여 잘못을 인정하고 허물을 고치는 데 용감하지 못한 것을 부끄러워할 줄 안다면 용기의 덕성에 가까워진 것입니다. 사람이 평소에 이 세 가지 미덕을 갖추어 실천할 줄 안다면, 어떻게 자신을 수양해야 하는지를 알게 될 것입니다. 어떻게 자신을 수양해야 하는지를 알게 되었다면, 어떻게 자신과 남을 바르게 하며 다스리는지를 알게 될 것입니다. 어떻게 자신과 남을 바르게 하며 다스리는지를 알게 되었다면, 위정하여 어떻게 천하국가를 다스리는지 그 근본 원칙과 법규를 알게 될 것입니다."

子曰:「好學近乎知, 力行近乎仁, 知恥近乎勇。知斯三者, 則知所以修身;知所以修身, 則知所以治人;知所以治人, 則知所以治天下國家矣。」

"대체로 사람이 평소에 부지런히 힘써 배우기를 좋아할 수 있다는 것은 바로 지혜덕에 가까워진 것입니다. 또한 배운 것을 실제에 활용하여 바른 도리[善道]를 힘써 행할 수 있다는 것은,

바로 인애덕(仁德)에 가까워진 것입니다. 뿐만 아니라 자기를 반성하여 잘못을 깨달아 곧 고치고, 잘못을 인정하고 허물을 고치는 데 용삼하며, 그렇지 못하면 자신을 몹시 수치스럽게 느끼고 매우 부끄러워 할 수 있다는 것은, 바로 용기[勇]의 덕행이 있음에 가까워진 것입니다. 결국에서 말하면, 사람이 평소에 '호학(好學)·역행(力行)·지치(知恥 참괴慚愧)' 이 세 가지 미덕을 실천하고 갖출 수 있다면, 어떠한 것이 수신자립(修身自立)의 도인지를 당연히 알게 될 것입니다. 사람이 수시로 자기를 점검하고 어떻게 수신(修身)하는지를 알 수 있다면, 당연히 널리 확대해서 어떠한 것이야말로 자기를 바르게 하고 남을 바르게 하며 남을 다스리는 도인지를 알게 될 것입니다. 만약 수기치인(修己治人)의 학(學)을 진정으로 알 수 있게 되었다면, 비로소 어떻게 위정하여 천하국가를 다스리는지 그 근본 원칙과 법규[大經大法]를 알 수 있게 됩니다."

지인용(智仁勇)을
『중용』 강요와 대응시켜 설명하다

여기까지 얘기하고 우리는 위로부터 이어졌던 『중용』의 원문을 반드시 되돌아보고 반복해서 '신사(愼思)'하고 '명변(明辯)'해야겠습니다. 그것은 첫 시작에서 "천명지위성(天命之謂性), 솔성지위도(率性之謂道), 수도지위교(脩道之謂敎)."의 세 마디 강요(綱要)를 제시해서 자사(子思)가 부사(父師)[67]의 가르침에서 언

---

67) 스승의 스승.

은 내명(內明 성聖)의 학의 정수(精粹)를 표시했습니다. 그런 다음 말하기를, 개인 학문수양의 일상생활에서의 응용[日用]은 지극한 선[至善]인 중화(中和) 상주(常住)68)의 경지에 머무는 것이며, 이것이야말로 전통유학 공문(孔門) 학문의 정화(精華)라고 했습니다. 이로부터 일관하는 발휘는 설명하기를, 인성과 인륜의 대기대용(大機大用)은 바로 지혜·인애·용기의 삼덕(三德)이라고 했습니다. 바꾸어 말하면 "천명지위성(天命之謂性)"은 지혜덕의 근원입니다. "솔성지위도(率性之謂道)"의 선행은 인애덕의 행지(行持)입니다. "수도지위교(脩道之謂敎)"는 용기 있음의 공효[功用]입니다. 지혜덕으로 말미암아 천인합일(天人合一)의 '천명지성(天命之性)'을 증득할 수 있습니다. 인애덕으로 말미암아 인륜 대도(大道)의 공훈(功勳)을 완성할 수 있습니다. 용기덕으로 말미암아 온갖 행위를 결단하여 '지극한 선에 머무름[止於至善]'의 과위(果位)로 돌아갈 수 있습니다.

그러나 천성이 일으키는 작용인 지혜·인애·용기의 삼덕은 기능작용[功用]과 행위의 현상에서는 비록 세 개의 다른 명사와 작용으로 나누어지더라도, 사실상 최초의 것이 바로 최후의 근본이기도 하므로, 통틀어 천성의 지(知)의 지혜덕으로 돌아갑니다. 그런데 이 천성의 지(知)의 지혜덕은 또 세속에서 말하는 총명(聰明)과는 다릅니다. 옛사람이 말하는 총명이란 일반인들이 보고 들은 것에 대한 기억력이 좋음[耳聰目明]을 가리켜 말한 것입니다. 천성의 지(知)의 지혜덕은 완전히 후천의 생리기능인 귀와 눈의 감관에 의지하여 오는 것은 아닙니다. 그러므로 상고의 문자 중에는 신령(神靈) 등의 글자 의미로 그 작용을 형용했습니

---

68) 언제까지나 머물러 있는 것. 영구히 존재하는 것. 영원불변. 항상 주(住)하여 변하지 않는 것.

다.

　이 천성의 지(知)의 지혜덕에 관하여 후세 사람들은 또 구분하여 상지(上智)·중지(中智)·하지(下智)로 분류했습니다. 심지어는 명지(明智)·찰지(察智)·담지(膽智)·공교지(工巧智)·술수지(術數智)·상지(商智)·병지(兵智)·첩지(捷智)·어지(語智)·예지(藝智)·규지(閨智)·잡지(雜智)·적지(賊智)·탁지(濁智) 등등으로 구별했는데, 자세히 말하려면 상세히 설명하기가 어렵습니다. 요컨대 위로는 성현·신선·부처에 이르고 아래로는 꿈틀거리는 생명[蠢動含靈]에 이르기까지, 무릇 생명이 있는 존재는 역시 모두가 생지(生知)의 지혜[智]가 있으며, 단지 그 성분이 많고 적고 높고 낮고 밝고 어두운 정도가 다를 뿐입니다. 그러므로 공자가 "행지자일야(行之者一也)"라고 말한 것은 바로 그런 의미입니다. 예를 들어 불가와 도가의 이른바 '신선이 되고 부처가 되는 도(道)'도 모두 지혜의 성취이지, 결코 또 따로 하나의 무슨 공부(功夫 혹은 공부工夫)가 있는 것이 아닙니다. 이른바 공부란 바로 '어떤 사람은 배워서 그것을 알게 되며, 어떤 사람은 가난살이와 좌절의 자극을 받아 억지로라도 배워서 그것을 알게 되고, 어떤 사람은 일의 성과에 유리할 때가 되어서야 그것을 행하며, 어떤 사람은 억지로 그것을 행한다[學而知之·或困而知之, 利而行之·勉强而行之]'의 대명사일 뿐입니다. 이 때문에 불학은 성불의 도를 바로 '대지도(大智度)'의 성취라고 말합니다. 그러나 이런 초월적인 대지(大智)는 결코 세속의 총명지혜에 속하지 않음을 구별하기 위해서, 세속의 총명을 구별하여 '세지변총(世智辯聰)'이라고 부릅니다. 초월적인 대지에 대해서는 범어의 발음을 그대로 써서 '반야(般若)'라고 부르는 것도, 『중용』첫 시작에서 말한 "천명지위성(天命之謂性)"의 자성이 본래 스스로 갖추고 있는 지지(知智)의 성(性)과 동일한 도리입니다. 다만 유일하게 다른 구별로는, 불학에서는 명심견성(明心見性)하여 "천명지위성(天命之謂性)"의 도지(道智)를 증자증(證自證)함에 대하여 '실상반야(實相般若)'라고 특별히 이름 지어 부릅니다.

일반의, 지식이 해박하고 학문이 통달했으며 사상이 고명하는 등등의 일체지(一切智)에 대해서는 모두 '경계반야(境界般若)'와 '문자반야(文字般若)'라는 두 개 명사의 내함 범위로 귀속시켰습니다. 증자증(證自證)의 도심(道心) 성덕(性德)이 발생시키는 자비·보시 등 3천 가지 위의[三千威儀]와 8만 가지 세행[八萬細行]의 보살도(菩薩道) 공덕 행위에 대해서는 특별히 '권속반야(眷屬般若)'라고 이름 지었습니다. 이른바 권속의 의의는 자비·보시 등 온갖 상선(上善)의 행위를 가리키는데, 그 모두가 근본 도지(道智)로부터 서로 잇달아 일어나는 작용으로서 부자(父子)·부부(夫婦)·붕우(朋友)와 마찬가지로 모조리 이 사람의 일가 친족 관계에 속합니다. 예컨대 지혜[智]·인애(仁)·용기(勇) 삼덕의 입장에서 말하면 인애와 용기는 모두 근본 지혜덕의 권속입니다. 기타 윗글에 얘기한, 세속에서 말하는 각종의 지지(智知)나 혹은 지지(知智) 같은 것들은 모두 또 하나의 명사로 귀속되는데, 그것을 '방편반야(方便般若)'라고 부릅니다. '방편'이란 명사는 때로는 온갖 방법을 대표하는 명칭입니다. 예컨대 공자가 말한, '천성의 지혜덕에 의거해 작용을 일으키는 점은 일치합니다[及其知之一也].' '삼덕의 행위 기준을 갖추었기만 하면 사업에서 필연적으로 성공할 수 있다는 점에서는 모두 일치합니다[及其成功一也].'는 모두가 방편 설법입니다. 진정으로 지고무상(至高無上)한 도지(道智) 역시 "천명지위성(天命之謂性)"을 증자증(證自證)한 명심견성의 근본지(根本智)로서, 알지만 세속의 미혹으로 취하는 상대적인 앎이 없고[知無知], 지혜이지만 세속의 미혹의 지혜가 없으며[智無智], 세속의 미혹으로 취하는 상대저 앎이 없는 지혜[無知之智]가 도지(道智)입니다.

그러므로 동진(東晉) 시기에 인도로부터 중국으로 와서 불경 번역에 종사한 고승 구마라집(鳩摩羅什) 법사의 제자인 승조(僧肇) 법사는 천고에 뛰어난 한 편의 「반야무지론(般若無智論)」이 라는 명문(名文)을 저작하였습니다. 사실은 도가의 노자와 장자 같은 경우도 이런 마찬가지의 논점이 있습니다. 특히 장자는 자신이 지은 「소요유(逍遙遊)」와 「양생주(養生主)」이 두 편의 명문 중에서, 노자가 말한 "성인을 표방하는 것을 끊고 지혜와 총명을 자랑하는 것을 버린다[絶聖棄智]."는 이념 같은 것을 충분히 표현했습니다. 공자의 이른바 "오직 최상급의 지혜 있는 사람과 최하급의 어리석은 자만이 변하지 않는다[唯上知(智)與下知不移]."에 내포된 은밀한 뜻은 초당(初唐) 시기의 선종 육조혜능 대사가 말한 "가장 낮은 사람에게도 가장 높은 지혜가 있다[下下人有上上智]."와 동일한 의의라고 말할 수 있습니다. 특히 『주역』「계사전」에 말한 "형이상의 도인, 역경의 본체는 불가사의하며 작위가 없으며 지극히 고요하면서 조금도 움직임이 없지만[寂然不動], 일단 감응하면 온갖 작용을 일으켜 천하의 온갖 것에 통한다. 천하의 지극히 높고 미묘한 신명(神明)이 아니라면 누구의 경지가 이와 같이 비할 바 없이 뛰어나겠는가[易無思也, 無爲也, 寂然不動, 感而遂通天下之故. 非天下之至神, 其孰能與于此]?"는 더욱 명백합니다, 이 때문에 우리는 하나의 결어를 말할 수 있습니다, "성덕(性德)의 지혜는 지혜로우면서 지혜가 없다, 지혜 없는 지혜 이것이 대지(大智)인데, 지혜를 쓰는 것은 사람과 지혜 둘을 잊어버림만 못하다[性德之智, 智而無智, 無智之智,

是爲大智, 用智不如人智兩忘].", 이것이 바로 최상의 도제(道諦)69)요 대성인(大聖人)의 경지입니다.(한번 웃음)

─────

(역자보충 7) 불법 수행 속의 견분(見分), 상분(相分), 증분(證分) 및 증자증분(證自證分)

"견분(見分)"을 말하겠습니다. "견분은 늘 이것을 취하여 대상 경계로 삼는 까닭이다." 견분(見分)과 상분(相分)을 아직도 기억합니까? 우리의 제8아뢰야식이라는 이 마음의 작용에는 '사분(四分)'이 있습니다. 네 개 부분은 상분(相分), 견분(見分), 증분(證分), 증자증분(證自證分)입니다.

그래서 여러분이 선종을 배우면서 젊은이들은 오도(悟道), 개오(開悟)했다고 말하는데, 무엇을 개오라고 할까요? 여러분은 말합니다, 아아, "구름은 희미하고 미풍은 솔솔 불어오는구나[雲淡風淸]" "아! 청개구리가 우물 속으로 뛰어드는구나." "아, 깨달았다, 깨달았어. …꽃을 보고, 깨달았다. …" 그것은 정말로 틀린 오(誤)로서 시간을 허비한 것[耽誤]이지, 대철대오(大徹大悟)의 오(悟)가 아닙니다. 당신이 수행하여 비록 청정 무념(無念)의 경지에 도달하였더라도 여전히 상분(相分)이지, 견분(見分)이 아닙니다.

무엇이 상분(相分)일까요? 우리 다들 체험해야 합니다. 불법의 유식(唯識)을 배우면서 천천히 체험해 들어가면 당신은 불학을 연구해도 됩니다. 지금 여러분은 여기에 앉아 있고, 나는 말을 하고 있습니다. 여러분의 정신은 모두 나의 말에 주의를 기울이고 있고, 그 도리에 주의를 기울이고 있습니다. 눈과 정신은 모두 전면을 주의하고 있는 것이 상분(相分)입니다. 이제 여러분은 좀 생각해보세요, 당신이 내가 앞에서 말하고 있는 도리에 주의를 기울이고 있을 때, 당신의 내심(內心)에 아는 것이 하나 있습니다. "응! 이 도리는 맞다. 혹은 맞지 않다", 그렇

─────

69) 사성제(四聖諦)의 하나. 번뇌를 끊고 열반에 이르기 위한 진리로서의 도(道).

지요? 그것이 견분(見分)입니다. 이해하셨습니까? 그게 견분입니다. 당신이 전면을 보고 있는 것은 상분(相分)의 작용입니다. 그러므로 우리 눈이 볼 수 있고, 귀가 들을 수 있으며, 신체가 감각할 수 있는 것은 제8아뢰야식의 상분입니다. 견분은 무엇일까요? 우리는 자기가 "아! 이것은 맞다, 이것은 맞지 않다"라고 아는데, 이것이 견분입니다.

예컨대 여러분 젊은 학우들은 날마다 선당(禪堂)에 앉아서 선정을 닦으면서 "아이구! 난 무엇 무엇해서… 가장 싫다"고 느끼면 늘 나에게 묻습니다. "선생님 저는 이 생각을 멈추게 할 수 없어서 제일 고통스러워요." 여러분은 모두 이 문제입니다. 그렇지요? 당신이 그 생각이 오고 가는데 멈추어버리지 못하는 것, 그것이 상분입니다. 자기가 "아이구! 정말 싫어, 내 이 생각이 어떠어떠하니…"하는 것을 당신이 아는 것, 그것이 견분입니다! 그것은 그 생각에 있지 않습니다, 맞지요? 그렇지요? 여러분 학우들은 생각 좀 해보세요. 그래서 당신더러 수도하면서 견분만을 상관하고 상분은 상관하지 말라고 하는 겁니다. 이해하였지요!?

다시 여러분에게 말해드리겠습니다. 여러분 자신들이 "나무아미타불 나무아미타불…" 이렇게 염불하면서 빠르게 염불할 때 이 한 념(念)이 바로 상분입니다. "나는 지금 아미타불, 아미타불… 염불하고 있다"는 것을 당신 자신이 아는 것, 이것이 견분입니다. 이해하셨지요? 수행은 견분에서 닦아야 합니다.

야! 이거 오늘 저녁에 내가 밀종을 전해준 것입니다. 정말입니다. 여러분에게 우스갯말을 하는 것이 아닙니다. 당신이 밀종을 배우러 가서 이 점을 당신에게 가르쳐주기를 바라면, 당신더러 얼마나 절을 하고, 얼마나 공양을 가져오라 하고 얼마나 간절하라고 요구하고서야 비로소 당신에게 "이것은 견분이다"고 일러줄지 모릅니다.

그럼, 당신은 견분을 이해했으니 도를 보았을까요[見道]? 그래 보이지는 않습니다. 그러나 당신이 이로부터 수지(修持)의 길을 알 수 있습니다. 그러므로 상분에 속아버리지 말고 당신은 견분만 수지하기 바랍니다. 당신이 "아미타불, 아미타불…"하면서, 당신 자신의 견분이, 자신이 "아미타불"을 염(念)하고 있음을 알고 있으면서, 염념마다 또렷이 아는, 그 견분이 바로 도의 근본입니다. 견분을 알고 나면, 닦기 시작해도 좋습니다.

그런데 결과적으로 당신들은 거기 앉아서 한참 동안 닦고는 말합니다, "아이쿠! 선생님, 기맥이 움직였습니다… 아이고! 임맥 독맥이 통하지 않습니다." 그것은 상분(相分)의 상분인데, 당신이 그것을 상관해서 뭐 하자는 겁니까? 이 사대(四大)는 본래 공(空)하니, 당신은 그것을 상관하지 말기 바랍니다. "아프면 아픈 것이지 알게 뭐야" 하기 바랍니다. 당신 자신이 "아이고! 나는 지금 머리가 아프다"고 아는, 그 견분에는 두통이 없는데 구태여 상분(相分)에 속아버릴 필요가 있겠습니까! 이해하셨지요, 상(相)에 집착하지 말기바랍니다.

당신은 말하기를 "아이고!, 치아가 아프네… 아미타불, 치아가 아파… 아미타불, 치아가 아파…"하면서도 당신 자신은 이렇게 압니다, "이야, 하하! 나는 재미있습니다. 치아가 아픈 줄도 알고 염불하고 있는 줄도 압니다." 맞습니까 맞지 않습니까? 그것이 견분입니다! 그것은 아프지도 않고, 그것은 염(念)하고 있지도 않습니다. 이해하셨지요? 이것을 알아들었습니까? 알아들었으면 돈 봉투를 가져오세요. (대중 웃음) 알아듣지 못했다면 나는 얼마나 억울하겠습니까, 이렇게 큰 힘을 들여서 여러분에게 말해드렸는데, 보세요, 내가 내 이것을… 헛되이 쓴 것입니다.

견분을 이해하셨지요? 상분을 모두 이해하셨습니까? 이해하지 못한 분은 손 들어보세요. 이번에 강해하며 전체가 이해하기를 바랐는데, (손 든 분이 없으니) 나는 기쁩니다. 그렇다면 내가 여러분에게 돈 봉투를 드려야겠습니다.

(녹음중단)… 이것을 들어서 뭐하렵니까? 집에는 다들 일이 있는데 여기서 듣느라 시간을 낭비합니다. 영화를 보는 것이 이 보다는 얼마나 보기 좋겠습니까? 구태여 여기 와서 고통을 받을 필요가 있을까요! 상

분과 견분을 이해했지요? 수행은 견분으로 닦기 시작하고, 상분을 상관하지 않습니다.

"어! 빛을 보았다" "야! 과거와 미래를 알게 되었다" 따위가 뭐 대단한 일이겠습니까? 어떤 친구들은 호기심이 있어서 하루 종일 나에게 묻기를, "아! 신통이 있습니다. 귀신을 하나 보는 게 무슨 신통입니까?" 하는데 신통은 모두 상분입니다.

무엇을 신통이라고 할까요? 당신의 신경병입니다. 진짜 신경병입니다. 당신의 생리가 정좌로 인하여 기기(氣機)70)가 도달하여, 즉 몸에 전기, 전기에너지가 눈 신경의 후뇌의 시구(視丘)신경에 도달하여 거기서 자극을 하기 때문에, 그래서 앉아있으면 "아, 영상들이 보입니다"하며, 결과적으로 당신은 견분을 잊어버리고 영상을 따라서 달려가 버립니다. 드디어는 '나는 뭐를 보았다'면서 그런 다음에는 어떻다고 말을 하는데, 맞습니다, 어떤 때는 말한 것이 상당히 맞습니다. 작은 일은 틀림없이 알아맞히지만 큰일은 당신이 알아맞히지 못한다고 내가 책임지고 보증합니다. 큰일이 모두 당신에 의해 알아맞혀진다면, 세상에는 신통이 있는 사람이 매우 많으니 전쟁과 국방비가 모두 필요하지 않게 될 것입니다, 신통이 있는 사람을 하나 찾아서 거기에 앉히고 전쟁을 하면 될 것입니다. 불가능합니다. 이런 일은 없습니다.

당신은 다시 말할 겁니다, "신통이 최대이더라도 석가모니불을 넘지 못하겠지요?" 석가모니불 자신이 당시에 세상에 계실 때, 자신의 국가가 타국으로부터 능욕을 당하는 것을 보고, 칠일 동안 고려하며 칠일 동안 머리가 아팠습니다. 그건 정말로 머리가 아픈 것이었습니다. "어떻게 할까?" 사실 그 자신이 불법을 얘기하지 않기로 하고 군복을 입고 자신이 국왕이 되어 상대를 격퇴시킬까를 고려했습니다. 이렇게 하면 세계를 통일할 수 있다는 것을 그는 알았습니다. "또 어떻게 할 수 있을까? 중생을 구제할 수 있을까?" 고려한 결과 "상관하지 않겠다. 나는 중생을 구해야 한다."고 했습니다. 자기의 한 지방을 위해서가 아니었기

---

70) 경락과 오장육부의 기능 활동을 포함 인체 내기의 정상 운행.

때문에 머리가 칠일 동안이나 아팠습니다.

그의 신통은 그렇게 컸음에도, 그는 왜 거기서 정좌 좀 하고 물 한 모금을 "퉤!"하고 토하여 적들을 모조리 익사시키지 않았을까요, 그럼 얼마나 좋았겠습니까? 하! 그는 왜 이런 신통을 이용하지 않았는지 내가 당신에게 묻습니다. 하느님은 그렇게 큰 재주가 있으면서도 왜 세상의 마귀를 없애버리지 않았을까요? 관세음보살(觀世音菩薩)은 고난에서 구해주는 분인데 그는 왜 이를 구해주러 오지 않았을까요? 어찌해볼 방법이 없었습니다! 그 중간에서 어떤 보살 한 분이 가로막고 있었기 때문입니다. 바로 대세지보살(大勢至菩薩)입니다. 그 대세(大勢)가 이르면 관음보살은 맞은편에 서 있습니다. 관음보살은 대자대비(大慈大悲)에 따라서 걸어가야 합니다. 아미타불의 이쪽은 대세지보살인데 말하기를 "노형, 안됩니다."하니 그는 움직이지 않기로 했습니다. 이 대세의 흐름에 무슨 방법이 있겠습니까? 이것을 이해해야 합니다.

그러므로 그런 것들은 모두 신통이 아닙니다. 그것은 모두 상분인데 당신이 상(相)에 집착한 것입니다. 신통이 아니면 무엇이라고 할까요? 신통의 동생이자 제2호인 신경입니다. 그러니 그에 사로잡히지 말기 바랍니다. 여러분은 하루 종일 이렇다 저렇다 하고, 하루 종일 저에게 그런 문제를 묻는데, 솔직히 말해서 저는 당신을 보고 정말 당신의 엉덩이를 향판(香板)71)으로 3백 번을 때려서 얼떨떨해져 지식이 없고 정신이 빠져 들어가기 좋아하도록 해주고 싶습니다.

상분과 견분을 이해해야 합니다. 수행은 견분에서 닦는 것입니다.

그러나 닦아서 견분에 도달하면 당신은 오도(悟道)했을까요? 못했습니다. 증분(證分)해야 합니다. 견(見)도 공(空)하고, 상(相)도 공하며, 공(空)도 공해야 합니다. 이때가 증도(證道)인데 바로 증분(證分)입니다.

증분에 도달했다면 옳을까요 옳지 않을까요? 에! 조심하세요, 누가 당신의 이 증분이 증도(證道)했다고 말했습니까? 부처님도 세상을 떠

---

71) 죽비 같은 것.

나시고 여기에 계시지 않고 미륵(彌勒)보살은 아직 오시지 않았습니다. 용수(龍樹)보살, 마명(馬鳴)보살, 관세음보살은 모두 계시지 않습니다. 당신 자신이 증득[證]했는데, 옳은지 옳지 않은지를 인정하려면 누가 와서 당신에게 한 번 증명해주기를 구할까요? 당신은 오직 자신에게 구합니다. 그것을 "증자증분(證自證分)"이라고 하는데, 또 증명을 구하는 것입니다.

증명을 구한 뒤에 정말로 도를 깨달았고 도를 보았다면, 3명6통(三明六通)의 신통이 있을까요 없을까요? 반드시 있습니다. 돌아가 얘기하겠습니다. 방금 나는 신통을 한참 동안 꾸짖었는데 그것은 정말입니다. 진정한 신통은 대지혜의 성취이며 역시 유심소조(唯心所造)입니다. 그래서 도를 증오(證悟)한 사람은 그 뒤에 또 하나의 작용이 있어서 당신이 올바르게 증오했는지를 증명하는데, 이것을 '증자증분'이라고 합니다. 자기가 증오한 것을 증명하는 것입니다. 이거야말로 진정으로 도달한 것입니다.

바꾸어 말하면, 당신이 염불하는 경우, 어떤 학우 … 오늘 어떤 학우가 내게 물었습니다. 이 학우는 열심히 공부합니다 …(녹음중단)… 오랫동안 보지 못했는데 그가 찾아왔습니다. 내가 그에게 어떠하냐고 물었습니다. 오랫동안 그를 보지 못했는데 그는 나에게 질문할 일이 있는 듯 한참 동안 서 있었습니다. 거기 서 있으면서 그가 나를 바라보는 것은 일이 있는 것이었습니다. 내가 한 번 바라보았습니다. 나는 신통이 없으니 그것은 바로 귀통(鬼通)이었습니다. 나는 그가 거기 서 있으면 나를 기다리고 있는 게 틀림없이 일이 있다는 것을 알았습니다.

제가 말했습니다, "자!자! 일이 있으면 어려워하지 마세요." 그가 말했습니다, "있습니다." 내가 말했습니다, "당신 무슨 일이 있습니까? 앉으세요." "가르침을 청할 문제가 하나 있습니다." 내가 말했습니다, "빨리 빨리 말하세요, 나는 시간이 없습니다."

그가 말했습니다, "염불하고 지금까지 하고 있습니다. 아 ……, 저는 지금 염불하고 있는데 염불이 끊임없이 이어지면서… 일심불란(一心不

亂)합니다. 하지만 일심불란한 가운데 말하지 못할 것이 하나 있는데 아 …… 대단히 좋고, 대단히 좋습니다만 저도 어떻게 말해야 할지 모르겠습니다."

나는 한참 동안 듣고는 말했습니다, "당신은 나에게 무슨 문제를 묻는 겁니까?"

"에 …… 이것을 어떻게 말할지 모르겠습니다."

내가 말했습니다, "당신이 말할 줄 모르니 내가 당신 대신해서 말하면 좋겠습니까?"

그가 말했습니다, "좋습니다, 선생님, 당신이 저에게 말해주십시오."

내가 말했습니다, "당신은 지금 염불하고 있는데 염불이 잘 되어 전일(專一)합니다. 그런 다음 전일한 뒤에는, 청정함이 있습니다. 이 청정함은 좋습니다. 비록 청정한 줄 알면서도 염불은 여전히 하고 있습니다. 이렇다는 것 아닙니까?"

그가 말했습니다, "그렇습니다! 선생님, 정확히 말씀하셨습니다!"

내가 말했습니다, "당신은 당신을 보세요, 당신은 나에게 문제를 묻는다고 하면서 말을 못하고는 나더러 얘기하라고 해서 내가 스스로 묻고 스스로 답을 했습니다. 하, 그럼 내가 자문자답하겠습니다. 자, 당신은 보세요, 나를 지금 당신이라 하겠습니다. 염불하는데 염불을 이어가며 잘 합니다. 그게 좋습니다. 아, 청정합니다! 청정하다고 말할 필요가 없습니다. 바로 말로 하지 못하겠는 그것입니다. 맞지요?" "네."

"자, 당신은 염불함이 하나 있고, 묘하고 좋음이 하나 있다는 것을 동시에 압니다. 맞지요?" "네."

내가 말했습니다, "세 개입니다." 그는 멍해지면 말했습니다, "네, 네, 네."

내가 말했습니다, 이것은 세 개의 마음이 아닙니까? 하나는 염불하는 것이고, 또 이 염불의 경지가 매우 청정하고 매우 묘하다는 것을 알고 있으니, 이제 두 개가 아닙니까? 당신은 또 이 두 개라는 것을 알고 있으니, 이제 세 개가 되었지 않습니까? 맞지요? 여러분은 듣고 이해했습니까? 내가 말했습니다, "당신은 어떻게 한 것입니까? 당신은 나를 그렇게 많은 햇수를 따르기도 했고, 비록 직장일이 바빠 파견되어갔지만 수업도 늘 와서 들었습니다. 이것은 바로 견분이 아닙니다! 당신은 그게 청정하든 청정하지 않던 상관하지 말기바랍니다, 그 상분을 모두 상관하지 마세요, 당신은 염불하자마자, '아! 이 경지가 좋다'고 자신이 압니다. 그게 무슨 희기함이 있겠습니까? 하지만 여전히 견분입니다. 다시 염불해서 더욱 한 걸음 진보하면 다시 와서 나에게 물으십시오. 자, 당신은 가보세요, 일이 있으면 다시 오십시오." 그저 이런 일로서 그렇게 간단합니다.

이제 사분(四分)을 얘기했으니 자신이 반드시 그 개념을 분명하게 해야 합니다. 바꾸어 말하면, 여러분이 이것을 이해하고 염불하고 수행하면 좋습니다. 그 하나하나마다에서 자기가 어떻게 길을 걸어가는지를 알게 됩니다.

그럼 어떤 학우들은 말합니다, "저는 정좌하고 염불하는데 정말로 잠을 자고 싶고 혼침합니다." 미련하기는! 선생님에게 또 물어야할 필요가 있습니까? 당신이 선생님에게 물으면, 나는 반드시 당신에게 "혼침(昏沈)하지 말아요!" 라고 합니다. 당신에게 무슨 방법이 있겠습니까? 자신의 눈을 뜨고 몹시 고통스러울 수밖에 없습니다. 정말 미련하기는! 정좌하고 있는데 혼침해지려고 하면 당신 잠을 자세요, 나는 보지 못한 척하면 되는데도 물을 필요가 있습니까? 물으면 내가 당신을 때리지 않고 어떻게 하겠습니까? 타인에게 미안하게 됩니다. 타인은 잠을 자지 않은데 당신은 잠을 자고 있으니 당연히 나는 당신을 때려야 합니다. 당신은 나에게 묻지 마세요, 나는 올라와 한 눈은 뜨고 한 눈은 감은 채 보지 못한 척해서 당신이 거기 앉아서 잠자게 내버려둘 것입니다. 당신은 어떻게 그리 미련합니까? 당신은 한편으로는 앉아서 잠을 자고 있고, 한편으로 당신은 "나는 지금 여전히 혼침하고 흐리멍덩하면서 왜 잠자려 하지?"를 알고 있는 그 견분은 잠들지 않았습니다! 이해했습니까? 미련한 사람 같으니, 하하! 수행은 그 견분을 찾는 것입니다. 그 상분은 상관하지 않습니다.

그러면 당신은 말합니다, "저는 왜 잠이 올 수 있습니까?" 이것은 생리적인 작용이거나 혹은 당신이 잠이 충분하지 않거나, 혹은 영양이 불량하거나, 혹은 체력이 방금 노동을 해서 잠시 잠잘 필요가 있기 때문입니다. 만약 당신이 이 도리를 이해했다면, 당신이 잠을 자더라도 나는 절대로 향판으로 당신을 때리지 않습니다. 왜냐하면 당신이 견분을 이해했기 때문입니다. 당신이 비록 잠을 자고 있지만, 당신은 틀림없이 이렇게 알고 있습니다. "나는 지금 왜 여전히 잠을 자고 있지?" 뿐만 아니라 잠자는 동안 선생님이 다가오는 것도 당신은 이렇게 압니다, "야단났군, 선생님에게 보이지 말아야지." 그 견분은 분명하게 거기 있지 않습니까? 어디 혼침하고 있습니까! 정말 미련합니다, 잠자는 것조차도 잠자는 재주가 없다니.

오늘 나는 ……를 전하는 것인데, 당신은 내가 여러분들에게 우스갯말 한다고 생각합니까? 여러분이 불법을 배우면서 밀종을 배우려한다면, 내가 일러드리는데, 40년 도안 배운 뒤에야 상사(上師)가 비로소 당신에게 기꺼이 전해주려고 합니다. 내가 오늘 당신에게 전한 이것이 무엇인지 여러분은 압니까? 정말입니다. 밀종에서는 견도분(見道分)의 대수인(大手印)이라 말합니다."

그러나 나는 상관하지 않고 공개적으로 당신에게 말합니다. 이것은 불법이니까요, 무슨 비밀이라고 할 것이 없습니다. 이 도리를 이해했으면 여러분은 수행할 수 있게 되었습니다. 그러고 나서 당신은 정좌하고 잠을 잘 자격도 있습니다. 당신은 한편으로 잠자지만 당신의 잠자지 않은, 자신이 잠을 자고 있다는 것을 아는 그 견분은 잠을 자고 있지 않습니다. 이해하셨지요? 이 잠자는 것은 겉모습이며 겉모습은 잠을 잘 잡니다 ……그리고 어떤 학우들, 미련한 학우는 나에게 묻는데 그는 아주 미련한 겁니다. "선생님, 저는 어제 여전히 혼침으로 잠을 잤습니다." 내가 말합니다, "당신은 그게 잠자도록 내버려두세요." 그는 이런 담력이 없는데, 마음속으로 이렇게 생각하는 것 같습니다, "에이! 선생님은 나를 비꼬고 있으면서 나를 깔보며 대답하시네." 내가 말한 것은 참말입니다. 왜 참말일까요? 당신이 앉자 곧 잠을 자는 것을 보면 당신은 잠을 충분히 자지 않았다는 것을 알 수 있습니다. "당신이 사흘 밤낮 동안 잠을 자게 내버려두지, 잠이 충분하면 당신이 어떠한 지를 보겠다." 그러면 당신은 잠을 자고 싶어도 잠들지 못합니다. 그 때에 당신은 이어서 묻습니다, "선생님, 저는 왜 잠들지 못할까요?" (대중이 웃다) 정말 미련하네요, 어떻게 수행합니까! 수행은 견지(見地)가 어렵고 견도(見道)가 어려운데, 견분(見分)을 붙잡고 닦기 시작하는 것입니다.

오늘 이 법문을 무엇이라 부를까요? 유식관(唯識觀)이라 합니다. 정말입니다. 유식법상관(唯識法相觀)을 닦는 것은 거의 몇 백 년 동안 전해지지 않고 없어졌습니다. 내가 지금 여러분에게 말해드립니다. 이것은 바로 유식법상의 지관(止觀)을 닦는 방법입니다. 여러분 이해하셨습니까? 이 법문을 존중해야 합니다! 다른 곳에서는 들을 수 없습니다. 이 한 집뿐이지 따로 분점이 없습니다. (대중이 웃다) 야 이거 정말입니다. 엄중합니다. 그러나 여러분 입에 도달하여 다른 사람에게 말해주면 곧 모습이 변해버립니다. 하, 모양이 바뀌게 되고 맞지 않게 됩니다. 그러므로 스스로 잘 수지(修持)하십시오. 오늘은 먼저 여기까지 말합니다.(인터넷 상의, 남회근 저 『중관과 유식』에서 뽑아 번역하였음)

치국평천하(治國平天下)의 아홉 가지 대원칙

"무릇 천하국가를 다스리는 데는 아홉 가지 대원칙이 있으니, 자신을 수양하는 것, 현인을 존중하는 것, 친족을 친애하는 것, 대신을 공경하는 것, 여러 신하들의 어려움과 수고를 여러모로 이해해 주는 것, 백성을 자식처럼 아끼는 것, 온갖 기술자들을 찾아오게 하는 것, 먼 곳에서 찾아오는 사람들을 어루만지고 달래주는 것, 제후들을 포용하는 것입니다. 자신을 수양하면 나라를 다스리고 천하를 태평하게 하는[治國平天下] 도가 확립됩니다. 현인을 존중하면 자신의 권위에 미혹되지 않게 됩니다. 친족을 친애하면 백부와 숙부 그리고 형제들이 원망하지 않게 됩니다. 대신을 공경하면 가르침을 받게 되어 머리가 흐릿하지 않게 됩니다. 여러 신하들의 어려움과 수고를 여러모로 이해해 준다면 사(土)들의 보답과 예경(禮敬)이 융숭하게 됩니다. 백성을 자식처럼 사랑하면 백성이 교화를 받아들이고 서로 권고하며 선량한 민간풍속을 양성할 수 있게 됩니다. 온갖 기술자들을 찾아오게 하면 상공업이 발전하여 재정이 자연히 풍족하게 됩니다. 먼 곳에서 찾아오는 사람들을 어루만지고 달래주면 사방의 인재와 인력이 귀화하게 됩니다. 제후들을 포용하면 천하의 제후들이 중앙의 천자를 도의(道義)상 두려워하게 됩니다. 재계(齋戒)하여 마음을 거울처럼 청명하게 하고 의관을 단정히 차려입고, 정무(政務)상의 모든 조치와 거동에 대하여 합리적인 작위인 예(禮)가 아니면 움직이지 않는 것이, 자신을 수양하는 방법입니다. 주변 사람들의 참언(讒言)을 곧이듣지 않고, 남녀사이의 미색(美色)에 빠지지 않고 좀 멀리하고, 사욕으로 재물을 좋아해서 탐내지 않고, 고상한 인품이 있는 도덕의 사(土)를 존중하는 것이, 현인을 격려하고 감화시키는 방법입니다. 그 지위를 존중하고 대우를 후하게 해주며, 그가 좋아하거나 싫어하는 심리를 함께 이해해주는 것이, 친족을 친애하도록 격려하고 감화시키는 방법입니다. 대신을 선발함에는 사전에 그의 재능과 도덕과 학문 수양을 신중하게 선발해서, 신임하고 직무를 맡겨 행사하게 하는 것이, 대신을 격려하고 감화시키는 방법입니다. 사(土)를 충성으로 대하고 신임하며, 대우를 충분히 해주는 것이, 사(士)를 격려하고 감화시키는 방법입니다. 때에 맞게 백성을 부리고 세금을 적게 거두는 것이, 백성을 격려하고 감화시키는 방법입니다. 그의 진보와 업적을 날마다 살피고 달마다 시험 측정하여, 그가 한 일에 상응하여 공평하고 대등한 대우를 해주는 것이, 온갖 기술자를 격려하고 감화시키는 방법입니다. 떠나는 사람을 전송하고 오는 사람을 맞이하며, 잘하는 사람을 칭찬하고 능력이 없는 사람을 불쌍히 여기는 것이, 먼 곳에서 찾아오는 사람들을 어루만지고 달래주는 방법입니다. 끊어진 제후의 후대를 이어 주고 폐망(廢亡)한 제후의 나라를 다시 일으켜 주며, 내란이 있는 나라를 다스려주고 위험한 나라를 붙들어주며, 때에 맞게 입조(入朝) 알현(謁見)하고 공물(貢物)을 바치게 하며, 제후에게 보내는 예물은 후하게 하고 받아들이는 공물을 적게 하는 것이, 제후들을 포용하는 방법입니다. 무릇 천하국가를 다스리는 데에는 이상의 아홉 가지 대원칙이 있으나, 그것을 실행하는 방법은 하나인데, 그것은 바로 위정은 사람이 하기에 달려 있으니 위정자가 먼저 자신을 수양하여 바르게 하고 남을 바르게 하는 것입니다."

凡爲天下國家有九經：曰修身也，尊賢也，親親也，敬大臣也，體群臣也，子庶民也，來百工也，柔遠人也，懷諸侯也。修身則道立，尊賢則不惑，親親則諸父昆弟不怨，敬大臣則不眩，體群臣則士之報禮重，子庶民則百姓勸，來百工則財用足，柔遠人則四方歸之，懷諸侯則天下畏之。齊明盛服，非禮不動，所以修身也。去讒遠色，賤貨而貴德，所以勸賢也。尊其位，重其祿，同其好惡，所以勸親親也。官盛任使，所以勸大臣也。忠信重祿，所以勸士也。時使薄斂，所以勸百姓也。日省月試，既稟稱事，所以勸百工也。送往迎來，嘉

善而矜不能, 所以柔遠人也。繼絶世, 舉廢國, 治亂持危, 朝聘以
時, 厚往而薄來, 所以懷諸侯也。凡爲天下國家有九經, 所以行之者
一也。

이어서 명백히 서술하기를, 반드시 지혜·인애·용기의 공
덕(功德)으로써 개인의 수신(修身)으로부터 시작하여, 인성과 인
사(人事)의 천차만별의 상황을 알고[知人], 남을 바르게 하며 다
스릴 수 있기[治人]까지 발전하고, 그런 다음 치국평천하(治國平
天下)의 도에까지 확충해야 한다며, 특별히 아홉 개 항목의 대경
대법(大經大法)72)의 대원칙이 있다고 제시하여 이렇게 말합니
다.

"무릇 천하국가를 다스리는 데는 아홉 가지 대원칙이 있으
니, 자신을 수양하는 것, 현인을 존중하는 것, 친족을 친애하는
것, 대신을 공경하는 것, 여러 신하들의 어려움과 수고를 여러모
로 이해해 주는 것, 백성을 자식처럼 아끼는 것, 온갖 기술자들
을 찾아오게 하는 것, 먼 곳에서 찾아오는 사람들을 어루만지고
달래주는 것, 제후들을 포용하는 것입니다[凡爲天下國家有九經 :
曰修身也, 尊賢也, 親親也, 敬大臣也, 體群臣也, 子庶民也, 來百工
也, 柔遠人也, 懷諸侯也]." 이게 바로 9경(九經)의 총칭입니다.
하지만 또 아래 글에서는 원칙적인 자체의 주석이 있어 말합니
다.

첫째는 "수신즉도립(修身則道立)"입니다. "반드시 먼저 개인
의 수신 학문수양의 완성으로부터 '자성 중으로부터 곧은 마음으
로 도를 행하는[率性而行道]' 정확한 목표와 작위를 알아야, 비

---

72) 근본의 원칙과 법규.

로소 관직에 나아가 위정하여 치국평천하의 공(功)을 맡을 수 있다"는 것을 가리킵니다.

둘째는 "존현즉불혹(尊賢則不惑)"입니다. "몸이 치국평천하의 책무를 맡은 지 시간이 오래 지나면 권위에 미혹되어서 자기도 모르게, 선입견이나 주관적인 관념을 가지고 자신이 옳다고 생각하면 곧 옳은 것으로 여기거나[師心自用] 옹고집을 부리는[剛愎自用], 제 잘난 체하고 미친 병폐 속에 빠져 떨어지기 대단히 쉽기 때문에, 반드시 진정으로 현인을 존중함으로써 자기를 보완[自補]할 수 있어야 한다."는 것을 가리킵니다. 예를 들어 증자(曾子)는 상고 역사상의 경험을 총결(總結)하여 말하기를, "스승을 쓴 자는 천하에 왕 노릇했고, 친구를 쓴 자는 패자가 되었으며, 도당들을 쓴 자는 패망했다[用師者王, 用友者霸, 用徒者亡]."고 말했습니다. 상(商)나라 태갑(太甲)이 이윤(伊尹)을 스승으로 받들었던 경우나, 은(殷)나라 고종(高宗)이 부열(傅悅)을 스승으로 받들었던 경우나, 주나라 문왕이 여망(呂望 태공망太公望)을 스승으로 받들었던 경우가 바로 '스승을 쓴 자는 천하에 왕 노릇하고 현인을 존중한 본보기입니다. 제(齊)나라 환공(桓公)이 관중(管仲)을 기용한 경우나, 진(秦)나라 목공(繆公)이 백리해(百里奚)를 기용한 경우나, 진(晉)나라 문공(文公)이 구범(舅犯) 등을 기용한 경우나, 월(越)나라 구천(勾踐)이 범려(范蠡)를 기용한 경우나, 한(漢)나라 고조(高祖) 유방(劉邦)이 장량(張良)과 진평(陳平)을 기용한 경우나, 유비(劉備)가 제갈량(諸葛亮)을 기용한 경우나, 당(唐)나라 태종(太宗)이 위징(魏徵)·방현령(房玄齡)·두여회(杜如晦) 등 쟁신(諍臣)[73]을 기용한 경우가 바로

---

73) 간신(諫臣).

친구를 쓴 자는 패자가 된 전례입니다. 일반적인 후세의 임금[人主 사장님]들은 모두가 말을 잘 듣는 순종형(順從型)의 도당(徒黨)들을 기용하기 좋아했는데, 그것은 모두 파멸의 길을 스스로 취한 것이었습니다.

현인을 존중함과 관련된 주장은 주(周)나라 진(秦)나라 무렵에 각 가(家)의 학설이 대체로 서로 같았습니다. 예컨대 묵자(墨子 적적翟)는 상현(尚賢)의 중요성을 매우 강조했으며, 유가에서는 자사(子思)이후의 맹자가 "도덕을 존중하고 지식인을 존중해야[尊德尊士] 한다."고 더욱 명백하게 제시하여 "현인이 정책을 결정하는 관위에 있고 능력 있는 자가 집행책임 행정의 직책에 있는 것[賢者在位, 能者在職]'이야말로 정치의 청명(淸明)을 선도(先導)한다." 라고까지 했습니다.

셋째는 "친친즉제부곤제불원(親親則諸父昆弟不怨)"인데, 친족을 친애하면 백부와 숙부 그리고 형제들이 원망하지 않게 됩니다. 이것은 고대 종법사회가 대가족을 위주로 하는 제가(齊家)의 도(道)의 기초 입장에서 말한 것입니다. 만약 중국 과거 역대 제왕정권의 가족 은혜와 원한이 스스로 취한 패망의 사례들 입장에서 강해한다면, 거의 역대마다 있었기에 자세히 역사를 읽어보기만 하면 알게 될 것이므로 사정을 상세히 설명할 필요가 없겠습니다. 그러나 현대와 장래의 이른바 자유민주 정체(政體)의 입장에서 말한다면, 그 원칙 원리는 역시 서로 같고, 단지 이른바 "백부와 숙부 그리고 형제들[諸父昆弟]"의 내함을 사회 각 계층의 시민여론단체나 혹은 정당정치의 이른바 여당·우호당·야당 등등의 명목으로 바꾸는 데 지나지 않습니다. 이 의의를 알았다면 이른바 '내가 친애해야 할 사람을 친애하고[親我之所親] 남이 친애하는 사람을 친애하기[親他所親]'까지 확대한다는 것은, 바로

『논어』에서 기록한 공자의 말인 "널리 사람들을 사랑하고, 학문과 도덕을 갖춘 사람을 친근히 하여야 한다[汎愛衆而親仁]."는 박애(博愛) 수양과 같으며, 그래야 될 수 있는 대로 사회 각 계층의 민원(民怨)을 줄일 수 있습니다.

넷째는 "경대신즉불현(敬大臣則不眩)."입니다. "최고 영도자의 직무를 맡는 대원칙은 그 중점이 '경(敬)'이라는 한 글자에 있다."는 것을 가리킵니다. 상층의 영도하는 대신 간부를 공경 존중하기를 마치 자기를 공경 존중하듯이 겸허 온화하면서 조심하는 것은 해내기 대단히 어려운 수양입니다. 예를 들어 오늘날 많은 큰 회사들의 사장은 고급 간부에 대하여 '내가 그를 고용했다. 내가 그에게 최고의 권위를 주었다거나 혹은 내가 그에게 최고의 대우 보수를 준다.'고 자부(自負)하는 심리 상태가 내심에 언제나 있지만, 대신을 존경하거나 공경 존중하는 속마음 가짐은 아예 없습니다. 그래서 흔히들 주인과 부하[主從] 관계가 되어서 사장과 동료 사이에 처음에는 친하게 지내다가 마지막에 사이가 벌어져 나쁘게 되어 양쪽이 다 손해를 봅니다. 중국의 역사상 "대신을 공경하면 가르침을 받게 되어 머리가 흐릿하지 않게 된[敬大臣則不眩]" 정도까지 진정으로 할 수 있었던 왕조 시대로는, 비교해보면 오직 북송(北宋)의 조가(趙家) 천하의 왕조가 가장 그럴싸했습니다. 그러나 안타깝게도 조가 황제의 사장들은 모두가 너무 문약(文弱)[74]했습니다. 그렇지 않았더라면 북송 왕조는 응당 또 다른 면목(面目)이 있어서 결코 한(漢)나라 당(唐)나라에 못지않았을 것입니다. 가장 엉망인 것은 바로 명(明) 왕조 주가(朱家)의 3백 년 정권이었는데, 대신들을 집 노예인 환관[太

---

74) 글만 숭상하여 나약하다.

監]보다도 더 못하게 대했으니 정말 저열하여 말할 가치도 없습니다. 이어서는 "대신을 공경하는 것[敬大臣]"과 관련된 서로 같은 문제로서 바로 다음 구절입니다.

다섯째는 "체군신즉사지보례중(體群臣則士之報禮重)."입니다. 이 구절은 바로 위 구절인 "대신을 공경하는 것[敬大臣]"과 서로 같은 의의가 있는데, 상고 시대에는 대신과 사(士)의 계급 차별이 있었을 뿐입니다. 바꾸어 말하면 오늘날의 중앙 상층 간부와 성시(省市) 이하 중·하급 간부의 상황에 해당합니다. 서로 다른 차이의 요점은 개인의 인품과 학문수양이 아니라, 맡고 있는 사무 상 직급의 다름일 뿐입니다. 이른바 중·하층의 사급(士級) 간부의 어려움과 수고를 여러모로 이해해준다면, 중·하층의 사급 간부, 더 나아가 일반 지식인은 마음을 다하고 힘을 다하여 자연히 충성스럽고 의로운 성의(誠意)로써 갚을 것이며, 이렇게 상하의 정이 하나로 통한다면, 앞에서는 복종하는 척 하고 뒤에서는 위반하는 행위를 하는[上有政策, 下有對策] 모순이 발생하지 않을 것입니다.

여섯째는 "자서민즉백성권(子庶民則百姓勸)."입니다. 치국평천하의 하나의 기본 목표는 모두 인민백성을 위해서 봉사하는 것, 즉 맹자가 말한 "백성이 귀중한 것이고, 사직은 그 다음이며, 군주는 가벼운 것이다[民爲貴, 社稷次之, 君爲輕]."는 도리를 말합니다. 이른바 국가정권의 기본 생성 원인은 바로 인민과 토지입니다. 이 때문에 나라를 영도하고 다스리는 자의 마음가짐은 반드시 모든 인민백성을 사랑하기를 마치 자기가 낳은 자녀를 사랑하듯이 하여서, 갓난애를 보호하는 것과 같은 인애의 지성스런 감정이 있어야 비로소 백성들로 하여금 교화를 진심으로 받아들이기를 원하고 서로 권고하며 선량한 민간풍속을 양성하게 할 수 있습니다.

일곱째는 "온갖 기술자들을 찾아오게 하면 상공업이 발진하여 재정이 자연히 풍족하게 됩니다[來百工則財用足]." 이것은 바로 근대와 현대에서 특별히 중시하고 발전시킨 상공업 경제사상의 서곡(序曲)과 같았습니다. 또한 정통의 유가와 공문(孔門)의 가르침이 상공업을 경시하는 것이 아니며, 상업경시주의는 더더욱 아니라는 설명이기도 합니다. 중국의 역사문화에서 상업경시 관념이 형성된 것은, 한(漢)나라 유가가 오도(誤導)함으로부터 시작하였으며, 위진 시대 이후 문화사상과 정치적 조치에서 농경만 중시하고 상공(商工)은 경시하는 관념이 사람들의 마음속에 깊이 심어져서 시종 경독전가(耕讀傳家)75)를 미담(美談)으로 삼았습니다.

이 때문에 15세기 이후 서양문화는 구성 형태가 바뀌어서 상공업 발전의 중시가 실용과학의 발달을 촉진함으로써 물질문명의 건설이 서양문화의 특색이 되었습니다. 그런데 우리의 일반 교육은 송나라 원나라 이후 줄곧 청나라 말기까지 여전히 '모든 것이 다 하찮은 것이고, 오직 글공부만이 최고이다[萬般皆下品 唯有讀書高].'라는 편향된 사상에 머물러 있었기 때문에 유가의 학설도 쓸모없는 글공부로 바뀌어버렸습니다. 쓸모없는 글공부의 고지식한 형태는 저 서양인들의 것을, '기이하고 교묘한 기교는 백성을 수고롭게 하고 재물을 손상하는[奇技淫巧 勞民傷財]' 작용에 불과하여 중시할 가치가 없다고 보았습니다. 도리어 공자의 이 "래백공즉재용족(來百工則財用足)"의 중점 가르침을 잊어버려서 뒷날 오히려 국가민족이 외국으로부터 큰 치욕과 수치를 당한 빚

---

75) 땅 경작으로 생계를 도모하고 글공부로 사람됨을 배운다.

을 모조리 공가학점(孔家學店)의 몸 탓으로 돌렸으니 어찌 억울하지 않겠습니까!

여덟째는 "먼 곳에서 찾아오는 사람들을 어루만지고 달래주면 사방의 인재와 인력이 귀화하게 됩니다[柔遠人則四方歸之]."입니다. 우리가 이 한 마디를 처음 읽으면 아마 이를 마치 현대 국제간의 교민(僑民)이나 교민에 관한 사무[僑務]를 중시하는 것처럼 이해하기 쉬울지 모르겠는데, 사실은 경(經)을 읽는 것은 반드시 역사를 읽어야 합니다. 바로 옛사람이 말한 "육경이 모두 역사이다[六經皆史也]."라는 관념과 같습니다. 우리는 동주(東周) 말기인 이른바 춘추 시대에 주(周) 왕조 천자를 중심으로 하는 중앙정부가 제후 연방(聯邦)을 영도하는 봉건체제하에서, 전체 중국은 그래도 땅이 넓고 물산이 풍부하였지만 인구는 아직 수천만 명에 도달하지 않은 단계에 처해 있었다는 것을 이해할 필요가 있습니다. 모든 제후 방국(邦國) 사이에는 토지자원과 정치세력의 동력을 개발하고 확장하려면 가장 중요한 것이 바로 인력과 인재였습니다. 이 때문에 춘추전국 시기에 각국 제후 사이는 모두 인재와 인력을 불러 모으는 것이 정책상의 가장 중요한 당면한 업무였습니다. 예를 들어 『대학』에서 말한 "덕(德)이 있으면 곧 군중[人衆]이 있고, 군중이 있으면 곧 토지가 있을 것이고, 토지가 있으면 곧 재화(財貨)가 있을 것이고, 재화가 있으면 곧 갖가지 묘용(妙用)이 일어날 수 있다[有德此有人, 有人此有土, 有土此有財, 有財此有用].", "재화가 모이면 백성이 흩어지고, 재화가 흩어지면 백성이 모인다[財聚則民散, 財散則民聚]."는 모두 설명하기를, 토지·인민·재부 이 세 가지의 결합이 바로 한 방국(邦國) 정권의 튼튼한 기초였다고 합니다. 그러므로 한 국가를 영도하는 자는 반드시 자애로운 어머니처럼, 사방에서 찾아와 귀화하는 먼 곳 사람들을 어루만져 달래야[懷柔] 비로소 나라를 세우고 부유하게 하고 다스릴 수 있습니다.

　게다가 더욱 이해해야 할 사실은, 춘추전국 시대의 이른바 지식인 사대부들은 재능과 포부를 품고 각자 출로를 모색하여 각국 제후 방국 사이를 서로 왕래하면서 방도를 생각해내고 전략 전술을 작성하여 자기를 파는 게 보편적인 현상이었다는 것입니다. 춘추 시기로부터 시작하여 후세에 남겨진 '초나라 인재를 진나라가 쓴다[楚材晉用].'라는 천고 명언 한 마디는 바로 그런 역사 사실에서 얻은 결론입니다. 예를 들어 서진(西秦)의 굴기(崛起)에 기용된 명재상인 백리해(百里奚) · 건숙(蹇叔) · 범저(范雎) · 상앙(商鞅) · 장의(張儀), 더 나아가 진시황 시대의 이사(李斯)는 모두 진나라 본토 출생의 인재가 아니었습니다. 그러나 진나라의 여러 왕들은 모두 "유원인즉사방귀지(柔遠人則四方歸之)"의 정책을 실행해낼 수 있었기 때문에 변방에서 굴기(崛起)하여 마침내 중국을 통일할 수 있었습니다.

　그 다음으로, 전국 말기의 제(齊)나라의 경우는 상공업이 발달해서 제후국 사이에서 나라가 강성하고 백성이 부유하여 동방을 호령했기 때문에, 제나라 선왕(宣王)의 시대에 각국의 지식인 인재인 각가(各家) 각파(各派)의 학자 전문가들이 모두 연달아 달려와 제나라의 수도 임치(臨淄)에 집중되었습니다. 대유(大儒)인 맹자(孟子)와 순자(荀子), 음양가인 추연(鄒衍), 더 나아가 도가의 방사(方士)들이 모조리 모두 제나라의 임치에서 출로를 구하고 발전을 꾀했습니다. 이게 바로 "유원인즉사방귀지(柔遠人則四方歸之)"의 작용입니다.

　예를 들어 20세기 현대의 미국은 그 이민정책이 뜻밖에 "먼 곳에서 찾아오는 사람들을 어루만지고 달래준다[柔遠人]."는 원칙에 적합했기 때문에, 미국은 각국이 배양한 제일류의 우수한 유학생 과학기술 인재를 받아들여서 자신들의 사용으로 돌립니다. 이 때문에 자기 나라가 인재를 교육 배양하는 대량의 비용을 절약하는 동시에, 자기의 과학기술 문명의 발전을 촉진하고 전 세계를 깔보고 있습니다. 이게 바로 "유원인즉사방귀지(柔遠人則四方歸之)"의 성과인데, 우리가 미래에 장차 어떻게 자기 처신을 하고, 어떻게 해야 인재가 밖으로 흘러나가지 않게 하거나, 혹은 한 걸음 더 나아가서 먼 곳으로부터 돌아오는 인재를 회유(懷柔) 관용(寬容)할 것인지에 대하여 정말 깊이 생각하고 반성할 가치가 있습니다. 본국 교민의 보호와 그리고 재외 교민을 배려하는 정책에 대해 말하더라도 당연히 이 한 마디의 내함이므로 자연히 자세히 말할 필요가 없습니다.

아홉째는 "제후들을 포용하면 천하의 제후들이 중앙의 천자를 도의상 두려워하게 됩니다[懷諸侯則天下畏之]."입니다. 이것은 상고의 왕도(王道)정치와 후세의 패도(覇道)정치에 공통되는 대원칙입니다. 그 무게 중심[重心]은 '회(懷)'라는 한 글자의 작용에 있는 것이지 결코 '외지(畏之)'를 중점으로 하는 것은 아닙니다. '회'자에는 '회유하여 복종하게 하다[懷服] · 그리워하다[懷思] · 생각하다[懷念] · 흉금이 넓고 크다, 각국 제후를 충분히 포용할 수 있다'는 내함이 있습니다. 그것은 천하를 통솔하는 것을 형용한 말입니다. 물론 다른 사람을 향해 그 품속에 뛰어들어 환심을 산다는 의미는 아닙니다. "회제후즉천하외지(懷諸侯則天下畏之)" 이 한 마디와 관련하여 역사 경험을 돌이켜보는 사고[反思]에서 유일하게 연구할 가치가 있는 것은 확실히 바로 주왕조 건국 초기 1,2백 년간의 사실로서, 참고할 가치가 있습니다. 그러나 과거의 역사에서 일컫는 주나라 초기 제후 봉건으로 건국

된 것이 마침내 1,800개만큼이나 많았는데 사실(事實) 자료는 이미 조사 확인하기 어렵습니다. 그렇지만 서주(西周)를 거쳐 동주(東周)에 이르는 몇 백 년 동안 주실(周室) 왕권은 쇠락했고 제후는 서로 병탄하였으며, 춘추 초기에 이르러서도 크고 작은 수십 개의 제후 방국이 여전히 존재하고 있었습니다. 뿐만 아니라 어떤 국가들은 아예 희주(姬周) 종실의 혈연관계가 아니었습니다. 비록 주 왕조는 천하위공(天下爲公)의 대동의 치[大同之治]를 결코 완전히는 해낼 수 없었지만, 적어도 진(秦)나라 한(漢)나라 이후 다른 성씨[異姓]는 왕에 봉하지 않았던 봉건통치와는 같지 않았습니다.

이런 주 왕조 왕도정치의 정신은 본 절의 뒷글에 자연히 주석이 있기 때문에 우리는 그것을 전문 주제로 삼아 발휘해서는 안 됩니다. 그렇게 했다가는 중국 상고의 왕도정치사상사를 얘기하는 한 부(部)의 전문 논문으로 변하게 될 것입니다. 그러므로 가볍게 건드리기만 하고 끝내겠습니다. 춘추 시대에 시작된 패도(霸道)정치에 대한 연구 입장에서 말한다면 이른바 춘추오패(春秋五霸) 가운데 유일하게 연구 참고할 만한 것은, 바로 제나라 환공[齊桓公]이 대표적으로 가장 비슷했다는 것입니다. 그 다음으로는 진나라 문공[晉文公]도 좀 그대로 모방했다는 느낌이 있습니다. 그 나머지인 송나라 양공[宋襄公] 그리고 뒤에 일어난 오(吳)나라 · 월(越)나라 패업(霸業) 같은 것은 논할 것이 못됩니다. 총괄적으로 말해서 "회제후즉천하외지(懷諸侯則天下畏之)"의 정도까지 진정으로 해낼 수 있었던 것은, 중국 진나라 한나라 이후의 역사에서 말한다면 한(漢)나라 당나라 양 시대 개국 초기의 기상(氣象)을 제외하고는 합격한 본보기가 실재로 아주 드물었습니다. 혹시 '지나간 일은 이미 만회할 수 없으나 미래의 일

은 보완하여 고칠 수 있으니[往者已矣, 來者可追]' 오직 장래에
오는 자의 작위(作爲)에 희망을 걸 뿐입니다!

치국구경(治國九經)에 대한 보충

치국구경(治國九經)의 법칙 뒤에 이어서 또 한 걸음 더 나아
가 세칙(細則)을 자세히 말합니다.

첫째로는, 먼저 나라를 다스리는 영도자 자신의 수신의 내양
(內養)과 외용(外用)을 보충하여 강설합니다.

"재계(齋戒)하여 마음을 거울처럼 청명하게 하고 의관을 단정
히 차려입고, 정무(政務)상의 모든 조치와 거동에 대하여 합리적
인 작위인 예(禮)가 아니면 움직이지 않는 것이, 자신을 수양하
는 방법입니다[齊明盛服, 非禮不動, 所以修身也]." 해제(解題)는
읽어보면 대단히 간결한데, 종합하면 오직 두 마디의 여덟 글자,
"재명성복(齊明盛服), 비례부동(非禮不動)"으로 귀납될 뿐입니다.
사실상 이 두 마디 말의 내함은 결코 간단하지 않고 오히려 세
개의 중요한 기본 학문수양이 있습니다.

어떠한 것을 "재명(齊明)"이라고 부를까요? 그것은 『대학』
에서 말하는 '천자로부터 서민에 이르기까지 한결같이 모두 자신
의 수양을 근본으로 삼아야 한다[自天子以至於庶人, 壹是皆以脩
身爲本].'는 중점과 같습니다. 또한 바로 『중용』 시작부분에서 이
른바 "생리적인 정서와 상관이 있는 기쁨 · 노여움 · 슬픔 · 즐거
움 등의 망념(妄念)이 모두 아직 발동하지 않은 것은 바로 자성
의 본래 청정(淸淨)의 경지에 정확히 맞아 들어간 것으로서 이를

중(中)이라 하고, 만약 우연히 밖에서 온 경계가 야기하였기 때문에 망념이 발동하였다면 그 즉시 자동 자발적으로 주전하여 다시 모두 안정되고 평화롭고[安和] 고요한 본래 청정의 경지로 되돌아갈 수 있는 것, 이를 화(和)라고 한다[喜怒哀樂之未發謂之中, 發而皆中節謂之和]."는 중화(中和) 학문수양 경지의 요약이기도 합니다. 그러므로 먼저 이 '齊'자를 이해할 필요가 있습니다. 고문의 독법(讀法)에서는 바로 齋자였습니다. 즉, 후세에 이른바 재계목욕(齋戒沐浴) 그리고 세속에서 이른바 지재(持齋 계율을 지켜서 오신채를 먹지 않는 것) 흘재(吃齋)76)의 齋자입니다. 여기에서 말하는 齋는 바로 '사려를 고요하게 하고, 스스로 자기의 의념을 청정하게 하며, 마음을 재계하여 자기를 단속하는 것[澄心靜慮, 自淨其意, 齋心自律]'의 별명입니다. 만약 한 걸음 더 나아가 엄격하게 말하면 바로 『주역』 「계사」에서 말한 '마음을 깨끗이 하여 아무것도 없는 상태로 비워 둔다[洗心退藏於密]'77)는 성인의 경지 공부이기도 합니다. 마음을 재계하여 스스로 자기의 마음을 청정하게 함으로 말미암아, 비로소 심경(心境)을 청명하도록 하여 밝은 지혜가 비추는[明智照耀] 기능작용[功用]에 도달합니다. 바꾸어 말하면 이것은 당나라 시대의 선종 신수(神秀)선사가 말한 점수(漸修)의 요지인,

몸은 보리수요	身是菩提樹
마음은 명경대이니	心如明鏡台
때때로 부지런히 털고 닦아	時時勤拂拭

---

76) 정진결재(精進潔齋)하는 것.
77) 자기의 마음을 깨끗이 씻어, 즉 생각을 비워서[空] 적연부동(寂然不動)의 경지에 도달하는 것.

는 작용과 같습니다.

만약 한 걸음 더 나아가 선종 육조 혜능(慧能)대사가 말한,

보리는 본래 나무가 없고	菩提本無樹
밝은 거울도 경대가 아니다	明鏡亦非臺
본래에 아무것도 없거늘	本來無一物
어느 곳에서 먼지가 일어나겠는가	何處惹塵埃

의 경지와 같다면, 범부를 초월하여 성인의 영역에 들어갈 수 있습니다. 이것도 『대학』에서 이른바 수신(修身)이, 먼저 격물(格物)·치지(致知)·성의(誠意)·정심(正心)으로부터 도달하는 내명의 학의 표적(標的)이기도 합니다. 만약 이와 같이 이해한다면 "재명성복(齊明盛服)"이라는 한 마디의 '재명' 두 글자의 내함을 진정으로 이해했다고 인정할 수 있습니다.

2. "성복(盛服)"인데, 바로 유가가 일관되게 중시하는 예의(禮儀) 외모[外相]의 학(學)에 대한 요구입니다. 이른바 사람이 사람인 까닭은 반드시 근엄한 의관으로 자신을 장엄한 외모가 있어야 하며, 그래야 사람이 기타 동물의 모양과 다른 까닭을 표시할 수 있다는 것입니다. 그러므로 반드시 그 의관을 올바르게 하고 그 시선을 엄숙하게 지녀야 합니다[正其衣冠, 肅其瞻視]. 우리의 상고이래로 유가와 도가가 본래 아직은 분가하지 않았던 문화 중에서는, 사람과 기타의 동물에 대해서도 본래 차별 없이 똑같이 대했지 결코 자기를 뽐내어 자기를 높이고 거만하지 않았습니다. 그러기에 인류를 나충(裸蟲)이라고 불렀습니다. 바꾸어 말

하면 사람은 알몸이 털이 없는 큰 동물로서, 그 나머지 털이 있는 짐승의 종류와는 오직 형상만 다름이 있었을 뿐입니다. 그러나 인류에게는 사상과 문화가 있기 때문에 그 나머지 모든 생물과 크게 달라졌습니다. 그래서 인문 문화의 시작은 맨 먼저 사람의 의관을 형성해서 추위를 막고 더위를 피할 수 있을 뿐만 아니라 자기를 장식하여 인류의 존엄을 세울 수 있었습니다. 이 때문에 상고 시대에 문화 문명이 시작되고 나서부터 헌원(軒轅)황제 시대에 의상을 제작한 것을 시대의 획을 긋는 대표로 삼았습니다. 그 뒤로부터 4,5천 년 사이에 매 역사 왕조 시대마다 모두 자연히 그 시대의 의관문물을 두어 그 왕조 그 시대의 상징을 표시하기 마련이었습니다. 현대인들의 대범함이, 도리어 인도 상고 시기의 나체 외도(外道)와 같은 것을 미관(美觀)으로 삼는 것처럼 그렇지는 않았습니다. 그러므로 공자는 "노애공이 위정의 도리를 묻는 것"에 대답하는 첫 조목 답안에서 내양(內養)의 "재명(齊明)" 외형의 "성복(盛服)"이 바로 국가 영도자가 자기 수신(修身)하는 중요한 일이라고 반복해서 다시 말하고 있습니다.

3. "비례부동(非禮不動)"의 중요함입니다. 우리가 알아야 할 필요가 있는데, 여기서 말하는 禮자는 단순히 예모(禮貌)·예절의 의례(儀禮)를 가리키는 것이 아닙니다.

예를 들어 우리가 평소에 말하는 사서(四書)·오경(五經) 중의 『예기(禮記)』라는 한 부의 책 이름이 사실상 포함하고 있는 각 내용은 세 부의 중요한 전적[要典]이 있는데, 통틀어 「삼례(三禮)」라고 합니다. 대체로 말해 『주례(周禮)』는 주(周) 왕조 문화와 정치체제의 내용을 널리 모은 것으로 주 왕조의 정치철학이나 헌정(憲政)철학사상의 자료라고도 할 수 있습니다. 『의례(儀禮)』는 주 왕조가 계승한 전통문화의 사회철학과, 인류 사회생활 차례 순서[次序]의 규범 등등을 포괄합니다. 『예기』는 중국 전통문화 전체를 모은 대총서[大叢典]로서, 내용이 대단히 광범위합니다. 예를 들어 우리가 오늘날 말하는 『중용』과 『대학』 그리고 「예운편(禮運篇)」 중의 대동사상(大同思想)은 단지 그 중의 몇 편의 논문에 지나지 않을 뿐입니다. 그 나머지는 생각해보면 알 수 있듯이 그렇게 간단하지 않습니다. 이 때문에 여기에서 말하는 "비례부동(非禮不動)"이라는 한 마디는 그 내함이 대단히 광범위합니다. 하지만 그것을 농축해서 말할 수도 있는데, 예(禮)란 이(理)입니다. 그렇다면 이른바 "비례부동(非禮不動)"은 바로 모든 정무(政務)에 대하여, 모든 사물 등등에 대한 조치와 거동에 대하여, 무릇 불합리한 작위, 논리상 다음 글이 말하는 '박학(博學)·심문(審問)·신사(愼思)·명변(明辯)'을 거치지 않은 작위는 절대로 경거망동(輕擧妄動)해서는 안 된다는 것을 가리킵니다. 이게 바로 국가 정권을 장악한 자 그리고 각 계층의 주관 책임을 맡은 사장들이 알아야 할 내명외용(內明外用) 수신(修身)의 학의 중점입니다.

둘째로는, 치국 영도자가 '현인과 능력 있는 자를 선발하고 품덕을 중시하고 현인을 존중하는[選賢與能, 重德尊賢]' 등 행위상의 풍채(風采)를 보충하여 이렇게 말합니다. "거참원색(去讒遠色), 천화이귀덕(賤貨而貴德), 소이권현야(所以勸賢也)." 이것도 두 마디 만 있는데, 중개하는 '而'자 하나를 없애버리면 역시 단지 여덟 글자로서 '거참(去讒)·원색(遠色)·천화(賤貨)·귀덕(貴德)' 네 개의 요점입니다.

1. 좌우 전후 내외로 겹겹이 둘러싸고 있는 자들의 참언(讒言)을 함부로 곧이듣지 말라는 것입니다.

2. 남녀사이의 미색을 탐내어 성 관계를 함부로 함으로써,

남을 희롱하여 사람으로서의 도덕을 잃어버리는[玩人喪德] 함정 속으로 자신을 떨어지게 하지 말라는 것입니다

3. 사욕에서 재화(財貨)를 좋아하고 탐냄으로써 쓸데없는 놀음에 팔려 큰 뜻을 잃어버리는[玩物喪志] 깊은 구덩이 속으로 떨어지지 말라는 것입니다.

4. 고상한 인품이 있는 도덕의 사(士)를 존중해야 한다는 것입니다. 그러나 이 네 가지 요점의 제가치국(齊家治國)의 도에 대한 중대한 관계를 진정으로 이해하려면, 3천 년 동안의 허다한 역사 이야기들을 인용하여 인증할 필요가 있는데, 그러면 아마 또 전문 주제 논저로서 한 권의 큰 책으로 변할 것입니다. 저는 지금 정말로 시간과 정력이 없어서 설명을 많이 하지 못합니다.

사실은 본문 두 마디 말 중에 '남녀 관계의 색욕·참언·재물을 좋아함' 이 세 개의 문제를 함께 이어 놓은 것은 바로 하나의 중심에 삼각이 교차하는 관계인데, 그것은 매우 일리가 있는 것입니다. 하지만 저는 이 세 개의 요점에 대하여 중점적으로 몇 마디 설명만 하겠습니다. 첫째 무엇을 정언(正言)과 참언이라고 하는지는 하나의 정확한 정의를 내리기가 정말로 어렵습니다. 어떤 때 정언이 반대와 같고, 어떤 때 반언(反言)이 정언과 같은지는, 오직 말을 듣는 사람 자신이 고도의 '명변(明辨)'의 지혜력을 갖추고 있고 마음이 밝은 거울 같아야 마음에 착수하여 곧 또렷이 판별합니다. 성인(聖人)이든 소인이든 어떤 대상과 어떤 일에 대해서 말하고자 하면, 때로는 혹은 많게 혹은 적게 아무래도 조금은 허풍을 치고 아첨하는 어기(語氣)가 불가피하게 있습니다. 단지 본인이 높은 자리 요직에 있거나 혹은 사장 노릇하고 있을 때 자기가 정신이 또렷하기만 하면 그것으로 좋습니다. 그래서 저는 늘 여러분을 일깨우기를, 청 왕조 건륭 시대 손가감(孫嘉

淦)의 「삼습일폐소(三習一弊疏)」 주첩(奏摺)이 대단히 중요하니 진지하게 한 번 읽을 필요가 있다고 합니다. 그것은 한 편의 실질적인 명문으로, 위로는 제왕에 이르고 아래로는 정부 관리(官吏)나 혹은 상공업 사회의 어떠한 작은 주관자·작은 사장에 이르기까지든 모두 마땅히 경계심의 교육 훈계로 삼아야 합니다78).

이것 이외에 저 개인의 수십 년의 체험으로 말하면, 역사를 읽고 또 20세기 이래 현대사(現代史)에서의 몇 번의 풍우(風雨)를 직접 본 경험에서 말하면, 가장 두려운 참언은 바로 만세(萬歲)를 높이 외치고 위대하다고 부르짖으며 군중이 폭발적으로 박수치며 환호하는 소리입니다. 저는 일찍이 이런 장면을 대할 때마다 마음에서 근심걱정하며 한 마디 시가 불쑥 솟아올라 말하기를, "백성을 다 해치는 것은 이 소리이다[誤盡蒼生是此聲]."라고 했습니다. 이것도 참언 아닌 가장 큰 참언이니, 마땅히 알아야 합니다. 게다가 참언과 관련된 문제는 옛사람의 몇 마디 명언을 알기만 하면 미루어 알 수 있으니 스스로 잘못을 적게 범해야 합니다. 예를 들면, '와서 시비를 말하는 자가 바로 시비를 일으키는 사람이다[來說是非者, 便是是非人].' '옳으니 그르니 시비는 종일토록 있는 법이니, 듣지 않으면 저절로 없어진다[是非終日有, 不聽自然無].' 같은 명언인데, 체험과 경험에 결합시켜보면 가슴속에서 분명히 알고 운용의 묘가 자연히 한 마음에 있을 수 있습니다.

그 다음은 '色'자인데 이것을 남성 본위로부터만 출발해서 마치 오로지 여색에 대해서만 말하는 것처럼 해서는 안 됩니다.

---

78) 남회근 지음 설순남 옮김 『맹자와 양혜왕』 중 '손가감의 삼습일폐소 상주문'을 읽어보기 바람.

예를 들어 청나라 시대 저명한 유학자 사학자(史學者)인 조구북(趙甌北)은 택원(澤園 석숭石崇의 금곡원金谷園)을 인쇄에 부치며 시를 지어 말하기를, '절세미인은 원래 요물이요, 난세에 재물이 많으면 화근이다[美人絶色原妖物, 亂世多財是禍根].'라고 했는데 확실히 두 마디 명언의 시입니다. 만약 이를 가져다 '호색'과 '호화(好貨)' 두 방면을 해석한다면, 이 두 마디 시만으로 다 말할 수 있습니다. 그러나 역시 꼭 다 그렇다고도 할 수는 없습니다. 남자는 여색을 좋아하고 여자는 또 남색을 좋아하니 '色'자가 대표하는 재난[禍害]은 욕애(欲愛)가 지나치게 발생시킨 병폐인데, 문제는 결코 예쁘고 아름다운 색상에서 나오지 않습니다. 우리는 범위를 축소해서 당나라 시대의 두세 개의 역사 이야기만을 가지고 말해보겠습니다. 당 태종은 결코 여색을 좋아하지 않은 것이 아니었지만 큰 문제가 나타나지 않았습니다. 무측천(武則天)도 남색을 좋아했지만 그녀도 당 태종처럼 알맞게 처리해서, 결코 남색 때문에 정치를 방해하지도 않았고 남색으로 인하여 정치적으로 큰 문제를 일으키지도 않았습니다. 당 명황(明皇)은 참언을 쉽사리 듣고 놀기도 좋아하고 호색도 했습니다. 그러나 그는 개원(開元) 정치 시기에는 그런 병폐로 인하여 큰 문제를 일으키지는 않았습니다. 당 명황의 문제는 만년에 일어났는데, 바로 남자의 갱년기 이후 정력이 쇠퇴하고 두뇌가 맑지 못하며 지혜·용기 모두가 혼침(昏沈)에 떨어진 단계일 때였습니다. 이 때문에 명군(明君)이 혼군(昏君)으로 변했으며, 그래서 큰 문제가 나타났고 이로부터 당 왕조의 운수[氣數]도 폭락하게 되었습니다.

　　남녀 사이에 잘 생긴 사람을 '色'이라고 부르는 것에 대해 말해보더라도 역시 꼭 다 그런 것은 아닙니다. 옛사람은 여인이 애호하는 잘 생긴 남성을 '면수(面首)'라고 불렀는데, 이런 단어를 사용한 것에는 아주 일리가 있습니다. 잘 생긴 것은 단지 얼굴과 머리가 보기 좋은 것일 뿐입니다. 남녀를 막론하고 진정한 호색은 얼굴과 머리의 잘생김만을 애호하는 것이 아니라 상대의 어떤 특징이나 특성을 사랑하게 된 것입니다. 이것은 바로 일반 속담에서 말하는, '포커 게임할 때는 한 장을 내야하고 궁중의 황제는 궁녀들 중에서 하나를 점찍어야 한다[牌打一張, 色中一點].'와 같습니다. 당신이 사회에서 발생하는 사실을 자세히 관찰해보기만 하면, 어떤 경우는 상대는 비교적 못생긴 사람인데 오히려 잘생긴 사람이 호감을 갖고 좋아하고, 잘생긴 사람이 오로지 잘생긴 대상만을 사랑하는 것은 결코 아닙니다. '色'자는 남녀 사이가 오로지 어떤 점에 대해 애호함을 대표하는 명칭일 뿐입니다. 예를 들어 당 명황이 먼저와 나중에 가장 사랑한 두 사람은, 하나는 매비(梅妃)였고 하나는 양옥환(楊玉環)이었는데, 만약 역사자료에 근거해서 말하면 매비가 양귀비보다 훨씬 미끈하고 예뻤습니다. 그렇지만 매비가 미끈하면서 글재주가 있고 성정(性情)이 비교적 빈틈없음이, 양귀비의 낭만이 당 명황의 성격에 적합하게 잘 함에 비교가 되지 않았습니다. 그러나 어떻든 간에 한 사람의 성공과 실패에 대해 그 과오를 오로지 여인의 몸에만 미룰 수는 없습니다. 더더구나 낙빈왕(駱賓王)이 '소매로 얼굴을 가리고 참언에 능숙하고, 알랑거려 마침내 군주를 미혹시킬 수 있었다[掩袖工讒, 狐媚偏能惑主].'라고 무측천을 성토하는 격문(檄文)대로, 이것은 바로 무측천이나 어떤 여인의 큰 죄과라고 해서는 안 됩니다. 손으로 입을 가리고 한 번 웃는 것은 여성이 우연히 하는 천연적인 동작이며, 말하는 것이 꼭 참언인 것은 아닙니다!

제가 이런 허다한 한담을 하는 것은, 여러분이 『중용』 청강을 하느라 너무 지나치게 엄숙하고 몹시 피곤한 것을 보고서 일부러 이런 우스갯말을 하여 여러분으로 하여금 기분을 돋우게 하는 것입니다. 본 얘기로 돌아가겠습니다. 험담하는 말을 듣기 좋아하는 것, 다른 사람이 개인행동에 관해 밀고하는 것을 듣기 좋아하는 것, 그리고 호색하는 것은 모두가 영도자가 된 자가 가장 범하기 쉬운 큰 병폐입니다. 보세요, 현대의 미국 대통령의 문제도 이런 일에서 나타나지 않습니까? 만약 학술문제에 의거해서 말하면, 험담하는 말을 치우쳐 듣기를 애호하고 호색하는 습기(習氣)는 모두 정신이 비정상이며 심리행위학적으로 큰 문제로서 자세히 다 말하기 어렵습니다. 단지 여러분더러 연구하는 데 유의하라고 제기하는 것일 뿐입니다.

'호화(好貨)' 이 문제와 관련하여 말해보면, 옛사람이 말하는 '호화'란 재부를 애호하는 것에 대해서 말할 뿐만 아니라 또한 어떤 물질적인 물건을 가지고 노는 것도 포함하여 모두 '호화'라고 했다는 것을 알 필요가 있습니다. 예를 들어 옛사람이 늘 말하기를 '여인호화(女人好貨)'라고 했는데 이런 말은, 여성들이 예쁘고 유명하고 진귀한 장식품을, 즉 옷과 일상용품·다이아몬드·보석류 등등 같은 것을 비교적 편향적으로 애호하는 것을 '호화'라고 한다는 것을 말합니다. 남성이 '호화'한 것과 관련하여 우리의 역사에는 여러 명의 황제가 재부를 긁어모으기를 대단히 애호한 사례(事例)가 있습니다. 그밖에 송나라 휘종(徽宗)의 경우 기괴한 돌과 글씨와 그림을 가지고 놀기를 애호한 것도 모두 '호화'의 사례에 속합니다.

항일전쟁의 후기에 당시 국민정부의 주석은 임삼(林森) 선생이었습니다. 아마 현대의 중년 이하의 사람은 현대사에서 이런 1호 인물이 있었다는 것을 아예 모를 것입니다. 하지만 우리는 당시에 모두 습관적으로 존칭하여 그의 별명을 임자초(林子超) 선생이라고 불렀습니다. 그는 인품과 덕성이 고결하며 명리를 추구하지 않고 욕심이 적은 사람이었습니다. 제가 아미산(峨嵋山) 대평사(大坪寺)에서 폐관(閉關)하던 시기에 그도 마침 대평사 아래의 홍춘평(洪椿坪) 사원에서 피서(避暑)를 하고 있는 중이었는데, 그는 비록 몸이 한 나라의 가장 높은 지위⁷⁹⁾에 있으면서도 대동하고 온 수행원은 몇 사람이 있었을 뿐이었습니다. 아마 그를 보호하는 임무를 책임진 자들은 바로 산 아래에서 고궁박물관을 감시하는 한 중대의 헌병들이었을 것입니다! 어느 날 당가사(當家師)가 특별히 와서 저에게 말했습니다, "임 주석이 홍춘평에 계시는데, 여기에서 당신이 홀로 폐관하고 있다는 소식을 듣고 그가 몹시 산을 올라 당신한테 찾아와 선(禪)을 담론하고 싶어 한답니다." 저는 듣고서 곧 말했습니다, "이것은 틀림없이 부상(傅常: 진오眞吾) 선생이 입을 잘못 놀렸을 것입니다. 그가 산에 올라와 나를 만난 뒤에 산을 내려가면서 홍춘평을 지나갔기 때문에 임 주석에게 알려졌을 가능성이 있습니다. 대평사의 산길은 너무 험난하니 절대로 주석께 저 이 한가한 사람을 찾아 산에 오르게 요구해서는 안 됩니다." 당가사가 말했습니다, "홍춘평의 당가사가 그러는데, 주석은 채식·서예·정좌 하기를 좋아하며 공적인 일은 적답니다. 짬이 있을 때는 사미가 향로 닦는 일을 도와주는데, 사미가 말하기를 주석이 닦은 향로는 모두 번들거려서 그 누구보다도 잘 닦는다고 합니다." 제가 당가사에게 말했습니다, "여러분은 모르는데, 임 주석은 여러 해 동안 독신으로서 가족이 없습니다. 뿐만 아니라 그는 백골선관(白骨禪觀)을 닦는

---

79) 중화민국 국민정부 위원회 주석.

행자이기도 합니다!" 당가사가 듣고는 크게 의아해 했습니다.

며칠 지나서 저는 부진오 선생의 편지를 받았는데, 참군장(參軍長) 여초(呂超) 선생으로부터의 전달이라며 그가 산에 올라와 저와 선(禪)을 담론하고 싶어 한다고 말했습니다. 부진오는 판단하기를, 제가 전례를 깨고 홍춘평으로 한 번 가서 그를 만나는 게 산길이 험난하여 뜻밖의 일이 발생할지 모를 걱정을 면할 수 있을 것이라고 했습니다. 이 때문에 당가사에게 부탁해서 홍춘평 측에 연락하기를 특별히 시간을 약속해 그를 가서 보겠다고 했습니다. 사실은 일찍이 6년 전에 저는 항주(杭州)에서 독서할 때 어떤 일 때문에 그에게 편지를 쓴 적이 있었는데, 물론 그는 기억하지 못할지 모릅니다. 말쑥하고 멋스러우며 맑고 빼어난 자초 선생은 항상 한 벌의 장삼(長衫)을 입기 좋아하고 금테 안경을 썼으며 수염을 기른 자애로운 얼굴 모습이었습니다. 우리가 서로 마나자마자 그는 저를 눈여겨보면서 미소를 지은 채 말했습니다, "당신은 원자재(袁子才)가 노령으로 관직에서 물러나 소창산방(小倉山房)으로 돌아갈 때 어떤 사람이 그에게 여암(呂喦)을 읊은 시 한 수를 보내 준 것을 압니까?" 제가 말했습니다, "주석께서는 말씀하시는 것은,

십년 동안 문무 닦아 출세하려 했건만	十年橐筆走神京
종리를 한 번 만나 그에게 경도되었네	一遇鍾離蓋便傾
당나라 사직에 무심한 건 아니었건만	未必無心唐社稷
금단 한 알이 선생을 그르쳤네	金丹一粒誤先生

라는 이 시입니까?" 그는 듣고 난 뒤 수염을 쓰다듬고 미소하며 말했습니다, "당신은 기억력이 좋군." 제가 말했습니다, "이것은

주석께서 제가 속세를 떠나 선도(禪道)에 들어가려고 입산했다고 꾸짖으시는 것이지요!" 그는 찻잔을 받쳐들며 말했습니다. "차 마시지요." 저도 더 무슨 말을 하지 않았습니다.

차를 마신 뒤에 산위의 경물과 그 밖의 일들을 애기하는 김에 그의 책상 위에 몇 장의 서화가 있고 또 남들이 그의 서예 글씨를 구하는 화선지 한 무더기가 있는 것을 보고는 자신도 모르게 몇 번이나 곁눈질을 했습니다. 그러자 그가 말했습니다, "당신도 서화를 감상합니까?" 제가 말했습니다, "서법에 대해서는 흥미가 있습니다. 공부를 해 본적은 없습니다. 그림은 더더욱 할 줄은 모르고 애호할 뿐입니다." 그가 말했습니다, "쓸데없는 놀음에 팔리면 큰 뜻을 잃는 것이니 할 줄 모르면 더욱 좋습니다." 저는 이어서 말했습니다, "저의 부친이 저에게 말씀하신 적이 있기를 '서화골동을 아예 이해하지 못하면 속인이고, 서화골동을 애를 써서 수장하는 사람은 어리석은 사람이다.'라고 하셨습니다." 그는 듣고 나서 저를 돌아보며 한 번 웃고는 말했습니다, "아버님은 잘 말씀하셨습니다. 당신은 벽 위의 요 몇 장의 송나라 사람의 서화들을 보세요, 진짜와 가짜를 구별할 수 있겠습니까?" 제가 말했습니다, "문외한이라 감히 함부로 말하지 못하겠습니다." 주석이 말했습니다, "여기 요 모든 서화들은 절반 이상이 모두 위조품들입니다. 나는 감상하기를 애호할 뿐 결코 수장하지는 않습니다. 무릇 서화를 가짜로써 진짜를 어지럽힐 정도까지 해낼 수 있다면 바로 고수(高手)입니다. 뿐만 아니라 진짜 보다 훨씬 고명해야 됩니다. 더군다나 우리 여기는 대체로 남들도 위조품이라고 사실대로 말하기가 어려우니, 서로 속으로는 뻔히 알면서도 말하지 않고 회심의 미소를 한 번 지으니 어찌 묘하지 않겠습니까!" 저는 듣고 나서 말했습니다, "이것은 사자의 젖 한 방울이 백 말[十斛]의 나귀 젖 속으로 들어가 흩어지는 말로서, 당신이 아니라면 이 말을 할 수 없습니다." 그는 듣고 나서는 수염을 나부끼며 미소를 띠었습니다. 다시 한 바탕 담론하고 저는 날이 이미 서서히 저물어서 산에서 걷기 어렵다는 구실로 즉시 작별인사를 드렸습니다. 그는 삼문(三門)까지 배웅하고는 말했습니다, "산중에서의 반나절은 대단히 쉬운 일이 아닙니다!"

그는 항일전쟁 승리 이전에 세상을 떠났습니다. 하지만 저는 그의 청아하고 아름다우며 세속을 초월한 풍채, 화기애애하고 자상한 웃는 얼굴, 고행하는 승려처럼 담백한 생활과 기풍을 시종 여전히 기억합니다. 이것은 제가 몸소 본적이 있는, 한 분의 국가 최고 영도자가 "남녀사이의 미색에 빠지지 않고[遠色] 사욕으로 재물을 좋아해서 탐내지 않는[不好貨]" 풍격입니다.

어떠한 것이 "고상한 인품이 있는 사(士)를 존중하는 것이 현인을 격려하고 감화시키는 것[貴德而勸賢]"인지에 관해서는 사서(四書)와 오경(五經)에서 이미 대단히 많이 말해 놓았을 뿐만 아니라 2,3천 년 동안이나 널리 퍼져있으므로, 여러분이 세심하게 깊이 연구하면서 읽어보기만 하면 자연히 융회관통할 수 있으니 다시 자세히 얘기할 필요가 없겠습니다. 그렇지 않고 말을 하자면 끝이 없어서 오히려 군더더기가 됩니다.

셋째로는, "그 지위를 존중하고 대우를 후하게 해주며, 그가 좋아하거나 싫어하는 심리를 함께 이해해주는 것이, 친족을 친애하도록 격려하고 감화시키는 방법입니다[尊其位, 重其祿, 同其好惡, 所以勸親親也]." 이것은 이미 앞에서 말한 적이 있는데, 고대 종법사회의 대가족 혈연관계에 대한 '친족을 친애하는 의[親親之義]'이며, 바로 윗글 "친족을 친애하면 백부와 숙부 그리고 형제들이 원망하지 않게 됩니다[親親則諸父昆弟不怨]."의 발휘이기도 합니다. 그러나 유감스럽게도 진(秦)나라 한(漢)나라 이후 모든 가천하(家天下)의 봉건군주제도에 의해 자기 마음대로 일처리를 하여 같은 성씨[同姓]가 아닌 자는 왕에 봉하지 않은 구실로 삼아져, '나의 친인척들을 친애하고 나서 남의 친인척들에게 미친다[親我親而及人之親].'와, '천하의 백성은 나의 동포요 세상만물은 모두 나와 동류이다[民胞物與].'라는 박애평등의 진정한 의의를 완전히 잃었습니다. 만약 제왕전제 정체(政體)의 선악시비는 제쳐놓고 얘기하지 않고 단지 친족 사이 형제의 우애만을 취하여 말해 비교해본다면, 동한(東漢)의 광무제(光武帝) 유수(劉秀)와, 그의 아들 한(漢) 명제(明帝) 유장(劉莊)이 모두 형제 사이의 일을 잘 처리한 사례입니다. 그 다음은 바로 당 명황이 개원(開元) 시기에 형제 등이 큰 이불을 덮고 함께 잠자기까지 할 수 있었던 하나의 정경(情景)도 천고이래의 미담이라고 할 수 있습니다.

넷째로는 "대신을 선발함에는 사전에 그의 재능과 도덕과 학문 수양을 신중하게 선발해서, 신임하고 직무를 맡겨 행사하게 하는 것이, 대신을 격려하고 감화시키는 방법입니다[官盛任使, 所以勸大臣也]." 이것은 영도자가 덕행과 재능이 있는[賢能] 대신과 간부를 선임한 이후 '사람을 썼으면 의심하지 말고, 사람이 의심스러우면 쓰지 말라[用人不疑, 疑人不用].'는 원칙을 실천해야 한다는 것을 가리킵니다. 이른바 "관성임사(官盛任使)"의 의미는, 대신을 선발함에는 사전에 그의 재능과 도덕 학문수양을 신중하게 선발해야 한다는 것을 말합니다. 그 사람이 어떤 직무를 틀림없이 맡을 수 있다고 여기고 중대한 책임을 맡겼다면 그가 책임을 졌을 때 간섭해서는 안 되며, 그가 재능을 발휘하지 못하게 해서는 안 되며, 포부를 펼치지 못하게 해서는 안 됩니다. 그렇지 않으면 그로 하여금 다 된 일을 망치게 하거나 혹은 헛수고를 한 결과로 변하게 할 가능이 있습니다. 대신이나 혹은 중신(重臣)에 대하여 중대한 책임에 전념하지 못하게 하여 최후에는 중대한 잘못을 저지르게 하고 엄중한 뒷날의 결과를 불러온 것에 관하여는 역사상 사고(事故)가 적지 않았습니다. 가장 뚜렷한 사례는 바로 명나라 왕조 말기에 요동(遼東)을 정치 군사적으로 다스리던[經略] 웅정필(熊廷弼), 그리고 계료(薊遼)에서 군대를 거느리고 작전하던[督師] 원숭환(袁崇煥)에 대하여 중대한 책임에 전념하지 못하도록 했을 뿐만 아니라 오히려 소인의 모함을 곧이 들었기 때문에 함부로 살해했던 일입니다. 여러분이 역사를 많이 읽기만 하면 알게 되므로 여기서 많이 얘기하지 않겠습니다.

다섯째로는 "사(士)를 충성으로 대하고 신임하며, 대우를 충분히 해주는 것이, 사(士)를 격려하고 감화시키는 방법입니다[忠信重祿 所以勸士也]." 이것은 일반 공무원 간부 임용에 대한 원칙을 가리킵니다. 이른바 "충신(忠信)"은 위[上]가 아래[下]를 대하고 아래가 위를 대하는 이중의 내함이 있다고 말할 수 있습니다. 무릇 일반 임직 공무원의 간부는 직무와 상급의 정확한 지령을 성실히 지킴에 대하여 반드시 책임감을 갖고 '충성'을 다하고 '신임'을 다하는 정도까지 해내어야 합니다. 하지만 상급에서도 반드시 하급 간부에 대하여 '충성'의 신임감(信任感)이 있어야 됩니다. 이 밖에도 더욱 중요한 것은 "중록(重祿)"입니다. 이것은, 일반 공무원의 간부를 임용함에 있어서는 반드시 충분히 집안 식구를 부양하고도 여유 있는 대우와 보충급여[補給]가 있어야, 청렴결백 미덕의 배양 유지[養廉]를 조성할 수 있어서 사람으로 하여금 자율적인 청렴결백의 효과를 성취할 수 있도록 하는 것을 가리킵니다. 만약 사람마다에 대해 절개와 지조[節操]가 성현(聖賢)과 같기를 요구하면서 소나 말처럼 부려 쓰고 도적인 듯 방비한다면, 그것은 속담에 말하는 "말에게 잘 달리라고도 요구하고 말에게 풀을 먹지 말라고도 요구한다."는 것과 같은데, 그래서야 되겠습니까!

여섯째로는 "때에 맞게 백성을 부리고 세금을 적게 거두는 것이, 백성을 격려하고 감화시키는 방법입니다[時使薄斂, 所以勸百姓也]." 이것은 옛날부터 지금까지 제자백가의 학설인데 대부분 주장하기를, 어떻게든 재정세수입(財政稅收入)면에서 세금을 가볍게 하라[輕稅 薄稅]는 요구를 달성해내어야 한다는 것입니다. 만약 조금 강조해서 말하면 거의 한 부(部)의 『이십육사(二十六史)』는 바로 한 부의 재경(財經)세수입의 흥망성쇠 은혜원망의 묵은 장부입니다. 그것은 인류전쟁사와 마찬가지로, 거의 백 년 이내에 민원(民怨)이 절대 발생하지 않았던 상황을 거의 보기 드물었습니다. 재정·경제·세무를 전문적으로 연구하는 학자가 백년대계인 장기간 나라가 태평하고 사회 질서와 생활이 안정되는 재정세수의 도리를 하나 제시할 수 있기를 바랍니다. 그런 다음 다시 민주·자유와 대동(大同)의 치(治)를 말한다면 '비록 적중하지는 않더라도 멀지 않을 것[雖不中, 不遠矣]'이라고 말할 수 있습니다.

일곱째로는 "그의 진보와 업적을 날마다 살피고 달마다 시험 측정하여, 그가 한 일에 상응하여 공평하고 대등한 대우를 해주는 것이, 온갖 기술자를 격려하고 감화시키는 방법입니다[日省月試, 旣廩稱事, 所以勸百工也]." 이것은 고대에 온갖 기술자[百工]의 기예 공업 관리에 대한 원칙입니다. 그러나 이 마디 말을 강해하기에 앞서 반드시 고인들의 '旣'자는 廏(구)로 읽으며 현대의 공장 건물이나 작업장 심지어 공장과 같은 의미를 포함합니다. '廩(름)'자는 식록(食祿)과 임금(賃金)의 의미도 포함하고 있습니다. 그러므로 그는 말하기를, "온갖 기술자의 기술발전을 장려하는 관리방법은 반드시 관리를 주도면밀하게 해서, 매일 매월 반드시 그의 진보와 업적을 시험 측청하고 아울러 복무와 권리 사이의 공평하고 대등한 대우를 해주어야 공업상의 발전을 장려 유도시킬 수 있다."고 합니다. 현재에 비추어 보면 일찍이 2천여 년 전에 공자는 이미 먼저 상공업 관리학상의 대 원칙과 대 도리를 제시했습니다. 진나라 한나라 이후 유학을 받들고 공자를 받든다고 사칭(詐稱)했던 일반 제왕들과 유학(儒學) 출신이라고 스스로 인정했던 대신들은 줄곧 진정으로 그의 사상학설을 실천하지 못했을 뿐이니, 이게 얼마나 억울하며 얼마나 유감입니까!

여덟째로는 "떠나는 사람을 전송하고 오는 사람을 맞이하며, 잘하는 사람을 칭찬하고 능력이 없는 사람을 불쌍히 여기는 것이, 먼 곳에서 찾아오는 사람들을 어루만지고 달래주는 방법입니다[送往迎來, 嘉善而矜不能, 所以柔遠人也]." 이 항목의 '먼 곳에서 찾아오는 사람들을 어루만지고 달래준다[柔遠人]'는 이념은 우리가 앞에서 이미 중점적으로 말했습니다. 그 중점 작용은, 춘추 전국 시기에 각국 제후 사이에서 강성을 도모하고 패권을 잡고자 하면, 반드시 외부에서 온 특수한 재지(才智)와 능력의 선비[士]들을 쟁취하여 끌어들여 자신의 사용으로 이루어야 했습니다. 하지만 끌어들인 외부에서 온 인재에 대하여서도 반드시 시험 측정하고 선별해서, 만약 정말로 고명한 선비라면 외부에서 왔든 혹은 본래 있었던 선비이든 반드시 가선(嘉善 장려獎勵)하고 임용해야 했습니다. 만약 헛된 명성만 있고 실제에 부합하지 않은 자이더라도, 자기에게 본래 있던 인재를 존중하는 것을 위주로 해서 응당 자기를 자랑하고 높여야지 너무 지나치게 스스로 비굴할 필요가 없었습니다. 그렇지 않으면 속담에서 말하고 여기듯이 '외부에서 온 스님이 경을 잘 독송할 줄 안다' 와 같은 격인데, 이것도 꼭 다 그렇다고는 할 수 없습니다. 외부에서 온 스님이 독송하는 경이 때로는 자기가 독송하는 것보다 얼마 더 좋아 보이지 않습니다!

아홉째로는 "끊어진 제후의 후대를 이어 주고 폐망(廢亡)한 제후의 나라를 다시 일으켜 주며, 내란이 있는 나라를 다스려주고 위험한 나라를 붙들어주며, 때에 맞게 입조(入朝) 알현(謁見)하고 공물(貢物)을 바치게 하며, 제후에게 보내는 예물은 후하게 하고 받아들이는 공물을 적게 하는 것이, 제후들을 포용하는 방법입니다[繼絶世, 舉廢國, 治亂持危, 朝聘以時, 厚往而薄來, 所以懷諸侯也]." '제후들을 포용하면 천하의 제후들이 중앙의 천자를 도의상 두려워하게 됩니다[懷諸侯則天下畏之]' 한 절의 보충으로서 이른바 "계절세(繼絶世), 거폐국(舉廢國)" 그리고 "치란지위(治亂持危)"의 이념은 중국문화의 국제세계와의 평화공존에 대한 전통 신념입니다. 기원전 2,357년 당요(唐堯) 이전부터 시작하여 이미 4,5천년에 이르도록 계속 이어지며 변하지 않았습니다. 만약 정확히 연구하려면 반드시 『상서(尙書)·요전(堯典)』과 『춘추(春秋)·공양전(公羊傳)』 『논어(論語)·요왈편(堯曰篇)』 등의 자료로부터 설명해야 비로소 비교적 명백합니다. 그러나 상고사에서 이 정치이념을 진정으로 실시한 것은 주(周) 왕조 건국 초에 제후 분봉을 실행한, '멸망한 나라를 일으켜주고 끊어진 후대를 다시 이어준[興滅繼絶]' 작위가 가장 뚜렷합니다.

예를 들어 『상서』 첫 편에 나열한 「우서(虞書) 요전(堯典)」은 당요의 왕도정치를 기록하여 말하기를, "그는 큰 덕을 발휘하여 가족[九族]을 친밀하고 화목하게 하였으며, 가족이 친밀하고 화목해지자 또 기타 각 족의 정사(政事)를 가려서 분명하게 했다. 뭇 족의 정사가 분명히 드러나자 또 만방의 제후를 협조하게 하니 천하 중민도 서로 번갈아 변화하여 우호적이며 화목하게 되었다[克明俊德, 以親九族. 九族既睦, 平章百姓. 百姓昭明, 協和萬邦. 黎民於變時雍].”라고 합니다. 『논어(論語)·요왈편(堯曰篇)』은 말하기를, “주나라 초기에 정치적인 권력과 기능에 대한 구분을 신중히 하고, 각종 업무처리 제도를 살피며, 폐기된 관직을 정비하니, 온 나라의 정치가 행해지게 되었다. 멸망한 나라를 일으켜 주고, 끊어진 후대를 다시 이어 주고, 숨어 있던 인재들을 등용하니, 천하 백성들의 마음이 되돌아오게 되었다[謹權量, 審法度, 修廢官, 四方之政行焉. 興滅國, 繼絶世, 舉逸民, 天下之民歸心焉].”라고 합니다. 『춘추(春秋)·공양전(公羊傳)』희공(僖公) 17년에 제나라 환공의 패업(霸業)을 기록하고 또 말하기를, ‘환공에게는, 다른 나라를 위하여 군주를 세워 끊어진 것을 이어주었고 어떤 국가에 대해서는 멸망의 위기에서 구해준 공로가 있었다[桓公嘗有繼絶存亡之功]’고 운운 하고 있습니다. 이 모두는 ‘멸망한 나라를 일으켜주고 끊어진 후대를 다시 이어주며 내란이 있는 나라를 다스려주고 위험한 나라를 붙들어주는 것[興滅繼絶, 治亂持危]’이 중국 전통문화에서 왕도 혹은 패도의 치국평천하의 목표라는 것을 설명합니다. 진나라 한나라 이후에 인의(仁義)를 빌려서 가천하(家天下)의 제왕체제의 패업을 실행하며, 9족을 죽여서 모조리 없애버리는 것을 능사로 여겼던 것처럼 그렇지 않았습니다.

동서양 인류역사상 가장 뚜렷한 역사적 사실은, 바로 주나라 왕조 건국의 초기에 그가 본디 있었던 8백 제후를 영도하여 은(殷)나라 주(紂)왕의 위험한 동란 정권을 바꾸는 사명으로 새롭게 제후의 치지(治地)80)를 분배하고 1천여의 나라의 연방정체를 조직하여, 제후 각자가 위정하고 그 나라를 나누어 다스리되 주 왕조를 에워싸 받들어 중앙정부의 공주(共主)[81]로 삼은 것입니다. 그러나 중앙의 공주인 주 왕조의 치지(治地)도 '서울 땅 넓이가 사방 천 리[邦畿千里]'에 불과했을 뿐입니다. 각국 제후의 치지는 큰 것이 백 리에 불과했고 작은 것은 수십 리에 불과했습니다. 이것이 바로 주나라 왕조 제도가 내란이 있는 나라를 다스려주고 위험한 나라를 붙들어준 이후의 간략한 상황이었습니다. 주나라 초 천하에 제후를 크게 봉건했던 일에 대해서 역사 기록은 이렇게 말합니다, "신농(神農)의 후손을 초(焦)에, 황제(黃帝)의 후손을 축(祝)에, 요(堯)의 후손을 계(薊)에, 순(舜)의 후손을 진(陳)에, 우(禹)의 후손을 기(杞)에 각각 포상하여 봉했다 [封神農之後於焦, 黃帝之後於祝, 帝堯之後於薊, 帝舜之後於陳, 大禹之後於杞]. 상나라 왕 주(紂)의 아들 무경(武庚)을 은후(殷侯)에 봉하고 관숙(管叔)·채숙(蔡叔)·확숙(霍叔)으로 하여금 은을 감시하게 하였다[封紂(王)子武庚爲殷侯, 使管叔·蔡叔·霍叔監殷]."

그 중에 이른바 신농(神農)·황제(黃帝)·요(堯)·순(舜)·우(禹)의 후대는 주 왕조 이전의 역사상 일찍이 이미 멸망한 전 왕조[先朝]였지만 그는 오히려 '흥멸계절(興滅繼絶)'의 정치윤리 도덕에 근거하여 다시 이런 전 왕조의 후대를 찾아내 제후로 봉건하였는데, 어떤 후대는 줄곧 주 왕조 7백여 년을 따라 병존해오다 최후에 멸망하여 진(秦)나라 정권에 통일되었습니다. 이 때문에 『중용』 하편에서 특별히 제시하기를, 공자의 정치철학 이념은 "조술요순(祖述堯舜), 헌장문무(憲章文武)"라고 한 것이 바로

---

80) 토지에 대한 세금 부과의 관리.
81) 공동으로 숭봉하는 종실주(宗室主). 천자제왕을 가리키기도 함.

그런 의미입니다.

인류역사의 관점에서 말하면 이런 '흥멸계절, 치란지위'이 정치이념과 사실(事實)에 대해서, 당신이 이집트·희랍·인도의 상고사 문화를 검토하며 읽어보면 일찍이 기원전 1,123년 이전에 이런 고상한 인문사상 이념이 출현한 적이 절대로 없었고, 오직 강권(强權)으로 이웃 나라를 정복했다는 것이 바로 공인된 역사적 사실입니다. 후세의 국제적 제국주의사상에 대해 말해본다면, 이웃 나라 주권을 강점하고 낙후한 지역의 인민을 노예로 부려먹는 것을 도리상 당연한 일로 여겼습니다. 현대의 국제에 이르러서는 자유·민주·인권의 선진문명 국가라고 스스로 자랑하면서 다른 국가들을 강제로 분할시켜 동서로 경계를 정하거나 혹은 남북으로 선을 긋고는, 자신이 총명하고 영웅이라고 여기며 이를 구실로 남의 자원과 재화를 빼앗아가 자신의 사용으로 하면서도, 국제 패주로 자부하고 진정한 왕패(王覇)의 도를 알지 못하니 대단히 탄식할 일입니다!

만약 중국 진나라 한나라 이후의 역사로부터 말하면 저 역대 가천하(家天下)의 제왕제도, 예컨대 당·송·원·명·청 조대(朝代) 정체(政體) 변혁은 각자 같고 다름이 있지만 모두 전통 유가의 가르침을 준수했으며 예로부터 주변 예속 국토, 예컨대 조선(朝鮮)·유구(琉球)·베트남·미얀마 심지어 일본 등등을 대우함에는 여전히 "때에 맞게 입조(入朝) 알현(謁見)하고 공물(貢物)을 바치게 하며, 제후에게 보내는 예물은 후하게 하고 받아들이는 공물을 적게 하는[朝聘以時, 厚往而薄來]"정신 전통에 따랐습니다. 이런 예속 국가들 중에 내란이 있을 경우마다 역시 그들의 간절한 바람[懇求]에 응했기 때문에 부득이 파병하여 전란을 멎게 하고 평정이 될 때까지 기다렸다가 군대를 이끌고 조정으로 돌아왔을 뿐이지, 이전부터 강력한 군대를 주둔시켜 이웃 나라의 토지나 혹은 자원재부를 점거하고 싶어 하지 않았습니다. 단지 그들에게 한 시기를 지나면 입조(入朝)하여 황제를 알현하고 공물을 진상하기만을 요구했을 뿐입니다. 그러나 입조하여 황제를 알현하는 예속된 국가와 이웃 나라인 기타 국가들에 대해서는 여전히 "제후에게 보내는 예물은 후하게 하고 받아들이는 공물을 적게 하라[厚往而薄來]."는 옛사람의 훈계[古訓]에 따라 하는 것은 밑진 장사였지 결코 이익을 보지 않았습니다. 왜냐하면 전통문화의 교육에서는 이렇게 하는 것이야말로 국가사이를 처리하며 "제후를 포용[懷柔]"하는 미덕이라고 여겼기 때문이며, 이것도 과거 역사상 부인할 수 없는 사실이었습니다. 이후의 사람들이 반드시 '과거의 역사 경험을 거울삼아 현재의 문제를 관찰하여 아는[鑑古知今]' 학식이 있기를 바랍니다. 그래야 장래를 대응할 수 있습니다!

이어서 다음 한 마디는 바로 "무릇 천하국가를 다스리는 데에는 이상의 아홉 가지 대원칙이 있으나, 그것을 실행하는 방법은 하나입니다[凡爲天下國家有九經, 所以行之者一也]."입니다. 이것은 바로 공자가 노나라 애공이 위정의 도리를 묻는 것 대하여 답한 글 전편의 총결어입니다. 하지만 여기의 이른바 "소이행지자일야(所以行之者一也)"의 '一(일)'자의 원칙은 송나라 유학자 주자의 주해대로는 바로 성의(誠意)에 귀결된다고 보았습니다. 아마 그는 아래 글이 이어서 성의(誠意)의 성(誠)자를 전문적으로 강해하는 것으로부터 깨우쳤을 것입니다. 이 때문에 위 글 "지인용삼자(智仁勇三者)… 소이행지자일야(所以行之者一也)"까지도 포함하여 모조리 하나의 성의(誠意)라는 중심(中心)으로 귀결시켜, 『중용』 문장 전체의 요지[主旨]를 일률적으로 성학(誠

學)의 안[中]에 범위 지었을 뿐인데, 이것은 '일부분으로써 전체를 개괄한[以偏概全]' 실수를 했다고 하지 않을 수 없습니다. 후세의 유가 학자들은 결고 완선히는 동의하지 않고 일찍이 이의(異議)가 있었습니다.

사실은 여기에서 말하는 "천하국가를 다스리는[爲天下國家] 아홉 가지 대원칙[九經]"은 그 상하가 관통하는 문자의 짜임새[體例]에 잇닿아 있어서, 공자가 "노(魯)나라 애공(哀公)이 위정(爲政)의 도리를 묻는 것"에 대답한 것으로부터 시작하여 "아무리 좋은 정책이든 입법이든 간에 실행하고 법을 집행할 수 있는 것은 모두 사람이 하기에 달려 있습니다[爲政在人]."가 그 중점이라고 설명하고 있습니다. 이른바 "어느 시대나 선량한 도덕품행[賢德]이 있는 사람이 집권하고 있다면 모든 선정(善政)이 실현되었고, 선량한 도덕품행이 있는 사람이 집권하고 있지 않다면, 모든 선정이 실현되지 않았습니다[人存政擧, 人亡政息]."가 확정된 요점이 있는 곳입니다. '위정재인(爲政在人)'이기 때문에 그래서 제시하기를, "천하국가를 다스리는 데는 아홉 가지 대원칙이 있다"의 제1 중심(重心)은 바로 위정하는 영도자가 먼저 자신을 수양하여 자기를 바르게 할 수 있고 그런 다음에야 남을 바르게 할 수 있는 것이라고 합니다. '사람이 도를 넓힐 수 있는 것이지, 도가 사람을 넓히는 것은 아닙니다[人能弘道, 非道弘人].' "소이행지자일야(所以行之者一也)"라는 한 마디의 내함은, '자신을 돌이켜 반성하고 정성스럽게 하며[反身而誠] '일이란 사람이 하기에 달려있다[事在人爲]'와 같을 뿐이라고 가리키는 것이 어찌 아니겠습니까? 이런 이해는 『대학』의 '외물이 물리쳐진 뒤에야 지성이 도달하고, 지성이 도달한 뒤에야 의념이 정성스럽게 되고, 의념이 정성스럽게 된 뒤에야 마음이 바르게 되고, 마음이 바르

게 된 뒤에야 자신이 수양되고, 자신이 수양된 뒤에야 집안이 다
스려지고, 집안이 다스려진 뒤에야 나라가 다스려지고, 나라가
다스려진 뒤에야 천하가 화평해진다.[物格而後知至, 知至而後意
誠, 意誠而後心正, 心正而後身修, 身修而後家齊, 家齊而後國治, 國
治而後天下平].'의 요지와 일관(一貫)되어 완전히 들어맞습니다.
이 단락에 이어서 다시 설명하기를, 위로는 제왕장상(帝王將
相)82)에 이르고 아래로는 어떠한 개인에 이르기까지 입신 처세
하여 공훈을 이루고 업적을 세우고 싶다면 반드시 먼저 하나의
공통된 법칙이 있다는 것을 알아야 하니, 그것은 바로 언어와 행
위, 그리고 일을 대하고 사람을 대함과 관련된 대 원칙의 도라는
것입니다.

무릇 일은 미리 빈틈없고 꼼꼼하게 준비해두면 이루어지게
되고, 미리 빈틈없고 꼼꼼하게 준비해두지 않으면 헛수고 하거나
망치게 됩니다. 말은 사전에 신중하게 사고해두면 어지럽거나 편
벽되지 않게 됩니다. 일은 사전에 미리 그 성공과 실패 · 장점과
단점 · 정면과 반면 등이 있다는 것을 반드시 알고 계획을 확정
해두면, 너무 많고 너무 큰 곤란을 만나지 않게 됩니다. 행위는
사전에 예정된 선택을 해두면 후회하지 않게 됩니다. 올바른 사
람으로서의 처세 원칙은 사전에 준비하여 확정해두면 앞길이 막
다른 골목이나 되돌아올 수 없는 곤경으로 걸어가지 않게 됩니
다.

凡事豫則立 , 不豫則廢。 言前定則不跲 , 事前定則不困 , 行前定
則不疚 , 道前定則不窮。

---

82) 황제 황후와 문무대신, 봉건통치계급의 상층

여기서 우리는 먼저 '豫(예)'와 '跲(겁)' 두 글자의 함의를 이해해야 합니다. '豫'자는 '침착하고 넉넉하다, 사전에 방비하면 우환이 없다'는 의미를 포함하고 있습니다. '跲'자는 '두 발을 나란히 하여 걷기 어렵다[並足難行]'의 의미가 있습니다. '困(곤)'자와 '疚(구)'자의 의미는 여러분이 다들 알고 있으니 따로 해석할 필요가 없겠습니다. "범사예즉립(凡事豫則立), 불예즉폐(不豫則廢).", 이것은 이런 말입니다, "무릇 사람 노릇과 처세는 사전에 반드시 빈틈없고 꼼꼼한 준비가 있어야 합니다. 그래서 일을 행할 때 이르러서 곧 유유자재하면서 이치대로 하면 잘 되어갈 수 있으며, 비록 혼란과 변동을 만나더라도 놀라지 않고 어지럽지 않습니다. 이 때문에 공훈을 이루고 업적을 세울 수 있습니다. 만약 사전에 빈틈없고 꼼꼼한 예비가 없이 경솔하게 일을 한다면, 헛수고를 하거나 다 된 일을 망치게 하여 폐기하게 될 것입니다." 이것은 일에 처하는 우선 원칙일 뿐만 아니라, 사람 노릇 입장에서 말하더라도 사람이 어릴 때 교육 받는 것부터 시작하여 줄곧 뒷날 일생 동안에도 반드시 언제 어디서나 이를 배우고 익혀야 비로소 성취가 있을 수 있습니다. 그러므로 모든 교육학문도 다 "미리 빈틈없고 꼼꼼하게 준비해두면 이루어지게 되고, 미리 빈틈없고 꼼꼼하게 준비해두지 않으면 헛수고 하거나 망치게 된다[豫則立, 不豫則廢]."를 위한 작용임을 알 수 있습니다.

그 다음 "말은 사전에 신중하게 사고해두면 어지럽거나 편벽되지 않게 됩니다[言前定則不跲]."는 바로 우리들에게 입을 열어 말하는 수양을 훈계하는 것입니다. 특히 정치에 종사하고 정권을 맡은 지위에 있는 사람으로서는 입에서 나오는 대로 멋대로 함부로 말해서는 안 됩니다. 반드시 사전에 신중하게 사고하고 말을 했으면 신용이 있어서, 말할 수 있으면 반드시 행할 수 있고 말을 했다면 반드시 해내어야 합니다. 만약 말을 해놓고는 책임을 지지 않거나 되는대로 어물쩍해서 넘어가거나 자기가 말해놓고도 잊어버린다면, 그건 자기가 오른발로 왼발을 밟고 있어서 한 걸음도 걷기 어려워 빠져나갈 수 없는 것이나 다름없습니다. "사전정즉불곤(事前定則不困)", 이것은 이런 말입니다, "무릇 어떤 일을 하더라도 반드시 사전에 성공과 실패, 장점과 결점이 있으며, 정면이 있으면 반드시 반면 등의 작용이 있다는 것을 알고, 그런 다음에 계획을 확정하고 미연(未然)에 근심을 막아야 합니다. 이렇게 해야 비로소 일을 할 때 너무 많고 너무 큰 곤란을 만나지 않을 수 있습니다."

　"행위는 사전에 예정된 선택을 해두면 후회하지 않게 됩니다 [行前定則不疚].", 무릇 사람에게 어떠한 거동이 있거나 혹은 어떠한 일을 하고자 하더라도 이 모두를 행위라고 부르는데, 특히 정치에 종사하는 것이나 혹은 공훈을 이루고 업적을 세우려는 것에 대해서, 심지어 일개 보통사람이 생활 의식(衣食) 등 평소 일 처리에 대해서, 모두 사전에 예정된 선택이 있어서 후회를 가능한 줄여야 합니다. 사후에 자연히 마음속의 멍이 있게 해서는 안 됩니다. "도전정즉불궁(道前定則不窮)", 여기서 말하는 '道(도)'자는 올바른 사람으로서의 처세의 법칙·준칙을 가리키는 '道'자입니다. 사람들이 다니는 도로인 길을 하나 여는 것과 같다고도 비유할 수 있습니다. 그러려면 사전에 반드시 오랫동안의 준비와 계획이 있어야 비로소 자기의 앞길이 막다른 골목이나 혹은 다시 되돌아 올 방법이 없는 곤경으로 걸어가지 않게 할 것입니다. 요컨대 여기서 말하는 올바른 사람으로서의 처세와 관련한 언어 행위의 도리는 전부 다 "무릇 일은 미리 빈틈없고 꼼꼼하게 준비해두면 이루어지게 되고, 미리 빈틈없고 꼼꼼하게 준비해두지 않으면 헛수고 하거나 망치게 됩니다[凡事豫則立, 不豫則廢]."는 이 원칙에서 출발한 것입니다. '豫(예)'자의 의미는 바로 『중용』의, "안락하고 침착하면서 중도의 묘용에 부합하고 군자로서의 심신의 행동거지[行止]가 언제나 중화(中和)의 경지 속에 있는[從容中道, 君子而時中]" 대기대용(大機大用)이기도 합니다. 먼저 '豫'자의 학문수양을 파악할 수 있어야 '지성이 도달한 뒤에야 의념이 정성스럽게 된다[知至而后意誠]'는 수신의 요묘(要妙)[83]에 진입할 수 있습니다. 이 때문에 이어서는 곧 다음 글이 있어 성의(誠意)와 수신(修身)의 관건에 대하여 변정(辨正)[84]하는 이론 관념을 제시하여 반복하고 있습니다.

아랫자리에 있으면서 윗사람의 신임을 얻지 못하면 백성을 다스릴 수 없습니다. 윗사람의 신임을 얻는 데 방법이 있으니, 벗에게 신임 받지 못하면 윗사람에게 신임을 얻을 수 없습니다. 벗에게 신임을 얻는 방법이 있으니, 부모에게 효도하고 집안사람과 화목하고 순종하지 못하면 벗에게 신임을 얻지 못합니다. 부모에게 효도하고 집안사람과 화목하고 순종하는 방법이 있으니, 자기 자신의 행위를 반성하며 관찰하여 진정한 지극한 정성을 행하지 않으면 부모에게 효도하고 집안사람들과 화목하고 순종하지 못합니다. 자신이 지극한 정성을 행하는 방법이 있으니, 어떠한 것이야말로 지극한 선(善)에 머무는[止於至善] 학문수양인지 알지 못하기 때문에 자신이 지극한 정성[誠]을 행하는 데까지 도달하지 못한 것입니다."

---

83) 정심미묘(精深微妙)
84) 옳고 그른 것을 가지고 결함을 바로잡다.

在下位不獲乎上，民不可得而治矣。獲乎上有道，不信乎朋友，
不獲乎上矣。信乎朋友有道，不順乎親，不信乎朋友矣。順乎親有
道，反諸身不誠，不順乎親矣。誠身有道，不明乎善，不誠乎身矣。

본 절 원문의 시작에서 "아랫자리에 있으면서 윗사람의 신임
을 얻지 못하면, 백성을 다스릴 수 없습니다[在下位不獲乎上, 民
不可得而治矣]."라는 두 마디가 또 나타난 것은 앞글의 중복인
것 같습니다. 그래서 주자(朱子)의 주(注)는 위 글 두 마디를 삭
제하고 이 절속에서만 취해 사용했습니다. 그러나 우리는 도리어
위 글에서 이 두 마디를 사용하는 중점은 위로부터 아래를 대하
는, 현인을 존중하는[尊賢] 예의를 가리키는 설명이라고 봅니다.
본 절속의 차례순서[次序]는 개인 수양의 본위부터 말하기 시작
하여 하학이상달(下學而上達)을 성취하는 것으로, 바로 위 글과
상하 정반(正反)이 호응하는 작용이 있습니다. 설사 천고이래의
연문(衍文)85)이더라도 결코 착오가 없고 '의심스러운 것은 유보
해 놓는[多聞闕疑]' 것도 괜찮으니 종전대로 이해해서 통할 수
있습니다.

바꾸어 말하면 이것은, 보통 사람이 '낮은 것부터 배워서 높
은 것까지 통달할[下學而上達]' 수 없으며 지위에 있는 자의 지
우(知遇)86)를 얻을 수 없으면, 평생의 학문수양과 포부를 펼칠
수 없게 되고, 더욱이나 정치 종사로부터 나라를 다스리고 백성
을 이롭게 할 방법은 당연히 없다는 것을 말합니다. 그러나 이것
도 완전히 상위에 있는 자가 재야에 유현(遺賢)87)이 있게 한 잘

---

85) 필사 · 판각 · 조판이 잘못되어 더 들어간 글자나 글귀.
86) 남이 자기의 학식 인격 재능을 알고 대접하다.
87) 버려져 아직 쓰이지 않는, 재능과 지혜가 훌륭한 사람인 현재

못이라고는 말할 수 없으며, 역시 평소에 자기가 친구사이에서 신임 받지 못하고 칭찬받지 못한 것을 응당 자아 반성해야 합니다. (싱끄에 이른바 오륜도의 붕우는 바로 오늘날 말하는 인간관계 사회의 의미와 서로 같습니다) 왜 자기가 친구(사회)에게 신임 받지 못하고 칭찬 받지 못할까요? 그것은 자기가 평소에 가정 부모 가족들 사이에 인륜도덕에 맞는 효순 품행을 하지 못했기 때문에 친구사이의 찬양과 칭찬을 얻지 못한 것입니다. (주周나라 진秦나라 이전에는 사류士類[88]를 선택할 때 효행을 가장 중시했다는 사실을 알아야 합니다. 즉, 선거選擧로 선비를 취했던 서한西漢 무제武帝 시기의 경우도 공맹의 가르침에 근거하여 효孝와 렴廉을 현재賢才 선발의 기준으로 삼았습니다. 그러기에 명나라 청나라 시대에 이르러서 효로써 취한 거인擧人을 효렴孝廉이라고 부른 것은 바로 그런 의미였습니다).

그렇다면 사람이 왜 부모에게 효도하고 집안사람에게 화목하고 순종하는 덕행을 하지 못할까요? 이것은 모두 자기 자신의 행위를 반성 관찰하지 못하고 결코 진정한 지극한 정성[至誠]의 정도에까지 행하지 않았기 때문입니다. 왜 자신이 지극한 정성의 정도까지 행하지 못할까요? 그것은 어떠한 것이야말로 지극한 선에 머무는[止於至善] 학문수양인지를 알지 못하기 때문이며, 그래서 '자신이 지극한 정성을 행하는[誠乎身]' 경지에 도달할 수 없는 것입니다.

여기까지 얘기하여 우리가 이미 분명히 이해할 수 있듯이, 『중용』의 "천명지위성(天命之謂性), 솔성지위도(率性之謂道), 수도지위교(修道之謂敎)."는 천도와 인도의 관계로서 성명(性命)이 서로 통하는 기본 원리를 가리키는 것으로, 천도의 원래 그러

(賢才)

88) 문인 · 사대부의 총칭.

한[固然] 천성은 인도의 인성에 서로 통한다는 것으로부터 말하기 시작하였습니다. 그런 다음 학문수양이 '중화의 경지에 도달하여, 자기가 본래 천지와 더불어 동일한 본래의 위치에 존재하고 있으며, 동시에 자기가 본래 만물과 더불어 동등하게 천지의 생생불이(生生不已)의 양육 속에 있는[致中和, 天地位焉, 萬物育焉].' 중화 경지에 도달하는 것이 바로 내명(內明)인 본성천지풍월 경지[性天風月]의 제1의제(第一義諦)[89]입니다. 그런 다음 자성을 의지하여 닦음을 일으키고, '궁하면 그 자신을 홀로 선하게 하고 영달하면 겸하여 천하를 선하게 하는[窮則獨善其身, 達則兼天下]' 외용(外用)인 치국평천하의 공훈사업에 종사할 수 있습니다. 이것이 『중용』 전체 글이 본성(性)을 곧바로 가리켜 보게 하는[直指見性] 전제이며, 인도의 마음을 닦고 착한 본성을 기름[修心養性]으로부터 천성자연의 도(道)로 돌아가 합하는 덕행입니다. 여기까지로 멈추어야 『중용』의 상론(上論)입니다.

이어서 다음 글은 어떻게 해야 비로소 낮은 것부터 배워서 높은 것까지 통달하여 천도와 인도 관계의 대기대용(大機大用)을 실증(實證)할 수 있는지를 설명하는데, 그러려면 자신을 돌이켜 보아 정성스럽게 함으로부터 하기 시작해야 비로소 본성을 회복한 경지의 진정한 조예(造詣)에 도달할 수 있다고 합니다. 여기서부터가 『중용』의 하론(下論)입니다. 그렇다면 이른바 '성지(誠至)'와 '지성(至誠)'은 도대체 어떻게 된 일일까요? 이게 바로 『중용』이 상세히 설명하는 "지성무식(至誠無息)"으로서, 내명(內明)과 외용(外用)을 겸하여 얻는 묘용(妙用)입니다.

---

89) 뛰어난 뜻을 가진 진리. 최고의 진리. 완전한 진리. 뛰어난 깨달음의 지혜를 깊이 궁구한 경지. 승의제(勝義諦). 진제(眞諦)와 같다.

하론(下論)

자신을 돌이켜보아 반성하고
정성스럽게 하는 진식(眞識)

천성의 정성[誠]은 천성이 본래 갖추고 있는 솔직하고 진실한 직도(直道)이고, 그것은 후천의 인성 중에 부여되어 있으니 사람이 자기 마음을 스스로 정성스럽게 하여 지극한 정성에 도달하는 것은 인도(人道) 학문수양의 가장 중요한 조예이다. 천성의 정성의 경지는 조금도 애쓰지 않아도 꼭 들어맞고, 모든 사유의 식(思惟意識)을 놓아버리고 조금이라도 상상(想像)이나 망념의 작용이 절대로 없어야 비로소 도달할 수 있으며, 그런 다음에는 모든 행위가 언제 어디서나 안락하고 침착하면서 중도(中道)의 묘용에 부합하는 것이니, 이것은 성인의 경지이다. 그러나 천성의 정성의 경지에 단번에 초연히 도달할 수 없다면, 반드시 자신을 돌이켜보아 정성스럽게 하고 낮은 것부터 배워서 높은 것까지 통달해야 하는데, 그에 도달하는 방법은 바로 선(善)을 선택하여 굳게 잡고 실행하는 것이다. 선을 선택하여 굳게 잡고 실행한다는 것은, 주관적인 선입견을 버리고 학문들을 두루 배우고[博學之], 그 근원을 자세히 물어 조사 연구하고[審問之], 배우고 들었던 것을 이성적으로 신중하게 사고하고[愼思之], 과학적 논리적으로 명확하게 분석 귀납하고[明辨之], 그런 뒤에 이치의 소재를 확정하여 이를 사람 노릇과 일처리 과정에서 철저하게 실행하여 증거를 보는 것이다[篤行之]. 이런 학문수양 방법 중 앞의 네 가지는 선을 선택하는 것이요, 마지막 한 가지는 굳게 잡고 실행하는 것인데, 이 다섯 가지에 대해 보다 자세히 설명하겠다. 배우지 않았거나 배웠어도 아직 최고도(最高度)에 도달하지 못했다면 분별없이 실험하지 말라. 묻지 않았거나 물었는데도 아직 철저하게 알지 못했다면 멋대로 실시하지 말라. 사고하지 않았거나 사고했는데도 아직 또렷이 알지 못했다면 멋대로 해서는 안 된다. 분석하지 않았거나 분석했는데도 아직 또렷이 알지 못했다면 멋대로 해서는 안 된다. 실행하지 않았거나 실행했는데도 아직 철저하게 하지 못했다면 중도(中途)에 그만두지 말라. 다른 사람이 한 번의 노력으로 할 줄 안다면 나는 백 번의 노력으로 완성하겠다고 준비하고, 다른 사람이 열 번의 노력으로 할 줄 안다면 나는 천 번의 노력으로 완성하겠다고 준비하라. 만약 이런 방법과 정신으로 실행할 수 있다면, 비록 가장 어리석은 사람이라도 최후에는 반드시 알게 되고, 비록 가장 우유부단한 사람이

라도 최후에는 반드시 꿋꿋하고 굳세어질 것이다.

誠者 , 天之道也。誠之者 , 人之道也。誠者 , 不勉而中 , 不思而
得 , 從容中道 , 聖人也。誠之者 , 擇善而固執之者也。博學之 , 審問
之 , 慎思之 , 明辨之 , 篤行之。有弗學 , 學之弗能弗措也。有弗問 ,
問之弗知弗措也。有弗思 , 思之弗得弗措也。有弗辨 , 辨之弗明弗措
也。有弗行 , 行之弗篤弗措也。人一能之 , 己百之；人十能之 , 己千
之。果能此道矣 , 雖愚必明 , 雖柔必強。

우리가 『중용』을 깊이 연구하면서 읽으며 여기에 이르면 비
로소 『중용』 학문수양의 가장 중심적인 관건이 있는 곳이라는 것
을 반드시 이해해야 합니다. 아울러 『중용』 이 글의 첫머리에 요
지를 밝혀[開宗明義] 말한, "천명지위성(天命之謂性), 솔성지위도
(率性之謂道), 수도지위교(修道之謂敎)."의 3강령(三綱領)을 기
억하고 있어야 합니다. 그럼 우리는 어떻게 해야 비로소 '솔성지
도(率性之道)'에 도달하여 천명(天命) 본유의 성[本有之性]을 증
득(證得)할 수 있을까요? 그는 본 절의 시작에서 곧 하나의 '성
(誠)'자를 제시하여 방편(方便)법문으로 삼고 있습니다.

"성자(誠者), 천지도야(天之道也). 성지자(誠之者), 인지도야
(人之道也).", "'성(誠)'이란 형이상(形而上)이 자연히 본래 스스
로 갖추고 있는[本自具足] 선천 자성의 하나의 기능작용[功用]이
다."는 말인데, 그것은 하나의 직설적으로 설명하는[表詮] 명상
(名相)[90]이라고도 말할 수 있습니다. 왜냐하면 '천명지성(天命之
性)'은 온갖[一切] 기능[功能]을 본래 스스로 다 갖추고 있기 때

---

90) 학문적 개념.

문입니다. 그러므로 말하기를, "성자(誠者), 천지도야(天之道也).", "'성(誠)'은 바로 천성이 본래 갖추고 있는 솔직하고 진실한[率眞] 직도(直道)이다."라고 합니다(이 '誠'은 '천성의 정성'으로 번역합니다/역주). 그러나 그것은 사람 저마다의 몸이 태어난 뒤의 후천의 인성 중에 부여되어 있지만 사람들이 학문수양의 수행의 힘을 빌려야 비로소 원래 본유(本有) 구족한 자성으로 다시 되돌아가 합하기 때문에 말하기를, "성지자(誠之者), 인지도야(人之道也).", "사람이 스스로 자기의 마음을 정성스럽게 하여[自誠其心] 지극한 정성[至誠]의 경지에 도달할 수 있는 것이야말로 인도 학문수양의 가장 중요한 조예이다."라고 합니다. 그럼 『중용』이 말하는 '성(誠)', 더 나아가서 『대학』이 말하는 '성의(誠意)'는 동일한 의미가 아닐까요? 동일한 내함이지만 다른 기능작용[功用]이 있다고 말할 수 있습니다.

『대학』이 말하는 '성의(誠意)'는, 사람이 정성스럽게 할 수 있는 작용으로서 먼저 '의념(意念)'으로부터 하기 시작해야 합니다. 『중용』 여기서는 하나의 의(意)의 작용을 더하지 않고 단지 '성심(誠心)'의 본지풍광(本地風光)91)만을 직접 설명하는 것입니다. 그러므로 그는 이어서 곧 성심(誠心)의 기능작용[功用] 경지를 곧바로 가리켜 말합니다, "성자(誠者), 불면이중(不勉而中), 부사이득(不思而得), 종용중도(從容中道), 성인야(聖人也)." "사람의 마음을 곧바로 가리켜 천성의 정성[誠]의 인지(因地)92)로부터 닦기 시작하여 지극한 정성[至誠]의 경지에 도달한다."라는 표현입니다. 그러나 이른바 "불면이중(不勉而中)"의 '中'자를 절

---

91) 본래의 자기 모습. 본래면목.
92) 아직 완성을 보지 않은 출발점인 때. 원인으로서의 수행의 자리. 수행단계. 깨달음의 지위에 상대적으로 한 말.

대로 중앙(中央)의 中(중 : zhōng)자로 여겨 읽지 마십시오. 반드시 중주음(中州音)으로 읽어야 합니다. 산동(山東)·하난(河南) 등이 빙인 말소리처럼 仲(중 : zhòng)으로 읽어야 합니다. 또한 과녁에 적중(的中)하다의 中(중 : zhòng)처럼 읽어야 맞습니다. "불면(不勉)", 마음을 쓰고 힘을 쓸 필요가 없는 것입니다. "불면이중(不勉而中)", 조금도 애쓸 필요가 없이 무공용도(無功用道)93)의 경지에 맞아 들어가는 것입니다. "부사이득(不思而得)", 생각의식을 써서 구해 얻는 것이 아니라, 그것은 불가사의한 경지로서, 모든 사유 의식을 놓아버려서 조금이라도 상상이나 망념의 작용이 절대로 없어야 비로소 도달할 수 있는 경지라는 것을 말합니다. 만약 당신의 학문수양이 "불면이중(不勉而中), 부사이득(不思而得)"의 무공용도에 도달했다면, "종용중도(從容中道)",예전대로 걷고 머물고 앉고 눕는 등 여전히 언어·행동의 갖가지 행위 중에 있더라도 언제나 대단히 안락하고 침착하면서 가는 곳마다 중도(中道)의 묘용에 부합하지 않음이 없습니다.

그러나 이것은 성인(聖人)의 경지이지, 일반인이 온갖 생각[心思] 방법을 다 해보거나 혹은 따로 비밀 법문을 하나 구하거나, 심지어 일종의 무슨 공부(工夫)를 채용하여 해낼 수 있는 것이 아닙니다. 사실은 당신이 이렇게만 하는 것입니다 즉, '당신이 모든 사유, 이런저런 궁리[尋思], 붙잡음[把捉], 따짐[揣摩] 등의 난잡한 망심(妄心)을 내려놓고, 사유하지 않음[不思] 생각하지 않음[不想] 깊이 따지며 연구하지 않음[不尋究]에 마음 편안히 머물고 있으면서, 온갖 심사(心思) 잡념에 대하여 자연히 그것이 스스로 오고 스스로 가도록 내버려두고 그것을 따라서 구르지 않

---

93) 자연 그대로로, 어떠한 조작, 의도적 노력을 가하지 않는 도

습니다. 단지 맞이하지 않고 거부하지 않으며[不迎不拒], 따르지 않고 없애지 않으며[不隨不去], 가슴에 거리낌이 없으며[坦蕩胸懷], 또렷이 알면서도 집착하지 않는[了然不着] 것일 뿐입니다.' 이로부터 점차 나아가 함양(涵養) 공부가 깊어지면 "불사이중(不勉而中), 부사이득(不思而得)"에 가까워질 수 있으며, 자연히 성인 지혜[聖智]의 기능작용[功用]이 계발될 수 있습니다. 만약 성인의 경지에 단번에 초연히 곧바로 도달할 수 없다면, 반드시 자신을 돌이켜보아 정성스럽게 하고 낮은 것부터 배워서 높은 것까지 통달해야 합니다[反身而誠, 下學而上達]. 이른바 "택선이고집지자야(擇善而固執之者也)"입니다. 그렇다면 "택선(擇善)"이란 무슨 '선(善)'을 '택(擇)'하는 것일까요? "고집(固執)"은 무슨 '집(執)'을 '고(固)'하는 것일까요?

무엇이 "선(善)을 선택하여 굳게 잡고 실행하는 것[擇善而固執]"인지의 문제에 관하여, 우리는 먼저 반드시 무엇이 지진(至眞)·지선(至善)·지미(至美)의 형이상학인지는 잠시 제쳐놓아 얘기하지 않기로 하고, 후천(後天) 인성이 여기는 '선(善)'과 '고집'의 도리만을 말해야 합니다. 사실은 인류 전체 문화로부터 말하면 서양과 동양의 문화이든, 모든 교육·종교·정치의식, 철학과 과학의 사상 등은 그 최종 목적이 모두 사람들에게 "택선이고집"해야 한다고 가르쳐 이끄는 것입니다. 무슨 우주관·인생관·가치 관념 등등이든 시종 사람들에게 어떻게 "택선이고집"할지의 이론과 목적을 가르치는 데서 떠나지 않았습니다. 가장 뚜렷한 실례(實例)는 바로 종교의 "택선이고집"의 방법입니다. 교인들의 경우 가장 신앙하는 주재자나 혹은 주(主)의 뜻을 향하여 기구(祈求)하고 기도·예배하고, 심지어는 마음속에서 늘 생각하고 있으면서 '주여! 부처님이시여! 신이시여! 보살님이시여! 하늘이

여! 아버지! 어머니!' 하고 한 마디 총체적인 특칭(特稱)과 명호
나, 심지어는 의미 도리가 없어 해석할 수 없는 진언 주문 등등
을 외우는 것은, 모두 어떠한 종교이든 그 교의(敎義) 이념에 근
거하여 하나의 명구(名句)를 특정해서 신앙과 수행의 궤칙으로
삼은 것인데, 이게 바로 "택선이고집"의 작용입니다. 그런데 주
(周)나라 진(秦)나라 이후의 유가 학자들은 각 종교처럼 하나를
특정하여 총체적인 전일한 명언(名言)으로 삼지 않았습니다. 그
러나 송나라 왕조에 이르러서 송나라 유학 이학(理學) 문파가 흥
성하면서부터 『대학』 『중용』 의 이념에 근거하여, '주경(主敬
)'94)이나 '존성(存誠)'을 "택선이고집"의 학문수양 표준으로 삼는

---

94) 유교의 도덕수양방법의 하나, 경(敬)을 위주로 하는 것, 『맹
자』(孟子) 「공손추」(公孫丑) 상(下)에, "부자(父子) 사이에는
은혜를 위주로 하고, 군신 사이에는 공경을 위주로 한다"(父子主
恩, 君臣主敬)라는 말이 있고, 『예기』(禮記) 「소의」(小儀)에
는 "빈객(賓客)은 공(恭)을 위주로 하고, 제사는 경(敬)을 주로
한다"라는 말이 있다. 이것은 인간관계나 의식에 있어서 경(敬)
을 마음에 위주로 할 것을 강조하고 있는 것이다. 송대(宋代)에
이르면 주경(主敬)은 유교의 중요한 도덕 수양 방법으로 대두하
였다. 북송(北宋)의 정이(程頤, 1033~1107)는 "도덕의 함양은
경(敬)으로써 하고 그러면서 학문에 나아간다면 치지(致知)에 이
를 수 있다"[『유서(遺書) 권18]라고 하여, 소위 '경'이란 자아를
억제하는 능력으로서, "경(敬)이란 오직 자신을 유지시키는 도
(道)일 뿐이다"라고 하였다. 곧, 자기의 사상을 전일할 수 있게
하고, 산만하지 않게 하는 "이른바 경(敬)이란 일(一)을 주(主)
로 하는 것으로, 이때 일(一)이란 무적(無適: 심(心)이 외물에
응하지 않음)한 것을 말한다"[『유서(遺書) 권15]라고 하였고,
"경(敬)을 오랫동안 함양하면 천리(天理)는 저절로 드러난다"라
고 하였다. 남송(南宋)의 주희(朱熹, 1130~1200)는 경(敬)을
더욱 상세하게 말했는데, "경(敬)이란 마음이 마땅히 주재해야할
대상이다"[『주자어류(朱子語類) 권12』 라고 하였고, 아울러 "만
일 주경(主敬)함과 치지(致知)함을 서로 돕게 한다면 스스로 막
힘이 없게 될 것이다"[『答張敬夫』]라고 생각하여 도덕수양과
지식을 구하는 활동을 함께 결합시켰다. 이와 같이 경(敬)을 중
시하는 경향은 한국 유학에도 마찬가지여서, 이황(李滉,

것을 인정함으로써, 전통 유가의 박대정심(博大精深)[95]한 학설도 종교 식과 유사한 학문 방법으로 변했습니다. 그렇다면 송나라 유학 이학자들은 어떻게 이런 모양으로 변하여 나오게 했을까요? 사실상 바로 『중용』의 이 단락 말로부터, 분별(分別) 영상(影像)이 있고 따를 수 있는 의미 도리가 있는 표준 양식을 하나 세웠기 때문입니다.

그러나 『중용』의 원래의 취지는 결코 당신더러 '주경(主敬)하라'거나 '존성(存誠)하라'고 시키지 않았습니다. 그가 말하는 것은, 만약 당신이 "애쓰지 않아도 꼭 들어맞고, 모든 사유의식(思惟意識)을 놓아버리고 조금이라도 상상(想像)이나 망념의 작용이 절대로 없어야 비로소 도달할 수 있으며, 모든 행위가 언제 어디서나 안락하고 침착하면서 중도(中道)의 묘용에 부합하는[不勉而中, 不思而得, 從容中道]" 성인 지혜[聖智]의 경지에 직접 도달할 수 없다면, "택선이고집지(擇善而固執之)"해야 비로소 '천성의 정성[誠]'의 중도(中道)에 도달할 수 있다는 겁니다. 어떻게 선(善)을 선택할까요? 어떻게 굳게 잡고 실행할까요? 그는 곧 '낮은 것부터 배워서 높은 것에까지 통달하는[下學而上達]' 다섯 개의 학문수양 방법을 제시하는데, 이른바 "박학지(博學之), 심문지(審問之), 신사지(愼思之), 명변지(明辨之), 독행지(篤行之)." 입니다.

"박학(博學)", 마땅히 공자를 모범으로 삼아야지, 한 부문의 학식을 고수해서 주관적인 선입견의 울타리 안에 갇혀있어서는 안 됩니다. "심문(審問)", 어떠한 종류의 학문에 대해서든 모두

1501~1570)의 『성학십도』(聖學十圖)에서는 경(敬)이 그 핵심을 이루고 있음을 볼 수 있다.
95) 학문 등이 박식하고 심오하다.

그 근원을 밝혀내고 분명히 조사하고 연구해야지 맹종이나 미신 속으로 떨어져서는 안 됩니다. "신사(慎思)", 배우고 들었던 것을 이성적으로 사고해야 한다는 것입니다. "명변(明辨)", 후세에 말하는 과학적 논리적으로 분석하고 귀납해야 한다는 것과 같습니다. 이상 네 가지 학문 탐구 방법을 거친 뒤에 이치의 소재를 확정하고 사람 노릇하고 일을 처리하는 행사(行事) 과정에 실천하고 증거를 보아야 합니다. 그러므로 "독행(篤行)"이라고 합니다. 바꾸어 말하면 "박학·심문·신사·명변" 네 가지는 '택선'이고, "독행"은 '고집'을 필요로 합니다.

이 때문에 다음 글에 이 다섯 개의 학문수양 방법에 대해 자세히 설명하여 말합니다.

"유불학(有弗學), 학지불능불조야(學之弗能弗措也).", "만약 학습하지 않았거나 혹은 학습을 잘 못해서 학습이 최고도에 도달하지 못했다면 당신은 분별없이 실험하지 말라!"는 말입니다.

"유불문(有弗問), 문지부지불조야(問之弗知弗措也).", "당신이 이해하지 못했다면 배움을 추구해서 아는 사람더러 당신에게 가르쳐주라고 청하라. 만약 배움을 추구해서 가르침을 구하려하지 않을 뿐만 아니라, 배움을 추구해서 가르침을 구했으나 아직은 철저하게 알지 못했다면, 당신은 멋대로 실시하지 말라!"는 말입니다.

"유불사(有弗思), 사지불득불조야(思之弗得弗措也).", "만약 당신이 학습도 했고 다시 자기의 사고를 거쳤으나 아직은 납득하지 못해서 철저하게 알지 못했다면, 역시 불만족스러우나 그대로 해서는 안 된다."는 말입니다.

"유불변(有弗辨), 변지불명불조야(辨之弗明弗措也).", "만약 당신이 배운 것을 사고와 변증을 거쳤으나 여전히 아직은 또렷이 알지 못해서 마음에 불안하다면, 당신 멋대로 해서는 안 된다."는 말입니다. 이상은 모두 '택선'은 치밀한 다음에야 비로소 실천해도 좋다는 것을 설명합니다.

"유불행(有弗行), 행지불독불조야(行之弗篤弗措也).", "최후에는 학문상의 이론[學理)]을 알고 난 이후의 실천이 중요하다. 그러나 실천 과정 중에 반드시 '택선이고집'의 정신으로 독행(篤行)해야 하지 중도에 그만두거나 혹은 다 된 일을 망쳐서는 안 된다. 반드시 끝까지 버티며 정진해서 실행이 철저해야 비로소 성취가 있을 수 있다." 措자는 '종점까지 한다, 최후까지 한다'는 함의가 있습니다.

이 때문에 말하기를, 당신이 만약 이 다섯 개의 학문 탐구 방법대로 할 수 있고 성공을 구하는 데 급급하지 말고 철저히 실천하는 것만을 중시하라고 합니다.

"인일능지(人一能之), 기백지(己百之). 인십능지(人十能之), 기천지(己千之). 과능차도(果能此道), 수우필명(雖愚必明), 수유필강(雖柔必強).", "남이 한 번에 할 줄 아는 것을 꼭 부러워할 필요는 없다, 풀 죽지 말라, 당신은 백배의 노력으로 완성하겠다고 준비하라. 남이 십분(十分)의 노력으로 성공할 수 있다면 당신은 천배의 노력으로 완성할 준비를 하라. 요컨대 '수확이 어떨지는 묻지 않고 단지 농토를 갈고 김매는 것만 묻는다[不問收穫, 只問耕耘].'는 정신으로 독행(篤行)하기만 하면, 비록 가장 어리석은 사람이라도 최후에는 필연적으로 알게 될 것이다. 비록 가장 우유부단한[優柔寡斷] 사람이라도 최후에는 필연적으로 꿋꿋하고 군세어질[堅強剛毅] 것이다."

『중용』이 여기에서 말하는 "박학·심문·신사·명변·독행" 다섯 가지 학문하는 방법과 순서로 말미암아 우리가 비교철학・비교종교학의 교학(敎學) 방법으로 한 번 대조해본다면, 유일하게 이 이론관념과 서로 비슷한 것으로는 대체로 오직 중국불학(中國佛學)만이 대소승이 말하는 문사수혜(聞思修慧)96))의 수행이념에 근거하여 신해행증(信解行證)97)의 수행 차제를 제시하고 교리행과(敎理行果)98) 네 개의 종합적인 교법(敎法)을 세웠습니다. 예를 들어 불경이 다문(多聞)을 가장 중요시 하는 것은, "박학"과 동의어입니다. 불경의 문답이 먼저 체청(諦聽)99)을 말하는 것은 "심문"과 동일한 작용입니다. 불학의 수행이, 정사유(正思惟)하여 선관(禪觀)과 관상(觀想)을 닦는 것을 중시하는 것은 "신사"의 의의와 서로 같습니다. 모든 경론 저술이 반드시 인명(因明 논리)을 중시하는 것은 바로 "명변"을 주요 취지로 해야 하는 것입니다. 무릇 이런 것 등등이 최후에는 결국 진실한 수증[眞修實證]의 행증(行證)100)과 행과(行果)101)에 도달해야함을 요구하는 것은 "독행"의 이론관념과 완전히 일치합니다.

이 때문에 위・진・남북조 시기에 대량으로 번역된 불경은 대부분 『대학』 『중용』의 명사(名辭) 문신(文身)102)을 기초로

---

96) 3혜를 말한다. 들어서 얻는 지혜, 사유해서 얻는 지혜, 실천수행해서 얻는 지혜.

97) 불도수행의 1기(期). 먼저 법을 믿고, 다음에 그 법을 이해하고, 그 법에 의지하여 행을 닦아 마침내 과果를 증득하는 것.

98) 자력성도문(自力聖道門)에서 수행에 의해 깨달음을 얻는 순서 차례를 나타내는 말. 말에 의한 가르침과, 그 가르침 속에 설해진 도리와, 그 도리에 의한 수행과, 그 수행의 인因에 의해 얻는 증과(證果)를 말함.

99) 잘 들을 수 있는, 자세하게 들을 수 있는, 명확하게 들을 수 있는, 마음속으로부터 듣는 것.

100) 수행과 증오. 수행하여 깨닫는 것.

101) 수행의 효과. 행업과 과보. 수행과 그것으로 인하여 불러오는 과보.

102) 자모(字母)의 모임. 신(身)은 모임. 한 자(字)는 문(文), 두 자

채용하고 있습니다. 그래서 불학이 중국문화 속에 빨리 융회하어 일체(一體)가 되도록 했습니다. 게다가 평민 종교의 겉모양을 더해서 마침내 민간에 보급되어 곧 유행하여 쇠퇴하지 않게 되었습니다. 수나라 당나라 이후에는 평이한 구어체로 설교한 선종의 삼조 승찬(僧璨)대사가 지은 「신심명(信心銘)」도 마찬가지로 '지극한 도는 어렵지 않으니 오직 가리고 고르는 걸 꺼린다네. 다만 사랑하지도 미워하지도 않으면 훤하여 명백하게 되네. 털끝만큼이라도 어긋나면 천지차이로 벌어지네[至道無難, 唯嫌揀擇. 但莫憎愛, 洞然明白. 毫釐有差, 天地懸隔].' 등을 제시하여 열어 보인 것 역시 "택선고집"의 중요함을 설명하는 것이지, 문자언어를 절대 사용하지 않아야 도를 깨달을 수 있다는 것이 결코 아닙니다. 이것도 "박학·심문·신사·명변"의 이론관념을 섞은 것이나 다름없으며, 그 작용 속에 내재하기도 하고 그 작용을 초월하기도 할[即此用, 離此用] 뿐입니다. 요컨대 "박학·신문·신사·명변"의 "택선이고집"의 이론관념은, 바로 '대학의 도[大學之道]'가 '지극한 선에 머묾[止於至善]'을 '독행'하는 것임을 천명하는 보급(普及) 법문이기도 합니다.

『중용』의 돈오와 점수

태어나면서부터 스스로 알아서, 사려함이 없고 작위함이 없는 직도(直道)인 천성의 정성성[誠性]의 경지 속에 본래 스스로 처할 수 있다면, 자기가 자성의 묘용을 명백하게 깨닫는 것, 이

는 문신, 세 자이상은 다문신(多文身)이다.

를 자성이라고 한다. 그러나 만약 그렇게 자성의 묘용을 명백하게 깨닫는 작용을 미혹하여 잃어버렸을 경우에는 태어나면서부터 자연히 온 후천의 인성으로부터 닦고 익히기 시작하여 먼저 자성의 본래를 명백하게 볼 수 있다면, 역시 본래 있으며 명백하게 깨닫는 지극한 정성의 경지에 자연스럽게 도달하는 것, 이를 교화라고 한다. 그렇게 태어나면서부터 알아서 천성의 정성성의 경지 속에 본래 스스로 처하여 자성의 묘용을 단박에 명백하게 깨닫든, 후천의 인성으로부터 점차 닦아 자성의 묘용을 명백하게 깨달은 뒤 지극한 정성의 경지 속에 처하든 형이상의 천명(天命) 자성의 본래에 대하여는 평등하다. 오직 천하에서, 자성의 묘용을 명백하게 깨달은 뒤에 닦아서 인성(人性)과 물성(物性)의 갖가지 차별 작용을 훤히 깨닫는, 지극한 정성[至誠]이라야 자기의 본성을 다 알 수 있다. 자기의 본성을 다 알 수 있다면, 모든 사람의 본성이 본래 평등하고 스스로 갖추어져 있다는 것을 다 알 수 있다. 모든 사람의 본성을 다 알 수 있다면, 더 나아가 만물의 자성과 인성도 더불어 일체(一體)로서 차별이 없다는 것을 다 알 수 있다. 만물의 자성을 다 알 수 있다면, 마음과 물질은 근원이 동일하여 인성과 물성이 매우 밀접한 관계가 있는 묘용을 알 수 있으니, 비로소 사람의 생명 기능의 가치를 완성할 수 있어서 천지가 만물을 생겨나게 하고 길러주는 공덕에 참여하여 도울 수 있다. 천지가 만물을 생겨나게 하고 길러주는 공덕에 참여하여 도울 수 있다면, 천지와 함께 존재하면서 나란히 서 있을 수 있다.

自誠明謂之性, 自明誠謂之教。誠則明矣, 明則誠矣。唯天下至誠, 為能盡其性。能盡其性, 則能盡人之性。能盡人之性, 則能盡物

之性。能盡物之性, 則可以贊天地之化育。可以贊天地之化育, 則可
以與天地參矣。

　　여러분 주의해야 합니다, 우리가 『중용』의 개종명의(開宗明
義)인 첫 단락을 얘기할 때 무엇이 '천성지도(天性之道)'와 '수도
지교(修道之敎)'인지를 말했습니다. 당신이 단지 원문을 숙독하
면서 경문으로써 경문을 주해하는 방법을 쓰기만 하면 자연히 통
달할 것입니다. 이제 본 절 첫 시작으로부터 당신은 그가 스스로
명백하게 주석을 하여 이렇게 말하고 있음을 볼 수 있습니다,
"자성명위지성(自誠明謂之性), 자명성위지교(自明誠謂之敎). 성즉
명의(誠則明矣), 명즉성의(明則誠矣)." 이 네 마디 말에는 반복적
이고 정대적인[正對]103) 요점이 두 개만 있는데, 그것은 바로
"'천성의 정성(誠)'으로부터 '명(明)'에 도달하고, '명(明)'으로부
터 '천성의 정성(誠)'에 도달하는 것"일 뿐입니다. 여기에서 사용
하고 있는 '명(明)'은 바로 명명백백하게 도를 깨닫는다는 '明'으
로서, '대학지도, 재명명덕(大學之道, 在明明德)'의 '明'과 동일한
내함이며, 천명본유지성(天命本有之性)의 성덕(性德)입니다. "천
성의 정성[誠]"은 바로 "조금도 애쓰지 않아도 꼭 들어맞고, 모
든 사유의식(思惟意識)을 놓아버리고 조금이라도 상상(想像)이나
망념의 작용이 절대로 없어야 비로소 도달할 수 있으며, 그런 다
음에는 모든 행위가 언제 어디서나 안락하고 침착하면서 중도(中
道)의 묘용에 부합하는 것[不勉而中, 不思而得, 從容中道]"으로서
천성자연의 직도(直道)의 경지입니다. 요컨대 천도와 인도의 관
계인 자성은 본래에 바로 상하고금(上下古今) 긍고불변(亘古不

---

103) 상하 두 련(聯)이 각도가 다르나 의미는 서로 보충하면서 내용
　　이 서로 비슷하거나 서로 관련되는 것.

變)104) 원명적조(圓明寂照)105)의 직도입니다.

만약 당신이 태어나면서부터 스스로 알아, 사려(思慮)가 없고 삭위함이 없는[無思·無慮·無爲] 직도(直道)인 천성의 정성성(誠性)의 경지 속에 본래 스스로 처할 수 있다면 자기가 자성의 묘용을 명백하게 깨달을[明悟] 수 있기 때문에, 그래서 "자성명위지성(自誠明謂之性)"이라고 합니다.

만약 당신이 '본자성명(本自誠明)'의 작용을 미혹하여 잃어버렸을[迷失] 경우에는 태어나면서 자연히 온 후천의 인성으로부터 닦고 익히기 시작할 수 있는데, 먼저 자성의 본래를 명백하게 볼 수 있다면 역시 저절로 '본래 있는, 명백하게 깨닫는, 지극한 정성[本有明悟至誠]'의 경지에 도달하니, 이런 것을 "자명성위지교(自明誠謂之敎)"라고 합니다.

당신이 만약 이런 반복적이고 정대적인 설법을 이해하고 난다면, 불가(佛家)가 중국으로 전해들어 온 선종 심법에 '돈오(頓悟)'와 '점수(漸修)'라는 이중의 방편 법문이 있는 것을 알 수 있습니다. 사실 그것은 『중용』의 "성즉명(誠則明), 명즉성(明則誠)"의 교화[敎]와 완전히 서로 유사합니다. "천성의 정성[誠]"으로부터 자연히 "명백하게 깨달음[明]"은 바로 '돈오'입니다. "명백하게 깨달음[明]" 이후로부터 자연히 "지극한 정성의 경지에 도달함[誠]"은 바로 '점수'입니다. 그러나 '돈오'로 말미암아 견성하든, 혹은 '점수'로 말미암아 견성하든 천명자성(天命自性)의 본래(本來)에 대하여는 모두 똑같이 평등한 것이지 결코 무슨 선후고저(先後高低)의 차별이 없습니다. 바로 『중용』이 말한 "성즉명의(誠則明矣), 명즉성의(明則誠矣)"와 같고, 단지 문자 언어가 논설

---

104) 옛날부터 불변이다.
105) 원만한 영명(靈明)이 공적하면서 비추다.

(論說) 차례순서에서 선후의 같고 다름이 있을 뿐입니다. 가장 중요한 것은, 자신의 진지작견(眞知灼見)106)과 진실한 수증[眞修實證]으로 견성(見性)한 뒤에는 그것이 필연적으로 성덕의 천성의 정성성(誠性)으로부터 자연히 지극한 정성[至誠]의 작용을 일으킬 것이라는 점에 있습니다. 이 때문에 말합니다, "유천하지성(惟天下至誠), 위능진기성(爲能盡其性). 능진기성(能盡其性), 즉능진인지성(則能盡人之性). 능진인지성(能盡人之性), 즉능진물지성(則能盡物之性). 능진물지성(能盡物之性), 즉가이찬천지지화육(則可以贊天地之化育). 가이찬천지지화육(可以贊天地之化育), 즉가이여천지참의(則可以與天地參矣)."

우리가 이 한 절 문자의 우아하고 아름다운 논문을 읽고, 비록 자성본자(自性本自)의 '성명(誠明)'의 묘용을 이해했지만 '성명(誠明)' 이외에 '지극한 정성[至誠]'의 작용이라고 부르는 또 하나의 명사가 나오는 것 같은데, 따로 도리가 있는 것일까요? 답안은 도리가 있다는 것입니다. 그러나 분명하게 해석하기가 어렵습니다. 만약 우리가 불가의 학술이론을 빌려서 유추해보면 비교적 쉽습니다. 예를 들어 불학은 도를 깨달아 성인을 이루는 본유자성을 '본각(本覺)'이라고 이름 지어 부릅니다. 중생의 후천의 생명으로부터 다시 수행하여 오도견성(悟道見性)하는 작용을 '시각(始覺)'이라고 부릅니다. '본각'이 '시각'을 일으키고, '시각'이 '본각'을 깨닫는 것은 본래 하나이면서 둘이고, 둘이면서 하나로서 결코 차별이 없습니다.107)

---

106) 정확하고 통철한 견해.
107) 본각(本覺) : 현상계의 온갖 상(相)들을 초월한 곳에 있는 궁극의 깨달음. 또 이 깨달음의 보편성에 의해 인간은 타고난 대로 깨닫고 있는 것을 나타낸다. 본래 갖추어져 있는 깨달음. 부처님의 본래의 깨달음. 『대승기신론(大乘起信論)』에서 설해진 말로 각(覺)·불각

그러나 일반인들은 학문적 논변(論辯)의 습관으로부터 애기하기를 좋아하여, 또 지각(智覺)의 이론관념으로써 이를 지어서, 본각 자성을 깨달은 명지(明智)를 '근본지(根本智)'라고 부릅니다. 그리고 깨달은 뒤 수행을 일으켜서 세간(世間)과 출세간(出世間)을 훤히 꿰뚫어보는[洞明] 갖가지 개별적인 지혜를 '차별지(差別智)'라고 부릅니다. 우리가 불학의 이런 명변(明辨)의 논리를 알고 나서 다시 되돌아가 『중용』의 "천성의 정성[誠]"으로부터 "지극한 정성[至誠]"에 도달하는 것을 이해해보면, 확실히 그 개념적 정의(定義)가 있습니다. 그 처음에 말하는 "천성의 정성[誠]"은 천명지성(天命之性)의 성덕본유(性德本有)의 묘용으로서 '본각'의 영명(靈明)한 '근본지'에 해당합니다. 뒤에 말하는 "지극한 정성[至誠]"은, 자성을 '시각'한 이후 자성에 의지하여 닦음을 일으켜서 모든 인성과 물성의 갖가지 차별의 작용을 명백하게 깨

(不覺)의 이변(二邊)을 초월한 불이(不二)·공(空)에 진정한 절대적인 깨달음이 있고, 그것이 생멸(生滅)의 현상계에 본래 본연으로서 구비된 것을 설하였다. 불각(不覺) : 깨닫지 못한 것. 마음의 본성에 대한 미망(迷妄). 미혹. 진여(眞如)의 법이 본래 평등일미(平等一味)하고 무차별임을 그대로 각지(覺知)할 수 없는 미망. 불각은 무명(無明)으로 이에는 근본(根本)무명과 지말(枝末)무명이 있다. 전자는 미진(迷眞), 즉 진여가 자신을 숨기고, 후자는 기망(起妄), 즉 무명이 진여를 덮는다. 본각에 대해 말함. 시각(始覺) : 가르침을 듣고 수행하여 처음으로 얻어진 깨달음. 처음 깨닫는 것. 본각이 있으므로 그것에 근거하여 불각이 있고, 그 불각의 입장에 근거하여 시각의 의미가 설해진다. 각의 측면에 있어서 각일반으로서의 실제는 본각시각을 설하며, 더욱이 그것은 따로 해석되어 2개의 동이(同異)로서 결론짓는다. 구경각(究竟覺) : 깨달음의 극치. 무명이 사라지고 깨달음의 본체가 나타나는 경지. 현실적으로 다양하게 계속적으로 전개되는 우리들의 마음을 밝혀내, 그 본원을 알아내는 것. 마음의 본원을 완전히 알지못하는 단계에서는 결코 구경각이라고 말할 수 없다. 구경각은 여래지(如來地) 또는 불지(佛地)를 가리킨다. 본각과 시각의 관계 등에 대해 보다 자세한 내용은 『대승기신론』을 읽어보기 바랍니다. (출처 홍법원 출판 『불교대사전』)

닫는[明悟] 것으로 '시각' 이후의 '차별지'입니다. 당신이 만약 이에 의거하여 이해하면 본 절이 말하는 것을 알 수 있습니다. "오직 천하에서 지극한 정성만이 자기의 본성을 다 알 수 있다[唯天下至誠, 爲能盡其性]. 그런 다음에 모든 사람들의 본성이 본래 평등하고 본래 갖추어져 있다는 것을 다 알 수 있다."

(역자보충 8) **근본지와 차별지**

불학은 도를 얻음에 대하여 근본지라고 말합니다. 명심견성하여 얻은 어린애 같은 순수한 마음이 바로 근본지입니다. 그러나 도를 얻은 뒤는 하나를 통하면 온갖 것을 통하는 것을 의미하지는 않습니다. 다시 말해 정좌하여 도를 깨닫기 만하면 무엇이든지 다 안다는 것이 아닙니다. 전기공사과정도 알거나 혹은 원자탄 제조 과정도 안다든지 하여 모든 것을 마치 소금에 절인 오리 알을 만들어 내듯이 만들어 낸다는 것을 말하지 않습니다. 사실은 결코 그렇지 않습니다.

이러한 인간세상의 각 분야 부류들을 아는 것을 차별지라고 합니다. 하지만 근본지를 얻고 나면 차별지를 배울 때 더 빨리 배워할 줄 알아서 하나를 들으면 천 가지를 깨달을 수 있다고 말할 수 있습니다. 똑 같은 일에 대하여 보통사람은 일백 마디 말을 들어야 이해할 수 있지만 근본지를 얻은 사람은 한마디 말만 들어도 전체를 이해합니다. 만약 한마디 말조차도 듣지 않고 이해한다면 그건 불가능합니다. 그러나 종교계에는 왕왕 이런 잘못된 관념이 발생하고 있습니다. 특히 부처님을 배우고 도를 배우는 사람은 이런 환상을 가지고 있는데, 정좌하여 도를 깨달으면 우주 안의 어떤 일도 다 알 수 있는 것으로 말입니다. 사실 모든 것은 여전히 배워야 합니다. 맹자가 뒷날 말한 "박학이상설지(博學而詳說之)", 널리 배워 그것을 자세히 말한다는 것은 바로 차별지를 가리켜 한 말입니다. (남회근 선생 『맹자와 이루』에서)

"그러나 모든 사람들의 본성을 다 아는 것만으로는 아직 철저(澈底)하지 못하고, 반드시 더 나아가 만물의 자성과 인성도 함께 일체(一體)로서 차별이 없음을 다 알고 난 다음에라야 심물일원(心物一元)으로서 인성과 물성이 매우 밀접한 관계가 있는 묘용을 알 수 있다. 그래야 비로소 '가이찬천지지화육(可以贊天地之化育), 즉가이여천지참의(則可以與天地參矣).'에 도달할 수 있다. 이래야 비로소 사람의 생명 기능의 가치를 완성할 수 있어서, 천지와 함께 존재하면서 나란히 서서 천지가 만물을 화생(化生)하고 만물을 양육하는 공덕에 찬조(贊助)할 수 있는 것이다." 그래서 전통문화는 천(天)·지(地)·인(人)을 함께 우주간의 삼재(三才)라고 불렀습니다. '참(參)'자는 수학의 삼(三)자의 의미도 동시에 포함하고 있습니다.

그 다음의 학문수양 방법으로는, 안락하고 침착하면서 중도(中道)의 묘용에 부합하는 성덕(性德)으로 다시 되돌아가고 싶다면, 바로 선회곡절[曲]의 운용 원칙에 이르는 것이다. 선회곡절(旋回曲折)은 우주만물 자연의 법칙이자 인성(人性)과 물리변화의 법칙인데, 후천적 인성의 심의식(心意識)이 일으키는 정신의식, 사유 정서 등의 작용도 그러한 선회곡절로 형성되는 범위의 법칙을 뛰어넘지 못하기 때문에 그러한 선회곡절의 작용 중에서 '의념을 정성스럽게 함[誠意]'으로부터 닦음을 일으킬 수 있다면 지극한 정성의 경지에 도달할 수 있으며, 지극한 정성[誠]에 도달하면 내재의 중화(中和) 경지가 기질변화로 외모에 드러나고, 외모에 드러나면 뚜렷한 작용이 있고, 뚜렷한 작용이 있으면 만사에 통달하여 밝고, 만사에 통달하여 밝게 되면 생각을 움직이고, 생각을 움직이면 신통변화 작용이 있게 되고, 신통변화

작용이 있게 되면 감화시킬 수 있으니. 오직 천하에서 지극한 정
성의 경지에 이르러야 감화시킬 수 있다.

其次致曲。曲能有誠, 誠則形, 形則著, 著則明, 明則動, 動則
變, 變則化。唯天下至誠為能化。

그 다음으로는 '천성의 정성[誠]'과 인성의 '지극한 정성[至
誠]'의 효과반응을 설명하고 있습니다. 이 때문에 먼저 닦은 뒤
에 깨닫거나[先修後悟] 혹은 깨달은 뒤에 닦음을 일으키거나[悟
後起修] "치곡(致曲)"이 중요하다는 것을 제시합니다. 사실상 "치
곡"이라는 명사는 『주역 · 계사전(상)』에서 이미 제시하여 말하
기를, "역경의 범위에는 천지의 모든 조화의 법칙이 포괄되어서
벗어나지 않고, 우주만유의 온갖 운용의 원칙인 선회곡절(旋回曲
折)은 만물을 형성하여 하나도 빠뜨리지 않는다[範圍天地之化而
不過, 曲成萬物而不遺]."라고 했는데, 이것이 바로 "치곡" 이론관
념의 근원입니다. 노자(老子)에게도 '곡즉전(曲則全)'이라는 설이
있습니다. "치곡"은 우주만물 자연의 법칙이자 인성과 물리변화
의 법칙이기도 합니다. 왜냐하면 형이상 천성본자(天性本自)의
기능[功能]은 ○(둥근)것이기 때문에, 『역경 계사전(상)』의 해
설은 그것을 전일(專一)한 것이라고 부르는데, 그것을 공(空)한
것이라고 불러도 좋습니다. 그것은 형상(形相)이 없어서 볼 수
없고 대소내외(大小內外)가 없어서 분별할 수 없으며 가없이[無
邊際] 광대(廣大)하여서, 사람들은 잠시 그것의 이런 기능[功能]
에 대해 정태(靜態)라고 이름을 정해 부르지만, 그것은 진실로
고정된 항정(恒靜)은 결코 아닙니다.
　　사실상 정태는 가장자리가 없고 방향위치가 없으며 운행이

쉬지 않는 지극히 광대한 항동(恒動)일 뿐입니다. 이 때문에 사람들은 이런 운행이 쉬지 않는 본유의 기능에 대해 잠시 이름을 정해 부르기를 '직도(直道)'라고 하는데, 그것을 '본유의 공성(空性)'이라고도 말할 수 있습니다. '공(空)'은 본유의 기능을 가리켜서 말한 것이고, '직(直)'은 본유 기능의 작용을 가리켜 말한 것입니다. 하지만 그것이 형성하는 공간과 시간의 우주물리 속에서 근본적으로 곡선으로 회전하고 있으면서 원주(圓周)의 현상을 형성하는 것이지, 결코 직선의 작용이 하나 진실로 있는 것은 아닙니다. 사람들이 말하는 직선은 매우 짧은 곡선의 분단(分段)을 직선이라고 부르는 것인데, 사실상 본원(本源)에서는 곡직내외(曲直內外)의 구분이 없습니다. 우주만물은 모두 이런 곡(曲)과 직(直)이 교호(交互)하는 작용 속에서 생명과 물리의 현상을 형성합니다.

만찬가지로 유추하면, 우리의 정신의식, 사유·정서 등등의 작용도 이 선회곡절로 형성되는[曲成] 범위의 법칙을 뛰어넘지 못합니다. 예컨대 사람의 의념(意念)과 사유는 근본적으로 단일한 직선의 작용이 아닙니다. 그것은 생리와 심리의 선회곡절의 교차[交曲]로 말미암아 형성되어 오고 가고 오고 가며 회전을 반복하면서 한 점 한 방울씩 끊어졌다 이어졌다하며 연결되어 방원곡직(方圓曲直)의 심리상태 표상(表象)을 구성하였을 뿐입니다. 자, 저는 여기까지만 애기할 수 있을 뿐입니다. 만약 이 사고(思考)의 조리 맥락을 따라 발휘한다면, 다른 제목이라고 말해야 해서 본 주제와는 너무 멀어지게 됩니다.

(역자보충 9) **우주의 대학문**

이하에서는 『역경』의 전반적인 운용과 그 목적에 대해 언급됩니다.

'역경의 범위에는 천지의 모든 조화의 법칙이 포괄되어서 벗어나지 않고, 우주만유의 온갖 운용의 원칙인 선회곡절(旋回曲折)은 만물을 형성하여 하나도 빠뜨리지 않으며, 주야의 도를 통달하여 안다. 신(神)은 방위도 없고 형상도 없어서 존재하는 곳도 존재하지 않는 곳도 없으며, 역은 고정된 본체가 없다

範圍天地之化而不過, 曲成萬物而不遺, 通乎晝夜之道而知, 故神无方而易无體.

『역경』의 학문을 이해하고 나면 모든 전체 우주만물을 이해할 수 있습니다. 그래서 '범위천지지화(範圍天地之化)'라 말합니다. 중국문화인 『역경』이 발명한 '化'는 뒷날 도가에 의해 운용되었습니다. 예컨대 '우주'라는 명사는 『회남자(淮南子)』에서 가장 일찍 출현합니다. '우'는 공간을 대표하고 '주'는 시간을 대표합니다. 시간과 공간이라는 두 가지 것은 바로 우주를 대표합니다. 그러므로 우주는 시공의 범위에 속하고 천지는 유형의 것입니다. 이로써 알 수 있듯이 천지라는 관념은 작고 우주라는 관념은 큽니다.

뒷날 불학은 또 우주를 포괄할 수 있는 더욱 큰 명사를 하나 창조했는데, 이 명사를 '법계(法界)'라고 합니다. 법계는 시간과 공간, 만물과 그리고 천지간의 일체를 포괄합니다. 중국 한(漢)나라 시대의 도가는 『회남자』에서 시간과 공간의 관계를 설명했습니다. 『역경』의 학문도 시간과 공간 두 부분을 포함하는 것이 바로 '범위천지지화(範圍天地之化)'입니다.

이 우주를 중국문화에서는 하느님이 창조했다거나 다른 신이 창조했다고도 인정하지 않습니다. 종교적인 성격이 없습니다. 『역경』 문화 중에는 일종의 과학적인 관념도 있는데, 조화(造化)라고 하며 스스로

만들고 스스로 변화해간다[自造自化]는 뜻입니다. 전체 천체우주는 거대한 화학 보일러이며, 우리 인간은 이 보일러속의 하나의 작은 분자, 하나의 작은 세포, 활동할 수 있는 하나의 세포에 불과할 뿐입니다. 이것은 조화의 일종의 기능입니다. 인간은 자신을 중요하고 위대한 존재로 보지만, 우주의 입장에서 볼 때 인간이란 꽃나무에 붙어 있는 하나의 작은 이파리처럼 보잘 것 없습니다. 그런데 전체적인 조화는 대단히 위대하여서, 오직 『역경』을 이해하고 난 뒤에야 비로소 『역경』의 범위가 '천지지화이불과(天地之化而不過)'라는 것을 알 수 있습니다. 다시 말해 어떠한 법칙도 『역경』 밖으로 벗어나지 않으며, 우주의 온갖 학문이 모두 『역경』의 범위를 벗어날 수 없습니다.

원(圓)의 철학

『역경』의 또 하나의 중점은 '곡성만물이불유(曲成萬物而不遺)'입니다. 『역경』의 법칙을 이해하고 난 뒤에는 우주 만유의 온갖 운용을 이해할 수 있습니다. 이 운용 원칙이 바로 '곡성(曲成)'입니다. 여러분은 이 '곡(曲)'자에 유의해야 합니다. 무릇 노자·공자·유가·도가 그리고 제자백가의 사상은 모두 『역경』 문화 속으로부터 나왔습니다. 노자는 "굽으면 완전하다[曲則全]"고 했는데, 바로 『역경』의 곡(曲) 관념으로부터 나온 것입니다.

왜 굽으면 완전할까요? 『역경』은 우리에게 말해주기를 우주에는 직선이 없으며, 일반적으로 하나의 동그라미라고 합니다. 동그라미라는 도안은 태극(太極)을 대표하며, 인간 역시 이렇습니다. 우리 인간의 생명은 수도를 해 본 사람만이 이해합니다. 만약 생명의 관점에서 본다면 우리의 형체는 도리어 엉성한 것입니다. 우리는 우리 앞에 있는 것은 무엇이든 볼 수 있지만, 뒤에 있는 것은 어떤 것도 볼 수 없습니다. 우리 생명의 원(圓)은 단계로 나누어진[分段] 것이며, 우리 형체의 원은 하나의 백광[光圈]입니다. 사실 이 형체는 우리 전체 생명의 중심이요

하나의 지주(支柱)입니다. 이른바 '신(神)으로써 형체가 생겨나고 정(精)으로써 기(氣)가 응결된 것[神以形生, 精以氣凝]'입니다.

현대과학의 연구에 의하면, 우리 사람이나 만물은 무릇 살아 있는 것이라면 저마다 모두 빛을 지니고 있습니다. 이전에 여러분이 보았듯이 보살이나 상제를 그린 그림에서마다 하나의 백광이 있습니다. 현재의 과학 연구는 인간의 백광을 이미 볼 수 있습니다. 인간의 백광은 한 길[尋], 즉 대략 8척 정도입니다. 바꾸어 말하면 당신이 두 팔을 쭉 벌린 길이를 직경으로 하는 백광이 당신의 온몸 위아래를 싸고 있는 것입니다. 인체의 백광은 갖가지 다른 색이 있습니다. 뿐만 아니라 이런 색은 당신의 심정에 따라 변화하고 있습니다. 만약 당신이 나쁜 생각이나 악한 생각을 움직였다면 당신의 백광의 색은 곧 검은색으로 변합니다. 당신의 마음에 선한 생각이 있다면 당신의 백광도 밝은 색입니다. 백광의 색은 몇 종류가 있는데 제일 좋은 색은 황금색입니다. 불경에서 말하는 황금색이 빛나는 것은 바로 성인의 경지입니다. 이 외에도 홍색광, 흑색광, 백색광, 남색광, 황색광 등이 있습니다.

사람이 『역경』을 배우고 나면 관상을 볼 수 있으며, 어떤 사람은 백광을 볼 수도 있습니다. 만약 홍색광이라면 장차 피비린내 나는 재앙이 있을 것임을 나타내고, 흑색 기[黑氣]라면 어떤 재난이 닥쳐왔다는 것을 나타내며, 녹색광이라면 일종의 마구니 경지[魔境]입니다. 이것은 온갖 것이 모두 둥근 원이며 빛도 둥근 원이라는 것을 설명해줍니다. 우리가 지구물리를 연구해 보면, 높은 하늘로 가서 줄곧 날아가 한 바퀴 돌면 원래의 자리로 되돌아옵니다. 이 도리를 이해하였다면 『역경』은 왜 '곡성만물(曲成萬物)'이라고 했는지를 알게 됩니다. 바꾸어 말하면 우주간의 온갖 것이란 직선이 없습니다. 이른바 직선이란 곡선을 잘나내어 약간의 인위적인 작용을 더하여 가설적인 명칭으로 곧다[直]고 부르는 것입니다. 진정으로 『역경』을 배웠다면 말하는 것도 약간의 예술이 있어 말을 에둘러서 해야 합니다. 남을 꾸짖는 것조차도 마찬가지입니다. 한번 에둘러서 그를 나무라면 그는 도리어 기분이 좋습니다.

만약 당신이 직선적으로 어떤 사람을 "머저리 같은 놈!"이라고 욕한다면 그는 당신에게 필사적으로 달려들 것 것입니다. 만약 당신이 말하기를, "우리는 다를 머저리이지!"라고 한다면 그는 무슨 할 말이 없게 됩니다. 그러므로 '곡성만물(曲成萬物)'이라고 말합니다.

　그러나 정도가 너무 지나쳐서 둥근 공[球]으로 변하면 안 됩니다. 그러면 당신은 통하지 않게 됩니다. 그러므로 우리의 조상들은 우주만유의 도리는 곡선으로 완성되며 사람 몸은 어느 부분이나 곡선 아닌 곳이 없다는 것을 일찍이 알았습니다. 여러분은 불교를 신앙하며 정좌하여 백골관을 닦는데, 뼈마디마다 모두 곧은 것이 아닙니다. 우리의 척추도 곧은 것이 아닙니다. 공자가 『역경』을 연구하여 말하기를 '곡성만물이불유(曲成萬物而不遺)', '어느 한 가지도 빠뜨리지 않을 것이다. 왜냐하면 그것은 원주형(圓周形)의 것이기 때문이다'라 했습니다. 진정한 원은 온갖 것의 원만함을 대표합니다. 왜냐하면 생명은 모두 이 동그라미 안에 있어 어느 한 곳도 빠뜨릴 수 있는 것이 없기 때문입니다. 그러므로 말하기를 '곡성만물이불유(曲成萬物而不遺)'라고 합니다. 태극 속의 학문을 이해하고 난 뒤에는 이 "곡성(曲成)"의 도리를 이해할 수 있습니다. 노자는 말하기를 "곡즉전(曲則全)", 곡선을 걸어가면 온갖 것이 원만해진다고 했습니다.

밝음은 어둠으로부터 온다

　'통호주야지도이지(通乎晝夜之道而知)', 우리가 상수(象數)를 얘기하기 시작할 때 말하기를, 하루 열두 시진(時辰)은 밤과 낮으로 나누어지고, 음과 양으로 나누어지며, 짧고 짧은 1분조차도 음과 양으로 나누어진다고 했습니다. 우리는 한 번 밝고 한 번 어두워지는 낮과 밤은 하나의 현상이라는 것을 똑똑히 알게 되었습니다, 이런 현상으로부터 알 수 있듯이, 음이 있으면 반드시 양이 있어서, 밝은 면이 있다면 그 다음은 반드시 어두운 면이 있습니다. 무대에 오름이 있으면 반드시 무대에서 내려감이 있습니다. 무대에서 내려감이 있으면 또 다시 무대에 오를 때가 있을 가능이 있습니다.

밝음이 극점에 도달하면 어둠이 생겨나고, 어둠이 극점에 도달하면 밝음이 생겨납니다. 밝음은 어디로부터 올까요? 어둠으로부터 옵니다. 어둠은 어디로부터 올까요? 밝음으로부터 옵니다. 저 밝음과 어둠의 현상을 일으킬 수 있는[能明能暗] 것은 본체요 태극으로서, 밝음에도 속하지 않고 어둠에도 속하지 않습니다.

옛날에 어떤 선사가 참선을 했지만 생사의 문제를 해탈하지 못했습니다. 어느 날 그는 『역경』 「계사전」을 읽어가다 '통호주야지도이지(通乎晝夜之道而知)'라는 이 구절을 읽고는 곧 대철대오(大徹大悟)했습니다. 이리하여 그는 그 아래에 두 글자를 첨가해서 '주야의 도를 통달하여 생사를 알다[通乎晝夜之道而知生死]'라고 바꾸었습니다.

불가설 불가설의 신

다음은 하나의 결론인데, 이것도 동양문화의 특별한 점으로서 '고신무방이역무체(故神无方而易无體)'입니다.

무엇을 '신(神)'이라고 할까요? 종교적 외피를 모조리 벗겨버려서, 우리 동양의 최고의 종교철학은 '신무방(神无方)'입니다. 신은 방위가 없고 형상이 없는 것으로, 우리의 자체 생명이라 해도 좋고 정신이라 해도 좋습니다. 우주생명이라 해도 좋고 우주의 정신이라 해도 좋습니다. 신은 방위가 없으며 있는 곳도 없고 있지 않는 곳도 없는 것입니다.

'역무체(易无體)', 『역경』은 고정된 방법이 없습니다. 그러므로 당신이 팔팔(八八) 육십사괘(六十四卦)로써 당신의 운명을 점쳐서 당신의 명(命)이 좋지 않다고 말하면 당신은 마음이 괴롭습니다. 누가 당신더러 좋지 말라고 시켰을까요? 운명이 좋지 않으면 자기가 개조(改造)할 수 있습니다! 『역경』의 도리를 통하고 난 뒤에 생명과 운명을 모조리 자기가 개조할 수 있습니다. 그러나 어떻게 개조할까요? 간단합니다. 첫째는 덕(德), 둘째는 명(命), 셋째는 풍수(風水), 넷째는 적음덕(積陰德), 다섯째는 독서(讀書)입니다. 사람이 마음만 굳게 먹고 정신을 몰입하면 하늘을 이길 수 있습니다[人定勝天]. 운명은 자기에게 의지하는 것입니다. 그러기에 말합니다, '고신무방이역무체(故神无方而易无體)'. 이것은 공자가 『역경』을 연구한 심득 보고입니다.

우리가 다들 『역경』을 배우는 것은, 먼저 「계사전」 상하(上下)편에 능통해야 가능합니다. 그렇지 않았다가는 『역경』 팔팔 육십사괘를 배우자마자 당신은 『역경』의 '도(道)'에 집착해버립니다. 불가의 한 마디 말을 빌려 쓰면 당신은 상(相)에 집착해버립니다! 얼굴의 괘기(卦氣)가 마치 신경병자 같습니다. 그러면 보기 좋지 않습니다. 우리가 경극을 보면 제갈량은 팔괘포(八卦袍)를 입고 아모선(鵝毛扇)을 쥐고 나옵니다. 강유(姜維)는 제갈량의 제자인데 얼굴에는 태극도(太極圖)도 하나 있습니다. 팔괘포, 태극도, 거위 털 부채… 이로써 알 수 있듯이 팔괘포와 태극도는 지혜를 대표하는 것입니다. 사람들은 보자마자 그가 지혜 있는 사람이란 것을 압니다. 그렇지만 얼굴에 태극도의 반쪽만 그려진 사람도 있는데, 그것은 그가 가짜 지혜요 개 대가리 같은 참모[軍師]라는 것을 설명합니다. 경극 중에서는 깃털로 만든 부채[羽扇]와 청색 실로 만든 두건[綸巾]이 바로 지혜의 상징입니다.

'고신무방이역무체(故神无方而易无體)', 역(易)은 무엇으로 체(體)를 삼을까요? 역은 용(用)으로 체를 삼습니다. 체는 어디서 볼 수 있을까요? 체는 용에서 볼 수 있습니다. 용이 없으면 체가 없습니다. 체 자체에서는 그 기능[功能]을 볼 수 없고 오직 용에서만이 비로소 그 기능을 볼 수 있습니다. 그러므로 말합니다, '신무방이역무체(神无方而易无體)'. 우리가 이것을 이해하고 다시 서양철학, 특히 종교철학을 보면 그것은 이미 한 등급 낮습니다! 하지만 우리 자신은 공헌이 없고 그저 조상을 가지고 자랑하는데, 그것은 과거의 성취요 조상의 것이지 우리의 것이 아닙니다. 우리는 백지 답안을 제출하여서 조상에 대해 미안할 뿐입니다. 후대 자손이 된 우리는 마땅히 반성해야 옳습니다.

여기에서 생각이 나는 일이 있습니다. 과거에 어떤 친구가 저를 보러 와서는 말하기를, 그가 꿈을 하나 꾸었답니다. 자신이 죽은 꿈을 꾸었고 자신에게 애도하는 대련[挽聯]을 한 폭 썼는데, 상련(上聯)은 "정말로 미안하구나, 이생에 백지 답안을 제출했으니…"이었답니다. 저는 말했습니다, "잘 썼네! 이 만련은 자네만이 사용할 수 있는 것이 아니라 우리들 많은 사람들이 모두 사용할 수 있네. 조상에 대한 입장에서 말하면 우리는 정말로 그분들에게 미안하네, 왜냐하면 우리는 모두 백지답안을 제출했기 때문이네!" (『역경계전별강』에서 뽑아 번역하였음)

지금 우리는 『중용』 본 절의 사고 맥락대로만 범위를 꽉 조여서 인성 심의식(心意識)의 작용에 한정하여 "치곡(致曲)"으로부터 지극한 정성[至誠]에 도달하는 변화를 말할 수 있습니다. 이 때문에 우리는 '천명지성(天命之性)'의 성덕(性德)이 본래 바로 적연부동(寂然不動)하고 원명청정(圓明淸靜)하며 감이수통(感而遂通)[108]하면서 스스로 온갖 사물을 비출[照臨] 수 있다는 것을 반드시 이해해야 합니다. 그러나 사람들은, '천명지성'이 부여한 기능이 몸을 낳아 후천의 인성이 된 뒤로부터는 '조금도 애쓰지 않아도 꼭 들어맞고, 모든 사유의식을 놓아버리고 조금이라도 상상이나 망념의 작용이 절대로 없어야 비로소 도달할 수 있으며, 그런 다음에는 모든 행위가 언제 어디서나 안락하고 침착하면서 중도(中道)의 묘용에 부합하는 것[不勉而中, 不思而得, 從容中道].'을 할 수 없습니다. 원래[原本] 성덕(性德)의 성인 경지가 시종 후천적 인성의 심의식이 일으키는 선회곡절(旋回曲折)의 작용 중에만 떨어져 있어 자기 뜻대로 할 수가 없습니다. 만약

---

108) 일단 감응하면 작용을 일으켜 천하의 온갖 것에 통하다.

학문 수양하여 반본환원(返本還原)에 도달해서 '안락하고 침착하면서 중도의 묘용에 부합하는' 성덕으로 다시 되돌아가고 싶다면, 성덕 기능의 '성의(誠意)'[109]상으로부터 닦음을 일으킬 수 있는데, 이게 바로 "기차치곡, 곡능유성(其次致曲, 曲能有誠)"의 심오한 비결[奧秘]입니다. 동시에 "대학의 도는 지성이 도달한 뒤에야 의념이 정성스럽게 되고, 의념이 정성스럽게 된 뒤에야 마음이 바르게 되고, 마음이 바르게 된 뒤에야 자신이 수양된다[大學之道, 知至而后意誠, 意誠而后心正, 心正而后身脩]."의 내함을 설명하는 것이기도 합니다.

이 때문에 연속해서 자세하게 말하기를, "치곡(致曲)으로부터 지극한 정성의 경지에 도달할 수 있으며[曲能有誠], '지극한 정성[誠]에 도달하면 내재의 중화 경지가 기질변화로 외모에 드러나고[誠則形]·외모에 드러나면 뚜렷한 작용이 있고[形則著]·뚜렷한 작용이 있으면 만사에 통달하여 밝고[著則明]·만사에 통달하여 밝게 되면 생각을 움직이고[明則動]·생각을 움직이면 신통변화 작용이 있는[動則變]', 이 여섯 개의 정도(程度)에 도달하여 비로소 '지극한 정성이 감화시킬 수 있는[至誠爲能化] 대기대용(大機大用)'을 완성한다."고 했는데, 이것이야말로 자사가 공자의 실전된 학문을 열고, 조상 공덕의 감추어진 찬란한 빛을 발하게 하며, 사도(師道)의 장엄함을 분명히 밝힌 천고의 위대한 이론이며, 공문 유학 심법의 진수를 전수 받은 것으로서 불가·도가와 함께 수행 증득할 수 있는 심오한 비결 방법의 뚜렷한 주해이기도 하니, 여러분은 다들 예사롭게 여겨 보지 말기 바랍니다. 8개 원칙이 있는 이 차례 순서가 6단계 수양 공부를 포함하

---

109) 의념을 정성스럽게 함

고 있는 것은, 『역경』의 원리가 선천의 기본 현상은 오직 8괘
(八卦)이고 후천의 동용(動用)이 단지 6효(六爻)인 것과 같아서
동일한 의미입니다. 그것은 심리정신, 의학 등 과학과 밀접한 관
계가 있으며 진실한 수증의 허다한 경지와 원리법칙을 내포하고
있습니다.

정말 이해하지 못하겠는데, 송나라 시대의 유학 이학가(理學
家)들은 왜, '박학·심문·신사·명변'으로 집의지소생(集義之所
生)을 삼는 도문학(道問學)만을 중시하여 요지로 삼고, 더 나아
가 존덕성(尊德性)의 주장과 서로 논쟁만 했지, 심리정신의 실험
과학상으로부터 절실하게 착수하지 않았는지, 참으로 전통 학술
상의 하나의 크게 유감스러운 일입니다.110)

---

110) 존덕성(尊德性)은 유가(儒家)에서 내놓은 도덕수양의 명제.
『중용』에서 도문학(道問學)과 함께 내놓은 도덕 수양법의 이대
강령. 『중용』에서 "군자는 덕성(德性)을 높이고, 묻고 배움의 길
을 간다"[君子尊德性而道問學]라고 하였다. '존(尊)'이란 높이 받
듦을 말하고, '덕성(德性)'이란 천부의 도덕 본성을 가리킨다. 군
자는 천부의 선성(善性)을 삼가 받들고 또 모든 도덕의 지식을
배우고 익혀야 비로소 강상을 밝혀 자기 신상에 고유한 도덕을
드러낼 수 있다고 생각한 것이다. 남송(南宋) 때에 존덕성(尊德
性)과 도문학(道問學)은 학문 연구의 방법과 도덕 수양의 방법에
관한 논쟁으로 발전하였다. 주희(朱熹)는 '도문학(道問學)'을 강
조하여, 성현이 되려면 먼저 격물(格物)을 통하여 지식을 획득
(致知)하여 도덕을 배우고 익히어 하루아침에 크게 관통(貫通)하
면 모두 천리(天理)에 부합할 수 있음을 주장하였다. 육구연(陸
九淵)은 '존덕성(尊德性)'을 강조하여, 성현이 되려면, '먼저 사람
의 본심(本心)을 밝혀내어', '먼저 그 큰 곳에 서야한다'하고, 즉
먼저 군자의 입장이 확고히 서야 한다고 하며, 만일 그렇지 않을
경우 지식을 배워도 바른 도(道)로 쓸 수가 없다고 생각하였다.
육구연은 자기의 방법이 간이(簡易)하다고 생각하고, 주희이 방
법이 지리번쇄하다고 비판하면서, 또한 간이한 공부는 오래 갈
수 있지만, 지리 번쇄한 것은 결국 부침(浮沈)할 것이라고 하였
다.
　도문학(道問學)은 묻고 배우는 길을 가는 것, 도(道)는 동사로

지극한 정성의 최고 경지에 도달하면 자연히 선견지명(先見之明)의 기능을 일으킬 수 있다. 국가가 흥성(興盛)하려고 할 때에는 반드시 상서(祥瑞)로운 조짐이 있고, 국가가 쇠망(衰亡)하려고 할 때는 반드시 재앙의 조짐이 있다. 이러한 조짐이 시초점(蓍草占)이나 거북점의 작용에 드러나며, 학문수양이 갖추어져 있는 사람이라면 사지(四肢)의 신체상에서도 접촉하면 반사하는 감응이 있어서 드러난다. 그러기에 화(禍)나 복(福)이 오려고 할

서 '길을 밟는다' · '길을 간다'의 뜻, 『중용』 주자장구(朱子章句) 27장에 나오는 말, 성인(聖人)의 도(道)를 이룩하는 데는 존덕성(尊德性)과 도문학(道聞學)이 필요하다고 한다. 존덕성은 나에게 내재해 있는 천부의 덕성을 봉지(奉持)해 가는 일이요, 도문학은 외재(外在)해 있는 온갖 사물의 이치를 궁구하고 터득해 가는 일이다. 다시 말하면, 존덕성은 주관적인 자아의 함양이요, 도문학은 객관적인 대상의 탐구이다. 자아와 대상은 항상 어떤 교호관계(交互關係)에 있고, 인간의 생(生)의 이 교호관계로 하여 전개된다. 그러므로 생의 성수(成遂)를 위한 인간 수양의 문제는 결국 내부의 자아를 향한 존덕성과 외부의 대상을 향한 도문학의 두 과정에 집약되고, 양자는 물론 상호 · 교섭 위에서 진행된다. 그런데 이 존덕성과 도문학은 후세 유학의 2대 유파(流波)인 정주학파와 육왕학파의 학통의 특징을 규정짓는 근거이기도 하다. 즉, 정주학파에서는 도문학에 중점을 두었음에 대하여, 육왕학파는 존덕성에 역점을 두었다. 그러나 정주학파에서는 도문학을 중시하기는 했으나 그 일변에로만 기울지는 않았고, 도문학 못지않게 존덕성을 강조했음에 대하여, 육왕학파에서는 철저하게 존덕성 일변에 편향하였다.
　집의(集義)는 유교의 명사, 도덕(道德)의 근원이며 만물에 활력을 주는 원동력인 호연지기(浩然之氣)를 기르는 방법, 이것은 『맹자(孟子)』 「공손추」(公孫丑) 상(上)에서 인간의 선천적 호연지기를 기르는 방법으로 제시된 것이다. 주희(朱熹)는 선(善)을 쌓는 것으로 모든 일을 처리함에 있어서 의(義)에 합치되도록 하는 것이라고 풀이했으며, 왕수인(王守仁, 1472~1528)은 『왕문성공전서(王文成公全書)』 답윤언식문록이(答倫彦式文錄二)에서 마음의 동정(動靜)에 관계없이 움직일 때 상각(常覺)하고, 고요할 때 상정(常定)하는 것이라고 해석하였다.(이상은 김승동 편저 부산대학교출판부 『유교 · 중국사상사전』에서 전재하였음)

때, 복에 대해서도 반드시 예감하고 미리 알고 화에 대해서도 반드시 예감하고 미리 안다. 그러므로 지극한 정성은 신(神)과 같다. 천성의 정성[誠]은, 본심에 한 생각이 일어나지 않음으로써 조금도 애쓰지 않아도 꼭 들어맞고, 모든 사유의식(思惟意識)을 놓아버리고 조금이라도 상상(想像)이나 망념의 작용이 절대로 없어야 비로소 도달할 수 있으며, 본래 완성되어져 있는 것이다. 도(道)라는 것도 천성 자연 중에서 갑자기 성명이 기동작용을 일으킴[率性]으로부터 본래 스스로 나타나 있는 도로서, 늘어나지도 않고 줄어들지도 않는 것이다. 천성의 정성이란 마음과 물질의 동일한 근원이면서 생생불이(生生不已)하는 기능으로서, 만물이 생성에서부터 소멸에 이르며 무(無)로부터 유(有)에 이르는 생명은 바로 천명 자성이 일으키는 정성성의 직도(直道)의 작용이니, 만물은 천성의 정성의 능력이 없다면 물상(物象)의 나타남도 근본적으로 존재하지 않게 된다. 그러므로 군자의 학문수양은 반드시 정성이 중요하다는 것을 이해해야 한다. 정성이란 자기만이 닦고 배워 완성했다고 일이 끝나는 것이 아니라, 동시에 모든 타인들까지도, 더 나아가 온갖 생명들과 만물까지도 성취시키기 위하여 함께 누릴 복이 있는 경지까지 도달해야 하는 것이다. 자기를 완성하는 것은 인애의 덕용(德用)이요, 모든 타인들까지도, 더 나아가 온갖 생명과 만물까지도 성취시키는 것은 지혜의 덕용이다. 이는 본성의 덕용으로서 안과 밖이 합하는 도이니, 자기가 안으로 내명의 학(內明之學)을 닦든 밖으로 나라를 다스리고 천하를 태평하게 하는 도에 사용하든 본성의 덕용으로 말미암아 성취되는 것이다. 그러므로 그 인애의 덕과 지혜의 덕의 운용의 묘가 한마음의 지극한 정성(至誠)에만 있기에 언제 어디서나 가는 곳마다 사용해도 모두 마땅하다.

至誠之道, 可以前知。國家將興, 必有禎祥; 國家將亡, 必有妖
孽。見乎蓍龜, 動乎四體。禍福將至：善必先知之, 不善必先知之,
故至誠如神。誠者自成也, 而道自道也。誠者物之終始, 不誠無物,
是故君子誠之為貴。誠者非自成己而已也, 所以成物也。成己, 仁
也; 成物, 知也。性之德也, 合外內之道也, 故時措之宜也。

이어서는 말하기를, "선회곡절의 작용 속에서 의념을 정성스
럽게 함[誠意]으로부터 닦음을 일으켜 지극한 정성의 경지에 도
달하는[曲能有誠], 학문수양을 스스로 닦아 지극한 정성의 최고
의 경지에 도달하면, 자성이 자연히 앞날에 닥쳐올 일을 미리 아
는 선견지명[前知]의 기능을 일으킨다."고 합니다. 이것은 일반인
들이 신통묘용(神通妙用)을 맹목적으로 추구하고 맹종(盲從)적으
로 미신하는 것에 대한 절실한 설명이기도 합니다. 선견지명과
'헤아릴 수 없는 묘용이 융통 자재한[神而通之]' 신통은, 천도와
인도의 관계인 본유 성명(性命) 기능상에 본래 스스로 갖추고 있
어서[本自具足] 어떤 수행증득의 방법을 빌릴 필요가 없이 존재
하는 것입니다. 그는 먼저 큰 방면을 들어서 말하기를 "국가가
흥성(興盛)하려고 할 때에는 반드시 상서(祥瑞)로운 조짐이 있
고, 국가가 쇠망(衰亡)하려고 할 때는 반드시 재앙의 조짐이 있
다[國家將興, 必有禎祥; 國家將亡, 必有妖孽]."고 합니다. 당신이
『역경』「상(象)」·「수(數)」의 법칙을 이해하거나 혹은 정성
스러운 마음이 영험하여[曲致] 시초(蓍草)나 혹은 귀갑(龜甲) 등
에 반응하는 복서(卜筮)의 작용을 이해해도 알 수 있습니다. 만
약 당신 자신에게 학문 수양이 본래 갖추어져 있다면, 당신 생명
자체의 신체상에서도 접촉하면 반사 받는 감응이 자연히 있습니
다.

이른바 '속마음에서 정성스러우면, 반드시 밖으로 드러나서 [誠於中者, 必形於外]', 화(禍)다! 복(福)이다! 착한 것, 악한 것이, 자연히 당신의 심성이 적정(寂靜)한 경지에서 예감(豫感)과 선지(先知)를 낳을 수 있습니다. 문제는 당신 자신이 진정으로 지극한 정성의 경지까지 도달할 수 있느냐 없느냐에 있습니다. 그러므로 말하기를 "지극한 정성은 신과 같다[故至誠如神]."라고 합니다. 결코 무슨 선지(先知)와 신통을 밖으로 구할 필요가 없습니다.

여기까지 얘기하고 또 한 걸음 나아가 설명하기를, "성자자성야(誠者自成也), 이도자도야(而道自道也)."라고 합니다. 이른바 지극한 정성 경지에 도달하는, 천성의 정성[誠] 작용은 어리석은 마음이 망상하는 것으로 부터서나 혹은 각종의 허환(虛幻)111)이나 다름없는 신비한 방법으로써 해낼 수 있는 것이 아닙니다. 천성의 정성[誠]은 당신의 본심에서 한 생각 일어나지 않음으로써, '조금도 애쓰지 않아도 꼭 들어맞고, 모든 사유의식을 놓아버리고 조금이라도 상상이나 망념의 작용이 절대로 없어야 비로소 도달할 수 있으며, 본래 완성되어져 있는 것[不勉而中, 不思而得, 本自圓成]' 입니다. 이른바 '솔성지도(率性之道)'도 망상이나 혹은 외물(外物)112)을 빌려 닦아서 이루어진 것이 아닙니다. 도(道)는 천성 자연 중에서 갑자기 성명이 기동작용을 일으킴[率性]으로부터의 스스로 그러한 도[自道]이지, 당신이 작위가 있고[有爲] 닦음이 있음[有修]으로써 증가시킬 수 있는 것이 아닙니다. 그것은 늘어나지도 않고 줄어들지도 않으며[不增不減], 본래 스스로 나타나는 있는 것입니다. 요컨대 천성의 정성[誠]은 마음

---

111) 가공의, 비현실적인, 허황한, 주관의 환상인 것.
112) 바깥 경계의 사물.

과 물질의 동일한 근원이면서[心物同源] 생생불이(生生不已)의 기능입니다. 만물이 생성으로부터 소멸에 이르며, 무(無)로부디 유(有)에 이르는 생명은 바로 천명(天命) 자성이 일으키는 정성성(誠性) 직도(直道)의 작용입니다. 그러므로 말하기를, "성자물지종시(誠者物之終始)"라고 하는데, 만물은 자성 기능인 정성[誠]의 능력이 없다면 근본적으로 물상(物象)의 드러남이 없어 존재하지 않습니다. 그래서 말하기를 "군자의 사람들의 학문수양은 반드시 '정성이 중요하다는 것[誠之爲貴]'를 이해해야 한다."고 합니다. 정성[誠]은 오로지 당신 자신만이 얻기를 구해서 닦고 배워서 성공한 것으로 일이 다 끝나는 것이 아닙니다. 아울러 또 모든 타인들을, 더 나아가서는 온갖 중생과 만물을 완성시키기 위하여 함께 누릴 복이 있는 경지에까지 도달해야 비로소 옳습니다.

이 때문에 더더욱 알아야 하기를, 자기를 완성하고[成己] 남을 성취시켜주는 것[成人]만으로는 아직은 단지 인애[仁]를 위로 향하여 절반만 끌어올린 것일 뿐이라는 것입니다. 만약 자기를 완성한 뒤에, 더더욱 사람 사람마다를 성취시켜주고자 할 뿐만 아니라 또한 중생과 만물도 함께 성인의 경지에 오를 수 있도록 성취시켜줄 수 있고자 한다면, 그것이야말로 대지대혜(大智大慧)의 마음이 만물을 전변시킬 수 있다는[心能轉物] 향상(向上) 전제(全提)[113]입니다. 대인자(大仁慈)의 인애덕[仁德]과 대성취(大成就)의 지혜덕[智德]은 모두 천도와 인도의 관계인 본유 자성의 덕용(德用)입니다. 내명지학(內明之學)을 자기가 닦든 혹은 외재의 치국평천하(治國平天下)의 도에 사용하든, 그것은 모두

---

113) 강요(綱要)를 완전히 제기한 것. 향상전제란 선종 용어로서 불법의 본질을 그대로 제시하다는 뜻.

'천명지성(天命之性)'의 성덕(性德) 기능작용[功用]으로 말미암 아 성취됩니다. 왜냐하면 성덕은 본래 스스로 지혜덕과 인애덕의 내함을 갖추고 있고 단지 운용의 묘가 한 마음의 지극한 정성[至誠]에만 있기에, 언제나 어디서나 가는 곳마다 마땅하지 않음이 없기 때문입니다.

천지만물 존재의 원시기능

『중용』은 여기까지 얘기하고는 한 층 돌아서 나아가 설명하기를 "지극한 정성의 기능은 쉼이 없다[至誠無息]", 즉 "천지만물의 형성과 존재의 원시(元始) 기능이다."라고 합니다. 그러나 성덕(誠德) 그 자체는 물리적인 것도 아니며 심리적인 것도 아닙니다. 그것은 형이상의 '천명지성(天命之性)' 성덕(性德)이 본래 갖추고 있는 기능입니다. 그것은 심물일원(心物一元)으로서 생생불이(生生不已)의 원동력(原動力)입니다. 인류의 모든 종교와 철학 과학 등은 모두 그것에 특별한 명칭을 씌워서, 어떤 것은 신격화한 것이고 어떤 것은 유물화한 것입니다. 오직 불학만이 비교적 이성화(理性化)한 명칭을 써서 그것을 '업력(業力)'이라고 부릅니다. '업(業)'자(字)는 모든 선업(善業)·악업(惡業)과 무기업(無記業)이라는 세 종류의 행위 동력을 포괄하는 총집합입니다. 유일하게 다른 것은 바로 전통문화 유가의 공문(孔門) 교의(敎義), 특히 자사는 『중용』에서 이런 심물일원으로서 천지만물과 인성의 동일한 본체인 원동(原動) 기능에 대하여, 인도적인 인격화로써 이름 지어 그것을 '천성의 정성[誠]'과 '지극한 정성[至誠]'이라고 부릅니다. 이것으로, 공문의 가르침은 인도의 인륜도덕으로부터 기본을 삼고, 마침내는 덕행을 수양하고 학업을 진보시켜[修德進業] 천덕(天德)114)에 도달하여 천도와 인도의 관계인 성명(性命) 근원의 도를 완성하는 것임을 충분히 표현했습니다. 여러분이 이런 이론 조리를 이해하고 다시 『중용』의 다음 글을 읽어보면 순리적으로 문제가 해결되어, 그가 "지극한 정성의 기능은 쉼이 없는[至誠無息]" 도가 바로 천지인(天地人) 삼재(三才)가 생생불이(生生不已)하는 근원이다." 라고 말하고 있음을 알게 됩니다.

그러므로 지극한 정성의 기능은 천지만물의 형성과 존재의 원시 기능으로서 쉼이 없으니, 천지 우주의 시간과 공간이 영원히 존재하는 영구성(永久性)을 순차적으로 산생한다. 쉬지 않으니 오래가고, 오래가니 효험이 있다. 효험이 있으니 유원(悠遠)하고, 유원하니 넓고 두터워진다. 넓고 두터우니 높고 밝아진다. 넓고 두터움으로써 만물을 싣고 생겨나 자라게 하고, 높고 밝음으로써 만물을 덮어 비추며, 유구함으로써 만물을 형성한다. 넓고 두터움은 마치 대지와 같고, 높고 밝음은 마치 하늘과 같고, 그 유구함은 끝이 없다. 이와 같은 지극한 정성의 기능은 형상(形象)이 없어서 보이지 않지만 천지만물을 뚜렷이 드러나게 하고, 움직이지 않는 것 같지만 변화시키며, 하는 일이 없는 것 같지만 형성시킨다. 천지의 도는 한 마디로 다 표현할 수 있으니, 천지만물의 형성과 존재는 단지 지극한 정성이라는 하나의 기능이지 둘이 아니며, 바로 그것이 만물을 생성할 수 있는 총체적

---

114) 천도와 합일하는 도덕 경지.

기능은 헤아릴 수 없다는 것이다. 요컨대 천지의 도는 여섯 개의 뚜렷한 현상과 작용만이 있으니, 넓고, 두텁고, 높고, 밝고, 유원하고, 장구하다는 것이다.

故至誠無息。不息則久, 久則徵, 徵則悠遠, 悠遠則博厚, 博厚則高明。博厚所以載物也, 高明所以覆物也, 悠久所以成物也。博厚配地, 高明配天, 悠久無疆。如此者不見而章, 不動而變, 無爲而成, 天地之道可一言而盡也, 其爲物不貳, 則其生物不測。天地之道, 博也, 厚也, 高也, 明也, 悠也, 久也。

우리가 위 글인 "천성의 정성이란 마음과 물질의 동일한 근원이면서 생생불이(生生不已)하는 기능으로서, 만물이 생성에서부터 소멸에 이르며 무(無)로부터 유(有)에 이르는 생명은 바로 천명 자성이 일으키는 정성성의 직도(直道)의 작용이니, 만물은 천성의 정성의 능력이 없다면 물상(物象)의 나타남도 근본적으로 존재하지 않게 된다. 그러므로 군자의 학문수양은 반드시 정성이 중요하다는 것을 이해해야 한다.

정성이란 자기만이 닦고 배워 완성했다고 일이 끝나는 것이 아니라, 동시에 모든 타인들까지도, 더 나아가 온갖 생명들과 만물까지도 성취시키기 위하여 함께 누릴 복이 있는 경지까지 도달해야 하는 것이다. 자기를 완성하는 것은 인애의 덕용(德用)이요, 모든 타인들까지도, 더 나아가 온갖 생명과 만물까지도 성취시키는 것은 지혜의 덕용이다. 이는 본성의 덕용으로서 안과 밖이 합하는 도이니, 자기가 안으로 내명지학(內明之學)을 닦든 밖으로 나라를 다스리고 천하를 태평하게 하는 도에 사용하든 본성의 덕용으로 말미암아 성취되는 것이다. 그러므로 그 인애의 덕과 지혜의 덕의 운용의 묘가 한마음의 지극한 정성[至誠]에만 있기에 언제 어디서나 가는 곳마다 사용해도 모두 마땅하다[誠者物之終始, 不誠無物, 是故君子誠之爲貴. 誠者非自成己而已也. 所以成物也. 成己仁也, 成物知也. 性之德也. 合內外之道也, 故時措之宜也]."를 이해하고서, "지극한 정성의 기능의 쉼이 없는[至誠無息]" 작용이 바로, 천지만물과 중생 성명(性命)이 서로 통하면서 생생불식(生生不息)하는 정성도[誠道]의 묘용임을 알게 되었습니다. 아울러 당신은 『주역(周易) 건괘상사(乾卦象辭)』가 말하는 '천도는 쉬지 않고 영원히 운행하며 강건하니, 군자는 이를 본받아 진취적으로 끊임없이 노력해야 한다[天行健, 君子以自强不息].'는 의의도 이해할 수 있게 되었습니다. 천지의 도는 왜 영원히 강건하면서 쉬지 않고 운행하고 있을까요? 왜냐하면 천지 우주 만물에는 시종 하나의 무형무상(無形無相)이면서 생생불이(生生不已)하는 중심 동력의 존재가 있기 때문이며, 그것은 인도 생명의 정신 심의식(心意識)상에서 바로 '천성의 정성'의 '지극한 정성'[誠之至誠]의 작용입니다. 그래서 그는 말하기를, "지극한 정성의 기능이 쉼이 없는[至誠無息]" 성덕(性德)이 있기 때문에 비로소 천지 우주 시공이 영원히 존재하는 영구성을 순차적으로 산생한다고 합니다. "쉬지 않으니 오래가고, 오래가니 효험이 있다. 효험이 있으니 유원(悠遠)하고, 유원하니 넓고 두터워진다. 넓고 두터우니 높고 밝아진다[不息則久, 久則徵, 徵則悠遠, 悠遠則博厚, 博厚則高明]." 그런 다음에 다시 스스로 해석하기를 천지를 형성하는 현상이 다음과 같이 있다고 합니다, "넓고 두터움으로써 만물을 싣고 생겨나 자라게 하고, 높고 밝음으로써 만물을 덮어 비추며, 유구함으로써 만물을 형성한다. 넓고 두터움은 마치 대지와 같고, 높고 밝음은 마치 하늘과 같고, 그 유구함은 끝이 없다[博厚所以載物也, 高明所以覆物也, 悠久所以成物也. 博厚配地, 高明配天, 悠久無疆]." "여차자불견이장(如此者不見而章)", "저 만물을 조성하여 그것을 매우 명백하며 뚜렷하도록 할 수 있는 기능은 형상이 없어서 보이지 않는다." "움직이지 않는 것 같지만 변화시키며[不動而變]", 저 만물에게 생명의 원동력이 있게 할 수 있는 기능작용[功用]은 겉으로부터 보면 마치 동작이 없어 아예 움직인 적이 없는 것 같습니다. "하는 일이 없는 것 같지만 형성시킨다[無爲而成]", 이 때문에 사람들은 그것이 아무것도 한 적이 없으며 조금도 하는 바가 없는 것처럼 느낄 뿐입니다. 사실상 만물은 모두 이 밝게 드러나지 않고 움직이지 않으며 함이 없는 것[無所爲] 같은 기능 속에서 형성된 것입니다. "천지지도가 일언이진야(天地之道可一言而盡也), 기위물불이(其爲物不貳).", 우주만물의 형성과 존재는 단지 하나의 기능이니, 이른바 둘이 아님[不貳]은 바로 하나입니다. "즉기생물불측(則其生物不測).", 저 오직 하나일 뿐 둘이 아닌 총체적 기능은 만물을 생성할 수 있지만 당신은 그것을 추측하고 무게를 달아볼 방법이 없습니다. 요컨대 천지의 도는 오직 여섯 개의 뚜렷한 현상과 작용만이 있는데, 그것은 바로 "넓고, 두텁고, 높고, 밝고, 유원하고, 장구하다[天地之道, 博也, 厚也, 高也, 明也, 悠也, 久也]."는 것일 뿐입니다.

이어서 다음 글은 바로 천지가 만물을 낳고 만물을 실어주는, "박후(博厚)·고명(高明)·유구(悠久)"의 덕성을 설명하고, 사람은 마땅히 천지의 크고 훌륭한 덕[盛德]을 본받아야 한다고 제시합니다. 마지막에는 그 예를 들어서, 주나라 문왕의 학문수양과 덕업(德業)을 본보기로 삼으며 인도로부터 천덕(天德)에 도달하는 작위(作爲)를 설명합니다.

지금 저 하늘은 원래는 분명하게 바라보이는 게 저 정도에 지나지 않지만, 그것이 많이 모여 무궁(無窮)하게 되어서는, 해와 달과 별들이 거기에 매달려 있으며 만물을 덮고 있다. 지금 이 지구상의 대지는 원래는 진흙이 오직 한 줌 정도에 지나지 않지만, 그것이 많이 모여 넓고 두텁게 쌓이게 되어서는, 높고 큰 산을 싣고서도 무거워하지 않고 온갖 강과 바다의 세찬 흐름을 진동(振動)하면서도 밖으로 흘러 쏟아지지 않게 하며 만물이 거기에 실려 생겨나 자라고 있다. 지금 이 지구상의 산들은 원래는 주먹만 한 돌멩이 정도에 지나지 않지만, 그것이 많이 모여 넓고 크게 쌓이게 되어서는, 거기에서 풀과 나무가 자라며 새와 짐승이 살고 온갖 보물 광물자원을 저장하고 생산한다. 지금 이 지구상의 물은 원래는 한 바가지의 물 정도에 지나지 않지만, 그것이 많이 모여 헤아릴 수 없을 만큼 큰물이 되어서는, 거기에서 큰 자라와 악어, 교룡과 용, 물고기와 자라 같은 수족(水族) 동물이 생겨나 자라고 온갖 재화(財貨)가 번식한다. 『시경』에 이르기를 "아아, 모든 생명에 대한 하늘의 기능이여! 그 오묘함이 그지없구나!" 라고 했으니, 이는 하늘이 숭고하고 위대한 하늘이 되는 까닭을 말한 것이다. "아아, 넓고 두텁고 밝고 높지 않은가! 문왕의 덕행과 문화에 대한 공헌의 원만함이여!" 라고 했으니, 이는 문왕이 문(文)이라는 시호를 얻게 된 까닭으로서, 그 원만함도 그지없다는 것이다.

今夫天, 斯昭昭之多, 及其無窮也, 日月星辰系焉, 萬物覆焉。 今夫地, 一撮土之多, 及其廣厚, 載華(山)嶽而不重, 振河海而不泄, 萬物載焉。 今夫山, 一拳石之多, 及其廣大, 草木生之, 禽獸居之, 寶藏興焉。 今夫水, 一勺之多, 及其不測, 黿鼉蛟龍魚鱉生焉, 貨財殖焉。

《詩》云:「維天之命, 於穆不已!」蓋曰天之所以為天也.「於乎不顯,
文王之德之純」蓋曰文王之所以為文也, 純亦不已.

지금 우리가 고개를 들어 하늘을 바라보면 육안으로 똑똑하
게 볼 수 있는 하늘은 저만큼 많을 뿐입니다. 사실은 천체(天體)
는 무궁하게 큰 것입니다. 심지어 해와 달 이외에도 많고 많은
별들과 은하계가 있는데, 이런 무량 무수한 별들은 모두 우리 육
안이 바라보는 하늘과 하나로 연계되어 있으면서 인류 육안에 보
이는 한 폭의 천체 도안을 구성합니다. 모든 만물도 다 그 덮개
의 아래에 있습니다.

우리가 발을 붙이고 있는 대지(大地)에 대해서도 말해본다면
그 원래의 진흙은 작은 한 줌 정도 밖에 되지 않았을 뿐입니다.
그러나 무궁한 숫자의 한 줌 정도의 진흙이 엉겨 쌓여서 지극히
넓고 두터운 지구를 이루어서, 그렇게 많은 산악(山嶽)을 실어
나를 수 있으면서도 더 무거워지지 않고, 강하와 해양의 세찬 흐
름을 진동(振動)할 수 있으면서도 밖으로 흘러 쏟아지지 않습니
다. 동시에 또 만물이 그 지면에 성장하는 것을 짊어지고 이고
있을 수 있습니다.

우리가 다시 저 지구상의 높은 산들을 한 번 봅시다! 그것도
원래는 단지 작은 돌멩이들이 큰 돌로 뭉친 것입니다. 하지만 무
수한 크고 작은 바위산이 퇴적하여 광대한 높은 산이 되어서 풀
과 나무가 자라며 새와 짐승이 살 뿐만 아니라 허다한 보물의 광
물자원을 저축해 놓았습니다.

지구상의 물에 대해서 말해봅시다! 그의 내원(來源)은 본래는
작은 한 바가지만큼만 있었지만 그것이 쌓여서 강하와 해양이 된
이후 큰 자라[黿] · 악어[鼉] · 교룡[蛟] · 용(龍) · 물고기[魚] ·

자라[鼈] 같은 저 수족의 생물이 모두 그 영역 중에서 생존할 뿐만 아니라 허다한 인류의 재화 자원을 번식시켰습니다

　　그러므로 『시경』에 기록된 「주송(周頌)・유천지명(維天之命)」에서 말하기를 "유천지명(維天之命), 우목불이(於穆不已)."라고 했는데, 이것은 "모든 생명에 대한 하늘의 기능은 정말 너무나 오묘하고 심오하여서 헤아릴 수 없다."는 말입니다. 이게 바로 "하늘이 하늘이 되는 까닭[天之所以爲天也]"의 숭고하고 위대함으로서, 실재로 그것을 무엇으로써도 형용할 길이 없습니다. 아울러 「유천지명(維天之命)」 시(詩)에서 또 말합니다, "오호불현(於乎不顯), 문왕지덕지순(文王之德之純)." 이것은 "문왕의 덕행과 문화에 대한 공헌이 마치 하늘처럼 넓고 두텁고 높고 밝다."는 말입니다. 이것도 바로 "문왕이 문(文)이라는 시호를 얻게 된 까닭으로서, 그 원만함도 그지없다[文王之所以爲文也, 純亦不已]."의 가장 좋은 찬송이기도 합니다.

　　그런 다음에 이상(以上)의 이념을 총결하면서 문장의 어기가 한 번 바뀌어서 "존덕성(尊德性)・도문학(道問學)・치광대(致廣大)・진정미(盡精微)・극고명(極高明)・도중용(道中庸)"이라는 6대도행(六大道行)과, 더 나아가 "온고(溫故)・지신(知新)・돈후(敦厚)・숭례(崇禮)"라는 4중품덕(四重品德)의 중요함을 제시합니다.

위대하구나, 성인(聖人)의 도의 경지여, 그 지극히 위대한 덕업(德業)은 충만하면서 만물을 점차로 크게 자라게 하니, 높기가 하늘에 이르고, 사업 공로는 넉넉하고 크도다! 삼백 가지의 예의와 삼천 가지의 위의(威儀)의 정신과 작용은 반드시 그 사람을 만난 다음에야 비로소 시행될 것이다. 그러므로 말하기를,

"만약 수양이 심성의 본체와 작용을 분명히 본 경지인, 지극한 덕[至德]에 도달하지 않았다면 자성 중에서 갑자기 성명(性命)이 기동(機動)작용을 일으키는 도[率性之道]에 응연(凝然)히 정정(靜定)의 상태로 있는 기능작용[功用]에 도달하지 못한다."고 했다. 그러므로 군자의 학(學)은 먼저 덕성을 높여서 심성의 본체와 작용[體用]을 분명히 보아야 하고, 동시에 묻고 배워서 학문수양을 해야 한다. 학문수양이 있어야 비로소 형이상의 철학 영역을 알아 광대함[廣大]에 도달하고, 덕성을 높여서 심성의 본체와 작용을 분명히 보아야 비로소 진리를 통달하는 도지(道智)를 계발하여 자연과학과 인문사회 등 영역의 정미한[精微] 학식(學識)을 끝까지 다 알 수 있다. 그런 다음에야 안락하고 침착하면서 중도의 묘용에 합한 중화의 경지를 성취할 수 있으며, 그래야 비로소 그 높고 밝음의 최고 경지까지 도달하였으면서도 모든 행위가 평범하여 언제 어디서나 마땅함에 꼭 들어맞는 중용의 수양이다. 학문의 도리에 대해 말하면, 먼저 역사문화의 전고(典故)를 새롭게 학습할 수 있어야 하며, 그런 뒤에라야 미래를 이끌어갈 방향을 미루어 알 수 있다. 그러나 사람됨은 돈후(敦厚)하고 평이(平易)해야 하며, 일처리는 예의를 숭상하고 공경해야 한다. 이렇게 할 수 있다면 높은 지위에 있더라도 스스로 교만하지 않으며, 아래 지위에 있더라도 스스로 비굴하지 않는다. 나라에 도가 있는 시대에 태어났다면 그의 모든 언행이 나라를 일으키는 공헌도 충분히 있을 수 있고, 나라에 도가 없는 시대에 태어났다면 세상에 알려지지 않고 스스로 몸을 의탁하기를 구할 뿐이다.

『시경』에 이르기를 "밝고도 지혜로워서 그 자신을 보전하리라."라고 하니, 이것을 일컫는 것이 아니겠는가?

大哉聖人之道，洋洋乎發育萬物，峻極于天，優優大哉！禮儀三百，威儀三千，待其人而後行，故曰：「苟不至德，至道不凝焉。」故君子尊德性而道問學，致廣大而盡精微，極高明而中庸，溫故而知新，敦厚以崇禮。是故居上不驕，為下不倍，國有道其言足以興，國無道其默足以容。《詩》曰：「既明且哲，以保其身」其此之謂與？

이것은 인도 학문수양으로부터 성인의 도의 경지에 도달한 것을 설명하는 데 사용하고 있습니다. "대재성인지도(大哉聖人之道), 양양호발육만물(洋洋乎發育萬物), 준극우천(峻極于天), 우우대재(優優大哉)!", "그 경지는 지극히 위대한 덕업으로서, 천지와 같이 숭고하고 규모와 기세가 성대하면서 만물을 발육할 수 있으니, 정말로 넉넉하고 넉넉하며 크나큰 사업 공로이다!" "예의삼백(禮儀三百), 위의삼천(威儀三千), 대기인이후행(待其人而後行)", "이른바 '삼백 가지의 예의와 삼천 가지의 위의'의 정신과 작용은 반드시 '그 사람을 만난 다음에야 비로소 시행될 것이다.'" 예(禮)의 정신은 성령(性靈) 자연의 법칙에 통하는 것입니다. 후세에 법치의 작용을 중시하여 그것으로 하여금 법치의 고정적인 요구에 부합하는 데 도달하기만 하면 되었던 그런 것이 아닙니다. 그러므로 말합니다, "구불지덕(苟不至德), 지도불응언(至道不凝焉).", "만약 진정으로 수양하여 명심견성(明心見性)의 지극한 덕[至德] 경지에 도달하지 않았다면, 솔성의 도[率性之道]에 응연히[凝然] 정정(靜定)의 상태로 있는 기능작용[功用]에 도달할 수 없다. 이 때문에 군자의 학을 알아야 하니, 먼저 '존덕성(尊德性)', 명심견성하고 동시에 '도문학(道問學)', 학문수양을 해야 한다. '도문학(학문이 있음)'으로 말미암아 비로소 '치광대(致廣大)', 형이상의 철학 영역을 알고, '존덕성(尊德性)'으로 말미암아 심성(心性)의 본체와 작용[體用]을 분명히 보아야, 비로소 도지 (道智)를 계발하여 정미한 학식인 자연과학과 인문사회 등 영역 을 끝까지 다 알 수 있다. 그런 다음에야 '안락하고 침착하면서 중도의 묘용에 부합한 중화(中和)'의 경지를 성취할 수 있다. 이 래야 비로소 '그 높고 밝음의 최고 경지까지 도달하였으면서도 모든 행위가 평범하여 언제 어디서나 마땅함에 꼭 들어맞는 중용 의 수양이다[極其高明而道行中庸]."

　"학문의 도리에 대해 말하면, 먼저 역사문화의 전고(典故)를 새롭게 학습할 수 있어야 하며[溫習], 그런 다음에야 시대의 미 래를 인도할 방향을 미루어 알 수 있다. 그러나 사람됨은 돈후 (敦厚)하며 평이(平易)해야 하며, 일처리는 예의를 숭상하고 공 경해야 한다. 이렇게 할 수 있다면 비록 지위가 뭇 사람들의 위 에 있더라도 스스로 교만하지 않으며, 지위가 남의 아래에 있더 라도 스스로 비굴하지 않는다. 나라에 도가 있는[有道] 시대에 태어났다면 모든 언행이 나라를 일으키는 공헌도 충분히 있을 수 있다. 나라에 도가 없는[無道] 시대에 태어났다면 세상에 알려지 지 않고 스스로 몸을 의탁하기를 구할 뿐이다. 그러므로 『시경·대아(大雅)·증민(烝民)』 제4장 중에 말하기를, '밝고도 지혜로워 서, 그 자신을 보전하리라[旣明且哲, 以保其身].'라고 한 것은 바 로 그런 의미이다." 이른바 '명철보신(明哲保身)'이라는 명언의 유래는 바로 『시경』에서 나왔습니다. 여러분이 잘 아는 삼국 시 기의 제갈량(諸葛亮)은 그의 명문인 「전출사표(前出師表)」 중에 서 자기가 남양(南陽)에 은거하던 시기에 대해 말하기를, "신은 본디 평민으로서 남양에서 몸소 농사 지으며 난세에 되는대로 생 명을 보전하기만 바랐고, 제후 중에서 벼슬하여 이름을 날리고 싶지는 않았습니다[臣本布衣, 躬耕於南陽, 苟全性命於亂世, 不求

聞達於諸侯]."라고 했는데, 그의 당시의 이런 심경이 바로 이 두 마디 시의 경지입니다.

하문수양의 네 가지 중요한 품덕을 여기까지 말하고 난 뒤, 또 공자가 훈계하는 몇 마디 말을 인용하여 다시 주석하여 때[時]와 위치[位]의 중요함을 설명합니다. 이것도 학자에게 '무릇 시대의 조류 형세를 아는 자가 준걸이다[識時務者爲俊傑].'라는 명언을 훈계하는 것이나 다름없습니다.

공자께서 말씀하셨다, "어리석으면서도 세상에 유용하고 가장 공헌이 있는 인재라고 여기고, 아직은 빈천한 지위에 있으면서도 제멋대로 권력을 독점하여 결정하려 하고, 지금 세상에 살면서도 복고(復古)적인 일을 한사코 하려한다면, 이와 같은 사람들은 재앙이 그의 몸에 미칠 것이다. 시대의 추세가 기회를 주고 인심이 그를 향하여 돌아가 옹호 추대하여 권력을 잡은 진정으로 성명(聖明)한 천자(天子)가 아니면, 고금(古今) 문화의 득실(得失)을 의론하고 난 뒤에 선대를 계승 발전시킨 한 체계의 예의문화 규모를 창건하지 못하고, 고금을 참작(參酌)해서 하나의 간명하면서도 주의 깊고 세밀한 제도를 창제(創制)하여 새로운 사회문화의 정신과 차서를 건립하지 못하고, 또한 고증을 매우 자세하게 하고 인문사회에 대하여 유리한 법치 등의 풍속을 건립하지 못한다. 오늘날 천하의 도로와 차량은 모두 정해져 하나의 제도로서 같아졌고, 글은 모두 문자가 같아졌으며, 사람과 사회의 행위나 사상이나 풍속습관은 모두 서로 같아졌다. 비록 천자의 지위를 가졌을지라도, 만약 그에 어울리는 학문수양과 공덕이 없으면 감히 개혁적으로 새로운 예악문화를 창작하지 못한다. 비록 성인의 학문수양과 공덕을 가졌을지라도, 만약 천자의 지위를 갖지 못하면 감히 개혁적으로 새로운 예악문화를 창작하지 못한다." 공자께서 말씀하셨다, "내가 하(夏)나라의 예악(禮樂)문화를 말해도 하나라의 후예인 기(杞)나라의 예악문화가 그것을 분명하게 증명할 길이 없다. 나는 은(殷)나라의 예악문화를 배웠는데, 은나라의 후예인 송(宋)나라가 그것을 보존하고 있다. 나는 주(周)나라의 예악문화를 배웠는데, 지금 이것을 여전히 계승하여 쓰고 있으니, 나는 주나라의 예악문화 정신으로부터 거슬러올라간다."

子曰:「愚而好自用, 賤而好自專, 生乎今之世, 反古之道, 如此者, 災及其身者也。」非天子不議禮, 不制度, 不考文。今天下車同軌, 書同文, 行同倫。雖有其位, 苟無其德, 不敢作禮樂焉。雖有其德, 苟無其位, 亦不敢作禮樂焉。子曰:「吾說夏禮, 杞不足徵也。吾學殷禮, 有宋存焉。吾學周禮, 今用之, 吾從周。」

이것은 공자의 명언을 인용하여 말하는 겁니다, "어떤 사람은 자신이 정말로 어리석은 줄을 알지 못한다. 그러나 마음에는 아만(我慢)을 좋아하는 버릇이 있어서 자신이 세간에 대하여 가장 유용하고 가장 공헌이 있는 큰 인재라고 여겨서 마치 '지금 세상에 나 말고 또 누가 있겠는가?' 하는 기개(氣槪)이다. 비록 자기가 아직은 빈천한 지위에 처해있더라도 마음에 몹시 방자 오만하고 자존하기를 좋아하는 버릇이 있기 때문에, 한 점을 틀어쥐면 곧 아주 그럴싸하게 제멋대로 권력을 독점하고 자기가 결정하려 한다. 심지어 분명히 현대의 사회에 생존하고 있으면서도 복고적인 일을 한사코 하려고 한다." 큰 역사적 사례로부터 말하면 서한(西漢) 말년의 왕망(王莽)은 한사코 주나라 왕조 시대의 제도와 공전(公田)제도를 회복하고 싶어 했습니다. 북송 시기의 왕안석(王安石)도 똑 같이 이런 심리상태를 가지고 있어서 옛 제도들 실행하여 당시의 재경(財經)과 세수입(稅收入)을 변경하려 하고 부국강병하기를 바랐습니다. 심지어 일본의 경우도 명치유신(明治維新)의 시행 이전에 어떤 사람이 왕정을 복고함으로써 서양문화에 항거하자고 크게 외쳤습니다. 최후에는 모두 공자의 이 말에 들어맞았습니다, "이와 같은 사람들은 재앙이 그의 몸에 미칠 것이다[如此者, 災及其身者也]."

우리가 반드시 알아야 할 것은, 공자의 사상은 전통문화의 정신을 보존하여 계속 이어가자는 것이었지만 복고는 찬성하지 않았으며, 그는 시대의 조류에 적응하여 시세의 변화를 파악하고 고금의 변화를 참작하여 인도문화의 사회를 건립하자는 것이었다는 점입니다. 그러나 공자도 전통을 복고하는 제도문물 창제를 완전히 부정하는 것에는 동의하지 않았습니다. 그래서 그는 또 세 개의 원칙을 이렇게 말했습니다, "비천자(非天子), 불의례(不議禮), 불제도(不制度), 불고문(不考文).", "왜냐하면 사회를 개조 변화시켜 하나의 새로운 시대의 표준 양식을 형성하려면 자연히 그러한[天然] 시대의 추세가 기회를 주고 인심이 그를 향하여 돌아가 옹호 추대하여 권력을 잡은 군주의 위치에 있는 진정으로 성명(聖明)한 천자가 되어야, 예컨대 주 문왕이나 주공과 같아야, 비로소 '의례(議禮)'할 수 있기 때문이다(고금 문화의 득실을 의론하고 난 뒤에 선대를 계승 발전시킨 한 체계의 예의 문화 규모를 창건할 수 있기 때문이다). 동시에 고금을 참작하여 하나의 간명하면서 주의 깊고 세밀한 제도를 창제하고 새로운 사회문화의 정신과 차서[儀禮]를 건립해야 한다. 또한 고증을 매우 자세하게 하고 인문사회에 대하여 유리한 문예와 법치 등의 풍속을 건립해야 한다.”

이 때문에 자사는 또 해석을 더하여 말합니다. “오늘날 천하의 도로와 차량은 모두 정해져 하나의 제도로서 같아졌고, 글은 모두 문자가 같아졌으며, 사람과 사회의 행위나 사상이나 풍속습관은 모두 서로 같아졌다[今天下, 車同軌, 書同文, 行同倫].” 그러나 “비록 천자의 지위를 가졌을지라도, 만약 그에 어울리는 학문수양과 공덕이 없으면 감히 개혁적으로 새로운 예악문화를 창작하지 못한다. 비록 성인의 학문수양과 공덕을 가졌을지라도, 만약 천자의 지위를 갖지 못하면 감히 개혁적으로 새로운 예악문화를 창작하지 못한다[雖有其位, 苟無其德, 不敢作禮樂焉. 雖有其德, 苟無其位, 亦不敢作禮樂焉].”, 이것은 춘추전국 시대 말기의 각국 제후 군주와 재상[君相]의 상황을 설명하는 것입니다. 어떤 자는 비록 권력을 잡은 군주의 위치에 있었지만 자신이 헤아려보건대 학문수양과 공덕이 자격에 이르지 못했기 때문에 감히 선대를 계승 발전시키고 과거를 계승하여 미래를 여는 예악문화를 창작하지 못했습니다. 어떤 자는 비록 학문수양 면에서 도가 있고 덕이 있었지만 권력을 잡은 군주의 위치에 있지 않아서 마찬가지로 감히 과거를 계승하고 미래를 열며 선대를 계승 발전시키는 예악문화를 멋대로 제작하지 못했습니다. 이것도 공자가 당시에 비록 그 덕은 있었지만 그 지위가 없었던 것을 동시에 설명합니다.

여기에서 우리는 『중용』에서 다음과 같이 말하는 것과 관련해서 토론해보겠습니다. “오늘날 천하의 도로와 차량은 모두 정해져 하나의 제도로서 같아졌고, 글은 모두 문자가 같아졌으며, 사람과 사회의 행위나 사상이나 풍속습관은 모두 서로 같아졌다[今天下, 車同軌, 書同文, 行同倫].” 이 세 마디 말을 근거로 후세에 어떤 사람이 『중용』은 결코 자사가 지은 것이 아니라 서한 (西漢) 시대 학자가 위조한 책이라고 보았습니다. 그 이유로는 자사는 춘추 말기에 태어났지만 "거동궤(車同軌), 서동문(書同文)"은 진시황이 6국을 통일한 이후의 일인데, 자사의 시대에 어떻게 이런 현상이 있었겠느냐? 는 것입니다. 이런 논단은 순수한 고증 문제에 속하며 매우 일리가 있는 듯합니다. 그러나 꼭 다 그렇다고도 할 수는 없습니다. 전국 7웅(七雄)이 패권을 다투던 시기에 방대한 전쟁의 중요 도구와 교통은 모두 수레[車輛]이었습니다. 만약 진(秦)·제(齊)·초(楚)와 한(韓)·조(趙)·위 (魏)·연(燕) 등의 나라가 수레를 운행하던 궤도가 각각 달랐다면, 생각보세요, 제후 각국 사이에 무력을 사용하여 서로 토지를 겸병하고 재화를 약탈한 전쟁을 어떻게 할 수 있었겠습니까? 제후 각국 사이의 문서가 만약 같은 글이 아니라면 저 외교 문서들과 『좌전(左傳)』 『전국책(戰國策)』 등 역사기록의 문자는 어찌 모두 번역관(飜譯館)과 번역 인원이 있었어야 하는 것 아니겠습니까? 사실상 동주(東周)부터 춘추 전국 시기에 이르기 까지 "거동궤(車同軌), 서동문(書同文)" 등의 일은 시대의 추세가 사회 형태를 몰아가 군사·경제·재정·상업 면에서의 필요로부터 사회 구조가 벌써부터 자동으로 변화하기 시작하여 점점 이미 "거동궤(車同軌), 서동문(書同文), 행동륜(行同倫)."의 국면을 형성 했던 것이지, 결코 진시황으로부터 비로소 전국의 통일된 차도를 건설 개통하고 문서를 통일했던 것은 아닙니다. 단지 진시황이 6국을 통일한 뒤에 역사상의 기술(記述)에서야 비로소 전면적인 '도로와 차량은 모두 정해져 하나의 제도로서 같아졌고, 글은 모두 문자가 같아졌다' 할 수 있었을 뿐입니다.

예를 들어 서양 문화는 17세기 이후부터 현대 20세기 말기에 이르기 까지 유럽 각국으로 말하면 3,4백 년 사이에 벌써 언제 어디서나 '도로와 차량은 모두 정해져 하나의 제도로서 같아졌고, 사람과 사회의 행위나 사상이나 풍속습관은 모두 서로 같아지는' 방향으로 기울어져 발전했습니다. 서양 유럽의 문명은 모두 제2차 세계대전이 끝나고 미국이 전 세계에 패권을 부르짖을 수 있다고 스스로 인정할 수 있고서야 비로소 서양의 문화를 형성했다고 당신은 말할 수 없겠지요? 자사의 생졸 연대는 진시황의 등극과의 시간상의 거리가 백여 년 이전이었을 뿐만 아니라 진시황의 재위는 앞뒤로 37년간 뿐 이었습니다. 만리장성을 수축하고 아방궁(阿房宮)을 짓는 공사(工事) 등을 제외하면 그가 전국에 도로를 통일하여 수축하라 명령했다고 말하는 어떠한 기록이 결코 없습니다! 그러므로 이런 고증 관련상의 학식은 물론 중요하지만 때로는 정설(定說)로 삼을 수도 없으며, '신사(愼思)'하고 '명변(明辨)'해야 옳습니다.

한담을 했으니 이제는 다시, 자사가 그의 조부 공자가 고고학과 관련한 "고문(考文)"의 태도와 소감을 말한 것을 기록한 것을 설명하겠습니다. 공자는 이렇게 말합니다, "나도 하나라 왕조[夏朝]의 후예인 기나라[杞國]를 방문해본 적이 있다. 그러나 기나라로부터 하나라 왕조의 예악문화의 확실한 자료를 분명하게 설명할 길이 없었다. 나는 또 은나라 왕조의 예악문화를 배우기 위하여 은나라 사람의 후예인 송나라[宋國]를 방문해 본적이 있다. (송은 공자의 종주국이었기 때문에 그는 확정적인 논단을 더하지 않았습니다) 내가 주(周)나라 시대의 예악문화를 배운 것에 대해 말하면, 지금도 여전히 한 줄기로 계승하여 사용하고 있기 때문에 나는 차라리 주나라 시대의 예악문화의 정신 속으로부터 전통을 위로 거슬러 올라간다." 이것은 공자의 "고문(考文)"에 대한 치학(治學) 태도의 진지함과 신중함을 설명하여, 뒤 글이 재삼 공자 학문 종지를 진술하는 전제로 삼고 있습니다.

성도(聖道)인 내명외왕지학을 총결하여 공자를 예찬하다

천하에 쓰는 것으로는 지혜의 덕·인애의 덕·용기의 덕 이 세 가지 중점이 있는데, 이를 천하 대사(大事)에 응용하여 행한다면 비록 순수하게 선(善)하고 결함이 없는 정도까지 해낼 수는 없더라도 아마 과오(過誤)가 적게 될 것이다! 상고에 전한 상승도(上乘道)의 선(善)한 세상과 선행(善行)은, 비록 그렇게 전해오는 말이 있지만 실재로 고찰할 수 있는 실제 증거는 없다. 실제 증거가 없는 바에야 사람들이 당연히 믿지 않으며, 믿지 않으니 백성들이 따르지 않고 배우지 않는다. 하위자와 하층사회 중에는 비록 선덕(善德)·선행의 사람들이 있지만 시종 상위자와 대중의 존중을 얻을 수 없으며, 사람들의 존중을 얻지 못하는 바에야 당연히 믿지 않고 따르지 않고 배우지 않는다. 그러므로 군자의 도의 학문 품행은, 먼저 자신을 정성스럽게 함[誠]으로부터 시작하고, 그 다음에 일반의 인정세태에서 살펴보고 실증해야 한다. 그런 다음 위로 미루어 하은주 삼대의 전통문화로부터 고증해 보아도 틀리지 않으며, 천지 운행의 법칙을 이해하여 역법을 세워 우주자연의 법칙과 결합시켜서 완전히 자연물리의 과학적 원리에 어긋나지 않음을 이해해야 한다. 그래야 비로소 귀신의 내함 본질이 무슨 의미인지를 알아 의혹이 없다. 그런 다음에라야 '천지만물의 형성과 존재는 단지 지극한 정성이라는 하나의 기능이지 둘이 아니며, 바로 그것이 만물을 생성할 수 있는 총체적 기능은 헤아릴 수 없다.'의 진정한 의의를 이해할 수 있으며, 이렇게 전승(傳承)하면서도 창신(創新)한 저작이라야 백 대를 전해지면서 오래 뒤의 후세 성철(聖哲)이 와서 미혹하지 않고 선대를 계승 발전시키기를 기다릴 수 있다. '귀신의 내함 본질이 무슨 의미인지를 알아 의혹이 없다.'는 것은 형이상의 천도와 천문 물리작용을 아는 것이다. '백 대를 전해지면서 오래 뒤의 후세 성철이 와서 미혹하지 않고 선대를 계승 발전시키기를 기다릴 수 있다.'는 것은 역사문화의 역대의 사회인문의 변화발전을 통달하는 것이다. 그러므로 군자의 거동은 모두 천하에서 사회의 도덕 기풍과 사람들의 마음의 정도(正道)에 부합하며, 군자의 행위는 모두 천하에서 사회의 도덕 기풍과 사람들의 마음이 본받는 바가 될 수 있으며, 군자의 언어는 모두 천하에서 사회의 도덕 기풍과 사람들의 마음의 규칙이 될 수 있다. 시대나 지역이 그에게서 얼마나 멀리 떨어져 있든 간에 모두 사람들의 신망(信望)이 돌아갈 바가 될 수 있고, 당시에 그를 친근해 본 적이 있는 사람도 싫어하는 느낌이 생기지 않을 것이다. 『시경』에 이르기를 "그에게는 미워할 잘못이 없으니, 비난하는 사람이 없네, 아침저녁으로 영원히 그의 이런 영예 보존하소서!"라고 했다. 군자의 도를 배우며 수양 수행하는 사람이 이렇게 하지 않고서 일찍이 천하 사람의 추앙과 찬미를 받는 자가 없었다.

王天下有三重焉, 其寡過矣乎! 上焉者雖善無徵, 無徵不信, 不信民弗從; 下焉者雖善不尊, 不尊不信, 不信民弗從. 故君子之道, 本諸身, 徵諸庶民, 考諸三王而不繆, 建諸天地而不悖, 質諸鬼神而無疑,百世以俟聖人而不惑。質諸鬼神而無疑，知天也。百世以俟聖人而不惑，知人也。是故君子動而世為天下道，行而世為天下法，言而世為天下則，遠之則有望，近之則不厭。《詩》曰：「在彼無惡，在此無射。庶幾夙夜，以永終譽。」君子未有不如此而蚤有譽於天下者也。

이제 우리는 『중용』의 이 단락 문장을 토론하기 시작하겠는데, 마치 공자가 하·상·주 삼대 문화를 인용한 뒤에 곁들여서 한 편의 논의(論議)를 가져온 것 같습니다. 그러나 자세히 보면 그렇지도 않은 것 같습니다. 위 글에서 말한 '위대하구나, 성인의 도의 경지여[大哉聖人之道]'에 근거하면, '어리석으면서도 세상에 유용하고 가장 공헌이 있는 인재라고 여기는[愚而好自用]' 범부의 태도와는 완전히 다릅니다. 이 때문에 주나라 문왕과 공자와 같은 성인도 문화전통의 "의례(議禮)·제도(制度)·고문(考文)"에 대하여 절대로 감히 멋대로 하지 않았습니다. 왜냐하면 문화 사상과 정치는 나눌 수 없는 쌍쌍둥이로서 편차적인 영도가 조금만 있어도 곧 재앙을 불러와 당시와 후대에 해를 끼칠 수 있기 때문입니다. 그래서 설명하기를, 공자의 "고문(考文)" 치학 태도가 대단히 신중했기 때문에 그는 『상서(尚書)』를 간추리면서[刪]는 단지 당(唐)·우(虞)로부터 시작했으며, 『예』와 『악』을 확정하기를[訂] 단지 주(周)나라 예악문화[文]이후로부터 했다고 합니다. 차라리 '의심스러운 것은 유보해 놓고 그 나머지를 신중히 말했습니다[多聞闕疑 慎言其餘]'. 이 때문에 첫 마디인 "왕천하유삼중언(王天下有三重焉), 기과과의호(其寡過矣乎)"로부터 줄곧 이 단락의 총결까지가 마땅히 모두, 자사가 조부 공자를 예찬한 것이며, 그가 이어받은[師承] 가르침인, 내명외용(內明外用)의 학문수양 심득(心得)을 발휘한 것입니다.

그러나 "왕천하유삼중언(王天下有三重焉), 기과과의호(其寡過矣乎)"로부터 시작하되 따로 '삼중(三重)' 내함의 해석을 하고 있지 않았습니다. 그러기 때문에 후세의 학자들로 하여금 확실하지 않다고 의심하게 했습니다. 예컨대 송나라 유학자 주희가 장구(章句)로 나누고 주석한 『대학』 『중용』은 스스로 독창적 견해를 세웠습니다. 하지만 "왕천하유삼중언(王天下有三重焉)"에 대해서 역시 여씨(呂氏)의 주해를 채용할 수밖에 없어서, 이 '三重'은 바로 위 글 '의례·제도·고문' 세 가지 일로서, 응당 오직 성인인 천자나 혹은 천자의 자격이 있는 성인이라야 생각대로 처리할 수 있다고 보았습니다. 이것은 '三重'의 무거운 책임을, 예로부터 유생들이 인정하는 천명을 받고 즉위한 천자의 몸에다 완전히 두고서, 독서인은 천자의 임용만 받기만 하면 마치 영원히 권세 있는 자를 등에 업고서 생존하기를 구하는 것과 같았을 뿐이었습니다, 그러했을까요? 그렇지 않았을까요? 그들이 오히려 잊어버린 것은, 공자가 한 시대의 천자가 아니었고, 그가 비록 스스로 겸손하여 '의례·제도·고문'을 감히 하지 않았지만, 『시경』 『서경』을 간추리고 『예』 『악』을 확정하며 『춘추』를 저작하고 『역전(易傳)』을 서술하여, 사실상 완전히 '의례·제도·고문'의 일을 하고 있었다는 점입니다. 자사가 『중용』을 저술하여 여기까지만 말하는 것도 모두 그의 조부 공자의 이 방면의 정신을 밝히고 선양하고 있는데, 이런 역대의 대인(大人) 선생들은 오히려 자사의 겸양에 속은 것 같으니, 어찌 이상하지 않겠습니까!

"왕천하유삼중언(王天下有三重焉)"의 '王'자에 대해 말해보면, 고문에서는 '王'과 '用'자는 통용했습니다. 만약 여기서의 '王'자가 바로 황제라고 부르고 왕이라고 부르는 王이라면, "왕천하유삼중언(王天下有三重焉)"은 마땅히 『상서(尙書) 대우모(大禹謨)』에서의 '정덕(正德)·이용(利用)·후생(厚生)'[115]의 세 가지이어야 '왕천하(王天下)'의 대경대법(大經大法)입니다. 하지만 "기과과의호(其寡過矣乎)"와 또 한 곳으로 연결이 되지 않은 것 같습니다. 이 때문에 저는 『중용』 여기에서 이른바 "왕천하유삼중언(王天下有三重焉), 기과과의호(其寡過矣乎)"에서 이 '三重'은 바로 『중용』의 중심 학설인 "지인용(智仁勇)" 삼달덕(三達德)이야말로 천하에 쓰는[用天下] 세 가지 중점이라고 봅니다. 어떤 사람은 비록 지혜덕·인애덕·용기덕을 갖출 수 있지만, 사람에 대하여 일에 대하여, 특히 천하 대사에 대하여도 응용함에 있어서 꼭 순수하게 선하여[純善] 결함이 없는[無瑕] 정도까지 해낼 수 있는 것은 아닙니다. 그러므로 말하기를 지혜·인애·용기 세 가지를 갖추었든 혹은 그중 두 가지만 갖추었던 혹은 그중 한 가지만 갖추었던 간에 잠시 밀쳐두고 자세히 토론하지 않기로 하고, 가장 요긴한 것은 외용(外用) 작위 상에서 잘못을 적게 범하는 정도까지 해낼 수 있다면 공덕이 한량이 없는 셈입니다. 이 때문에 말하기를 "천하에 쓰는 것으로는 지혜의 덕·인애의 덕·용기의 덕 이 세 가지 중점이 있는데, 이를 천하 대사(大事)에 응용하여 행한다면 비록 순수하게 선(善)하고 결함이 없는 정도까지 해낼 수는 없더라도 아마 과오(過誤)가 적게 될 것이다[王天下有三重焉, 其寡過矣乎]!"라고 했는데, 그렇다면 대단히 명백해집니다. 바꾸어 말하면 사람 노릇과 일 처리의 학문수양도 마찬가지여서 사람이 절대적으로 잘못이 없는 정도까지 해내는 것

---

115) 군주의 감화로써 백성을 바르게 하고, 물자의 유통을 잘하여 백성들이 편안하게 쓰도록 하며, 백성의 생활을 여유 있게 해야 한다.

을 말해서는 안 되고 단지 잘못을 적게 범하기만을 바라는 것입니다. 그렇다면 바로 불행 중 다행입니다.

사실 '공자께서 말씀하셨다, "내가 하(夏)나라의 예악(禮樂)문화를 말해도 하나라의 후예인 기(杞)나라의 예악문화가 그것을 분명하게 증명할 길이 없다. 나는 은(殷)나라의 예악문화를 배웠는데, 은나라의 후예인 송(宋)나라가 그것을 보존하고 있다. 나는 주(周)나라의 예악문화를 배웠는데, 지금 이것을 여전히 계승하여 쓰고 있으니, 나는 주나라의 예악문화 정신으로부터 거슬러 올라간다."로부터 말하기 시작하여 줄곧 본 절 "왕천하유삼중언(王天下有三重焉), 기과과의호(其寡過矣乎)"까지 끝내고, 당신이 『예기 · 예운편』에서 공자가 말하는 하 · 상 · 주 삼대 문화의 변천, 그리고 그 속에서 말하는 상고시대의 대동(大同)의 치(治)의 이념과 관련된 부분을 자세히 한 번 읽어보면, 곧 "왕천하유삼중언(王天下有三重焉), 기과과의호(其寡過矣乎)"와 "지혜 · 인애 · 용기"의 '과과(寡過)'의 의의를 이해할 수 있게 됩니다.

이 때문에 곧 말합니다, "상언자수선무징(上焉者雖善無徵), 무징불신(無徵不信), 불신민불종(不信民弗從) ; 하언자수선불존(下焉者雖善不尊), 불존불신(不尊不信), 불신민불종(不信民弗從).", 이것은 이런 말입니다, "상고에 전한 상승도(上乘道)116)의 선한 세상[善世]과 선행(善行)은 비록 전해오는 그런 말이 있지만 실재로는 고찰할 수 있는 실증(實證)이 없다. 실증할 길이 없는 바에야 사람들은 당연히 믿지 않을 것이며 당연히 좇아서 배우지 않을 것이다. 예컨대 옛날부터 저 상승선도(上乘善道)를 수행하는 신인(神人)들에 대한 말이 전해오지만, 결국 바라볼 수는

---

116) 대승도(大乘道).

있어도 미칠 수는 없고 세속에서 확실한 실증이 있기는 지극히 어렵다. 이 때문에 사람들은 그것을 정신상의 신앙으로 삼을 뿐 결국은 좇아서 배우기를 원하지 않는다. 하위자와 하층 사회 중에는 비록 선덕(善德) 선행의 사람들이 있지만 시종 상위자와 대중의 존중을 얻을 수 없으며, 사람들의 존중을 얻을 수 없으니 당연히 사람들에게 믿어질 리도 없고 좇아서 배우는 사람도 없다.” 인류사회 문화의 변천 과정에 비추어 말한다면, 예컨대 사마천(司馬遷)은 『사기(史記)』를 지어 말했습니다, “태사공은 말한다, 신농씨 이전의 일에 대해서 나는 알지 못한다. 노자가 말했다, ‘지극히 잘 다스려지는 시대는 이웃 나라끼리 서로 바라보고 닭 우는 소리와 개 짖는 소리가 서로 들려도, 백성들은 제각기 자신들의 음식을 달게 먹으며 자기 나라의 옷을 아름답게 여기며, 자기 나라의 습속을 편히 여기며 자신들의 일을 즐기며 늙어 죽을 때까지 서로 왕래하지 않는다.’ 그러나 이러한 것을 이루기 위해서 근대의 풍속을 돌이키고 백성들의 귀와 눈을 막으려 한다면, 아마도 거의 실천할 수 없을 것이다[太史公曰 : 夫神農以前, 吾不知已. 老子曰 : 至治之極, 鄰國相望, 雞狗之聲相聞, 民各甘其食, 美其服, 安其俗, 樂其業, 至老死不相往來. 必用此爲務, 挽近世, 塗民耳目, 則幾無行矣].” 이것도 ‘상고에 전한 상승도(上乘道)의 선(善)한 세상과 선행은, 비록 그렇게 전해오는 말이 있지만 확실히 고찰할 수 있는 실제 증거는 없다. 실제 증거가 없는 바에야 사람들이 당연히 믿지 않으며, 믿지 않으니 백성들이 따르지 않고 배우지 않는다[上焉者雖善無徵, 無徵不信, 不信民弗從].’ 라고 말하는 것과 같습니다.

그리고 “하위자와 하층사회 중에는 비록 선덕(善德)·선행의 사람들이 있지만 시종 상위자와 대중의 존중을 얻을 수 없으며, 사람들의 존중을 얻지 못하는 바에야 당연히 믿지 않고 따르지 않고 배우지 않는다[下焉者雖善不尊, 不尊不信, 不信民弗從]."의 상황에 대해 말해본다면 우리가 노자(老子)의 다음 한 단락의 말을 인용하여 설명해도 무방합니다, "뛰어난 선비는 도를 들으면 힘써 이를 행하고, 중간 정도의 선비는 도를 들으면 마음에 두는 것 같기도 하고 잊어버리는 것 같기도 하고, 낮은 정도의 선비는 도를 들으면 크게 웃는다. 웃지 않는다면 도라고 할 것이 못 된다[上士聞道, 勤而行之. 中士聞道, 若存若亡. 下士聞道, 大笑之, 不笑不足以為道]." 이 때문에 자사는 여기에서, 지난날의 것을 이어받아 앞길을 개척하는 하나의 진정한 유자(儒者)가 되는 의지를 세우고 발원하는 원칙을 제시합니다, "고군자지도(故君子之道), 본저신(本諸身), 징저서민(徵諸庶民). 고저삼왕이불류(考諸三王而不繆), 건저천지이불패(建諸天地而不悖), 질저귀신무의(質諸鬼神而無疑), 백세이사성인이불혹(百世以俟聖人而不惑)." 이것은 이런 말입니다, "군자의 도의 학문품행은 반드시 먼저 자기가 자신을 정성스럽게 함[誠其身]으로부터 하기 시작하고, 그 다음에 일반의 인정세태에서 살펴보고 실증[徵信]해야 한다. 그런 다음 위로 향하여 미루어 하은주 삼대의 전통문화를 고증해서, 옛사람들이 무엇 때문에 반드시 천지운행의 법칙을 이해하고 세월시진(歲月時辰) 운행의 역법(曆法)을 건립하여 우주자연의 법칙과 결합시켜 완전히 자연 물리의 과학 원리에 부합하고자 했는지를 이해한다. 그래야 비로소 이른바 귀신의 내함 본질이 무엇인지를 알 수 있으며, 그런 다음에야 비로소 천지만물의 형성과 존재는 단지 지극한 정성이라는 하나의 기능이지 둘이 아니며, 바로 그것이 만물을 생성할 수 있는 총체적 기능은 헤아릴 수 없다[其爲物不貳, 則其生物不測]의 진정한 의의를 알 수 있다.

이렇게 전승(傳承)하면서도 창신(創新)한 저작이라야 백 대를 전해지면서 후대의 성철(聖哲)이 와서 선대를 계승 발전시키기를 기다릴 수 있다."

이른바 "질저귀신이무의(質諸鬼神而無疑), 지천야(知天也)", "'귀신의 내함 본질이 무슨 의미인지를 알아 의혹이 없다.'는 것은 형이상의 천도와 천문의 물리작용을 아는 것이다." 천지귀신에 관한 설은 『주역』 「계사전」에 다음과 같이 말한 것을 자세히 볼 수 있습니다, "위로는 천문을 관찰하고 아래로는 지리를 살폈기 때문에 눈에 보이는 것뿐만 아니라 보이지 않는 것까지도 그 근원을 안다. 시작과 끝을 알기 때문에 생사의 문제를 알 수 있다. 형체가 있는 정기가 어떤 추상적인 것을 구성하고, 물질 이면의 어떤 원리인 유혼(遊魂)으로 인하여 변화가 일어나기 때문에 귀신의 상황을 안다[仰以觀於天文, 俯以察於地理, 是故知幽明之故. 原始反終, 故知死生之說. 精氣爲物, 遊魂爲變, 是故知鬼神之情狀]."

"백세이사성인이불혹(百世以俟聖人而不惑), 지인야(知人也)", "'백 대를 전해지면서 오래 뒤의 후세 성철이 와서 미혹하지 않고 선대를 계승 발전시키기를 기다릴 수 있다.'는 것은 역사문화와 역대의 사회 인문의 변화 발전을 통달하는 것이다." "시고군자동이세위천하도(是故君子動而世爲天下道)", "이 때문에 군자의 거동은 모두 천하에서 사회의 도덕 기풍과 사람들 마음의 정도(正道)에 부합한다." "행이세위천하법(行而世爲天下法)", "군자의 행위는 모두 천하에서 사회의 도덕 기풍과 사람들의 마음이 본받는 바가 될 수 있다." "언이세위천하칙(言而世爲天下則)", "군자의 언어는 모두 천하에서 사회의 도덕 기풍과 사람들의 마음의 규칙이 될 수 있다." "원지즉유망(遠之則有望)", "시대나 혹은 지역이 얼마나 멀리 떨어져 있든 간에 모두 사람들의 신망[人望]이 돌아갈 바가 될 수 있다." "근지즉불염(近之則不厭)", "당시에 그를 친근해 본 적이 있는 사람도 결국 싫어하는 느낌이 생기지 않을 것이다." "시왈(詩曰) : 재피무오(在彼無惡), 재차무역(在此無射), 서기숙야(庶幾夙夜), 이영종예(以永終譽).", 이것은 『시경 주송(周頌) 진로(振鷺)』장(章)의 말을 인용하여 이렇게 말한 것입니다, "그 자신에게 결코 미워할 어떤 잘못이 없기 때문에 그에 대해 비난하는 사람도 없다. 모두들 아침저녁으로 영원히 그의 이런 영예(榮譽)를 보존하기를 원한다!" "군자미유불여차이조유예어천하자야(君子未有不如此而蚤有譽於天下者也).", "그러므로 말한다, 군자의 도를 배우며 수양 수행하는 사람이 만약 이렇게 하지 않았다면 그는 일찍이 천하 사람의 추앙과 찬미를 받지 못했을 것이다."

사실 이상의 전체 단락은 진정한 유학(儒學) 유행(儒行)의 내함을 찬송함으로써 다음 글이 직접 공자를 찬미하여 진술하는 전주곡으로 삼고 있는 것입니다.

중니는 유가학설의 전통 근원으로서 하은주 삼대이상으로부터 요순 임금의 공천하(公天下)의 문화정신의 시작을 서술하고, 주나라 초에 가천하(家天下)를 중심으로 하여 제후를 분봉(分封)하고 연방자치체제를 실행한 문왕과 무왕 시대의 헌장인 『주례(周禮)』『의례(儀禮)』『예기(禮記)』등 삼례(三禮)의 정수(精粹)를 이어받았다. 동시에 위로는 물리의 천문과 천상(天象)을 고증하고, 이로써 건립된 역법과 율려(律呂)의 학을, 지구물리와 인사(人事)에 대한 징험 그리고 지구물리와 물속과 땅위의 동식물 등의 변화법칙을 맞추어 보는 데 이용하였다. 비유컨대 그가

도(道)를 이루고 덕(德)을 성취한 위대함은 마치 천지가 만물을 다 실어 두고 나 감싸 밑어 주지 않음이 없는 것과 같다. 또 비유천대 일 년 춘하추동 사계절이 번갈아 돌며 해와 달이 교대로 비추어 주어서, 만물이 함께 평등하게 길러지면서도 서로 해치지 않게 할 수 있는 것과 같다. 그러기 때문에 사람은 천지를 본받을 수 있어서, 정면의 학문의 도리이든 반면의 학문의 도리이든 모두 병행 상존하면서 서로 위배하지 않을 수 있다. 매우 작은 도덕이념은 마치 작은 시내 작은 흐름과 같고, 위대한 도덕이념은 마치 천지 자연 물리의 기능이 형상이 없으면서 자연히 만물을 생겨나고 자라게 할 수 있는 것과 같나니, 이게 바로 천지가 그 자연의 위대한 공덕이 있는 까닭이다. 오직 천하에서 지극한 정성[至誠]의 도를 수양하여 성취한 성인의 경지만이, 감관(感官)이 총명과 예지(叡智)에 도달할 수 있으며, 천품이 관대함과 온유함은 만상(萬象)을 포용할 수 있으며, 개성이 강해지려 분발함과 굳센 의지력은 선(善)을 선택하여 굳게 실행할 수 있으며, 내심의 수양이 정결(淨潔) 장중함과 외용의 행위가 규범에 맞고 정정당당함은 천하 사람들로 하여금 그를 경건하게 대하도록 할 수 있으며, 문장문학이 인문학적 논리적으로 사고함과 정밀하게 고찰함은 시비선악 사리를 변별할 수 있다. 위 다섯 가지 조건을 동시에 갖추었다면, 그의 성취는 광대(廣大)하고 심원(深遠)하며, 그의 마음은 언제나 지혜가 솟아나와 온갖 사물의 원리를 명확히 볼 수 있다. 그 광대함은 하늘처럼 넓고, 심원함은 깊은 샘처럼 깊어 헤아릴 수 없다. 그러므로 그를 보면 누구나 공경하고 우러러보는 마음이 일어나지 않음이 없고, 그가 말하면 사람들이 도리를 믿지 않음이 없으며, 그가 행하면 사람들이 선행을 기쁘게 학습할 것이다. 이 때문에 그의 명성은 중국에 널리 전해져

넘치는 동시에, 먼 변경지대의 만이족(蠻夷族)에게까지 전파되어서, 배와 수레가 이르는 곳과 사람의 힘이 통하는 곳, 하늘이 덮어 주는 곳과 땅이 실어 주는 곳, 해와 달이 비추는 곳과 서리와 이슬이 내리는 곳의 어디에서나 무릇 혈기가 있는 자들은 그를 존경하고 친근히 하지 않음이 없을 것이다. 그러므로 그의 학문 수양 도덕은 '천지와 동등하다' 라고 말하는 것이다. 그러나 어떻게 그런 높고 밝음을 성취할 수 있을까? 오직 천하의 사람이 심의(心意)를 지극히 정성스럽고 청정하고 전일하도록 수양하는 공부를 함으로써, 지극한 정성의 도를 닦고 배워야만 천하의 올바른 도리를 조직하여 근본의 원칙과 법규[大經大法]를 이루어서, 천하 인문 문화의 가장 위대한 기본으로 삼을 수 있다. 그런 다음에야 비로소 지혜가 밝게 깨달아 천지가 만물을 생겨나게 하고 기르는 기능이 어떻게 된 일인지를 알 수 있다. 사실 지극한 정성의 도란 사람 저마다 자아의 내심으로부터 일어나는 것이니, 그것이 어디 무슨 방법에 의지해야 할 필요가 있겠는가! 단지 정성스럽고 간절하며 인자하고 후덕한 마음가짐을 일으킬 뿐이다. 마치 샘물의 근원을 찾는 것처럼 깊이깊이 정정(靜定)에 잠기어 고찰하고 연구하는 동시에, 흉금을 크게 가져서 자기의 심경(心境)을 끝없이 넓고 크며 텅 비어 적적한 하늘과 같아지게 하여, 시일이 경과하면서 공부가 깊어지면 반드시 성취가 있을 것이다. 그렇지만 만약 천성의 본디 그러한 천품의 총명성지(聰明聖智)의 대공덕이 없다면 누가 또 지극한 정성의 도가 귀중함을 깊이 알 수 있겠는가!

仲尼祖述堯舜, 憲章文武, 上律天時, 下襲水土。辟如天地之無不持載, 無不覆幬。辟如四時之錯行, 如日月之代明。萬物并育而不

相害，道并行而不相悖。小德川流，大德敦化，此天地之所以為大
也。唯天下至聖，為能聰明叡知，足以有臨也；寬裕溫柔，足以有容
也；發強剛毅，足以有執也；齊莊中正，足以有敬也；文理密察，足
以有別也。溥博淵泉，而時出之。溥博如天，淵泉如淵。見而民莫不
敬，言而民莫不信，行而民莫不說。是以聲名洋溢乎中國，施及蠻
貊，舟車所至，人力所通，天之所覆，地之所載，日月所照，霜露所
隊，凡有血氣者莫不尊親，故曰配天。唯天下至誠，為能經綸天下之
大經，立天下之大本，知天地之化育。夫焉有所倚，肫肫其仁，淵淵
其淵，浩浩其天，苟不固聰明聖知達天德者，其孰能知之。

『중용』은 여기에 이르러 "중니조술요순(仲尼祖述堯舜), 헌
장문무(憲章文武)"라고 공자를 찬송하고 전술함으로부터 시작하
여 대략 세 절로 나눌 수 있는데, 다음 글의 배열과 같습니다.

"중니(仲尼)"는 공자의 자(字)이며, 공구(孔丘)는 공자의 성
명(姓名)입니다. 옛사람은 부모나 윗사람 그리고 군주에 대한 존
경으로 모두 직접 그들의 이름을 부르기를 피했기 때문에 이름도
'휘(諱)'라고 했는데, 이게 바로 '피휘(避諱)'의 의미입니다. 그러
나 옛사람은 부모나 윗사람의 별명[表字]이나 별호(別號)는 불러
도 되었는데, 위·진·수·당나라 시대 단계에 이르러서는 오히
려 본래보다 더 엄중해져서 목이 멜까봐 먹기를 그만 두는 격으
로 무릇 윗사람의 이름과 발음이 같은 글자라면 모두 피휘해야
함으로써 다들 걸핏하면 비난 받게 만들었습니다. 이 때문에 당
나라 시대의 이름난 유학자 한유(韓愈)는 한 편의 「휘변(諱辯)」
이라는 명문(名文)을 짓고 명확하게 구별했습니다. 만약 시간을
거꾸로 흐르게 하여 옛사람이 현대에 살고 있으면서 서양문화의
습속에서 자녀나 손자들이 부모나 조상의 이름을 직접 부르는 것

을 듣는다면, 옛사람들은 혼비백산하고 귀(鬼)조차도 되고 싶어 하지 않을 것입니다(한 번 웃음).

이제 우리는 『중용』 원문으로 돌아가겠습니다. 원문은 정식으로 '공자'유가학설의 전통 근원을 소개합니다. "그는 하(夏)·상(商)·주(周) 삼대 이상으로부터 요(堯)·순(舜)의 '공천하(公天下)'의 문화정신의 시작을 서술하고. 그런 다음 주나라 초에 '가천하(家天下)'를 중심으로 하여 제후를 분봉하고 연방자치 체제를 실행한 주나라 문왕·무왕 시대의 헌장(憲章)인 『주례(周禮)』 『의례(儀禮)』 『예기(禮記)』 등 삼례(三禮)의 정수(精粹)를 이어받았다. 동시에 자연 물리의 천문과 천상(天象)을 고증하고, 이로써 건립된 역법(曆法)과 율려(律呂)의 학을, 지구물리와 인사(人事)에 대한 징험, 그리고 지구물리와 물속과 땅위의 동식물 등의 변화법칙을 맞추어보는 데 이용하였다."(이것은 자연물리과학 방면과 관련된 학식인데 반드시 『역경』 내함의 리理·상象·수數 등 학문을 연구해야 비로소 대개를 알 수 있습니다). 그래서 『시경』과 『서경』을 간추리고 『예』 『악』을 확정하고 『춘추』를 저작하고 역전(易傳)을 지었습니다. 그러므로 말합니다. "중니조술요순(仲尼祖述堯舜), 헌장문무(憲章文武), 상율천시(上律天時), 하습수토(下襲水土)."

이어서 또 찬송하기를 공자의 내명외용(內明外用)의 학과, 그가 도를 이루고 덕을 성취한 위대함은 천지처럼 숭고하고 광박(廣博)하다고 합니다. 그러므로 말합니다. "비여천지지무불지재(辟如天地之無不持載), 무불부도(無不覆幬).", "비유하면 그는 마치 천지가 어느 사물들도 그 범위 속에 포함하지 않는 것이 없음과 마찬가지이다." "비여사시지착행(辟如四時之錯行), 여일월지대명(如日月之代明). 만물병육이불상해(萬物并育而不相害), 도병행이불상패(道并行而不相悖). 소덕천류(小德川流), 대덕돈화(大德敦化), 차천지지소이위대야(此天地之所以為大也)," "또 비 긴내그는 일 년 춘하추동의 사계절이 기상이 분명한 것과 같다. 또낮과 밤의 해와 달이 모두 인간세상의 온갖 사물을 비추고, 동시에 갖가지 좋거나 나쁘거나, 선(善)이거나 악(惡)이거나 대등하거나 차별 있는 만물로 하여금 모두 평등하게 양육의 은혜를 받게 하면서도 서로 방해하지 않게 할 수 있는 것과 같다. 왜냐하면 천지는 만물을 포용하여 낳아 기르면서도 서로 해치지 않을수 있기 때문에, 그래서 사람은 천지를 본받을 수 있어서 정면[正]의 학문이든 반면[反]의 학문의 도리이든 모두 병행 상존하면서 서로 위배하지 않을 수 있다. 마치 대지(大地) 위의 흐르는물과 같아서 매우 작은 도덕이념은 작은 시내 작은 흐름, 작은하천이고, 위대한 도덕이념은 마치 천지 자연 물리의 기능[功能]이 무형무상(無形無相)이면서 자연히 만물을 생겨나고 자라게 할수[化生] 있는 것과 같다. 이게 바로 천지가 그 자연의 위대한공덕이 있는 까닭이다."

원문은 여기까지 얘기하고 또 봉우리가 굴곡을 이루어 산길이 구불구불 하듯이 인도의 학문수양 면으로부터 말합니다, "유천하지성(唯天下至聖), 위능총명예지(為能聰明睿知), 족이유림야(足以有臨也) ; 관유온유(寬裕溫柔), 족이유용야(足以有容也) ;발강강의(發強剛毅), 족이유집야(足以有執也) ; 재장중정(齊莊中正), 족이유경야(足以有敬也) ; 문리밀찰(文理密察), 족이유별야(足以有別也)." 이 한 절에서 우리는 반드시 그 속에 내포된 다섯 개의 이론관념을 먼저 분명히 하고 난 다음에 전체 문장을 서로 연결하여 꿰매어야 비로소 이해할 수 있습니다.

1. "총명예지(聰明叡知)", '총명(聰明)'은 사람 신체의 생리인

눈과 귀 감관 상의 특성으로서 이른바 '이총목명(耳聰目明)'[117] 입니다. '예지(叡知)'는 총명과는 다릅니다. 그것은 '이총목명'의 밖으로 뛰어넘는 지혜 작용으로서, 고대에는 '예(叡)'라고 했고 혹은 '睿(예)'자와 통용했습니다. 바로 후세에 상용한 지혜를 간단하게 줄인 부호입니다. '림(臨)'자는 도달하다는 의미를 포함하고 있습니다.

2. "관이온유(寬裕溫柔)"는 사람의 천품을 형용하는 것으로, 타고날 때부터 갖추고 있는 풍부하고 온순하고 부드러운 정조(情操)입니다. '용(容)'자는 포용하고 용납한다는 의미가 있습니다.

3. "발강강의(發强剛毅)"는 사람의 개성이 강해지려하고 분발하는 것과 굳세고 과감한 결단의 의지력을 갖추고 있는 것을 묘사합니다. '집(執)'자는 '택선고집(擇善固執)'의 정신입니다.

4. "재장중정(齊莊中正)"은 내면의 수양과 외용의 행위 두 방면을 포괄합니다. '齊'자는 '齋(재)'자와 통용합니다. 齋는 바로 내심 소양이 정결(淨潔)하고 바르지 않음이 없기[無邪] 때문에 언제 어디서나 항상 자연히 장엄하고 엄숙 경건한 미감(美感)이 있는 것입니다. '중정(中正)'은 외용의 행위에 대해서 말하는 것으로, 사람을 대하든 일을 처리하든 모두 규범에 들어맞고 정정당당한 것입니다. 이 때문에 자기 처신이든 혹은 남을 대하든 안팎이 모두 경건한 마음으로 옷깃을 여미게 하는 정경 속에 있습니다.

5. "문리밀찰(文理密察)", '문(文)'자는 문장과 문학 더 나아가 문화 총화(總和)의 내함을 포괄하고 있습니다. '리(理)'자는 논리의 작용을 포함하고 있습니다. 이런 관념을 농축하여 '문리

---

117) 귀와 눈이 밝다. 매우 총명하다.

(文理)'라고 간단히 부릅니다. '밀찰(密察)'은 정밀하게 고찰하고 명확하게 구별하는 치학(治學) 방법을 말합니다. 다시 文과 理를 농축하여 합하여 하나의 명언을 이루는 것을 '밀찰(密察)'이라고 간단히 부릅니다. 왜냐하면 모든 학식을 정밀하게 사변하며 관찰하는 데는 당연히 시비를 충분히 변별하는 능력을 갖추고 있기 때문이다.

한 인간이 위에서 서술한 몇 가지 조건을 동시에 갖출 수 있다면 그의 성취는 당연히 일반의 보통사람과는 다릅니다. 그러므로 이어서 다음 글은 말하기를 그는 "보박연천(溥博淵泉), 이시출야(而時出也)" 하고, 곧 스스로 주석하여 말합니다, "보박연천(溥博如天)", "그는 하늘과 같이 광대하고 너그럽다[廣大寬博]." "연천여연(淵泉如淵)", "그는 샘물의 원천과 같아 깊이를 헤아릴 수 없다. 이 때문에 그의 자심(自心)은 언제나 지혜가 솟아나 온갖 사물의 원리를 명확히 볼 수 있다." 그러므로 "견이민막불경(見而民莫不敬)", "그를 본 사람은 누구나 공경하고 우러러보는 마음이 일어날 것이다." "언이민막불신(言而民莫不信)", "누구나 그가 하는 말의 도리를 자연히 믿을 것이다." "행이민막불열(行而民莫不說)", "누구나 그의 선행을 기쁘게 학습할 것이다."

"시이성명양일호중국(是以聲名洋溢乎中國), 시급만맥(施及蠻貊)", "그러므로 그의 명성은 중국에 널리 전해진 동시에 먼 변경지대의 만이족(蠻夷族) 가운데까지 전파되었다." "배와 수레가 이르는 곳과 사람의 힘이 통하는 곳, 하늘이 덮어 주는 곳과 땅이 실어 주는 곳, 해와 달이 비추는 곳과 서리와 이슬이 내리는 곳의 어디에서나 무릇 혈기가 있는 자들은 그를 존경하고 친근히 하지 않음이 없을 것이다. 그러므로 그의 학문수양 도덕은 '천지와 동등하다'라고 말하는 것이다[舟車所至, 人力所通, 天之所覆,

地之所載, 日月所照,_霜露所隊, 凡有血氣者莫不尊親, 故曰配天].",
이 몇 마디 문자 내용은 구어체와 같으므로 여러분이 단숨에 읽어보면 스스로 다 알게 되니 해설을 많이 할 필요가 없겠습니다. 요컨대 마지막 두 마디인 "막불존친(莫不尊親)"은 "누구나 다 그를 존경하고 친근히 할 것이다."는 말입니다. "고왈배천(故曰配天)", "그의 학문 수양 도덕은 천지와 동등하게 중시되고 사람들의 존경을 받을 수 있다."는 말입니다.

그러나 한 인간이 어떻게 이런 높고 밝음[高明]을 성취할 수 있을까요? "유천하지성(唯天下至誠), 위능경륜천하지대경(爲能經綸天下之大經), 립천하지대본(立天下之大本), 지천지지화육(知天地之化育).", 천하의 사람이 오직 심의(心意)를 지극히 정성스럽고[至誠] 청정(淸淨)하고 전일(專一)하도록 수양할 수 있는 공부는, 마치 비단과 무명천[綿布]을 짜는 것은 한 가닥 한 가닥의 씨줄 날줄을 점점 정리하여야 한 필의 온전한 무늬비단을 이루는 것과 같습니다. 지극한 정성의 학문수양 공부도 비단을 짜는 것처럼 일상의 점진적인 공부로 말미암아 성취되는 것입니다. 그러므로 말합니다, "유천하지성(唯天下至誠), 위능경륜천하지대경(爲能經綸天下之大經), 입천하지대본(立天下之大本).", "오직 지극한 정성의 도를 수학(修學)해야 비로소 천하의 올바른 도리[正理]를 조직하여 대경대법(大經大法)을 이루어서 천하 인문 문화의 가장 위대한 기본으로 삼을 수 있다. 그런 다음에야 비로소 지혜가 밝게 깨달아, 천지가 만물을 화생(化生)하고 양육하는 기능이 어떻게 된 일인지를 알 수 있다.

사실 지극한 정성의 도란 "부언유소의(夫焉有所倚)!", 사람 저마다의 자아의 내심으로부터 일어나는 것이지, 그것이 어디 무슨 방법에 의지해야 할 필요가 있겠는가! 단지 "준준기인(肫肫其

仁)", 먼저 성실 간절하고 인자하며 후덕한 마음가짐[存心]을 일으킬 뿐이다. "연연기연(淵淵其淵)", 마치 샘물의 근원을 찾는 것처럼 깊이깊이 정정(靜定)에 잠기어 참구(參究)한다. "호호기천(浩浩其天)", 동시에 흉금을 크게 가져서, 자기의 심경(心境)을 끝없이 넓고 크며[浩然無際] 텅 비어 적적한[太虛] 하늘과 같아지게 하여 시일이 경과하면서 공부가 깊어지면 필연적으로 성취가 있을 것이다. 그렇지만 "구불고총명성지달천덕자(苟不固聰明聖知達天德者), 기숙능지지(其孰能知之)!", 만약 천성의 본디 그러한[固然] 천품의 총명성지(聰明聖智)의 대 공덕이 없다면, 누가 또 지극한 정성의 도가 귀중함을 깊이 알 수 있겠는가!"

우리가 이 단락 전체를 읽고 나면, 정말 약간은 장자(莊子)의 문장을 읽은 것 같아서 문자의 기세가 웅장하고 성대하여[汪洋] 정신이 멍해지고[惝恍] 끝없이 광대해집니다. 바꾸어 말하면 그것은 공자의 학문 도덕을 찬송하고 있을까요? 아니면 한 성인의 학문수양 경지를 묘사하고 있을까요? 아니면 심의식(心意識)의 지극한 정성이 전일한 정정(靜定) 공부가 가장 주요하다고 애써 가리키고 있는 것일까요? 정말 하나의 정론(定論)을 내리기 어렵습니다. 그 세 가지가 모두 있는 것 같기도 하고, 또 오직 도(道)만을 가리키는 것 같기도 하여 결코 완전히 개인의 도덕만을 찬송하여 공자를 칭송하는 것만은 아닙니다. 이것은 정말 『중용』이 '중(中)'의 정묘한 이론[妙論]이 된 까닭이며, 이것은 유가 공문 중의 완전한 원형의 진주로서 어느 방향에도 구속받지 않는 절묘한 문장이라고도 말할 수 있습니다.

그러나 우리가 이 단락의 찬미사(讚美辭) 문장을 읽어보면, 자사가 확실히 낙삭(樂朔)으로부터 예의에 어긋난 압박을 받았으며, 심지어 낙삭은 공자를 비방하기까지 했다는 것도 생각할 수 있습니다. 이 때문에 자사는 『중용』을 지음으로써 공자가 성인으로 불리게 된 까닭인 학문수양과 조예를 천명하여, 전통적인 유학을 위해서 변호할 뿐만 아니라, 또한 자기가 어려서부터 몸소 받은 공자의 가르침을 표현하여서 성학(聖學) 심인(心印)의 정밀 심오하고 미묘한 의미와 이치를 따로 전하지 않을 수 없었습니다. 만약 이 단락의 글을 단지 찬미시(讚美詩)나 마찬가지로 여겨 본다면 그가 정말로 성학을 발휘한 위대한 문장입니다. 『논어』 제19편 자장(子張)에 기록된 자공(子貢)이 말한, "그러지 마십시오! 선생님은 비방할 수가 없는 분입니다. 다른 사람들의 현명함은 언덕과 같은 것이어서 그래도 넘어갈 수가 있지만, 선생님께서는 해나 달과 같으셔서 넘어갈 수가 없습니다. 사람들이 비록 스스로 그분의 가르침을 끊어 버리려 한다 하더라도, 어찌 해와 달에 손상이 가겠습니까? 당신 자신을 헤아릴 줄 모른다는 것을 보여 줄 뿐입니다[仲尼, 不可毁也. 他人之賢者, 丘陵也, 猶可踰也. 仲尼, 日月也, 無得而踰焉. 人雖欲自絶, 其何傷於日月乎? 多見其不知量也]!" 등등의 말보다도 더욱더, "천지에 호연지기(浩然之氣)가 충실해졌을 뿐만 아니라, 청정한 광명의 경지에 도달한 것을 크다고 말하고, 그렇게 커지고 난 뒤 신통변화의 작용을 일으킬 수 있고 성인의 지혜의 묘용이 있는 경지에 도달한 것을 성인의 경지라고 말한다[充實而有光輝之謂大, 大而化之之謂聖]"입니다.

그러나 『중용』은 여기에 이르러 따로 결론을 짓지 않고 그는 단지 『시경』의 관련된 명구를 채용하여 다음과 같이 결어로 삼고 있습니다.

결어

『시경』에 이르기를 "속옷으로는 화려한 비단옷을 입고 그 위에 무명천 겉옷을 덧입었구나!" 라고 했으니, 그 비단옷의 무늬가 드러나는 것을 싫어한 것이다. 그러므로 군자의 도는 어두워 드러나지 않지만 진정한 빛이 나날이 드러나고, 소인의 도는 한 때의 마음에 들기만을 도모하여 뚜렷하게 드러나지만 나날이 사라진다.

군자의 도는 담박하지만 싫증나지 않게 하고, 간결하지만 문화적 깊이가 있고, 온화하지만 조리가 있다. 비록 지혜는 까마득히 먼 일을 알 수 있지만, 여전히 가장 얕고 가까우며 가장 평상한 일상생활 속에 스스로 처신한다. 온갖 위험이 모두 자기 마음의 한 생각이 스스로 일어났기 때문임을 알고, 무릇 대수롭지 않은 미세한 동작이라고 절대로 소홀히 해서는 안 된다는 것을 안다. 왜냐하면 대수롭지 않은 미세한 것이 바로 가장 크고 가장 드러나는 근원이기 때문이다. 만약 학문수양 지견(知見)이 이런 중점들을 이해할 수 있다면, 덕(德)의 문으로 들어갔다고 할 수 있다.

『시경』에 이르기를 "물고기가 물에 잠겨 비록 숨어있지만, 매우 분명하게 드러나는구나." 라고 했다. 그러므로 군자는 안으로 자기의 마음속에 잘못이 있는지 없는지를 반성하여 자기로 하여금 마음에 부끄러움이 없어 가책(呵責)을 받지 않고, 자기 마음의 의지 상에 결코 후회와 자기혐오가 없게 할 수 있어야 비로소 도리에 어긋나지 않아 마음이 편안할 수 있다. 그러므로 사람들이 군자에게 미칠 수 없는 점은, 그 다른 사람에게 평소에 보이지 않는 흠이더라도 스스로 반성하고 자기의 덕성을 수양하는 것이다!

『시경』에 이르기를 "너의 집에 있을 때에도 너 자신을 항상 살펴보아야 할 것이니, 어두운 방안에서도 보는 사람이 없다고 부끄러운 일을 하지 말라." 고 했다. 그러므로 군자의 학(學)은 행동이 전혀 없는 상황에서도 여전히 대단히 공경스럽게 자제(自制)하고, 다른 사람의 훈계가 있을 필요가 없이 곧 성실하고 신용을 지켜서 속마음에 동요가 없을 수 있어야 한다.

『시경』에 이르기를 "귀신에게 기구(祈求)하며 하늘에 제사 지낼 때 다들 말조차 하지 않고, 이때에는 말 다투는 자도 없구나." 라고 했다. 그러므로 군자의 도는 덕이 있으면 위엄이 있으니 상(賞)을 주는 것에 의지할 필요가 없어야 비로소 사람들로 하여금 서로 고무 격려하여 자중(自重)하게 하며, 또한 위엄을 부려 진노함에 의지하거나 혹은 작은 도끼와 큰 도끼 등의 무기로써 진압할 필요가 없어야 비로소 사람들로 하여금 두려워하게 한다는 것을 안다.

『시경』에 이르기를 "가장 분명히 드러나지 않는 위정 효과인 도덕적 감화여! 모든 제후들이 복종하고 존중하는구나." 라고 했다. 그러므로 군자의 도는 자기가 진실로 자기를 성실 진지하게 하고 공경하기만 하면, 천하가 태평에 도달할 수 있게 된다.

『시경』에 이르기를 "나는 밝은 덕만 품었을 뿐, 큰소리 지르거나 위엄스런 태도와 표정을 짓지 않네." 라고 했다. 공자께서 말씀하셨다, "그저 구호 소리와 위엄스러운 태도 표정에만 의지해서 자기의 존엄을 표현한다면, 그것은 가장 낮은 등급의 교화 방법이다."

『시경』에 이르기를 "덕행은 털처럼 가볍다." 라고 했는데, 덕행은 그렇게 엄중하고 그렇게 곤란한 일이 아니다. 사실 덕행은 솜털처럼 가벼워서 사람마다 힘들지 않고 언제 어디서나 해낼 수 있는 일이다. 털은 가볍기는 하지만 그래도 조리가 있고 모습[相]이 있다. "형이상의 하늘이 실어준 것은, 소리도 없고 냄새도 없다."라고 했으니, 만약 천성이 본래 스스로 갖추고 있는 도덕이 형이상의 천도와 서로 통한다는 것을 이해하면, 그 자성은 본래 자체가 소리가 없고 냄새가 없으며, 형상이 없고, 있는 곳도 없고 있지 않는 곳도 없으며, 마음 밖에 법이 없으며 도 밖에 마음이 없을 뿐이니, 이야말로 지극한 경지이다.

《詩》曰:「衣錦尚絅」, 惡其文之著也。故君子之道, 闇然而日章; 小人之道, 的然而日亡。君子之道: 淡而不厭, 簡而文, 溫而理, 知遠之近, 知風之自, 知微之顯, 可與入德矣。

《詩》云:「潛雖伏矣, 亦孔之昭。」故君子內省不疚, 無惡於志。君子所不可及者, 其唯人之所不見乎!

《詩》云:「相在爾室, 尚不愧于屋漏。」故君子不動而敬, 不言而信。

《詩》曰:「奏假無言, 時靡有爭。」是故君子不賞而民勸, 不怒而民威於鈇鉞。

《詩》曰:「不顯惟德! 百辟其刑之。」是故君子篤恭而天下平。

《詩》曰:「予懷明德, 不大聲以色。」子曰:「聲色之於以化民末也。」

《詩》曰:「德輶如毛」, 毛猶有倫。「上天之載, 無聲無臭」至矣。

『시경(詩經) · 국풍(國風) · 석인(碩人)』장에서 "의금상경(衣錦尚絅)"라고 말했는데, 이 구절의 시는 이런 설명입니다, "교양 있는 사람들이 비록 속에는 대단히 화려한 꽃무늬 비단 옷을 입었지만 여전히 무명천 겉옷을 하나 덧입고자 했는데, 그것은 무엇을 위해서였을까?" "오기문지저야(惡其文之著也)", "고대 전통사회의 기풍은 사람들이 자기를 뽐내고 재능을 스스로 자랑하는 것을 가장 싫어했기 때문에 그래서 외형상에서 여전히 특이한 점이 없이 평범해야 좋았다." "고군자지도(故君子之道), 암연이일창(闇然而日章)", "그러므로 군자의 도는 비록 어두워 드러나지 않지만 시종 그의 진정한 빛을 가리지 못하고 자연히 나날이 매우 분명하게 뚜렷해진다." "소인지도(小人之道), 적연이일망(的然而日亡)", "만약 소인의 행위풍격으로서 한 때의 마음에 들기[快意]만을 도모한다면, 확실히 빠른 시일 안에 모든 것이 사라질 것이다." "군자지도(君子之道), 담이불염(淡而不厭), 간이문(簡而文), 온이리(溫而理), 지원지근(知遠之近), 지풍지자(知風之自), 지미지현(知微之顯), 가여입덕의(可與入德矣).", "그러므로 군자의 도는 특이한 점이 없이 평범하여서 사람들로 하여금 시종 싫어하지 않게 할 수 있다. 비록 간단하지만 문화적인 깊이가 있다. 극히 온화하지만 매우 조리가 있다. 비록 지혜는 심오하고 까마득히 먼 일을 알 수 있지만 여전히 가장 얕고 가까우며 가장 평상한 일상생활 속에 스스로 처신한다. 온갖 위험이 모두 자기 마음의 한 생각이 스스로 일어났기 때문임을 알고, 무릇 대수롭지 않은 미세한 동작이라고 절대로 소홀히 해서는 안 된다는 것을 안다. 왜냐하면 대수롭지 않은 미세한 것이 바로 가장 크고 가장 드러나는 근원이기 때문에 그래서 대충 소홀히 하고 지나가서는 안 된다. 만약 학문수양의 지견(知見)이 이런 중점들을 이해할 수 있다면 덕(德)의 문으로 들어갔다고 말할 수 있다."

『시경(詩經)·소아(小雅)·정월(正月)』장에서 "물고기가 물에 잠겨 비록 숨어있지만, 매우 분명하게 드러나는구나[潛雖伏矣, 亦孔之昭]."라고 말했는데, 이것은 이런 말입니다, "당신이 잘못이 있지만 일부러 그것을 덮어 감추는 것은 마치 보기 흉한 죄악을 땅속이나 깊은 물속에 잠복시켜 놓은 것과 같다. 그러나 시종 소용이 없는 일이다, 위장하여 잠복시킬수록 뚜렷이 폭로되어 나온다." "고군자내성불구(故君子內省不疚), 무오어지(無惡於志).", "그러므로 학문수양이 있는 군자들은 시종 안으로 자기 마음속에 잘못이 있는지 없는지를 반성하여, 반드시 자기로 하여금 마음에 부끄러움이 없어 가책을 받지 않고, 자기의 마음의 의지상에 결코 후회와 자기혐오가 없게 할 수 있어야 비로소 도리에 어긋나지 않아 마음이 편안할 수 있다." 그래서 말한다, "군자지소불가급자(君子之所不可及者), 기유인지소불견호(其唯人之所不見乎)!", "평소에 다른 사람에게 보여 지지 않은 흠이더라도 그는 모두 스스로 반성하고 자기의 덕성을 수양할 수 있다."

『시경(詩經)·대아(大雅)·억(抑)』장에서 "너의 집에 있을 때에도 너 자신을 항상 살펴보아야 할 것이니, 어두운 방안에서도 보는 사람이 없다고 부끄러운 일을 하지 말라[相在爾室, 尚不愧于屋漏]."라고 말했는데, 이것은 이런 말입니다, "당신이 어두운 방안에서 오직 자기만 있으면서 무슨 나쁜 일을 하더라도 보는 사람이 없다고 여기지 말아야 한다. 사실은 방안에도 하늘의 빛이 새어 내려오는 틈새가 있어서, 현실의 한 가닥 빛을 마주하면 아무래도 마음에 부끄러움이 있는 것은 불가피할 것이다!" "고군자부동이경(故君子不動而敬), 불언이신(不言而信).", "그러므로 군자의 학은 행동이 전혀 없는 상황에서도 여전히 대단히 공경스럽게 자제하고, 다른 사람의 훈계와 격려가 있을 필요가 없이 곧 성실하고 신용을 지켜서 속마음에 동요가 없을 수 있어야 한다."

『시경(詩經)·상송(商頌)·열조(烈祖)』장에서 "주격무언(奏假無言), 시미유쟁(時靡有爭)."이라고 말했는데, 이것은 이런 말입니다. "귀신에게 기구(祈求)하여 맞아들이고 청하며 하늘에 제사지내는 의식 중에는 다들 한 마디 말조차도 감히 함부로 하지 않았으며, 감히 이때에 말다툼을 일으키는 사람도 없었다." "시고군자불상이민권(是故君子不賞而民勸), 불노이민위어부월(不怒而民威於鈇鉞).", "그러므로 군자의 도는, 덕이 있으면 위엄이 있으니 상(賞)을 주는 것에 의지할 필요가 없어야, 비로소 사람들로 하여금 서로 고무 격려하여 자중하게 하며, 또한 위엄을 부려 진노함에 의지하거나 혹은 작은 도끼와 큰 도끼 등의 무기로써 진압할 필요가 없어야, 비로소 사람들로 하여금 두려워하게 한다는 것을 안다."

『시경(詩經)·주송(周頌)·열문(烈文)』장에서 말하기를 "불현유덕(不顯惟德), 백벽기형지(百辟其刑之)."라고 말했는데 이것은 이런 말입니다. "가장 분명히 드러나지 않는 위정의 효과는 바로 도덕적 감화이다. 만약 정말로 덕이 사람들을 충분히 감동시킬 수 있다면 기타 8백 명의 제후들은 모두 자연히 숭고한 덕의 전형(典型)에 복종하고 존중할 것이다." "시고군자독공이천하평(是故君子篤恭而天下平)", "그러므로 군자의 도는 자기가 진실로 자기를 성실 진지하게 하고 공경하기만 하면 천하의 태평에 도달할 수 있게 된다."

『시경(詩經)·대아(大雅)·황의(皇矣)』장에서 말하기를

"여회명덕(予懷明德), 불대성이색(不大聲以色)."이라고 했는데 이 것은 이런 말입니다, "주나라 문왕의 대업 성취는 그 천성의 품 성에는 오로지 명덕(明德)만 있었을 뿐 결코 고래고래 큰 소리를 지르거나 혹은 무겁고 위엄스러운 태도와 표정을 빌릴 필요가 없었다." 그러므로 공자도 말했습니다, "성색지어이화민말야(聲色之 於以化民末也).", "만약 그저 구호 소리와 위엄스러운 태도 표정 에만 의지해서 자기의 존엄을 표현한다면, 그것은 가장 낮은 등급의 방법이다." 그렇지만 현대의 문명은 교육이든 정치·사회·경제이든 소리와 표정[聲色]에 의지해서 백성을 교화하지 않는 것이 어느 한 가지도 없습니다! 다행이 공자는 이를 보지 못했기 때문에 부자(夫子)도 마침내 근심이 없습니다!

『시경(詩經)·대아(大雅)·증민(烝民)』장에서 "덕유여모 (德輶如毛), 모유유륜(毛猶有倫)."이라고 말했는데 이것은 이런 말입니다, "덕행은 결코 그렇게 엄중하고 그렇게 곤란한 일이 아니다. 사실 덕행은 솜털처럼 가벼워서 사람마다 힘들지 않고 언제 어디서나 해낼 수 있는 일이다." "모유유륜(毛猶有倫)", "솜털은 비록 가벼워 쉽게 들 수 있지만 그래도 조리[倫]가 있고 모습 [相]이 있다." 그래서 다시 한 걸음 더 나아가 『시경·대아(大雅)·문왕(文王)』장에서 말한 "형이상의 하늘이 실어준 것은, 소리도 없고 냄새도 없다[上天之載, 無聲無臭]."를 인용합니다. "만약 천성이 본래 스스로 갖추고 있는 도덕이 형이상의 천도와 서로 통한다는 것을 이해하면, 그 자성은 본래 자체가 소리가 없고 냄새가 없으며, 형상이 없고, 있는 곳도 없고 있지 않는 곳도 없으며, 마음 밖에 법이 없으며 도 밖에 마음이 없다. 이와 같을 뿐이다. '이야말로 지극한 경지이다[至矣]!'", "천명지위성(天命之

謂性)"을 알고 나면 당신은 집에 돌아가 듬직이 앉아 있을 수 있습니다. 마치 고덕(古德)이 이렇게 말한 그대로입니다,

수행 길 중도에 공왕(空王)을 섬기지 말라
지팡이 짚고 아직은 본 고향에 도달해야 하네
손을 놓아버리고 집에 이르니 사람이 못 알아보고
더더구나 모친께 바칠 것이 하나도 없네

勿於中路事空王　策杖還須達本鄕
撒手到家人不識　更無一物獻尊堂

지극한 경지이구나[至矣]! 이와 같을 뿐입니다.

성리학 (性理學)

언해중용장구 (言解中庸章句)

남회근 선생의 간단한 연보

(경북 안동 도산서원)

성리학(性理學)

(출처- 『한국민족문화대백과사전』)

유교개념용어

중국 송나라 때의 유학의 한 계통으로, 성명(性命)과 이기(理氣)의 관계를 논한 유교철학. 이칭으로는 신유학, 이학, 정주학, 주자학

성리학의 의미와 특성

유학을 발전사적으로 볼 때 선진(先秦)의 본원(本源) 유학, 한당(漢唐)의 훈고(訓詁) 유학, 송명(宋明)의 성리학, 청(淸)의 고증학 등으로 분류할 수 있다.

성리학이라는 용어는 원래 '성명 · 의리의 학(性命義理之學)'의 준말이다. 중국 송(宋)대에 들어와 공자와 맹자의 유교사상을 '성리(性理) · 의리(義理) · 이기(理氣)' 등의 형이상학 체계로 해석하였는데 이를 성리학이라 부른다. 성리학은 보통 주자학(朱子學) · 정주학(程朱學) · 이학(理學) · 도학(道學) · 신유학(新儒學) 등의 명칭으로 통용되고 있다. 송의 주희(朱熹)는 주렴계(周濂溪), 장횡거(張橫渠), 정명도(程明道), 정이천(程伊川)을 계승하여 성리학을 집대성하였다.

성리학은 공자와 맹자를 도통(道統)으로 삼고서 도교와 불교가 실질이 없는 공허한 교설(虛無寂滅之敎)을 주장한다고 생각하여 이단으로 배척하였다. 한편 같은 유학임에도 불구하고 주희(朱熹)의 성리학이 이(理)를 강조하였기 때문에 이학이라 부르고 육구연(陸九淵)·왕수인(王守仁)의 학문은 상대적으로 마음(心)을 강조하였기 때문에 심학(心學)이라 부른다.

조선시대에는 정주계의 이학이 크게 발달하고 육왕계의 심학(心學)은 미미하였다. 같은 시기의 일본에서는 심학이 주류였던 것과 대조적이다.

불교는 당(唐)의 지배적 이데올로기였지만 송대에는 성리학이 불교와 도교를 비판하면서 중심 사상으로 발전하기 시작하였다. 폐쇄적 귀족 사회였던 당은 안록산(安祿山)의 난과 황소(黃巢)의 난을 계기로 멸망하고 오대십국(五代十國, 907-960)의 혼란기를 겪으며 송나라가 등장하였다.

오대(五代)의 마지막 왕조였던 후주(後周, 951-960)는 재정을 강화하기 위하여 불교에 대해 대규모의 박해를 가하였다.

송대로 접어든 이후 관료학자(士大夫)로서의 유학자들은 불교의 출세간성·반사회성·비윤리성 등을 공허하다(虛學)고 비판하면서 자신들의 성리학을 참된 학문(實學)이라고 정당화하였다. 당시 유학자들이 보기에 도교의 은둔 경향과 불교의 세속을 떠난 출가는 가정과 사회의 윤리 기강을 무너뜨리는 요인이었다.

성리학은 가족을 중심으로 하는 혈연 공동체와 국가를 중심으로 하는 사회 공동체의 윤리 규범을 제시함으로써 사회의 중심

사상으로 발전하였다. 특히 『대학』에 나오는 팔조목(八條目)인 격물(格物)·치지(致知)·성의(誠意)·정심(正心)·수신(修身)·제가(齊家)·치국(治國)·평천하(平天下)를 개인의 수양과 국가의 통치를 위한 행위 규범으로 삼았다.

성리학은 주로 사회적 인간관계와 개인의 수양이라는 두 측면에서 그 사상을 심화시켰다. 『주례 周禮』를 중시함으로써 사회 윤리인 예(禮)를 강조함과 동시에 우주 본체, 인간 심성과 같은 형이상학적 탐구를 심화시킴으로써 도교나 불교를 형이상학적으로 비판할 수 있는 근거를 마련하였다.

성리학의 집대성자 주희는 유교의 텍스트들 중에서 『대학』·『논어』·『맹자』·『중용』의 사서(四書)를 경전화시킴으로써 그 지위를 격상시켰다.

『논어』는 공자의 교설을 제자들이 모은 것이고, 『맹자』는 맹자의 교설을 제자들이 모은 것이다. 『대학』·『중용』은 원래 『예기』의 한 편이었는데 『대학』은 증자(曾子)와 그 문인들이 지었고 『중용』은 자사(子思)가 지었다고 생각하여 각각 한 책으로 독립시켰다.

사서의 정립을 통하여 공자(孔子)·증자·자사(子思)·맹자(孟子)라는 유학 도통의 계보를 역사적으로 예시하고자 하였다.

또한 주희는 사서에 주(註)를 달았는데 이는 나중에 성리학자들의 필독서가 되었다. 이와 같이 성리학의 중심 텍스트를 선정하고 거기에 새로운 해석학적 틀을 제공함으로써 새로운 유학으로 거듭났다.

성리학의 특징은 공자·맹자의 선진 유학을 형이상학적으로 정당화하는 데서 찾을 수 있다. 이일분수(理一分殊)·천도유행(天道流行)·생생지리(生生之理)로써 보편타당한 법칙의 편재를 주장하였다.

인간은 우주의 보편타당한 법칙(天理)을 부여받았다고 보아 인간성(性)을 본질적으로 신뢰하였다. 자신의 지나치거나 부족한(過不及) 기질(氣質)을 교정하면 선(善)한 본성을 온전하게 발휘할 수 있다고 보았다. 때문에 성리학에서는 보편타당한 법칙을 궁구하고(窮理) 자신의 본성을 다 발휘(盡性)할 것을 주장하였다.

보편타당한 법칙을 온전히 익히기(體認·體得) 위한 방법으로 격물치지(格物致知)의 공부론을 제시한다. 즉 사사물물(事事物物)에 깃들어 있는 이치(理)를 궁구하여 인간의 앎을 확장할 것을 제시하였다.

한편 공자가 말했던 자기실현의 학문(爲己之學)을 닦기 위한 여러 가지 방법을 고안하였다. 자기 자신의 마음을 항상 반성적으로 살피고(存心), 본성을 기르며(養性), 남들이 보지 않는 곳에서도 스스로를 신중히 하는 것(愼獨·戒懼) 등이 그것이다.

성리학은 마음(心)의 극단으로 치닫는 불교와 기(氣)의 극단으로 치닫는 도교를 비판하면서 마음·기·이의 통합적 구도를 제시한다. 이와 기는 성격상 다른 것(不相雜, 決是二物)임에도 불구하고 서로 분리될 수 없는 관계(不相離, 理氣相須)에 있다고 보았다. 또한 마음·성(性)·정(情)의 역시 통합적 구조로 해석하였다.

마음은 성과 정 전체를 아우르는 것(心統性情)으로 보았다. 인(仁)·의(義)·예(禮)·지(智)로 구성되어 있는 마음의 본체(未發心體)가 성이고 성이 밖으로 표현되면 정이 된다고 하였다. 성과 정은 서로 분리될 수 없는 체용일원(體用一源)의 관계에 있으므로 분리시킬 수 없다는 것이다.

또한 형이상자(形而上者)인 도(道)와 형이하자(形而下者)인 기(器) 역시 단절되지 않는다(無間斷)고 주장하였다. 이와 같이 체용일원(體用一源)의 구도를 가졌던 성리학은 일상적인 것(日用之間)에서부터 학문의 근본을 다져야 한다(下學而上達)고 주장하였다.

성리학의 전래와 발달

1. 성리학의 초기 수용

성리학이 우리나라에 전래되기 시작한 때를 단언하기는 어렵지만 대체로 송(北宋)에서 성리학이 발흥할 무렵인 고려 인종기 전후(11~12세기)로 생각된다. 당시 고려에서는 송의 서적을 적극 수집해 들여 왔고, 김양감(金良鑑)·윤언이(尹彦頤) 같은 대학자가 사신의 임무를 띠고 송에 가는 한편, 중국 사신들이 고려에 빈번히 왔다.

중국에 유학 가는 고려의 학생들도 적지 않았다. 또한 고려시대 학자였던 최충(崔冲)의 구재학당(九齋學堂)의 재명이 솔성

(率性)·성명(誠明)·대중(大中) 등 성리학자들이 특별히 중시
한 텍스트였던 『중용』의 용어로 되어 있는 데서도 성리학의 전
래 가능성을 짐작할 수 있다.

뿐만 아니라 고려 예종 때 왕의 임석 하에 거행되었던 중신
들의 경전 강론의 분위기를 가리켜, "삼강오상(三綱五常)의 가르
침(教)과 성명도덕(性命道德)의 도리(理)가 만당에 가득하였다"
고 하는 기록(清讌閣記)이 있다. 이러한 정황으로 볼 때 성리학
은 중국에서 발흥·성장한 것과 거의 때를 같이하여 전래된 것
으로 보인다.

주자학으로서의 성리학의 도입은 충렬왕 때(13세기 후반)로
추정된다. 안향(安珦, 安裕)은 주희의 호 회암(晦庵)에서 '회
(晦)'자를 따 자신의 호를 회헌(晦軒)이라 하여 주희에 대한 존
경심을 나타내었다. 그 무렵 백이정(白頤正)은 충선왕(忠宣王)을
따라 원(元)의 수도에 가 10년간 머물다 돌아오는 길에 성리학
관계 서적을 많이 구해 왔다.

또한 권부(權溥) 등은 주희의 『사서집주』 등을 전파함은 물
론 과거 시험에서 채택하게 함으로써 성리학의 도입이 활기를 띠
었다. 뒤이어 이제현(李齊賢)·이색(李穡)·정몽주(鄭夢周) 등
은 피상적 차원을 넘어 성리학이 정치적·사상적 토대가 될 수
있는 계기를 마련하였다.

그들처럼 성리학을 익혀 과거 시험을 통해 중앙으로 진출한
당시의 향리 출신 신진 사대부들은 성리학 정신에 입각하여 정책
을 제안하였다. 그들은 불교의 폐단을 지적하고 성리학의 정명적
(正名的) 명분 의식에 기초하여 제도를 개혁할 것을 주장하면서
배원친명(排元親明)의 외교정책, 정방제(政房制)의 폐지, 토지

제도의 개혁 등에 힘썼다.

2. 양반 사회의 통치이념화

성리학은 조선시대에 들어와 본격적으로 발달했다. 조선조를 개창하였던 당시 역성혁명의 주체는 대내적으로는 왕씨 정통의 문란을 비판하고 대외적으로는 배원친명의 외교 정책을 추구하였는데 여기에서 성리학의 춘추대의적 의리관(義理觀)을 엿볼 수 있다.

성리학이 조선의 개창을 합리화하는 토대가 되면서부터 조선시대 사상의 중심부로 부상하였다. 조선 초 성리학계에서 가장 주목할 만한 것은 역성혁명의 주체인 정도전(鄭道傳)과 권근(權近)의 활동이다.

정도전은 성리학을 중심으로 조선조의 기틀을 확립해 나가면서 철저히 불교를 배척하였다. 일찍이 고려 초의 최승로(崔承老)나 고려 말의 이제현·이색 등도 불교를 배척하였지만, 그것은 사원의 폐해와 승려들의 비행에 근거한 것이었다. 여기에서 더 나아가 정도전은 「불씨잡변 佛氏雜辨」·「심기리편 心氣理篇」을 저술하여 불교신앙의 허구성·미신성 및 불교이론 자체의 부당성을 지적하면서 불교를 비판하였다.

정도전은 불교의 비인륜성·반사회성 등의 폐단을 지적하면서 그것을 배척하였다. 불교도 중에는 기(器)를 버리고 도(道)만을 추구하여 사회를 멀리하는 고고(枯槁)·응체(凝滯)의 폐단에 빠지거나, 도와 기의 의미적 층차를 무시하고 아무 것에도 구애됨이 없고자 하여 창광방자(猖狂放恣)의 폐단에 빠지는 부류가 있다고 꾸짖는다.

또한 불교에서 윤회를 주장하여 현실을 벗어나 사후 세계를 논의하는 것도 비판하였다. 성리학이야말로 이러한 불교의 폐단을 시정하여 사회 윤리를 강화하고 국가에 이로움을 줄 수 있는 참된 학문(實學)이라고 생각하였다. 그러한 뜻에서 그는 성리학을 가리켜 "옛사람들의 덕을 밝히고 국민을 새롭게 하는 실학이다"고 하였다.

이와 같이 고려 시대의 국교인 불교를 비판하고 성리학으로서 국가의 통치 이념을 건립함에 따라 성리학은 관학(官學)의 위치를 차지하게 되었다. 한편 권근은 불교에 대한 비판 보다는 성리학 연구에 몰두하여 『입학도설 入學圖說』·『오경천견록 五經淺見錄』 등을 저술하였다.

그의 『오경천견록』은 오경(五經)에 주해를 단 것으로 중국 오징(吳澄)의 『주역찬언 周易纂言』, 진호(陳澔)의 『예기집설 禮記集說』 등의 약점을 보완·극복하는 내용으로 되어 있다. 그는 체용관(體用觀)을 적용하여 오경 전체를 유기적인 관계로 파악하였다.

『주역 周易』 과 『춘추 春秋』 를 각각 체[全體]와 용[大用]의 위치에 있는 것으로 간주하였고, 『시 詩』·『서 書』·『예기 禮記』 는 그 중간에서 정사(政事)·언정(言情)·행위를 다룬 서적으로 파악하였다. 뿐만 아니라 오경 각권 또한 그 내용에 따라 체용을 갖춘 것으로 이해하였다. 『주역』 에서는 이와 도, 『춘추』 에서는 도와 권(權)이 각각 체와 용에 해당한다고 파악하였다.

권근의 성리학적 식견은 그의 창의적 저술인 『입학도설』에서 더욱 잘 드러난다. 이것은 『중용』·『대학』으로부터 출발하는 조학자를 위한 성리학 입문서로서 성리학의 중심 사상을 뽑아 작도(作圖)하고 개략적으로 해설하고 있다. 그림(圖)의 위치 배열과 해설(說)에서 그의 성리학적 견해를 볼 수 있다.

권근은 이 책의 맨 앞에 있는 천인심성합일지도(天人心性合一之圖)에서 인간(人)·심·성에 대해 설명하고 있다. 여기에서 그는 천인합일이라는 유학적 이상을 심성의 수양을 통하여 달성할 수 있다고 보았다.

그는 이(理)의 근원과 기(氣)의 근원을 대립적으로 배열하여 이로부터 순선무악(純善無惡)의 사단(四端)을 연역하고 기로부터 유선유악(有善有惡)의 정을 연역하였으며 선하고 악하게 되는 계기를 의(意)의 기미(幾微)에 두었다. 또한 성(誠)·경(敬)·욕(欲)의 권역을 구분하여 성인과 중인의 갈래를 보이고, 중인도 기질을 변화시켜 경으로써 존양성찰(存養省察)하면 성인의 경지에 이를 수 있다고 하였다.

인간은 형질적 기와 본래적 이를 함께 갖추고 있으므로 이로써 동물적 욕망을 다스려야 한다고 주장하였다. 권근의 이기 심성(理氣心性)론은 군주 및 지배층의 덕치(德治)·예치(禮治)·인정(仁政)·왕도(王道)를 실천할 수 있는 이론적 근거를 밝혀주었을 뿐만 아니라 16세기 후반 이황·이이 등 일군의 학자들에 의하여 연구의 중심 주제가 되었다.

3. 의리 실천의 도학적 경향

조선조가 기틀을 완전히 잡은 15세기 중엽부터 16세기 말까지는 사림파(士林派) 성리학자들의 활동이 크게 돋보인 시기이다. 특히 사화가 많았던 15세기 중엽에서 16세기 중엽 사이에는 의리(義理)와 대의(大義)를 중시하는 성리학자들이 대거 등장하였다. 이들의 의리관과 도학 정신은 도덕 · 정치 · 역사 등의 모든 영역에서 발휘되었다.

정몽주(鄭夢周)−길재(吉再)−김숙자(金叔慈)−김종직(金宗直)−김굉필(金宏弼)−조광조(趙光祖)로 이어지는 계통이 사림파의 계보로 공인되었다. 길재는 '두 임금을 섬기지 않는다(不事二君)'는 절의를 내세워 조선조에 참여하지 않았는데 이러한 정신은 김숙자를 통해 이어졌다. 사림파 학자들은 무오사화 · 갑자사화 · 기묘사화 · 을사사화 등 많은 사화(士禍)를 받으면서도 성리학의 의리 정신을 실천하는데 심혈을 기울였다.

세조가 어린 단종의 왕위를 찬탈한 것을 비판하였던 성삼문(成三問) · 박팽년(朴彭年) · 하위지(河緯地) · 이개(李塏) · 유성원(柳誠源) · 유응부(兪應孚) 등 사육신(死六臣)은 죽음을 당하면서도 절의를 밝혔고 김시습(金時習) 등의 많은 절사(節士)들이 벼슬에 나아가지 않고 절의를 지켰다.

고려 말기와 조선 초기를 즈음하여 윤리 도덕서라고 할 수 있는 『주자가례』 · 『삼강행실도』 · 『오륜도』 · 『소학』 등이 널리 간행 반포되었다. 성리학의 입문서 역할을 하였던 『소학』은 입교(立敎) · 명륜(明倫) · 경신(敬身) · 계고(稽古) 등의 편으로

되어 있는 성리학적 율신(律身)·수기(修己)의 책이었다.

『소학』의 학습은 김굉필·남효온(南孝溫) 등 당시 사림파 학자에게 일반화되어 있었다. 특히 평생 자신을 '소학동자(小學童子)'로 자칭하였던 김굉필은 한시도 『소학』을 손에서 놓지 않았다고 한다.

김굉필의 문하생인 조광조도 도학을 추구하였다. 그는 도(道), 즉 정(正)과 선에 의한 정치를 강조하면서 의리·공사(公私)의 구분을 확실히 함으로써 지배층의 사리사욕을 인정하지 않았다. 부제학(副提學)에 올랐던 그는 의(義)와 공(公)에 입각하여 애민(愛民)·위민(爲民)·이민(利民)의 정책으로 공부(貢賦)의 경감, 현량과(賢良科)의 설치, 언로의 활성화, 소격서(昭格署)의 철폐, 사림의 사기진작, 공신호(功臣號)의 재정리 등을 시행하였다.

한편 조광조는 의와 공을 살리는 길을 선비(士)에게서 찾았고 선비야말로 멸사봉공(滅私奉公)의 모범이 되는 나라의 원기(元氣)라고 생각하였다. 그는 도학 정신에 근본하여 국정 개혁에 힘쓰던 중 기묘사화를 만나 죽음을 당하고 만다.

그러나 목숨을 아끼지 않고 공(公)과 의리를 지켰던 도학 정신은 길재에서 조광조로 이어지는 하나의 학통관을 형성하였고 한국 성리학이 대의·의리·명분을 중시하는 계기가 되었다.

4. 이기심성의 이론적 탐구

성리학의 이론적 탐구가 심화된 것은 16세기부터이다. 의리를 중시하던 이전의 성리학자들은 전기 사림파로, 이기심성(理氣心性)을 이론적으로 정밀화하였던 성리학자들은 후기 사림파로 분류할 수 있다.

16세기가 되면서 이기 문제의 본격적 논의가 이언적(李彦迪)과 서경덕(徐敬德)에서 시작된다. 이언적은 이와 기, 형이상자(形而上者)와 형이하자(形而下者), 도와 기(器)・태극(太極)과 음양(陰陽)이 둘이면서 하나이고 하나면서 둘(二而一, 一而二)인 관계로 합하여져 있다고 보았다.

이처럼 보편적 원리인 이를 구체적 기와 동시적으로 읽음으로써 이가 공허한 초월성이 아님을 주장하였다. 그러나 그는 이와 기의 불가분성을 주장하면서도 '이가 있은 뒤에 기가 있다'고 함으로써 이의 가치를 우선시하였다.

한편 자득(自得)의 방법으로 공부하였던 서경덕(徐敬德)은 기일원론 철학을 전개하였다. 그는 이의 선차성을 부정하고 이는 기속에 내재하는 것으로 보았다. 이 세계는 담일무형(湛一無形)한 기가 모였다 흩어지는 것(聚散)에 불과하지만 기 자체는 없어지지 않는다는 기불멸론을 주장하기도 하였다.

이기에 대한 논의는 어떻게 이와 기로써 사단칠정(四端七情)을 해석할 것인가라는 심성론적 연구로 이어졌고 이황(李滉)과 기대승(奇大升) 사이에 사단칠정에 대한 논쟁이 일어났다.

논의의 발단은 이황이 정지운(鄭之雲)의 『천명도 天命圖』에 나와 있는 '사단은 이(理)에서 발하고 칠정은 기(氣)에서 발한다(四端發於理, 七情發於氣)'라는 내용을 '사단은 이가 발한 것이고 칠정은 기가 발한 것(四端理之發, 七情氣之發)'이라고 고친 것이 계기가 되었다. 이황은 사단(四端 : 惻隱·羞惡·辭讓·是非의 情)을 이에 칠정(七情 : 喜·怒·哀·懼·愛·惡·欲)을 기에 대응시켜 사단과 칠정의 근거를 분립시켰다(七對四).

그러나 기대승은 사단은 이에 칠정은 기에 분립할 수 없고 사단 역시 칠정에 포함되어 있다(七包四)는 통일된 해석을 제시하였다. 기대승은 이와 기의 합(合)이라는 하나의 관점으로 모든 인간의 감정을 설명하고 있다.

이황 역시 기대승의 이기 구도에 동의했지만 인간의 선(善)한 감정(四端)이 발생하는 경로를 감정 일반(七情)의 발생 경로와 내용적으로 독립시켰기 때문에 서로의 의견이 일치할 수 없었다.

이황은 나중에 '사단은 이가 발하여 기가 따른 것이고 칠정은 기가 발하여 이가 탄 것(四端理發而氣隨之, 七情氣發而理乘之)'이라는 이기호발설(理氣互發說)로 자신의 입장을 정리하였다. 이것은 기본적으로 이와 기의 결합을 인정하는 가운데 그 우선성에 따라서 사단과 칠정을 분립시킨 것이다.

이이(李珥) 역시 이황의 이기사칠론(理氣四七論)에 비판적이었다. 이이는 이황의 사단과 칠정의 분립에 반대하고 칠정이 사단을 내포한다(七包四)고 주장하였다. 이황의 이기호발설에서도 '기가 발하여 이가 탄다(氣發理乘)'는 것만을 옳다고 인정하였다.

더 나아가 이이는 이와 기를 하나도 아니고 둘도 아닌 묘합(妙合)의 관계로 해석하였다. 이는 이이고 기는 기임에도 불구하고 서로 선후가 없고 사이가 없기 때문에 둘로 나뉠 수 없다고 하였다.

이이는 자신의 이기론을 이통기국(理通氣局)으로 총괄하고 있다. 즉 우주에는 하나의 동일한 이가 관통하여 있으면서도 서로 차이나는 기의 제한을 받기 때문에 사물들의 차이가 생긴다고 하였다. 이이는 이와 기를 각각 분리하여 논의할 수 있는 선택적 개념으로 보지 않고 동시적 상관 관계에 있는 것으로 취급한 것이다.

5. 예학적 변용과 그 구현

이기심성에 대한 학문적 관심이 한창이던 16세기 말엽부터 예학(禮學) 역시 매우 고조되었다. 유학에서 분류하는 예의 종류는 300~3000종이 있다고 할 만큼 잘 세분화되어 있다. 성리학자들은 예학을 연구하여 각각의 상황에 합당한 인간의 행위 규범을 제정 · 준수하고자 하였다.

예의 준수는 성리학의 의리 정신과 깊은 관련이 있었을 뿐만 아니라 군자(君子) · 소인(小人)의 분별 기준이 되기도 하였다. 한편 예를 둘러싼 복상 문제(服喪問題)나 예송(禮訟)의 시비가 당쟁으로까지 비화되기도 하였다.

예학은 임진왜란과 두 번의 호란(胡亂) 등으로 문란해진 사회 질서를 안정시키고 인간의 생활 양식을 제도화하는 성리학적 행위 규범이었다. 불교의 비윤리성 · 반사회성을 비판하였던 성리학은 예를 통하여 인간의 사회적 관계를 형식화시킴으로써 성리학적 규범을 제시하였다. 특히 성리학이 관학화(官學化)된 이후로 예의 정립과 실천은 정책적 차원에서 이루어졌다

고려 말기에는 『가례 家禮』의 시행을 적극 권장하였고 조선 초기에는 『삼강행실도』·『국조오례의』 등이 간행되어 윤리적 실천 지침이 되었다. 또한 향교와 향약은 오륜(五倫)에 근거한 미풍양속을 전국으로 보급시켜 일반 서민 계층에서도 예가 준수될 수 있게 하였다.

정구(鄭逑)·김장생(金長生) 등이 예학에 대한 전문 서적을 내놓으면서부터 실용적 예절로만 행해지던 예가 학문적 연구 분야로 부상하였다. 예는 '보편적 이치가 구체로 드러난 형태(天理之節文)이며, 사람들이 따르고 지켜야 할 형식(人事之儀則)'이라는 성리학적 예 관념은 예학을 통하여 매우 세세한 일상사에서 구체화되었다.

정구는 『오선생예설분류 五先生禮說分類』를 지어 예를 종류별로 정리하였고 김장생은 『의례문해 疑禮問解』를 지어 처 부모의 칭호를 자칭·타칭의 경우에 각각 어떻게 불러야 옳은가 등등 예를 자세하게 기술하고 있다.

또한 성리학의 의리 관념은 예학의 정통성(正統性) 문제와 직결되었다. 『의례』나 『의례도』에 근거하여 정통(正統)을 중요시하여 한 집안이나 한 나라에 있어서 계통을 바로하고자 하였다. 효종이 승하하자 자의대비(慈懿大妃) 조(趙)씨의 복(服)을 일 년[朞年]으로 할 것인지 삼 년으로 할 것인지를 놓고 서인이었던 송시열(宋時烈)과 남인이었던 윤휴(尹鑴) 사이에 논쟁이 벌어졌다.

이것은 효종을 가통(家統)으로 볼 것인지 왕통(王統)으로 볼 것인지에 따라 자의대비의 복상 기간이 달라지기 때문에 생겨난 것이었다. 정통성의 계열 분류를 놓고 발생했던 예송은 당쟁이라는 정치적 성격을 띠기도 하였지만 직접적으로는 성리학적 행위 규범을 해석하면서 나타났던 입장의 차이였다.

6. 인성 · 물성의 동이론

퇴계 · 율곡 이래 사단칠정의 논변이 1세기 정도 전개되었을 무렵 사람의 성(性)과 동물의 성(性)이 같은가 다른가를 놓고 논변이 시작되었다. 보통 이것을 '인물성 동이론(人物性同異論)'이라고 부른다.

청풍(淸風)의 황강(黃江)에 살던 권상하(權尙夏)의 문인 이간(李柬)과 한원진(韓元震) 사이에서 인물성에 대한 논변이 발단되었다. 이간은 인성(人性)과 물성(物性)이 같다고 하고 한원진은 다르다고 함으로써 서로 공박하였다.

이 논변이 전개될 당시 대체로 호서(湖西)의 학자들은 인성과 물성이 다르다는 주장에 동조하였고 낙하(洛下)의 학자들은 같다는 주장에 동조하였기 때문에 뒷날 '호락논쟁(湖洛論爭)'이라고도 불렀다.

이간은 인간과 동물이 다섯 가지 온전한 덕성인 오상(五常)을 갖추고 있다고 보았다. 그는 태극 · 천명 · 오상을 동일한 본체로 해석하였기 때문에 인간과 동물이 동일한 오상을 갖는다고 보았다. 다만 인간과 동물은 기질적 차이 때문에 오상의 드러나는 정도가 다르다고 보았다. 마찬가지로 사람들 사이에도 기품의 맑고 덕함(淸濁粹駁)에 따라서 치이기 생기지만 미음이 발하기 않을 때의 기는 본질적으로 순선(純善)하다는 입장을 취했다.

한편 한원진에 의하면 태극과 천명은 무제한○무시종의 보편 타당한 본체여서 형기(形氣)를 초월한다고 보았다. 그러나 오상은 사람의 형기 가운데 있는 기질의 범주에 속하는 것으로 분류하였다. 인간과 동물의 기질이 다르므로 기질에 내재한 본성 역시 다르다고 추론하였다.

이간은 본연지성(本然之性)에서 보면 만물이 동일하지만(一原) 기질지성(氣質之性)에서 보면 인간과 동물 또는 인간과 인간 사이에 치우침과 온전함(偏全)의 차이가 생긴다(異體)고 하였다. 이와 같이 이간이 일원이체(一原異體)의 입장에서 인물성을 이해하는 것과 달리 한원진은 이와 기질(氣質)이 교섭하는 세 가지 계층을 나누어 인물의 본성을 해석하였다.

이는 본래 하나이지만 형기를 초월한(超形氣) 태극의 층이 있고, 기질로부터 나오는(因氣質) 건순·오상의 층이 있고, 기질과 섞여 있는(雜氣質) 선악(善惡)의 성(性)에 해당하는 층이 있다고 하였다. 기질로부터 나오는 건순·오상의 층에서 보면 사람과 동물의 성은 서로 다르고, 기질과 섞여 있는 층에서 보면 인간과 인간 또는 동물과 동물의 특성이 다르다고 보았다.

이간과 한원진의 주장은 모두 이기론의 구도를 취하여 기질의 차이로써 존재의 차이를 해석하였다고 볼 수 있다. 이통기국(理通氣局)의 구도에서 보면 이간은 이통(理通)의 측면에 일관되었고 한원진은 기국(氣局)의 측면에서 인물성의 다름을 논의하였다. 이들의 인물성론은 성리학의 이기심성론을 자연계에까지 심화 확대하였던 것이다.

성리학에 대한 도전과 성리학의 응전

15세기 말엽부터 왕양명(王陽明)의 심학(心學)이 우리나라에 전해지기 시작하였지만 이황을 비롯한 정주계(程朱系) 학자들의 강한 배척 때문에 제대로 수용할 수 없었다.

남언경(南彦經) · 최명길(崔鳴吉) · 장유(張維) 등에 의해 왕양명의 심학은 겨우 피상적으로 소개된 정도였고, 오직 정제두(鄭齊斗)에 의해 본격적인 연구가 외롭게 시도되었다. 이어서 신대우(申大羽) 부자와 이충익(李忠翊) · 이건창(李建昌) 일가에 의해 명맥이 유지되어 오다 20세기에 들어 정인보(鄭寅普) · 박은식(朴殷植) 등에게서 긍정적인 재평가를 받는 정도였다.

일본에서는 양명학이 중심 사상이었던 것에 비교하면 조선시대의 양명학은 매우 미미하였고 이단시되는 경우가 많았다.

한국 성리학은 여러 측면에서 양명학을 비판하였다. 양명학은 '마음이 곧 이치(心卽理)'라고 하여 마음을 벗어나서 이가 없다고 하였다. 이에 대해 한국 성리학은 주희가 말한 '성이 곧 이치(性卽理)'라는 입장에 서서 양명학이 충효와 같은 객관적 규범을 주관적 마음의 문제로 혼동하였다고 비판하였다. 양명학에서 주장하는 '양지(良知)'와 '지행합일(知行合一)' 등의 학설 역시 객관적 이치를 모르는 주관적 독단이라고 비판하였다.

이황은 『백사시교변　白沙詩教辨』 · 『전습록논변　傳習錄論

辨』 등을 지어 양명학을 비판하였다. 이 밖에 박세채 · 한원진 · 이익 · 안정복   정약용 등 대부분이 한국의 성리학자들은 양명학을 선(禪)불교와 유사한 것으로 여겨 비난하였다.

이러한 사정 때문에 양명학은 연구될 기회를 갖지 못한 채 위축되고 말았다. 한편 이기심성론을 주로 탐구하는 한국 성리학의 이론적 경향에 비판을 가하면서 학자들의 관심이 사회적 · 경제적 · 정치적인 부분으로 확대되었다.

이들은 유학의 텍스트와 제자서(諸子書)에 두루 통하였을 뿐만 아니라 실질적 학문(實事求是)을 강조하였기 때문에 이들의 학문을 실학(實學)이라고 부른다. 서명응 · 홍양호 · 홍대용 · 박지원 · 이덕무 · 유득공 · 박제가 · 성해응 · 정약용 등이 이에 속한다. 이들은 성리학의 지나친 이론적 천착과 예 의식의 지나친 형식성 · 명분성 등을 비판하면서 경세치용(經世致用)에 힘쓰고자 하였다.

성리학자들은 병자호란 이후 청나라를 오랑캐의 나라로 여겨 배척하였지만 실학자들은 현실적으로 닥친 국고의 고갈과 민생의 어려움을 해결하기 위하여 청나라를 왕래하며 다양한 모색을 하였다. 또한 이들은 성리학 이외의 학문을 무조건적으로 배척하지 않고 양명학 · 서학 · 고증학 등에도 관심을 가졌다.

청나라의 객관적 · 실증적 학문 태도를 받아들였고, 17세기 초부터 중국에서 전래된 서양의 천주교 · 과학 기술 · 문화 등에도 개방적 태도를 보였다. 개방성 · 실용성 · 실증성 등을 지녔던 실학은 이기심성론에 치중하였던 성리학의 일면성을 크게 보충하였다.

조선 말기에는 서학(西學)으로 불렸던 천주교를 비롯한 서구의 문물이 유입되었을 뿐만 아니라 서구와 일본의 제국주의적 위협 및 침략이 노골화되었다. 이항로(李恒老) · 기정진 · 이진상(李震相) · 김평묵(金平默) · 유중교(柳重敎) · 유인석(柳麟錫) 등의 성리학자들은 천주교의 우주관 · 인생관 · 윤리관이 국기(國基)를 흔드는 오랑캐[夷狄] 또는 금수의 사상이라고 배척하고 유교의 삼강오륜을 지키려고 애썼다.

이들은 서구와 일본의 침략에 맞서 쇄국(鎖國) · 주전(主戰) · 척화(斥和)를 주장하면서 의병(義兵)을 조직하여 목숨을 바치며 대항하였다. 성리학적 가치관에 근거하여 민족을 보호하고 천주교 사상을 가진 외세의 침략을 물리치려 하였던 이들의 활동을 '위정척사운동(衛正斥邪運動)'이라고 부른다. 이들의 폐쇄적 태도가 비판을 받기도 하지만 외세의 침략에 맞서 나라와 민족을 보호하려고 하였던 것은 정당하고 용기 있는 정신이라고 평가할 수 있다.

한국 성리학의 특징

① 정주학의 절대 우위 : 정주학 계통의 성리학은 처음에는 불교의 비인륜성을 비판하였고 나중에는 육상산 · 왕양명 계통의 심학을 이단시하면서 절대적 위치를 차지하였다. 일부 소론(少論) 계통의 학자들이 양명학에 개방적 태도를 보인 적도 있었지만 중국이나 일본에서처럼 발전할 수 없었다.

특히 17세기경부터 정주학은 교조주의적 성격을 띠어 조금이라도 주희의 이론과 다르면 '사문난적(斯文亂賊)'으로 몰아 붙여 배척하였으므로 징세두를 빼고는 이렇다 할 양명학 연구자가 없었다.

한편 정주학 계통의 성리학은 이기심성론·사단칠정론·인물성동이론 등 많은 부분에서 연구를 진척시켰다.

② 주지주의(主知主義)적 경향 : 정주학은 주지주의적 경향이 강하고 양명학은 주정주의(主情主義)적 경향이 강하므로 정주학이 발달하였던 한국 성리학은 주지주의적 경향이 두드러졌다. 사실 사단칠정론, 인물성 동이론 등의 탐구는 200~300년 여에 걸쳐 논의되었고, 그 내용 또한 중국이나 일본의 성리학에서는 찾아볼 수 없을 만큼 심오하고 풍부하였다.

특히 조선시대 성리학의 기본적 토대였던 이와 기에 대한 담론이 활발해져 주리(主理)·주기(主氣)·유리(唯理)·유기(唯氣) 등의 다양한 학설이 나왔다.

③ 예학(禮學)의 발달 : 합리성을 추구하는 한국 성리학의 주지주의적 정신은 명분론적 예학을 꽃피웠다. 성리학자들은 의리가 구체적으로 드러난 형태를 예라고 생각하였다. 따라서 성리학적 이기론은 공허한 관념에 머물지 않고 예의 실천을 통하여 체득되어야 한다고 보았다.

정몽주가 『주자가례』를 실천하고 권근이 『예기천견록』을 저술한 것으로부터 시작하여 정구·김장생·박세채(朴世采) 등의 예론에서 연구의 절정을 이루었다.

한편 윤휴(尹鑴)와 송시열(宋時烈) 등의 예송에 의한 당쟁은 예 실현을 향한 열의의 극치를 보여주었다.

④ 주리론(主理論)의 보수성 : 한국성리학은 주기론 보다는 주리론이 우위를 차지하면서 명분론적 사고가 두드러졌다. 변화하는 감각적 세계(氣)의 근저에 있는 초감각적·불변적 원리(理)를 추구하였기 때문에 이념형적 가치를 강하게 추구하였다. 왕통·가통 등 정통성을 중시하면서 이 규범에 어긋나는 행위는 가차없이 지탄받았다.

이러한 주리적 경향은 변화하는 현실을 받아들이지 못하고 기존의 규범과 가치를 묵수하려는 보수성이 강하였다.

그러나 주리파의 명분 의식은 개항기에 우리 민족의 주체 의식을 발양시키고 애국심을 고취시키기도 하였다. 대표적 주리론자인 이항로·김평묵과 그 문인들이 척사 위정을 부르짖으며 창의호국(倡義護國)운동을 일으킨 것이 그 실례이다.

⑤ 인존정신(人尊精神)의 지향 : 성리학은 공자와 맹자의 유교를 계승하여 인간의 존엄성을 더욱 이론화시켰다. 사칠논변을 통하여 인간의 선한 감정이 무엇인지 연구하였고 인물성 동이론을 통하여 인간의 본질을 밝히고자 하였다.

특히 인간의 본성을 우주의 보편적 원리인 이(理)로부터 해석하여 인간 존재에 정당성을 부여하였다.

참고문헌

- 고려사(高麗史)
- 퇴계전서(退溪全書)
- 율곡전서(栗谷全書)
- 성리대전(性理大全)
- 주자대전(朱子大全)
- 조선유학사 (현상윤, 민중서관, 1949)
- 퇴계의 생애와 학문 (이상은, 서문당, 1973)
- 한국유학사 (배종호, 연세대학교 출판부, 1974)
- 한국의 유교 (류승국, 세종대왕기념사업회, 1976)
- 한국 유학론 연구 (윤사순, 현암사, 1980)
- 한국철학사 (류명종, 일신사, 1980)
- 『한국사상대계Ⅳ-성리학사상편-』(성균관대학교   대동문화연구원, 1984)
- 한국유학사 (이병도, 아세아문화사, 1987)
- 조선서학사 (강재언, 민음사, 1990)
- 사단칠정론 (민족과사상연구회, 서광사, 1992)
- 유교정치와 불교 여말선초 대불교시책 (한우근, 일조각, 1993)
- 한국근대유교개혁운동사 (유준기, 삼문, 1994)
- 『한국유학사상』 Ⅰ~Ⅴ(최영성 ,아세아문화사,1994)
- 논쟁으로 보는 한국철학 (한국철학사상연구회, 예문서원, 1995)
- 한국철학의 심층분석 (정병련, 전남대학교, 1995)
- 퇴계 · 율곡철학의 비교연구 (채무송, 성균관대학교, 1995)
- 한국의 유학 사상 (황의동, 서광사, 1995)
- 조선 초기 관학파의 유학사상 (김홍경, 한길사, 1996)
- 한국전통철학사상 (김종문 장윤수, 소강, 1997)
- 고려시대 성리학 수용연구 (이원명, 국학자료원, 1997)

- 기호 성리학 연구 (이상익, 한울, 1998)
- 조선유학의 자연철학 (한국사상사연구회, 예문서원, 1998)

집필자
집필 (1995년)윤사순

昭和七年八月五日印刷
昭和七年八月十日發行
昭和八年六月十日再版發行

不許複製

定價金八圓
言解四書 仝七冊

著作兼發行者
京城府長谷川町七四
文言社代表
李範圭

印刷者
京城府長谷川町七六
澤田佐市

印刷所
京城府長谷川町七六
近澤印刷部

發行所
京城府長谷川町七四
文言社
電話本局九八番
振替京城二一、五二八番

시를, 이쓰러셔, 존양하 난일을, 말하 야, 공의, 더욱, 쥬밀함을, 보임이 오,

네재졀에는, 시를, 이쓰러셔, 백셩, 화하 난일을, 말하 니, 써, 위긔하 난, 효

험을, 나타냄이 오, 다셧재졀에는, 시를, 잇쓰러셔, 화가, 이룬일을, 말하

야, 효험의, 더욱, 먼것을, 보임이 오, 여셧재졀에는, 셰번, 시를, 이쓰러셔,

불현의, 묘함을, 찬하 니, 하학과, 위긔의, 극진한, 공을, 나타내셔, 일쟝의,

뜻을, 마침이라

言解中庸終

二〇五

슴에, 이른뒤에, 말(ㄹ) 으시니, 대개, 한편의, 죵요롬을, 들어셔, 간약히, 말
함이니, 그, 반복하고, 졍영하야, 사람의게, 보이신뜻이, 지극히, 깁고, 간
졀한지라, 배호난이가, 그, 가히, 마음을, 다하지아니하리오 〇이글쟝의, 뜻
은, 즁용의, 머리, 글쟝으로, 더불어, 셔로, 응하니, 일은바, 일부즁용의, 쓰리
를매진것이라, 머리, 글쟝은, 텬명으로말미암아, 도를, 뎨하는공에미치니
하날로부터, 사람에, 미룸이오, 이글쟝은, 몸을, 위함으로, 말미암아, 샹텬
의, 일에, 미치니, 사람으로, 부터, 하날에, 달함이니, 덕에, 들어감과, 덕에
이름이, 머리와, 꼬리가, 셔로, 응함이라, 대범, 여덟번, 시를, 잇끄럿스니, 의
금, 샹경으로, 부터, 불현유덕에, 이르기까지, 다섯됴목은, 비로소, 배홈과,
덕을, 일움에, 소하고, 쳔하며, 심한차셔를, 말함이오, 불대셩색으
로, 우셩무취에, 이르기까지, 셰됴목은, 다, 써, 불현의, 덕을, 찬함이니, 자
셔히, 나누면, 머리졀의, 덕에, 들어감이, 몸을, 위하고, 긔미를, 아는데셔,
나옴을, 말하고, 공부에는미치지, 아니하며, 시를, 이끄러셔,
신독하난일을, 말하니, 써, 몸을, 위하난공을, 나타냄이오, 셰ㅅ재졀에는,

越월하야, 형샹이, 업슴에, 들어가지, 못함이니, 일즉이, 이것으로, 가히, 그, 묘함

을, 다하겟나냐, 오즉, 文王문왕의, 詩시에, 일으되, 上天샹텬의, 일(事)이, 소리를, 가히, 그, 들

을것이, 업고, 냄새를, 가히, 들을것이, 업다하니, 대뎌, 소리와, 냄새인즉, 微微미미한, 긔운

은, 잇고, 형샹은, 업스니, 이미, 이, 微妙미묘하거날, 또, 업다, 일은즉, 天下텬하의, 미묘

하야, 그, 자최를, 보지, 못하야, 그, 그러함을, 아지, 못할것이, 이에, 지남이, 업

슬지라, 이로, 써, 형용하면, 바야흐로, 君子군자의, 더할수업슴을, 일음이라, 德덕이,

하날에, 부합됨을, 볼지니, 참, 가히, 지극하야, 아니한덕이, 德덕이, 갓치,

이에, 이르면, 하날로, 더불어, 中庸중용의, 極극한공이, 되리니, 마음

울, 셰우고, 몸을, 위하야, 그, 功공에, 나감이, 아니면, 또한, 엇지, 능히, 이에, 이

르리요

右우는第三十三章뎨삼십삼쟝이라○子思자사ㅣ前章젼쟝의, 극진함에, 이른말을, 因인하야, 도리켜,

그, 근본을, 구하야, 다시, 아레로, 배호고, 몸을, 위하고, 홀로를, 삼가난, 일

로, 부터, 미루어, 말삼하야, 써, 공손함을, 篤實독실히, 함에, 天下텬하ㅣ, 평하다난,

盛셩함에, 졈졈, 이르고, 또, 그, 微妙미묘함을, 贊찬하야, 소리도, 업스며, 냄새도, 업

二○三

라、하시니라、시에、갈오대、덕의、가벼움이、털、갓다하니、털은、오히려、륜이

잇거니와、샹텬의、일이、소리—업스며、냄새—업다、함이아、지극하니라

〔글자푼것〕시는、대아황의편과、대아증민시편이오、재는、일이라

〔글씃푼것〕군자—나타나지、아니하고、공경을、도탑게하야、텬하—스스로、

평하면、그、덕의、미묘함이、엇더하뇨、대아황의시에、일으되、샹뎨—문황의

게、일으샤대、나—너의、밝은덕이、그、소리와、얼골빗을、크게베풀지、아니

함을、생각한다、하니、이、말이、가히、나타나지、아니한덕을、형용할것、갓흐

나、그러나、공자—일즉이、말삼하샤대、졍사를、하난자—백셩을、화함이근본

인、잇스니、소리와、빗、갓흔것은、써、백셩을、화합에、특히、끗(末)의、힘씀이

라、이졔、다만、시의、크게하지、아니한다난말을、잡(執)은즉、오히려、소리와、

빗을、써나셔、자최업난데、민멸치、못함이니、일즉이、이것으로、가히、그、묘함

울、형용하랴、증민시에、일으되、덕의、셰미함이、털과、갓다하니、가히、나

타나지、아니한덕을、형용할것、갓흐나、그러나、털(毛)이、비록、젹(微)으나、털

로、써、덕에、비하면、덕은、오히려、비할류가、잇스니、이것이、비유한류를、초

予 나여
輶 가벼울유
毛 털모
臭 취 냄새

잇거늘、百빅님금이、다、법밧는다、하니、이에、가히、德덕이、더욱、盛셩하면、化화가、더
욱、넙음을、볼지라、이런고로、君군子자ㅣ존하고、셩하는공을、말미암어、그、극함
에、나가니、이、마음이、渾혼연한、天텬理리라、생각、생각이、이、공손함으로하고、때
때로、이、공손함으로하야、혼연한、텬리의、사람이、스스로、법에、순하야、아지、못하되、흡연히、평
량치、못할지라、天텬下하의、翕흡연、갑허셔、가히、엿보아、不
하게、다스리여셔、자연히권하고、위엄스러운、자최가、아울너셔、업셔지나
니、이것이、聖셩神신의、공과、神신功공과、化화의、극진히、이름이니라

詩云予懷明德 不大聲以色
시운여회명덕의블대셩이색이라하
子曰聲色之 於以化
자ㅣ왈셩색지어이화
民末也
민말야ㅣ라하
詩曰德輶如毛毛猶有倫上天之載無
시왈덕유여모ㅣ니라 毛모猶유有유倫륜이어 샹텬지재ㅣ무
聲無臭至矣
聲無臭至矣
성무취아지의라니

〔대문푼것〕詩시에、일으되、내、밝은德덕의、소리와、다못、빗을、크게아니함을、
생각하노라、하야날、子자ㅣ갈아샤대、소리와、빗이、셔、백셩을、化화함에、끗이

恭공공손 　刑형형벌 　辟벽임금

에게, 더하면, 비록, 샹(賞)주어셔, 써, 권(勸)함을, 보이지, 아니하야도, 백셩이, 그, 덕(德)

을, 입은쟈ㅣ자연(自然)히, 크게우러름이, 잇셔셔, 권(勸)할것이오, 비록, 노(怒)하

야, 써, 위엄을, 보이지, 아니하야도, 백셩이, 그, 덕(德)을, 입은쟈ㅣ자연(自然)히, 부월(鈇鉞)

보다, 두려워하야, 감히, 악함을, 하지, 아니하리니, 대개, 덕(德)이사람의게미침

이, 이와, 갓흐니라

詩曰 不顯惟德 百辟其刑之라하 是故로 君子난 篤恭而天

시왈블현유덕을백벽기형지니라하시고로군자난독공이텬

하ㅣ평이니

하ㅣ평라

〔대문푼것〕 시(詩)에, 갈오대, 나타나지, 아니한덕(德)을, 백임금(百辟)이, 그, 법한다, 하

니, 이런고로, 군자(君子)난, 공손(恭)함을, 두터히, 함에, 텬하(天下)ㅣ평하나니라

〔글자푼것〕 시(詩)는, 쥬송렬문(周頌烈文篇)의편이오, 불현(不顯)은, 말이, 이십륙(二十六)쟝에, 보엿스니

이쟝에난, 비러셔써, 유심하고, 현원(幽遠)한, 뜻을, 말함이오, 백벽(百辟)은, 져후(諸侯)오, 독은

두터움이라

〔글뜻푼것〕 다만그뿐아니라, 쥬송렬문시(周頌烈文詩)에, 갈오대, 텬자(天子)ㅣ유원(幽遠)한, 덕이,

爭 쟁 다툴
奏 주 알욀
假 격 이를
靡 미 업슬
賞 샹 샹줄
鈇 부 작도
鉞 월 독긔

詩曰奏假無言 時靡有爭 是故君子 不賞而民勸

시왈주격무언야하며 시미유쟁하니라 시고로 군자난 블샹이민이 켠하며

不怒而民威於鈇鉞

블노이민위어부월이니라

〔대문푼것〕
시에, 갈오대, 나가셔, 겨함에, 말이, 업셔, 시에, 다투리, 잇지아
니하다, 하니, 이런고로, 군자난, 샹주지, 아니하야셔, 백셩이, 권하며, 노하지,

아니하야셔, 백셩이, 부월보다, 두려워, 하나니라

〔글자푼것〕
시난, 샹송렬조의편이오, 주난, 나감이오, 겨은, 격자와, 갓흐니

신명을, 감동하야, 이르게하는뜻이오, 위난, 두려워함이오, 부난, 쟉도ㅣ오, 월

은, 독긔(斧)라

〔글뜻푼것〕 군자의, 존양셩찰하난공이, 쥬밀하니, 그, 효험이, 엇더하뇨, 샹

송렬조의시에, 갈오대, 제사를, 쥬쟝하난쟈ㅣ나가셔, 신명을, 감격케하되, 셩

각하야, 말이, 업스나, 묘에잇는쟈ㅣ화하야, 다투어셔, 실례함이업다하니, 이

에, 가히, 이덕이, 잇스면, 이화가, 잇슴을, 불지라, 이런고로, 군자ㅣ몸을, 위

하는공부가, 셩덕한, 디위에, 이르러셔, 이로, 말미암어, 몸의, 덕이, 백셩

언해중용쟝구대젼

一九九

室 실 집실
愧 괴 붓그러울
屋 옥 집옥
漏 루수 루

블언이신 不言而信이니 라

〔대문푼것〕 시詩에, 일으되, 네집에, 잇슴을, 보건대, 거의, 옥루屋漏에, 붓그럽지,
아니하다, 하니, 고로, 군자君子난, 동치, 아니하야셔, 경敬하며, 말하지, 아니하야셔,
신信하나니라

〔글자푼것〕 시난, 대아억의大雅抑의, 편이오, 샹相은, 봄(見)이오, 옥루屋漏난, 방의, 서북모西北

룡이라, 웃대문을, 이어셔, 또, 군자君子의, 계근戒謹공구恐懼함을, 말함이라

〔글쯧푼것〕 다만, 그것뿐, 아니라, 대아억의大雅抑의, 시詩에, 일음이, 잇스되, 너의, 네
집가온대, 잇난것을, 보건댄, 거의, 항샹, 긍긍兢兢하고, 업업業業함을, 두어셔, 옥루의屋漏
귀신鬼神의, 게, 붓그럽지, 아니하다, 하니, 고로, 덕德에, 들어가난군자-계신戒愼하고,
공구恐懼함을, 때에, 혹, 이져버림이, 업셔셔, 동動함에, 진실로, 경敬하나, 비록, 동하
지, 아니하야도, 또한, 반다시, 이, 경敬하난마음을, 두며, 말함에, 진실로, 신信실
하나, 비록, 말하지, 아니하야도, 또한, 반다시, 이, 신信실한마음을, 두니, 이것이,
조양存養하는공功이니, 몸을, 위함爲이, 더욱, 쥬밀周密하나니라

니, 君子(군자)의, 가히, 미치지, 못할바ㅣ난, 그, 오즉, 사람의, 보지, 못하난바ㅣ인뎌

(글자푼것) 시난, 쇼아졍월의 편이오, 구난, 병이오, 무오어지난, 마음의, 붓 [詩小雅正月篇 疚病 無惡於志]

그러움이, 업다난말과, 갓홈이니, 君子(군자)의, 곤독하난일이라 [謹獨]

(글ᄉ듯푼것) 德(덕)에, 들어가난일로, 써, 말하면, 쇼아졍월의 시에, 일음이, 잇스 [小雅正月 詩]

되, 사람마음이, 한, 생각의, 일어남이, 잠기여, 안에, 감추어져, 비록은복하얏 [德 隱伏]

스나, 그러나, 그, 리치가, 심히, 쇼명한지라, 고로, 德(덕)에, 들어가난군자난, 삼 [昭明 君子]

감을, 한, 생각의, 홀로, 아난싸에, 이루나니, 안으로, 이곳을, 삷혀셔, 그, 착하 [一毫]

고, 악함을, 삷히여, 마음에, 리치만, 잇고, 욕심이, 업슴을, 긔약하야, 일호의, [惡 期]

병됨이, 업셔야, 바야흐로, 마음에, 편안하야, 미워함이, 업슬지라, 대뎌, 병되

지, 아니하고, 미워함이, 업스니, 君子(군자)를, 진실로, 가히, 미치지, 못할지니, 다 [君子]

안에, 삷힘으로, 말미암음이라, 君子(군자)를, 가히, 미치지, 못하난, 다만, 능히, 사 [君子]

람의, 보지, 못하난곳에, 써, 홀로(獨)를, 삼감이니, 이것이, 셩찰하야, 위긔하 [省察 爲己]

詩云(시운) 相在爾室(상재이실)ᄒᆞ야 尙不愧于屋漏(상불괴우옥루)ㅣ라ᄒᆞ니라 故(고)로 君子(군자)난 不動而敬(블동이경)하며

시운샹재이실ᄒᆞ야 샹블괴우옥루ㅣ라ᄒᆞ니라 故(고)로 군자난 블동이경ᄒᆞ며
[功 는、공이니라]

니, 먼대, 긔미가, 갓 가운대, 잇슴을, 안다 함은, 멀니, 집과, 나라와, 텬하의, 다

스리고, 다스리지, 못함에, 잇슴이, 갓가히, 내, 몸의, 엇고, 일허버림이, 잇슴

으로, 말미암음이오, 바람(風)의, 긔미가, 붓틈이, 잇슴을, 안다 함은, 풍화가, 몸

에, 잇난쟈ㅣ엇고, 일허버림이, 잇슴이, 내, 마음의, 엇고, 일허버림이, 잇슴에,

말미암음이오, 은미한쟈ㅣ나타남에, 긔미함을, 안다, 함은, 간사하고, 바른것

인, 안에, 잇난쟈ㅣ심히, 은미하나, 나타나, 착하고, 악한것의, 가온대로, 말미암아, 박

갓에, 달하난쟈ㅣ심히, 진실로, 능히, 이, 셰가지를, 알면, 가히, 써

그, 몸, 위하난군본을, 맑(淸)게하고, 그, 몸, 위하난마음을, 채울(充)지니, 더불

언덕에, 들어감이, 거의, 그, 가하나라

詩云潛雖伏矣 亦孔之昭 故君子 內省不疚 無惡
시운잠슈복의나 역공지쇼ㅣ고 군자난 내 셩블구야 무오

於志君子之所不可及者其唯人之所不見乎
어지니 군자지소블가급쟈 기유인지소블견호ㅣ며

〔대문푼것〕 시에, 일으되, 잠긴것이, 비록, 업듸렷스나, 또한, 심히, 밝다, 하

니, 고로, 군자난, 안으로, 삷히여셔, 병(疚)되지, 아니하야, 슷에, 미움이, 업나

一九六

하야, 그안에, 거두고쟈, 함이니, 이것이, 예젼, 사람의, 마음을, 셔움에, 구차

하지, 아니함이, 이와, 갓홈이, 잇스니, 옛사람의, 마음셔움을, 보면, 군자의,

몸을, 위하난, 마음을, 가히, 미루(推)어, 볼지라, 고로, 군자의, 도는, 오로지, 몸, 위

함을, 힘쓰고, 사람의, 앎을, 구하지, 아니하나니, 외면은, 암연하야, 빗이, 업

스나, 가온대난, 아름다운것이, 싸이여셔, 자연히, 날로, 빗나고, 밝음에, 향하

야, 가리우지, 못할것이오, 만일, 쇼인의, 도는, 젼혀, 사람이, 앎을, 힘써셔, 덕

연히, 밧갓에, 보이나, 가온대난, 실샹이, 업셔셔, 날로, 사러지고, 업셔짐에, 나

가니, 엇지, 가히, 군자로, 더불어, 말하리오, 그러나, 일은바, 암연하야, 날로,

빗난닷, 함은, 엇지, 함인고, 군자의, 도난, 그, 일용의, 말하고, 행함이, 외면은,

비록, 평담하나, 그, 가온대, 맛(味)을, 차지면, 도리혀, 스스로, 실치, 아니하고,

외면은, 비록, 간박하고, 질소하나, 그, 가온대난, 도리혀, 문채가, 찬연, 하야,

가히, 볼만, 하고, 그, 일을, 응하고, 물을, 접함에, 외면은, 비록, 온연하야, 혼후

하나, 그, 가온대난, 도리가, 잇스니, 이것이, 다, 비단을, 입고,

홋옷을, 더하야, 몸을, 위하난, 마음이라, 그러나, 또, 긔미를, 아난학이, 잇스

一九五

400 중용강의 부록

的 덕실 활
淡 담 밝을
簡 간 략

입덕의 (라리) 入德乂

〔대문푼것〕 시에(詩), 갈오대, 비단을, 입고, 홋옷을, 더, 한다, 하니, 그, 문채의,

나타남을, 미워, 함이라, 고로, 군자의(君子道), 도난, 암연호대(闇然), 날로, 빗나고, 쇼인의(小人)

도난, 뎍연호대, 날로, 망하나니, 군자의(君子道), 도난, 담호대(淡), 실치, 아니하며, 간략(簡)

호대, 문하며(文), 온화호대(溫和), 다스리니, 먼, 것의, 갓, 가운대로, 함을, 알며, 바람의,

붓틈을, 알며, 미한것의(微), 나타남을, 알면, 가히, 더불어, 덕에, 들어가리라

〔글자푼것〕시난(詩), 국풍, 위人나라(國風衛), 셕인편괘(碩人篇), 졍나라(鄕), 봉의, 편에,다(衣), 의(錦), 금경의(裂衣)

라고, 하엿스니, 경은(絅), 경괘(褧), 갓흐니, 홋옷이오(絅), 샹은(尙), 더함이라

〔글뜻푼것〕자사ㅣ(子思), 지셩과(至誠), 지셩의(至誠), 공용이(功用), 그, 지극함에, 극진함을, 말삼하

시고, 또,배,호난쟈ㅣ(下學), 놉고, 먼대, 달니(馳)여, 힘써셔서,하하의(下學), 공을(功), 이즐가념려(念慮),

하신지라고로, 이글쟝에, 다시하학의, 마음, 졔우난, 쳐음으로, 부텀, 말우워

셔,그,극진함에, 이르시니, 국풍시에(國風詩), 잇셔, 갈오대, 비단을, 입고, 홋옷(絅)으

로,써,더한다, 하니, 시의(詩), 뜻은, 대개, 비단의, 문채가, 밧게, 드러남을, 미워

지셩의, 덕은, 지셩이, 아니면, 능히, 되지, 못할지니, 또한, 두(二)믈이, 아니

니라, 이편에, 셩인과, 텬도의, 극치함을, 말함이, 이에, 이르러, 써, 더함

이엄도다 ○ 이, 글쟝은, 머리졀에, 지셩의, 공용의, 자연함을, 말함이오, 다음

졀은, 이, 그, 셩함을, 거듭밝힘이니, 다만, 셩인의, 마음을, 모의함이니, 웃

졀에, 비할것이, 아니라, 또, 한청이, 깁고, 못졀에, 지셩이, 아니면, 능히, 알

지, 못함을, 말함은, 써, 깁히, 그묘함을, 찬한바이니, 웃글쟝으로, 지셩으

로, 써, 쇼덕에, 부쳣스니, 대개, 지셩은, 행함을, 말함이니, 톄로부터, 용에,

달함이오, 이글쟝에, 는, 지셩으로, 써, 대덕에, 부쳣스니, 대개, 지셩은, 마음

을, 말함이니, 용으로부터, 톄에, 들어감이니라

詩曰衣錦尙絅惡其文之著也故君子之道闇然而

시왈의금샹경이라 오기문지뎌야ㅣ고 모 군자지도암연이

日章小人之道的然而日亡하나 君子之道淡而不厭

일쟝하고 쇼인지도뎍연이일망하나 군자지도담이블염며하

簡而文溫而理知遠之近知風之自知微之顯可與

간이문며하 온이리니 지원지근며하 지풍지자 며하 지미지현면이 가여

은, 곳, 셩인마음의, 텬이라〔天〕 지셩의덕이〔至誠 德〕 그, 지극히, 셩함인뎌〔盛〕

苟不固聰明聖知達天德者其孰能知之

구블고총명셩지달텬덕쟈ㅣ기슉능지지〔면〕 오리〔리〕

〔대문푼것〕 진실로, 진짓, 총하며〔聰〕 명하며〔明〕 셩하며〔聖〕 지하야〔知〕 텬덕을〔天德〕 통달한〔達〕

쟈ㅣ아니면, 그, 누ㅣ능히, 알리오

〔글자푼것〕 고난, 실샹과갓홈이라〔固〕

〔글솟푼것〕 지셩의, 도ㅣ이갓흐니, 아난쟈는, 그, 오즉, 셩인인뎌〔聖人〕 진실로, 실

샹, 총하고, 명하고〔明〕 셩하고〔聖〕 지한, 자품이, 잇셔셔, 인과〔仁〕 의와〔義〕 례와〔禮〕 지의〔智〕 텬덕

을, 달한쟈ㅣ아니면, 마음이, 지셩의, 밝음이〔至誠〕 지셩의, 밝음이

아니니, 그, 일은바, 경륜과〔經綸〕 립본과〔立本〕 지화육을〔知化育〕 쏘한, 누ㅣ능히, 알리오, 셩인

인, 텬도의〔天道〕 극진히, 이룸이, 이에, 이르러셔, 써, 더함이, 업스리라

우는뎨삼십이쟝이라〇 웃, 글쟝을, 이어셔, 큰덕의, 돈화를, 말삼〔右 第三十二章 道 敦化〕

또한, 하날도ㅣ니라, 젼쟝에난, 지셩의〔前章 至誠〕 덕을, 말하고, 이쟝에난, 지셩의, 도〔至誠〕

를, 말함이나, 그러나, 지셩의〔至誠〕 도난, 지셩이, 아니면, 능히, 알지, 못할지오,

一九二

肫肫其仁　淵淵其淵　浩浩其天

쥰쥰기인이연연기연이며 호호기텬이니라

〔대문푼것〕 쥰쥰한, 그, 인이며, 연연한, 그, 못이며, 호호한, 그, 하날이니라

〔글자푼것〕 쥰쥰은, 간졀하고, 지극한, 모양이니, 경륜으로, 써, 말함이오, 연은, 고요하고, 깁흔모양이니, 근본을, 셰움으로, 써, 말함이오, 호호난, 넙고, 큰, 모양이니, 화를, 앎으로, 써, 말함이니, 기연과, 기텬은, 특별히, 갓홀, 싸름

인, 아니니라

〔글뜻푼것〕 나ㅡ지셩의, 공용으로, 말미암어, 지셩의, 심톄를, 생각하니, 그, 경륜함에, 의착한, 곳이엽슴은, 사랑하고, 사랑함이협흡하고, 은혜의, 뜻

이, 두루, 홀너셔, 쥰쥰히, 간졀하고, 도탑고, 지극함은, 곳, 셩인마음의, 인이

오, 그, 근본을, 셰움에, 의착한곳이, 엽슴은, 사사욕심이, 사이함이엽셔셔, 일

만, 리치가, 잠기(沉)고, 져져(涵)셔, 연연히, 고요하고, 깁흠을, 측량할수, 업슴

은, 곳, 셩인마음의, 연이오, 그, 화의, 의착한곳이, 업슴을, 앎은, 마음이, 조화

를, 통하야, 통함이, 다시, 방위가, 업셔셔, 호호히, 광대하야, 측량할수, 업슴

〔글뜻푼것〕 자사ㅣ웃、글쟝의、큰、덕德은、화化를、도타히、한다난것을、이어셔、

말삼、하심이니、대뎍、리치가、텬하天下에、잇슴이、인륜人倫에、흣터지고、셩性과、명命에、

근원하야、다、한、셩誠에、가츰을、일음이니、오즉、셩인聖人의、마음이、극히、셩하야誠、

망녕됨이、업스니、이것이、텬하天下의、지셩至誠이、됨이라、오픔인、인륜에、능히하야、

텬하天下의、대경大經이、경經하야、될쟈를、그、나눔을、분변하야分辨、셔로、어질업지、아니

하고、류類를、합하야合、그、셔로、어그러지지、아니케하야、스스로、그、당當

연한然、실샹을、다、함이니、가히、텬하天下후셰後世의、표쥰이標準、될것이오、셩性한바의、젼톄小體偏倚

에、능히、하야、텬하天下의、큰、근본이、될쟈를、셰워、한리치가一元、혼연하야渾然、편의함偏倚

이、업셔셔、변화하난리치가變化、다、이로、조차、나오고、일원의一元、번가러、운젼함運轉

에、능하야、텬디의天地、화육이化育、될쟈를、쪼、앎이、잇스니、대개、음양과陰陽、오행이五行、다

이、실샹리치라、지셩의至誠、인과仁、의와義、례와禮、지가智、텬디의天地、원과元、형과亨、리와利、졍貞

으로、더불어、근본、셔로、합하야合、사이가、업스니、쪼、엇지、융회하고融會、관롱하貫通

지、아니하리오、이것은、다、공용이功用、자연하야自然、생각지、아니하고、힘、쓰지、

아니함이니、엇지、물物에、의착한바ㅣ倚著、잇셔셔、함이리오

綸 리실 륜마

盛 셩함을、극진히하야、긴히、찬함이라、대개、溥博 보박과、淵泉 연쳔과、時出 시츌은、다섯、

德 덕을、긴히、이음이오、여텬과여연은、如天 如淵 보박과、연쳔을、긴히、이음이오、敬 경과、

信 신과、셜은、時出 시츌을、긴히、이음이오、셩명과존친은、翠名 尊親 쏘、경과、敬 信 셜 신과、열을、이

音이니、다、이、聖德 셩덕을、조차말하야、밧게、발함에이름이오、밧게、발함을、말

하야、사람에게、미침에、이르러셔、그하날과、갓홈을、찬한것이니라

唯天 유텬하지셩이아 能 경륜텬하지대경립텬하지대 本하지
天下至誠 爲能經綸天下之大經 立天下之大本 知
텬디지화육니이夫언유소의 오리
天地之化育 夫焉有所倚

[대문푼것] 오즉、텬하의、지극한、셩이아、능히、텬하의、큰、經 경을、경하며、綸

하며、텬하의、큰、근본을、셰우며、하날과、싸의、化育 화육을、아나니、엇지、倚 의한바

ㅣ잇스리오

[글자푼것] 經綸 경륜은、다、실(絲)을、다스리난일이니、경이란것은、그、실머리

를、다스려、나눔이오、綸 륜이란것은、그、類 류를、건주어셔、합함이라、경은、經

함이니、大經 대경이란것은、五品 오픔의、人倫 인륜이오、대본이란것은、셩품한바의、全體 젼톄라

바가、넙고、큼이、하날갓흠을、말함이라

〔글쯧푼것〕 대뎌、채우고、싸흠이、이미、셩(盛發)하야면、발하야、보임(聲名)이、가한데、당(當)

하야、이、셩덕(聖德 實)의、실샹이、잇난지라、이럼으로、써、이、셩덕(聖德)의、셩명(聲名)이、잇셔셔、

안으로、즁국(中國)에、넘치고、밧으로、만맥(蠻貊)에、버더미쳐셔、배와、수레의、이르난바

와、사람의、힘의、통(通)하난바와、하날의、덥푼바와、싸의、실은바와、날과、달의、

비치난바와、서리와、이슬의、쩌러지난곳에、극(極)하니、가히、즁국(中國)과、만맥(蠻貊)의、싸

에、다하얏다、일을지라、그、사이에、무릇、혈긔(血氣)가、잇셔사람의、류(類)가、된쟈ㅣ

그、임금으로、림(臨)하난、덕(德)을、우러러셔、놉히여、임금을、삼고、친하기를、부모(父母)

와、갓치、하지아니하리업스리니、대개、공경하고、밋부고、깃버함이、이에、이

르니、엇지、덕(德)의、미쳔바ㅣ넙고、큼이、하날과、갓흠이、아니리오、고로、갈오

대、하날을、배(配德)한다함이니、이것이、지극한、셩의、써、텬도(天道)가、된바ㅣ니라

우는ㅣ삼십일쟝이라○웃、글쟝을、이어、젹은덕(德)의、내ㅅ믈、흐름갓흠을、말(右第三十一章)

삼하심이니、또한、하날도(道)ㅣ니라○이글쟝은、한긔운의、긴(緊)히、이음이다、머

리졀을、즁히(重)、함이니、이것은、셩인(聖人德)의、덕을、자셰히、의론하고、아래에、그、

墜 露 霜 照 舟 貊 蠻 溢 名 聲
질더 토이 상쉬 조빗 배쥬 오랑 오랑 넘일 명일 소리
류러 러슬 리리 칠 개맥 만랑 칠 홈 성

니하리, 업고, 째로, 말하면, 덕음의, 질셔가, 되야셔, 말이, 백셩마음에, 합하

야, 백셩이, 놉히고, 밋지, 아니하고, 째로, 행하의, 베품이, 되

야셔 행함이, 백셩마음에, 합하야, 백셩이, 열복하지, 아니하리, 업스리니, 대

개, 발하야, 보임이, 각각, 그, 가함에, 당함이, 이갓흠이, 잇나니라

是以聲名이 洋溢乎中國施及蠻貊舟車所至 人力所

시이보 성명이 양일호 중국하 이급만맥 쥬거소지와 인력소

통과 텬지소부와 디지소재 일월소죠 상로소류에 범유혈

通天之所覆 地之所載 日月所照 霜露所隊 凡有血

긔쟈ㅣ막블존친 니하 고 왈배텬이니
氣者 莫不尊親 故曰配天이라

〔대문푼것〕 이로써, 성명이, 즁국에, 넘쳐셔, 만맥에, 버더, 미쳐셔배와수

레의, 이르난바와, 사람의, 힘의, 통하난바와, 하날의, 덥흔바와, 싸의, 실은

바와, 날과, 달의, 비치난바와, 서리와, 이슬의, 써러지난바에, 무릇, 혈긔잇

난쟈ㅣ놉히며, 친치, 아니리, 업나니, 고로, 갈오대, 하날을, 배함이니라

〔글자푼것〕 이난, 버더감이오, 류난류사자와 갓흠이오, 배텬은, 그덕의, 미쳔

언해중용쟝구대젼

一八七

溥博如天 淵泉如淵 見而民莫不敬 言而民莫不

보박은여텬고연텬안여연라현이민막블경며언이민막블

信 行而民莫不說이니

신하며 行행이민막블열이라니

리오

〔대문풀것〕 두루하고, 넙은것은, 하날갓고, 연하고, 쳔함은, 못, 갓흔지라, 보

임애, 백셩이, 공경치, 아니하리, 업스며, 말삼함애, 백셩이, 밋지, 아니하리, 업

스며, 행함애, 백셩이, 깃버, 아니하리, 업스니라

〔글자풀것〕 見견은, 現현字라 說열은, 悅열字라

〔글쯧풀것〕 지극한, 셩의, 보박하고, 연텬하야, 때로, 나옴이, 심샹한데, 비

할것이, 아니라, 그, 보박함을, 비기면, 하날의, 큼이, 박갓이, 업

거늘, 셩인의, 덕도, 쏘한, 박갓이업고, 그, 연텬함을, 비기면, 못(淵)과, 갓흐니,

못의, 깁픔이, 측량할수업거늘, 셩인의, 덕도, 쏘한, 측량할수, 업스니, 대개,

그, 채우고, 싼것이, 극히, 셩한지라, 이, 극히, 셩한덕이, 잇셔셔, 때로, 보이면

덕용의, 움직임이, 되야셔, 보임이, 백셩마음에, 합하야, 백셩이, 공경하지, 아

찬연히, 빗이잇고, 됴리가, 질연히, 차셔가, 잇셔셔, 매사에, 자셰하고, 쥬밀하

야, 추솔하지, 아니하며, 삷히고, 삷히여셔, 혼잡지, 아니하나니, 쥭히, 써, 긔미

롤분셕하야, 분별함이, 잇슬지니, 이, 텬하의, 지극한, 셩인, 된바이니라

溥博淵泉 而 時 出 之 라니

보박연쳔이시츌지라

〔대문푼것〕 溥博은, 두루하고, 넓은것이오, 淵泉은, 고요하고, 깁허셔, 근본

이, 잇슴이오, 츌은, 발현, 함이니라

〔글자푼것〕 溥博은, 두루하고, 넓으며, 연하고, 泉은, 때로, 츌하나니라

〔글뜻푼것〕 성인이, 다셧덕(웃대문의 다섯가지니라)이, 갓추어쥭하야, 그, 가온

대, 채우고, 싸인것이, 두루, 다, 갓추어셔, 광활하게, 다, 포함하니, 엇지, 그리,

두루하고, 넙어셔, 져츅, 함이, 두터우며, 고요하고, 깁게, 감추어셔, 근원과, 근

본이, 궁진하지, 아니하니, 엇지, 그리, 연하고, 쳔하야, 자뢰함이, 깁흔고, 톄가

갓추지, 아니함이, 업난지라, 고로, 용이, 두루하지, 아니함이, 업셔셔, 다셧가

지가, 때룰, 싸러나와셔, 박갓에, 발하야, 보이니, 그, 엇지, 혹, 괴핍함이, 잇스

고, 용납함이 통(通)하지, 못하는바ㅣ 업고, 지(知)함이, 알지못하는바ㅣ 업셔셔, 셔믈(庶物)

에, 머리(首)로, 나와셔, 크게사람에게, 지난지라, 죡히, 써, 우에거하야, 아래에 거(居)

림할지니, 바탕이, 온전치, 아님이, 업스면, 덕(德)이갓추지아님이, 업난지라, 그, 인(仁)에

의, 덕을, 말하면, 너그럽고, 넓어셔, 협애(狹隘)하지아니하고, 우하고, 유(優)하야, 급박(急迫)

하지, 아니하고, 온공(溫恭)하고, 두터워셔, 참혹(慘酷)하고, 각박(刻薄)하지, 아니하고, 부드럽

고, 슌(順)하야, 괴(乖)하고, 려(戾)하지, 아니하나니, 이것이, 문득, 이, 사해(四海)를, 용납하야

보존하난도량(度量)이니, 죡히, 써, 믈(物)을, 길너셔, 용납함이, 잇슬것이오, 그의의덕(義德)을

말하면, 분발(奮發)하야, 폐(廢)하고, 풀니지, 아니하고, 강하고용맹하야, 버리고, 쓰러

지지아니하고, 굿고, 강(剛)하야, 굽히지, 아니하고, 과단하고, 굿셰여셔, 쉬지, 아

니하나니, 죡히, 써, 일(事)을, 졔어하야, 잡음이잇슬것이오, 그례(體)의덕(德)을, 말하

면, 재계(齊)하야, 슌일(純一)하고, 잡(雜)되지, 아니하며, 씩씩하야, 단졍하고, 엄하야, 만홀(慢忽)

하지, 아니하며, 지나가고, 미치지, 못함이, 업시, 가온대, 하야, 편지지아니하(偏)

고, 의지(倚)하지, 아니하야, 바르니, 이것은, 문득, 불현(不顯)과, 독공(篤恭)의신(神)이니, 신을

죡히, 써, 법도(法度)를잡아셔, 공경함이, 잇슬것이오, 그지(知)의, 덕(德)을, 말하면, 문쟝(文章)이

足以有容也 發强剛毅足以有執也 齊莊中正足以
죡이유용야ㅣ발강강의ㅣ죡이유집야ㅣ며재쟝즁졍이족이

有敬也 文理密察足以有別也
유경야ㅣ문리밀찰이죡이유별야ㅣ니

〔대문푼것〕 오즉,텬하의,지극한,셩이아,능히,총,이며,명이며,지ㅣ

죡히,써,림함이,잇나니,너그러우며,넉넉함이며,온이며,부들어움이,죡히,

써,용납함이,잇스며,발이며,강이며,강이며,의ㅣ죡히,써잡음이,잇스며,재

며,쟝이며,즁이며,졍이,죡히,써공경함이,잇스며,문이며,리이며,자셰함이

며,살힘이,죡히,써분별함이잇나니라

〔글ᄌᆞ푼것〕 림은,우에거하야,아레에,림함을,일음이오,문은,문쟝이오,리

난,됴리오,밀은,자셰함이오,찰은,밝게분변함이라

〔글ᄯᅳᆺ푼것〕 우의,젹은덕이,내ㅅ물갓치흐른다함을,이어셔,말하야,갈오

대,대범덕이,가추지못함이,잇난쟈난,다,셩이,지극지못함이,잇난것이라,

오즉,텬하의,지극한,셩이,텬셩이,슌젼하고,졍하야,그나(生)셔,아난(知)바

이라야,능히,총함이,듯지,못하는바ㅣ업고,명함이,보지,못하는바ㅣ업

聰 귀밝을총

明
명하야, 쉬지아니함과, 갓고, 대뎌, 그, 아울너, 기르고, 아울너, 行행하난것은, 이

天地
때로, 나와셔, 궁진하지, 아니함이라, 적은德덕이, 잇스니, 化화하난, 根原근원의, 敦厚盛大돈후셩대함이

德
이, 잇셔셔, 써, 合합함이, 되니, 이것이, 텬디의, 天地도ㅣ지극히, 써, 나눔이되고, 큰德덕

仲尼
미치지, 못하난바ㅣ라, 참, 이것이, 즁니의, 仲尼도ㅣ지극히, 큼이, 되야셔, 가히, 미

天道
치지, 못할바인뎌
右 第三十章
우는뎨삼십쟝이라 ○텬도를, 말함이니라 ○이, 글쟝은, 즁용의, 中庸道도ㅣ즁니에

節
다함을, 보임이니, 머리졀에, 이미, 즁니의, 仲尼큰곳을, 다한지라, 다음졀은, 그,

天地 天遊
큰것을, 비유하고, 뜻졀은, 텬디의, 써, 큼이된바를, 말함이니, 즁니가, 仲尼텬디한

天遊
로, 더불어, 그, 큼을, 갓치한듯이, 스스로, 보임이라, 우의, 두어글쟝은, 天遊텬도

聖 道
와, 인도의, 일을, 말함이, 자셰하고, 또, 다하얏거늘, 이글쟝에, 다시, 仲尼즁니한

夫子
몸의, 일로, 써, 마치니, 대개, 써, 여러셩인의, 道도ㅣ부자의, 몸에, 다, 모듸임

唯天下至聖
을, 보인것이니라

爲能聰明睿知
足以有臨也
寬裕溫柔
유텬하지셩아위능총명예지ㅣ족이유림야ㅣ니관유온유ㅣ

萬物並育而不相害 道並行而不相悖 小德 川流

대덕은 돈화ㅣ니 차ㅣ 텬디지소이위대야ㅣ라
大德敦化此天地之所以爲大也ㅣ니

만믈이병육이블상해며 도ㅣ병행이블상패라 쇼덕은 텬류오

（대문푼것）만믈이, 아울너, 길너셔, 셔로, 해치, 아니하며, 도ㅣ, 아울너, 행하

야, 셔로, 어그러지지, 아니하난지라, 적은, 덕은, 내（川）의, 흐름이오, 큰, 덕은,

화를, 도타히하니, 이것이, 하날과, 싸의, 써, 큰바이니라

（글자푼것）패난, 패와, 갓흐니, 어그러짐이라

（글뜻푼것）시험하야, 텬디로, 써, 보면, 더욱, 즁니를, 알지라, 하날이, 덥지,

아니함이, 업스며, 싸이（실載）지, 아니함이, 업스니, 만믈이, 아울너, 그, 사이

에, 길녀셔, 성과, 명이, 각각, 발（正）녀셔, 셔로, 침해하지, 아니하고, 사시와, 일

월이, 한번, 차（寒）고, 한번, 더우（著）며, 한번, 낫（晝）하고, 한번, 밤（夜）하야

울너, 그, 가온대, 행하되, 곳쳐셔, 번가러, 차례를, 싸룸이, 셔로, 어그러지지

아니함이니, 대덕, 그, 해（害）하지, 아니하고, 어그러지지, 아니하난것은, 이에이

텬디에, 흣터져, 다름의, 적은, 덕이, 잇스니, 내（川）ㅅ물흘음에, 텬지만파가, 분

언해중용장구 대천

一八一

辟 가질 지
持 덥흘 도
幬 착석길
錯 대대
代 대 신

일월지대명이라
日月之代明이니

비여텬디지무블지재며하**무블부도**며하**비여사시지착행**여

辟如天地之無不持載無不覆幬辟如四時之錯行如

日月之代明이니

〔대문푼것〕 비유컨댄, 하날과, 싸의, 가지(持)고, 실(載)지, 아니함이, 업스며, 덥(覆)고, 덥(幬)지, 아니함이, 업스며, 비유컨댄, 사시의, 번가러(錯)행함,

〔글자푼것〕 비(辟)난, 비ㅅ자와, 譬字 갓흠이오, 착은, 번가름(迭)과, 갓흠이니, 이것

은, 성인의, 덕을, 말함이라 聖人德

〔글ㅅ듯푼것〕 대뎌, 조술하고, 헌쟝하고, 祖述 憲章 샹률하고, 하습하심이, 上律 下襲 古今 上下 의, 도를, 겸하야, 몸바더셔, 遺漏 유루됨이, 업스심이, 비유컨댄텬디의, 한물건도 天地 가지고, 실지, 아니함이, 업스며, 한물건도, 덥지, 아니함이, 업슴갓흐며, 그, 금과, 샹하의, 도를, 거느려셔, 번가러, 운견하야, 궁진하지, 아니하심이, 비유 上下 컨댄, 텬디, 가온대, 사시의, 셔로, 四時 번가러, 행함갓흐며, 날과, 달의, 셔로, 대신 行 天地 하야, 밝음갓흔지라, 즁니의, 크심이, 이갓흐니, 이난, 즁니가, 한, 텬디시니라 仲尼 仲尼 天地

一八〇

함이니, 다, 안과, 밧글, 겸하고, 근본과, 씃을, 갓추어셔, 말함이라

〔글쓰즈푼것〕 자사(子思)ㅣ 젼에, 요슌, 문무, 쥬공(堯舜文武周公)이, 능히, 즁용(中庸)의, 도(道)를, 톄하심(體)을,

말삼하시고, 이에, 이르러셔, 공자(孔子)ㅣ요슌, 문무, 쥬공(堯舜文武周公)을, 법(法)하야, 써, 즁용(中庸)의,

도(道)를, 톄하심을, 말삼하야써, 텬도(天道)와, 인도(人道)의, 말을, 마치시니, 대뎌, 큰도(道)ㅣ홀

로, 그일움을, 모둔쟈는, 오즉, 우리, 즁니(仲尼)신뎌, 요슌은, 인도(人道)에, 극진함이어날, 즁

니는, 밧들어, 놉히여셔, 젼술(傳述)하시니, 박과, 약(博約)은, 졍과(精), 일(一)의, 쏫에, 합(合)하고, 시

즁은, 집중(執中)의, 젼(傳)함에, 근본함이니, 다, 멀니, 그, 심법(心法)을, 놉힌바이오, 문무(文武)는

법졔(法制)의, 갓춤이어날, 즁니(仲尼)는, 밧들어, 법(憲)하야, 표쟝(表章)하시니, 졍치(政治)는, 방책(方策)을,

들어말하시고, 례악(禮樂)은, 반다시, 션진(先進)을, 조치심은, 다, 갓가히, 그, 모와열을, 직

히심이오, 하날의, 사시(四時)에, 자연(自然)한, 운(運)이, 잇거날, 즁니(仲尼)는, 우으로, 법하야, 행지(行止),

와, 구속을, 곳, 사시(四時)로, 더불어, 슌응(順應)하고, 사방(四方)의, 슈도(水土)가, 일뎡(一定)한, 리치

가, 잇거날, 즁니(仲尼)는, 아레로인하야, 용사와, 행장(凶舍行藏)을, 곳, 슈토(水土)로, 더불어, 편안히,

그침을, 하심이라, 뎨왕(帝王)의, 졍(精)함을, 합(合)하고, 텬디(天地)의, 법(撰)을, 톄(體)하시니, 즁니

의, 도(道)ㅣ그, 셩(盛)하신뎌

祖 비한아조
憲 법범헌
律 률법률
襲 할엄습

하지, 아니함이, 엇지, 우연함이리오, 이것이, 인도ㅣ니라 偶然

우는데이십구쟝이라○웃글쟝의, 우에, 거하야, 교만치, 아니한다, 함을, 이

어셔, 말삼한것이니, 쏘한, 인도ㅣ라 人道

右 第二十九章

큰, 쯧이니, 다음졀은, 경하나니라 輕, 본신, 두졀은, 군자의, 졔작이, 다, 착함을,

말하야, 삼즁의, 구졀을, 응하고, 시고졀은, 군자의, 졔작인, 백셩에, 맛당함

을, 말하야, 허물이, 젹다ᄂᆞᆫ구졀을, 응하고, 쯧졀에, 시를, 이ᄭᅥᆯ러, 백셩에,

허물, 젹음이, 본신의, 착함으로, 말미암음을, 보임이니, 우에, 거한쟈ㅣ반 居

다시, 슈하고, 응합으로, 써, 죵요함을, 삼을지니라 凝

仲尼 祖述堯舜 憲章文武 上律天時 下襲水土

즁니난, 조슐요슌하시고, 헌쟝문무하시며, 샹률텬시하시고, 하습슈토하시니라

(대문푼것) 즁니난, 요슌을, 조슐하시고, 문무를, 헌쟝하시며, 우으로난, 텬

시를, 법하시고, 아래로난, 슈토를, 습하시니라

(글자푼것) 조슐은, 멀니, 그, 도를, 놉힘이오, 헌쟝은, 갓가히, 그, 법을, 직힘

이오, 률텬시는, 그, 자연의, 운을, 법함이오, 습슈토는, 그, 일뎡한, 리치를, 인

一七八

이갓치아니하고, 일즉이, 기림을, 텬하에, 둘쟈ㅣ잇지, 아니하니라 周頌振鷺篇 射 此字

〔글자푼것〕 詩난, 쥬송진로의편이오, 여은, 실혀함이오, 여차의, 차人자는, 如此

본져신이하의, 여섯가지일을, 가르쳐말함이라 本諸身以下

〔글ㅅ뜻푼것〕 君子 군자의, 허물을, 젹게함이, 텬하에, 잇스면, 군자의, 기림(譽)이, 天下 傳俜

쏘한, 텬하에, 잇스나, 그러나, 다, 삼즁의, 진션함을, 근본함이오, 요행히, 이룬 天下 三重 盡善 三王

(致)것이, 아니라, 쥬송진로의, 글에, 삼왕의, 뒤를, 알음다히, 역여겨, 일으되, 周頌振鷺 詩

뎌, 본국에, 잇셔도, 미워하난쟈ㅣ업고, 이, 우리, 쥬人나라에, 잇셔도, 실혀 本國 周

하는쟈ㅣ업슴은, 져와, 이에, 다, 맛당함이라, 일즉과, 밤(夜)사이에, 거의(庶幾) 名譽

길게, 그, 아름다운, 명예를, 마칠진뎌, 하니, 그, 길게, 기림을, 마침은, 반다시, 名譽

미워함이, 업고, 실혀함이, 업슴에, 근본함이, 이갓흐니, 삼즁이, 잇난, 군자 三重 君子

ㅣ몸에, 근본하야, 백셩에, 딩험하야, 어그러지지, 아니하고, 의혹하지, 아니 世道 世 疑惑

함이, 이와, 갓지아니하고, 능히, 셰로, 도하고, 셰로, 법하고, 셰로, 측하고, 바 天下 世 法 世

(望)람이, 잇고, 실혀하지, 아니하야, 일즉이, 텬하에, 명여를, 두는쟈ㅣ잇지아 天下 名譽

니함을, 가히볼지라, 그런즉, 덕을, 닥고, 도를, 응하야, 써, 우에, 거하야, 교만 德 道凝 居

一七七

彼 저 피
射 역실홀
夙 슉일을
夜 밤야
永 길영
終 마칠종
譽 여기릴
蚤 조일즉

하야, 행함이니, 사람이, 다, 그, 행함에, 말미암어셔, 셰셰로, 텬하의, 법뎡이

되야셔, 조차, 직히지아니할쟈ㅣ업고, 삼즁의, 도로뻐, 의론에, 발하고, 호령이

에, 폄(布)은, 이것이, 동하야, 말함이니, 사람이, 다, 그말로, 말미암어셔, 셰셰

로, 텬하의, 쥰측이, 되야셔, 바름을, 취하지아니할쟈ㅣ업스리니, 이갓흐면, 말

이, 잇고, 긔내의, 갓가운것으로뻐, 말하야면, 그언행의, 셧셧함이, 잇슴에, 익혀

하면, 그, 언행의, 넓히, 입험을, 깃버하야, 우러러, 법측을, 사모하야, 바람(望)은

뒤셰샹의, 텬하ㅣ다, 밋고, 조차셔, 허물이, 젹으리라, 사해의, 먼것으로뻐, 말

셔, 법측에, 편안하야, 시려하지아니하리니, 이갓흐면, 당시의, 텬하ㅣ다, 밋

고, 조차셔, 허물이, 젹을지라, 삼즁의, 진션함이, 엇더하뇨

자왈재피무오ㅣ며 재차무역이라ㅣ셔긔슉야ㅣ야 이영죵여ㅣ하니 군

시왈재피무오며 재차무역이라 셔긔슉야하나라

시왈유블여차이조유여어텬하쟈야ㅣ라

〔대문푼것〕

子未有不如此而蚤有譽於天下者也

詩曰 在彼無惡 在此無射 庶幾夙夜 以永終譽

시에, 갈오대, 뎌에, 잇셔, 미워함이, 업스며, 이예, 잇셔, 실혀함

이, 업슨지라, 거의, 일즉하며, 밤하야, 뻐, 기림을, 길리, 마천다하니, 군자ㅣ

一七六

是故로君子난動이而世爲天下道니行이세위텬하法이며言이

世爲天下則이니遠지즉有望이오近지즉不厭이라

〔대문푼것〕 이런고로, 군쟈난, 동함에, 대로, 텬하에, 도가, 되며, 법이, 되며, 말함에, 대로, 텬하에, 측이, 되난지라, 멀면, 망함이

잇고, 갓가우면, 실치, 아니하나니라

〔글자푼것〕동은, 언행을, 겸하야, 말함이오, 도난, 법측을, 겸하야, 말함이

오, 법도오, 측은쥰측이라

〔글ᄯᅳᆺ푼것〕 대뎌, 군자ㅣ하날과, 사람의, 리치를, 알어셔, 졔작이착함을, 다

함이, 이갓흐면, 사람이, 엇지, 밋고, 조차셔, 허물을, 젹게하지, 아니할자ㅣ

잇스리오, 이런고로, 군자의, 삼즁의, 도ㅣ한, 몸에, 동작하야, 텬하에, 시조함

이, 한갈갓치, 다, 하날을, 가히, 어기지, 못하고, 사람의, 가히, 박구지못할쟈

ㅣ라, 다만, 일셰에만, 말미암을것이, 아니오, 셰셰로, 텬하가, 한가지, 말미암

을, 도가, 될지니, 삼즁의, 도로써, 내몸에, 다하야, 졍사에, 베품은, 이것이, 동

〔글자푼것〕 지텬(知天)과, 지인(知人)은, 그리치(理)를, 알미라

〔글ㅅ푼것〕 군자(君子)의, 졔작(制作)이, 합(合)하지, 아니함이, 업슴은, 하날과사람리치에,

지나지, 아니할ᄯᆞ름이니, 귀신(鬼神)은, 지극히, 그윽호대, 질졍(質)하야, 의심이, 업슴

은, 하날의, 리치를, 알미라, 대개, 귀신(鬼神)은, 하날의, 용(用)이, 되니, 군자(君子)ㅣ신(神)을, 궁

구하고, 화(化)를알어서, 하날도(道)의, 써, 그러한바, 리치를, 알미, 다, 하지, 아님이,

업난지라, 고로, 그, 졔작(制作)에, 보인것이, 다, 하날에, 합(合)하야, 스스로, 가히, 질졍(質)

하야도, 의심이, 업슴이니, 귀신(鬼神)을, 말한즉, 텬디(天地)를, 가히, 알지오, 뒤ㅅ셩인(聖人)은, 지

극히, 멀되, 기다려셔, 혹(惑)하지, 아니한쟈는, 사람의, 리치를, 알미라, 대개, 셩인(聖人)

은, 사람의, 지극함이, 되니, 군자(君子)ㅣ물(物)에, 밝고, 륜(倫)을, 삷히여셔사람마음의, 한

가지, 그러한바, 리치에, 알미온젼처아니함이, 업난지라, 고로, 그, 졔작(制作)에, 보

인것이, 다, 사람에, 합(合)하야, 스스로, 가히, 기다려도, 혹(惑)하지, 아니할지니, 뒤

셩인(聖人)을, 말한즉, 삼왕(三王)을, 가히, 알지라, 군자(君子)ㅣ덕셩(德性)을, 놉히고, 문학(問學)으로, 말미

암은뒤에, 마음이, 근본과, 비로솜을, 통(通)하야, 하날과사람의, 리치가, 한, 근원(根原)

에, 모인지라, 고로, 안죽, 알지, 못하난바가, 업셔셔, 졔작(制作)이, 다, 착한바이라

바로, 써, 텬디로, 더블어, 셔로참예하야도, 마루재셔, 일우고, 도읍고, 도음

이(裁成輔相)그, 자연의, 도로, 더블어, 거스리고, 어그러짐이, 업고, 귀신은, 형

샹이, 업셔셔, 알기가, 어려우나, 그러나, 나의, 졔작함이, 이믜, 가히, 박굴것

이업는지라, 귀신의게, 질졍하야도, 그, 굴하고, 신하고, 변하고, 화함이, 그옥

함을, 써, 밝은대, 딩험함이, 잇셔셔, 의심이, 업슬것이며, 뒤, 셩인이이르지아

니하얏스니, 혜아리기, 어려우나, 그러나, 나의, 졔작함이, 이믜, 더, 할것이업

난지라, 백셰의, 셩인을, 기다려도, 그, 작위하고, 운용함이, 먼것을, 각가움

에, 딩험함이, 잇셔셔, 혹하지, 아니하리니, 대개, 군자의, 셰가지, 즁한도ᅵ

가셔, 합하지, 아니함이, 업스니, 그, 공용이, 크고, 멉이이와, 갓홈이, 잇나니라

질져귀신이무의지텬야ᅵ오백셰이사셩인이블혹은지인

야ᅵ니(也 라)

質諸鬼神而無疑知天也百世以俟聖人而不惑知人라

〔대문푼것〕 귀신에, 질졍하야도, 의심이, 업슴은, 하날을, 앎이오, 백셰에

써, 셩인을, 기다려도, 의혹지, 아니함은, 사람을, 앎이니라

〔대문푼것〕 故로, 군자의, 도난, 몸에, 근본하야, 모든, 백셩에, 징험하며, 삼
왕에, 샹고하야도, 그르지, 아니하며, 턴디에, 셔워도, 어그러지지, 아니하며,
귀신에, 질졍하야도, 의심이, 업스며, 백셰에, 써성인을, 기다려도, 의혹지, 아
니하나니라

〔글자푼것〕

〔글뜻푼것〕 졔작하는자루(柄)를, 잡은쟈ㅣ반다시, 덕이, 잇고, 위가, 잇고,
때가, 잇셔야, 백셩이, 이에, 밋고, 좃차셔, 이에, 다, 착함을, 일꺼를지라, 이런
고로, 턴하에, 왕한, 군쟈ㅣ그, 셰가지, 중한도ㅣ덕셩이, 이미, 놉고, 문학인이이
미, 말미암음을, 인하야, 써, 례악의, 졍을, 밝히고, 사물의, 법을, 조침이, 잇셔
셔, 일일히, 그, 몸에, 근본하고, 쏘, 하날명을, 바더셔, 턴자가, 되야, 개혁할
때를, 맛나셔, 졔작할위에, 거하야, 턴하의, 뭇백셩의게, 딩험하면, 반다시, 밋
고, 반다시, 좃칠, 리치가, 잇셔셔, 또한, 가히, 써, 나의, 졔작함의, 잘함을, 딩험
할지라, 이에, 이졔날의, 행한바로써, 삼왕에, 샹고하야도, 인하고, 혁하고, 손
하고, 익함이, 그, 이미, 그러한, 자최로, 더불어, 어그러진바ㅣ업고, 나의, 셰운

一七二

惑
혹이니
라

흔것이라

〔글쯧푼것〕　일은바、텬하에、왕하난쟈난、이엣、덕이잇고、쏘、쎄와、다못、
위가、잇난쟈ㅣ라、시왕이젼은、이것이、우인쟈ㅣ니、그、졔작이、비록착하나、
그러나、셰샹이、멀고、사람이、업셔셔、그、쎄가、아님으로、가히、딩거하야、샹
고할수、업난지라、딩거함이、업슨즉、쥭히、사람의게、신을、취하지、못하고、
신치、아니한즉、백셩이、해연하야、좃지、아니할것이오、쏘、셩인이라도、아래
에、잇스면、이난、아래인쟈ㅣ니、비록、제작을、잘하나、그러나、몸이、굴하고、
도가、궁하야、그、위가、업셔셔、놉지、아니한지라、놉지、아니한즉、쥭히、백셩
의게、신을、취하지、못하고、신치아니한즉、백셩이、구경하고、좃지、아니하리
니、허물이、적고자、한들、어드랴

故로 君子지道ㅣ난 本져身야 徵諸庶民며 考諸三王而不謬며 建
고 군자지도ㅣ난 본져신야 딩겨셔민며 고져삼왕이블뉴며 건
겨련디이블패며 質諸鬼神而無疑며 百世以俟聖人而不
겨련디이블패며 질져귀신이무의며 백셰이사셩인이블

룰, 짓고, 문을, 샹고하난, 셰가지의, 극히, 즁대한, 일이, 잇스니, 이로써, 텬하

의, 보고, 듯난것을, 새롭게하고, 텬하의, 마음과, 뜻을, 한갈갓치하면, 정사

를, 조뎡에, 봄애, 나라의, 졍사가, 다르지아니하고, 풍쇽을, 들(野)에, 봄애, 집

이, 풍쇽이, 다르지아니하야, 궤가, 갓고, 문이, 갓흔, 다스림이, 한갈

갓허셔, 모다, 도를, 좃고, 의를조치리니, 텬하의, 사람이, 다, 허물이, 젹을진뎌

상언쟈난, 者雖善, 雖善, 無徵, 無徵, 不信, 不信, 民弗從, 텬하의

샹언쟈무딩무딩블신, 블신, 이니, 民弗從, 이니

쟈슈션블존, 블존니, 블신, 오블신, 민블죵, 하언

〔대문푼것〕 샹인쟈난, 비록, 착하나, 딩거함이, 업스니, 딩거함이업슨지라

밋지, 아니하고, 밋지, 아니하난지라, 백셩이, 좃지, 아니하나니라, 하인쟈난,

비록, 착하나, 놉지, 아니하니, 놉지, 아니한지라, 밋지, 아니하고, 밋지, 아니

하난지라, 백셩이, 좃지, 아니하나니라

〔글자푼것〕 샹언쟈는, 일으되, 시왕이젼이니, 하ᄉ나라와, 은나라의, 례갓흔

것이오, 하언쟈는, 일으되, 셩인이, 아레잇슴이니, 공자의, 례를, 잘하심과갓

右 第二十八章

우는데이십팔쟝이라○웃글쟝의、아레가、되야、어그러지지、아니한다、함

을、이어셔、말함이니、쏘한、인도라○이글쟝은、아레가、되야、어그러지지、아

니한다난것을、이어셔、말함이니、쳔함에、감히、스스로、오로지、하지、못함

을、즁하게함이니、대개、오즉、문왕무왕의、법졔가、오히려、잇슴으로、위가、

잇고、덕이、업스며、덕이、잇고、위가、업난쟈는、다、감히、례와、악을、짓지、

못한다、함이니、비록、부자의、셩인으로도、감히、하지、못하거든、하믈며、다

른、사람이리오、진실로、아레됨에、가히、어그러지지、못할것이로다

왕텬하ㅣ유삼즁언니기과과의호 (王天下 有三重焉 其寡過矣乎)

〔대문푼것〕텬하를、왕홈이、셰가지즁한것이、잇스니、그、허물이、적으린뎌

〔글자푼것〕삼즁은、례를、의론함과、법도를、지음과、글을、샹고하난것을、

일음이라

〔글쓴즈푼것〕자사ㅣ일으샤대、우에、거하야、교만하지、아니함을、무엇에、봄

고、셩인이、비로소、명을、바다셔、텬하에、왕하난쟈ㅣ、례를、의론하고、법도

〔글자푼것〕 긔난, 하ᄉ나라의, 뒤오, 딩은, 증거함이오, 송은,은나라의, 뒤라

〔글ᄯᅳᆺ푼것〕 비록, 공자의, 셩인으로, ᄡᅥ, 덕은, 잇스나, 위가, 업슴으로, 감히,

쥬ᄉ나라를, 어긔지, 못하시고, ᄯᅩ한, 일즉이, 스스로, 말삼하여갈아샤대, 나

ㅣ일즉이, 하ᄉ나라의, 례를, 말함에, 쳔과, 백에셔, 열과, 한아ᄅᆞᆯ, 들어셔, 능

히, 그, ᄯᅳᆺ을, 말하되, 하ᄉ나라뒤에난, 갈오되, 긔ᄉ나라이나, 문혼이, 잇지아

니하니, ᄶᅩᆨ히, 딩거함이되지, 못하고, 나ㅣ일즉이, 은나라, 례를, 배화셔, ᄯᅩ한,

이미, 샹고하야, 구하야, 복습하얏스나, 그러나, 은나라의, 뒤난, 송나라이라,

겨우, 잇기는, 그러나, ᄯᅩ한, 젼대의, 일이어니와, 오즉, 나의, 배혼바

의, 쥬ᄉ나라, 례난, 졍히, 우리, 문왕무왕이, ᄲᅢ를, 타셔, 지은것이라, 지금,

한,신민이, ᄌᆞ졋차셔, ᄡᅳ니, 이미, 하ᄉ나라, 례의, 딩거업슴도, 아니오, ᄯᅩ한, 은

나라, 례의, 이미, 지나간것도, 아니니, 나ㅣ오즉, 쥬ᄉ나라를, 조차셔신자의,

분수를, 직힐ᄯᅡ름이라, 하시니, 그런즉, 아레가, 되야셔, 배반하지, 아니하난

의를, 부자의, 말삼을, 보면, 더욱, 나타나는것이라, 그러나, 슈하고, 응함이,

이미, 지극하고, 명텰하야, 몸을, 보존하는군자가, 아니면, 그누ㅣ능히하리오

周 라쥬·쥬나
宋 라송·송나
殷 라은·은나
杞 들산버·긔
夏 하여름·름
說 설말·산

〔글자푼것〕

〔글쑷푼것〕 이로써보면, 왕졔의, 크게갓흠이, 이와, 갓흐니, 아래에, 잇난

쟈ㅣ엇지, 감히, 우(上)에, 어그러, 지리오, 고로, 다만, 위만, 업슬뿐, 아니라,

아울너, 덕이, 업난쟈도, 감히, 짓지, 못하나니, 비록, 텬자의, 위가, 잇스나, 진

실로, 셩인의, 덕이, 업스면, 또한, 어리셕은지라, 진실로, 감히, 스스로, 써(用)

셔, 써, 례와, 악을, 짓지못하고, 비록, 셩인의, 덕이, 잇스나, 진실로, 텬자의,

위가, 업스면, 또한, 쳔한지라, 또한, 감히, 스스로, 오로지하야, 써, 례와, 악

을, 짓지못하나니라

子曰吾說夏禮ㅣ나 杞不足徵也ㅣ오 吾學殷禮ㅣ 有宋이存焉이어

쟈ㅣ왈오셜하례나 긔블죡딩야ㅣ오 오학은례니호 유송이 존언니와

吾學周禮今用之ㅣ니 吾從周호리

오학쥬례니호 금용지라 오죵쥬라

〔대문푼것〕 쟈ㅣ갈아샤대, 나ㅣ하ㅿ나라의, 례를, 말하낫, 긔ㅣ죡히, 딩거

치, 못하고, 나ㅣ은나라, 례를, 배호니, 송이, 잇거니와, 나ㅣ쥬ㅿ나라, 례를,

배호니, 이졔, 쓰난지라, 나ㅣ쥬ㅿ나라를, 조치리라

언해즁용장구대젼

一六七

〔글슷푼것〕 오즉、례禮를、의론하고、법法도度를、짓고、문文을、샹고함이、텬天자子의게

나온지라、오날의、텬天하下ㅣ문文왕王무武왕王의、창創조造한뒤를、이어셔、그、법法졔制와、뎐典쟝章

을、조차、직히여셔、다름이、업스니、수레로、써、말하면、지地(造)은쟈ㅣ한사람

이、아니로되、수레박휘의、자최가、ᄯᅡ에、잇난쟈ㅣ상相거距의、넙고、좁음이、한갈

ᄀᆞᆺ고、글시로、써、말하면、쓰(筆)는쟈ㅣ한사람이、아니로되、뎜點과、획畫과、형形샹象

의文、문이、사四방方이、한갈ᄀᆞᆺ고、행실로、써、말하면、행行하난쟈ㅣ아니

로되、샹上하下가、셔로、졉接하난차次셔序의、륜倫이、등급과、졀문이、다、한갈ᄀᆞᆺᄒᆞ니、대

개、갓치、이、쥬周人나라텬天자子의、뎡定하신바ㅣ그러하니라

슈유기위나 구무기덕이면 블감작례악언ᄒᆞ며 슈유기덕이나 구무
雖有其位 苟無其德 不敢作禮樂焉 雖有其德 苟無

기위역블감작례악언이니
其位亦不敢作禮樂焉

〔대문푼것〕 비록、그、위位잇스나、진실로、그、덕德이、업스면、감히、례禮와、악樂을、

짓지못하며、비록、그、덕德이、잇스나、진실로、그、위位업스면、ᄯᅩ한、감히、례禮와

악樂을、짓지、못하나니라

됨을、불지니、반다시、셩인이〔聖人〕운수를、응하야、일어난연후에、가히、써、한대〔一代〕친〔親〕

의、법〔典〕과、쟝을、뎡하고〔定〕、만민의〔萬民〕、마음과、뜻을、가지런하게、할지라、쳔〔天子〕

하고、소하며、귀하고、쳔합이셔로〔貴賤〕、졉하난례가〔接禮〕잇스나、그러나、오즉、쳔자ㅣ

라야、의론할것이오、쳔자가、아니면、감히、의론치못하고、궁실과〔宮室〕수레와옷

곽、긔용이〔器用〕、일뎡한〔一定〕、등급이〔等級〕잇스나、그러나、오즉、쳔자ㅣ라야、지을것이오、쳔

자가、아니면、감히、짓지못하고、셔사하는〔書寫〕、문자가〔文字〕、도모지뎜과〔點〕、획과〔劃〕、형샹이〔形象〕

잇스나、그러나、쳔자ㅣ라야、샹고할것이오、쳔자가、아니면、감히샹고

하지못하나니、졍사가〔政〕、한〔一〕놉흔데、매임〔統〕이、이갓흐니라

금텬하ㅣ거동궤셔동문며행동륜라
〔今〕〔天下車同軌〕〔書同文〕〔며行同倫이니〕

〔대문푼것〕이졔、텬하ㅣ〔天下〕수레가、궤ㅣ갓흐며〔軌〕、글이、문이〔文〕갓흐며、행이〔行〕、륜〔倫〕
이갓흐니라

〔글자푼것〕금은〔今〕、자사ㅣ스스로〔子思〕、당시를〔當時〕、일으심이오、궤난、수레박휘、자최〔軌〕
의、졔도오〔制度〕、륜은〔倫〕、차셔의〔次序〕、톄통이라〔體統〕

언해즁용쟝구대쳔

一六四

議의논
制체지을
度법도
考할샹고

인고, 공자ㅣ일즉이, 갈아샤대, 대뎌, 사람이, 어리셕은쟈난, 맛당히, 몸을, 직
힐것이어날, 이에, 총명함을, 지어셔, 쓰기를, 조하하며, 쳔한쟈난,
맛당히, 분수를, 편안히할것이어날, 이에, 스스로, 망녕되히, 권셰자루를, 도젹질하
야, 써, 스스로, 오로지하고, 이졔ㅅ셰샹에, 나셔, 맛당히, 이졔의, 법도를, 조
차, 직힐것이어날, 이에, 도리키여셔, 예젼, 도를, 행하기를, 요구하면, 이갓흔
쟈난, 리치에, 어긔고, 분수를, 범함이라, 왕법에, 용납하지, 못할바ㅣ니, 재화
가, 반다시, 그, 몸에, 미철지라, 부자의, 말삼이, 이와, 갓흐시니라

非 天子ㅣ면 不議禮며 不制度며 不考文라니
비텬자ㅣ블의 례며 블졔 도며 블고문라

〔대문푼것〕
텬자ㅣ아니면, 례를, 의론치, 못하며, 법도를, 짓지, 못, 하며, 문
을, 샹고하지, 못하나니라

〔글자푼것〕
례난, 친한이와, 소한이와, 귀한이와, 쳔한이가, 셔로, 졉하난, 례
오, 도난, 품졔오, 문은, 글, 일홈이라

〔글뜻푼것〕
부자의, 말삼으로보면, 가히, 졔작함이, 국가의, 극히, 큰일이,

즁함이 君군자의、몸우에、잇는 지라、젼오졀은前五節、셩인의聖人道、도를、찬하야贊、능히、행行

하난사람에게、부쳐니、정히正道、도를體、톄하난、군자를君子、이쓰러、일으키난뜻이

라、대개、군자난君子、정히正、셩인을聖人、배호는쟈ㅣ니、맛졀에節、슈하고修、응하난、효效

험을驗、들어셔、군자가君子、이믜、도를道、몸밧는공을功、다、하면、문득、이、셩인의聖人

사람이라、셩인의聖人道、도를、행할지니、더욱、슈하고修、응함에、가히、말지못함을、

보임이라

쟈ㅣ왈우이호자용子曰愚而好自用하며、쳔이호자젼賤而好自專이오生乎今之世、생호금지셰야하反古之、반고지

도ㅣ여차쟈道如此者난、재급기신쟈야戕及其身者也ㅣ니

〔대문푼것〕 쟈ㅣ갈아샤대子、어리셕고、스스로、씀을、조히、역이며、쳔하고、스

스로、오로지함을、조히、역이고、이졔셰상에、나셔、예ㅅ도를道、도리키려하면、

이갓흔쟈난、재앙이戕、그、몸에、미칠쟈ㅣ니라

〔글자푼것〕 재난、예젼재ㅅ자오戕字、反反은、회복함이라

〔글ㅅ푼것〕 자사ㅣ일으샤대子思、아레가、되야、배반치、아니함은、무엇을、말함

에、이르지、아니할지라、나라이、道가、잇난때를、당함에、德이、잇는말이、말

마다、다、經濟의말이라、스스로、죡히、써、일어나셔、位에、잇셔셔、위하고、育

하고、經禮와、曲禮의、道ㅣ크게、쓰임에、보일것이오、나라이、道가、업난때를、

당함에、거두고、물너가、잠잠하야、위태하고、過激한、의론을、하야、禍를、取하

지、아니하니、스스로、죡히、써、셰상에、용납하야、위하고、經禮와、曲禮

례의、도를、한、마음에、감출지니、대개、우와、아레와、다스리고、어질어움에

맛당하지、아니한바가、업슴이、이와、갓흔지라、대雅烝民의、詩에、즁산보를、

알음다히、역이여、일음(云)이、잇스되、이미、밝어셔、리치에、다하고、또、밝어

셔、일에、삷힌지라、이에、理치에、順하게、행하야、그、몸을、보존하야、災해가、

업다하니、이난、德이、닥기고、道가、모듸여、일우어셔、우와、아레와、다스리

고、어질어움에、다、맛당함을、일음인데、대뎌、이、功이、잇고、이、效험이、잇스

면、君子오、聖人이니、크다、聖人의、道ㅣ써、德을、닥고、道를、모듸여일운、君

자를、기다려셔、행함이니、이것이、人道ㅣ니라

右 第二十七章이라○人道를、말함이니라○이글쟝은、인도를、말함이니

우는데이십칠쟝이라○인道를、말함이니라

無道에其默이足以容이라詩曰旣明且哲以保其身이라其此

之謂與
지위여더고

무도에其默이족이용니시왈긔명챠텰야이보기신하니其此
기차

〔대문푼것〕 이런고로 우에 거하야 교만치 아니하며 아레가 되야 배반

치 아니한지라 나라이 도ㅣ잇슴에 그 말이 쪽히 써 흥하고 나라이 도ㅣ

업슴에 그 잠잠함이 쪽히 써 용납하나니 시에 갈오대 이미 밝고 쏘 텰하

야 써 그 몸을 보존한다하니 그 이것을 일음인더

〔글자푼것〕 배는 배와 갓고 흥은 일으되 흥긔하야 위에 잇슴이오 시난

大雅烝民
대야증민의 편이라

몸에 가추어셔 스스로 쳐하난바의 맛당하지 아니함이 업는지라 이런고

로 우ㅅ디위에 거하면 위하고 육하고 경례와 곡례의 도로 써 텬하를 리

룹게 건지되 교만하고 자랑함에 이르지 아니하고 아레ㅅ디위에 거하면 위

하고 육하고 경례와 곡례의 도로 써 조차 헌쟝을 삼어셔 어긔고 배반합

것이라、그러나、고명(高明)한쟈ᄂᆞᆫ、즁(中)에、지남에、이르기가、쉬우니、ᄯᅩ、반다시、문학(問學)

의、공(功)을、말미암어、사리(事理)의、즁(中)하고、편지지(偏)、아니함과、평샹(平常)하고、의지함이、업

난쟈를、말미암어、써、행(行)하야、지나가고、미처지、못함의、어그러짐이、잇지아

니하게、할것이오、마음에、덕셩(德性)이、가추어셔、근본、그러한、량지(良知)가、잇스니、일

은바、고(故)라난것이라、반다시、함영(涵泳)하야、써、익히여셔、ᄒᆞᆯ녀(遣)이져버리지、안

케할것이나、그러나、의리(義理)가、무궁(無窮)하야、날로、새로움이、말지아니하니、ᄯᅩ、반

다시、문학(問學)으로、써、하야、날로、그、알지、못하난바를、알것이오、마음에、덕셩(德性)

이、가추어셔、근본、그러한、량능(良能)이、잇스니、일은바、후(厚)ㅣ라、반다시、배양(培養)하

야、써더、두터히하야、그、노아ᄲᅡ지(放逸)지、아니케할지나、그러나、졀문(節文)의、례(禮)를

잇는데마다、가히、홀(忽)하게、하지못할것이라、ᄯᅩ、반다시、문학(問學)으로、써、날로、

그、삼가지、못한바를、삼갈것이니、이와、갓치、하면、덕(德)이、닥고、도(道)가、모듸

역、일우리라

시고(是故)로、거상블교(居上不驕)ᄒᆞ며、위하블배(爲下不倍)라、국유도(國有道)에、기언(其言)이、죡이흥(足以興)오、국

도톄(道體)가, 커셔, 박갓이, 업난쟈난, 마음을, 둠이, 아니면, 능히, 용납하지, 못하

고, 도톄(道體)가, 젹어셔안(內)이, 업난쟈난, 앎을, 이룸이, 아니면, 조차들어, 감이, 업슴

을, 아는지라, 덕셩(德性)을, 놉히여셔, 보젼하야, 직히고, 일어버리지, 말어셔, 그, 마

음톄(體)의, 근본, 그러함을, 두난쟈는, 그, 도톄(道體)의, 큼을, 온젼히, 함이오, 쏘, 문학(問學)

을, 말미암어셔, 나가, 함이, 차례가, 잇셔셔, 사리(事理)의, 당연함을, 궁구하난쟈는,

그, 도톄(道體)의, 자셰함을, 다, 함이니, 이것은, 덕(德)을, 닥는, 큰, 쯧이라, 그, 자셰함

이, 엇더하뇨, 덕셩(德性)의, 가온대에, 만물(萬物)이, 다, 가추어셔, 근본, 광대(廣大)하나, 써, 가

리움이, 잇스면, 좁고, 젹을지니, 반다시, 사사듯으로, 써, 스스로, 가리지, 아니

하야, 그, 광대(廣大)함을, 이룰것이라, 그러나, 광대(廣大)한쟈난, 소략(疎略)함에, 이르기가, 쉬

우니, 쏘, 반다시, 문학(問學)의, 공(功)으로, 말미암어셔, 사리(事理)의, 졍(精)하고, 추(粗)하지, 아니

한것과, 젹고, 나타나지, 아니한것을, 들어셔, 분셕(分析)함을, 반다시, 다하야, 호리

의, 어그러짐이, 잇지아니하게, 할거시오, 덕셩(德性)의, 가온대에, 한, 물(物)도, 잡되지,

아니하야, 근본, 고명(高明)한것이나, 써, 루(累)함이, 잇스면, 낫(卑)고, 더러울지니, 반다

시, 사사, 욕심으로, 써, 스스로, 루(累)하지, 아니하야, 써, 그, 고명(高明)함을, 극진히, 할

崇 슝 높흘
흡
敦 도를돈 도타
을돈
溫 온 더울

게、판단하야、두물건이(物)、되야셔、써、몸과、마음에、모듸여、일우지못할지니、모듸

여、일우지、못하면、쏘、엇지、써、행(行)하리오

故로 君子 고(故)로 君子(君子)난 존덕셩이도문학(尊德性而道問學)니이 치광대(致廣大)ᄒᆞ며 이진졍미(而盡精微)ᄒᆞ며 극고명(極高明)

이도즁용(而道中庸)ᄒᆞ며 온고이지신(溫故而知新)ᄒᆞ며 돈후이슝례(敦厚以崇禮)라니

〔대문푼것〕 고로、군자(君子)난、덕셩을(德性)、놉히고、문학(問學)을、말미암나니、넙고、큰것

을、이루고、졍(精)하고、미(微)함을、다、하며、놉고、밝은것을、극진히、하고、즁용(中庸道)을、도

하며、옛것을(溫)、온(溫)하고、새것을、알며、두터움을、더、두터히하고、써、례(禮)를、놉히

나니라

〔글자푼것〕 존(尊)은、공경하야、밧들어、가지난쯧이오、덕셩은(德性)、내가、하날의、바

든바의、바른리치오、도(道)난、말미암음이오、온은(溫)、불(火)에、다시익히(爆)여닷

쏫(溫)하게하난것이니、온고(溫故)는、예젼에、배혼것을、다시때로、익힘이오、돈은(敦)、더

두터히、함이라

〔글솻푼것〕 덕(德)을、닥고、도를(道)、모듸여、일우난일이、엇더하뇨、고로、군자(君子)ㅣ

故 苟 不 至 德 至 道 不 凝
日 불 지 지 ㅣ 로 焉
로 至 도 德 니라

고 왈구블지덕지도ㅣ블응언 이라하
면

〔글뜻푼것〕 대뎌, 커셔, 싸(包)지, 아니함이, 업고, 져어도, 들어가지, 아니함

이, 업스니, 도ㅣ진실로, 큰지라, 엇지, 헛되히, 행함이리오, 요하건대, 쁫 다, 그,

사람을, 기다린뒤에, 행할지니, 반다시, 이와갓흔사람을, 어든뒤에, 가히, 이

와갓흔도를, 행할지니라 行

〔대문푼것〕 고로, 갈오대, 진실로, 지극한, 덕이, 德 아니면, 지극한, 道 도ㅣ응치

아니한다, 하니라

〔글자푼것〕 지덕은, 그사람을, 일음이오, 지도난, 우의양졀을, 가르쳐, 말함
至德   兩節

이오, 응은, 모듸며, 일움(成)이라
凝

〔글뜻푼것〕 도난, 오즉, 사람을, 기다려셔, 행하난지라, 고로, 갈오대, 진실
道   行   道

로, 그사람이, 흉금이, 쳔루하고, 식견이, 추소하야, 지극한, 덕이, 아니면, 도
胸襟 淺陋 識見 粗踈 德 道

의, 큰것은, 알지못하고, 道의, 젹은것은, 능히, 그, 자셰함
道

을다, 하지, 못하야, 발육하고, 쥰극하고, 삼쳔과, 삼백의, 지극한, 도ㅣ나의
發育 峻極 三千 三百 道

438 중용강의 부록

〔대문푼겻〕 우우히、크다、례의、삼백과、위의、삼쳔이로다

〔글자푼겻〕 우우난、充足 충족하야、남어지가、잇난뜻이오、례의난、經례 경례오、위의난、

곡례라、이난、도가、지극히、적음에、들어가셔、사이가、업슴이라

〔글뜻푼겻〕 道體 도례의、큰것으로、써、사위의、뜻에、흣허져셔、잇지아니한바가、

업난지라、우우히、充足 충족하야、남어지가、잇셔셔、셤실함이、다、가추엇스니、크

다、經禮 경례는、冠과、婚과、喪과、祭와、朝와、觀과、會同 갓혼、類ㅣ큰졀목이、삼

백이잇스되、한아도、道ㅣ아님이업고、曲禮 곡례는、進하고、退하고、昇하고、降하

고、俯하고、仰하고、揖하고、遜하난것、갓혼類ㅣ젹은졀목이、삼쳔이、잇스되、

한아도、道ㅣ아님이업스니、大槩、道가온대에、包含 포함하고、溫蓄 온츅하야、젹은대

엣、들어가셔사이가、업스니、엇지、그리큰고、함이니라

待 其人而後行

대 기인이후 行행에行이니라

〔대문푼겻〕 그사람을、기다린、후에、행하나니라

〔글자푼겻〕

洋洋乎發育萬物峻極于天

양양호발육만믈 쥰극우텬다이로

(대문푼것) 양々히 만믈을 발육하야 놉홈이 하날에 극하얏도다

(글자푼것) 쥰은 놉고 큼이라 이는 도가 지극히 큼에 극진하야 밧갓이 업슴을 말함이라

(글뜻푼것) 도톄의 큼으로 써 텬디사이에 흘너셔 잇지아니한바이업슴이니 양々히 흘너움직이고 차셔 가득함이 한량이업스니 그공용은 만믈을 발육함이라 봄에 나고 여름에 자라고 가을에 거두고 겨울에 감춤이 다 음양과 오행의 리치가 흘너행하난바이니 그톄단은 놉고 큼이 하날에 극하니 하날의 됨이 음양과 오행의 혼륜방박한 리처의 충색함에 지나지아니하니 믈이 지극히 만으로되 이 도가써 발육함이 잇고 하날이 지극히 놉흐되 이 도가 써 발육함이 잇고 하날이 지극히 놉흐되 이 도가 써 놉고 극함이 잇스니 엇지 그리 큰고 함이니라

優々大哉禮儀三百威儀三千

우우대재라 례의삼백과 위의삼쳔이로다

句節에, 잇스니, 셩인이, 텬디로, 더브러, 덕을, 합함을, 말함이라, 셰단에,

분하야보면, 머리졀로, 무위이셩이라함에, 이르기까지는, 지셩의, 공용이텬

디와, 갓흔쟈ㅣ자연함에, 나옴을, 의론함이오, 텬디의, 도로, 부터, 화재가,

식함에이르기까지는, 텬디의지셩인, 쉽이업는공용에, 나가셔셔, 지셩이쉽

이, 업는공용을, 밝힘이오, 뜻졀은, 시를, 잇쓰러셔, 써, 텬디와셩인이, 동일

한, 지셩으로, 쉽이업슴을, 보임이니, 지셩이이, 쥬장아니라

人哉　聖人之道

대재라 셩인지도 ㅣ여

〔글자푼것〕

〔대문푼것〕 크다, 셩인의, 도ㅣ여

〔글자푼것〕

〔글뜻푼것〕 자사ㅣ솔셩의도로써, 인도를, 밝히실새, 먼져, 셩인을, 들어셔,

써, 법을, 삼어, 갈아샤대, 도난, 오즉, 셩인이야, 온젼히하나니, 크다, 셩인의,

도ㅣ여, 해비, 하지, 아니함이, 업스며, 잇지아니, 함이, 업셔셔, 넓고, 넓으니,

텬하에, 이에셔, 큰쟈ㅣ업나니라○이것은, 하문양졀을, 포함하야, 말함이라

〔글자푼것〕 詩난 쥬송유련지명의편이오, 오난, 탄식하난말이오, 목은, 깁
周頌維天之命篇　於　穆　穆

고, 먼쯧이오, 불현은, 엇지, 나타나지, 아니하냐, 함과, 갓고, 순은, 순일하야,
不顯　純　純一

석기지, 아니함이니, 이것을, 잇싀러셔, 지셩이, 쉬임이, 업심을, 발켜힌쯧이라
至誠　至誠

〔글쯧푼것〕 이로말미암어, 지셩이, 련디의, 합함을, 알지니, 시에, 일으되, 하
至誠　天地合　詩

날의, 명이, 긔운으로, 화함에, 쥬재한쟈ㅣ실샹, 깁고, 멀어, 측량하기, 어려우
命　化　主宰

나, 만고에, 홀너, 행함을, 말지, 아니한다, 하니, 시의, 쯧은, 대개, 갈오대, 놉
萬古　行　詩

고, 밝거셔, 우에, 덥흔쟈를, 가히, 써, 하날이라, 말할지나, 이, 말지, 아니함이

이에, 하날의, 써, 하날된바이오, 쏘, 일오대, 아름답다, 엇지, 나타나지, 아니
命

하냐, 문왕의, 덕이여, 하날리치에, 혼연하야, 순일히, 잡되지아니하다하니,
文王　德　渾然　純

시의, 쯧은, 대개, 갈오대, 이, 순젼함이, 이에, 문왕의, 써, 문이, 된바이란
詩　文王　文　叟

하건대, 하날명이, 말지, 아니하고, 문왕의, 덕의, 순젼함이, 쏘한, 말지아니하니
命　文王德　天地

문왕의, 써, 문된바이, 곳, 하날의, 써, 하날된바이라하니, 이것을, 보건대, 련디
文王　文　天地

의, 지셩의, 도ㅣ사람의, 지셩이, 쉬지아니함과, 동일함이, 아니냐
至誠　道　同一

우는뎨이십륙쟝이라 ○하날도를, 말함이라 ○이글쟝은, 즁함이, 지셩무식.
右第二十六章　道　重　至誠無息

純
쇼쳔
할쇼

임이, 되난것이, 다, 이에셔, 일어나며, 물(水)은, 한잔의, 만흠이, 또한, 물(水)이

나, 그, 측량치, 못함에, 미쳐셔난, 원타와(黿鼉), 교룡과(蛟龍), 어별의(魚鼈), 부치와, 재화의(財貨), 쓰

이난것이, 다, 그, 가온대에, 나셔, 기르며, 심어셔, 모듸니, 산과(山), 물(水)의, 물을

생함이, 엇지, 그리, 셩하뇨, 어느것인, 턴디의(天地), 물을, 생함의, 셩함이, 아니리오,

그, 물을, 생함의, 측량치, 못함이, 진실로, 이와갓흐니라

詩云維天之命이 於穆不已라하니 蓋曰天之所以爲天也와 於

시운유텬지명이 오목블이니라하 개왈텬지소이위텬야ㅣ오 순

平不顯 文王之德之純

호블현가 문왕지덕지순하니 盖曰文王之所以爲文也ㅣ니 純

亦不已

역블이니라

〔대문푼것〕 시(詩)에, 일오대, 하날의, 명(命)이, 오홉다, 깁고, 멀어셔, 말지, 아니라하니

하날의, 써, 하날된바를, 일음이오, 오홉다, 나타나지, 아니하냐, 문왕(文王)의, 덕의

순젼하심이여하니, 문왕(文王)의, 써, 문되신바를, 일음이니, 순젼함이, 또한, 말지

아니, 함이니라

一五二

말함이오、급기무궁은、대십이쟝의、급기지야ㅣ라하난듯과、갓흐니、대개、젼소

데를、들어말함이라、진은、거둠이오、권은、갈피（區）라

（글쯧푼것）시험하야、텬디의、믈을생함에、측량치、못함으로、써말하면、하

날을、한곳만、보면、이、쇼쇼함에만음이、쏘한、하날이나、그、젼톄의、궁진함

이、업슴에、미쳐셔난、날과、달과、텬관의시른（載）바、모든셩신이매이（繫）지、

아니함이、업고、만가지의、가지런하지、아니한、믈이다、그아래에、덥히엿

스니、하날의、믈을、생함이、엇지、그리셩하며、싸을、그、한곳만、가르치면、한

쥼、흙의만흠이、쏘한、싸이나、그、젼톄의、넙고、두터움에、미쳐션난、산의、화

악갓흔것을、시르되、무거움을、보지、못하고、믈（水）의、하해갓흔것을、거두되

넘쳐새지아니하고、만가지의、가지런하지、아니한、믈을、다、그、안에셔시르

니、싸의、믈을、생함이、엇지그리셩하며、텬디사이에나셔、능히、텬디를、대신

하야、써、믈을、생하난것이、쏘、산과、믈（水）이、잇스니、산은、한、갈피돌의、만

흠이、쏘한산이나、그、넙고、큼에、미쳐셔난、모든、초목이、다、나고、모든、금슈

ㅣ다、거하고、왼세샹의、보배를감추어셔、가히、써、의복의、쉬믐과、그릇의、쓰

撮 움킬 촬
廣 넓을 광
華 빗날 화
嶽 뫼루 산악 악
振 떨칠 진
河 믈 하
海 바다 해
洩 셜 셜
卷 책권 권
石 돌 셕
草 풀 초
禽 새 금
獸 짐승 슈
寶 보보 배

而不重ᄒᆞ며 振河海而不洩ᄒᆞ며 萬物이 載焉이니 今夫山이 一卷石
이블즁ᄒᆞ며 진하해이블셜ᄒᆞ며 만믈이 재언이니 금부산이 일쳔셕

之多니 及其廣大ᄒᆞ야 草木이 生之ᄒᆞ며 禽獸ㅣ 居之ᄒᆞ며 寶藏이 興ᄒᆞ며
지다니 급기광대ᄒᆞ야 초목이 ᄉᆡᆼ지ᄒᆞ며 금슈ㅣ 거지ᄒᆞ며 보장이 흥

焉ᄒᆞ며 貨財殖焉이니
언이니 금부슈ㅣ 일쟉지다니 급기블측ᄒᆞ야 원타교룡어별이 ᄉᆡᆼ

焉ᄒᆞ며 貨財ㅣ 殖焉이라
언ᄒᆞ며 화재ㅣ식언이라

〔대문푼것〕 이졔, 하ᄂᆞᆯ이, 이쇼쇼의, 다ᄒᆞᆷ이니, 그, 궁진함이, 업슴에, 미쳐난,

日月과, 셩신이, 매엿스며, 만믈이, 덥히엿ᄂᆞ니라, 이졔, ᄯᅡ이, 한줌, 흙의

다함이니, 그, 넙고, 둣터움에, 미쳐난, 화악을, 실엇스되, 무겁지, 아니ᄒᆞ며, 하

海를, 거두엇스되, 새지, 아니ᄒᆞ며, 만믈이, 실렷ᄂᆞ니라, 이졔, 산이, 한갈피돌

의다함이니, 그, 넙고, 큼에, 미쳐난, 초목이, 나며, 금슈가, 거하며, 보징이, 일어

나ᄂᆞ니라, 이졔, 물이, 한잔의, 다ᄒᆞᆷ이니, 그, 측량치, 못합에, 미쳐난, 원타와, 교

룡과, 어별이, 나며, 화재ㅣ번식하ᄂᆞ니라

〔글자푼것〕

쇼쇼난, 경경과 갓흐니, 젹게밝음이라, 이것은, 한곳을, 가르쳐

슬지니, 엇지, 가히, 측(測)량하리오

텬디지도(天地之道)난박야(博也)후야(厚也)고야(高也)명야(明也)유야(悠也)구야(久也)ㅣ니

(대문푼것) 하날과, 싸의, 도(道)ㅣ난, 넙은것과, 두터운것과, 놉흔것과, 밝은것

과, 긴것과, 오랜것이니라

(글뜻푼것) 텬디(天地)의 도(道)난, 오즉, 그, 둘이아닌고로, 능히, 각각그성(盛)함을, 극진

히, 하나니, 싸의 도(道)를, 말하면, 이미, 그, 넙음이, 극진하고, 쏘, 그, 두터움이, 극진

하며, 하날의 도(道)를, 말하면, 이미, 그, 놉흠이극진하고, 쏘, 그, 밝음에, 극진하면,

텬디(天地)의, 도(道)를, 합하야, 말하면, 이미, 그, 깁이, 극진하고, 쏘, 그, 오램이, 극진하

니, 하날과, 싸이, 각각, 그, 공용(功用)의, 성(盛)함을, 극진히, 함이니라

금부텬(今夫天)이 사쇼쇼지다(斯昭昭之多)니 급기무궁야(及其無窮也)하야 일월성신(日月星辰)이 계언(繫焉)며하

만믈(萬物)이 부언(覆焉)이니 금부디(今夫地)ㅣ일촬토지다(一撮土之多)니 급기광후(及其廣厚)하야 재화악

언해중용장구대젼

一四九

〔글뜻푼것〕 지셩의, 공용功用이, 이미, 텬디天地와, 갓흐니, 텬디天地의, 공용功用을, 보면, 곳,

가히, 지셩을, 볼지라, 텬디天地가, 지극히, 크니, 가히, 언어言語로, 써, 형용形容하지, 못할

것, 갓흐나, 그러나, 그, 쥬재主宰하난, 도道를, 가히, 한말로, 포함包含하야, 다, 할지니, 일

은바, 한, 말로, 가히, 다, 한다함은, 다만, 이, 한낫, 셩誠일싸름이라, 대개, 하날

의, 도道를, 셰움을, 갈오대, 음과, 양陰陽이니, 낫과, 밤과, 우와, 아레와, 고요함에, 견

일하고, 움직임에, 고든것이, 한낫, 실상리치物가, 화육化育하난밧게, 흘녀행行함에지

나지아니하고, 다시, 다른물物이, 와셔, 셕김이업스니, 이것이, 하날의, 물物됨이, 둘

로아니하난, 곳이라, 텬도天道의, 써, 셩誠한바이오, 싸의, 도道를, 셰움을, 갈오대, 유柔와

강剛이니, 남南과, 북北과, 놉고, 깁고, 고요함에, 합合하고, 움직임에, 열니난것이, 한낫

실상, 리치가, 텬디天地안에, 흘녀, 행함에, 지나지, 아니하고, 다시, 다른물物이, 와

셔, 셕김이, 업스니, 이것이, 싸의, 물物, 됨이, 둘로, 아니한, 곳이라, 디도地道의, 써

셩誠한바이니, 오즉, 둘로아니하난고로, 쉬이지, 아니하난지라, 한번, 롱通하고, 한

번, 회복하매, 그, 화化함이, 방소方所가, 업셔셔, 그, 물物을, 냄生이, 형형색색形形色色으로, 덥

覆고, 실載은, 사이에, 채우고, 가득하야, 그, 써, 그러한바를, 알지못함이, 잇

그러하리오, 지셩의, 넙고, 두터움이, 이미, 짜를, 짝하면, 표시_{表示}하난바이, 잇

습을, 기다리지, 아니하고, 공용_{功用}이, 스스로, 찬연_{燦然}하야, 가히, 볼만할지니, 이것

인보이지, 아니하야셔, 나타남이오, 지셩의, 놉고, 밝음이, 이미, 하날을짝하

면, 떨치고, 짓는바이, 잇슴을, 기다리지, 아니하고, 공지_{功用}이, 스스로, 감화_{感化}함이

자최가, 업슬지니, 이것이, 동_動하지, 아니하고, 변_變함이오, 지셩의, 길고, 먼것이

곳, 텬디_{天地}의, 디경이, 업난것이니, 편안히, 배비_{排備}하야, 펴셔, 두난바이, 잇슴을,

기다리지, 아니하고, 공용이, 스스로, 시죵_{始終}이, 혼연_{渾然}히, 온젼하야, 폐단이, 업슬

지니, 이것이, 하욤이, 업시, 일우난것이니라

텬디지도_{天地之道} 가 일언이 진야니 기위물_物이 블이라 즉 기생물_物이 블

天地之道 可一言而盡也 其爲物 不貳 則其生物 不

측_測이니

라

[대문푼것]

하날과, 싸의, 도_道난, 가히, 한, 말에, 다, 할것이니, 그, 물_物됨이, 이_貳

치아니한지라, 곳, 그, 물을, 내임이, 측량치, 못하나니라

[글자푼것]

고、 오램은、 디경이、 업스니라

〔글자푼것〕

〔글씃푼것〕 대뎌、조차옴으로、오즉、싸은、시름(戴)이、직분이어날、이졔、지
셩이、물(物)을、시르니、이난、그、넙고、두터움이、곳、싸를、짝함이오、오즉、하날
은、덥난것이、직쑨이어날、이졔、지셩이、물(物)을、덥흐니、이난、그、놉고、밝음이
곳、하날을、짝함이오、오즉、하날과、싸이、내(生)고、일움이、예와이제에、쎗쳐
셔、디경이、업거날、이졔、지셩이、물(物)을、일우니、이난、그、넙고、두텁고、놉고、
밝음의、길고、오램이、텬디(天地)의、디경、업습과、일반(一般)이니라

여차쟈난 블현이쟝하며 블동이변하며 무위이셩이니라
如此者 不見而章 不動而變 無爲而成

〔대문푼것〕 이러탓、한쟈난、보히지、아니하야셔、나타나며、동치(動)、아니하야
셔、변(變)하며、하욤이、업시、일우나니라

〔글자푼것〕 현은、시와갓흐니라 見 示

〔글씃푼것〕 대뎌、지셩이、텬디(天地)와、갓흠이、이갓흔것이、엇지、뜻이、잇셔셔、

라

〔글 뜻 푼 것〕 지셩(至誠)의, 공용(功用)이, 이믜, 그, 셩(盛)함을, 극진히하면, 그믈에, 미치난

쟈를엇지, 쉽게, 혜알리리오, 지셩이, 오죽, 넓고, 두터우면, 함홍(含弘)의, 량(量)이용

랍하지, 아니함이, 업셔셔, 스스로, 써, 크게, 창생(蒼生)을, 건져셔, 텬하(天下)를, 들어셔,

깁흔인(仁)의, 디경에, 드릴 (納) 지니, 곳, 써, 물(物)을실는바이오, 지셩이, 오죽, 놉고,

밝으면, 크게, 덥(冒)는, 남어지에, 건지지, 아니함이, 업셔셔, 스스로, 써, 창생(蒼生)을

을, 덥난바이오, 잇셔셔, 텬하(天下)로, 하야금, 다, 우러러, 의뢰(依賴)함이, 잇슬지니, 곳, 써, 물(物)을

하면, 덕(德)과, 업(業)이, 항샹, 새로워셔, 길이, 의뢰(依賴)하지, 아니함이, 업셔셔, 스스로,

써, 창생(蒼生)을, 덥고, 시름(載)이, 잇셔셔, 비로솜으로, 부터, 마치기까지, 쩍거지고,

무너짐에, 이르지, 아니할지니, 곳, 써, 물(物)을, 일우난바이니라

〔대문푼것〕 넓고, 두터움은, 싸를, 배(配)하고, 놉고, 밝음은, 하날을, 배(配)하고, 길

博厚난 配地하고 高明은 配天하고 悠久난 無疆이니라

박후난 배디(配地)하고 고명은 배텬(配天)하고 유구난 무강이니라

載 재시를
覆 부뎝홀

〔대문푼것〕 당험하면、길며、멀고、길며、멀면、넙으며、두텁고、넙으며、두터

우면、놉고、밝으니라

〔글자푼것〕

〔글뜻푼것〕 지셩이、오램으로써、당험하야、다만、그공업이、낫타나면、길고、

멀어셔、아침과、져녁의、각가움이、아니오、이미유원하면、광박하고、심후하

야、얏고、좁은、량이아니오、이미박후하면、고쥰하고、광명하야、낫고어둡이、

아니라、대개、덕이、가온대、잇난쟈ㅣ이미、그、슌젼함을、극진히、한지라、고

로、업이、밧게、당험함이、스스로、그셩함을、극진히하니라

박후난 소이재믈야ㅣ오 고명은 소이부믈야ㅣ유구난 소이셩믈

야ㅣ니라

〔대문푼것〕 넙고、두터움은、써、물을、실는바이오、놉고、밝음은、써、물을、

덥난바이오、길고、오램은、써、물을、일우난바이니라

〔글자푼것〕 유구난、곳、길고、먼것이니、안(內)과、밧갓(外)을、겸하야、말함이

〔대문푼 것〕 고로, 지극한, 셩은, 쉽이, 업스니

〔글자 푼 것〕 子思 자사ㅣ일 으샤대, 지극한, 졍셩의, 셩한덕이, 잇스면, 반다시, 지셩

의, 공용이, 잇난지라, 이런고로, 지셩이란것은, 셩실한, 리치에, 순젼하야, 사

사욕심이, 새이하지, 못하야, 그셩이, 스스로, 그치고, 쉬난때가, 업나니라

不息則久 久則徵

블식즉구구즉딩 고하

〔대문푼 것〕 쉬지아니하면, 오래고, 오래면, 딩하고

〔글자 푼 것〕 구난, 가온대에, 항샹함이오, 딩은박갓에, 딩험함이라

〔글뜻푼 것〕 사람마음의, 리치가, 혹, 새이하고, 쉬임이, 잇스면, 엇지, 능히

딩험함이, 잇스리오, 지셩이, 쉬이지, 아니하면, 시죵이, 한갈갓터셔, 항샹, 오

래하야, 변하지, 아니하니, 오랜즉, 도리가, 안에, 충실하야, 자연히, 박갓에,

나타나, 보이여셔, 딩험이, 잇셔셔, 가히, 갈이우지, 못하나니라

徵則悠遠 悠遠則博厚則高明

딩즉유원 유원즉박후 박후즉고명이니

故로 지셩은 무식니이

至誠無息

오대셩이라하나니라
性

혜오、지난、셩의、용이라、이것이、다、하날이、나의게、명한것이라、고로、갈
體 智 用 命

진실하고、무망함이、셩이、되고、셩이밧게、발함이、도가、되니、인읏、셩의、
眞實 無妄 誠 道

명복이갓지아니하나、그、실샹은、한셩이、싸(包)셔、다、하얏스니、리치의、
名目 誠 發 仁

에、셩을、말하고、도를말하고、인을말하고、지를말하고、셩을、말함이、비록
誠 仁 性

게、스스로、도함이、업고、몸을、일우난밧게、물을、일움이、업난지라、젼쟝
道 物 知 小章

졀에、다만、셩을、말하고、도를말하지、아니함이니、대개、스스로、일우난밧
誠 道

다하야、써、스스로、일우난리치를、온젼히、한것이라、고로、다음졀과、셋재
節

자셩지비글자에、잇슴이라、군자셩지라、함은、졍히、스스로、도하난、공을、
子誠之字 君子誠之 正 道 功

고、굿졀에、미루어말하야、써、능히、셩함의、묘함을、보이니、다、즁함이、군
誠 妙 重 君

람의게、졀실함을、말하고、다음졀에、거듭말하야、써、맛당히、셧할것을、보이
切 誠

우는뎨이십오쟝이라○인도를말함이니라○이글쟝은머리졀에셩이사
右第二十五章 人道 節 誠

니, 몸을, 일움은, 인이仁 오, 물物을, 일움은, 지니知 셩의性 덕이라德, 안과, 밧갓을, 합合

한, 도ㅣ니道, 고로, 때로, 조함에措, 맛당하나니라

〔글자푼것〕
인쟈는仁者, 톄의體 존함이오存, 지쟈는知者, 용의用 발함이라發

〔글뜻푼것〕
군쟈ㅣ君子 셩을誠 귀히, 역임은貴, 이미, 몸을, 일움으로써, 셩이됨이誠 잇스

나, 그러나, 셩이란것은誠, 스스로, 몸만, 일울싸름이아니라, 나의게, 잇난것이

진실하야眞實, 거짓함이, 업스면, 자연히自然, 물에物, 미침이잇스리니, 써, 물을物, 일우는

바ㅣ라, 대뎌, 몸을, 일우어셔, 한, 터럭의, 사사와거짓함이, 업스면, 이난실

샹리치가, 혼연함이니渾然, 곳, 일은바, 인이오仁, 물을物, 인하야因, 셩취하야成就, 하야금

각, 그, 곳을, 엇게하면, 이는, 앎이밝고, 쳐치, 함이, 맛당함이니, 곳, 일은바지知

ㅣ라, 인과仁知 지난, 이에, 셩품가온대, 고유한固有, 덕이니德, 이미, 셩의性 덕이되면德, 곳, 톄體

와, 용이用 구비하야具備, 나누고, 다름이업스리니, 이에, 밧갓과, 안이한아에합하故

난도ㅣ라道, 고로故, 그덕을德 몸에, 어든것으로, 써, 일에, 보이여셔, 때로, 써, 노와

셔, 각각, 그맛당함을, 엇게함이니, 이것이, 일은바, 스스로, 몸만일울싸름이,

아니라, 써, 물物을, 일운바ㅣ니, 이것이, 인도ㅣ니라人道

향向함이오, 그, 도라감에, 반다시, 맛치난바이, 잇스니, 실샹, 리치의, 다, 함이,

업는대로, 향함이라, 머리로, 부터, 쇼리새지, 도모지, 이실샹리치의, 하난바

이니, 물物이, 진실로, 능히, 셩誠을, 밧갓하고, 스스로, 일우지, 못하거니와, 써, 톄體

하난쟈ㅣ그책임이, 더욱사람의게, 잇스니, 무릇, 사람이, 일(事)을지음에, 머리

로, 부터, 쇼리에, 이르기새지, 슌젼히, 이, 한낫, 셩실한마음이라야, 바야흐로,

이, 일이, 잇슬것이오, 만일, 셩실한마음이, 간단間斷하야, 한아라도, 셩誠실하지, 아

니함이, 잇스면, 비록, 이일을, 지을지라도, 짓지, 아니함과, 일般반이니, 곳, 물이,

업는것과, 갓혼지라, 엇지, 가히, 스스로, 그, 당當연然한, 도를道, 다, 하지아니하리

오, 이런고로, 군자君子난, 착함을, 가리여셔, 굿게, 잡어셔, 실샹마음으로써, 실샹

리치를, 톄體하야, 셩誠함이, 귀貴함이되니, 써, 스스로, 도道하난, 공功을, 다, 함이니라

셩誠쟈난 비非쟈셩긔이이야ㅣ라 소이所以셩물야誠物也ㅣ니 셩誠과ㅣ 인야仁也ㅣ오 셩誠

믈物은 지知야也ㅣ니 셩性지덕야之德也ㅣ라 합외내지도야合外內之道也ㅣ고로 시조지의야時措之宜也ㅣ니

〔대문푼것〕 셩誠은 스스로 몸을일울따름이 아니라 써 물物을 일우난 바이

一四〇

닌 用 용이라

〔글뜻푼것〕 자사ㅣ일으샤대, 성이란쟈난, 하날이, 명한성이, 형상과, 바탕

가온대, 쥬재하니, 이는, 모든, 물이, 다, 어더셔, 써, 스스로, 일우는것이니, 원

랙, 이지러지고, 불죡함이, 업난것이오, 성을, 좃는도난, 인륜일용에, 보

임이니, 이는, 사람의, 맛당히, 스스로, 행할바ㅣ니, 하는것이, 온젼히사람에, 보

잇난것이니라

誠者난 物之終始 不誠 無物 是故 君子 誠之 爲貴니라

셩쟈물지죵시 불셩 무물이시고 군쟈난 셩지위귀라

〔대문푼것〕 셩은, 물의, 맛침이며, 비로솜이니, 셩치, 아니하면, 물이, 업나

니, 이런고로, 군쟈난, 셩함을, 귀히, 역이나니라

〔글자푼것〕

〔글뜻푼것〕 무엇으로써, 셩은, 스스로, 일움이되며, 도는, 스스로, 도가, 됨

을, 붓고, 대개, 셩이란것은, 물의, 맛침이며, 비로솜이니, 한, 물이, 잇스니, 그

통함이, 반다시, 비로소, 하난바ㅣ, 잇스니, 실샹, 리치의, 비로솜이, 잇는대로,

셩_誠쟈_者난자_自셩_成야ㅣ오이도_道난자_自도_道야ㅣ라

誠者 自成也 而道 自道也ㅣ니

히하야, 그묘_妙함을, 찬_賛숑함이라

지극한셩_誠의, 긔미를, 앎을, 말함이니, 아래는, 그, 긔미를, 아난바를, 자셰

우는뎨이십사쟝이라 ○ 하날도_道를, 말한것이라 ○ 이, 글쟝은, 머리, 두구_句졀_節은,
右 第二十四章

귀_鬼신_神과, 갓흔뎌, 이것이, 셩_誠으로, 부터, 밝은일이니, 하날의, 도_道ㅣ니라

고, 하날과, 사람을, 합_合하야, 한, 리치가, 되난것이, 잇는지라, 지셩_{至誠}은, 그,

현져함을, 은미한데, 아느것은, 지셩_{至誠}이라, 진실로, 유명을, 통_通하야, 한도_道가되

지셩_{至誠}은, 능히, 화복의, 긔_幾미_微를, 아나니, 은미함을, 현_顯져_著한데, 밝힘은, 귀_鬼신_神이오,

기다린뒤에, 아난것이, 아니라, 대뎌, 귀_鬼신_神은, 능히, 화복의, 긔_{禍福}믈을, 운_運젼하고,

다시, 일을, 먼져하야써, 앎이, 잇나니, 착하고, 착하지, 아니함이, 이미이름을,

[대문푼것] 셩_誠은, 스스로, 일우는것이오, 도_道는, 스스로, 스스로, 도_道할것이니라

[글자푼것] 셩_誠은물_物의, 써스스로, 일운바이오, 도_道는, 사람의, 맛당히, 스스로,

행_行할바ㅣ니, 셩_誠은, 마음으로, 써, 말함이니, 근본이오, 도_道는, 리치로, 써말함이

니、오즉、지셩(至誠)한、사람은、하날리처가、혼연(渾然)하야、한터럭긋의、사사와、거짓이、업는지라고로、그마음이、지극히、허(虛)하고、지극히、신령(神靈)하야、다만、이미、그러한것만、볼샌이、아니라、또、능히、쟝찻、그러할것을、보아셔、그도(道)가、가히、써젼지(前知)가되나、그러나、써젼지하는바난、지혜와、쇄의、사사를、빌미、아니라、요써하건대、한、리치에、밧갓하지아니함이니、국가(國家)ㅣ쟝찻、흥함에、화한、긔운이、샹셔(祥瑞)를、이루어셔、반다시、졍샹(禎祥)이、때를、먼져하야、남이잇고、국가(國家)ㅣ쟝찻、망함에、어긔여진、긔운이、이샹(異常)함을、이루어셔、반다시、요얼(妖孼)이、틈을、먼져、하야지음이잇나니、다만、이샌이아니라、멀니물(物)에、취(取)하면、변화(變化)가、시와、귀에、보이여셔、길함도、잇고、흉(凶)함도、잇스며、갓가히、몸에、취(取)하면、운위(云爲)가、사톄(四體)에、동하야、어듬(得)도、잇고、일흠(失)도、잇나니、그、졍샹의、길함과、어듬은、다、복(福)이、쟝찻、이름에、리치의、먼져、보이난것이오、그、요얼(妖孼)에、흉함과、일흠(失)은、다、화(禍)가、쟝찻、이름에、리치의、먼져、보이난것이라、지셩(至誠)은、말고、밝음이、몸에、잇셔셔、복(福)이、쟝찻、이르러셔、착한것이、됨에、반다시、일을、먼져하야、써알미、잇고、화(禍)가、쟝찻、이르러셔、착하지、아니한것이、됨에、쏘한、반

一三七

將 쟝찻
禎 졍샹셔
祥 샹샹셔
妖 요요망
蓍 쎄대 시
蘖 작얼 할얼
龜 거북귀 거북시
禍 화 재앙
福 복 복

至誠之道可以前知國家將興必有禎祥國家將亡必有妖

지셩지도ᄂᆞᆫ 가이젼지니 國家쟝흥에 필유졍샹ᄒᆞ며 國家쟝망에

必有妖蘖 現乎蓍龜 動乎四體라

필유요얼ᄒᆞ야 현호시귀ᄒᆞ며 동호사톄라 화복쟝지에 션을 필션

蘖見乎蓍龜動乎四體禍福將至善必先知之不善必先知之故至誠如神이니라

지지며하 불션을 필션지지니 고보 지셩은 여신이니라

〔대문푼것〕

至誠道 지셩의 도난 가히 써 젼에 아나니 나라집이 쟝찻 흥함에 반다시 졍샹이 잇스며 나라집이 쟝찻 망함에 반다시 요얼이 잇셔 시와 귀에 보이며 사톄에 동하난지라 화ᅵ며 복이 쟝찻 니름에 션을 반다시 먼져 알며 불션을 반다시 먼져 아나니 고로 지극한 셩은 신갓ᄒᆞ니라

〔글자푼것〕

졍샹은 복의 조짐이오 요얼은 화의 싹이오 시는 써 서하는 바이오 귀는 써 복하는 바이오 사톄는 동작과 위의를 일음이오 신은 귀신을 일음이라

〔글뜻푼것〕

자사ᅵ 일으샤대 일이 텬하에 잇슴이 진실로 먼져 보이는 긔미가 잇고 리치가 사람에 잇슴이 혹 사사와 거짓(僞)함에 가리움이 잇나

一三六

이갓흐니, 화함에, 이르면, 실리가, 룡액하야, 물드림을, 씻는공, 이, 깁홀지

니, 화는, 참쉽게, 능히, 못할것이오, 오즉, 텬하의, 지셩이라야, 몸에, 잇난덕

이, 존신함에, 극진하야, 믈에, 미처난공이, 능히, 화함에, 이를지니, 이제ㅣ

곡을치함에, 능히, 셩이잇난쟈ㅣ, 싸어셔, 능히, 화함에, 이르면, 지셩의묘함이

셩인에, 다름이, 업스리니, 엇지, 시러곰, 그, 다음으로써, 일홈하리오, 이것은

인도로, 써, 텬도에, 합한것이니라

우는데이십삼쟝이라 ○ 인도를, 말한것이니라 ○ 이, 글쟝은, 젼쟝을, 통하야,

치곡두글ㅅ자를, 즁히, 역임이니, 곡을, 이르난공부는, 착함을, 가리여셔, 굿

게, 잡난것에, 밧갓지, 아니하니, 유셩이하는, 다, 효험을, 말한것이라, 다

치곡의, 길드려이른바ㅣ니, 비록, 점점차례함이, 잇스나, 그러나, 치곡하는

이외에, 별로히, 공을, 쓸곳이, 잇슴이, 아니라, 형과, 져와, 명은, 셩이몸에

즁험한쟈로써, 말함이오, 동과, 변과, 화는, 셩이, 믈에, 미쳔쟈로써, 말함이

니, 오즉, 지셩이, 능히, 화하고, 곡을, 이룬쟈도, 쏘한, 화하니, 다, 텬도와

인도의분별이, 업난듯을, 보임이니라

一三五

되곡이니, 만일, 사람의, 긔질(氣質)이, 온후(溫厚)하면, 발(發)하야, 보임이, 만이, 인(仁)하고, 긔질(氣質)

인, 강(剛)하고, 굿셰(毅)면, 발하야, 보임이, 만이, 의(義)하니, 오즉, 그착한, 싯이, 발(發)하

고, 보이는곳을, 쌀아셔, 가리(擇)여잡난, 공(功)으로, 써, 더(加)하야, 일일히, 밀우

어이루어셔각각, 극진한대, 나가기를, 요구함이, 이것이, 곡(曲)을, 이룸이니, 곡(曲)

이, 이루지, 아니함이, 업스면, 덕(德)이, 실하지, 아니함이, 업셔셔, 리치의, 내게

갓촌것이한, 사사(私)도, 셕기지, 아니하야, 능히, 그, 젼례의, 셩(誠)을, 두어셔, 곡(曲)에

만굿치지, 아니할것이오, 셩(誠)이, 능히, 완젼히, 이루어셔, 흠궐(欠闕)함이, 업스면, 그,

젼례대용(全體大用)에, 드러나셔, 가온대로, 말미암어밧게, 달(達)하야, 형샹(形)할것이오, 형샹

한즉, 젹은것으로, 말미암어, 드러나셔, 나타날거이오, 나타난즉, 발월(發越)하고,

광휘(光輝)하야, 명(明)할지니, 셩(誠)이, 몸에, 셩(盛)한쟈ㅣ이갓혼지라, 이, 한몸의, 밝음을말

미암어, 만물(萬物)에, 미치면, 감동(感動)함이, 잇셔셔, 그, 착함을, 하고, 악(惡)함을, 버리난

마음을, 일으킬것이오, 동(勸)한즉, 악(惡)함을, 버리고, 착함에, 옴기여셔, 그, 구습(舊習)

을, 변(變)할것이오, 이미, 변(變)한즉, 착함에, 옴기고, 악함을, 버리되, 누가, 한쥬를,

아지, 못하리니, 대개, 스스로, 알지, 못함에, 화(化)함이라, 셩(誠)이, 물(物)에, 셩(盛)한쟈ㅣ

動 動則變 變則化 惟 天 下 至 誠 爲 能 化

동動고하 동動즉변變고하 변變즉화化니 유텬하지셩아이 위능화化라니

〔대문푼것〕 그, 다음은, 곡으로, 이루나니, 곡하면, 능히, 셩함이, 잇나니, 셩誠

하면, 형形하고, 형形하면, 나타나고, 나타나면, 밝으면, 동動하고, 동動하면, 변變하

고, 변變하면, 화化하나니, 오직, 텬하天下의, 지극한, 셩이앗, 능히, 화化하나니라

〔글자푼것〕 기차其次난, 대현이하大賢以下의, 무릇, 셩이, 지극하지, 못한쟈를, 통通하야, 말

함이라, 치는, 미루어, 이름이오, 곡은한편짐이오, 형形은, 가온대에, 싸이여셔, 말

밧갓에, 발發함이오, 져인즉, 쏘, 더, 나타남이오, 명明인즉, 쏘, 광휘光輝에, 발월發越하난,

셩함이, 잇슴이오, 동動은, 셩이, 능히, 물物을, 동動함이오, 변變은, 물이, 조차, 변變함이

오, 화化인즉, 그, 그러한바를, 아지, 못함이, 잇슴이라

〔글자푼것〕 자사子思ㅣ명으로, 부터, 셩함을, 말삼하야, 갈아샤대, 지극한셩이至誠

셩을性, 다하면, 젼톄가, 다, 보이여셔, 진실로, 능히, 사람과, 물의, 셩을物性, 다하야

참여하야參, 돕난, 공을功, 거둘지라, 그, 대현이하大賢以下, 지셩에至誠, 다음한쟈난, 긔픔의氣稟

거리신바ㅣ됨을免, 면치, 못하야, 착한싹이, 한편져셔, 온전하지못하면, 곳, 일으

一三三

曲곡 굽을

재(裁)셔일우(成)고、도읍(輔)고、도아(相)셔、텬디의、화육함을、찬조할

것이니、이믜、가히、텬디의、화육을、도으면、하날은、우에、위하야、물을、실(載)

고、짜은、아레에、위하야、물을、실(載)고、지셩은、가온대에、위하야、물을、일

우어셔、곳、가히、더블어、텬디에、참여하야、셋이되리니、가히、한아라도、업지

못할것이라、지셩이、셩을다、하는、공용이、그、큰것이、이와、갓흐니、이것이

텬도ㅣ니라

우는뎨이십이쟝이라 右第二十二章

이이믜、한글쟝의、뜻을、다、하얏스니、아레ㅅ구졀의、인믈과、텬디가、다

셩을、다、한가온대일이라、셩은、본대、텬디만물을、통하야、한례가、된쟈ㅣ

니、반다시、스스로、그셩을、다、하여야、바야흐로、능히、사람의셩을、다、하

고、물의셩을、다、하야、텬디에、참여하야、도을것이오、반다시、사람의셩을

다、하고、물의셩을、다、하야、텬디에、참여하야、도읍난대、이르러야、바야

흐로、능히、그셩을、다함이、되나니라

기차(其次)치곡(致曲)니곡능유셩(曲能有誠)니셩즉형(誠則形)고형즉져(形則著)고져즉명(著則明)고명즉

然한, 셩에, 능함이되나니, 나(生)셔알고, 편안히, 행하야, 한, 리처의, 다, 하지

아니함이, 업스나, 그러나, 이, 셩이란것은, 인과, 물을, 거느리고, 텬과디에, 근

원한쟈ㅣ라, 인과, 물의, 셩이, 또한, 나의, 셩이니, 그, 셩에, 능히하야, 삷히고,

말미암어셔, 다, 하지, 아니함이, 업스면, 사람의, 셩에, 능히, 함이라, 아는것이

밧지, 아니함이, 업고, 쳐함에, 맛당, 하지, 아니함이, 업셔셔, 텬하의, 지와, 우

와, 현과, 불쵸한이를, 합하야, 하야곰, 각각그, 셩의, 근본, 그러한것을, 회복하

야, 사람의, 셩을다, 하게하니, 사람의, 셩을다, 하면, 물의셩에, 능히, 다, 할지라

아는것이, 밧지, 아니함이, 업고, 쳐함에, 맛당하지, 아니함이, 업셔셔, 텬하의

날(飛)고, 잠기(潛)고, 움지(動)이고, 심은(植)것을, 합하야, 하야곰, 각각, 그, 셩

의, 자연함을, 이루게하야, 물의, 셩을, 다, 할지니, 대뎌, 인과물의, 셩이곳, 텬

디의, 화육함이라, 텬디가, 능히, 인과물을, 생하되, 능히, 하야금, 각각, 그, 셩

을다, 하게, 못할은곳, 이, 화육함이, 미치지, 못한곳이, 잇슴이라, 지셩이, 그,

셩을다, 하야, 써, 사람의, 셩을, 다, 하고, 능히, 물의, 셩을, 다, 함에, 이르러

셔, 텬디의, 공용으로, 하야곰, 일일히, 두루하고, 펴셔, 유감이, 업게하면, 마루

贊 찬 도을
化 화 화할

惟天下至誠 爲能盡其性 能盡其性則能盡人之性 盡人之性則能盡物之性 盡物之性則可以贊天地之化育 可以贊天地之化育則可以與天地參矣

유텬하지셩아이위능진기셩니능진기셩즉능진인지셩오이능
진인지셩즉능진믈지셩오이능진믈지셩즉가이찬텬디화육즉가이여텬디참의라니
화육오이가이찬텬디지화육즉가이여텬디참의라

〔대문푼것〕 오즉, 텬하의, 지극한셩이아, 능히, 그셩을, 다하나니, 능히, 그
셩을, 다하면, 능히, 사람의, 셩을, 다하고, 능히, 사람의, 셩을, 다하면, 가히, 써, 텬디
의, 셩을, 다하고, 능히, 믈의, 셩을, 다하면, 가히, 써, 텬디의, 화육을, 도읍고,
가히, 써, 텬디의, 화육을, 도으면, 가히, 써, 텬디로, 더불어참하나니라

〔글자푼것〕 찬은, 도읍난것과갓홈이오, 여텬디참은, 일으되텬디로, 더불어
아울너셔셔, 셋이, 됨이라

〔글뜻푼것〕 자사ㅣ셩으로부터, 밝은쟈로, 써, 말삼하야, 갈아샤대, 하날이,
명한셩은, 본대, 진실하고, 망녕됨이, 업스니, 오직, 셩인의, 마음이, 진실무망
함이, 지극하야, 텬하ㅣ능히, 더할것이, 업스니, 이것이, 텬하의, 지셩이라, 본

一三〇

어ㅣ들어간쟈ㅣ니, 사람의, 도ㅣ라, 대뎌, 갈오대, 셩이라하고, 갈오대, 교ㅣ라,

함이, 텬도와, 인도가, 비록, 다르나, 그, 귀슉함인즉, 한아이라, 셩하야, 밝은

쟈난, 셩을, 말미암은뒤에, 밝음에이름이, 아니라, 셩이, 곳, 밝은것이오, 명하

야, 셩한쟈난, 오히려, 밝음으로, 말미암은뒤에, 셩함에, 이르난것이나, 그러

나, 밝은즉, 또한, 셩할것이라, 셩이, 밝지, 아니함이, 업슴은, 하날이, 진실로,

사람의게기다림이, 업슴이오, 명하야, 가히, 셩함에, 이름은, 사람이, 엇지맛

참내, 하날과, 다르리오, 이럼으로, 군자난, 스스로, 힘씀을, 귀히, 역이나니라

右 第二十一章 우는데이십일쟝이라○자사ㅣ웃글쟝에, 부자의, 텬도와, 인도의, 뜻을, 이

어셔, 말삼을, 셰우심이라○이로, 부터써, 아레, 열두쟝은, 다, 자사의, 말삼

이니, 반복하야, 이쟝의, 뜻을, 밀우어, 밝히심이니라○이글쟝은, 웃글쟝

의, 텬도와, 인도의, 뜻을, 발명하야, 사람이, 교로, 말미암어셩을회복하야,

인도를, 다, 하야, 써, 텬도에, 합하게하고자, 함이니, 텬도를, 말함은, 사람

이, 준측할바를, 알것을보임이오, 인도를, 말함은, 사람이, 닥글바를, 알것

을보임이니라

읫
라니

의

〔대문푼것〕 셩으로말미암어 명함을 셩이라, 일으고 명으로말미암어 셩함

을, 교ㅣ라, 일으나니, 셩하면, 명하고, 명하면, 셩하나니라

〔글자푼것〕 자난말미암음이라

〔글ㅅ즌푼것〕 자사ㅣ웃글쟝을, 이어셔, 텬도와, 인도를, 겸하야, 말을, 셰워갈

아샤대, 내ㅣ부자의, 셩한쟈와, 셩해오는쟈의, 나눔을, 인하야, 셩과, 교를, 알엇

노라, 그, 안에, 어든바의, 실리를, 온젼히, 하야, 밝은지혜가, 빗추난바에, 자

연히, 가리(蔽)움이, 업난쟈를, 말미암어셔, 말하면, 곳, 셩이라, 일으나니, 대

개, 셩하야, 명함은, 생각, 하지, 아니하고, 힘, 쓰지, 아니하야, 하날의, 부여하

신것을, 온젼히, 하야, 텬셩으로, 둔바이니, 하날의, 도ㅣ오, 그, 궁리하고, 치

지, 하야, 그, 사사욕심을, 버리여셔, 그, 어든바의, 실리를, 회복하야, 온젼히

한쟈를, 말미암어셔, 대개, 밝어셔, 셩한쟈난, 착한

것을, 가리(擇)여, 굿게, 잡어셔, 몸의, 배화익힘을, 일운것이라, 교로, 말미암

니、이졍사ᄅᆞᆯ들어셔、베풀면、ᄯᅩ한、이와갓흘지라、대개、비와(費)、은(隱)ᄋᆞᆯ、포함하(包含)

고、크고、젹음ᄋᆞᆯ、겸하야、ᄡᅥ(費)、뎨십이쟝의、ᄯᅳᆺᄋᆞᆯ、맛침이니、글쟝안에、셩(誠)ᄋᆞᆯ

말ᄉᆞᆷ함이、비로소、자셰하니、일은바、셩은、실샹、이편(篇)의、긴요함이문(門)의지

도리(樞)와、옷의답초와갓흐니라、ᄯᅩ、안(按)험하건대、공자가어(孔子家語)에、ᄯᅩ한이글쟝

이、실녓스되、그、글이、더욱、자셰하니、셩공일야(成功一也)의、아래에、공(公)이갈오대、자(子)

의、말ᄉᆞᆷ이、아름답고、지극하되、과인(寡人)이、실샹、고루(固陋)하야、죡(足)히、ᄡᅥ、일우지

못한다함이、잇난고로、그、아래에、다시、자왈(子曰)로、ᄡᅥ、대답한、말ᄉᆞᆷᄋᆞᆯ、일으

키엇거날、이졔、인、뭇난말은、업고、오히려、자왈(子)、두、글자만、잇스니、대개

자사(子思)ㅣ그、번문(繁文)을、ᄭᅡᆨ거셔、ᄡᅥ、편(篇)에、부친것이나、그、짝근바이다하지못한

쟈ㅣ잇셧스니、이졔、맛당히、연문(衍文)이、될지라、박학지(博學之)、ᄡᅥ、아래난、가어(家語)에、업

스니、ᄯᅳᆺ、하건대、가어에、ᄲᅡ진글이、잇거나、이글쟝이、혹、자사(子思)의、기우(補)

신바인가、하노라

自誠明謂之性 自明誠謂之敎 誠則明矣 明則誠

자셩명(自誠明謂之性)위지셩이 자명셩(自明誠謂之敎)위지교니셩즉명의(誠則明矣)오 명즉셩(明則誠)

〔글자푼것〕명(明)은、착함을、가림의、공(功)이오、강은、굿게、잡음의、효험이라

〔글뜻푼것〕이、도(逑)난、이에、곤(困)히알고、힘써행하난쟈의、가리여、잡어셔、셩(誠)을구하난、도ㅣ니、사람이、다만、능히、그、공(功)을、백배(百倍)를、두려워함이라、만일、착、능히、이、다섯가지를、사람의게、백배되는、공을、하면、학력(學力)이이미、이르러셔、결단코、가히、긔질(氣質)을、변화(變化)하리니、비록、우매(愚昧)한쟈ㅣ라도、반다시、앎을、이루어、밝은대、나가셔、아는쟈로、더불어、갓흘지라、하물며、어리셕지、아니한쟈ㅣ면、비록、유약(柔弱)한쟈ㅣ라도、반다시、힘써、행하야、강한대、나가셔、편안히、행하난쟈로、더불어、갓흘지라도、하물며、유약하지、아니한쟈ㅣ리오、아는것에、일반이오、셩공(成功)함에、일반이라、이로말미암어셔、달덕(達德)과、달도(達道)로、써、몸을、닥고、구경(九經)으로、써、텬하(天下)、국가(國家)를、다스려셔、사람이、잇스면、졍사(政事)가、들니(擧)나니、문왕(文王)과、무왕(武王)의、셩(盛)함을、엇지、가히、회복하지、못하리오、임금이、맛당히、힘쓸지니라

우는데이십쟝(右第二十章)이라○이글쟝은、공자(孔子)의、말삼을、이ㅆ그러셔、써、대순(大舜)과、문왕(文王)과、무왕(武王)과、쥬공(周公)의、실마리(一致)를、이어셔、그、젼하신바(傳)의、일치함을、밝히심이

신, 긔미(機微)를, 분셕(分析)하야, 밝음에, 이른뒤에, 말지니, 만일, 한아이라도, 밝지, 아니함이, 잇스면, 이, 마음을, 뎡히, 노치, 아니하며, 행하지, 아니함이, 잇슨즉, 말녀니와, 행, 할진댄, 반다시, 독실함을, 구하야, 능히, 그, 리치를, 밟은뒤에, 말지니, 만일, 한아이라도, 도탑지, 아니함이, 잇스면, 이, 마음을, 뎡히, 노치, 아니할지니, 오즉, 인, 노치, 아니하난, 마음을, 둔지라고로, 배화알고, 리(利)롭게, 행하는사람이가리고, 잡는데, 一일배(倍)의, 공부로, 써, 능히, 하거든, 나는, 곳, 그, 공(功)을, 백배(百倍)되게하고, 배화, 알고, 리(利)롭게, 행하는, 사람이가리고, 잡는데, 십배(十倍)의, 공(工)부로, 써, 능히, 하거든, 나는, 곳, 그, 공(功)을, 쳔배(千倍)되게, 할지니, 이것이, 곤(困)히, 알고, 힘써, 행하는일이라, 일은바, 미리, 셩(誠)에, 뎡(定)한쟈ㅣ, 그, 공(功)을, 맛당히, 이갓치, 할지니라

과능차도의면 **슈우ㅣ필명**며하 **슈유ㅣ필강**라이니

果能此道矣 雖愚必明 雖柔必強

〔대문문것〕 과연(果)히, 이, 도(道)를, 능히, 하면, 비록, 어리셕으나, 반다시밝으며, 비록, 유(柔)하나, 반다시, 강(强)하나니라

하며, 분변分辨치, 아니함이, 잇슬지언뎡, 분변할진댄, 밝지, 못한것을, 노치아니

하며, 행行치, 아니함이, 잇슬지언뎡, 행할진댄, 도탑지, 못한것을, 노치아니하

야 사람은, 한번에, 능能히, 하거든, 몸은, 백百을하며, 사람은, 열번에, 능能히, 하거

돈, 몸은, 쳔千을, 할지니라

(글자푼것)

(글숫푼것) 곤困히, 알고, 힘써, 행行, 하난쟈에, 이르러셔는, 그, 가리(擇)여, 잡난

공功이, 쏘, 엇더한고, 배호지, 아니함이, 잇슨즉, 말녀니와, 배홀진댄, 반다시, 힘

울, 극진히, 하야, 몸, 바다, 생각하야, 그, 능하기를, 구求할지니, 한아이라

도, 능치, 못함이, 잇스면, 이마음을, 뎡히, 노치아니하며, 뭇지아니함이, 잇슨

즉, 말녀니와, 물을진댄, 반다시, 반복反覆하고, 질졍質正하야, 그, 알기를, 구求할지니, 만

일, 한아이라도, 알지, 못함이, 잇스면, 이, 마음을, 뎡히, 노치아니하며, 생각

하지, 아니함이, 잇슨즉, 말녀니와, 생각할진댄, 반다시, 융회融會하고, 관통貫通하야

어듬에, 이른뒤에, 말지니, 만일, 하나이라도, 엇지, 못함이, 잇슨즉, 말녀니와, 분변할진댄, 반다

뎡히 노치, 아니하며, 분변하지, 아니함이, 잇슨즉, 말녀니와, 분변할진댄, 반다

一二四

야、반다시、리(利)를、버리고、의(義)에、나가며、올은것을、취하고、그른것을、노아셔、

일호인욕(一卷人欲)의、사사로、하야곰、하날리처의、바른것을、쌔앗지、못하게하면、이

것이、배호고、뭇고、생각하고、분변함에、어든바ㅣ다、그、실샹을、밥읍이잇

스리니、잡은바ㅣ이갓흐면、그、구듬이、엇더한고、이것이、배화알고、리(利)롭게、

행하야、셩(誠)에、이르기를、구하난、공(功)이니라

有弗學 一卷人欲
有弗學之 弗能 弗措也
유블학ᄒᆞᆯ이언졍 학지ㄴ댄 블능을 블조야ᄒᆞ며

有弗問 問之 弗措也
유블문이언졍 문지ㄴ댄 블지를 블조야ᄒᆞ며

有弗思 思之 弗得 弗措也
유블ᄉᆞㅣ언졍 ᄉᆞ지ㄴ댄 블득을 블조야ᄒᆞ며

有弗辨 辨之 弗措也
유블변이언졍 변지ㄴ댄 블명을 블조야ᄒᆞ며

明弗行 行之 弗篤 弗措也
유블ᄒᆡᆼ이언졍 ᄒᆡᆼ지ㄴ댄 블독을 블조야ᄒᆞ야 인일능지ㄴ댄

己百之 人十能之 己千之
긔백지ㅣ며 인십능지ㄴ댄 긔쳔지라니

〔대문푼것〕 배호지、아니함이、잇슬지언뎡、배홀진댄、능치、못한것을、노치、

아니하며、뭇지、아니함이、잇슬지언뎡、무를진댄、알지못한것을、노치、아니

하며、생각지、아니함이、잇슬지언뎡、생각할진댄、엇지못한것을、노치、아니

一二三

博學之審問之慎思之明辨之篤行之

박학지며하심문지며하신사지며하명변지며하독행지니라

〔대문푼것〕 넙히、배호며、삷혀、무르며、삼가、생각하며、밝히、분변하며、도타히、행할지니라

〔글자푼것〕

〔글뜻푼것〕 착함을、가리여、굿게、잡음은、그、공을、쓰난、졀목이、쏘、한낫

(一端)이아니라、반다시、널니、배화셔、텬하의、보고、듯난것을、모도아셔、두루、사믈의、리처를、알고、반다시、삷히여、무러셔、써、그、배혼바의、의심나는것을、질졍하야、사람의게、명졍하고、반다시、삼가、생각하야、그、학문의、어든바를、졍히、연구하야、스스로、마음에、엇고、반다시、밝히、분변하야、그、공과사와、의와、리와、올은것과、그른것과、참되고、망녕됨을、호리의、의사한사이에、분별하야、어그러지고、그릇됨에、이르지、아니할지니、착함을、가림이、이에、이르면、가림(擇)이、가히、졍하다、일을지라、이갓처하고、도탑게、행하야、날과、달、사이에、념려의、젹은(微)것으로、말미암어、하는일에、낫타남에、달하

과물욕의、루(累)가되야、혹(或)、셩실치、못함이、잇난지라、이에、그、진실하고、망녕

됨이、업셔셔、그、근본、그러한、쳐음을、회복하고자、함이、일은바、셩(誠)해오는쟈

一라、인셩해오는쟈는、인도(人道)의、당연(當然)한것이니、공(功)을、맛당히、스스로、다할것이

라、오죽、능히、텬도(天道)의、셩(誠)을、온젼히、한쟈는、그、행(行)함인즉、편히、행(行)함이니、도(道)

에、힘씀을、기다리지、아니하고、스스로、맛지(中)아니함이、업슴이오、그、아는

것인즉、나셔、앎이니、생각하야、차짐을、기다리지、아니하고、도(道)에、스스로、엇

지、못함이、업스니、이것은、이에、죵용(從容)히、도(道)에、합하난、셩인(聖人)이라、셩인(聖人)이、본

래、셩(誠)치、아님이、업셔셔、하날로、더불어、한아인、됨이니、곳、또한、하날의、도(道)

一오、만일、셩(聖)에、이르지、못하고、사람의、도(道)를、다、하야、써、셩(誠)해오난쟈는、그、

아난것인즉、능히、생각지、아니하면、엇지、못함으로、반다시、모든、리치를、

가려(擇)셔、착함을、밝히고、그、행함인즉、능히、힘쓰지、아니하면、맛지(中)

아니함으로、반다시、어든바、착함에、굿게、직히여셔、진실무망(眞實無妄)함에、이름을、

구한후에、마는지라、이것이、힘을쓰고、닥거셔、사람의、일을、다、하야써、하날

리치에、합(合)함이니、일은바、사람의、도(道)一니라

一二一

不思而得야하 從容中道니하나 聖人也ㅣ오 誠之者난 擇善而固執지

블사이득야하 죵용즁도니하나 셩인야ㅣ오 셩지쟈난 택션이고집지

쟈ㅣ니 者也

쟈야ㅣ니 라

〔대문푼것〕 誠한쟈는, 하날의, 도ㅣ오 誠 셩해오난쟈는,사람의, 도ㅣ니, 셩한쟈는,힘쓰지, 아니하야셔, 맛치며, 생각지, 아니하야셔, 어더셔, 죵용히, 도에, 맛나니, 셩인이오, 셩해오쟈는, 착함을, 갈히여셔, 굿게, 잡는쟈ㅣ니라

〔글자푼것〕 誠者 셩쟈는, 진실하야, 망녕됨이, 업슴이니, 텬리의, 본연한것이오, 誠之者 셩지쟈는, 능히, 진실하고, 망녕됨이, 업지, 못한지라, 그, 진실하고, 망녕됨이, 업고자, 함이니, 인사의, 당연함이라

〔글뜻푼것〕 그러나, 그, 반다시, 면져, 셩실을, 셰우난쟈는, 무엇인고, 그, 텬리에, 나셔, 인사에, 간졀한것이라, 대뎌, 사람이란, 쳐음에, 이리치가, 몸으로, 더불어, 갓치와셔, 근본, 진실하고, 망녕됨이, 업슴이, 일은바, 셩이라, 이 셩이란것은, 이에, 텬도의, 근본, 그러한것이오, 닥거셔, 함을, 기다리지, 아니함이라, 그러나, 하날리치가, 비록, 셩치, 아님이업스나, 사람의, 마음이, 긔픔

二二〇

붑을、보지못할지라、그러나、어버이의게、슌히、하고자、함이、쏘、가히、뜻을、

아당하고、굽(曲)게、좃는것이、아니라、젼(前)에、뎡한도ㅣ잇스니、몸을셩실히、함

에、잇슬싸름이라、대뎌、몸에、도리켜셔、셩실치못하며、밧게、어버이、셤김의

례(禮)난、잇스나、안에、어버이、셤기난、실샹이、업스리니、어버이가、깃버함을、보

지못할지라、이것은、한번、몸을셩실함에、어버이의게、슌히하고、벗의게밋부

게하고、우에、엇고、백셩을、다스림에、베픔이、리롭지、아니함이、업나니、몸

을셩실히함에、매인바ㅣ이갓흐나、그러나、몸을、셩실히、하고자함이、쏘、가

히、음습하야、취하고、억지로、함이아니오、그、도(道)ㅣ착함을、밝히난대、잇

슬싸름이라、대뎌、능히、겨물하고、치지하야(致知)、참、지극히、착한것의、잇난바를、

아지못하면、착한것、조하함을、반다시、능히、조흔색을、조하함만、갓지、못할것

이오、악(惡)한것、미워함을、반다시、능히、악한、램새를、미워함만、갓지、못하리

니、비록、억지로、힘써셔、그、몸을、셩실히、하고자하나、몸을、가히、셩실히하

지、못할지라、이것이셩실을、구하난공(功)이、맛당히、먼져、뎡할바ㅣ니라

성쟈(誠者)난 텬지도(天之道)야ㅣ오 셩지쟈(誠之者)난 인지도(人之道)야ㅣ니 셩쟈난 블면이즁(不勉而中)하며

476 중용강의 부록

게, 밋부지, 못하리라, 어버이의게, 슌함이[順], 도ㅣ잇스니, 몸에, 도리켜셔, 셩실

치, 못하면, 어버이의게, 슌치, 못하리라, 몸을, 셩실히, 함이, 도ㅣ잇스니, 착함

에, 밝지, 못하면, 몸을, 셩실치, 못하리라

[글자푼것]

[글뜻푼것] 일은바, 일의, 맛당히, 미리, 할것이, 무엇인고, 셩실할따름이

라, 또, 아래위에[位], 잇난자로써, 말하면, 아래위에[位], 잇셔셔, 임금과, 웃사람의, 마

음을, 엇지, 못하면, 써, 그, 위를[位], 편안히, 하고, 그, 뜻을, 행하지, 못할지니, 비

록, 백셩을, 다스리고자하나, 가히, 엇지, 못할지라, 그러나, 우에, 엇고자, 함

이, 또, 아첩하고, 깃부게하야, 용납하기를, 취함이, 아니라, 젼에[前], 뎡한도ㅣ잇

스니, 벗의게, 밋부게함에, 잇슬, 따름이라, 대뎌, 벗에, 밋부지, 못하면, 뜻과[定]

행실이, 합하지, 못하고, 명예가[名譽], 들니지, 못하야, 우의, 일홈을, 보지못할지라, 그

러나, 벗에게, 밋부고자함이, 또, 가히, 아당하야, 구챠히, 합하난것이아니라,[道]

젼에[前], 뎡한도ㅣ잇스니, 어버이의게, 슌하게, 함에잇슬따름이라, 대뎌, 어버이

의게, 슌하지, 못하면, 후할바에[厚], 박하야, 박하지[薄], 아니할바ㅣ업셔셔, 벗에, 밋

一一八

貫通
관통하야、당연한、리치를、하는것을、갈오대、道 도ㅣ니、할바의、道 도를、먼져덩하

야、쓰임에、보이지、아니하야셔、먼져、그、톄를、셰우면、왼편에도、맛당하고、

오른편에도、맛당하야、取 취함애、다、그、根源 근원에、合 합하야、스스로、널니 應 응하고、곡

진히、맛당하리니、무슨、窮 궁함이、잇스리오、일은바、모든、일을、미리하면、셤

(立)인이갓흐니라

在下位 不獲乎上 民不可得而治矣 獲乎上 有道不
재하위야하면 블획호샹이면 민블가득이치의리니 획호샹이 유도ㅣ니 블

信乎朋友矣 信乎朋友
신호붕우ㅣ블획호샹의 신호붕우ㅣ유도ㅣ니하 블

信乎朋友 有道 不順乎親矣 不
신호붕우ㅣ유도ㅣ니하 블순호친이면 블신호붕우ㅣ리라

順乎親 有道 反諸身不誠 不順乎親矣
순호친이 유도ㅣ니하 반져신블성이면 블순호친의리라

誠身 有道 不明乎善 不誠乎身矣
셩신이 유도ㅣ니하 블명호션이면 블셩호신의리라

〔대문푼것〕 아래、位 위에、잇셔、우에、엇지、못하면、백셩을、가히시러금 다스

리지、못하리라、우에、어듬이、道 도ㅣ잇스니、朋友 붕우에、밋부지、못하면、우에、엇

지、못하리라、붕우에、밋붐이、도ㅣ잇스니、어버이의게、순치、못하면、붕우에

오、겁은、쓸어짐이오、구난、병이라

〔글쓰푼것〕 그러나、일은바、한아이란것은、진실로、일죠일셔의、능히어들

바ㅣ아니라、대뎌、달한도와、달한덕과、구경의、일이、그、행하난것이、반다

시、미리、먼져、허다한、공부를하고、림시하야、취하고、판단함에이르지아니

하면、덕을、가히、닥글것이며、도를、가히、행할것이며、경을、또한、가히、들어

셔、일이、근본이、잇셔셔、셩립할지라、만일、평일에、일죽이、미리、이러한、공

부를、하지아니하고、일시에、문득、이와갓치、하기를、요구하면、엇지、능히、셥

(고)이、잇슴을、바라리오、곳、페하고、문허짐에、이를지라、만일、말을하되、말

하기젼에、말할바의、리치를먼져、뎡하면、말이、다、차실하야、말함에스스로

막힘이、업스리니、무슨、밋그러짐이、잇스며、일(事)을、하되、일하기젼에、

일할바의리치를、먼져뎡하면、일이、다、원리가、잇셔셔、베품의、스스로

군박함이、업스리니、무슨、곤함이、잇스며、행하되、행할바의、리

치를、먼져뎡하면、행함이、다、졋졋함이、잇셔셔、스스로、졍대하고、광명하야

마음의、붓그러움이、업스리니、무슨、병됨이、잇스며、도와、덕과、구경가온대、

豫 예 미리
定 뎡 뎡할
跲 쓸어 겁
疚 병구 진
窮 할궁 궁

(글자푼것) 一일은, 誠성실함이니, 이것은, 九經의, 실샹이라

(글뜻푼것) 대뎌, 텬下국家를, 다스림이, 九經이, 잇셔셔, 그, 묘목과, 그, 사

실과, 그, 효험이, 이와, 갓치, 자셰하나, 써, 이, 九經을, 행하난바난, 한, 誠성실함

이라, 다, 진실한, 뜻으로, 써, 함이오, 한갓, 虛문이, 아니니, 이것이, 九經의, 실

샹이니라

凡범事사ㅣ豫예則즉立립하고不불豫예則즉廢폐하나니言언前전定뎡則즉不블跲겁하고事사前전定뎡則즉不블

困곤하行행前젼定뎡則즉不불跲겁하고道도前젼定뎡則즉不블窮궁이니라

(대문푼것) 무릇, 일이, 미리하면, 셔고, 미리하지, 아니하면, 폐하나니, 말삼

이, 젼에, 뎡하얏스면, 쓸어지지, 아니하고, 일이, 젼에, 뎡하얏스면, 곤치, 아

니하고, 행실이, 젼에, 뎡하얏스면, 병되지, 아니하고, 도가, 젼에, 뎡하얏스면,

궁하지, 아니하나니라

(글자푼것) 凡事범사난, 達道달도와, 達德달덕과, 九經구경의, 부처라, 豫예난, 본대, 뎡한것이

오기를、원할지니、이것이、먼데사람을、유하게(柔)、하난바이오、져후의(諸侯)、대(代)가、신

어져셔、나라는잇고、사람이、업는쟈는、그、방손과(秀孫)、지손을(支孫)、취하야(取)、이스게하

야、그、종사를(宗祀)、싄어지게、아니하고、폐(廢)한나라에、사람은、잇고、나라가、업는

쟈는、그、예젼의、봉(封)한것을、회복하야、그、쟐도를(母土)、누리게하며、긔강이(紀綱)、문

란한쟈는(亂)、다스리고、샤직이(社稷)、쟝찻、위태한쟈는、붓들며、져후가(諸侯)、대부로(大夫)、하

야금、들이난것과、져후가、와셔、죠회함을、다、그、째로、써、하되、소활(跳闊)

며、나의、잔치하고、주는것은、후함을(厚)、죳고、져의、공을、밧치난것은、박함을(薄)

하야、게으름에、이르지、아니하고、자조하야、피폐(罷弊)함에、이르지、아니하게하

조차셔、각각、쩟쩟한、법도가、잇셔셔、그、재물을、쩌러지게、아니함은、이것

인、져후를(諸侯)、품어셔、텬하로、하야금、두렵게하는바ㅣ니、구경의(九經)、일이、이갓흐

니라

凡爲天下國家有九經所以行之者一也

번위텬하국가ㅣ유구경(九經)니하(天下國家) 소이행지쟈ㅣ일야ㅣ니(所以 行之 者 一也)
라

〔대문푼것〕

무릇、텬하와(天下)、국가를(國家)、하욤이、구경이(九經)、잇스니、써、행하난바난、

째를, 해롭게아니하야, 그, 힘을, 다, 하지, 아니하고, 박하게, 거두며, 부셰(賦稅)를,

바듬이, 뎡(定)함이, 잇셔셔, 그, 재믈을, 다하지, 아니하며, 백셩이, 남어지, 힘과,

남어지, 재산이, 잇셔셔, 다, 일의, 나감에, 용맹스럽고, 나라, 밧듬에, 즐거, 할

지니, 이것이, 써, 백셩(百工)을, 권하야, 다, 임금사랑함을, 알게, 하난바이오, 만일,

백공은, 능(能)하고, 쫄하며, 부지런하고, 게으름의, 다른것이, 잇스니, 날로, 삷히

여셔, 그, 기예(技藝)를, 싸스코, 달로, 시험하야, 그, 셩젹(成績)을, 샹고하야, 주난바, 육식(肉食)을

의, 희와, 곡식(穀食廩)의 름(廩)을, 반다시, 그, 한바의, 알로, 더불어, 샹당하게, 하야, 공

이, 잇는이의게, 불쭉지아니하고, 공(功)이, 업는이의게, 넘치게아니하면, 게으

른쟈ㅣ날로, 경셩(警醒)하고, 능(能)한쟈ㅣ더욱, 힘, 쓰리니, 이것이, 백공(百工)을, 권하야, 분발(勸奮發)

할쥬를, 알게, 하난바이오, 먼데, 사람이, 내, 나라에, 나가는쟈난, 공문(節)을,(物)

주어가는이를, 보내셔, 관과진의, 맥김이, 업게하고, 내나라에, 오는쟈난, 물자(物資)

를, 풍죡히, 녀녁한바ㅣ, 잇게하며, 그, 나라에, 머믈으기를, 원(願)하난쟈ㅣ, 잇거

던, 능(能)함을, 인(囚)하야, 맛김을, 주어셔, 써, 그, 착함을, 야름다히역이면, 그, 능하

지, 못함을, 불상히, 역이면, 무유(撫綏)함이, 도(道)가, 잇셔셔, 먼데사람이다, 그, 길로, 나

히, 하고, 한갈갓치, 덕德이, 잇난사람을, 귀貴즁重히, 역이면, 슌젼한, 마음으로, 어진

이를, 써셔, 어진사람이, 그, 뜻을, 행함을, 어들지니, 이것이, 어진쟈를, 써, 귀貴하

야, 그, 됴朝졍廷에, 셔기를, 원顧하게하난바이오, 그, 벼슬디위를, 놉히여셔, 써, 귀貴

하게하고, 그, 록祿의, 기름을, 즁重히하며, 그, 조하하고, 미워함

울, 갓치하야, 셔로, 조하하고, 허물함이, 업스면, 져諸부父와, 형兄뎨弟가, 셔로, 감동하

고, 깁버하야, 또한, 참아, 나의게, 박薄하게, 하지, 못할지니, 이것이, 친親한이

를, 친親함을, 권勸하야, 원망치, 아니하게함이오, 륙六경卿베슬, 아레에, 각각各各, 그, 소쇽

관원을, 만히하야, 사령使令함을, 맛기여셔, 조고마한, 일로써, 수구롭게, 하지, 아

니하면, 대大신臣이, 죵용히, 도아, 다스림을, 어더셔, 써, 나라집의, 큰일을, 경經리理,

할지니, 이것이, 써, 대大신臣을, 권하난바이오, 무리신하는, 분수가, 나진즉, 형

셰가, 맥히고, 벼슬이, 적은즉, 록祿이, 박薄할지니, 반다시, 츙忠후厚하고, 신信실實함으로,

대待우遇하기를, 졍셩스럽게하고, 록祿을, 즁重히하야, 기르기를, 후히하면, 한몸으로,

알고, 무휼撫恤함이, 이미, 지극하야, 사람이, 다, 덕을, 감동하야, 츙셩을, 본바드

리니, 이것이, 써, 사士를, 권勸하난바이오, 백셩의게, 난, 부림을, 때로써하되, 농사

一二二

그、먹는것을、올니고、나림이오、왕은、위하야、졀을주어셔、보내고、래는、그、

싸、스코、싸음을、풍성히하야、마짐(迎)이오、됴는、져후가、텬자의게、보임이오、

빙은、져후가、대부로、하야금、와셔、공을、들임이니、왕졔에、해마다、한번、적

게、빙하고、삼년에、한번、크게、빙하고、오년에、한번됴회함이오、후왕박래는

잔치하야、주는것은、후히하고、공들이는것은、박하게함을、일음이라

〔글뜻푼것〕구경의、효험을、거두고쟈、할진댄、반다시、면져、구경의、일을、

다、할지니、시험하야、그、일로、써、자셰히、하리라、바야흐로、그、고요하야、아

즉、응졉하지、아니할때에、재계하야、심지를、밝히여셔、그、안을、졍결히、하

고、셩히、그、의복을、수미여셔、그、밧갓을、엄슉히、하며、동함에、미쳐셔、이

미、응졉하난、때에는、쥬션함을、한갈갓치、졀문의、례를、조칠지니、만일、례

가、아닌죽、망녕되히、동하지、아니하면、때의、공경치、아니함이、업셔셔、이

몸이、항샹、규구안에、잇스리니、이것이、몸을、닥거셔、도를、다、함이오、참소、

하난말을、들으면、어진쟈ㅣ편안치、못하고、색과、재물을、조하하면、어진쟈

로、더불어、셔로、어그러지나니、참소를、버리고、색을、멀니하고、재물을、쳔

三二二

厚 둣거울 후
聘 부를 빙
朝 조회할 조
持 가질 지
廢 폐할 폐
絶 졀단할 절
矜 불샹이 궁
嘉 아름다울 가
迎 마즐 영
往 갈 왕
送 보낼 송
稱 일카를 칭

고, 德덕을, 귀히, 역임은, 써, 어진이를, 勸권하난바이오, 그, 位위를, 놉히며, 그, 祿록

을, 重히하며, 그, 조하하며, 미워함을, 한가지로함은, 써, 親친을, 親친함을, 勸권하

난바이오, 벼슬을, 盛셩히하야, 부림을, 맛기게함은, 써, 大신大臣을, 권하난바이

오, 忠셩과, 밋붐으로, 하고, 祿록을, 重히함은, 써, 士사를, 권하며, 달로, 부

리며, 薄박히, 거둠은, 써, 百셩百姓을, 권하난바이오, 날로, 삷히며, 시험하야,

匜회와, 름을, 일에, 맛게함은, 써, 百공百工을, 권하난바이오, 가는이를, 보내고, 오난

이를, 마지며, 어진이를, 아름다히, 역이고, 능치, 못한이를, 불샹히, 역임은,

써, 먼데사람을, 부드럽게, 하난바이오, 스니진대夫를, 이으며, 廢폐한, 나라를, 들

며, 어지러움을, 다스리고, 위태함을, 가지며, 朝됴와, 빙聘을, 때로, 써, 하며, 가는

것을, 후히하고, 오난것을, 薄박히함은, 써, 져후諸侯를, 懷회하난바이니라

[글자푼것] 이는, 九구경의, 일을, 말함이라, 官관셩임使는, 일으되, 관속이, 만코

盛셩하야, 足죽히, 使사령을, 맛기게함이오, 忠신즁녹忠信重祿은, 일으되, 대졉하기를, 졍셩

으로하고, 기르기를, 厚후히함이오, 旣희는, 희로, 읽고, 름은, 름으로, 읽으니, 희

廩름은, 효식祿식이오, 稱사稱事는, 쥬례周禮고인직周禮藥人職에, 갈오대, 그, 활과, 소뇌를, 샹고하야

무엇을 스리여, 행(行)하지아니하느뇨

齊明盛服 非禮不動 所以修身也 去讒遠色 賤貨而
재명성복야 비례블동은 소이슈신야ㅣ오 거참원색 쳔화이

貴德 所以勸賢也 尊其位 重其祿 同其好惡 所以勸
커덕은 소이쳔현야ㅣ오 존기위 며 즁기록오 동기호오 난

親親也 官盛任使 所以勸大臣也 忠信重祿 所以勸
친친야ㅣ오 관성임사난 소이쳔대신야ㅣ오 충신즁록은 소이쳔

士也 時使薄斂 所以勸百姓也 日省月試 既禀稱事
사야ㅣ시사박렴은 소이쳔백성야ㅣ오 일성월시야하 회름칭사난

所以勸百工也 送往迎來 嘉善而矜不能 所以柔遠人
소이쳔백공야ㅣ오 송왕영래며하 가션이긍블능은 소이유원인

也 繼絶世 舉廢國 治亂持危 朝聘以時 厚往而薄
야ㅣ계졀세며 거폐국며하 치란지위며하 됴빙이시며하 후왕이박

來 所以懷諸侯也
래난 소이회져후야ㅣ니

〔대문푼것〕 재게하며, 밝게하며, 옷을, 셩히하야, 례, 아니어든, 동치아니함

으, 써, 몸을, 닥난바이오, 참소를, 버리고, 색을, 멀니하며, 재믈을, 쳔히, 역이

언해즁용쟝구배쳔

一〇九

니할것이오、대신을、공경한즉、위임(委任)함이、젼일하야 하야금、그、능함을、펴게

하야、시비와、가부(可否)를、다、자뢰하야、결단하리니、일에、현란하지、아니할것이

오、군신(群臣)을、일톄(一體)로한즉、임금이、신하、보기를、슈죡(手足)과、갓치하고、신하가、임금

보기를、복심(腹心)과、갓치하야、사가、다、힘을、다、하고、츙셩을、본바더셔、례(禮)로、나

의게、갑난것이、즁할것이오、셔민(庶民)을、아들쳐럼한즉、임금이、백셩、사랑하기

를、아들과、갓치하고、백셩이、임금、사랑하기를、부모(父母)와、갓치하야、백셩인

다、즐기여、깃버하고、고동(皷動)하야、츔추어셔、임금을、놉히고、우(上)를、친(親)함을

셔로、권할것이오、백공(百工)을、오게한즉、백공(百工)이、긔구를、지어、냄이、이、재믈이

라、재믈이、날로、쓰임이、나라가온대、용도(用庶)가、스스로、츙죡(充足)、할것

이오、먼데、사람을、은혜로、써、편하게、한즉、사방(四方)의、노는션비와、밋、장사하

난、무리가、다、그、길로、나가기를、원하야、도라오지、아니할이、업슬것이오、

져후(諸侯)를、덕(德)으로、써、품은즉、져후(諸侯)가、신하로、복죵(服從)하야、가온대와、박갓이、한

집이되리니、즁국신민(中國民)이、우러러、사랑하지、아니하고、미더、복죵하지、아니할

이잇지、아니하야、텬하(天下)ㅣ두려워、할것이라、구경(九經)의、효험이、이갓흐니、임금이

한이를, 천하면, 져부(諸父)와, 곤뎨(昆弟)ㅣ원(怨)치, 아니하고, 대신(大臣)을, 공경하면, 현란(肢)치, 아

니하고, 군신(群臣)을, 톄(體)하면, 사(士)의, 톄(禮)를, 갑흠이(報), 중하고, 셔민(庶民)를, 자(子)하면, 백성이

권하고(勸), 백공(百工)을, 오게하면, 재용(財用)이, 쪽하고(足), 원인(遠人)을유(柔)하면, 사방(四方)이, 도라오고,

져후(諸侯)를, 회(懷)케하면, 텬하ㅣ두려워, 하나니라

〔글자푼것〕 이난, 구경(九經)의, 효험을, 말함이라, 도(道)가, 셤은(極), 일으되, 도(道)가, 몸에,

이루어셔, 가히, 백셩의, 표준(標準)이, 될지니, 일은바, 황(皇)이, 그, 극(極)을, 셰움이, 이것

이오, 혹(惑)지, 아니함은, 일으되, 리치에, 의심치, 아니함이오, 현란(肢亂)치아니함은,

일으되, 일에, 희미치, 아니함이라

〔골뜻푼것〕 임금이, 과연, 능히, 이구경(九經)을, 행(行)하면, 각각, 그, 효험이, 잇나

니, 몸을, 닥근즉, 내몸이, 이에, 각각, 그, 도(道)를, 다하야, 가히, 텬하(天下)국가(國家)의, 쥰(準)

측(則)이, 되여셔, 그, 임금의, 마루때가, 셜것이오, 어진이를, 놉힌즉, 그, 강론(講論)함

을, 자뢰하고, 그, 보필(輔弼)함을, 힘입어셔, 몸을, 닥고, 사람을, 다스리난리치에,

의혹(疑惑)되난바이, 업슬것이오, 친한이를, 친한즉, 은혜와, 의(義)가, 셔로, 미더셔, 우

으로, 져부(諸父)와, 아래로, 형뎨(兄弟)가, 다, 그, 깃분마음을, 어더셔, 나를, 원망하지, 하

一〇七

惑 혹할
昆 맛곤
怨 원망할 원
眩 현황할 현
勸 권할 권
財 재물 재
懷 회품을
畏 외위두할려

셔, 오게, 할것이오, 나라로, 말미암어, 텬하天下에, 밋치면, 먼, 사람으로, 내, 나라

에, 츌립써立하 난쟈를, 맛당히, 편하게하야 그, 곳을, 일허, 버리지, 아니하게할것

이오, 져후난諸侯王室, 왕실을, 병풍하고, 울타리, 하난쟈ㅣ라, 맛당히, 품어셔, 복종服從하

게, 하야, 하야금, 그, 써나게, 하지, 아니할것이니, 이것은, 그, 도道가, 셧셧

함이, 잇셔셔, 가히, 그, 차셔初序를, 박구지, 못할것이오, 조리條理가, 잇셔셔, 가히

란亂하게못할것이라, 이럼으로, 써, 이것을, 구경九經이라, 하나니, 이것이, 졍히, 문文

무武의, 졍사政事가, 방책方策에, 폐셔, 잇난것이니라

修身則道立 슈신즉도립立하고 尊賢則不惑 존현즉불혹惑하고 親親則諸父昆弟不怨 친친즉져부곤뎨ㅣ블원怨하고 敬

大臣則不眩 대신즉불현眩하고 體群臣則士之報禮重 군신즉사지보례ㅣ즁重하고 子庶民則百姓 자셔민즉백셩이

勸來百工則財用足 대래백공즉재용이족고 柔遠人則四方歸之 유원인즉사방이 懷諸侯則

天下畏之 회져후즉 텬하ㅣ외지畏之라

[대문문것] 몸을, 닥그면, 도ㅣ셔道고, 어진이를, 놉히면, 의혹지疑惑, 아니하고, 친親

박, 손과, 나그네를, 잇지, 많이라

〔글뜻푼것〕 몸을, 닥그면, 진실로, 텬하와국가를(天下國家), 다스릴바를, 알것이나, 텬

하, 국가를(天下國家), 다스림이, 또, 허다한(許多), 일이, 잇스니, 다만, 몸을, 닥글뿐이아니라, 텬

대개, 텬하국가를(天下國家), 다스림에, 아홉가지, 박구지못할, 썻썻한, 리치가, 잇나니

아홉가지썻썻한, 조목이, 무엇인고, 갈오대, 몸이, 텬하, 국가의, 근본이, 되니

졔일, 먼져몸을, 닥금에, 잇슴은, 교화의(教化), 근원을, 단졍히함이오, 다음인즉, 어

진이를, 놉힘은, 덕(德), 잇난이를, 스승하야, 몸을, 닥금의, 도음을, 하난바이오, 도(道)

에, 나감이, 집, 보다, 먼져, 함이, 업는고로, 다음에, 그, 한, 근본인구죡의(九族), 친한이

를, 친함이오, 집으로, 말미암어, 죠뎡에(朝廷), 밋치면, 대신은(大臣), 나의, 보필이니(輔弼), 대우(待遇)

하난례를(禮), 맛당히, 넉넉히, 할것이오, 무리, 신하는, 나의, 슈죡이니(手足), 무휼하난(撫恤)

졍이, 맛당히, 두터울것이니, 고로, 공경하고, 한몸으로함이오, 죠뎡으로, 말

미암어, 나라에, 밋치면, 무리, 백셩은, 나라, 근본에, 매인바이라, 맛당히, 그,

무궁한(無窮), 하고쟈, 함을, 생각하야, 대졉, 하기를, 아들갓치, 할것이오, 백공은(百工), 국

용의(用), 자뢰(資), 하난바이라, 맛당히, 그, 힘을, 씀에, 슈고로움을, 생각하야, 불너

經 엣엣
　경경
體 몸톄
　몸
群 군무리
柔 유러울
　부드
懷 회품을

를, 알것이오, 이미, 사람, 다스리는바를, 알면, 텬하와국가가―다, 이,사람이니,

곳, 다, 이, 몸이라, 스스로, 텬하국가를, 다스릴바를, 알지니, 대개, 알기를, 이

미, 밝게하면, 쳐, 함이, 스스로, 텬하국가를, 다스림에, 밧갓하지, 아니하

니, 몸을, 닥금이, 진실로, 졍사를, 하난, 근본이되나니라

凡爲天下國家 有九經曰修身也 尊賢也 親親也 敬

범위텬하국가―유구경니하 왈슈신야와 존현야와 친친야와 경

大臣也 體群臣也 子庶民也 來百工也 柔遠人也 懷

대신야와 례군신야와 쟈셔민야와 래백공야와 유원인야와 회

諸侯也ㅣ니

져후야라

[대문푼것]
무릇, 텬하국가를, 하욤이, 아홉, 경이, 잇나니, 갈오대, 몸을, 닥

금과, 어진이를, 놉힘과, 친한이를, 친함과, 대신을, 공경함과, 군신을, 례합과

셔민을, 쟈함과, 백공을, 오게함과, 원인을, 유함과, 져후를, 회케, 함이니라

[글자푼것]
경은, 셋셋함이오, 례는, 몸으로, 써, 그, 지위에, 처하야, 그,마음

을, 삷힘이오, 자난, 부모의, 그, 아들을, 사랑함과, 갓흠이오, 유원인은, 일은

知所以治人 則知所以治天下國家矣

지소이치인즉지소이치텬하국가의 라리

(대문푼것) 이, 셰가지를, 알면, 써, 몸, 닥글바를, 알고, 써, 몸, 닥글바를, 알

면, 써, 사람, 다스릴바를, 알고, 써, 사람, 다스릴바를, 알면, 써, 텬하국가를,

다스릴바를, 알리라 斯三者

(글자푼것) 사삼쟈는, 셰가지, 갓가움을, 가르침이라, 인은,내몸을,대한,일 天下國家 人 對

커름이오, 텬하국가는, 사람을, 다, 말함이라

(글뜻푼것) 배호기를, 조하하며, 힘써, 행하며, 붓쓰러움을, 아난,셰가지는,

이에, 몸을, 닥는, 죵용한, 도이라, 군쟈ㅣ진실로, 이, 셰가지를, 안면, 배홈을 道 知

조하함으로, 말미암어, 써, 지에갓가워셔,몸을, 닥금의, 샞이, 열(啓)일것이오, 知

힘써, 행함으로, 말미암어, 써, 인에, 갓가워셔, 몸을, 닥는실샹이, 될것이오, 勇 仁

붓쓰러움을, 아는것으로, 용에, 갓가워셔, 지하고, 행함이, 아울너 勇 知 行

지극하야, 몸이, 닥지, 아니함이,업슴을,알지라, 이미,몸, 닥난바를,알면,사람

곽, 내가, 이, 몸이, 갓흐니, 곳, 이, 리치가, 갓흔지라, 스스로, 써, 사람다스릴바

세나니, 德덕에, 드러가기를, 구하난쟈ㅣ엇지핟고, 대져, 知지가, 반다시, 上智샹지오,

仁인이, 반다시, 지극한, 仁인이오, 勇용이, 반다시, 큰, 勇용인, 연후에, 지극함이, 될지

니, 엇지, 거연히, 밋칠것이리오, 그러나, 배호기를, 조하함은, 리치를 밝히난,

바이니, 진실로, 능히, 배호기를, 조하하야, 아니한죽, 둣고, 보난

이, 날로, 넙을것이오, 밝고, 쇄달음이, 날로, 열닐지니, 비록, 젼연히, 이知지는

아니나, 쪼한, 知지에, 갓가워셔, 가히, 졈졈, 知지에, 나갈것이오, 힘써행함은, 도

에, 나가난, 바이니, 진실로, 힘써, 행하야, 마지, 아니한죽, 몸의, 사사난, 졈졈

버리고, 하날, 리치난, 졈졈, 회복될지니, 비록, 젼연히, 이, 仁인은, 아니나, 쪼한

인에, 갓가워셔, 가히, 졈졈, 仁인에, 나갈것이오, 붓그러움을, 아는것은, 뜻을, 셰

우난, 바이니, 진실로, 사람과, 갓지못함으로, 써, 붓그러워한죽, 쎰내(奮)

난뜻이, 날로, 나고, 겁내고, 약함이, 날로, 업셔질지니, 비록, 젼연히, 이勇용은

아니나, 쪼한, 勇용에, 갓가워셔, 가히, 졈졈, 勇용에, 나갈지니, 이, 困곤하고, 힘써셔,

德덕에, 드러감을, 구하난일이니라

知斯三者則

지사삼쟈즉 지소이슈신오이

知所以修身

지소이슈신즉 지소이치인오이

知所以修身則知所以治人

恥 붓그치러울

로지, 질기고, 독실히, 조하하야, 반다시, 이, 도를, 행하난쟈ㅣ, 잇스며, 쪼, 혹, 篤

박잡하고, 슈연치, 못하야, 편안한, 바를, 엇지, 못하고, 그, 리로움을, 알지못 殷雜 粹然

하야, 반다시, 힘써, 바루잡은, 뒤에, 이, 도를, 행하난쟈ㅣ, 잇스니, 공을, 쓰난, 道

쳐음에는, 그, 일이, 비록, 다르나, 그, 공력이, 셩취된뒤에, 미쳐셔는, 능히, 이 功力 成就

달한도를, 행함은, 한가지라, 지하고, 행함이, 마침내, 한아에, 도라가나니, 이 違道 知 行

것이, 써, 텬하의, 달한, 덕이, 되는바이오, 텬하의, 달한덕이, 되야셔, 이달한, 天下 達德 違

도를, 행하난바이니라 道

쟈ㅣ왈호학은 근호지고 력행은 근호인하고 지치난 근호용라
子曰好學 近乎知 力行 近乎仁 恥 近乎勇 이니

〔대문푼것〕 배호기를, 조히, 역임은, 지에, 갓갑고, 힘써, 행홈은, 인에, 갓갑 勇 知 仁

고, 붓그러움을, 아난것은, 용에, 갓가우니라

〔글자푼것〕 자왈이자는, 연문이라, 샹문을, 통하야, 셰, 지가, 지가, 되고, 셰, 衍文 上文 通 子曰二字 知 智

행이, 인이, 된즉, 이, 셰가지, 갓가(近)운것은, 용의, 버금이라 行 仁 勇

〔글뜻푼것〕 달한도의, 행함이, 진실로, 갓흐나, 달한덕은, 혹, 긔운에, 거리 行 達道 達德 或

니, 그, 분슈로, 써, 말하면, 써, 아는바는, 지오[知], 써, 행하는바는, 인이오[仁], 써, 알

어녀, 셩공하야[成功], 한가지가, 되난바는, 용이오[勇], 그, 등급으로[等級], 써, 말한즉, 생지[生知]

와, 안행은[安行], 지오[知], 학지와[學知], 리행은[利行], 인이오[仁], 곤지와[困知], 면행은[勉行], 용이니라[勇]

〔글쯧푼것〕 달한[達], 덕이[德], 진실로, 써, 달한[達], 도를[道], 행, 하나니라

의, 긔프미[氣稟], 또한, 갓지, 아니한쟈ㅣ, 잇스니, 지로[知], 써, 말하면, 혹, 자품이[資稟], 지극

히, 밝음을, 잡어셔, 연구함을, 기다리지, 아니하고, 나셔, 이, 도를[道], 아난쟈ㅣ

잇스며, 혹, 맑음이, 만으나, 능히, 갈이움이, 업지, 못하야, 반다시, 강습하고[講習]

토론함을[討論], 기다려셔, 배혼뒤에, 이, 도를[道], 아난쟈ㅣ, 잇스며, 또, 어둡고, 가리여

셔, 말(淸)지, 못하야, 나셔, 밝지못하고, 배홈에, 달하지[達], 못하야, 반다시, 마음

에, 곤하고[困], 생각에, 빗겨셔, 반복하야[反覆], 이, 도를[道], 아난쟈ㅣ, 잇나니, 쳐

음, 알때에난, 그, 일이, 비록, 다르나, 그, 의리가[義理], 쉐여, 통한뒤에, 미쳐셔는, 다

이, 달한[達], 도를[道], 아난것이, 한가지오, 행합으로[行], 써, 말하면, 혹, 텬부의[天賦], 바탕이

슌슈하야[純粹], 힘씀을, 기다리지, 아니하고, 편안히, 이도를[道], 행하난쟈ㅣ, 잇스며, 혹

슌슈함이[純粹], 만으나, 능히, 잡됨이, 업지, 못하야, 마음이, 그, 리로움을[利], 알고, 오

困 利 勉 強
곤합 리리할 면힐쓸 강힐쓸

요하건댄、셰가지、달한、덕이、써、다섯가지、달한、도에、행함은、곳、한아일싸

름이라、리치가、다만、한、셩실함이니、사사욕심이、사이하지、못하야、아닌것

이로부텀、몸、밧고、용이、인、실샹용이라、도가、이로、부텀、강할지니、한갓、

이、인、실샹、아는것이라、도를、이로、부텀、알고、인이、이、실샹용이라、

삼달덕과、오달도의、그、일홈쑨이、되지아니하나니라

或生而知之 或學而知之 或困而知之 及其知之

혹생이지지며 혹학이지지며 혹곤이지지나 급기지지난야

一也 或安而行之 或利而行之 或勉强而行之 及

일야니 혹안이행지며 혹리이행지며 혹면강이행지나 급

其成功 一也

기셩공 일야니

〔대문푼것〕 혹、나면셔、알며、혹、배화셔、알며、혹、곤하야、아나니、그、아난

대에、미쳐셔난、한가지니라、혹、편안하야、행하며、혹、리하야、행하며、혹、힘

써셔、행하나니、그、공을、일움에、미쳐셔난、한가지니라

〔글자푼것〕 아는쟈의、아는바와、행하는쟈의、행하는바를、일으되、달도—

언해중용장구대젼

九九

것을、힘씀이니、달덕德이라、일으난쟈는、텬하天下고금古今의、한가지、어든바、리치라、

일인즉、셩誠、싸름이니라

〔글ㅅ즈푼것〕 시험하야、몸、닥난일을、들어셔、자셰히、말하면、몸을、닥금이

진실로、도로道、써、함에、잇스나、그러나、도라난것이、한곳이、아니라、텬하天下ㅣ

한가지、말미암난바의、달한達、도가道、대개、다셧이、잇고、도를道、닥금이、진실로、

인으로써仁、함에、잇스나、그러나、또한、인에仁、그치지、아니하니、이、달한達도道

를、행하난쟈ㅣ셰가지가、잇는지라、다셧가지라、함은、무엇인고、갈오대、조朝

졍에난延、군신이오君臣、집에난、부자와父子、부부와夫婦、곤데、벗갓에난、붕우의朋友、사귀임

이라、이、다셧쟈난、사람의、큰、륜긔이니倫、예와、이졔、한가지로、말미암난、것

이란、이에、텬하의天下、달한達도道이니、써、몸을、닥는바이오、셰가지는、무엇인고、

마음의、밝은、실긔（睿）가、써、이、도를道、아난것이、지가知、되고、마음의、지극히、

공변됨이、써、이、도를道、몸바듬이、인이되고仁、마음의、강군함이剛健、써、이、도를道、힘

씀이、용이、되니勇、이、셰가지난、하날이、명한성이오命性、사람이、갓치어든바이라、

이에、텬하天下고금의古今、한가지로、잇는달한達、덕이니德、써、도를道、닥난것이라、그러나、

으로、부터、비로소하고、도가、인으로、써、행하야、몸을、다ᄂᆞᆫ일이、온전할지

니라

天下之達道 五에 所以行之者ᄂᆞᆫ 三이니 曰君臣也父子也夫

텬하지달도ㅣ오 소이행지쟈ᄂᆞᆫ 삼이니 왈군신야부자야부

婦也昆弟也朋友之交也五者ᄂᆞᆫ 天下之達道也ㅣ오 知仁勇

부야곤뎨야붕우지교야오쟈ᄂᆞᆫ 텬하지달도야ㅣ오 지인용

三者天下之達德也所以行之者ㅣ一也ㅣ니

삼쟈ᄂᆞᆫ 텬하지달덕야ㅣ니 소이행지쟈ㅣ 일야ㅣ니라

〔대문푼것〕· 텬하의、달한、도ㅣ다ᄉᆞᆺ에、써、행하ᄂᆞᆫ、바스쟈난、셋이니、갈오

대、군신과、부자와、곤뎨와、붕우의、사귀난、다ᄉᆞᆺ가지난、텬하의、달

한、도ㅣ오、지와、인과、용、셰가지난、텬하의、달한、덕이니、써、행하난바스쟈

난、일이니라

〔글자푼것〕 달도란쟈는、텬하고금에、한가지、말미암는길이니、셔에、일은

박、오뎐이오、맹자의、일은바、부자유친、군신유의、부부유별、쟝유유셔、붕우

유신인、이것이니、지는、이것을、암이오、인은、이것을、몸、바듬이오、용은、이

언해증용장구머천

九七

로、써、하고、도、닥금을、인으로、써、하니、인은、어버이를、친함(親)으로써、큼을、

삼으니、어버이를、섬기지、아니하면、인을、다、하고、도를、다、하지못할지라、

고로、몸을、닥금을、생각할진댄、가히、어버이를、섬기여셔、그、근본을、도탑

게、아니치、못할지니、어버이를、섬기고자할진댄、반다시、어

진이를、높히난의로、말미암을지라、사람을、알지못하면、어버이、섬기난、리

치를、강론하야、밝히여셔、그、친목(親睦)한、마음을、열(啓)수업난지라、고로、어버

인、셤김을、생각할진댄、가히、그、사람의、어짊을、알어셔、그、도음을、엇지아

니치、못할지니、천한이를、천히、합에、내림(殺)과、어진이를、높히난등급(等級)이

다、하날이、차례(秩)하고、하날이、편(叙)례라、하날을、아지、못한즉、근본이、통

치、못하고、품절(品節)이、밝지、못하야、어진이、높힘도、맛당함을、일흘(失)여든、하

물며、어버이를、섬김이리오、그런고로、사람을、알어셔、어버이、섬김의、도음

을、생각할진댄、가히、하날을、알어셔、베푸난바의、혼잡(混雜)함이、업셔셔、그、하

날리치의、자연한、법칙(法則)을、다하지、아니치、못할지라、하날을아는것으로、말

미암어、사람을、알고、사람、아는것으로、말미암어、어버이를、섬기니、인이、천(親)

在下位
재하위^하야
不獲乎上
블획호샹_이면
民不可得而治矣
민블가득이치_의라_리

이대문픈은, 아레잇는것이, 그릇거듯, 이에잇는이라

故로 君子 不可以不修身_이오 思修身_인댄 不可以不事親_이오 思事
고로 군자ㅣ블가이블슈신_니오사슈신_인댄블가이블사친_이오사사
親不可以不知人_이오 思知人_인댄 不可以不知天_이니
친_이오사지인_인댄블가이블지텬_라니

〔대문픈것〕 고로, 군자ㅣ가히, 써, 몸을, 닥지, 아니치, 못할것이니, 몸, 닥금
을, 생각할진댄, 가히, 써, 어버이를, 섬기지, 아니치, 못할것이오, 어버이섬김
을, 생각할진댄, 가히, 써, 사람을, 알지, 아니치, 못할것이오, 사람, 알기를, 생
각할진댄, 가히, 써, 하날을, 알지, 아니치, 못할것이니라

〔글자픈것〕

〔글뜻픈것〕 정사함_{政事}이, 사람에, 잇고, 사람, 취함_取을, 몸으로, 써, 하니, 이난, 몸
이, 진실로, 사람을, 취하고_取, 정사_{政事}를, 셰우난근본이라, 그런고로, 군자ㅣ가히,
몸을, 닥거셔, 그, 마루때(極)를, 단정하게_{端正}, 아니치, 못할것이니, 몸, 닥금을, 도_道

이라, 인이, 사랑하지, 아니함이, 업스되, 나의, 어버이를, 쳔히함이, 큼이되

니, 대개, 어버이는몸의, 부터, 나온바ㅣ니, 망극한, 은혜라, 량심^{良心}의, 발함이이

에, 가쟝, 참되고, 도타우니, 이는, 오륜^{五倫}의, 가쟝, 간졀한것이라, 도^道, 가온대, 인ㅅ

륜^倫의, 족속^{族屬}을, 다, 이로부터, 밀우고, 인의, 재제^{裁制}함이, 의가, 되니, 의난^義, 쏘, 무엇

을, 일음인고, 곳, 사물^{事物}을, 분별하야, 하야금, 그, 맛당한것을, 엇게, 하난

것이라, 의^義가, 공경하지, 아니함이, 업스되, 어진이를, 놉힘이, 큼이, 되니, 대

개, 어진쟈는, 어버이를, 친^親하난, 리치에, 말미암어, 강론^{講論}하야, 밝히난바ㅣ라,

인심^{仁心}의, 발함이, 이에, 그, 도음을, 어드니, 이난, 오륜^{五倫}의, 가쟝, 급한것이라, 도^道

가온대, 베풀고, 씀이, 다, 이로, 부터, 롱하니, 부모^{父母}로, 인하야, 구족^{九族}에, 이르기

에, 쳔한이를^親, 쳔함의, 놉고, 나림이, 잇고, 스승으로, 말미암어, 벗에, 미쳐셔,

어진이를, 놉힘의, 등급^{等級}이, 잇셔셔, 졀^節이, 잇고, 문^文이, 잇스니, 이는, 쏘, 례^禮의, 발^發

하야나셔, 나타나, 보이는바이오, 사사듯으로, 함이, 아니라, 인, 의^義로, 써, 맛

낭히하고, 례^禮로, 써, 졀차함이, 다, 도^道를, 닥금을, 인^仁으로, 써, 하난쟈의, 반다시

미칠바ㅣ니, 이는, 몸을, 닥금의, 긴요^{緊要}함이니라

이、엄슬지라、이와、갓흔즉、임금은、밝고、신하난、어질어셔、문무(文武)의、졍사ㅣ

들어행하지、아니함이、업슬지니라

仁者 人也 親親 爲大고 義者 宜也 尊賢 爲大하 親親

인쟈 인야ㅣ친친이위대의쟈의야ㅣ존현이위대니친친
之殺 尊賢之等 禮所生也ㅣ니

지새 와 존현지등이례소생야ㅣ라

(대문푼것) 인은、사람이니、친을、친함이、크고、의난、맛당함이니、어진이
를、놉힘이、크니、친을、천하난、새와、어진이를、놉히난、등이、례ㅣ생하난、바
ㅣ니라

(글자푼것) 人 인은、사람의、몸을、가르쳐、말함이니、이생하난、리치를、갓추
어셔、자연히、측은하고、자애하난뜻이잇스니、깁히、몸바더셔、맛(味)드리면、
가히、불것이란의(宜)는、사리를、분별하야、각각、맛당한바ㅣ잇슴이오、례(禮)는、인
파의두쟈를、졀문(節文)할따름이라

(글뜻푼것) 도를、닥금을、진실로、인(仁)으로써、할지니、인이란것은、무엇을
일음인고、곳、이、생(生)하는리치를、갓추어셔、칙은(惻隱)하고、자애(慈愛)함이、잇난、사람

써、난것이라

〔글읫푼것〕 오즉、사람의、도난、졍사에、빠른지라고로、임금의、졍사를、함

이、사람을、어듬에、잇스니、대개、어진신하로、보필(補弼)을、삼은뒤에、긔강(紀綱)이、다

스릴지라、그러나、사람이、스스로、이르지、아니하니、그、사람을、취함은、임금

의、몸으로、써、할지라、대개、표준(表準)이、이미、셔면、취하고、노음이、스스로、밝을

지라、그런뒤에、어진재조가、즐기여、붓처리니、이것이、몸이、사람을、취하고、

졍사를、셰우난근본이、되니、매인것이진실로、즁(重)한지라、그러나、몸이、무엇

으로、말미암어、단졍했고、그、몸을、닥금은、도(道)로써、할지니、대개、인、

몸을、범위하난것이라、오즉、한몸의、거동으로、하야금、다、강상(綱常)과、륜긔(倫紀)를、조

차서、쥬션한즉、졉(接)하난바ㅣ각각、리치에、당하야、몸이、닥지、아니함이、업슬

지라、그러나、도(道)가、쏘、엇지、헛되이、갓추어셔、모양만、삼임으로、하리오、그

도(道)를、닥금은、쏘、인(仁)으로써、할지니、대개、인은、써、이、도(道)를、관쳘(貫徹)하난쟈ㅣ

라、오즉、졧졧한、인륜사이에、다、칙은(惻隱)하고、사랑하난、참마음이니、두루、홀

너셔사이가、업스면、도가、다、하지아니함이、업고、몸이、온젼하지、아니함

九二

道
도됨은, 하욤이, 잇슴에, 쥬쟝하나니, 이것이, 능히, 졍사에, 샐름이라, 임금과,

德
신하ㅣ한, 덕으로, 하면, 백가지, 법도가, 샐치고, 가츨거이오, 따의, 도됨이,

發   洵潭
발하야, 생함을, 쥬쟝하니, 가쟝, 능히, 나무에, 샐른지라, 地質 디질이, 부人(滋)고,

繁殖
윤택하면, 곳, 백가지, 물건이, 북도다, 지고, 번식할지라, 人情 하믈며, 文武 문무의, 졍사

本朝
는, 본조의, 지은것이니, 가쟝, 졍하고, 자셰하야, 인졍에, 합하고, 地方 디방, 風俗 풍속

에, 맛당하며, 쏘, 아름답고, 착하야, 행하기, 쉬웅이, 곳, 나무, 가온대, 쉽게나

오는, 갑대와, 갓흐니, 사람을, 어더셔, 들어행하면, 그, 샐름이, 다시, 엇더

하리오

故   爲政 在人 取人以身 修身以道 修道以仁
고로
위졍이 재인이니 취인이신이오 슈신이도ㅣ오 슈도ㅣ인이니라

〔대문푼것〕 고로, 졍사를, 함이, 사람에, 잇스니, 사람을, 취하되, 몸으로써,
하고, 몸을, 닥그되, 道 도로써, 하고, 道 도를, 닥그되, 인으로써, 할지니라

〔글자푼것〕 人 인은, 어진신하를, 일음이오, 身 신은, 임금의, 몸을, 가르침이오, 道 도

난, 텬하의, 達 달한, 道 도ㅣ오, 仁 인은, 天地生物 텬디의, 생물하는, 마음이니, 사람이, 어더셔,

九一

람이, 잇스면, 그졍사가, 들고, 그사람이, 업스면, 그졍사가, 쉬나니라

〔글자푼것〕 방(方)은, 판(板)이오, 책(策)은, 대쪽이오, 식(息)은, 멸(滅)함이라

〔글쏫푼것〕 자ㅣ갈아샤대, 졍사난, 문왕(文王)과, 무왕(武王)에셔, 덕, 갓춤이, 업난지라,

문왕과, 무왕의, 졍사가, 방책(方策)사이에, 펴, 잇스니, 가히, 샹고할지니, 이졔, 진실

로, 문왕과, 무왕의, 임금과, 신하, 갓흔쟈ㅣ잇셔셔, 나오면, 그사람이, 잇는

것이라, 그졍사ㅣ들어, 행할것이오, 그럿치, 아니하면, 그사람이, 업는것이

라, 그졍사ㅣ쉽지니, 방책(方策)사이에, 긔재한바인, 한갓, 묵은자최(陳迹)가될짜름

이니라

인도(人道)난졍(敏政)고하고 디도(地道)난민슈(敏樹)하니 부졍야쟈(夫政也者)난 포로야(蒲盧也)ㅣ니라

〔대문푼것〕 사람의, 도(道)난, 졍사에, 쌔르고, 싸의, 도(道)난, 나무에, 쌔르니, 졍사

난, 포로(蒲盧)ㅣ니라

〔글자푼것〕 민(敏)은, 속함이오, 포로(蒲盧)난, 갓대(葦)라

〔글쏫푼것〕 사람이, 잇스면, 엇지, 써, 졍사가, 들어행하난고, 대개, 사람의,

계향하고、어버이게、졔사함을、보임이니、다、한근본의、뜻이라、써、그、달효

됨을、보임이오、뭇졀에、또、별로히、다른뜻이、잇슴이아니라、대개、효로、뎐

하를다스림은、달효의큰것이니、그리치가、졔사에、밧갓하지아니하는지라

고로、아울너、말삼하심이라

애공이 問政한
哀公 問政
애공이문졍대한

[대문문것]

애공이、졍사를、뭇자온대
哀公

[글자문것]
애공은、로스나라、임금이니、일홈은、쟝이라
哀公 魯 將

[글뜻문것]
이것은、부자의、졍사를、의론하신것을、이쓰러셔、써、즁용의、도
夫子 魯 道

를、밝힌것이니、예젼에、로스나라、애공이、졍사를、공자게、뭇자옴이라
哀公

子曰文武之政이 布在方策 其人 存則其政擧 其人
자ᅵ왈문무지졍이포재방책니하기인이존즉기졍이거하기인이
子曰文武之政 布在方策 其人 存則其政擧 其人

망즉기졍이식이니라
亡則其息이니
亡 則 其 息

[대문문것]

자ᅵ갈아샤대、문무의、졍사가、방과、책에、펴셔、잇스니、그사
文武 方 策

누어, 쳔신하나니, 대개, 조의공과, 종의, 덕이, 그, 입픔이, 궁진함이, 업슴으

로, 졔사하야, 그, 션대를, 갑흠이니, 이, 례와, 이, 의난, 오즉, 셩인이, 졔뎡하시

고, 또한, 셩인이, 밝히시니, 진실로, 능히, 문을, 인하야, 써, 그, 졍을, 통달하야

잠잠히, 그, 졍미한, 뜻을, 아러셔, 능히, 상뎨게, 졔사하는인의, 밝은쟈난, 반

다시, 인하게, 모든, 백셩을, 기르난, 도를, 알것이오, 어버이에게, 졔사하난효

에, 밝은쟈는, 반다시, 효로, 텬하, 다스리난리쳐를, 알지니, 그, 나라를, 다스

림이, 심히, 밝고, 또, 쉬워셔, 손바닥을, 봄과, 갓지, 아니하랴, 대뎌, 졔사하난

례에, 밝으면, 곳, 가히, 다스림에, 통할지니, 진실로, 무왕과, 쥬공이, 아니면

능히, 짓지, 못할지라, 부자의, 쳥도하야, 달한, 효라, 하심이, 이와, 갓흐니, 요

하건대, 다, 용행의, 셧셧함을, 말미암어, 밀우어, 그, 지극함에, 다함이니, 이가

히, 도의, 비하고, 가히, 떠나지, 못할것을볼지니라

우는뎨십구쟝이라 ○ 이글쟝은, 달효, 두글ㅅ자로, 써, 쥬쟝을, 삼으니, 잘,

이ㅅ(繼)고, 잘, 짓(述)난것은, 졍히, 이, 달효오, 지은바, 졔사하난례는, 졍히, 이,

이ㅅ고, 지음의, 잘한곳이라, 쯧졀에, 또, 교와, 샤를, 겸하야, 말함은, 샹뎨게,

八八

야ㅣ명호교샤지례와톄샹지의치국은기여시져쟝호
ㄴ　也　明乎郊社之禮　와　禘嘗之義　治國　其如示諸掌乎
（면）　（더고）

〔대문푼것〕
교와샤의례난써샹뎨를섬기난바이오종묘의례난써
　郊　社　　　禮　　　上帝　　　　　宗廟　禮

그션조를졔사하난바ㅣ니교와샤의례와톄와샹의의에밝으면나라
　先祖　　　　　　　郊　社　　禮　禘　嘗　義

다스림은그손바닥을봄과갓흔뎌

〔글자푼것〕
교난하날을졔사함이오샤난싸을졔사함이오톄난텬자종
　郊　　　　　　　社　　　　　　　禘　　天子宗

묘의대졔ㅣ니태조의부터나온바를태묘에졔사하고태조로써배향함
廟　太祭　　太祖　　　　　太廟　　　　太祖　　配享

이오샹은가을졔사ㅣ니사시에다졔사하되한아만들어셔말삼함이오
　　嘗　　　　　四時

시난시ㅅ자와갓흐니시져쟝은말하되보기가쉬음이라
示　視諸掌字　　　　禮

〔글ㅅ뜻푼것〕
그러나그지은바졔사하난례는다만이것뿐이아니라통합
　　　　　　　　　禮

하야말하면교와샤의례가잇스니동지에원구（텬신에게졔사함이라）에졔
　　　　郊　社　　禮　　　冬至　圜丘　天神

사하고하지에방택（지지에게졔사함이라）에졔사하나니대개텬디의
　　　夏至　方澤　地祇　　　　　　　　　　　天地
　　　　　　　　　　　　　　　　　　　　　　生成함

이그리익됨이한량이업슴으로써섬기여셔샹뎨를대답함이오종묘의
利益　　　　　　　　　　　　　　　　上帝　　　　　宗廟

례가잇스니오년에한번톄졔로합하야졔향하고삼월에한번샹졔로나
禮　　　　五年　　　禘祭　　　　祭享　　三月　　　嘗祭

郊들교

잘몸바다셔, 한것이라, 션왕은, 신명을, 대월하야, 위를, 두엇스니, 이졔, 비록,

후를박구어, 왕이, 되얏스나, 그러나, 리치의, 맛당히, 밥을것이면, 그, 위를, 밥

으며, 션왕이, 강신하고, 헌쟉하고, 오르고, 내리심이, 례가, 잇스니, 이졔, 비

록, 칠헌을박구어, 구헌을하나, 그러나, 리치의, 맛당히, 행할것이면, 그, 례를,

행하며, 션왕의, 셩용이, 감격케하는풍악이, 잇스니, 이졔, 비록, 류일을박구

어, 팔일을, 하나, 그러나, 리치의, 맛당히, 알욀(奏)것이면, 그, 풍악을, 알외며,

션왕의, 놉히시던바는, 조고ㅣ니, 이졔, 봄과, 가을에, 졍셩과, 공경을, 다함은,

션왕의, 놉히시든바를, 공경함이오, 션왕의, 쳔하신바는, 자손과, 신셔ㅣ라, 이

졔, 종묘에, 잇셔, 갓치질겨함은, 션왕의, 쳔하신바를, 사랑함이니, 이것은, 무왕

곽, 쥬공이, 션왕을, 밧들어, 셤김에, 비록, 션왕이, 이미, 죽엇스나, 셤김을, 산

이와, 가치하고, 비록, 션왕이, 이미, 업셔졋스나, 셤김을, 잇난것, 가치하심이

닉, 참잘이스(機)고, 잘, 준행하는, 효도의, 지극, 하심이니라

郊祠之禮난 所以事上帝也 宗廟之禮난 所以祀乎其先

교샤지례난 소이사샹뎨야ㅣ오 종묘지례난 소이사호기션

침실에、잔치하야、써、은혜를、보일새、곳、모발로、써、안는차례를、분변하야、

써、놉고、나진가온대에、각각、년치를、차례하야、써、공경을、더하니、늙은이

를、늙은이로、역이는의라、무왕과、쥬공의、제사하난、거동의、자셰함이、이갓

흐니라

踐其位　行其禮　奏其樂　敬其所尊　愛其所親　事死如

천기위하야행기례하며주기악하며경기소존하며애기소친하며사사여

사생며하사망여사존이효지지야ㅣ니라

事生事亡　如事存　孝之至也

[대문푼것]　그、위를、밟어셔、그、례를、행하며、그、악을、주하며、그、놉히시

던바를、공경하며、그、친하신바를、사랑하며、죽은이、셤김을、산이、셤김갓

치하며、업난이、셤김을、잇난이、셤김갓치홈이、효의、지극、합이니라

[글자푼것]　쳔은、밥을리자와 갓고、기난、션왕을、가르침이오、소존은、션왕

의조고오、소친은션왕의、자손과、신셔오、사난、비로소、죽음을、일음이오、망

은、이미、장사하고、도라온즉、업슴을、일음이니、다、션왕을、가르침이라

[글씃푼것]　이、지은바의、제사하난례를、보니、다、무왕과、쥬공이、션왕을、

하게、아니하니、친한이를、친히、하난뜻이오、다른성인、졔사를、도음에、이르

러셔난、외복外服에는、공公과、후侯로、부터、백伯과、자子와、남男이며、내죠內朝에는、경卿과대부大夫

로、부터、사士에게、쟉上으로、써、차례하야、그、등급等級을、벌니고、그、반렬班聯을、베푸

난것은、이에、그、누가、귀貴하고、누가、쳔賤함을、분변하야、놉고、나진이로、하야

금、문란宗亂하게、아니하니、귀한이를、귀히、하난의義오、그、동성同姓과、이셩異姓의、졔사

에참여하야、직사職事가、잇는이를、맛흔바로、써、차례함은、이에、그、덕행德行과、위의威儀

와、다못、직사에분주함의、능함을、분변하야、하야금、일을、인하야、재목을、보

임이니、어진이를、어질게하난의義오、졔사가、쟝찻、마침에、미쳐셔、복쥬嗣酒를、마

심에난、동셩同姓의、형뎨兄弟가、이셩異姓의손(賓)에게、드리여셔、손이、슐잔을、돌니거든、

형뎨가、쏘、다시、권勘하야、모든、사람이、셔로、셕기여셔、두루함으로、써、려旅슈酬

를、하나니、인려슈할때를、당하야、손과、머못、형뎨의、아래에、잇난、자뎨子弟

가、각기、그、우에、잇난、어를、위하야、잔을、듧은、이에、써、쳔한이에게、

미쳐게하난바ㅣ라、분슈를、싸러、공경함을、펴게하니、어린이를、어리게、

역이는의義오、졔사가、이믜、마침에、이셩異姓의、손이、물너가고、홀로동셩同姓을、사사

八四

〔대문푼것〕 종묘(宗廟)의、례(禮)난써、쇼와、목을、차례하난바이오、쟉(爵)을、차례함은、

써、귀(貴)한이와、쳔한이를、분변하난바이오、사(事)를、차례함은、써、쳔한이에、미처난바

하난바이오、여러이、슈호매(酬)、우를、위함은、써、쳔한이에、미처난

이오、잔치에、털(毛)로함은、써、년(年)치를、차례하난바이니라

〔글자푼것〕쇼목은종묘의、차례에、왼편은、쇼가、되고、오른편은、목이、되

니、자손이、쏘한、차례를하야、태묘(大廟)에、일이、잇슨즉、자셩에、형뎨의、모든

쇼와、모든목이、다、잇셔셔、그、차례를、일치、아니함이오、쟉은、공과후와경

팍、대부(大夫)ㅣ오、사난、종츅유사(宗祝有司)의、직사(職事)오려난、무리(衆)오、슈는、마심을인도함이

오、연모(燕毛)난、졔사를、마치고、잔치한즉、모발의、빗으로써、어른과어린이를、분

별하야、좌차(座次)를、함이오、치(齒)난、나(年)의、수(數)ㅣ라

〔글뜻푼것〕그러나、계사의、례(禮)를、행함이、오즉、조고(祖考)에게、공경을、이룰뿐아

니라、아래에、잇셔셔、졔사밧드는쟈를、대졉(對接)함에、쏘한、쥬밀(周密)치、아니할이、업

스니、대져、종묘(宗廟)에、졔사함에、동셩(同姓)이、다、모드여셔、그、차례로셔(立)난례(禮)난

이에、그、누가、소가되며、누가、목이、됨을、펴셔、대수(代數)차례로、하야금、혼잡(混雜)

언해즁용쟝구대젼

八二

엄하고, 쳥결하야, 감히, 거만하지, 못함이오, 조묘에, 祖庙 직히고, 감춘것이, 잇스니,

나라의, 옥진과, 玉鎭 大寶 대보는, 션조의, 先祖 세쳔바의, 그릇이라, 제사, 할대에, 이른즉, 내

여셔, 베품은, 능히, 직힘을, 보이고, 조묘에, 祖庙 또, 션조의, 先祖 의복을, 衣服 감춘것

이, 잇스니, 졔사, 할때에, 이른즉, 각각, 그, 옷(服)으로, 써, 시동을주어, 베풀어

셔, 신으로하야금, 神 의지하야, 써, 생시를, 生時 형상함은, 잇는것, 갓치하난, 졍셩

을, 이룸이오, 四時 사시의, 먹, 난것이, 각각, 그, 물죵이잇스니, 그, 생것과, 익은것

으로, 졔사하되, 사람에게, 밧드난것으로, 써, 귀신에게, 쳔신함은, 尸童 줄기든것

을, 생각하는공경을, 가짐이니, 대개, 귀신에게, 졔사함에, 그, 삼감을, 다함이,

이와, 갓흐니라

宗廟之禮난 所以序昭穆也 序爵 所以辨貴賤也 序事난
종묘지례난 소이셔쇼목야오셔쟉은 소이변귀쳔야오셔사난

所以辨賢也 旅酬下 爲上 所以逮賤也 燕毛 所以
소이변현야오려슈에하ㅣ위상은 소이톄쳔야오연모난 소이

序齒也니
서치야라

春秋에 修其祖廟 陳其宗器 設其裳衣 薦其時食

쟈ー니라

춘츄(春秋)에 슈기조묘(修其祖廟)ᄒᆞ며 진긔종긔(陳其宗器)ᄒᆞ며 셜기샹의(設其裳衣)ᄒᆞ며 쳔기시식(薦其時食)이니라

〔대문푼것〕 봄과, 가을에, 그, 조묘(祖廟)를, 닥그며, 그, 종긔(宗器)를, 베풀며, 그, 샹의(裳衣)를, 베풀며, 그, 시식(時食)을, 쳔ᄒᆞ나니라

〔글자푼것〕 조묘(祖廟)는, 텬자(天子)는, 일곱이오, 져후(諸侯)난, 다섯이오, 대부(大夫)난, 셋이오, 뎍사(適士)난, 둘이오, 관사(官師)난, 한아이오, 종긔(宗器)는, 션셰의 감춘바, 즁(重)한그릇이니, 쥬人(周)나라의, 젹도(赤刀)와, 대훈(大訓)과, 텬구(天球)와, 하도(河圖)의, 등속과, 갓흔것이오, 샹의(裳衣)난, 션조(先祖)의, 세친, 의복(衣服)이니, 졔사한즉, 베풀어셔, 시동(尸童)을, 줌이오, 시식(時食)은, 사시(四時)의먹난것이 각각, 그, 물죵(物種)이, 잇스니, 봄에는, 염소와, 도야지를, 쓰고, 기름과, 향으로, 반찬하는류ㅣ라

〔글ᄯᅳᆺ푼것〕 그, ᄯᅳᆺ을, 이人고, 일을, 짓난것은, 무엇을, 일음인고, 곳, 졔사에셔, 더, 큼이, 업스니, 춘하츄동(春夏秋冬), 사시(四時)에, 다, 졔사가, 잇난지라, 죠묘(祖廟)를, 평일(平日)에, 금푸른(黝)빗과, 색흙(堊)으로, 슈리(修理)하되, 졔사할ᄯᅢ에, 이른즉, 다시, 더, 슈리함은

언해 즁용쟝구대쳔

514　중용강의 부록

繼이을계
志뜻지

라、제도(制度)의、극진한것이라、그、텬하ㅣ칭송하야、다른말이、잇지、아니하니

라

부효쟈난선계인지지며선슐인지사쟈야라니
夫孝者 善繼人之志하 善述人之事者也ㅣ니

(대문푼것)

효난、사람의、뜻을、션히、이으며、사람의、일을、션히、슐함이니라
孝 善 述

(글자푼것)

(글뜻푼것) 대뎌 武王무왕、周公쥬공의、일은바、達달한、孝효라함은、무엇인고、무릇、부

죠가、뜻이잇고、미치지、못한것을、셩취(成就)함이、이음이、되니、반다시、부죠생시(父祖生時)

에、이、뜻이、잇슴이、아니라、나의、하는바뜻이、텬리(天理)에、합(合)한죽、셰샹을격하

야、셔로、감동(感動)됨이、이것이、뜻을、잘、이음이、되고、부죠(父祖)가、일이잇셔가히、법(法)

할만한것을、쥰행(遵行)함이、슐함이、되니、반다시、부죠가、잇든날에、이일이、잇슴

이、아니라、나의、하난바일이、텬리(天理)에、당(當)한죽、쳐디(處地)를、박구어셔다、그러하리

니、이것이、일을、잘、지음(述)이、되니、이것이、써、때를、인하야、분수(分數)를、다함이

한결가치、리치에、침작(斟酌)한배니、사해(四海)에、밀우고、만셰(萬世)에、젼(傳)하야、달(達)함이、되난

八〇

쥬ㅣ나라집의、셰덕을、력사로、셔술한것이어날、자사ㅣ이쓰러셔、써하되、

셰덕의、잇난바이、곳、도의、잇난바이라、대개、다、하날리치의、작용이니、

시즁의도가、아님이、아니라、고로、갈아샤대、도의、잇난바이라、대지난、더

욱、문왕에、즁하니、머리졀은、문왕이작하고、술함에、사람을어더셔、근심

이、업는것을말삼하시고、아래에난、아들이、술하는일을、자셰히、말삼하시

니、졍히、그、가히、써、작한쟈를、빗나게함과、문왕의、근심이、업슴을、보

임이라

子

曰武王周公其達孝矣乎

자ㅣ왈무왕쥬공은기달효의호ㅣ녀

(대문푼것) 자ㅣ갈아샤대、무왕과、쥬공은、그、달한、효ㅣ신더

(글자푼것) 달은、룡함이니、맹자말삼에、달은、놉다는것과갓흐니라

(글뜻푼것) 자사ㅣ공자의、말삼을、이쓰러、갈아샤대、무릇、아들의、도를、

다、하난쟈를、다、가히、써、효라고、말하나、가히、써、달한효라、말하지、못할

것이로대、오즉、무왕과、쥬공의、효난、도를、몸밧고、인륜을、다하야、뻐를、싸

가, 몰한떼에난, 장사를, 대부로써, 하고, 졔사난사로써하니,내리(貶)침이,아

니오, 만일, 아비가, 사士가, 되고, 아들이, 대부가, 되면, 아비가, 몰한떼에난, 장

사를, 사士로써, 하고, 졔사난, 대부로, 써하니, 찰람僣濫함이, 아니라,장사난,사死者의

쟈俯位위를조차셔, 사쟈死者로, 하야금, 그, 분수를, 편안히, 하게하고, 졔사난, 生者

쟈俯位위를조차셔, 생쟈生者로, 하야금, 그, 졍情을, 펴게하시고, 이에, 다시, 상복喪服의, 졔制度의

가잇스니, 긔년期年의, 상喪은, 셔인庶人으로, 부터, 우으로, 대부大夫에, 달達하야,그치고,져諸侯庶后

와쳔자天子에, 밋치지못함은, 쳔함이, 귀貴함을, 대격지, 못함이오, 삼년三年의, 상喪은, 셔

인으로, 부터, 우으로, 텬자天子達에, 달하야, 다, 훙하야, 행하니, 대개, 삼년三年의, 상喪은,

부모의, 상이라, 아들이, 부모의게, 상복喪服함은, 귀쳔貴賤의, 분分수가, 업시, 한아일싸

름이니, 이것은, 귀함이, 친親함을, 대격지못함이라, 다, 문왕文王과무왕의, 덕德에, 잇

난바를, 쥬공周公이, 일우어셔, 써, 그, 아들이, 슐逑하는일을, 온젼히, 함이, 이갓흐

시니, 부자夫子의, 말삼으로, 말미암어보면, 문왕文王의, 근심이, 업는것과, 무왕武王, 쥬공周公

의, 잘, 슐逑하심이, 다, 도의, 크고, 비費함이니, 도난, 참, 가히, 써나지, 못할지니라

우는데右, 第十八章십팔쟝이라 ○이글쟝은, 부자의, 말삼을, 셰우신근본뜻이, 다만, 이

〔글씃푼것〕 다만, 武王^{武王}이, 능히, 슐한것이아니라, 무왕이, 命을, 바더, 텬자

가, 될때가, 이미, 末年이라, 文王의일을, 슐한것이, 오히려, 갓추지못하

니, 이, 文王의덕이, 일우지, 못함이, 곳, 武王의덕이, 일우지못함이라, 쥬공

이, 이에, 文王과무왕의, 덕을, 일우어셔, 그, 펴고쟈, 하시던, 孝의, 생각을, 펴

시고, 그, 넓니하지, 못하신은혜의, 뜻을, 넓니하샤, 古公 先公 공계로, 션공의게,

미침이, 다, 王業의, 부터, 일어난바이라, 向者에난, 다만, 侯伯 후쟉으로, 써, 시호

하얏더니, 周公 쥬공이, 文王과무왕의, 뜻을, 밀우어셔, 갓가히, 古公 고공을, 츄존하야,

태왕이라하고, 公季를, 츄존하야, 왕계라하시고, 멀니 向者 조감(組紺은太王의父라) 以上이상

으로, 부터, 后稷 후직(后稷은周始祖라)의게, 이르기까지, 向者 향쟈에난, 다만, 후쟉의, 례

로, 졔사하얏더니, 周公 쥬공이, 文武 문무의, 뜻을, 미루어셔, 다, 天子 텬쟈의, 례로, 써, 졔사

하시니, 이, 졔사하난례는, 이에, 人情 인졍의, 지극함이라, 엇지, 홀로, 텬쟈만, 위

하야, 베풀싸름이리오, 이에, 또, 禮法 례법을, 졔졍하야, 아레로, 져후와, 다못, 大 대

부와, 밋, 士 사와, 셔인의게, 달하기, 셰지, 하야금, 다, 분수를, 인연하야, 스스로,

그마음을다하게하시니, 만일, 아비가, 大夫 대부가, 되고, 아들이, 士ㅣ되면, 아비

庶 못쏘
葬 상장 장사
喪 상상 상사
賤 쳔쳔할

인(人)부위대부(父爲大夫)오 자위사(子爲士)ㅣ어든 장이대부(葬以大夫)ㅣ오 제이사(祭以士)ㅣ오 자

위대부(爲大夫)든 장이사(葬以士)ㅣ오 제이대부(祭以大夫)ㅣ며 기지상(期之喪)은 달호대부(達乎大夫)고 삼년

지상(之喪)은 달호텬자(達乎天子)니 부모지상(父母之喪)은 무귀쳔일야(無貴賤一也)ㅣ니라

〔대문푼것〕

무왕(武王)이 말에, 명을, 슈하야시날, 쥬공이, 문무의, 덕을, 일우샤, 태왕과 왕계를 조차, 왕하시고, 우으로, 션공(先公)을, 졔사하샤대, 텬자의, 례로써, 하시니, 이례ㅣ 져후와, 대부와, 밋 사와, 셔인의게, 달하니, 아비, 대부ㅣ 되고, 아들이, 사ㅣ 되얏거든, 장사호대, 대부로, 써, 하고, 졔사호대, 사로, 써, 하며, 아비, 사ㅣ 되고, 아들이, 대부ㅣ 되얏거든, 장사호대, 사로써, 하고, 졔사호대, 대부에, 달하고, 삼년의, 상은, 텬자에, 달하니, 부모의, 상은, 귀하며, 쳔한이, 업시, 한가지니라

〔글자푼것〕

말은, 늣엇다함과 갓홈이오, 션공은, 조갑(組紺), 써, 우으로, 후직(后稷)의게, 이른것이라

엇스니, 이것이, 쥬(周)ㅅ나라의, 셰업(世業)이라, 오즉, 무왕(武王)이, 능히, 이으사대, 본래(本來)ㅅ텬
하를, 둠을, 긔필하심(期必)은, 아니러니, 그, 뒤에, 미쳐셔, 쥬의, 악함(紂惡)이, 하날에, 쎄이
고, 싸에, 차거늘, 마지못하야, 치신지라(戎衣), 이에, 응의를, 한번닙어셔, 드듸여, 텬
하를, 두시니, 대뎌, 신하로써, 임금을, 치는것이, 그, 일이, 슌하지, 못하고, 그,
일홈이, 아름답지, 못하니, 맛당히, 나타난일홈을, 일허버리기, 쉬우나, 그러
나, 텬하가(天下), 다, 그, 하날을, 응하고(應), 사람을, 슌히, 하는거조(擧措)오, 텬하어듬을, 리
롭게, 역이는마음이, 업슴을, 밋는지라, 고로, 몸이, 텬하(天下)에, 나타난일홈을, 일
허버리지, 아니하야, 이에, 후를(侯), 변하야(變), 왕(王)이되여셔, 텬자(天子)가, 되시
고, 나라를, 화하야(化), 텬하가, 되여셔, 사해의(四海), 안을, 두샤, 종묘(宗廟)를, 향하
사대, 칠묘(七廟)(일곱사당이란말), 가, 외연히(巍然), 놉고, 자손(子孫)이, 보존하야(保存), 해(年)를, 지냄
(歷)이바야흐로, 오래니, 그, 슐한, 일의, 빗나고, 큼이, 이와, 갓흐니라

무왕(武王)이, 말슈명(末受命)이어, 쥬공(周公)이, 성문무지덕(成文武之德)샤하, 튜왕태왕왕계(追王太王王季)하시고, 샹(上)

武王末受命, 周公成文武之德, 追王大王王季, 上

사션공이텬자지례(祀先公以天子之禮)니하시, 사례야(斯禮也)-달호져후대부급사셔(達乎諸侯大夫及士庶)

先公以天子之禮, 斯禮也, 達乎諸侯大夫及士庶, 고하시

纘　찬　이을
緒　셔　실마리셔
壹　일　한아
戎　융　군사
尊　존　놉흘

지(之)며하시 자손보지(子孫保之)니라하시

실텬하지현명(失天下之顯名)샤 존위텬자(尊爲天子)고시 부유사해지내(富有四海之內)샤 종묘향(宗廟饗)

무왕(武王)이 찬태왕왕계문왕지셔(纘大王王季文王之緒)샤 일융의이유텬하(壹戎衣而有天下)샤 신블

니, 대뎌, 무엇을, 근심하시리오

셔, 이미, 창조(創造)하난, 슈고롭이, 업고, 다시, 폐(廢)하고, 떠러트리난, 근심이, 업스

(대문푼것)
무왕(武王)이, 태왕과, 왕계와, 문왕의, 셔를, 이으샤, 한번, 융의하샤, 텬하를, 두샤대, 몸에, 텬하의, 나타난일홈을, 일치, 아니하샤, 놉홈은, 텬자(天子)ㅣ, 되시고, 부함은, 사해(四海)의, 안을, 두샤, 종묘(宗廟)를, 향하시며, 자손을, 보(保)하시니라

(글자푼것)
찬(纘)은, 이음이오, 태왕(太王)은, 왕계의, 아비오, 셔난, 업(業)이오, 융의(戎衣)난,

갑옷과, 투구의, 부처라

(글뜻푼것)
술한쟈(述者)의, 일로, 써, 말하면, 태왕(太王)이, 비로소, 임금의, 자최를, 터닥고, 왕계(王季)가, 그, 임금의, 집을, 힘쓰고, 문왕(文王)이, 텬하(天下)를, 삼분(三分)하야, 그, 둘을, 두

子曰無憂者其惟文王乎 以王季爲父 以武王爲

자ㅣ왈무우쟈난 기유문왕호ㅣ신뎌 이왕계위부 이무왕위

子 나하시 父 작지어시날 子 逃之하시니라 武王 作 文王 逃하시니라

자ㅣ부ㅣ작지 자슐지니라

시니라

【글자푼것】

자사ㅣ부자의, 말삼을, 이끄러, 갈아샤대, 예로, 부터, 뎨왕의, 창업하고, 슈셩함이, 다, 마음에, 블죡한바이, 잇슴을, 면치, 못하니, 이블죡한 곳이, 곳, 근심이라, 만일, 텬륜의, 셩함을, 만나셔, 가히, 우려할것이, 업슴은, 그, 오즉, 문왕이신뎌, 무엇으로, 써, 봇고, 문왕이, 왕계의, 어지심으로, 써, 아비를, 삼으시고, 무왕의, 셩인으로, 써, 아들을, 삼으시니, 아비난, 능히, 왕가에, 부지런하야, 젼에, 일으키고, 아들은, 크게, 그, 쯧을, 이어셔, 후에, 슘이(述)시니, 젼과후에, 다, 그, 사람을, 어더셔, 작하고, 슐함이, 다, 의뢰한바가, 잇셔

【대문푼것】

자ㅣ갈아샤대, 근심업난이난, 그, 오즉, 문왕이신뎌, 왕계로, 써, 아비를, 삼으시고, 무왕으로, 써, 아들을삼으시니, 부ㅣ작하야시날, 자ㅣ슐하시니라

일홈과, 슈(壽)의, 온젼함을, 누림은, 진실로, 리치의, 반다시, 그러하야, 의심이, 업

난것이라, 부자(夫子)의, 말삼으로, 말미암어, 보면, 효(孝)난, 셩셩한, 덕(德)이라, 그, 지극함

을, 극진히하면, 가히, 써, 하날에, 감동할지니, 곳, 도(道)의, 비(費)함이, 큰지라, 도(道)를,

그, 가히, 떠나리오, 하심이니라

우는데십칠쟝이라 ○이것은, 용행(庸行)의, 셧셧함을, 말미암어, 미루어셔, 써, 그, 지

극함에, 극진히, 하야, 도(道)의, 쓰임이, 넓음을, 보임이니, 그, 써, 그러한바는, 곳,

뎨(體)의, 은미(隱微)함이, 되니, 뒤의, 두쟝도, 또한, 이뜻이니라 ○이글쟝은, 슌의, 효

를, 다하야, 하날에, 감동함을, 보이여셔, 써, 사람이, 맛당히, 그, 셧셧한, 덕(德)에,

홀하게, 하지못할것을, 보임이니, 대효(大孝)는, 이, 젼쟝의, 강령(綱領)이, 됨이라, 덕이셩(聖)

인이, 되고, 또, 놉고, 부(富)하고, 향하고, 보(經綸)함에, 말미암음이, 하날에, 어더셔, 명(命)

을, 바든, 실샹이라, 고(故)로, 다, 음졀(節以下), 이하난, 다, 덕(德)으로, 써, 쥬쟝을, 삼으되, 효(孝)도

효사자(孝字)의, 뜻이라, 슌의, 대효(大孝)난, 곳, 슌의, 큰, 덕(德)이오, 슌의덕(德)으로, 써, 명(命)을,

아님을, 볼것이라, 슌의, 대효(大孝)와, 덕이, 원래(元來), 두가지가,

바듬은, 곳, 슌의, 효(孝)로, 써, 하날에, 감동함이니, 리치가, 둘이엽슴이니라

〔글뜻푼것〕 詩 시를, 보지, 못하얏나냐, 시에, 詩 골오대, 가히, 아름답고, 가히, 즐

거운, 君子 군자역, 이, 나타나고, 나타나난, 아름다운덕 德 이, 잇스니, 이미, 아래에, 잇

난, 백셩의게, 맛당하고, 쏘, 위에, 位 잇난, 사람의게, 맛당하야, 이로, 써, 능히,

록을, 祿 하날에, 바드니, 오즉, 그, 몸을, 보호하고, 그, 행함을, 도아셔, 명하야련, 命 天

子 자가, 될쁜아니라, 쏘, 하날로, 부터, 거듭하야, 보견하며, 도와셔, 명함을, 마 命

지아니하야, 기리, 복록을, 禔祿 무궁함에, 누리게, 하시니, 대덕을, 德 고렴하는뜻이, 顧念

이와, 갓흔지라, 舜 순의, 덕은, 德 졍히, 正 하날로, 부터, 거듭함이니, 德 덕으로, 써, 복을,

어듬이엇지, 요행으로, 이룸이리오

故
로 大德者 必受命
고대덕쟈난 필슈명이니 受命

〔대문푼것〕 故 고로, 큰덕은, 德 반다시, 명을, 命 밧나니라

〔글자푼것〕 슈명은, 受命 하날의, 명을, 命 바더텬자가, 天子 됨이라

〔글뜻푼것〕 하날의, 쏫으로, 말미암어, 보건대, 대덕, 큰, 덕을, 德 둠이, 舜 순과, 位 갓

혼쟈난, 반다시, 하날의, 신즁한, 申重 명을, 命 바더셔, 텬자가, 天子 되여셔, 써, 록과, 祿 위와, 位

申 佑 受 令 憲 嘉
신 우 슈 령 헌 가
거 도 바 착 법 아
듭 을 들 할 현 름
　 　 　 　 　 다
　 　 　 　 　 올

을、인하야、도탑게하고、후하게、하난고로、물의심은(栽)쟈난、근본이、완젼하(完소)

고、구듬으로、하날의、화육함을(化育)、어더셔、북도두(培)어주고、만일、그믈의기우

러(傾)진쟈난、근본이、면져、헛터져셔、하날의화육을(化育)、밧지못하야、엽치(覆)난

지라、하날이、다만、믈을、인하야(因物)、물에붓쳔것이오、사사듯이、그사이에、잇슴

인、아이니、진실로、그、스스로、취함이니라(取物)

詩曰嘉樂君子憲憲令德宜民宜人受祿于天保佑

시왈가락군자의(嘉樂君子)、현현령덕이(德)、의민의인이라(宜民宜人) 슈록우텬(受祿于天保佑) 보우

命之하시고 自天申之니라하니라
명지자텬신지니라하시고(命之 自天申之)

(대문푼것) 시에、갈오대、가락한군자의(嘉樂君子)、나타나며、나타난착한덕이、백셩

에、맛당하며、사람에、맛당한지라、록을、하날게、바덧거날、보젼하며도와셔、

명하시고、하날로、부텀、거듭하다、하니라(命之)

(글자푼것) 시난、대아가락의、편이니(大雅假樂篇)、가는、맛당히、이를、의지하야、가스(假)

자를、지을것이오、현은、맛당히、시를、의지하야、나타날、현자를、지울것이오(憲)(詩)(顯字)

신은、거듭함이라(申字)

언해중용 525

生 因 材 篤 栽 培 傾 覆
날생　인할인　재목재라　도올독라　심을재　북들배도　기울경리질우　업칠복칠질

의, 큰덕이, 잇스니, 반다시, 귀함이, 텬자가, 되여, 그위를, 어든것이오, 반다(貴·天子·位·冊)

시, 부함이, 사해를, 두어셔, 그, 록을, 어든것이오, 또, 반다시, 사람이, 칭(富·四海·祿·冊)

송하야, 그, 일홈을, 어든것이오, 반다시, 만히, 해(年)를, 지나셔, 그, 슈를, 어듬(壽)

이니, 사람이, 본연한거와, 당연한것을, 하면, 구하지, 아니하야도, 스스로, 응(本然·當然·求·應)

하난것이니라

故로 텬지생물이 필인기재이독언 하나 고로 재쟈를 배지고 경(天之生物必因其材而篤焉 故 栽者培之 傾)

쟈를 복지라(者를 覆之니)

(대문푼것) 고로, 하날의, 물을, 생함이, 반다시, 그, 재를, 인하야, 도타히, 하(故·物·生·因·篤)

나니, 고로, 재한쟈를, 배하고, 경한쟈를, 복하나니라(栽·培·傾·覆)

(글자푼것) 재난, 바탕이오, 독은, 두터움이오, 재난, 심음이오, 배난, 괴운(材·篤·栽·培)

이, 이르러, 부러셔, 번식, 함이오, 복은, 긔운이, 도리켜, 헛터짐이라(覆)

(글뜻푼것) 덕이, 지극하면, 복이, 스스로, 응하나니, 대덕, 이것이, 다, 하날(德·福·應)

뜻의, 잇난바이라, 고로, 하날의, 물을, 내심이, 반다시, 그, 근본, 그러한, 재질(物·材質)

언해즁용쟝구대뎐

六九

526　중용강의 부록

壽
수
슘

그덕의德, 지극함이오, 귀가貴, 아니면, 죡히, 써, 그, 어버이를, 놉히지, 못하거날

舜은舜, 요의堯, 션위함을禪位, 바더셔, 놉흠이턴자가天子, 되시니, 이것인, 그, 놉흠의, 지극

한것이오, 부가富, 아니면, 죡히, 써, 어버이를, 봉양치못하거날, 舜은舜, 부함이四富, 사

해의海, 안과, 만방의萬方, 록을祿, 두시니, 이것인, 그, 부함의, 지극함이라, 또, 그, 우

흐로난, 종묘에宗廟, 졔사를祭祀, 밧드러셔, 어버이를, 위하야, 근본을갑흐시고, 아

레난, 자손이子孫, 그, 업을業, 보젼하야保全, 바라난, 어버이를, 위하야, 넉넉함을젼하시니, 이것傳

이,그효가孝, 人情, 인졍의, 원하고願, 바라난, 이외에以外(밧), 낫(出)스니, 그, 큼이엇더한고

故대덕은大德必得其位필득기위하며必得其祿필득기록하며必得其名필득기명하며必得其壽필득기슈ㅣ니라

〔대문푼것〕 고로, 큰덕은德, 반다시, 그, 위를位, 어드며, 반다시, 그, 록을祿, 어드

며, 반다시, 그, 명을名, 어드며, 반다시, 그, 슈를壽, 엇나니라

〔글자푼것〕 슈난舜, 슌의舜, 나히百, 백이오, 또십셰라+歲

〔글쯧푼것〕 슌의舜, 덕과德, 복이福, 겸하야兼, 놉흐니, 이것인, 큰효가孝, 된바이나, 그

러나, 덕은德, 복의福, 근본이, 되고, 복은福, 덕의德, 중험이, 되난고로, 슌이舜, 이, 셩인型人

그, 셩함을, 보임이오, 셋재졀은, 그, 셩함을,

을, 즁거함이오, 뎟졀은, 졍셩셩자에, 돌녀보냄이닛, 이것인, 그, 셩한바를,

매진것이니라

子曰舜其大孝也與 德爲聖人 尊爲天子 富有

四海之內宗廟饗之子孫保之

사해지내 종묘향지 자손보지

자ㅣ왈순은 기대효야여 덕위셩인 존위텬자 부유

（대문푼것） 자ㅣ갈아샤대, 순은, 그, 큰, 효ㅣ신뎌, 덕은, 셩인이, 되시고, 놉흠은,

텬자ㅣ되시고, 부난, 사해안을, 두샤, 종묘를, 향하시며, 자손을, 보하시니라

（글자푼것） 자손은, 우사와, 진호공의, 부치를, 일음이라

（글뜻푼것） 자사ㅣ공자의, 말삼을, 잇신러, 갈아샤대, 대개, 어버이를, 셤기

난쟈ㅣ다, 맛당히, 효도를, 다할것이나, 그러나, 오죽, 예젼, 뎨순이, 그, 효도의,

분량을, 극진히, 다하샤, 큰, 효가, 되시니, 무엇으로, 써, 그, 큰, 효됨을, 봤

고, 대뎌, 사람의, 아들, 된쟈ㅣ, 아니면, 족히, 써, 어버이를, 나타나게하

지, 못하거날, 순은, 나셔, 알고, 편안히, 행하야, 덕이, 셩인이, 되시니, 이것이

언해즁용쟝구대젼

六七

님이업스니、일은바、셩誠이라、한、셩실의、비로솜과、한、셩실의、마침인고로、만萬

物물사이에、흘녀행하야、잇난대마다、나타나、보여셔、가히、가리우지、못함이、

이갓흐니、그、귀신鬼神의、덕德의、셩盛함이、엇더하다、하리오

右第十六章 우는뎨십륙쟝十六章이라 ○ 불수업고、들을수、업슴은、은費이오、물物에、톄體함과、잇는것、

갓흠은、또한、비라、젼前의、셰글쟝章은、그、비費의、젹음이오、이뒤

의、셰글쟝章은、그、비費의、큰쟈로、써、말함이오、이、한글쟝章은、비와費、은을隱、겸하고、

크고、젹음을、포함包含하야、말함이니라 ○ 이글쟝章은、귀신鬼神을、말하야、도道를、가히、

떠나지못하다난뜻을、밝힘이니、젼쟝前章의、솔개가、날고、물고기가、뛴다난것

으로、더블어、갓흔뜻이니、귀신鬼神의、미와현함을微顯、말함은、곳、이도道의、비와費、은隱은

을、말함이니、하날과、짱、사이에、찬(盈)것이、한、긔운긔들의、펴(伸)고、굽(屈)

히고、가(往)고、와(來)져마지아니함이、일온바、한번、음하고陰、한번、양함을陽、일온

道도이니、믈에、잇지아니함이、업고、때에、그러하지아니함이、업난것이라、머

리졀은、한글쟝章의、들씨(冒)임이니、덕德은、곳、셩실함이오誠、셩은盛、곳、믈物에、톄體하

야、유루치遺漏、아니함이니、다만、맛당히、혼합하야渾合、불것이오、둘재졀은節、졀정히節正

詩^시에, 갈오대, 신의, 옴을, 가히, 츄측^{推測}하야, 혜아리지, 못하겟스니, 屋漏^{옥루의}, 싸

에, (옥루난, 방, 셔남모룽이니, 극히, 유암^{幽暗}하야, 혼자, 안진곳이라), 극히, 그, 정셩과,

공경을, 극진히하더래도, 오히려, 셩경^{誠敬}이블족하야, 붓그러움이, 잇슬가, 두려

하거든, 하물며, 가히, 실혀하야, 공경하지, 아니하리오, 詩^시를, 봄에, 더욱, 귀신

이, 물^物에, 톄^體하지, 아니함이, 업슴을, 미들지니라

夫^부微^미之^지顯^현이誠^셩之^지不^블可^가揅^엄이如^여此^차夫^부ㅣ뎌

부미지현니셩지블가엄이여차부ㅣ고

(대문푼것) 미^微한것이, 나타나니, 셩^誠의, 가^可히, 가리우지, 못함이, 이갓흔뎌

(글자푼것) 셩^誠은, 진실^{眞實}하야, 망녕됨이, 업슴을, 일음이니, 음^陰과, 양^陽에, 합^合하

고, 허여짐이, 진실하지, 아니한것이, 업난고로, 그, 발^發하야, 보임에, 가히, 가리

우지, 못함이, 이, 갓흐니라

(글뜻푼것) 대뎌, 귀신^{鬼神}은, 보지, 못하고, 듯지못하니, 심히, 은미^{隱微}하나, 이에,

물^物에, 톄^體하야, 유루^{遺漏}되지, 아니함이, 이갓치, 나타나셔, 가히, 가리우지, 못함은,

엇지함이뇨, 대개, 귀신^{鬼神}은, 괴운의, 굴^屈히고, 펴^伸난것이, 실샹, 리치가, 아

울, 엄슉히, 하야, 졔사를, 이어, 밧드니, 졍셩과, 공경의, 지극함에, 자긔의, 졍

신이, 모인죽, 져의, 졍신도, 또한, 모듸나니, 다만, 귀신의, 신령이, 양양히, 홀

너움지기고, 차(充)고, 가득하야, 그, 우에, 잇난것, 갓흐며, 그, 자우에, 잇슴과

갓흠을, 째다를지니, 이에, 가히, 그, 발하야, 보임이, 밝히, 나타나셔, 간데마

다, 잇지, 아니함이, 엄슴을, 볼지니, 이것이, 물을, 뎨하야, 유루되지, 아니함

의, 한, 징험이니라

詩曰神之格思 不可度思 矧可射思

시왈신지격사를 블가탁사ㅣ온 신가역사아

(대문푼것) 시에, 갈오대, 신의, 옴을, 가히, 혜아리지, 못하곤, 하물며, 가히,

실혀하랴

(글자푼것) 시난, 대아억의, 편이오, 격은, 옴이오, 신은, 하물며라난, 말이오,

역은, 시에, 역자를, 지으니, 실혀함이니, 말하되, 실혀하고, 게을너셔, 공경치,

아니함이오, 사는, 어조사라

(글뜻푼것) 귀신의, 믈에, 톄, 됨이, 엇지, 홀로, 졔사할때에만, 그러하리오,

六四

｜엄스니、하날과、땅、사이에、찬(盈)것이、다、믈이로되、다、귀신의、톄하야、유

루됨이업슴이라、德의、셩함이、엇더하뇨

使天下之人으齊明盛服야하以承祭祀고하洋洋乎如在其上며하

사련하지인로 재명셩복 이승졔사 양양호여 재기샹

如在其左右라

여재기자우ㅣ니

〔대문푼것〕텬하의、사람으로、하야금、재하며、명하며、옷을、셩히하야、써、졔

사를、이人게하고、양양히、그、우에、잇난닷하며、그、자우에、잇난닷하니라

〔글자푼것〕재는、가지런함이니、써、가지런치、아니함을、하야、

그、재게를、이룸이오、명은、조출함과、갓홈이오、양양은、흘녀、움직이고、차

고、가득한닷이라

〔글뜻푼것〕귀신이믈에데가되야、유루되지、아니함을、무엇으로、붓고、또、

나타나셔、보기、쉬운것으로、말하면、귀신의、신령함이、능히、텬하의、사람으

로하야금、두려워하고、공경하고、밧들어이어셔、각각、맛당히、졔사할바를、싸

라셔、재계하고、샛긋하게하야、안을、엄슉히、하고、옷을、셩히、하야、밧(外)갓

톄하야, 가히, 제쳐버리지, 못하나니라

(글자푼것) 귀신은, 형샹과, 다못, 소리가, 업스나, 믈의, 마침과, 비로솜이

음파, 양이, 합하고, 흐터짐에, 하난바ㅣ아님이, 업스니, 이것이, 그, 믈의, 톄

가, 되야셔, 믈이, 능히, 유루치, 못하난바ㅣ라, 그, 톄믈이라, 말함은, 역에, 일

은바, 일에, 쥬간한다는것과, 갓홈이라

(글뜻푼것) 엇지, 그덕의, 셩한것을, 봇고, 대뎌, 형샹이, 잇난것은, 다, 가히,

볼것이로대, 귀신은, 형샹이, 업스니, 보려고하나, 보지, 못하고, 소리가, 잇난

것은, 다, 가히, 들을것이로대, 귀신은, 소리가, 업스니, 들으려하야도, 듯지못

하나, 그러나, 귀신은, 형샹과, 소리난, 업스되, 실샹, 형샹과, 소리가온대, 두루

톄가, 된고로, 믈우에, 나가셔보면, 믈이, 쳐음으로, 남애, 긔운이, 날로, 이

르러셔, 붓고, 난것은, 신의, 이르러셔, 펌이오, 믈이, 나셔, 이미, 차

(매, 긔운이, 날로, 도리켜셔, 풀녀흣터짐은, 귀의, 도리켜셔, 도라감이니음

양의, 긔운이, 합함이, 잇고, 흣터짐이, 잇셔셔, 믈이, 비로솜이잇고, 마침이잇

난것이라, 고로, 귀신의, 덕이, 믈의, 톄가, 되야셔, 모든, 믈이, 능히, 유루된쟈

〔대문푼것〕
子ㅣ 갈아샤대, 귀신의, 덕됨이, 그, 셩한뎌

〔글자푼것〕
뎡자ㅣ 갈아샤대, 귀신은, 텬디의, 공용이오, 조화의, 자최라하
시고, 쟝자ㅣ 갈아샤대, 귀신이란쟈는, 두, 긔운의, 진실로, 능함이락, 하시니,
우는, 일으되, 두긔운으로써, 말한즉, 귀란쟈는, 음의, 신령함이오, 신이란쟈
는, 양의, 신령함이오, 한, 긔운으로, 써, 말한즉, 와셔, 펴는쟈는, 신이되고, 뒤
집어, 도라가난쟈는, 귀가, 되니, 그, 실샹은, 한, 물건, 싸름이라, 위덕은, 셩졍

〔글뜻푼것〕
자사ㅣ 공자의, 말삼을, 잇쓰러, 갈아샤대, 하날과, 쌍, 사이가,
곽, 공효란, 말과, 갓홈이라

〔글뜻푼것〕
다, 익, 음양의, 긔운이니, 그, 긔운의, 신령한곳을, 일으되, 귀신이라, 대뎌, 귀
신의, 덕됨이, 지극히, 업스되, 지극히, 잇슴을, 포함하고, 지극히, 허하되, 지극
히, 실함을, 거느렷스니, 대개, 그, 훌녀행함의, 셩함이, 극진함인뎌

〔대문푼것〕
시지이블견하며 텽지이블문이로되 톄물이블가유ㅣ니라
視之而弗見하며聽之而弗聞이로되體物而不可遺ㅣ니

〔대문푼것〕
보려하야도, 보지, 못하며, 들으려, 하야도, 듯지, 못하되, 믈에,

언해증용장구더뎐

六一

〔대문푼것〕 자ㅣ갈아샤대、부모난、그、슌하시린뎌

〔글자푼것〕

〔글뜻푼것〕 공자ㅣ、이、시를、읽으시고、칭찬하야、갈아샤대、쳐자가、화하지、

못하고、형뎨가、맛당하지、못함은、다、부모의、근심을、세치난것이라、그、사람

이、능히、쳐자를、화하고、형뎨의게、맛당함이、이와、갓흐면、부모는、그、안락

하샤、슌하지、아니함이、업슬진뎌、하시니、대뎌、반다시、쳐자를、화하고、형뎨

에、맛당한、연후에、부모ㅣ슌함은、비록、도、가온대、한가지일이나、또한、가

히、먼데、행함이、갓가운데로、부터、하며、놉흔데、올음이、나진데로、부터、하난

뜻을、알것이라、그런죽、배호난쟈ㅣ도에、그、가히、낫고、갓가움을、좃지아니

하고、거연히、놉고、먼데울、구할것이리오

우는데ㅣ십오쟝이라○이글쟝은、군자의、도에、나감이、차례가、잇슴을、말함

에、시와、밋、셩인의、말삼을、잇쓰러셔、써、밝힌것이라

자ㅣ왈귀신지위덕이기셩의호뎌

鼓
북
고

合
합
합
할

瑟
비
슬
파

琴
고
거
금
문

翕
흡
합
할

耽
탐
질
길

宜
의
맛
당

室
집
실

孥
노
자
손

실가 室家 樂 爾妻 孥
머하 락이쳐노 야날라하

〔대문푼것〕 시에, 갈오대, 쳐자의, 조하하며, 합함이, 비파와, 거문고를, 타난

것, 갓흐며, 형과데ㅣ이미, 흡하야, 화하며, 즐기고, 또, 담한지락, 네의, 실가
室家

를, 맛당케하며, 네의, 쳐와, 노를, 즐겁게하다, 하야날

〔글자푼것〕시난, 쇼아, 당례의, 편이오, 고실금은, 화함이오, 흡도, 또한, 합
小雅 棠棣 篇 鼓瑟琴 和 翕 合

함이오, 담은, 시에, 담사자를, 지엇스니, 또한, 즐거움이오, 노는, 자손이라
耽 詩 子孫

〔글뜻푼것〕도가, 집에, 행하난것을, 보지, 못하나냐, 시에, 갈오대, 쳐자ㅣ
道 詩 妻子

졍이, 조스코, 계분이, 합함이, 비파와, 거문고를, 타난것과, 갓다하니, 화함의
契 翕 和

움이, 오래도록, 변치, 아니함이라, 이미, 흡연히, 우애하야, 화락하고, 또, 즐거
變 翕然 和樂

지극함이오, 형데가, 이미, 흡합이, 화락하고, 또, 즐겁다하니, 화함의
翕

것이오, 조하하며, 합한즉, 능히, 너의, 안해와, 자손을, 즐겁게하리라
和樂 子孫

자ㅣ왈부모난 기슌의호더신
子曰父母 其順矣乎

자ㅣ왈부모난 기슌의호 더신
子曰父母 其順矣乎

卑 비나질

高 고높흘

妻 쳐안에

好 호조흘

(대문푼것) 君子道 군자의, 도난, 비유하건댄, 먼데, 行 행함이, 반다시, 갓가온데로, 부

터함, 갓흐며, 비유하건댄, 놉흔데, 올음이, 반다시, 나진데로, 부터함, 갓흐

니라

(글자푼것) 辟 비난, 比 비스자와, 갓흐니라

(글짯푼것) 子思 자사ㅣ일으샤대, 군자의, 도난, 잇지아니한바가, 업스나, 그, 나

용의, 性 셩셩함에, 근본하고, 義 의에, 精 정하고, 神 신에, 들어감이, 반다시, 灑掃應對 쇄소응대하

가난것인즉, 차례가, 잇나니, 셩을, 다, 하고, 命 명을, 아는것이, 반다시, 人倫 인윤, 일曰

난쳐음에, 근본하난지라, 비유하건댄, 먼데, 行 행함이, 반다시, 갓가온대로, 부

터, 비로소함과, 갓흐니, 갓가옴에, 길드려, 이르는곳이, 곳, 먼데라, 갓가온

데를, 놋코, 먼데를, 할바이, 업스며, 또, 비유하건댄, 놉흔데를, 올음에, 반다

시, 나진데로, 부터, 비로소함과, 갓흐니, 나진데셔, 우로, 통달하난곳이, 곳, 놉

흔데라, 나진데를노코, 놉흔것을, 할바이, 업스니, 도의, 나감이, 차례가, 잇슴

이, 이와, 갓흐니라

詩曰妻子好合如鼓瑟琴兄弟既翁和樂且耽宜爾

시왈쳐자호합이여고실금며형뎨긔흡야화락챠담이이

登邇辟
등오 울갓 비할
를 이가 비유

군자지도
君子之道
난 비여행원필자이며 비여등고필자비
辟如行遠必自邇하 辟如登高必自卑
라니

자셰히、그、뜻을、밝히여셔、말을、잇스러、써、매지니라

갓흘、사모하난、마음이、업슴을、말함이니、머리졀로、써、강령을、삼고、아래에、

업난것이다、자사의、말삼이라○이글쟝은、군자 ― 분슈를、편안히、하야、밧

右第十四章、우는데、십사쟝이라○자사의、말삼이니、글쟝머리에、자 ― 왈이라난、글자가

함이、무엇이、이와다르리오

잇난것이라、이말로、보면、군자 ― 위에、소하야、행하고、밧갓흘、원하지、아니

함이、잇스면、도리키여、몸에、구하난것과갓흐니、그럼으로、군자와、갓홈이

대뎌、활쏘난쟈의、마음、셰운것이、이와、갓흐니、곳、군자 ― 행하야、엇지、못

지、못하고、몸이、곳지、못하다하야、나를、원망하지아니하난지라

여셔、능히、마치지、못한즉、도리키여、몸에、구하야、써、하되、내、뜻이、바르

재조로대、군자의、도에、갓홈이、잇스니、활을、쏘되、져、졍과、곡을、일어버리

(글뜻푼것) 일즉이、공자의、말삼을、증거하야、갈아샤대、활쏘난것이、한

의、가온데오、쏘난데、관혁이라

언해증용장구대전

五七

射 쏠샤
似 갓홀 사 / 이다 옥
鵠 이다곡

〔글자푼것〕 이난、평디니、거이、는、위에、소하야、행함이오、사명은、밧갓에、원

치、아니함이오、요난、구함이오、행은、일으되、맛당히、엇지못할것을、어듬이

라

〔글쯧푼것〕 오즉、그、위에、소하야、밧갓을、원하지、아니하난고로、군자의、

하난바이、리치를、순히하야、평하고、쉬운길에、편안히、거하야、궁하고、통하

고、엇고、일어버림을、한갈갓치、하날명을、듯고、쇼인인즉、사사지혜를、달니

(騁)여행하야、날로、기우러지고、험한길에、행하야、맛당히、엇지못할바에、요

행할을、구하니、엇지、능히、군자의、평이한데、거하야、텬명을、기다리는것과

갓흐리오

子曰射ㅣ有似乎君子ㅣ失諸正鵠이오反求諸其身이니라

자ㅣ왈샤ㅣ유사호군자니하 실져졍곡오이 반구겨기신이니라

〔대문푼것〕 자ㅣ갈아샤대、활쏨이、군자갓흠이、잇나니、졍곽곡에、일코、도

리키여、그、몸에、구하나너라

〔글자푼것〕 졍은、베(布)에、그린것이오、곡은、가죽(皮)을、부침이니、다、샤포

아니하고, 아레ㅅ디위에, 거하야, 우로사ㄱ임을, 아첨하지아니하야, 우를, 잡어

당기지, 아니하나니, 아레를, 업수히, 역여셔, 몸의, 형셰를, 펴지못하면, 그, 아

레를, 원망하고, 우를, 잡어당기여셔, 몸의, 하고자함을, 일우지, 못하면, 그, 우

를, 원망하난것이랴, 이졔, 오즉, 그, 몸에, 잇난것을, 바르게하고, 사람의게, 구

하난바가, 업스면, 우에, 엇지, 못함이업고, 아레에, 엇지, 못함이업슬지니, 무

슨, 원망함이, 잇스리오, 이, 마음을, 미루어셔, 우러러, 하날에, 궁(窮)하고, 통(通)하

고, 엇고, 일어버림을, 모다, 한, 자연(自然)한, 리치에, 부칠싸름이니, 무엇을, 하날

에, 원망하며, 쓰(用)고, 놋(舍)코, 주(子)고, 쌔(奪)안난것을, 모다, 우연한, 경우

에, 돌녀보낼싸름이니, 무엇을, 사람의게, 원망하리오, 일은바, 박갓에, 원(願)하

지, 아니함이, 이갓흐니라

故로 君子居易以俟命 小人行險以徼幸이니

고로 군자(君子)난거(居)이(易)이사명(以俟命)고하 쇼인(小人)행(行)험(險)이요행(以徼幸)락이니

(대문푼것) 고로, 군자(君子)난, 이에, 거(居)하야, 써, 명(命)을, 기다리고, 쇼인(小人)은, 험(險)에 행(行)

하야, 써, 행(幸)을, 요(徼)하나니라

언해증용장구대젼

五五

尤　우　욱
怨　원　원망
援　원　당길
陵　릉　언덕

患
難
는、환난의、맛당히、행할도를(道行)、행할지니、문명하고유슌할지라(文明 柔順)、디위난、갓지아

니함이、잇스나、군자(君子)ㅣ다、그、맛당히、할도를(道)、다하면、도가(道)、가는대마다、자(自)

득지아니함이(得)、업슬지니、일은바、디위에、소하야(素)、행하는것이、이갓흐니라

셔、잇고、마음이、곳、가는대를、싸라셔、즐거울지라、고로、들어가난대마다、

재상위야블릉하며재하위야블원샹이오정긔이블구어인이면즉
(在上位 不陵下 在下位 不援上 正己 不求於人 則)

무원니샹블원텬하블우인이니라
(無怨 上不怨 天下不尤 人)

(대문푼것) 웃위에、잇셔(位)、아레를、업신역이지、아니하며、아레위에、잇셔、우

를、잡어당기지、아니하고、몸을、바르게하고、사람의게(求)、구하지、아니하면、원(怨)

망이、업스리니、우으로、하날를、원망치、아니하며、아래로、사람을、허물치、아

니하나니라

(글뜻푼것) 군자(君子)의、밧갓(顯)을、원하지、아니함을、무엇으로、써、붓고、만일、웃

(글자푼것) 디위에、거하야(居)、아레의、사괴(交)을、거만히하지、아니하야、아래를、릉홀(陵怨)하지

스로、쉽게、다、하지、못할지니、내가、그、본분안에일을、행함에、스스로、거를

하야、밧게、밋칠、거를（暇）이엄나니라

〔大門문것〕　富貴에、소하야、부귀에、행하며、貧賤에、쇼하야、빈천에、행하며、素夷狄에、소하야、이덕에、행하며、患難에、소하야、환난에、행하나니、君子ㅣ드러간데마다、스스로、엇지、아니할대、엄나니라

〔글자푼것〕　일을바、위에、素하야、행함이、엇더하뇨、만일부귀의디위에거

〔글뜻푼것〕　부귀의、맛당히、행할도를、은택이、백성에더（加）할것이

오、貧賤의디위에、거하야셔는、빈천의、맛당히、행할도를、몸을닥

거、홀노착할것이오、夷狄의、디위에、거하야셔는、이덕의、맛당히、행할도를、

행行할지니、忠信하고、독경篤敬함을떠나지、아니함이오、환난의、디위에、거하야셔

덕며하　소부귀행호부귀며하　소빈천행호빈천며하　소이덕행호이
狄며하　소환난행호환난니이　군자무입이불자득언라이니

을 다스림이오, 慥慥조조히, 스스로, 닥금은, 몸에, 잇슴이, 실샹스스로, 그, 사람
된, 道도를, 다함이라, 이난, 忠恕츙셔의, 일로, 써, 스스로, 다스림이니, 모다, 이, 사람
을, 멀니아니하야, 써, 道도를, 하난, 工夫공부이니라

君子 素其位而行 不願乎其外

군자난 소기위이행오 블원호기외라니

(대문푼것) 君子군자난, 그, 位위에, 素소하야셔, 행하고, 그, 밧갓을, 願원하지, 아니하
나니라

(글자푼것) 素소난, 現在현재와, 갓흠이라

(글뜻푼것) 子思자사ㅣ스스로, 말삼을, 셰워셔, 費비를, 밝히여, 갈아샤대, 대뎌, 사
람의, 居거한바의, 地位디위가, 갓지, 아니하나, 그러나, 이, 디위에, 居거하면, 반다시, 現在현재에
이, 道도가, 잇나니, 일은바, 現在현재의, 맛당히, 行行할바의, 道리치라, 君子군자ㅣ다만, 現在현재에
居거한바의, 디위를, 因인하야, 나의, 分분수안에일
을, 다할싸름이오, 現재, 디위밧게, 別로히, 願원하고, 사모함이, 잇셔셔, 마음
을, 가히, 期必긔필치, 못할일에, 바라지, 아니할지라, 대개, 本分본분안에, 그, 道도가, 스

五二

바이오、구ㅣ丘 한가지도、능히能、못하노라함은、셩인도聖人、능히、못하난바이니다

비로대費、그러한바는、지극히、은미함이隱微、잇스니、아래글쟝이、이것을、의방하倣

니라○이글쟝은、웃글쟝에、도를道、가져셔、녈니、말한고로、이쟝에는、문득몸으

로、들어옴을、말함이니、이것은、우와、아래가셔로、이은、쯧이라、젼쟝이다小章

사람을、멀니하야、써、도하는쟈를、위하야、발함이니、머리졀로、써、쥬쟝을道

삼고、아레、셰졀은節、다만、머리졀을、해셕한것이니、긴요한、곳이、사람을、멀解釋

니、아니하난한、구졀에、잇난지라、다음졀에、사람으로、써、사람을、다스림句節節

을、말함은、다、사람을、멀니、아니하고써、도를、하고자함이오、셋재졀에、몸道節

의사람의게、베푸난것을、말함은、사람을、멀니、아니함이도가됨이오、넷재졀道節

에、써、몸에、책망하는바를、말함은、또한、사람을、멀니、아니함이써、도가、됨道

이니、각졀에、사람의게、멀니、아니하야써、도를、함의뜻이、즁하되、츙셔가忠恕

도에、감이멀지아니하다함이더욱、젼쟝의、관건이、되니、대개、사람으로、小章關鍵

써、사람을、다스림과원치、아니함을、베풀지、말나함은、사람사람으로하야恕

금、각각、그사람의、도를、다、하고자함이니、이난、츙과、셔의、일로써、사람忠恕

함이나, 그러나, 몸에, 도리키여, 구하건대, 나의, 먼져, 벗(友)의, 베푼바ㅣ능

히, 신(信)을, 다하지, 못하얏노니, 군자(君子)의, 도(道)를, 내, 능치, 못함이, 이와갓하나, 그

러나, 구(丘)의, 능치, 못한바ㅣ난, 다, 군자(君子)의, 도(道)를, 군자(君子)ㅣ아들과, 신

하와, 아오와, 벗의, 도(道)로, 써, 몸에, 몸바듬은, 셧셧한덕이니, 행(行)하야, 그실샹

을, 밥음(踐)은, 덕이, 몸에, 잇고자, 함이오, 아들과, 신하와, 아오와, 벗의, 도(道)

로, 써, 입(口)에, 베품은, 셧셧한, 말이라, 삼가셔, 그, 가(可)함을, 가림(擇)은, 말을

가벼히, 내지아니코자함이니, 행함이, 불죡(不足)함에, 이르기, 쉬운즉, 감히, 강면(强勉)하

야, 스스로, 힘쓰지, 아니치, 못할것이오, 삼감(謹)이, 그, 나뭄이, 잇슬가, 두려

워한즉, 감히, 다, 하야, 스스로, 죡(足)한테, 못할지니, 이것인즉, 말하난바이, 다,

그, 행하난바임으로, 도라봄이오, 행하난바에, 미쳠으

로, 말을, 도라봄이니, 군자(君子)는, 행(行)함에, 실샹을, 밥음이, 잇고, 말이, 다, 독실(篤實)한

의론이라, 엇지조조히, 일호(一毫虛僞)의, 허위가, 엄고자, 아니하리오, 나는, 맛당히, 이

군자(君子)로써, 법을, 삼어셔, 스스로, 힘쓰노라

우는데십삼쟝(右第十三章)이라○도(道)가, 사람의게, 멀지아니하다함은, 부부(夫婦)도, 능히, 하난

慥慥
조조치, 아니하리오

〔글자푼것〕 구ᄂᆞᆫ, 책망함과, 갓흠이오, 용은, 평샹함이오, 행은, 그실샹을, 밝

음이오, 근은, 그, 가함을, 가림이오, 조조ᄂᆞᆫ, 독실한, 모양이라

〔글ᄯᅳᆺ푼것〕 이, 충과, 셔ᄂᆞᆫ, 이에, 구ᅵ좃ᄉᆞ하야, 배화셔, 군자되기를, 원하ᄂᆞᆫ

바ᅵ라, 군자ᅵ륜리를, 다, 하ᄂᆞᆫ도ᅵ큰, ᄯᅳᆺ이, 네가지가, 잇스되, 구ᅵ스ᄉᆞ로,

도리키여, 생각하니, 오히려, 한아도, 능치, 못하노니, 아들의, 도난에, 잇

스니, 사람의, 아들된이에게, 구하ᄂᆞᆫ것인, 반다시, 그, 효하고자, 함이나, 그러

나, 몸에, 도리키여, 구하건대, 나의, 아비를, 셤긴바ᅵ능히, 효를, 다, 하지,

못하며, 신하의, 도난, 충함애, 잇스니, 사람의, 신하된이에게, 구하ᄂᆞᆫ것인, 반

다시, 그충하고자, 함이나, 그러나, 몸에, 도리키여, 구하건대, 나의, 임금을, 셤

긴바ᅵ능히, 충을, 다, 하지, 못하며, 아오의, 도난, 공손함에, 잇스니, 사람의,

아오된이에게, 구하ᄂᆞᆫ것이, 반다시, 그공손하고자, 함이나, 그러나, 몸에, 도

리키여, 구하건대, 나의, 형을, 셤긴바ᅵ능히, 공손함을, 다, 하지, 못하며, 벗의

도난, 신에, 잇스니, 사람의, 붕우된이에게, 구하ᄂᆞᆫ것이, 반다시, 그신이, 잇고자

四九

丘 언덕 구
朋 벗 붕
友 벗 우
施 배풀 시
謹 삼갈 근
敢 굿셀 감
勉 힘쓸 면
盡 다할 진
顧 도라볼 고
胡 엇지 호
慥 진실할 조
爾 너 이

언해증용장구대젼

君子之道ㅣ四에 丘ㅣ未能一焉이로소니 所求乎子로 以事父를 未能也며 所求乎臣로 以事君을 未能也며 所求乎弟로 以事兄을 未能也며 所求乎朋友로 先施之를 未能也니로 庸德之行며 庸言之謹야 有所不足이어든 不敢不勉며 有餘ㅣ어든 不敢盡야 言顧行며 行顧言니 君子ㅣ胡不慥慥爾오리

군자지도ㅣ사에 구ㅣ미능일언이로 소구호자로이사부를미능 야 소구호신로이사군을미능 능야 소구호붕우로 션시지를미능야니로 용덕지행며 용언 지근야하며 유소불족이어든 블감블면하며 유여ㅣ어든 블감진야하 언고행 행고언니 군자ㅣ호블조조이오리

〔대문푼것〕 군자의 도ㅣ네셰, 구ㅣ한아도, 능치, 못하노니, 아들의게, 구하
난바로써, 아비, 셤김을, 능치못하며, 신하의게, 구하난바로써, 임금셤김을,
능치, 못하며, 아오의게, 구하난바로써, 형셤김을, 능치, 못하며, 벗의게, 구하
난바로, 먼져, 베품을, 능치, 못하노니, 용한덕을, 행하며, 용한말을, 삼가셔,
불죡한바ㅣ잇거든, 감히, 힘쓰지, 아니치, 아니하며, 유여하거든, 감히, 다하
지, 아니하야, 말이, 행실을, 도라보며, 행실이, 말을, 도라볼지니, 군자ㅣ엇지,

〔글듯푼것〕 대뎌、군자ㅣ사람을、다스림에、반다시、사람으로써、하난것은、진

실로、사람이、이、마음이、갓고、마음이、이、도가 道 、갓흠으로써、함이라、이에、나

가면、가히、도에 道 、갓가운법을、째다를지니、대개、도가 道 、사람의、마음에、잇셔

셔、톄 體 와、용이 用 、다、갓추엇스되、다만、사람이、사사 私 의、간격함이 間隔 、된지라、고

로、사람의게、베푸는것이、만히、그、맛당함을、엇지못하야、도에 道 、가기가、드듸

여、먼지라、만일、츙 忠 에、근본하야、셔로 恕 、행하면 行 、비록、물과 物 、나의、사이에、

능히、혼연히화하지 渾然 化 、못하얏스나、마음이、공변되고、리치를、어더셔가히、자연 自然

함에、거의 幾 할지니、그、도에 道 、감 去 이、무엇이、멀니오、츙과 忠 、셔의 恕 、일이、무

엇인가、하면、몸의、마음을、밀우어셔、사람의게、미치는데、지나지아니하니

만일、사람이、도의 道 、밧갓일로、써、나의게、베푸난것을、내、마음에원하지 顧 、아

니하난바이라、몸의、마음으로、써、사람의、마음을、혜아리면、사람의、마음

이、몸의마음과、갓흠을、알지라、몸의、원하지 顧 、아니하난바로、써、사람의게、

베풀지、아니할지니、이것이、츙과 忠 、셔의 恕 、일이라、이로써、도를구하면 道 求 、도에、감 道

이、스스로、멀지아니할져니라

忠 셩충
충

恕 츙셔
용셔

違 어긜
위

施 배풀
시

己 몸
긔

願 원할
원

勿 말
볼

지아니·한지라, 고로, 군자(君子)의, 사람다·스리난것이, 곳, 그사람의, 도(道)로, 써, 달

내(誘)·여·써(挨)·고, 열(開)·어, 인도(引導)하야, 도리여, 그사람의, 몸을, 다스리되, 그,

능히, 아는바와, 그, 능히, 행(行)할바로, 써, 앎을, 책(責)하고, 행함을, 책하다가, 그, 사

람이, 능히, 곳쳐셔, 능히, 알바를, 알고, 능히, 행(行)할바를, 행하면, 사람의, 도(道)를,

다한지라, 곳, 그쳐셔, 다스리지, 아니하고, 다시, 알기어렵고, 행하기어려운

것으로, 써, 바라지, 아니하나니, 이에, 가히, 도(道)가, 사람의게, 멀지아니, 함을

볼지니, 사람이, 맛당히, 사람을, 멀니하지아니함으로써, 도(道)을, 삼을지니라

忠恕違道不遠施諸己而不願亦勿施於人

충셔ㅣ위도블원니하시겨귀이블원을역믈시어인이니라

〔대문푼것〕 츙과, 셔ㅣ도에, 어김이, 멀지, 아니하니, 몸에, 베풀어셔, 원하

지아니함을, 또한, 사람의게, 베풀지, 말을지니라

〔글자푼것〕 츙(忠)은몸의, 마음을, 다함이오, 셔(恕)는몸을, 밀우어, 사람의게, 미침

이오(違난·감(去)이니, 말하되, 이로부터, 져긔, 이르기에, 샹거(相去)가, 멀지, 아니함

이오, 배반하고, 간다함은, 아니니, 도(道)는, 곳, 그사람의게, 멀지아니한것이라

四六

[대문푼것] 시에일으되, 가를, 버힘이여, 가를, 버힘이여, 그측이, 멀지아니, (則)
하다하니, 가를, 잡아, 써, 가을, 버히되, 흘겨보고, 오히려, 써, 멀리, 역이나니, (柯)
고로, 군자난, 사람으로, 써, 사람을, 다스리다가, 고치거든, 그치나니라 故君子

[글자푼것] 시난, 빈풍벌가편이오, 가난, 독긔자루오, 측은법이오, 예난흘 詩幽風伐柯篇 柯 則法 睨
겨보난것이라

[글뜻푼것] 도를, 함이, 사람의게, 멀지, 아니함을, 무엇으로, 가히, 볼고, 빈 道 幽
풍벌가시에, 일으되독긔자루를, 버힘이여, 독긔자루를, 버힘이여, 그, 잡은자 風伐柯詩
루가, 이, 버히난자루의, 길고, 짜른, 법이라, 구함이, 멀지아니하나, 그러 求
나, 시의, 말로써, 생각하면, 그, 자루를, 잡고, 나무를, 버히여써, 자루를, 하
난쟈ㅣ져, 자루의, 길고, 짜른법이, 비룩, 이, 자루에, 잇스나, 그러나, 잡은자
루난, 이미, 일운것이오, 버히난자루난, 일우지못한것이라, 져것과, 이것이
다르니, 버히난자ㅣ이것을보고, 져것을보니, 오리려, 써, 멀다하려니와, 도는, 각 當
각, 당한사람의, 몸에, 잇셔셔, 져것과, 이것의, 다름이, 업스니, 본셩의, 발한 本性
것이, 능히, 알고, 능히, 행하야, 참, 멀지아니함이, 독긔자루로, 더불어, 쓰, 갓 行

언해즁용쟝구대젼

四五

柯 가지
伐 칠벌
柯 가지

子曰道不遠人이니人之爲道而遠人을不可以爲道ㅣ니

자ㅣ왈도블원인이니하인지위도이원인을블가이위도ㅣ라니

(대문푼것) 자ㅣ갈아샤대, 도ㅣ사람의게, 멀지, 아니하니, 사람이, 도를, 호

대, 사람의게, 멀리하면, 가히써, 도ㅣ라하지못하리니라

(글자푼것) 道란것은, 셩품을, 조찰따름이니, 진실로, 즁인의, 능히알고, 능

히, 행하는바ㅣ라, 그런고로, 항샹, 사람의게, 멀지, 아니하니라

(글뜻푼것) 자사ㅣ부자의말삼을, 이쓰러갈아샤대. 도가, 인륜일용사이에,

밝게나타나니, 엇지, 사람의게, 먼(遠)것이리오, 다만, 사람이, 도에, 죵사하난

쟈ㅣ매양, 인사를, 써나셔, 고원함을, 구하고자하면, 반다시, 사람의, 셩품

에, 거슬녀셔, 그, 자연한데, 말미암지, 아니하고, 일의, 맛당함을, 일허버려셔,

당연함에, 합하지, 아니하리니, 가히, 도라고, 일으지못할지니라

詩云伐柯伐柯其則不遠이라하니執柯以伐柯睨而視之하고猶

시운벌가벌가ㅣ기측블원이라하니 집가이벌가예이시지유

以爲遠하나故로君子난以人治人하다가改而止니

이위원이나하고 군자ㅣ인치인가하다 개이지라니

히, 능히함이니, 져어셔, 능히, 파하지, 못할쟈ㅣ이것이오, 그, 젼례의, 지극한

곳에, 이르러셔는, 하날과, 싸 사이에, 밝게, 낫타나셔, 두루하지아님이업스

니, 일은바, 셩인과, 텬디의, 능히, 다, 하지못하는바ㅣ니, 거셔, 능히, 실지, 못

할쟈ㅣ이것이라, 이것이, 다, 도의, 쓰임의, 넙음이나, 그, 소이연(소이연은그러한

ㅅ닭이란말이라)은, 은미하야, 보이지, 아니함이니, 이것이, 도의, 가히, 잠간이라

도, 떠나지, 못할것이오, 군자ㅣ계구하고, 신독하난공을, 가히, 잠간이라도,

간단함이, 잇지, 못할바이니라

右는뎨십이쟝이라○자사의, 말삼이니, 대개, 머리글쟝의, 도를, 가히, 떠나

지못한다는, 뜻을, 거듭밝혐이오, 그아레여덜쟝은, 공자의, 말삼을셕거스러

셔, 써, 밝히심이니라○이글쟝은, 도의, 비와은과, 크고, 젹은것을, 의론하야,

써아레일곱쟝의, 강령을삼으니라, 비로소, 즁화를말하야, 써, 이, 도가, 내마

음에, 관셥됨을, 보이고, 다음에, 난, 즁용을말하야, 써, 이, 도가, 사물에, 져현

함을, 보이고, 이에, 난, 비은을말하야, 써, 이, 도가, 텬디에, 츙색함을, 보임이

니라

四三

造 지을 조
端 끗 단

가아님이, 업스니, 소개가, 우에, 나는것은, 다, 道의, 우으로, 나타나난것이

니, 한, 소개를, 들어말하야, 우에, 형샹을, 일운것이, 다, 道의

가, 아레에, 뛰난것은, 다, 道가아레로낫타나난것이니, 한, 물고기

야, 아레에, 형샹을, 일운것이, 다, 道라, 함이라, 道가, 하날과, 싸사이에, 잇셔셔,

그밧게, 나타남이, 대개이와갓흐니, 엇지하야, 쓰임의, 넙음이, 이갓흔고, 그

러한바는, 뎨의은미한것이니라

體隱微

군자지도 난 造端乎夫婦 及 其 至 也 察 乎 天 地
君子之道 난 조 단 호 부 부 니 급 기 지 야 하야 찰 호 텬 디 라니
난 하야

〔대문푼것〕 군자의도난, 끗이, 부부에, 짓나니, 그, 지극함에, 미쳐난, 텬디

에, 나타나니라

〔글자푼것〕
夫婦
君子 道

天地

〔글뜻푼것〕 합하야, 말하면, 군자의도이라, 그, 일졀을말한즉, 비로솜을, 부부
習 君子 道 一 節 夫婦

의, 거실하는사이에, 부치니, 대개, 사람의, 일에, 지극히갓가운것이나, 道가,
居室 夫婦 道

그사이에, 유루되지, 아니하니, 일은바, 어리셕고, 불쵸한쟈도, 가히, 알고, 가
遺漏 不肖

察 찰 살필
淵 못연
于 어조우
躍 뛸약
魚 어고기
戾 려이를
飛 날비
鳶 연솔개
云 운일을
詩 글시

나가셔、말할진댄、긔미가、셤실하야、픔에데하지、아니함이、업셔셔、그、젹은
것이、안(內)이、업스니、뉘능히、그안에、들어가、파할쟈ㅣ잇스리오、도가참으
로、쓰임이、넙은것이니라

詩云鳶飛戾天魚躍于淵이라言其上下察也ㅣ니

시운연비려텬어약우연언기상하찰야라ㅣ니

[대문푼것] 시에일오대、솔개난、날아셔、하날에、이르거날、고기난못에셔、
쐰다하니、그、우와、아례에、나타남을、일음이니라

[글자푼것] 시난、대아한록의편이오、연은、솔개오、려난、이름이오、찰은、
나타남이라

[글쏫푼것] 도의、크고、젹은대、극진함이、이와갓흐니、그、흘너행함의、활발
한、긔를은、가히、시에、보겟도다、대아한록편에、일으되、솔개(鳶)는、그셩
픔을、조차、날어셔、하날에、이르고、물고기는、그、셩픔을조차、뒤여셔、못(淵)、대
에잇다하니、시가、엇지、홀로、소개와、물고기를、위하야、말한것이리오、대
개、말하되、하날과、싸、사이에、물이、아님이、업고、하날과、싸、사이의、물이、도

언해증용장구대뎐

四一

또한, 다, 아지, 못하난바이, 잇스며, 부부(夫婦), 가온대, 블쵸한쟈난, 도(道)에, 맛당히,

능할바가, 업슬것갓흐나, 그러나, 또한, 본연(本然)한, 량능(良能)이, 잇셔셔, 일용평샹(日用平常)한,

일에, 가히, 능(能)한것이잇스되, 다만, 그졀례의, 지극함이, 아니라, 그, 지극한대,

미쳐셔난, 비록, 안이(安而), 행지(行之)하난, 셩인(聖人)이, 맛당히, 능하지, 못할것이, 업난이

라도, 혹긔수(氣數)가, 형셰로, 더불어, 막히고, 마음과, 험이, 미치지, 못하야, 쏘한,

능히, 다, 행하지, 못하난바이, 잇나니, 엇지, 특별히, 셩인(聖人)쑌이리오, 곳, 텬디(天地)의

의, 편벽됨과, 차(寒)고, 더움(暑)고, 재앙(災)과, 샹셔(祥)의바른것을, 일허버림에, 사람

화육(化育)함으로, 써, 이갓치, 그, 크나, 그러나, 덥(覆)고, 실(載)고, 내(生)고, 이룸(成)의

이, 오히려, 그원(顯)함에, 만죡(滿足)지, 못하야, 유감(遺憾)됨이, 잇스니, 대뎌갓가히부부(夫婦)의,

능히, 알고, 능히, 행하난바로부터, 멀니, 셩인(聖人)과텬디(天地)의, 능히, 다, 하지못하난

바에, 도(道)가, 진실로, 크고, 젹은, 것을, 겸(兼)하야, 그용(用)을, 갓촌(備)것이라, 고로(故), 군(君)

자(子)의, 도(道)ㅣ그, 큰데, 나가셔, 말할진댄, 혼륜(渾淪)은, 과운이, 미분(未分)한, 한, 덩어리오)

하고, 보박(溥博)은, 넓고넓음이라)하야, 물(物)을포함(包含)하지, 아니함이, 업셔셔, 그, 큰것,

이, 밧갓이, 업스니, 뉘능히, 그밧갓에, 나가, 시를(載)쟈ㅣ잇스며, 그, 젹은데,

극합에, 미쳐셔난, 비록셩인이라도, 또한, 알지못하난바ㅣ잇스며, 부부의, 불

효로도, 가히, 써, 능히, 행하되, 그, 지극함에, 미쳐셔난, 비록셩인이라도, 또

한, 능치, 못하난바ㅣ잇스며, 던디의, 큼에도, 사람이, 오히려, 감하난바ㅣ잇

나니, 고로, 군자ㅣ큰것을, 말할진댄, 던하ㅣ능히, 재하지못하고, 적은것을, 말

할진댄, 던하ㅣ능히, 파하지, 못하나니라

[글자푼것] 셩인소불지는, 공자의, 례를, 뭇고, 벼슬을, 뭇는류ㅣ오, 소불능

은, 공자ㅣ위를, 엇지, 못하고, 요순이, 넓히, 배품을, 병되이역이는류ㅣ라, 인

유소감은, 던디에, 덥(覆)고, 실(載)고, 생하고, 일음(成)의, 편벽된것과, 차(差)

고, 더웁(暑)고, 재앙과, 샹셔의, 그, 바른것을, 엇지못한것이라

[글뜻푼것] 시험하야, 도의, 비한것으로써, 불진댄, 부부ㅣ가온대, 어리셕은

쟈는, 도에, 맛당히, 알바가, 업슬것, 갓흐나, 그러나, 또한, 본연한량지가잇

셔셔, 일용평샹한, 리치에, 가히, 아난것이, 잇스되, 다만, 그젼례의지극합이

아니라, 그, 지극한대, 미쳐셔난, 비록, 생이지지한, 셩인이, 맛당히, 아지, 못할

것이업난이라도, 혹때가, 쳐디로, 더불어, 막히고, 이목에, 궁진함이잇셔셔,

夫 아비 부 지
婦 지아비 부 지
憾 한할 감
載 실일 재 여 지 부 비
破 질쌔 파

〔글뜻푼것〕 자사ㅣ 머리글쟝의, 도난, 가히, 써나지, 못한다 난뜻을 밝히여,

갈아샤대, 도난, 하날에, 근원하야, 톄가, 군자의게, 가촌(備)지라, 고로, 도가, 군자의, 도가, 되나니, 이도는, 그, 당연함의, 발용함이, 충만하고, 영일하야, 믈

마다, 잇지아니, 함이, 업고, 어듸던지, 그럿치, 아니, 함이업스니, 대개, 그, 쓰

임의 넓음이, 극진함이오, 그, 가온대, 나가셔, 그러한바의, 톄가, 잇스나, 형샹

곽, 자최의, 가히, 볼것이업고, 소리와, 냄새의, 가히, 차질데 가업스니, 또, 그,

톄의은미함이극진하나라

夫婦之愚 可以與知焉

소블지언하며부부지블쵸 가이능행언

부부지우 가이여지언 급기지야

聖人 亦有所不能焉

所不知焉 夫婦之不肖 可以能行焉

성인 역유소블능언 텬디지대야 인유유소감이고

군자ㅣ어대ㄴ텬하ㅣ막능재언오어쇼ㅣ텬하ㅣ막능파언

君子 語大 天下莫能載焉 語小 天下莫能破焉

〔대문푼것〕 부부의, 어리셕음으로도, 가히써, 참여하야, 알것이로대, 그, 지

費而隱

군자지도ㅣ 비이은이니라

자로의, 일로, 써, 밝히엿스니, 대슌은, 지오, 안연은, 인이오, 자로난, 용이니,

셰가지에, 한아라도, 폐하면, 도에, 나가고, 덕을일움이업슬지라, 남어지난,

차례로, 이십쟝에, 보이니라 ○ 이글쟝은, 웃글쟝을, 이어셔, 지와, 인과, 용을,

합하야, 말하야, 매졋스니, 이것은, 대문즁에, 한번매진것이니군자즁용쟝으

로, 더불어, 셔로응하야, 즁함을, 뭇졀우에, 돌녀보냇스니머리졀에난, 알고,

행함이넘우, 지나감이오, 다음졀에난, 알음이, 이르지, 못하고, 행함이, 다, 하

지못함이니, 요하건댄, 다, 즁용에, 능하지, 못한쟈ㅣ오, 뭇졀은, 알고, 행함

이즁을, 엇고지와, 인과, 용이, 겸비하야, 즁용의, 극진함에, 나갓스니, 졍히

일은바, 군자의, 즁용이라, 졀졀이, 지와, 인과, 용을, 보이여셔, 우의, 두어

글쟝뜻을, 매졋스니, 다, 머리글쟝의, 의를, 발명함이라

君子之道 費而隱이니라

군자지도ㅣ 비이은이니라

〔대문푼것〕 군자의 도난, 비하되, 은하니라

〔글자푼것〕 비난, 용의, 넓음이오, 은은, 례의, 젹음(微)이라

〔글자푼것〕

〔글뜻푼것〕 만일, 도(道)를뎨하야, 쉬지, 아니하난쟈난, 나ㅣ셩덕(成德)한, 군자(君子)의게,

어듬이, 잇노라, 군자의, 아난바와, 행하난바는, 자연(自然)히, 즁용(中庸)의, 리치에, 의지

하야, 더불어, 한아이되야셔, 곳, 몸이, 맛도록, 사람의게, 암을, 보지못할지라

도, 맛첨내, 뉘웃치지, 아니하나니, 대개, 즁용(中庸)의, 도(道)가, 오즉, 나ㅣ게, 잇슴을,

밋은지라, 쳥슐함(稍述)을구(求)하지, 아니하고, 스스로, 맛첨에, 폐(廢)하야, 버리지, 아니

하니, 이것은, 과불급함(過不及)이, 업고, 유시유죵(有始有終)하야, 슌연(純然)하고, 인사(人事)에, 다

한, 셩쟈(聖者)ㅣ라야, 능(能)히하나니, 대뎌, 셩인즉, 나ㅣ능히, 당하지, 못하나, 그러

나, 스스로, 힘쓰지, 아니치, 못한다, 하시니, 부자(夫子)ㅣ은벽(隱僻)하고, 괴이(詭異)함에, 하지

아니하고, 반도(半途)에, 마지아니, 하시니, 그, 능한바ㅣ정(正)히, 이에, 잇난지라, 비록

셩(聖)으로, 써, 스스로거(居)하지, 아니하시나, 또한, 엇지, 능히, 사양하시리오

우(右)는데십일쟝(第十一章)이라○자사(子思)ㅣ부자(夫子)의, 말삼을, 이ㅅ그러셔, 머리글쟝의, 의(義)를, 밝

힌바ㅣ이에그첫스니, 대개, 이편의, 큰뜻은, 지(知)와, 인(仁)과, 용(勇)의, 셰가지, 달(達)한덕(德)

으로써, 도(道)에, 들어가난문(門)을, 삼은지라, 고로, 편(篇)머리에, 곳대슌(大舜)과, 안연(顔淵)과,

半 반 반
塗 길 도
廢 페 폐 할
已 말 이
依 의 지 할 의 숨을
遯 론 숨을
悔 뉘 칠 회
惟 유 오 즉

언해증용쟝구대젼

〔대문푼겻〕 군자ㅣ 도를조차 행하다가, 길에 반만하야, 페하나니, 내능히, 마

지못하노라

〔글자푼겻〕 이난, 긋침이라

〔글ㅅ뜻푼겻〕 셰샹에, 또, 일죵의 일홈이, 군자라하는쟈ㅣ잇스니, 도의귀

함을, 알고, 사믈을ᄯᅡ러셔, 즁용의 도를, 택하야, 조차 행하나니, 이는, 아난것이,

죽히, 써, 미칠만하되, 다만, 그힘이, 죽하지못함이, 잇셔셔, 행하야, 반도에, 이

르러셔, 페하야, 버리고, 나가지, 아니하니, 이것은, 그알고, 행함이, 또, 불급

함에 일홈이니, 맛당히, 마지아니할것을, 마는쟈ㅣ라, 나는, 시죵을, 한갈갓치

하야, 능히, 말지아니함이잇노라

〔대문푼겻〕 군자 난 依乎中庸 遯世不見知而不悔 唯聖者 能

지니 之라니

군자ㅣ 의호즁용 야하 돈세블건지이블회 니하나 유셩쟈아 능

〔대문푼겻〕 군자난즁용을, 의지하야, 셰샹에, 숨어셔, 앎을, 보지못하야도,

뉘웃치지, 아니하나니, 오직 셩쟈ㅣ라야, 능하나니라

三五

遼
준조출

〔글뜻푼것〕 우의, 두어, 글쟝은, 지, 인, 용을, 나누어, 말하야, 써, 도에, 들어

가난문을하고, 이쟝에, 이르러셔, 합하야, 말하야, 써! 매져셔, 그, 셩인의, 극

진함을, 구한지라고로, 부자의, 말삼을, 신러갈오대, 이제, 사람이, 잇스니, 일

용심샹한, 리치를, 죡히, 행할것이, 아니며, 죡히, 알것이, 아니라하야, 김히,

은벽한, 리치를, 구하야 사람이, 능히, 알지, 못할바를, 알고자하며, 지나가

셔, 괴이한행위를하야, 사람이, 능히, 행하지, 못할바를, 행하고자하니, 이것

은, 대개, 셰샹을, 속이고, 일홈을, 도적질하고자함이라, 사람의, 정이, 범샹

함을, 슬혀하고, 새것을, 깃버하난고로, 후셰에, 또한, 혹, 일커러, 젼슐하는쟈

ㅣ, 잇스나, 이것은, 그, 알고, 행함이, 다, 즁에, 지나가셔, 맛당히, 하지, 아니할

것을, 하난쟈ㅣ라, 나는나의, 맛당히알바를, 알며, 나의, 능히, 행할바를, 행

하야셔, 차라리, 후셰에, 칭슐함이, 엽슬지언정, 즁에, 지나가고, 바름을, 일허

버리는지와행을, 하지아니하리라

君子遵道而行 半塗而廢 吾弗能已矣

군자ㅣ준도이행하가 반도이폐니하나 오블능이의라

자ㅣ왈색은행괴를 후셰에 유슐언ᄂᆞ니하나 오블위지의라도

子曰 素隱行怪를 後世에 有述焉하나 吾弗爲之矣라도

〔대문푼것〕 자ㅣ 갈아샤대, 은벽한것을차지며, 괴이한것을행함을, 후셰에,

술하리, 잇나니, 내하지, 아니하노라

〔글자푼것〕 색은한서ᄅᆞᆯ, 샹고함애, 맛당히, 색자ᄅᆞᆯ, 짓는다하니, 대개, 글자

의그릇됨이라, 색은행괴ᄂᆞᆫ, 말하되, 깁히은벽한, 리치ᄅᆞᆯ, 구하고, 과히, 괴이

한, 행실을, 함이오, 술은칭술함이라

것으로써, 강함을, 삼으니, 이것은, 풍긔가 가온대, 째인(囿)것이오, 군자난, 스스

로, 익이 난것으로, 써, 강함을, 삼으니, 이것은, 풍긔밧게, 나온것이라, 맛당히,

즁人자로, 써, 쥬쟝을, 삼을지니, 남방은즁에 미치지, 못한자ㅣ오, 북방은, 즁에지

나간쟈ㅣ니, 다, 긔질의, 편벽됨이, 그러하게 함이라, 반다시, 군자와, 갓치하

여야, 바야흐로, 의리에, 슌젼하여야, 즁용의, 강함이, 되리니, 이군자는, 즁인사하

으로, 더불어, 대함이 아니오, 졍히 남북의 강함으로더불어, 대함이니, 즁함이,

닷졀에, 잇나니라

셔、스스로、그변變하기쉬운、사심私心을、익이나니、강强하다、교嬌함이여、궁窮한쟈난、견

대기가、어려워셔、그、직히난바를、맛치지、못함이、만커날、군자君子난、나라의、

도가엽슴을、당當하야、빈쳔貧賤한죽、능히、의義를、직히고、명命에、편안하야、써、그몸

을、맛쳐셔、죽기에、이르도록、그、평생의、졀죠節操를、변變하지、아니、하니、이것은

그궁窮함의、쳐하난、리치를、가리여、군자君子의、강强함이여、이와갓흐니、의리義理와、학문學問

이나니、강强하다、교嬌함이여、군자君子의、강强함이、이것이、의리와、학문

가온대로、조차온것이、아니면、능치못하리니、너의、맛당히、강할바이라、하시

니、부자夫子ㅣ자로子路의게、고告하신말삼으로、말미암어、생각하면、가히、배호난쟈ㅣ

진실로、용맹이、죡족히、사사私를、졔어한죽、마음이물物에、가리우지、아니하야、능

히、택擇할것이오、마음이물物에、빼앗기지、아니하야、능히、직히리니、또、엇지、즁中

용庸을、가히、능히못하리오

右우는뎨십쟝第十章이라○이글쟝은、웃글쟝의、즁용中庸을、가히、능히못한다난뜻을、이

어셔、써、즁용을、가리여、직힘의、굿게함이、반다시、순舜의지知와회의인仁이잇고、

또、군자君子의、용勇이잇슨후에、가히、능함을、밝힘이니라、남북南北은사람을、익이난

강함은, 그, 긔질의, 편벽됨을, 변화하야, 스스로, 익임에, 잇는지라고로, 셩덕

한, 군자난, 스스로, 의리의, 강함이, 잇스니, 셰샹에, 쳐함에, 화함이, 귀하되,

화함은, 흐르난대, 이르기쉬웁거날, 군자난, 화한것으로써, 사람과, 한가지,

하되, 능히, 스스로, 직힘을, 바른것으로, 써하야, 일즉이, 리치를어기고,무리

를, 싸라셔, 흐름에, 이르지, 아니하니, 이것은, 사람의게, 쳐하야난, 리치를, 가리

여, 직혀셔, 스스로, 그, 흐르기, 쉬운, 사심을, 익이나니, 강하다,

을, 쳐함에, 가온대셔(ㅛ)난것이, 귀하되,가온대,셤(ㅛ)이, 한편됨에, 이르기가쉬

웁거날, 군자난, 무리를, 어기(違)고, 홀로셔셔, 능히, 스스로, 그, 오른것을, 밋

고, 법을, 박구어, 써,사람을, 조차셔, 한편됨에, 이르지, 아니하니, 이것은, 몸

을, 쳐하난, 리치를, 가리여, 직혀셔, 스스로, 그, 한편되기쉬운,사심을익이나

니, 강하다, 교함이여, 달한쟈난, 뜻을, 어듬애,매양, 그,직힌바를,일허버림에,이

르거날, 군자난, 나라이, 도가, 잇슴을, 당하야, 부귀한즉, 능히, 도를, 행하고,

때를, 건져셔, 써, 그,포부를, 베푸되, 그, 달하지, 아니한, 때에, 본대, 닥근, 도

를, 변하지, 아니하나니, 이것은, 그, 달함에, 쳐하난, 리치를, 가리(擇)여, 직히여

哉 어조사 재
矯 날닐 교
立 셜 립
倚 의지할 의
變 변할 변
塞 막힐 색

敢 감함으로, 써, 사람을, 익이니, 북방의, 강한것이라, 강한쟈ㅣ이로, 써, 自處 자쳐하
니, 이것도, 또한, 너의맛당히, 강할바의, 강이아니니라

故로 君子군자 고 군자난 和而不流 화이블류 니하나 强哉矯 강재교 여 中立而不倚 듕립이블의 니하나 强哉 강재

교 國有道 국유도에 블변색언 니하나 强哉矯 강재교 여 國無道 국무도에 지사블변 니하나

强哉矯 강재교

[대문푼것] 고로, 군자난, 화하되, 흐르지, 아니하나니, 강하다

교함이여, 나라의, 도ㅣ업슴에, 죽음에이를어도, 變 변

치아니하나니, 강하다, 강하다, 교함이여

立 에립하야, 의지하지, 아니하나니, 강하다, 교함이여 中

[글자푼것] 矯교난강한모양이오, 倚의난, 한편으로부침이오, 塞색은, 達달하지못함

이라

[글자푼것] 南北남북의, 强강함이, 다, 한편에, 限한하야, 써, 사람을, 익이나, 學者학자의

언해중용 565

하고、맛당히、밧지아니、할바를、교계하지、아니하니、이것은、풍긔가、류약하

야、능히、용납하고、참(忍)난것으로、써、사람을、익이난것이니、남방의、강함이

라、또한츙후한도가、됨을、일허버리지、아니하니、군자ㅣ로써、자쳐하나니、이

난、너의、맛당히、할바의、강이아니니라

袵金革死而不厭은北方之强也而强者居之라

임금혁야사이블염은북방지강야ㅣ이강자ㅣ거지라니

〔대문푼것〕금과혁을、자리하야、죽어도、슬혀하지、아니함은、북방의、강함

이니、강한자ㅣ거하나니라

〔글자푼것〕임은、자리오、금은、창과병장긔의등속이오、혁은갑옷과、투구의、

등속이라

〔글뜻푼것〕북방의、강함은、이것과、다르니、금과혁은흉한그릇이오、몸을

죽이난것은、즁한일이로대、져、사람인즉、평일에、금과혁을、보기를、임셕과、

갓치하야、그가온대、편안하고、익어셔、비록、이것으로、써、싸호다가죽을지라

도、또한、원망하고、뉘우치난뜻이、업스니、이것은、풍긔가、강한하야、젼혁과

二九

居 살 거
報 갑흘 보
柔 부드러울 유
寬 너그러울 관

아니니, 너의, 뭇난것이, 과연, 남방, 풍긔에, 익어셔, 북방의, 강함을, 하난것인

가, 과연, 북방, 풍긔에, 익어셔, 북방의, 강함을, 하난것인가, 의리에, 근본하야,

너의, 맛당히, 강할것을, 하난것인가

寬柔以敎 不報無道 南方之強也 君子居之

관유이교오 블보무도난 남방지강야니군자ㅣ거지라니

(대문푼것) 너그러우며, 부드러워셔, 써, 가르치고, 도, 업는이를, 갑지아

니함은, 남방의, 강함이니, 군자ㅣ거하나니라

(글자푼것) 관유이교는, 일으되, 함용하고, 손순하야, 써사람의, 블급함을,

가르침이오, 블보무도난, 일으되, 횡역의일이, 옴을, 곳, 밧기만하고, 갑지, 아

니함이라

(글뜻푼것) 엇더한것이, 남방의, 강함인고, 만일, 사람이, 올치아니함이, 잇

스면, 다만, 너그럽고, 부드럽게, 권하야, 스스로, 뉘웃쳐, 새닷

게, 하고, 가르침을, 좃지, 아니할지라도, 교계하지, 아니하며, 심하야사람이,

횡역의일로, 써, 나의게, 베풀지라도, 쏘한, 다만, 바들뿐이오, 보복하지, 아니

二八

子路問强

자로ㅣ문강 대한

(대문푼것) 자로ㅣ강함을 뭇자온대

(글자푼것) 자로ㅣ난 공자의 뎨자중유ㅣ라

(글뜻푼것) 자로ㅣ 대개 강한것이 죡히 써 도를 맛들(任)만하다함을 들엇스나 그 참됨을 엇지못한지라고로 부자게 뭇자와 갈오대 션비가 엇더하여야 강함이 되나니잇가 함이라

子ㅣ왈남방지강여아 북방지강여아 억이강여아

(대문푼것) 자ㅣ갈아샤대 남방의 강함인가 북방의 강함인가 네의 강함인가

(글자푼것) 어는 어조사이오 이난 너라난 말이라 자로ㅣ용맹을 조아하는지라 부자ㅣ 자발하야 뭇난듯이 행행

(글뜻푼것) 자로ㅣ용맹을 조아하시고 먼져 할문하야 갈아샤대 강의 죵류가 한가지가 한강한대 잇슴을 아시고

二七

언해 증용 장구 대쳔

오난것이니, 반다시, 죵용히(從容), 졀(節)에마짐이, 아니로대, 즁용은(中庸), 비록, 알기, 어렵

고, 행하기(行), 어려운일은, 업스나, 그러나, 텬리가(天理), 혼연하야(渾然), 지나고, 불급함이(不及)

업스니, 실로, 의가졍하고(義)(精), 인이익어셔(仁), 일호의(一毫), 사사뜻이업는쟈ㅣ아니면, 능

히, 미치지못할것이라, 이것이, 그, 심히, 쉬운것갓흐나, 실상은, 가히, 능치못

할바ㅣ니라

右第九章
우는뎨구쟝이라○이글쟝은, 슌과(舜)회를(回), 말삼한글쟝으로, 더불어, 일례니(一例), 쏘

한, 웃글쟝을, 이어셔, 아레글쟝을, 일으킨것이라, 웃글쟝에, 인과지ㅣ(仁)(智)반

다시, 슌과(舜), 회갓흔후에(回), 도ㅣ(道)가히, 밝고, 가히, 행함을(行), 말삼하심을, 이음이니

만일, 지가(智), 슌과(舜), 갓지, 못하고, 인이(仁), 회와(回), 갓지, 못한즉, 즁용은(中庸), 문득, 가히, 능

치못할지라, 가히, 겨동하야, 힘쓰고분발하야(奮發), 용맹으로, 써, 지와(知), 인을(仁), 도읍

지아니치, 못할것이라, 반다시, 아레글쟝의, 말한바, 학쟈의(學者), 강함과(强), 갓허야,

비로소, 그, 인욕의(人欲), 사사를, 의익인뒤에, 능히, 가리고, 능히, 직힐지니, 웃글쟝

을이어셔, 아레글쟝을일으킨뜻이, 이와갓흐니, 졔가지일의, 어려움을, 들어

셔써, 즁용의, 더욱, 어려움을, 밝히심이니라

〔대문푼것〕子ㅣ갈아샤대、텬하와國家도、가히、고르게할것이며、벼슬과、

록도、가히、사양할것이며、흰、칼날도、가히、밟을것이로대、中庸은가히、능치

못하나니라

〔글자푼것〕均은、평하게、다스림이라

자ㅣ일즉이、말삼이잇셔、갈아샤대、텬하와國家ㅣ지극히크

니、다스리기、어려우나、그러나、리치에、맛당하고、맛당치、아니함을、물론하

고、쳐치하야、가기만、필하면、자폼이、명민함에、갓가온쟈는、능히、평하게다

스릴것이오、벼슬과、록은、인졍에、조하하난바이라、물너치기가、어려운것

이나、그러나、맛당히、사양할만하고、맛당히、사양치아니할만함을、물론하고、

다만、나가지、아니함으로、써、놉흠을、삼으면、자폼이、렴결함에、갓갓온쟈는、능

히사양할것이오、흰、칼날은、사람의、두려워、하난바이라、범하기어려우나、그

러나、맛당히、죽을만하고、맛당히、죽지아니할만함을、물론하고、다만、생명을

경히、함으로、써、용맹을、삼으면、자폼이、과감함에、갓가온쟈는、능히、밟을것

이라、이졔가지난、비록、어려우나、다、긔폼의、편벽됨과、사셰의、급박함에、나

二五

〔글ㅅ뜬풋것〕子ㅣ일즉이말삼이、잇셔갈아샤대、天下의、사믈이、다、즁용中庸의、

리理치가、잇스되、사람이、스스로、능히、가리擇지못하고、곳、가린擇다하야

도、쏘한、능히、직히지못하되、오즉、회回의、사람됨이、능히、일事을、싸르고、믈物

을、싸러셔、모든、리치를、분변分辨하야、일은바、즁용中庸을、구求하야、가져셔、행行하되、

가린擇바를、싸러셔、매양、한、즁용中庸의、착함을、어든죽、몸身으로、몸體밧

고、힘써행行하야、직히기、심히구더셔、권권拳拳히、밧들어、가져셔、마음과、가슴새

이에、붓쳐두어셔、다시、이러버리지、아니하니、회回의、능히、직히기이이지

라、이것이、행行함에、지나고、불급함이、업는바이오、도道의、써、밝은바ㅣ니라

右第八章 우는데팔쟝이라○이글쟝은、웃글쟝을、이어셔、말삼하심이니、회와、갓혼후에、

함이、행하지아니함에、말미암음이라、반다시、능히、직험이、회와、갓혼후에、

도道ㅣ가히、밝으리라、하심이라

子ㅣ왈曰텬하국가天下國家도ㅣ가균可均也야ㅣ며、쟉록爵祿도、가사可辭也야ㅣ며、백인白刃도、가도可蹈

야也ㅣ로中庸也대즁용中庸은、블가능不可能也야ㅣ니라

均 고를균
爵 작벼슬

내、참됨이、아니니、엇지、지혜라、일으리오、이것이、도의、밝지、못함이라、그

런즉、도를、밝히고쟈、하난쟈는、한갓지혜에、미침이、귀할ᄯᆞᆫ아니오、인으로

직힘이、더욱귀하하니라

右第七章

우는데칠쟝이라○이글쟝은、웃글쟝의대지를、이어말하고、또、밝지못한、단

셔가、행하지아니함에、잇슴을、들어셔、아레글쟝에、안회의、인을일ㅇ킴이니

두ㅣ여자라하난것은、다、자부하난말이니、졍히、슌의、스스로、쓰지아니함곽

샹반하니、아난것이、참되지、아니하야、그、직힘이、굿지、못한바ㅣ라

자ㅣ왈회지위인야ㅣ택호즁용득일션즉쳔쳔복응이블

失之矢

실지의라니

[대문푼것]　자ㅣ갈아샤대、회의사람됨이、즁용을、랙하야、한、착함을、어드

면、권권히、가슴에、복하야、일치아니、하나니라

[글자푼것]　회난공자의뎨자안연의、일홈이오、권권은、밧들어、가지난모양

이오、복은、붓침과、갓틈이오、응은가슴이라

陷 함 싸질　阱 정 함정　辟 벽 피할　擇 택 가릴　期 긔 긔약　守 슈 직힐

〔글자푼것〕 고난, 그물이오, 화난긔함이니, 덧이오, 함정은, 구덩이오, 피는

撨 機檻　陷阱　辟

피ㅅ자와갓홈이오, 긔월은, 한달을, 두루함이라

〔글ㅅ푼것〕 부자ㅣ일즉이, 말삼이잇셔갈아샤대, 셰상사람이더불어, 일(事)

夫子　未然　智

을, 의론한즉, 다, 자부하야, 갈오대, 나ㅣ능히, 일을, 미연에, 혜아리여셔, 지

하다, 하나, 그러나, 일은바, 지라함은, 화를, 알어셔, 능히, 피할주를, 아난것

智　禍　禍　避

이, 귀하거날, 그, 엇지하야, 화의, 긔틀(機)이, 숨어, 잇난바이, 다, 그물(罟)과,

덧(撨)과, 함정이로대, 이에, 스스로, 모라셔, 그, 가온대에, 드리되, 피할바를,

陷阱　罟

아지못하고, 위태함을, 행하야, 요행을바라다가, 화되고, 패함을, 취하니, 이

危　行　僥倖　禍　敗　取　避

것은, 그마음에, 가리운바이, 잇슴이니, 괘연, 이것이, 지혜가되리오, 또한, 이

果然

졔, 사람이, 더불어리처를, 의론한즉, 다, 자부하야, 갈오대, 내, 능히, 리처의,

理　自負

졍미함을, 분셕하야, 아노라, 하나, 그러나, 일은바, 안다함은, 그, 아난것의, 참

精微　分析

된것과, 그직히난것의, 구듬이어날, 엇지하야, 겨우분별함을, 알고셔, 즁용을

求　中庸

구하야, 이에, 겨우, 어덧다가, 곳, 일허버려셔, 능히, 긔월도, 직히지못하니,

期月

비록, 택한바이, 잇스나, 맛참내, 나의, 둠이, 아니라, 이것은, 그아난것이, 맛참

擇

그, 총명과, 예지ㅣ텬하에, 놉하셔, 가히, 미처지, 못하리라하나, 스스로, 쟈과
聰明 睿知 天下 可

의소견만, 쓰지아니하고, 남의소견을, 취하난것이, 이에, 순이, 되신바를뉘알
可

리오, 지혜가, 반다시, 대순과, 갓흔후에야, 가히, 이도의, 행함을바라리라, 하
大舜 道 行

심이라

右 第六章

우는데륙쟝이라○이글쟝은, 우의글쟝의, 도가, 밝지아니한고로, 행하지못함

을, 말삼하신지라, 반다시, 큰, 지혜가, 슌과, 갓흔후에야, 도를, 가히, 행할지니,
知字 舜 重 道

원글쟝이, 다만, 지人자가, 즁하니, 머리구졀은, 슌의, 지혜를, 찬양하심이오,
知 人字 重

아래난, 그, 실샹을, 자셰히하야, 거듭찬양하심이니라
贊

子曰人皆曰予知 驅而納諸罟擭陷阱之中而莫之知

자ㅣ왈인개왈여지 구이남겨고 화함정지즁이막지지
드로

피야며하인개왈여지 택호즁용이블능긔월슈야ㅣ니
辟也 擇乎中庸而不能期月守也

[대문푼것]

자ㅣ갈아샤대, 사람이, 다, 갈오대, 내, 지호라호대, 모라셔, 고와
知

화와함정가온대, 드리되, 피할주를, 아지못하며, 사람이, 다, 갈오대, 내, 지호
擭 陷阱

라호대, 즁용을가리여, 능히, 기월도, 직히지못하나니라
中庸 期月 知

도(道)룰, 볼수업스니, 옛젹, 뎨(帝)슌(舜)갓호신이난, 그, 큰지혜신더, 무엇으로써, 슌의, 큰, 지혜심(知)을, 아나뇨, 슌(舜)이, 써하되, 텬하(天下)의, 의리(義理)난, 궁진함이, 업고, 한사람의, 문견(聞見)은, 한뎡(限定)이, 잇스니, 대뎌, 한일을, 쳐(處)치함에, 스스로, 이미, 그, 리(理)쳐를, 알엇다, 하지아니하고, 반다시, 졀(切)졀(切)히, 사람의게, 뭇기를, 조하하야, 물어셔, 어듣바의말을, 다만놉고, 깁흔의론만, 반다시, 삷힐쑨이, 아니라, 극히, 쳔근(淺近)한, 말도, 쏘한, 지극한, 리쳐가잇다, 하야, 삷히기를, 조하, 하시니, 그, 착한것을, 버림이, 업슴을, 가히, 알것이오, 삷히여셔그, 말의, 리쳐에, 당(當)하야, 착한것하야, 악(惡)한것은, 숨기여셔, 베풀지아니하고, 그, 말의, 리쳐에, 당(當)하지, 아니은, 들어내셔, 숨기지, 아니하시니, 그, 넙고, 크고, 빗나고, 밝음이, 이와갓흐신지라, 텬하(天下)의, 사람이, 누가, 즐겨착한말로, 써고하지, 아니하리오, 그러나, 말이다, 착하되, 갓지아니함이, 두뭇이, 잇스니, 반다시, 다, 쓸것이, 아니라, 슌이, 그, 두뭇을, 잡고, 가리(擇)되, 두뭇안에, 그, 삷힘을, 극진히하야, 말의, 지당함이, 잇셔셔, 흡죽히, 사리(事理)에, 합한것을, 일으되즁(中)이니, 곳사업(事業)에, 뼈풀어셔, 이즁을, 써셔, 백성의게, 더하시니, 대뎌, 사람의, 슌(舜)을, 의론하난쟈ㅣ, 반다시, 일으되

二〇

子曰舜其大知也與[舜]好問而好察邇言[舜]隱惡而
揚善하시며執其兩端用其中於民하시니其斯以爲舜乎뎌신

자ᅵ왈순은 기대지야여ᅵ순이 호문이호찰이언은악이
양션하시며 집기량단 용기즁어민하시니 기사이위순호ᅵ뎌신

진실로、사람의、능히、행할바이오[行]、또、맛당히、행할바이어늘、이제、넘우지나가난것에、일어버리지、아니하면[不及]、불급함에、일어버리니、즁용의도ᅵ그[道]、텬하[天下]에、행치、못할진뎌하심이라

右第五章

우는데오쟝이라○이글쟝은、우의、글쟝을、이어셔、그행치、못하난뜻을、들어셔、써、아레、글쟝을、일으킨뜻이라

〔대문풀언것〕
자ᅵ갈아샤대、순은、그、큰、지혜이신뎌、순이、뭇기를、조히역이시고、이언、삷힘을、조히역이샤대、악함을[惡]、숨기시고、착함을、날니시며、그、두뭇을、잡으샤、그、즁을[中]、백셩의게、쓰시니、그、이、써순이、되심인뎌

〔글자풀언것〕
이언은、엿고、갓가온、말이오、량단은[兩端]、여러、의론이[議論]、갓지아니한、뭇이니、모든물건이、다、량단이[兩端]、잇스니、크고、적고、둣텁고、얇은류ᅵ라[類]

〔글뜻풀언것〕
부자ᅵ[夫子]일즉이、말삼이、잇셔갈아샤대、사람이、지혜가、아니면、

언해즁용쟝구버편

一九

밧갓하지、아니하되、특별히、행함에、나타나지、못하고、익힘에、삷히지、못함

이니、이로、뻐、그、지극한것을、아지、못하고、일어버림이라、이제、사람이、음伙

식을、아니하난이가、업스되、능히、그、음식의、바른맛을、아난이가、저그니、맛食

의、바른것을、알면、반다시、질겨하야、실혀하지、아니할것이오、그、도道中

면、반다시、직히여셔、일어버리지、아니할것이어날、그、지와、우知愚

의、삷히지、아니함에、엇지하리오、하심이라 우와현과불초賢不肖

우는데사쟝이라氣質 ○이글쟝은、우의、글쟝을、이어셔、무리사람이、즁용에、능中庸能

右第四章

할이、젹은것은、긔질이、편벽됨이、잇셔셔、삷히지、못함을、말하야、뻐、아

레、여셧글쟝의、뜻을、일으킴이니라

子曰道其不行矣夫

자ㅣ왈도기블행의부더ㄴ

(대문푼것) 자ㅣ갈아샤대、도ㅣ道그、행行하지、못할인뎌

(글자푼것) 子

(글뜻푼것) 子 자ㅣ일즉이、말삼이、잇셔、갈아샤대、도란것은當然당연한、리치니、

一八

하난지라、이것이、도에、행치、못한바이오、도난、본래、항샹밝어셔、어둡지아

니、한것이어날、지금、텬하의、밝지、못할은、나ー그연고를、아노라、대뎌、사

람이、져리치를、행하야、보아야、바야흐로、참된것을、알것이어날、이졔、긔질

이、민쳡한、사람이、잇스니、이상한일을、하기를、조하하야、반다시、행하지아

니할것을、행하야、그、행함이、항샹도에、지나가셔、도로、써、쭉히、알것이、업

다하며、또、긔질이、나약한、사람이、잇스니、맛당히、행할바를、행하지、못하

야、그、행함이、항샹、도에、미치지、못하거날、또、알바를、구하지、아니하니、이

것이、도의、밝지못한바이니라

人莫不飮食也　鮮能知味也

인막블음식야 션능지미야ー니

[대문푼것] 사람이、음식을、아니할이、업것마난、능히、맛을알이、적으니라

[글자푼것] 그러나、도의、일은바、즁이란것은、이에、하날명과、사람마음의、

[글쯧푼것] 발은것이라、당연히、박구지、못할리치니、진실로、사람이、사난、일용사이에、

也ㅣ니
道之不明也我知之矣賢者過之不肖者不及

야
也ㅣ니
라ㅣ니

愚 우석을
어리

肖 초갓흘

도지블명야를아지지의라도현쟈난과지고블쵸쟈난블급

〔대문푼것〕 자ㅣ갈아샤대, 도의행하지못함을, 내, 아노라, 지한쟈난, 지나
고, 우한쟈난, 미치지, 못하나니라, 도의, 밝지못함을, 내, 아노라, 현한쟈난,
지나가고, 블초한, 쟈난, 미치지, 못하나니라

〔글자푼것〕 道난, 하날, 리치의, 당연한것이니,

〔글뜻푼것〕 부자ㅣ일즉이, 말삼이, 잇셔, 갈아샤대, 도난, 본래, 항샹, 행하
야, 그치고, 쉬이지, 못할것이어날, 이제, 텬하의, 행치못함은, 나ㅣ그, 연고
를, 아노라, 대뎌, 사람이, 져, 리치를, 알어야, 바야흐로, 그대로, 행하야갈것
이어늘, 이제, 긔질이, 총혜한, 사람이, 잇스니, 츄측함이, 놉고, 깁허셔, 능히,
반다시, 아지, 아니할것을, 알어셔, 그, 아난것이, 항샹, 도에, 지나가셔, 도로
써, 쥭히, 행할것이, 업다하고, 또, 긔질이, 혼매한, 사람이, 잇스니, 능히, 알것
을, 알지, 못하야, 그, 아난것이, 항샹, 도에, 미치지, 못하야, 행할바를아지못

래니라

(글자푼것) 論어에는,능자能字가,업나니라

(글뜻푼것) 夫子부자ㅣ일즉이,말삼이,잇셔,갈아샤대,텬하天下의도道ㅣ가,듕일

름이라,지나간즉,듕中을,일코,불급不及한즉,이르지,못하니,다,극진히,착한도道

가,아니오,오즉,듕용中庸의,리치난,지나가고,불급不及함이,업셔셔,날마다,쓰난,

셧셧한,행실에,가히,박구지못할것이,되니,그,지극히,정하고精,지극히,슈연粹然

하야,가히,다시,더할수,업난것이라,지금,셰샹사람은,긔품氣稟에,거리끼고,

습관慣에,져져셔,능히,알어셔,行할이,적음이,이미,오래니라,하심이라

右第三章 우는데삼쟝이라○이글쟝은,우의,글쟝의,쇼인小人이,듕용中庸을,뒤집난다난뜻을,

이여셔,말함이니,듕용中庸의,도道난,비단非但,쇼인小人이,뒤집을뿐아니라,모든,사람

도,또한,능할能이,적다하샤,써,아레,글쟝의,뜻을,일으킴이라,다만,우의,

글쟝의,듕용中庸은,톄體와,용用을,겸하야,말함이오,이글쟝은용만,젼쥬專主하야,말

한고로,쥬에,다만,지나가고,불급不及함이,업슴을,말삼하심이니라
日道之不行也 我知之矣 過之

字자ㅣ왈도道지블행야行也를아我지지知之의라도과지過之우쟈난불급
子曰 知者 愚者 不及

580 중용강의 부록

라、 이것이、즁용이、되난바ㅣ오、쇼인<small>小人</small>의、즁용을、뒤집음은、쇼인으로、써、악<small>惡</small>

함을、할마음이、잇셔셔、일을、응하고、믈을、졉함에、또、육심을부리고、망녕되

히、행하야、괴탄하는바ㅣ업스니、대뎌、이미、쇼인이、되얏슨즉、즁용의、톄<small>體</small>가、

어그러졋거늘、쏘、괴탄이、업스니、즁용의、용<small>用</small>이어、그러진지라、이것이、즁용

을、뒤집난바ㅣ니、군자와、쇼인이、다만、공경<small>恭敬</small>하고、방사<small>放肆</small>한、사이에、잇슬、짜

름이니라

<small>右 第二章</small>

우는뎨이쟝이라〇이글쟝아레、열쟝은、다、즁용을、의론하야、써、머리글쟝

의、뜻을、푼것이니、글이、비록、졉속되지、아니하나、뜻은、실샹、셔로、이엇

스니、화<small>和</small>를변하야、용<small>庸</small>이라、함은、유시<small>游氏</small>갈오대、셩졍<small>性情</small>으로、써、말하면、갈오대

즁화오、덕행<small>德行</small>으로、써、말하면、갈오대、즁용이라、함이、오른이라、그러나

즁용의、즁이、실샹즁화의、뜻을겸하니라

子曰中庸<small>中庸</small>은 其至矣乎ㄴ뎌ㅣ民鮮能<small>鮮能</small>이久矣<small>久矣</small>라니

〔대문푼것〕 자ㅣ갈아샤대즁용은、그、지극한뎌、백셩이、능할이、젹은지、오

<small>子日中庸 其至矣乎 民鮮能 久矣</small>

하낙 오죽 군자(君子)ㅣ라야 능히 몸바더셔 안에 둔바와 밧계 발한바이 한결갓

치 즁용(中庸)의 근본 그러한것을 의거(依據)하거니와 만약 쪄 쇼인(小人)은 가온대 둔것

이 한편이 아니면 의지함이오 밧겻헤발(發)한것이 지나감(過反)이 아니면 불급함(不及)

이랏 그 날마다 쓰난 행위가 다 즁용(中庸)의 도(道)와 셔로위반되나니라 君子之中庸也 君子而時中 小人之中庸也 小人而無

군자지즁용야(君子之中庸也)난 군자이시즁(君子而時中)오 쇼인지즁용야(小人之中庸也)난 쇼인이무

긔탄야(忌憚也)ㅣ니

〔대문푼것〕 군자(君子)의 즁용(中庸)은 군자(君子)ㅣ오 시(時)로즁(中)함이오 쇼인(小人)의 즁용(中庸)에 반함은

쇼인이오 긔탄(忌憚)함이 업슴이니라

〔글자푼것〕 왕숙(王肅 한나라 쎠사람)ㅣ 책판에 쇼인지반즁용(小人之反中庸)이랏 하얏스니 졍자(程子)ㅣ

또한 그러하닥 하얏슴으로 이제 좃난것이랏

〔글뜻푼것〕 군자(君子)의 즁용은 군자(君子)로 써 착함을 하난덕(德)이 잇셔셔 일을 응하(應)

고 물(物)을 졉(接)함에 또 능히 때를 따러셔 즁도(中道)에 쳐하(處)니 대뎌 군자ㅣ되면 즁

용(中庸)의 뎨(體)가 셜(ㅍ)것이오 또 때를 따러 즁도(中道)로하면 즁용(中庸)의 용(用)이 행(行)할지

仲버금
중
尼중
니
庸용
셋셋

난쟈로, 하야금, 이에셔, 몸에, 도리키여, 구하야, 스스로, 어더셔, 밧게, 쐬

이난, 사사를, 버리고, 그, 본연한, 착함을, 채우고쟈, 하심이니, 양시의, 일

은바, 한편의, 톄요가, 이것이라, 이, 아레, 열쟝은, 대개, 자사ᅵ부자의, 말

삼을, 잇ᄉ러셔, 이글쟝의, 뜻을, 맛치심이니라

仲尼 曰君子 中庸 小人 反中庸
줌니ᅵ왈군자난즁용이오쇼인은반줌용이라

(대문푼것) 줌니ᅵ갈아샤대, 군자난, 즁용이오, 쇼인은즁용에, 뒤집히나니

라

(글자푼것) 줌니는, 공자의, 자이라, 즁용은, 한편으로, 아니하고, 의지하지,

아니하고, 지나가고, 불급함이, 업셔셔, 평평하고, 셋셋한, 리치니, 텬명의, 당

연한바, 정미함의, 극진한, 디경이니라

(글뜻푼것) 자사ᅵ부자의, 말삼을, 잇ᄉ러셔, 머리글쟝의, 뜻을, 푸러, 갈아

샤대, 즁용이란것은, 한편으로, 아니하고, 의지하지, 아니하고, 지나가고, 불급

함이, 업난, 평상한, 리치니, 이, 리치가, 비록, 사람이, 한가지, 둔바ᅵ낫, 그러

난사이라도、듕이(中)、아님이、업슬지니、나ㅣ마음이、바르고、텬디(天地)의、마음이、또

한、바를지라、고로、음양(陰陽)과、동졍(動靜)이、각각、그、바에、긋쳐셔、텬디가、이에、편

안할것이오、움직임에、한、일이라도、화(和)하지、아니함이、나의、긔운

이、슌(順)하고、텬디의、긔운이、또한、슌(順)할지라고로、깁버하고、즐겨함이셔로、통

창하야、만믈(萬物)이、이에、길닐(育)지니、이에、이른즉、도(道)를、닥난、가르침도、또

나로、부터나셔、참、능히、도(道)에、써나지、못할지라、그、극진함을、밀우면、화(化)

함이니가히、하지、못할것、갓흐나、그、공(功)을、궁구(窮究)하면、계신공구(戒愼恐懼)하고、홀로(獨)

를、삼감으로、부터、나옴이니、가르침으로、말미암어、도(道)에、들어가난、군자(君子)ㅣ

가히、그、닥금(修)을、극진히、하지아니할것이냐

우는계일쟝이라 ○이글쟝은、자사(子思)ㅣ젼(傳)한바의、뜻을、싁미여셔、말을、셰우 右第一章

심이니、머리난、도(道)의、근본이、하날에、나와셔、가히、박굴수、업고、그、실(實)

한、톄(體)가、몸에、가추어셔、가히、떠나지、못함을、밝히심이오、그、다음에、난、

마음을、두고、셩픔을、기르고、삼히난、죵요함을、말삼한것이오、마

침에、난、셩(聖)하고、신(神)한이의、공(功)과、화(化)의、극진함을、말삼、하심이니、대개、배호

〔대문푼것〕 즁과 화를, 이르면, 텬디(天地)ㅣ 위(位)하며, 만물(萬物)이 육(育)하나니라

〔글자푼것〕 치(致)난 밀우워셔, 극진이, 함이오, 위(位)난, 그, 바에, 편안함이오, 육(育)

은, 그, 사는것을 이룸(遂)이라

〔글ㅅ듯푼것〕 군자(君子)ㅣ 이 도의, 톄(體)와 용(用)이, 사람마음에, 갓추어셔, 큰, 근본을,

가히, 셰우지, 아니치못하고, 달(達)한, 도를, 가히, 행치, 아니치못함을, 아난지라

이에, 그, 계구(戒懼)하난, 공(功)을, 다, 하야, 더욱, 엄하고, 더욱, 공경하야, 보고, 듯난

바로부터, 거두어셔, 보지, 아니하고, 듯지, 아니하는, 지극히, 고요한, 곳에, 이

르도록, 조금도, 편하고, 의함이(倚), 업셔셔, 써, 중(中)의, 분량을, 채우면, 텬명의(天命), 셩(性)

이, 온견하고, 큰근본이셔(立)서(日)로, 써, 구들것이오, 더욱, 그, 홀로를, 삼

가난공을(功), 다, 하야, 더욱, 정하고(精), 더욱, 쥬밀하야(周密), 은미(隱微)한, 가온대로, 부터, 써,

사물을(事物), 응하난(應), 저음(際)에, 이르도록, 일호(一毫)도, 틀님이, 업셔셔,

그, 화의(和), 분량을, 채우면, 셩품을, 좃난도가(道), 다, 하야, 달도의(達道), 행함이, 날로, 써,

넙을지라, 그러나, 즁과(中), 화난(和), 한, 사람의, 즁과(中), 화가(和), 아니오, 텬디만물(天地萬物)의, 한

가지로, 잇난즁화ㅣ라(中和), 즁과(中), 화를(和), 이미, 극진히, 하면, 이, 고요함에, 한번, 숨쉬

一〇

마음의, 한믈건도업고, 편함도업고, 의함도, 업셔셔, 흡죡히, 가온대, 잇스니, 이

것이, 일으되, 즁이오, 희와, 노와, 애와, 락이, 스스로, 당연한, 리쳐가, 잇스니,

일은바, 졀이라, 그, 이믜, 발하기에, 밋쳐셔, 다, 졀차에, 마지면, 베푸난것이,

다, 맛당하야, 당연한, 리쳐로, 더불어, 셔로, 거스르고, 어그러짐이, 업슴이니,

이것이, 일으되, 화ㅣ라, 즁이란것은, 셩품의, 덕이오, 도의톄니, 젹연히, 움직

이지, 아니하되, 텬하의, 사믈, 리치가, 구비하지, 아니함이, 업스니, 이것은, 텬

하의, 큰, 근본이오, 화라난것은, 졍의바름이오, 도의용이니, 감동하야셔로, 롱

해셔, 예와, 이졔, 사람과, 믈의, 한가지, 말미암난바ㅣ가, 흡죡히, 맛지, 아니함

이, 업스니, 이것은, 텬하의, 롱하야, 행하난, 달한도이라, 대뎌, 즁과, 화ㅣ나

의, 셩품과, 졍이, 되니, 도의, 톄와, 용이, 곳, 이에, 잇는지라, 도가, 근본내, 마

음의, 밧갓하지, 아니하니, 엇지, 가히, 쩌나리오, 이것은, 군자의, 두고, 기르

고, 삷히고, 삷히난공이, 반다시, 이로, 말미암어셔, 졍밀한것을, 더할바이니라

致中和면 天地ㅣ 位焉하며 萬物이 育焉이니라

치즁화ㅣ텬디ㅣ위언며 만믈이 육언라

喜 희 깃불
怒 노 노할
哀 애 슬노
樂 락 즐길
和 화 화할
達 달 롱달

喜怒哀樂之未發을 謂之中이오 發而皆中節을 謂之和니 中也

할지니라

회노애락지미발을 위지즁이오 발이개즁졀을 위지화니 즁야

者ᄂ 天下之大本也ㅣ오 和也者ᄂ 天下之達道也ㅣ니

쟈ᄂ 텬하지대본야ㅣ오 화야쟈ᄂ 텬하지달도야ㅣ라

[대문푼것] 희와、노와、애와、락이、발하지안인져을、즁이라일으고、발하야、

다、졀차에、마짐을、화라、일으나니、즁은、텬하의、큰근본이오、화난、텬하의

통달한도ㅣ니라

[글자푼것] 희노애락은、졍이오、그、발하지、아니함은、셩이라、즁은、편의

한바ㅣ업슴이니、발하야、다、졀에、마짐은、졍의、바름이오、화는、어그러지고、

틀닌바ㅣ업슴이니라

[글ᄯᅳᆺ푼것] 도난、가히、ᄯᅥ나지、못할지라、군자ㅣ진실로、경을、쥬장하난

공을、졍밀히、할것이낫、그러나、도의、가히、ᄯᅥ나지、못할바난、인、도의、톄와

용의、온젼함이、근본、나ㅣ마음의、셔곽、졍에、잇난것이니、희와、노와、애와、

락의、네가지난、사람이、다、갓처、둔박、졍이라、발하지、아니한ᄯᅢ를、당하야난、

八

〔글자푼것〕은은<隱>、어두운곳이오、미<微>난、적은일이오、독은<獨>、남은、아지못하는바

오、나만혼자아난바ㅣ의싸(地)이라

〔글뜻푼것〕대뎌、도가、잇지、아니함이、업스니、군자ㅣ<君子>진실로、맛당히、두고

기르난공을<功>、졍밀히<精密>、할것이나、더、간졀하고、죵요한、곳에、맛당히、삼갈바이

잇스니、사람의、생각이、바야흐로、맹동할때에<萠動>、싸(地)으로말하면、그윽하

고、어두운、가운대가、은밀치<隱密>、아니함이、아니오、일(事)로、말하면、한、생각의、

움직임이、셰미치<細微>、아니함이아니로대、그자최(迹)난、비록、드러나지아니하얏스

나、긔미<幾微>는、이미、움직이여셔、그、착한것을、하고자함과、악한것을<惡>、하고자함

울、사람은、비록、아지、못하나、나는、홀로、아나니、이것은、곳、텬하의<天下>、드러나

보임이、은한대보다<隱>、더、지나감이、업고、텬하의<天下>、밝게낫타남이、미한것보다<微>、

더、지나감이、업는지라、이에、삼가지、아니하면、후에<後>、쟝찻、밋쳐、졔어하지<制>、

못할것이、잇슬지라、고로、군자ㅣ<君子>항샹、경계하며、두려워、하고도、이、은미<隱微>

하야、홀노、아난、가온대、더욱、위하야、더、삼가셔、일호、만치라도、착하지、아

니한것으로、하야금、은미한<隱微>、가온대、가만히、부人(滋)고、가만히、잘아지못하게

七

가、아니라、도의、가히、써나지、못할것이、이와갓흐니、이런고로、
말미암어、도에、드러가난군자ㅣ 반다시、그、도를、몸밧난공을、졍밀히하야、
마음이、항상、공경하고、두려워、하야、눈의、보이난것이 잇슴을、기다린뒤에、
경계하고、삼갈것이아니라、비록、지극히、고요한、가온대、일만、형샹이、졉하
지、아니할지라도、그마음이、항상、경계하고삼가셔、감히、소홀히、하지、못할
것이오、귀(耳)의、들니난것이、잇슴을、기다린뒤에、두려워하고、두려워、할것이
아니라、비록、지극히、고요한、가온대、일만、감동이、다、젹연할지라도、그、마
음이、항상、두려워하고、두려워하야、감히、잇지(忘)못하면、두(存)고、기르(養)
난공이、쎄로、혹、간단함이、업셔셔、써、하날리치의、근본、그러한것을、두어
셔、잠간사이라도、써나지、아니하게、하난바이니라

막현호은ㅣ며 막현호미 고 군자난신기독야라니

莫見乎隱莫顯乎微故君子愼其獨也

(대문푼것) 은만치、보임이업스며、미만치、낫타남이、업스니、고로、군자난、
그、독을、삼가나니라

須 슈 잡간
臾 유 잡간
離 리 떠날
戒 계 할경계
愼 신 삼갈
睹 도 볼
恐 공 두려울
懼 구 두려울

니니라

道也者 不可須臾離也니 可離면 非道也라 是故로 君子난 戒

愼乎其所不睹하며 恐懼乎其所不聞이니

신호기소블도며 공구호기소블문라

도야쟈난 블가슈유리야니 가리면 비도야ㅣ시고 군자난 계

〔대문푼것〕 도난, 가히, 잠간도, 떠나지, 못할것이니, 가히, 떠날것이면, 도ㅣ

아니라, 이런고로, 군자난, 그, 보지, 못하난바에, 계신하며, 그, 듯지, 못하난

바에, 공구하나니라

〔글자푼것〕 도난, 날마다, 쓰난사믈의, 맛당히, 행할리치니, 다, 셩픔의, 덕

이오, 마음의, 가춘것이라

〔글뜻푼것〕 생각하건대, 셩픔은, 도의부터나온바ㅣ되고, 교난, 도의말미암

어일운바ㅣ되니, 도난, 예와이제의사람과, 믈의, 한가지로, 말미암는바를, 가

히붓지랄, 좃친즉, 다스리고, 일(失)혼즉, 어지러우니, 사람이, 맛당히, 몸으로

써, 몸바더셔, 합하야, 한아이, 되여셔, 비록, 잠간사ㅣ라도, 가히, 떠나지, 못할

지랄, 만일, 그, 가히, 떠날것이면, 이것은, 몸밧게, 믈건이오, 셩픔을, 좃난, 도

언해증용장구댜쳔

五

四

얼우고, 또, 반다시, 리치를, 태워주어서, 셩품을, 일우거든, 사람이, 이것을바

더셔, 인과(仁), 의와(義), 례와(禮), 지의(智), 더을(德), 삼으니, 이것이, 셩품이, 하날에, 근원함이

니, 이에하날이명하심이라(命), 일음이오, 텬하의, 일이, 도가(道), 잇지아니함이, 업

스니(道), 도난억지로, 함이, 아니라, 셩품가온대, 일만리치가, 다, 가추어셔, 사람

익, 각각그, 셩품의, 자연함을(自然), 조치면, 날마다, 쓰난, 사물사이에스스로(事物), 지극

히, 맛당하야, 박구지못할, 리치가, 잇스니, 이것이, 도가(道), 셩품에, 쌜리함이니,

이에셩품을, 거느린것이라일음이오, 만일, 셩인이(聖人), 법을(法), 셰워셔, 텬하를, 인(引)

도하면(道), 가르침이, 잇나니, 가르치난것이, 사람에게, 본래업난것으로써, 억지

로, 함이, 아니라, 대개, 사람의, 셩품과(聖人), 도가(道), 비록, 갓흐나, 긔품이혹다른지(氣稟)

라, 능히, 다, 도에(道), 합하지, 못하니, 셩인이사람의(聖人), 맛당히, 행할바의(行), 도를, 인(凶)

하야, 품졀하야(品節), (품졀은, 품수를, 구별하고, 졀차를, 졍합이라), 텬하에, 법을하샤, 지

나가고, 불급한자로(不及), 다, 취하야(取), 졀충하게하니(折衷), 이것이교가(敎道), 도에(道)

인함이니(凶), 이에, 도룰(道), 닥금을, 일음이라, 이, 셩과(性), 도와(道), 교의(敎), 써, 일홈한것

이, 그, 근본이, 다, 하날에셔, 나온것이나, 설샹은, 나의, 밧게, 잇난것이, 아

텬명지위셩오 솔셩지위도ㅣ오 슈도지위교ㅣ라

天命之謂性 率性之謂道 修道之謂教

(대문푼것) 하날이 명하신것을, 일온, 셩이오, 셩을솟침을, 일온 도ㅣ오, 도를

(글자푼것) 명은, 령과, 갓흠이오, 셩은, 곳, 리치오, 솔은, 조침이오, 도난, 길

(글뜻푼것) 자사ㅣ일으샤대, 학문의, 리치는, 셩과, 명보다, 더, 졍함이, 업고, 공은, 도와, 교보다, 더큼이, 업스니, 셰샹이, 쏘한, 일은바, 셩과, 도와, 교를, 아나냐, 텬하의사람이, 셩품을, 두지아니함이, 업스니, 셩품이, 밧갓으로, 흘너들어옴이아니라, 하날이, 사람을, 내심에, 이믜, 긔운을, 주어셔, 써형용을,

대난 후터져셔, 일만가지일이된다함은, 이, 즁용의, 말삼한바, 허다한, 일에, 인과, 지와, 용의, 학이, 되는, 도리와, 다못, 국가를, 하욤에, 구경이, 잇슴과, 밋, 졔사와, 귀신갓흔, 허다한, 일이니, 가온대, 조고마한, 름이, 업고, 구졀, 구졀이, 이실샹이니라

讀者ㅣ玩索而有得焉이 卽終身用之ㅣ 有不能盡者矣

독쟈ㅣ완색이유득언면즉죵신용지라도유블능진쟈의라리

子程子ㅣ갈아샤대, 한편되지아니함을 일으되, 즁이오, 박구지아니함을

자졍자ㅣ갈아샤대, 한편되지아니함을, 일으되, 즁이니, 즁이란것은, 텬하의, 바른도ㅣ오, 용이란것은, 텬하의, 뎡한

리치라, 이편은, 이에, 공문의, 젼슈하신, 심법이니, 자사ㅣ그, 오램애, 어그

러질가, 두려워하샤, 고로, 책에, 써셔, 써, 맹자를, 주시니, 그, 글이, 비로소

난, 한리치를, 말삼하고, 가온대난, 흣터져셔, 만가지일이, 되고, 씃헤난

시합하야, 한, 리치가, 되니, 노은죽, 륙합에, 가득하고, 거둔죽, 물너가, 은

밀한대, 감추어셔, 그, 맛이, 궁진함이, 업스니, 다, 실한, 학이라, 잘, 읽는쟈

ㅣ구경하야, 차져셔, 어듬이, 잇스면, 곳, 몸이, 맛도록, 쓸지라도, 능히, 다

하지못함이, 잇스리라

비로소난, 한, 리치를, 말삼하셧다함은, 텬명지위셩을, 가르침(指)이오,

씃헤난, 다시합하야, 한, 리치가, 된다함은, 샹텬지재를, 가르침이오, 가온

言解 中庸章句大全
언해 듕용 쟝구 대젼

中者不偏不倚無過不及之名 庸平常也
듕쟈난 블편블의무과블급지명이오 용은 평샹야ㅣ

듕이라함은, 편벽되지아니하고, 의지하지아니하며, 지나가고, 블급함이, 업는일홈이오, 용은, 평샹함이라

子程子曰不偏之謂中 不易之謂庸 中者天下之
자정자ㅣ왈블편지위듕이오 블역지위용이니 듕쟈난 텬하지

正道庸者天下之定理 此篇乃孔門傳授心法
정도ㅣ오 용쟈난 텬하지뎡리라 차편은 내 공문뎐슈심법이니

子思恐其久而差也 故筆之於書以授孟子 其
자사ㅣ공기구이차야 고로 필지어셔야하 이슈맹자ㅣ기

書始言一理 中散爲萬事 末復合爲一理 放之則
셔ㅣ시언일리하고 듕산위만사하고 말부합위일리니하 방지즉

彌六合 卷之則退藏于密 其味無窮 皆實學也
미륙합고하 쳔지즉퇴장우밀야하 기미무궁니하 개실학야ㅣ션

一

擧_{하야}而凡諸說之同異得失_이 亦得以曲暢旁通_{하야}而各極其趣_{하니} 雖於道統之傳_에不

敢妄議_나然初學之士ㅣ或有取焉_{이연}則亦庶乎行遠升高之一助云爾_{ㅣ라}

淳熙己酉春三月戊申_에新安朱熹_는序_{하로라}

開示蘊奧ㅣ 未有若是之明且盡者也ㅣ니라 自是而又再傳以得孟氏하야 爲能推明是書

以承先聖之統이러니 及其沒而遂失其傳焉하니 則吾道之所寄ㅣ 不越乎言語文字

之間하고 而異端之說이 日新月盛하야 以至於老佛之徒ㅣ 出하야 則彌近理而大亂眞矣라

然而尙幸此書之不泯이라 故로 程夫子兄弟者ㅣ 出하샤 得有所考하야 以續夫千載不傳

之緖하시고 得有所據하야 以斥夫二家似之非하시니 蓋子思之功이 於是爲大而微程夫

子ㅣ면 則亦莫能因其語而得其心也ㅣ니라 惜乎ㅣ라 其所以爲說者ㅣ 不傳하고 而凡石氏之

所輯錄은 僅出於其門人之所記하니 是以로 大義雖明하나 而微言未析하고 至其門人所自

爲說하얀 則雖頗詳盡而多所發明하나 然倍其師說而淫於老佛者ㅣ 亦有之矣라

歲로 即嘗受讀而竊疑之하야 沈潛反覆이 蓋亦有年이러니 一日에 恍然似有得其要領者

然後에 乃敢會衆說而折其衷하야 旣爲定著章句一篇하야 以俟後之君子하고 而一二

同志로 復取石氏書하야 删其繁亂하고 名以輯略하고 且記所嘗論辨取舍之意하야 別爲或

問하야 以附其後하니 然後에 此書之旨支分節解하고 脉絡貫通하여 詳略相因하고 巨細畢

常爲一身之主ᄒᆞ고 而人心이 每聽命焉이면 則危者ㅣ 安ᄒᆞ고 微者ㅣ 著ᄒᆞ야 而動靜云爲ㅣ

自無過不及之差矣리라 夫堯舜禹ᄂᆞᆫ 天下之大聖也ㅣ오 以天下相傳ᄒᆞᄂᆞ니 天下之大事也ㅣ니

以天下之大聖으로 行天下之大事ᄒᆞ샤ᄃᆡ 而其授受之際예 丁寧告戒不過如此ᄒᆞ시니 則天

下之理豈有以加於此哉리오 自是以來로 聖聖相承ᄒᆞ샤 若成湯文武之爲君과 皐陶伊傅

周召之爲臣은 旣皆以此而接夫道統之傳ᄒᆞ시고 若吾夫子則雖不得其位ᄒᆞ시나 而所以繼

往聖開來學은 其功이 反有賢於堯舜者ㅣ시니 然當是時ᄒᆞ야 見而知之者ᄂᆞᆫ 惟顔氏曾氏之

傳이 得其宗ᄒᆞ시고 及曾氏之再傳而復得夫子之孫子思ᄒᆞ얀 則去聖遠而異端起矣라

思ㅣ 懼夫愈久而愈失其眞也ᄒᆞ샤 於是예 推本堯舜以來相傳之意ᄒᆞ시고 質以平日所聞

父師之言ᄒᆞ야 更互演繹ᄒᆞ야 作爲此書ᄒᆞ야 以詔後之學者ᄒᆞ시니 蓋其憂之也ㅣ 深이라 故로

其言之也ㅣ 切ᄒᆞ고 其慮之也ㅣ 遠이라 故로 其說之也ㅣ 詳ᄒᆞ니라 其曰天命率性은 則道心之

謂也오 其曰擇善固執은 則精一之謂也오 其曰君子時中은 則執中之謂也ㅣ니 世之相

後ㅣ 千有餘年이로ᄃᆡ 而其言之不異ㅣ 如合符節ᄒᆞ니 歷選前聖之書ᄒᆞᆫ대 所以提挈綱維ᄒᆞ고

二

中庸章句序

中庸은 何爲而作也오 子思子ㅣ 憂道學之失其傳而作也시니라 蓋自上古聖神이 繼天立極으로 而道統之傳이 有自來矣라 其見於經엔 則允執厥中者는 堯之所以授舜也ㅣ오 人心은 惟危하고 道心은 惟微하니 惟精惟一이라사 允執厥中者는 舜之所以授禹也ㅣ라 堯之一言이 至矣盡矣로대 而舜이 復益之以三言者는 則所以明夫堯之一言이 必如是而後에 可庶幾也ㅣ라 蓋嘗論之컨대 心之虛靈知覺이 一而已矣로대 而以爲有人心道心之異者는 則以其或生於形氣之私하며 或原於性命之正하야 而所以爲知覺者ㅣ不同이니 是以로 或危殆而不安하며 或微妙而難見耳라 然이나 人莫不有是形이라 故로 雖上智라도 不能無人心이오 亦莫不有是性이라 故로 雖下愚라도 不能無道心하니 二者ㅣ 雜於方寸之間하야 而不知所以治之면 則危者愈危하고 微者愈微하야 而天理之公이 卒無以勝夫人欲之私矣리라 精則察夫二者之間하야 而不雜也ㅣ오 一則守其本心之正而不離也ㅣ니 從事於斯하야 無少間斷하야 必使道心으로

一

言解 中庸章句序

언해 즁용쟝구셔

즁용은, 무엇을, 위하야, 지엇나뇨, 자사자ㅣ 도학의,
中庸 爲 子思子 道學

그, 젼함을일흘가, 근심하야, 지으시니라
傳

이샹은, 차례일졀이되니, 이셔문의대지오, 도학이자는, 이글의골자ㅣ라, 증
以上 一節 序文 大旨 道學二字 骨子 曾

자ㅣ공자게, 배화셔, 그젼하심을엇고, 자사
子 孔子 傳 子思

자는 공자문인이니 일홈은삼이라) 증자게, 배화셔, 공자의, 젼하신바를, 어덧더니, 긔
門人 參 孔子 傳 旣

(자사는공자의 손이니 일홈은 급이오 증
孫 伋

심이라
心

이오, 젼하심이, 오래고, 멀면, 혹, 그, 참됨을, 일흘가, 두려워셔, 이글을지으
而 傳

대개, 샹고, 셩과신이, 하날을, 이어셔, 극을, 세움으
上古 聖神 極

로부터, 도통의, 젼함이, 부터옴이, 잇난지라
道統 傳

하날을, 이어셔, 극을, 셰움은, 셩인이, 텬명을, 바더셔, 텬자가, 됨애, 텬도를, 이
極 聖人 天命 天子 天道

天下萬世

어셔、텬하 만셰에、표준을、셰움이오、극은、

함이라、하니、극은、대즁지졍의、도ㅣ니、곳、만셰블역의、도ㅣ라

그、경에、보임엔、진실로、그 즁을、잡는다、함은、요의

써、순의게、주신바ㅣ오、인심은、오즉、위태하고、도심

은、오즉、미하니、오즉、졍하고、오즉、일하야샤、진실

로、그、즁을、잡는다 함은、순의、써、우의게、주신바

ㅣ라、요의、한、말삼이、지극하고、다、하셧스되、순이

쏘、세말삼으로、써、더하심은、써、요의、한、말삼이、

반다시、이갓흔후에、가히、거의 (庶幾) 함을、밝히심이라

이상은、차례、둘재 졀이니、도학의、연원을、말삼함이라、진실로、그 즁을、잡는

다、함은、론어、요왈편의、말이오、인심은、오즉、위태하고、도심은、오즉、미묘

하니, 오즉, 졍하고, 오즉, 일하야샤, 진실로, 그즁을, 잡는다함은, 셔경대우모

편의, 말이니, 요와, 슌과, 우(요는 당나라임금이오, 슌은우ㅅ사나라임금이오, 우는하나라임금

이라)의, 마음을, 젼하시고, 바드신, 요결이라, 인심은, 혈긔와형톄의, 영향을

바든마음이오, 도심은, 본래, 가추어잇는도의, 마음이라

대개, 일즉이, 의론, 하건대, 마음의, 허령한, 지각이,

한아일뿐이로대, 써, 인심과도심의, 다름이잇다, 함

은, 그, 혹, 형긔의, 사사(私)에나며, 혹셩명의, 바름

에, 근원하야, 써, 지각되는바ㅣ갓지, 아니하니, 이로,

써, 혹, 위태하야, 편안치, 못하며, 혹, 미묘하야, 보기,

어려운지라

허령지각은, 마음이, 형용이, 업는고로, 허라일으고, 령묘한고로, 령이라, 일음

이오, 지는, 그, 당연한바를, 아는것이오, 각은, 그러한바를, 새다름이니, 마음

의톄용을, 총합하야, 말함이오, 형긔의사는, 이목구비의부치(屬)오, 셩명의졍

은, 의리공공의도ㅣ라, 생은, 형긔가, 용사할때에, 바야흐로, 남이오, 원은, 셩명

의, 대본으로, 조차, 말함이라

그러나, 사람이, 이형이, 잇지, 아님이, 업난지라, 고

로, 비록, 샹지라도, 능히, 인심이, 업지못하고, 또한

이셩이, 잇지아님이, 업는지라, 고로, 비록, 하우라도

능히, 도심이, 업지, 못하니, 둘이, 방촌사이에, 셕기

여셔, 써, 다스릴바를, 알지못하면, 곳, 위태한쟈ㅣ더

욱, 위태하고, 미묘한쟈ㅣ더욱, 미묘하야, 하날리치의

공변됨이, 마참내, 써, 인욕의, 사사를, 익이지, 못하

리라

방方ㅅ촌의 사이는, 마음을, 가르침이니, 렬列子자에, 일으되, 내, 자子의, 마음을, 보니, 방方

촌ㅅ의 ㅆ이이, 비엿다, 하니라, 마음은, 한낫마음이나, 지각知覺이, 이목目샹으로, 조차, 가

면, 이, 인심人心이오, 지각知覺이, 의리義理上샹으로, 조차, 가면, 이, 도심道心이니, 인심人心의, 위危함

은, 인욕人欲의, 싹(萌)이오, 도심道心의, 미함은, 텬리天理의, 김흠이라, 형긔形氣의, 사사를, 성性

명命의, 바름으로, 더브러, 대對하야, 말하면, 이, 사私字자가, 조치, 아닌것이아니오

인욕人欲의 사사가, 텬리天理의, 공변됨으로, 더브러, 대對하야, 말하면, 이, 사私字자가, 바

야흐로, 조치, 아니하니라

정精인즉, 둘의 사이에, 삷히여셔, 셕기지, 아니함이오,

일一인즉, 그, 본심本心의 바름을, 직히여셔, 써나지, 아니함

이니, 이에, 조차, 일삼어셔, 조금도, 간단間斷함이, 업셔

셔, 반다시, 도심道心으로, 하야금, 항샹, 일신一身의, 쥬쟝을

삼고, 인심이, 매양, 명을, 들으면, 곳, 위한쟈ㅣ 편안하
고, 미한쟈ㅣ나타나셔, 움지기고, 고요하고, 일으(丁)고,
함(爲)이, 스스로, 지나가고, 블급함의, 어기여짐이,
업스리라

졍은, 이, 졍히, 삷히여, 분명히함이오, 일은, 이, 직히여셔떠나지, 아니함이니
도심이, 잇셔셔, 인심을졀졔하게된즉, 인심이, 다, 도심이니라

요와순과우는텬하의, 큰셩인이요, 텬하로써, 셔로젼
함은, 텬하의, 큰일이니, 텬하의, 큰셩인으로써, 텬하
의, 큰일을, 행하샤대, 그, 주고, 밧는져음에, 뎡녕히
고하고, 경계함이, 이갓흠에, 지나지, 아니하시니, 곳

텬하의、리치가、엇지뼈、이에、더함이、잇스리오

줌中의、한、글자는、셩인聖人과、셩인聖人이、셔로、젼하는도가傳道、이엣、더지냄이、업고、졍精

일一두글자는、셩인聖人과、셩인聖人이、셔로、젼하는학學이、이에、더지냄이、업나니다

이로、부터뼈、음으로、셩聖과、셩이聖、셔로、이으사、셩탕成湯

과문무의文武、임금되심과、고요와皐陶、이尹、부傅、쥬周、쇼의召、신하、

되심은、이미、다、이로뼈、도통의道統傳接전함을、졉하시고

이샹은以上、차례節、셋재졀이니道統二字、도통이자를、뜨、데츌提出하야、둘재졀로、더불어、죠응照應

하니라、셩탕成湯은、샹나라임금商、셩탕成湯이오、문은文、쥬人나라문왕이오、무는周武、문왕文王의

아득武王、무왕이오阜陶、고요는舜、슌의、신하士ㅣ니、사人벼슬이、되고、이尹부는伊傅、이윤과부

열이니說、이윤은尹셩탕의게成湯、벼슬하야天下、텬하를、엇게하고、부열傳說은、은고종의게股高宗、벼

슬하야中興、은을、즁흥하고、쥬쇼는周召、쥬공단과周公旦、쇼공셕이니召公奭、한가지、무왕을武王、도와

셔、텬하를天下平、평하니라

우리부자 夫子 갓흐신이는、비록、그 위 位 를、엇지、못하셧스

나、쎠、간(往)셩인 聖人 을、이으시고、오는(來)학 學 을、열어주신

바는、그、공 功 이、도리혀、요와순 堯舜 보다、현 賢 하심이、잇스

시니라、그러나、이쌔를、당 當 하야、보고、안(知)쟈ㅣ오즉、안 顔

시와증시 曾氏 의、젼 曾氏傳 함이、그、마루를、어드시고

부자 夫子 는、근본、대부 大夫 를、공경하야、부자ㅣ라、일카르더니、공자 孔子魯 ㅣ로ㅅ나라、대 大夫

가、되신고로、문인 門人 이다、공자를부자ㅣ라 孔子傅夫子 불너셔、뒤에、드대여、공자 孔子 를、젼칭 專稱

함이、되나니라、안시 顔氏顔回 는、안회오、젼은、공자의、젼하신바、도통 道統 을어듬이라

증시 曾氏傳 의、두번젼함에、다시、부자의、손자、자사 夫子孫子思 를、어듬

에、밋처셔는、곳、셩인 聖人 에、감(去)이、멀어셔、이단 異端 이、일

어난지라、자사 子思 ㅣ더욱、오램에、더욱、그、진 眞 을、일흘가、

八

두려워하샤、이에、요와순의 堯舜 、써、옴으로、셔로、젼한 傳

뜻을、밀우어、근본、하시고、평일의 平日 、들으신바、아비

와、스승의、말삼으로、써、질졍하샤 質 、겅호하고 更互 、연역하 演釋

야、이글을、지어셔、써、뒤의배호는쟈의게、고 詔 하

시니、대개、그、근심하심이、깁흔지라、고로、그、말삼

하심이、간졀하시고、그、념려하심이、먼지라、고로、

그、말、하심이、자셔하니라

更互演釋 兩方取意味敷演 경호연역은、양방을、셕거、취하야、그의미를、부연함이니、경은경질이오 更更迭互 、홍는

交互推演紳釋 교호ㅣ오、연은、츄연이오、역은、쥬역이라

그、갈오대、텬명솔셩은 天命率性 、곳、도심을일음이오 道心 、그갈오

擇善固執 精一

대、택션고집은、곳、졍일을、일음이오、그、갈오대、군君

자시즁은、곳、즁을잡음을、일음이니、셰샹의、셔로、
子時中 中

뒤됨이、쳔이오、쏘、남은해로대、그、말삼의、다르지
于 符節

아니함이、부졀을、합함과、갓흐니、젼、셩인의、글을
蘊奧 聖人

력션하건대、강과、유를、쓰을고、온오를、열어보인
歷選 綱 維

바ㅣ이와、갓치、밝고、쏘、다、함이、잇지、아니하니라

텬명솔셩은、본문、뎨일쟝에、보이고、택션고집은、본문、뎨이십쟝에、보이고、군君
天命率性 本文第一章 擇善固執 本文第二十章

자시즁은、본문、뎨이쟝에、보이고、부졀은、옥으로、졔조하야、글자를、색이고
子時中 本文第二章 符節玉 制造

가운대를、나누어셔、피차、각기、그、반식울、가졋다가、일이、잇난째에는、좌우
左右

를、셔로합하야、미듬을、삼는것이오、력션은、일일히、가리여、봄이오、강유는
歷選 綱維

그믈(網)의、벼리줄이니、즁요함을、말함이라

이로부터、쏘、두번、젼하야、쎠、맹시(孟氏)를、어더셔、능히

이、글을、밀우워、밝혀셔、쎠、션셩(先聖)의、통(統)을、이으셧더

니、그、몰하심(沒)에、미쳐셔、드듸여、그、젼함을、일흐니

이、통자(統字)는、쏘、도통(道統)을、가르쳐、말함이오、맹시난맹자라(孟氏孟子)

곳、우리도(道)의、부친바ㅣ언어(言語)와문자(文字)사이에、넘지、아니

하고、이단(異端)의、말이、날로、새롭고、달로、셩하야(盛)、로불(老佛)

의、무리남(出)에、이르러셔는、곳、더욱、리치에、갓가

우나、크게、참(異)을、어지럽게、하나라

이샹은(以上)、차례、네ㅅ재졀이니、맹자(孟子)의후에、그、도통(道統)의、젼함을、일흠을、말함이

라、로불(老佛)의、도는、로자(老子)의、교(敎)와、불시(佛氏)의、교라

그러나、오히려、다행히、이、글이、민멸(泯滅)하지、아니한

지라、고로、졍부자 程夫子 兄弟 ㅣ나샤、시러금、샹고할배、잇

셔셔、써、쳔재 千載 의、젼치、못한、실머리(緒)를、이으시고、

시러금、징거 微據 할배잇셔셔、써、두집의、오른듯한、그른

것을、믈니치시니、대개、자사 子思 의、功 功 이、이에、크고、

졍부자 程夫子 ㅣ아니면、쏘한、능히、그、말삼을、인하야、그마

음을、엇지、못하리라

졍부자형뎨 程夫子兄弟 는、명도 明道 와、이쳔 伊川 、두션생 先生 이니、명도의、일홈은、호오、이쳔 頤 의、일홈은

이라、셔 道統緒 는、곳、이、도의、룡셔ㅣ라

앗갑도다、그、말하신바ㅣ젼치、못하고、셕시 石氏 의、모아、

긔록한바는、겨우、그、문인 門人記錄 의、긔록한바에、나오니、

이로、쪄、큰、의^義는、비록、밝으나、미묘^{微妙}한、말이、분셕^{分析}、

되지、못하고、그、문인^{門人}의、스스로、말한바에、이르러

셔는、비록、자셰히、다하고、발명^{發明}한바ㅣ만으나、로불^{老佛}에、그러

나、그、스승의、말에、어그러지고、로불에、저진(溺)것

이、坮한、잇난지라

셕시^{石氏}의、일홈^整은、돈이오、자^字는、자즁^{子重}이오、호^號는、극재^{克齋}니、송^宋나라、신창^{新昌}사람이라

셕시^{石氏}의、즙록^{輯錄}한바는、셕시가、일즉히、쥬자와이정자^{周子二程子}와、쟝자^{張子}로、부터、여대림^{呂大臨}샤

량^{良佐}、유작^{遊酢}、양시^{楊時}、후즁량^{候仲良}、윤슌^{尹焞}의、말을、더하야、일홈하야、즁용즙^{中庸輯解}해라하고、쥬^朱

자^子ㅣ셔문하시니라^{序文}

희ㅣ조셰^{熹蚤歲}로、부터、곳、일즉이、바더、읽을새、그윽히、

의심하야、침잠^{沈潛}하고、반복^{反覆}함이、대개、坮한、해가、잇

더니, 일죠에, 황영히, 그, 요령을, 어듬이, 잇난듯, 한
一旦 恍然 要領

지라, 그런뒤에, 이에, 감히, 여러말을, 모두어, 그, 가

온데를, 쎠거셔, 이미, 쟝구, 한편을, 뎡하야, 지어셔,
章句 篇 定

쎠, 뒤의, 군자를, 기다리고, 일이동지로, 다시, 셕시
君子 一二同志 石氏

의, 글을, 취하야, 그, 번거하고, 어지러움을, 싹거
取

셔, 즙략이라, 일홈하고, 쏘, 일즉이, 론변하고, 취샤
輯略 論辯 取舍

한, 쁫을, 긔록하야, 별로히, 혹문을, 하야, 그뒤에, 붓
或問

치니

즙략은, 그후, 십륙년, 긔유에, 쥬자ㅣ 즁용쟝구를, 지으심에, 인하야, 즙해를, 산
輯略 十六年己酉 朱子 中庸章句 輯解 刪

뎡하야, 다시, 일홈하야, 즙략이라하고, 즙해원셔를, 머리에, 관하니, 이제, 즁
定 輯解原序 冠 中

庸章句序를、依據의거함애、이、篇편과、밋、或問혹문과、章句쟝구가、合하야、한、글이、되얏더性

니、그후에、章句쟝구만、훌로、行행하고、이편은、漸漸졈졈어두어지니、이것은、이글의、셩

質內容내용을、밝힘이라

그런후에、이글의、쓰이、사지가、나누고、마듸가、풀四支

녀셔、脉絡맥락이、쒜여、通통하야、자셰함과、간략함이、셔

로、인하고、큰것과、가는것이、다、들어셔、모든、말의

갓고、다르며、엇고、일홈이、쏘한、시러금、굽의(曲)로、趣

通통챵하고、겻흐로、通통하야、각각、그、지취에、극진하暢

니、비록、道統도통의、傳젼함엔、敢감히、妄망녕되이、의론치못議

하나、그러나、쳐음배호는、션비가、혹、취함이、잇스取

면、쏘한、거의、먼데、行행하고、놉흔데、오름에、한、도

음이, 되리라.

以上
이샹은, 차례, 다셧, 재졀이니, 쟝구의, 써, 지음을, 말삼함이라, 지는지례오, 졀

은, 골졀이오, 맥은, 혈맥이오, 락은, 경락이니, 쟝구와, 즙략과, 혹문, 셰, 글이

具備
구비한연후에, 즁용의, 글이, 지례가, 나누고, 골졀이, 풀니여셔, 맥락이, 셔로

通
쳬여, 통함이니, 이는, 쟝구를, 가르침이오, 자셔하고간략함이셔로, 인하고, 크

고, 젹음이다, 들(擧)엇다함은, 이는, 즙략을, 가르침이오, 모든말에, 갓고, 다르

며, 엇고, 일흠이, 굽의로, 겻으로, 통하얏다, 함은, 혹문을, 가르침이

니라

淳熙己酉春三月戊申 新安朱熹 序

슌희긔유츈삼월무신에신안쥬희는셔하노라

淳熙
슌희는송나라효종의년호오신안은쥬자의셩향이라

言

舒中庸

文言社

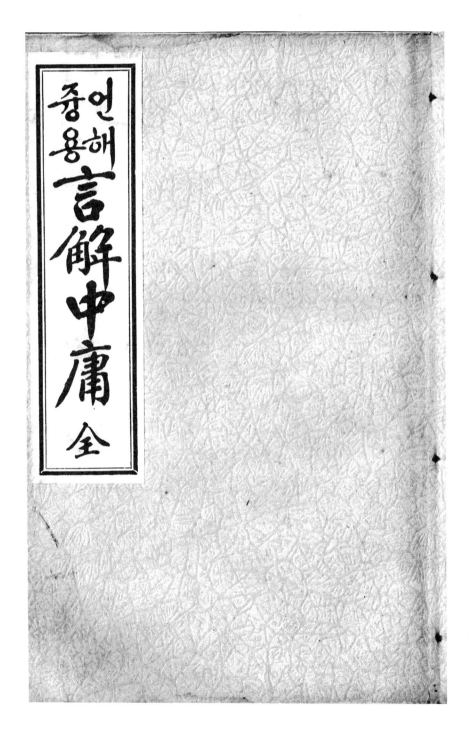

언해

즁용

言解中庸

全

남회근 선생의 간단한 연보

2018년 3월 엮음

민국년도	년도	간지	나이	요점
7	1918	戊午	1	• 음력2월 6일 절강성(浙江省)낙청현(樂淸縣) 옹양진(翁垟鎭) 지단엽촌(地團葉村)에서 출생 • 부친 족보 이름은 광유(光裕), 이름은 정유(正裕), 자(字)는 앙주(仰周), 호(號)는 화도(化度)(1888-1957) • 모친 조씨(趙氏)(1891-1990)
12	1923	癸亥	6	• 개몽(開蒙): 글을 배우기 시작
17	1928	戊辰	11	• 낙청현립 제일(第一)고등소학교 6학년
18	1929	己巳	12	• 소학교 졸업
19	1930	庚午	13	• 주미연(朱味淵)선생、엽공서(葉公恕)선생으로부터 배우다 • 낙청현 정홍사(井虹寺) 옥계서원(玉溪書院)에서 자독(自讀)
20	1931	辛未	14	• 자독(自讀)
21	1932	壬申	15	• 자독(自讀)
22	1933	癸酉	16	• 자독(自讀)
23	1934	甲戌	17	• 결혼,처왕취봉(王翠鳳)(1916-2009) • 장남 남송천(南宋釧) 출생
24	1935	乙亥	18	• 항주(杭州)에서 절강성국술관(浙江省國術館)입학 • 고산(孤山) 문란각(文瀾閣) 장서루(藏書樓)에서《사고전서(四庫全書)》열독

				• 리서호(裏西湖) 한지암(閑地庵) 출가 승려가《금강경(金剛經)》《지월록(指月錄)》을 증여 • 추수산장(秋水山莊)에서 , 도가(道家)의 비본(秘本) 등 장서 열독
25	1936	丙子	19	• 항주(杭州)의 강문리학원(江文理學院)에서 중국문학과 청강
26	1937	丁丑	20	• 차남 남소순(南小舜) 출생 • 절강성국술관 졸업 • 절강성학생집중훈련총대(浙江省學生集中訓練總隊) 기술교관 • 7.7사변 , 항주(杭州)로부터 사천(四川)의 성도(成都)로 지름길로 감
27	1938	戊寅	21	• 참현방도(參賢訪道)
28	1939	己卯	22	• 대소량산간식공사(大小涼山墾殖公司)를 창립 (1년 후 끝냄)
29	1940	庚辰	23	• 사천(四川) 의빈(宜賓)《금민일보(金岷日報)》편집 • 성도(成都)의 중앙육군군관학교 정치교관
30	1941	辛巳	24	• 성도(成都) 금릉대학(金陵大學) 사회복리행정 특별연구부 선독(選讀) • 중앙육군군관학교정치연구반 (제10기) 수업
31	1942	壬午	25	• 원환선(袁煥仙)선생이 주지(主持)한 관현(灌縣) 영암사(靈岩寺) 선칠(禪七)에 참가 • 원환선 선생을 따라 중경(重慶)에 가서 호국식재법회(護國息災法會)를 주지(主持)하는 허운노화상(虛雲老

				和尚)과 공갈호도극도(貢噶呼圖克圖)를 만나 봄
32	1943	癸未	26	• 유마정사(維摩精舍) 창립 준비에 참여 • 아미산(峨嵋山) 대평사(大坪寺)에서 폐관(閉關) 대장경 열독
33	1944	甲申	27	• 폐관, 대장경 열독
34	1945	乙酉	28	• 폐관, 대장경 열독. 가을이 지난 뒤 낙산(樂山) 오통교(五通橋)로 옮겨가 폐관, 《영락대전(永樂大典)》,《사고비요(四庫備要)》등 열독 • 11월 9일(음력 11월5일), 성도(成都) 대자사(大慈寺) 만불루(萬佛樓)에서 공갈호도극도 등이 삼단대계(三壇大戒)를 수여
35	1946	丙戌	29	• 신정(新正) 뒤에 다보사(多寶寺 ; 대평사大坪寺 하원下院)로 옮겨가 계속 폐관 • 대죽현(大竹縣) 문창각(文昌閣)에서 선칠 주지 • 강장(康藏)으로 가서 밀종상사(密宗上師) 참방(參訪) • 초청에 응해 곤명(昆明)으로 가서 강학_ • 년말, 곤명(昆明)에서 상해(上海)를 거쳐 항주(杭州)로 옮김
36	1947	丁亥	30	• 낙청현 고향으로 돌아와 부모님께 인사드림 • 남씨(南氏) 족보(家譜) 정리
37	1948	戊子	31	• 대만 3개월 여행 후 항주(杭州)로 돌아옴

				• 강서(江西)의 여산(廬山) 대천지(大天池)에서 단기간 폐관 • 항주무림불학원(杭州武林佛學院) 교사 • 문란각(文瀾閣)《사고전서(四庫全書)》등 장서(藏書) 재열독
38	1949	己丑	32	• 단신으로 대만으로 감 • 대만《전민일보(全民日報)》논설위원 • 결혼 , 처양효미(楊曉薇) (1928 – 2011) • 「의리행(義利行)」이라는 회사를 만들어 세 척의 기계돛배로 화물 운송에 종사
39	1950	庚寅	33	• 「의리행」선박이 정부에 징용당해 세 척의 배가 화재로 주산(舟山)에 침몰 • 장녀 남가맹(南可孟) 출생
40	1951	辛卯	34	• 기륭불교강당(基隆佛教講堂)에서 불법 강의
41	1952	壬辰	35	• 차녀 남성인(南聖茵) 출생
42	1953	癸巳	36	• 글을 지음
43	1954	甲午	37	• 대북 관음산(觀音山) 능운사(凌雲寺) 선칠 주지 • 삼자(三子) 남일붕(南一鵬) 출생
44	1955	乙未	38	• 칠도(七堵) 법엄사(法嚴寺)에서 선칠 주지 • 대만 초판:《선해려측(禪海蠡測)》
45	1956	丙申	39	• 양관북(楊管北) 선생 요청으로 불경(佛經) 강의
46	1957	丁酉	40	• 사자(四子) 남국희(南國熙) 출생
48	1959	己亥	42	• 《능엄경(楞嚴經)》강의
49	1960	庚子	43	• 신북투거사림(新北投居士林) 선

				칠 주지
				• 대만 초판: 《능엄대의금석(楞嚴大義 今釋)》
50	1961	辛丑	44	• 대북시 거처에서 엄관(掩關) • 글을 지음
51	1962	壬寅	45	• 신북투거사림(新北投居士林) 선칠 주지 • 대만 초판:《선종총림제도여중국사회(禪宗叢林制度與中國社會)》,《공학신어(孔學新語)》
52	1963	癸卯	46	• 신북투거사림(新北投居士林) 선칠(禪七) 주지(主持) • 보인대학(輔仁大學)에서 「철학과 선종(禪宗)」 강의
53	1964	甲辰	47	• 글을 지음
54	1965	乙巳	48	• 북투(北投)의 기암정사(奇岩精舍) 선칠(禪七) 주지(主持) • 대만 초판:《능가대의금석(楞伽大義 今釋)》 • 겸임교수 : 육군리공학원(陸軍理工學院), 보인(輔仁)대학, 대만중국문화학원
55	1966	丙午	49	• 대만 육해공 삼군 각기지의 요청으로 중국문화 순회강연 • 겸임교수 : 보인대학, 대만중국문화학원
56	1967	丁未	50	• 중화학술원(中華學術院) 연구원 • 겸임교수 : 보인대학, 대만중국만화학원
57	1968	戊申	51	• 대북선칠법회(台北禪七法會)주지(主持)

				• 대만 초판 :《선여도개론(禪與道槪論)》
58	1969	己酉	52	• 보인대학에서 역경《易經》과 「중국 철학사」 강의 • 대만사범대학에서「불학개론」 강의 • 대만 중일문화방문단(中日文化訪問團)을 따라 일본에 감 , 초청에 응해 발언(〈致答日本朋友的一封公開信〉)
59	1970	庚戌	53	• 동서정화협회(東西精華協會)성립대회 • 선학(禪學)반 개설(대북시 청전가青田街) • 성공대학(成功大學)에서 「21세기의 문명과 선학(廿一世紀的文明與禪學)」 강의 • 대만 초판 :《유마정사총서(維摩精舍叢書)》(원환선저, 남회근 등이 정리) • 겸임교수 : 보인대학
60	1971	辛亥	54	• 선학반 선칠(禪七) 주지(主持) • 월간 인문세계《人文世界》창간 • 동서정화협회 이전: 대북시 임기가(臨沂街) 연운선원(蓮雲禪苑) 4층 , 정기강좌 • 겸임교수 : 보인대학
61	1972	壬子	55	• 동서정화협회 선칠 주지 • 정기강좌 • 각 대학요청으로 강연 • 겸임교수 : 보인대학
62	1973	癸丑	56	• 연운선원 4층에서 선칠 주지 • 양관북(楊管北) 선생 요청 ,《금강경(金剛經)》강의 • 대만중화(中華)텔레비전방송사 요청

				으로 《논어(論語)》강의 • 대만 초판 : 《정좌수도여장생불로靜坐修道與長生不老》, 《선화(禪話)》 • 겸임교수 : 보인대학
63	1974	甲寅	57	• 항려(恒廬:대만국민당중앙당부대륙공작회) 요청으로 《논어(論語)》강의 • 고웅(高雄)의 불광산(佛光山)요청으로 「총림제도(叢林制度)」강의 • 동서정화협회를 대북시 신의로 3단(信義路 三段)으로 이사, 《난경(難經)》강의
64	1975	乙卯	58	• 불광산(佛光山) 대비전(大悲殿)에서 선칠 주지 • 항려 요청, 《역경(易經)》,「역사적경험(歷史的經驗)」, 혁명철학 강의 • 동해(東海)대학역사연구소 ,「수당5대(隋唐五代)문화사상사」 강의 • 《청년전사보(青年戰士報)》자호판(慈湖版)연재 : 《논어별재(論語別裁)》강의 기록
65	1976	丙辰	59	• 대만 중국방송공사(中國廣播公司)요청, 《역경》강의 《청년전사보》사 , 「유식(唯識)연구」, 맹자《孟子》강의 • 「노고출판사(老古出版社)」설립 • 대만 초판 : 《습선녹영(習禪錄影)》, 《논어별재論語別裁》
66	1977	丁巳	60	• 대북시 사는 곳에서 엄방편관(掩方便關) • 대만 초판 : 《신구적일대(新舊的一代)》

67	1978	戊午	61	• 대북불광별원(台北佛光別院)에서 「융회현밀원통수증차제(融會顯密圓通修證次第)」강의 • 대만 초판 :《남씨족성고존(南氏族姓考存)》,《정통모략학휘편초집(正統謀略學彙編初輯)》(34권50본)
68	1979	己未	62	• 신정(新正) 선칠 주지 • 세진법사(洗塵法師)가 홍콩에서 와서 시방총림서원(十方叢林書院) 주지로 청함 • 출가 스님을 위한「불교불법여중국역사문화사(佛教佛法與中國歷史文化)」,《선비요법(禪秘要法)》강의 • 《대원만선정휴식청정거해(大圓滿禪定休息清淨車解)》,《종경록(宗鏡錄)》,《대승요도밀집(大乘要道密集)》《능엄경(楞嚴經)》《대비구삼천위의(大比丘三千威儀)》,「시학(詩學)」등 강의
69	1980	庚申	63	• 동서정화협회 이전, 대북시 신의로 2단 복청(複青) 빌딩 9층 • 태북시신해로(台北市辛亥路) 소재 구국단활동중심(救國團活動中心)을 빌려 선칠 주지 • 노고출판사를 「노고문화사업고분유한공사(老古文化事業股份有限公司)」로 조직을 바꿈 • 시방총림서원(十方叢林書院) 성립 , 정기강좌 개설 • 대만 군측 고급장교, 정계요인, 기업계 리더로 조직된 문화 전문주제

				연구반을 위에 ,《좌전(左傳》,《전국책(戰國策》,《사기(史記》,《장단경(長短經》,《한서(漢書》,《관자(管子》,《역경계전(易經繫傳》등 강의 • 시방총림서원 선칠 주지 • 대만 초판 :《참선일기(參禪日記》(초집初集) (김만자金滿慈저 , 남회근 비평)
70	1981	辛酉	64	• 시방총림서원 교무(教務) 주지 • 동서정화협회 대강당을 빌려 「남씨종친신정제조대전(南氏宗親新正祭祖大典)」거행 •《지견(知見》잡지 창간 • 대만 초판 :《참선일기(參禪日記》(속집續集) (김만자 저, 남회근 비평)
71	1982	壬戌	65	• 시방총림서원 학생 신정특별수정훈련(學員新正特別修定訓練) 주지 • 미국 스탠포드대학 하먼 교수와 전세계성전제계획(全球性前提計劃) 담론 • 정치대학동아연구소(政治大學東亞研究所) 겸임교수 , 「중화문화대계(中華文化大系)」 강의
72	1983	癸亥	66	• 시방총림서원 교학(教學) 주지 • 정치대학 동아연구소 겸임교수 , 「중화문화대계」강의 • 대만 초판 :《정혜초수(定慧初修》(원환선, 남회근 공저)《참선일기(參禪日記》《속집續集) (김만자 저, 남회근 비평)

73	1984	甲子	67	• 동서정화협회(대북선학중심) 신정 정진참선수행(新正精進禪修) 주지 • 미국 선학(禪學)대사 카프라 선생 방문 • 영국 학자 조셉 니담[李約瑟] 선생 방문(진립부陳立夫 선생 동반), 도가(道家) 학술문제를 여러 시간 토론 • 정치대학 동아연구소 겸임교수, 「중화문화대계」강의 • 대만 초판 :《금속헌시사영련시화합편(金粟軒詩詞楹聯詩話合編)》,《맹자방통(孟子旁通)》,《려대남씨가족기요(旅台南氏家族紀要)》 • 미국 초판 영역본 :《정좌수도여장생불사(靜坐修道與長生不老)》(《Tao and Longevity》)
74	1985	乙丑	68	• 겨울방학참선수행과정(寒假禪修課程) • 시방총림서원 끝냄 • 대만을 떠나 미국으로 감 • 천송각(天松閣) 거처에서,《성경 · 계시록(聖經 · 啟示錄)》강의 • 대만 초판 :《역사적경험(歷史的經驗)》,《도가밀종여동방신비학(道家、密宗與東方神秘學)》,《관음보살여관음법문(觀音菩薩與觀音法門)》(합저)
75	1986	丙寅	69	• 여름, 란계행관(蘭溪行館)으로 이주 • 「동서학원(東西學院)」설립 • 대만 초판 :《중국문화범언(中國文化泛言)》,《일개학불자적기본신념(一個

				學佛者的基本信念》,《선관정맥연구(禪觀正脈研究》 • 미국 초판 영역본:《습선록영(習禪錄影》과 「민국 51년 선칠(民國五十一年禪七)」(《Grass Mountain》) • 이탈리아어 번역본 초판:《정좌수도여 장생불로》(《Tao E LONGEVITA》)
76	1987	丁卯	70	• 란계행관에서 대륙 학자 등을 위해 「중국미래지전도(中國未來之前途)」 강의 (총43회) • 「밀종대수인(密宗大手印)」,「불학대강(佛學大綱)」,《불설입태경(佛說入胎經》,《역경(易經》강의 • 대만초판:《노자타설(老子他說》(상上),《역경잡설(易經雜說》,《중국불교발전사략술(中國佛教發展史略述》,《중국도가발전사략술(中國道教發展史略述》,《금속헌기년시초집(金粟軒紀年詩初集》,《회사-아문적남로사(懷師—我們的南老師》
77	1988	戊辰	71	• 미국을 떠나 홍콩으로 감 • 옛 친구 가역빈(賈亦斌)선생이 북경으로부터 와서 방문, 양안사(兩岸事)를 담론 • 홍콩불교도서관, 「유식(唯識)」강의 • 온주(溫州)정부 대표 방문, 금화(金華) 온주(溫州)간 철도건설 대담
78	1989	己巳	72	• 신정 참선수행 주지 • 금화 온주간 철도건설 의향 확정 • 《장자(莊子》선편(選篇) 강의

				• 대만초판 :《여하수증불법(如何修證佛法》
79	1990	庚午	73	• 이등휘(李登輝)선생 요청에 응해 대만에 돌아와 양안사(兩岸事)를 대담 • 홍콩 거처에서 양안국공양당밀사회담(兩岸國共兩黨密使會談) • 「삼십칠보리도품(三十七菩提道品)」 강의 • 《대지도론(大智度論)》연구 지도 • 개인 자금을 기부하여 온주남씨의약과학기술장려기금과 농업과학기금회(南氏醫藥科技獎勵基金和農業科技基金會) 설립 • 대륙 간체자 초판 :《정좌수도여장생불로(靜坐修道與長生不老》,《논어별재(論語別裁》
80	1991	辛未	74	• 「정좌요결(靜坐要訣)」,《백법명문론(百法明門論》,《조론(肇論》강의 • 대만 초판 :《역경계전별강(易經系傳別講》 • 대륙 간체자 초판 :《맹자방통(孟子旁通》,《노자타설(老子他說) (상上) ,《선종여도가(禪宗與道家》 • 독일 초판 독일어본 :《정좌수도여장생불로》 (《Das Tao des langen lebens》)
81	1992	壬申	75	• 금화 온주간 철도건설협의 정식 서명 체결 • 〈화평공제협상통일건의서(和平共濟協商統一建議書)〉마련

				• 절강(浙江) 온주(溫州)에서 금화 온주간 철도건설 합자회사 개업 • 대만 초판:《원각경략설(圓覺經略說)》,《금강경설십마(金剛經說什麼)》 • 대륙 간체자 초판:《역사적경험(歷史的經驗)》,《관음보살여관음법문(觀音菩薩與觀音法門)》(합저)
82	1993	癸酉	76	• 「생명과학연구」강의 (총35강) • 대륙 간체자 초판:《여하수증불법(如何修證佛法)》,《 능엄대의금석(楞嚴大義今釋)》,《능가대의금석(楞伽大義今釋)》,《원각경략설(圓覺經略說)》,《금강경설십마(金剛經說什麼)》 • 미국 초판 영역본:《여하수증불법(如何修證佛法)》(상上) (《Working Toward Enlightenment》)
83	1994	甲戌	77	• 마카오 남보타사(南普陀寺) 선칠 주지 ,「생명과학여선수실천연구(生命科學與禪修實踐研究)」 • 「생명과학연구」강의 (총77강) • 대륙 간체자 초판:《선해여측(禪海蠡測)》,《선화(禪話)》 • 미국 초판 영역본:《여하수증불법(如何修證佛法)》(하下)(To Realize Enlightenment) • 프랑스 초판 번역본:《도가밀종여동방신비학(道家密宗與東方神秘學)》의 절록(節錄) (《YI KING》)
84	1995	乙亥	78	• 신정 참선수행 주지 • 미국 Peter M. Senge(彼得 · 聖吉)

				교수 1차 방문
				• 초청에 응해 프랑스 문화교류 고찰
				• 대만 초판 :《약사경적제세관(藥師經的濟世觀》
				• 대륙 간체자 초판 :《역신역구적일대(亦新亦舊的一代》, 《중국문화범언(中國文化泛言》
				• 미국 초판 영역본 :《선여도개론(禪與道概論》의「선(禪)　부분」(《The Story of CHINESE ZEN》)
85	1996	丙子	79	• 사비로 위안화 5백여 만원을 출자하여 어린 시절 살았던 집을 개조 확장 건설한 뒤 낙청 지방정부에 기부하여「낙청노유문강활동중심(樂清老幼文康活動中心)」으로 만들고 편액 이름을 지어 쓰고〈낙청노유문강활동중심증언(樂清老幼文康活動中心贈言)〉을 이렇게 지었음 : 我生於此地，長於此地，而十七年後，即離鄉別土。情如昔賢所云：身無半畝，心憂天下；讀書萬卷，神交古人旋經代嬗五六十年後，父罹世變，未得藻雪,老母百齡，無疾辭世。雖欲歸養而不可得，故有此築即以仰事父母之心轉而以養世間父母，且兼以蓄世間後代子孫等身著作還天地，拱手園林讓後賢，以此而報生於此土長於此土之德，而無餘無負從今以後，成敗興廢，皆非所計,或囑有言，則曰：人如無貪，天下太平，人如無嗔，天下

				安寧!願天常生好人，願人常做好事. 歲次乙亥冬月中旬即一九九六年一月上旬, 南懷瑾書　時年七十八 • 대륙 간체자 초판 :《중국불교발전사략(中國佛敎發展史略)》,《중국도교발전사략(中國道敎發展史略)》,《맹자방통(孟子旁通)》,《역경잡설(易經雜說)》,《역경계전별강(易經繫傳別講)》,《도가밀종여동방신비학(道家密宗與東方神秘學)》,《선관정맥연구(禪觀正脈研究)》,《습선녹영(習禪錄影)》
86	1997	丁丑	80	• 신정 참선수행 주지 • 홍콩광화문화중심(香港光華文化中心)에서 Peter M. Senge(彼得·聖吉) 교수 등을 위해 , 선칠 주지 • 금화 온주간 철도 전 구간 개통 , 소감을 말함 :　鐵路已鋪成 , 心憂意未平 , 世間須大道 , 何只羨車行。 • 「功成身退 , 還路於民」제출 • 미국 초판 영역본 :《중국불교발전사략(中國佛敎發展史略)》(《Basic Buddhism and Zen》) • 한국 초판 한글번역본 :《역경계전별강(易經繫傳別講)》
87	1998	戊寅	81	• 대만　초판 :《원본대학미언(原本大學微言)》,《남회근여금온철로(南懷瑾與金溫鐵路)》후승업 (侯承業) 편기(編記) • 대륙　간체자　초판 :《원본대학미언(原本大學微言)》 • 프랑스 초판 불어본 :《여하수증불법

				(如何修證佛法)(상上) • 한국 초판 한글번역본:《역경잡설 (易經雜說)》
88	1999	己卯	82	• 초청 받아 오강빈관(吳江賓館)에서 오강(吳江) 정부대표와 문화투자 사 무 상담 • 대만 초판:《선문내외ㅡ일남회근선 생측기(禪門內外ㅡ南懷瑾先生側記)》 유우홍(劉雨虹)저
89	2000	庚辰	83	• 강학(講學) • 글을 지음
90	2001	辛巳	84	• 동서정화농과(소주)유한공사(東西精 華農科(蘇州)有限公司)를 창설하 고 이사장을 맡음
91	2002	壬午	85	• 신정 참선수행 주지 • 대만 초판:《보시학-비야사문경(布 施學ㅡ毗耶娑問經)》 • 대륙 간체자 초판:《약사경적제세관 (藥師經的濟世觀)》,《정혜초수(定慧初 修)》(원환선, 남회근 공저),《학불 자적기본신념(學佛者的基本信念)》 • 한국 초판 한글번역본:《논어별재 (論語別裁)》(상하上下)
92	2003	癸未	86	• 절강(浙江) 의오(義烏) 쌍림사(雙林 寺) 참선수행 주지 • 대만 초판:《현대학불자수증대화(現 代學佛者修證對話)》(상上) • 한국 초판 한글번역본:《정좌수도여 장생불사(靜坐修道與長生不老)》(정 좌수도강의《靜坐修道講義》신역본)

				《여하수증불법(如何修證佛法》 (불교수행법《佛敎修行法》)
93	2004	갑신	87	• 상해(上海)로 이주 • 중국과학기술대학과 연합하여 「중국전통문화와 인지과학, 생명과학, 행위과학」주제 연구토론회 , 오강(吳江) 칠도(七都)에서 강좌 • 상해흥국빈관(上海興國賓館) 2층 , 「독서와 상공업 문화」강의 • 상해국가회계학원(上海國家會計學院) , 대회계「大會計」강의 • 대만 초판 :《현대학불자수증대화(現代學佛者修證對話》(하下) • 미국 초판 영역본 :《금강경설십마(金剛經說什麼》(《Diamond Sutra Explained》) • 한국 초판 한글번역본 :《원본대학미언(原本大學微言》(상하上下)
94	2005	乙酉	88	• 창앙가조《倉央嘉措》기록영화 촬영 작업에 자금 지원 • 상해 사계호텔(四季酒店) , 「인문문제(人文問題)」강의 • 상해시 완평빈관(宛平賓館) 회의청(會議廳) , 「중국전통문화와 경제관리」강의 • 미국에서 방문 온 학자를 위해 「기업의 도, 관리요의, 수행입문, 인지과학 등」강의 • 대만 초판 :《화우만천 유마설법(花雨滿天 維摩說法》

| 95 | 2006 | 丙戌 | 89 | • 「오강태호문화사업유한공사(吳江太湖文化事業有限公司)」개인 자금으로 창립
• 「선여생명과학적실천연구(禪與生命科學的實踐研究)」주지
• 상해미륜대호텔(上海美侖大酒店) 회의청 , 신문출판계에게 강연
• Peter M. Sege (彼得 · 聖吉) 교수, ELIAS국제과령역령도인조단 참학 (ELIAS國際跨領域領導人組團)參學
• 대만 초판 :《장자남화(莊子喃嘩》,《남회근여피득 · 성길(南懷瑾與彼得 · 聖吉》 |
| 96 | 2007 | 丁亥 | 90 | • 「오강시 태호대학당 교육배훈중심 (吳江市太湖大學堂教育培訓中心)」 (약칭 태호대학당「太湖大學堂」) 개인 자금으로 창립
• 프랑스 참학단(參學團)의 「도가, 관심법문, 의료와 양생, 생사 (道家、觀心法門、醫療與養生、生死)」등 문제에 관하여 해답
• 정혜(淨慧) 노화상(老和尚) 요청 ,《서설허노년보(序說虛老年譜)》문(文) 작성 ,《허운로화상전집(虛雲老和尚全集》이라고 책 이름을 짓고 씀
• 강소성(江蘇省) 오강시(吳江市) 정부 「영예시민(榮譽市民)」수여
• 대만 초판 :《남회근강연록(南懷瑾講演錄》,《여국제과령역령도인담화(與國際跨領域領導人談話》,《인생기점 |

				화종점(人生的起點和終站),《답문청장년참선자(答問靑壯年參禪者》 • 대륙 간체자 초판:《남회근강연록(南懷瑾講演錄》,《남회근여피득 · 성길(南懷瑾與彼得 · 聖吉》,《장자남화(莊子諵譁》
97	2008	무자	91	• 「오강태호국제실험학교吳江太湖國際實驗學校」개인 자금으로 창립 • 국제교육연토회 • 인민출판사 황서원(黃書元) 사장 일행과 , 저작 출판 수권 사무를 논의하여 정하고 합약서에 직접 서명 , (「동방출판사(東方出版社)」명의로 간체자 저작 출판) • 태호대학당 국학경전 도독 강습반학습(太湖大學堂國學經典導讀講習班學習) 지도 • 홍콩요가단대(瑜珈團隊) 강좌 • 종성(宗性)법사에게 자신을 대신해서 원환선 선생 영골(靈骨)의 행방 소재를 조사하도록 부탁함 • 대만 초판 :《소언황제내경여생명과학(小言黃帝內經與生命科學》,《선여생명적인지초강(禪與生命的認知初講》,《만담중국문화(漫談中國文化》 • 대륙 간체자 초판 :《인생적기점화종참(人生的起點和終站》,《문답청장년참선자(答問靑壯年參禪者》,《소언황제내경여생명과학(小言黃帝內經與生命科學》,《만담중국문화(漫談中國文化》

				• 대륙 초판 영문판 : 《정좌수도여장생불로(靜坐修道與長生不老)》,《중국불교발전사략(中國佛敎發展史略)》
98	2009	己丑	92	• 종성법사에게 자신을 대신하여 원환선 선생 영골탑 건립조성을 주지하도록 부탁, 등곤염(登琨艷)이 영골탑 설계 및 공사를 주지 • 태호대학당 선칠 주지 • Peter M. Senge(彼得 · 聖吉)ry교수 등 10여명 학자 방문 수학(參學) , 과학과 철학, 종교, 인성, 사회 등 문제에 관하여 연구와 토론 • 태호국제실험학교(太湖國際實驗學校) 학생, 가장 연수반 대상으로 강좌 • 대만 초판 : 《아설참동계(我說參同契)》, 《노자타설(老子他說 (속집續集))》 • 대륙 간체자 초판 : 《선여생명적인지초강(禪與生命的認知初講))》,《아설참동계(我說參同契)》 (상중上中)
99	2010	庚寅	93	• 태호국제실험학교 학생의 가장(家長)과 교사를 대상으로 수차례 강좌 • 태호대학당 경사합참반(經史合參班) 제1기 학생 강좌, 학위 수여 강화(講話) , 수업 • 「음성법문(音聲法門)」,「음성여질병진단(音聲與疾病診斷)」〈화엄자모(華嚴字母)〉학습, 질의문답, 지도 • 대만 초판 : 《열자억설(列子臆說)》 • 대륙 간체자 초판 : 《아설참동계(我說參同契)》 (하下) ,《노자타설(老子

				他說(속집續集)》,《유마힐적화우만천(維摩詰的花雨滿天》(상하上下)《열자억설(列子臆說》(상上) • 한국 초판 한글번역본 :《인생적기점화종참(人生的起點和終站》
100	2011	辛卯	94	• 태호국제실험학교 신입생 가장(家長) 대상으로 강좌 • 대만 초판 :《맹자여공손추(孟子與公孫醜》 • 대륙 간체자 초판 :《열자억설(列子臆說》(중하中下)《맹자여공손추(孟子與公孫醜》 • 한국 초판 한글번역본 :《정혜초수(定慧初修》
101	2012	임진	95	•「여성수양교육(女性修養教育)」,「자녀교육(子女教育)」,「모의수양(母儀修養)」강의 • 중국항천원(中國航天員) 과학연구훈련중심 항천원 의감의보실(航天員醫監醫保室) 관리와 연구 인원에게 항천원이 미래 2022년 공간역空間站 내 수백일 정류 등의 문제에 대답 • 태호국제실험학교 제일계(第一屆) 학생 대상으로 학생졸업식에서 이별에 즈음하여 격려의 말을 남김 • 태호국제실험학교 가장(家長) 대상으로 오강 18묘의 토지 사용권과 원고료 위안화 1백만원을 기부하여 오강묘항로태묘문화광장(吳江廟港老太廟文化廣場) 건립에 자금을 도와줌

				• 개인의 신체 상황을 예로 들어서 의학이론을 설명함 ; 질병과 12시진 경맥운행 관계, 《험방신편(驗方新編》 일격(噎膈)의 이법방약(理法方藥)、어떻게 생사와 질병을 대처할 것인가 어떻게 인생의 최후를 대처할 것인가 등의 문제에 대해 말하고 ; 근본기(根本氣)에 관하여 말함 • 9월 29일 16시 29분 별세 • 대만 초판 : 《유가사지론-성문지강록(瑜伽師地論--聲聞地講錄)》、《21세기 초적전언후어(廿一世紀初的前言後語)》、《맹자여이루(孟子與離婁)》、《맹자여만장(孟子與萬章)》 • 대륙 간체자 초판 : 《21세기초적전언후어(廿一世紀初的前言後語)》、《유가사지론-성문지강록(瑜伽師地論－聲聞地講錄)》 • 한국 초판 한글번역본 : 《원각경약설(圓覺經略說)》、《만담중국문화(漫談中國文化)》(《中國文化漫談》)
			선생 별세 후	• 남회근문화사업유한공사(南懷瑾文化事業有限公司) 대만에 설립 • 남회근문화사업유한공사 대만 번체 초판 : 《孟子与尽心篇》、《孟子与滕文公、告子》、《太极拳与静坐》、《话说中庸》《对日抗战的点点滴滴》、《大圆满禅定休息简说》、《孔子和他的弟子们》(原名《孔学新语》)、《我的故事我的诗》、《洞山指月》、《百年南师－－纪念

南怀瑾先生百年诞辰》（刘雨虹 编），
《禅海蠡测语译》（南怀瑾 原著，刘
雨虹 语译），《金粟轩纪年诗》（南怀
瑾 原著，林曦 注释），《南师所讲呼
吸法门精要》（刘雨虹 汇编），《东拉
西扯－说老人、说老师、说老话》
（刘雨虹 著），《点灯的人》（东方出
版社编辑群 编），《云深不知处》（刘
雨虹 编），《跟着南师打禅七》（刘雨
虹 编），《说不尽的南怀瑾》（查旭东
著），《说南道北－－说老人、说老
师、说老话》（刘雨虹 著），《南怀瑾
与杨管北》（刘雨虹 编），《怀师之师
－－袁公焕仙先生诞辰百卅周年纪
念》（刘雨虹 编辑）

- 남회근문화사업유한공사 대만 번체
재판：《孟子与万章》，《孟子与离娄》，
《孟子与公孙丑》，《禅海蠡测》，《孟子旁
通》，《我说参同契》（上中下），《人生
的起点与终站》《漫谈中国文化》，《瑜
伽师地论一声闻地讲录》（上下），《静
坐修道与长生不老》，《圆觉经略说》，
《答问青壮年参禅者》，《如何修证佛
法》，《药师经的济世观》，《禅、风水及
其他》（刘雨虹 著）

- 대륙 번체자 초판：《孟子与离娄》，
《孟子与万章》，《孟子与滕文公、告
子》，《太极拳与静坐》，《话说中庸》，《历
史的经验》增订本（附《对日抗战的点
点滴滴》），《孔子和他的弟子们》（原

名《孔学新语》),《大圆满禅定休息简说》,《定慧初修》(袁焕仙、南怀瑾合著),《禅海蠡测语译》(南怀瑾 原著,刘雨虹 语译),《南师所讲呼吸法门精要》(刘雨虹 汇编),《禅门内外一南怀瑾先生侧记》(刘雨虹 著),《南怀瑾与金温铁路》(侯承业 编著),《东拉西扯一说老人、说老师、说老话》(刘雨虹 著),《点灯的人》(东方出版社编辑群 编),《云深不知处》(刘雨虹 编),《说不尽的南怀瑾》(查旭东 著)

- 대륙 초판 일본어역본 :《论语别裁》（上下）

- 한국 초판 한국어역본 :《老子他说》（上下），《禅与生命的认知初讲》,《楞伽大义今释》,《孟子与公孙丑》,《定慧初修》(袁焕仙 南怀瑾合著),《孟子旁通》,《庄子諵譁》（上下），《小言黄帝内经与生命科学》,《药师经的济世观》,《花雨满天 维摩说法》（上下），《孟子与尽心篇》,《楞严大义今释》,《南怀瑾谈历史与人生》(练性乾编),《佛说入胎经》(南怀瑾指导 , 李淑君译),《南师所讲呼吸法门精要》(刘雨虹 汇编)

- 초판 불어역본 :《般若正观略讲》（即《心经讲记》）（《Le Sûtra du coeur》）

저자 소개

저자 남회근(南懷瑾)

선생은 1918년 중국 절강성 온주(溫州)에서 태어났다. 어릴 적부터 서당식 교육을 받아 17세까지 사서오경 제자백가를 공부하였다. 절강성성립국술원에 입학하여 2년간 무술을 배웠고 문학 서예 의약 역학 천문학 등도 두루 익혔다. 1937년 국술원을 졸업하였다. 그후 중앙군관학교 교관직을 맡았으며, 금릉(金陵)대학 대학원에서 사회복지학을 연구하였다.

25세 때인 1942년에 스승인 원환선(袁煥仙) 선생이 사천성 성도(成都)에 창립한 유마정사(維摩精舍)에 합류하여 의발제자가 되었다. 1942년부터 1944년까지 3년간 사천성 아미산 중봉에 있는 대평사(大坪寺)에서 폐관 수행하며 팔만대장경을 완독하였다. 28세 때인 1945년 티베트 밀교의 여러 종파의 고승들을 참방하고 밀교 상사로 인가 받았다. 그 후 운남(雲南)대학과 사천(四川)대학에서 한동안 강의하였다.

30세 때인 1947년 고향에 돌아가 사고전서(四庫全書)와 고금도서집성(古今圖書集成) 등을 읽었다.

1949년 봄에 대만으로 건너가 문화(文化)대학 보인(輔仁)대학 등 여러 대학과 사회단체에서 강의하며 수행과 저술에 몰두하였다. 또 노고문화사업공사(老古文化事業公司)라는 출판사를 설립하고 불교연구단체인 시방(十方)서원을 개설하였다. 2006년 이후 대륙의 강소성 오강의 태호대학당(太湖大學堂)에서 머물며 교육

문화 연구 등의 활동을 해오던 중 2012년 9월 29일 95세를 일기로 세상을 떠났다.

논어별재 등 저술이 60여종에 이른다. 자세한 소개는 마하연 출판 '생과 사 그 비밀을 말한다'의 부록을 참조하기 바란다.

번역자 송찬문(宋燦文)

1956년생으로 금융기관에서 20년 근무하였다. 대학에서 중어 중문학을 전공했으며 1990년 대만담강대학 어학연수, 1991년 대만경제연구원에서 연구하였다. 1998년 이후 유불도 삼가 관련 서적들을 번역중이다.

번역서로는 남회근 선생의 '논어강의', '생과 사 그 비밀을 말한다', '불교수행입문강의', '원각경 강의' 등이 있으며,

편역 저서로는 '21세기 2천자문', '삼자소학', '그림으로 배우는 한자 첫걸음', '나무아미타불이 팔만대장경이다'가 있다.

다음카페 유마불교학당 (http://cafe.daum.net/youmawon)

e-mail : youmasong@naver.com

마하연의 책들

1. 나무아미타불이 팔만대장경이다 송찬문 엮음

참선법문과 염불법문은 어떻게 다른가? 나무아미타불의 심오한 의미는 무엇인가? 극락세계는 어떤 곳인가? 왜 염불법문이 뛰어난가? 등 염불법문

의 기본교리를 이해하도록 이끌어 준다.

2. 생과 사 그 비밀을 말한다 남회근 지음, 송찬문 번역

생사문제를 해설한 기록으로 사망에 대해서부터 얘기를 시작하여 사람의 출생을 설명한다. 인간의 정상적인 생명의 윤회환생 변화를 기준으로 말한 것으로, 불법의 원리에서 벗어나지 않지만 종교의식에 물들지 않고 순수하게 생명과학의 입장에서 한 상세한 설명이다. 진귀한 자료로서 자세하고 명확하여 독자의 마음속에 있는 적지 않는 미혹의 덩어리를 풀어준다.

3. 불교수행입문 강의 원환선 남회근 합저, 송찬문 번역

선정과 지혜 수행입문으로 개명판 발행 (8번 참조).

4. 원각경 강의 남회근 지음, 송찬문 번역

원각경은 인생의 고통과 번뇌를 철저히 해결해주는 경전으로서, 어떻게 수행하여 성불할 것인가를 가리켜 이끌어 주는 경전이다. 남회근 선생의 강해는 쉽고 평이하면서도 어떻게 견성할 것인가와 수행과정에서의 문제들을 분명히 가려 보여준다. 참선을 하려거나 불교를 연구하고자 하는 사람이 반드시 보아야 할 책이다.

5. 논어 강의 (상, 하) 남회근 지음, 송찬문 번역

논어로 논어를 풀이함으로써 지난 2천년 동안 잘못된 해석을 바로잡은 저자의 독창적인 견해가 담긴 대표작이다. 동서고금과 유불도 제자백가를 넘나들면서 흥미진진한 강해를 통해 고유문화의 정수를 보여주어 현대인들로 하여금 전통문화를 이해하게 하고 나아가 미래를 창조하게 하는 교량 역할을 한다.

6. 역사와 인생을 말한다 남회근 지음, 송찬문 번역

논어별재(論語別裁), 맹자방통(孟子旁通), 노자타설(老子他說)등 남회근 선생의 여러 저작들 가운데서 생동적이며 유머가 있고 뛰어난 부분들을 골

라 엮은 책으로 역사와 인생을 담론하고 있다

7. 선(禪)과 생명의 인지 강의 남회근 지음, 송찬문 번역

생명이란 무엇일까요? 당신의 생명은 무엇일까요? 선은 생명 가운데서 또 어떠할까요? 당신은 자신의 지성(知性)을 이해합니까? 당신은 자신의 생명을 장악할 수 있습니까? 범부를 초월하여 성인의 영역으로 들어가고 싶습니까? 그 가장 빠른 길은 무엇일까요? 등, 선과 생명과학과 인지과학에 대한 강의이다.

8. 선정과 지혜 수행입문 원환선 남회근 합저, 송찬문 번역

원환선 선생과 그 문인인 남회근 선생이 지관수정(止觀修定)에 대하여 강의한 기록을 모아 놓은 책이다. 선 수행자나 정토 수행자에게 올바른 지견과 진정한 수행 방법을 보여 주는 것으로 초학자에게 가장 적합하다.

9. 사람은 어떻게 태어나는가 남회근 지도 이숙군 역저 송찬문 번역

사람이 모태에 들어가기 전에 자기의 부모를 인식할까요? 모태에 있을 때 어떤 과정을 거칠까요? 모태에 있을 때 교육을 받아들일 수 있을까요? 모태에 있을 때 심신은 어떻게 변화할까요? 이런 문제 등을 논술하고 있는 입태경은 인간 본위의 생명형성의 심신과학을 내포하고 있으며 범부를 뛰어넘어 성자가 되는 관건을 언급하고 있음에도 1천여 년 동안 마땅한 중시를 받지 못했습니다. 그래서 저자는 남회근 선생의 치밀한 지도 아래 입태경을 현대의학과 결합하는 동시에 전통 중의학 개념과도 일부 결합하여 풀이합니다. 태교부분에서는 3천여 년 전부터 현대까지를 말하면서 동서의학의 태교와 태양의 정화를 융합하고 있습니다. 그러므로 이 책은 부모 되는 사람은 읽지 않으면 안 되며 심신과학에 흥미가 있는 사람이라면 더더욱 읽어야 합니다.

10. 장자 강의(내편) (상, 하) 남회근 강술 송찬문 번역

장자 내7편에 대한 강해이다. 근대에 많은 학자들이 관련된 주해나 어역

(語譯)이나 주석 같은 것들을 참고로 읽어보면 대부분은 문자적인 해석이거나 다른 사람의 주해를 보아 논 껏일 뿐 일반 독자들의 입장에서 보면 사실 그 속으로부터 이익을 얻기가 어렵다. 남회근 선생은 청년 시기에 이미 제자백가의 학문을 두루 연구했고 30대에는 경전 도법(道法)에 깊이 들어가 여러 해에 걸쳐서 몸소 힘써 실제 수증하였다. 그러므로 그의 장자강해는 경사자집(經史子集)에서 노닐고 있다. 또 통속적인 말로써 깊은 내용을 쉽게 풀어내서 독자 청중을 위하여 문을 열어주고 있다. 남선생의 강의가 따로 일가의 품격을 갖췄다고 일컫더라도 과분한 칭찬이 되지 않을 것 같다.

11. 능엄경 대의 풀이 남회근 술저 송찬문 번역

옛사람이 말하기를 "능엄경을 한 번 읽은 뒤로부터는 인간세상의 찌꺼기 책들을 보지 않는다" 고 했듯이, 이 경은 우주와 인생의 진리를 밝히는 기서(奇書)이며, 공(空)의 이치를 깨달아 들어가는 문이자, 단계적인 수행을 거쳐 최후에 부처의 과위에 이르기까지 거울로 삼아야 할 경전이다. 옛날부터 난해하기로 이름난 이 경전을 현대적 개념으로 대의만 풀이했다.

12. 유마경 강의 (상, 중, 하) 남회근 강술 송찬문 번역

어떤 사람은 말하기를, 유마경을 조금 읽고 이해하고 나면 마음의 크기가 자기도 모르는 사이에 확대되어서, 더 이상 우리들이 생활하는 이 사바세계에 국한하지 않고, 동경하는 정토세계에도 국한하지 않으며, 무한한 공간에까지 확대될 것이라고 합니다. 또 어떤 사람은 말하기를, 이 경전은 온갖 것을 포함하고 있어서 당신이 부처님을 배우면서 어떻게 해야 할지 모를 때에는 당신에게 줄 해답이 본 경전에 들어있으며, 당신이 사리(事理)를 이해하지 못할 때에는 당신에게 줄 해답도 본 경전에 들어있다고 합니다. 남회근 선생이 1981년에 시방서원에서 출가자와 불교도를 위주로 했던 강의로 수행방면에 중점을 두었기 때문에 일반적인 불경강해와는 다르다. 유마경은 현대인들에게 원전 경문이 너무 예스러운데 남선생은 간단명료한 말로써 강해하였기에 독자들이 이해하기 쉽다.

13. **호흡법문 핵심강의**   남회근 강의 유우홍 엮음 송찬문 번역

남회근 선생은 석가모니불이 전한 가장 빠른 수행의 양대 법문이 확실하
고 명확함을 얻지 못한 것이 바로 수행자가 성공하기 어려웠던 주요 원인
이라고 보고 최근 수년 동안 남선생님은 수업할 때 항상 '달마선경(達磨禪
經)' 속의 16특승안나반나(特勝安那般那)법문의 해설과 관련시켰다.

이 책은 남회근 선생님의 각 책과 강의기록 속에 여기저기 흩어져 보이
는 안나반나 수행법을 수집 정리하여 책으로 모아 엮어서 학습자가 수행
참고용으로 편리하도록 한 것이다.

14. **중용강의**   남회근 저 송찬문 번역

자사(子思)가 『중용(中庸)』을 지은 것은 증자의 뒤를 이어서 「곤괘문언
(坤卦文言)」과 『주역』 「계사전」으로부터 발휘하여 지은 것입니다. 예컨
대 『중용』이 무엇보다 먼저 제시한 '천명지위성(天命之謂性)'으로부터 '중
화(中和)'까지는 「곤괘문언」에서 온 것입니다. 이런 학술적 주장은 저의
전매특허입니다."

남회근 선생의 강해는 '경문으로써 경문을 주해하고[以經註經]', 더 나아
가 '역사로써 경문을 증명하는[以史證經]' 방법으로 『중용』을 융회관통(融
會貫通)하고 그 심오한 의미를 발명하여 보여주고 있다.